# 公務員試験 第2版
## 過去問攻略Vテキスト ⑱

TAC公務員講座 編

# 自然科学

TAC出版
TAC PUBLISHING Group

# ●── はしがき

### 本シリーズのねらい──「過去問」の徹底分析による効率的な学習を可能にする

　合格したければ「過去問」にあたれ。

　あたりまえに思えるこの言葉の、ほんとうの意味を理解している人は、じつは少ないのかもしれません。過去問は、なんとなく目を通して安心してしまうものではなく、徹底的に分析されなくてはならないのです。とにかく数多くの問題にあたり、自力で解答していくうちに、ある分野は繰り返し出題され、ある分野はほとんど出題されないことに気づくはずです。ここまできて初めて、「過去問」にあたれ、という言葉が自分のものにできたといえるのではないでしょうか。

　頻出分野が把握できたなら、もう合格への道筋の半分まで到達したといっても過言ではありません。時間を効率よく使ってどの分野からマスターしていくのか、計画と戦略が立てられるはずです。

　とはいえ、教養試験も含めると20以上の科目を学習する必要がある公務員試験では、過去問にあたれといっても時間が足りない、というのが実状ではないでしょうか。

　そこでTAC公務員講座では、みなさんに代わり全力を挙げて、「過去問」を徹底分析し、この『過去問攻略Vテキスト』シリーズにまとめあげました。

　網羅的で平板な解説を避け、不必要な分野は思いきって削り、重要な論点に絞って厳選収録しています。また、図表を使ってわかりやすく整理されていますので、初学者でも知識のインプット・アウトプットが容易にできるはずです。

　『過去問攻略Vテキスト』の一冊一冊には、"無駄なく勉強してぜったい合格してほしい"という、講師・スタッフの思いが込められています。公務員試験は長く孤独な戦いではありません。本書を通して、みなさんと私たちは合格への道を一緒に歩んでいくことができるのです。そのことを忘れないでください。そして、必ずや合格できることを心から信じています。

2019年12月　TAC公務員講座

# ●── 第2版（大改訂版） はしがき

長年、資格の学校 TAC の公務員対策講座で採用されてきた『過去問攻略 V テキスト』シリーズが、このたび大幅改訂されることになりました。

## ◆より、過去問攻略に特化

資格の学校 TAC の公務員講座チームが過去問を徹底分析。合格に必要な「標準的な問題」を解けるようにするための知識を過不足なく掲載しています。

『過去問攻略 V テキスト』に沿って学習することで、「やりすぎる」ことも「足りない」こともなく、必要かつ充分な公務員試験対策を進められます。

合格するために得点すべき問題は、このテキスト 1 冊で対策できます。

## ◆より、わかりやすく

執筆は資格の学校 TAC の公務員講座チームで、受験生指導に当たってきた講師陣が担当。受験生と接してきた講師が執筆するからこそ、どこをかみ砕いて説明すべきかがわかります。

読んでわかりやすいこと、講義で使いやすいことの両面を意識した原稿づくりにこだわりました。

## ◆より、使いやすく

- 本文デザインを全面的に刷新しました。
- 「過去問 Exercise」などのアウトプット要素も備え、知識の定着と確認を往復しながら学習できます。
- TAC 公務員講座の講義カリキュラムと連動。最適な順序でのインプットができます。

ともすれば 20 科目以上を学習しなければならない公務員試験においては、効率よく試験対策のできるインプット教材が不可欠です。『過去問攻略 V テキスト』は、上記のとおりそのニーズに応えるべく編まれています。

本書を活用して皆さんが公務員試験に合格することを祈念しております。

2022 年 5 月　TAC 公務員講座

# ●──〈自然科学〉はしがき

　本書は、地方上級・国家一般職レベルの大卒公務員試験の合格に向けて、過去問（過去に出題された問題）を徹底的に分析して作成されています。

　過去問を分析すると、ある科目の学習範囲のなかでも出題の濃淡が見られることがわかります。本書はその出題傾向を踏まえて編まれた受験対策テキストですが、特に自然科学という科目の性質に合わせて工夫された部分や、留意してほしい点について、はじめに示しておきます。

## １．自然科学の出題について

　自然科学の出題は大きく、数学・物理・化学・生物・地学の５分野に分かれ、本書もこれを踏まえた章構成をとっています。一般知識科目全体にいえることですが、学習範囲の広さに比べて出題数が少ないという特徴があります。また自然科学は受験先によっては分野ごと出題が一切ないこともありますので、学習に時間を割きすぎないことも重要です。

　本書には序章を設け、試験ごとの出題数や、分野ごとの重点項目を挙げていますので、傾向を念頭においたうえでメリハリのある学習を心掛けましょう。

## ２．過去問 Exercise について

　冒頭に示したとおり、本書は地方上級・国家一般職レベルの大卒公務員試験を対象にしたテキストですが、各節末に設けている「過去問 Exercise」においては、警察官・消防官の過去問や、中級以下の公務員試験の過去問を掲載していることがあります。

　高等学校までの学習課程で理数系の科目にあまり取り組んでこなかった受験生にとっては特に、自然科学の学習内容は親しみにくいところもあるでしょう。ただ実際に出題された過去問にも単純なものから難しいものまで難易度の幅があり、本書を簡単に流し読みする程度の学習でも解けてしまう問題は数多くあります。あえてメインターゲットより易しい問題を掲載しているのは、そのような取り組みやすい問題を入り口にして、段階的に学習の負荷を上げていけるようにするための配慮です。

　他の科目と同様に、インプットとアウトプットを往復しながら学習を進めていくように心がけましょう。

2022 年 5 月　TAC 公務員講座

# 本書の使い方

　本書は、本試験の広範な出題範囲からポイントを絞り込み、理解しやすいよう構成、解説した基本テキストです。以下は、本書の効果的な使い方ガイダンスです。

## 本文

**●アウトライン**

その節のアウトラインを示しています。これから学習する内容が、全体の中でどのような位置づけになるのか、留意しておくべきことがどのようなことなのか、あらかじめ把握したうえで読み進めていきましょう。

★★★

## 1 物質の構成

地球上のあらゆる物質はすべて原子という粒子から構成されています。これらの構造や分類、さらには結合について学習しましょう。

### ❶ 物質の構成

#### 1 元素、原子、分子

**① 元　素**

　物質を構成する基本的な成分を元素という。100種類以上の元素が存在し、元素記号を用いて表す。性質ごとに周期表にまとめられている。

　　**例**　水素H、ヘリウムHe、炭素C、窒素N、酸素O、ネオンNe、ナトリウムNa、
　　　　塩素Cl、金Auなど

**② 原　子**

　物質を構成する基本的な粒子を原子という。原子がそのままの状態で物質を作っていることはほとんどなく、結合していることが多い。

**③ 分　子**

　いくつかの原子が結合して作られた粒子を分子という。物質の化学的性質を決める最小の単位である。

　　**例**　水$H_2O$、二酸化炭素$CO_2$など

#### 2 物質の分類

　物質は、1種類の物質のみで構成される純物質と、2種類以上の物質で構成される混合物に分けられる。

382　第3章　化　学

●**重要度**
各種公務員試験の出題において、この節の内容がどの程度重要かを示していますので、学習にメリハリをつけるための目安として利用してください。

⑱★☆☆ ◀――――▶ ★★★⑨
　　　　　　重要度

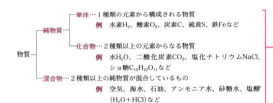

純物質はすべて一つの化学式で表現できるが、混合物は純物質が複数混ぜられているので一つの化学式では表現できない。

### 3 物質の状態変化

純物質は、それぞれ物質ごとに一定の値の融点や沸点、密度などを持っている。この融点や沸点を超えて物質の状態が変化することを**状態変化**という。
気体が液体に変化することを**凝縮**といい、液体が気体に変化することを**蒸発**という。
液体が固体に変化することを**凝固**といい、固体が液体に変化することを**融解**という。
気体が固体に変化すること、固体が気体に変化することを**昇華**という。
気体、液体、固体という物質の三つの状態を**物質の三態**という。

●**図・表**
抽象的な概念を理解しやすくするための図や、関連し合う事項を区別しやすくするための表を適宜設けています。

### 4 物質の分離・精製法

混合物にさまざまな操作を加えることによって、その中に混ざっている純物質を別々に取り出すことができる。これを**分離**といい、より純粋な物質を得る操作を**精製**という。
混合物の分離は一般に、各純物質の沸点や融点、水への溶解度の違いなどを用いて行われる。

---

1　塩化水素HClという気体を水に溶かしたものが塩酸で、便宜上同じくHClと表記している。

●**脚注**
試験とは直接関係しないものの、学習にあたって参考にしてほしい情報を「脚注」として適宜示しています。

（※図はいずれもサンプルです）

### 例題

主に第1章（数学）で、学習内容の理解を確かめられる問題を配置しています。

### 過去問Exercise

節ごとの学習の終わりに、実際の過去問にチャレンジしてみましょう。
正解できたかどうかだけでなく、正しい基準で判断できたかどうかも意識しながら取り組むようにしましょう。

# CONTENTS

はしがき　Ⅲ
第2版（大改訂版）　はしがき　Ⅳ
〈自然科学〉はしがき　Ⅴ
本書の使い方　Ⅵ

## 序章　学習の前に

## 第1章　数　学

**1** 計算の基礎 　8
**2** 整式の計算 　32
**3** 数　列 　40
**4** 関数とグラフ 　53
**5** 方程式・不等式 　72
**6** 円 　92
**7** 初等幾何・三角比 　106

## 第2章　物　理

**1** 運動と力 　134
**2** 仕事とエネルギー 　200
**3** 熱力学 　238
**4** 波　動 　256
**5** 電気と磁気 　312
**6** 原　子 　368

## 第3章　化　学

**1** 物質の構成 　382

**2** 物質量と化学反応式 ………………………………… 448

**3** 酸と塩基 ………………………………………………… 478

**4** 酸化と還元 ……………………………………………… 500

**5** 気体の性質 ……………………………………………… 534

**6** 溶液の性質 ……………………………………………… 548

**7** 物質の変化と平衡 ……………………………………… 574

**8** 無機化学 ………………………………………………… 598

**9** 有機化学 ………………………………………………… 668

## 第4章　生　物

**1** 生物の特徴 ……………………………………………… 714

**2** 代　謝 …………………………………………………… 734

**3** 遺　伝 …………………………………………………… 778

**4** 生殖と発生 ……………………………………………… 848

**5** 恒常性 …………………………………………………… 868

**6** 生物の環境応答 ………………………………………… 926

**7** 生物多様性と生態系 …………………………………… 1004

## 第5章　地　学

**1** 太陽系の天体 …………………………………………… 1036

**2** 恒星と宇宙 ……………………………………………… 1102

**3** 地球の構造 ……………………………………………… 1118

**4** 地球の歴史 ……………………………………………… 1192

**5** 気象と海洋 ……………………………………………… 1216

索引　1272

# 序章

## 学習の前に

学習を始める前に、まず自然科学特有の事情について理解しておきましょう。

# ❶ 出題状況

　自然科学は、数学、物理、化学、生物、地学の5分野で構成されており、以下の表のような出題状況にある。試験種によっては分野ごと出題が見られないものもあるため、まずは受験予定に照らして学習スケジュールを組み立てていきたい。

近年の自然科学の出題状況

|  | 数学 | 物理 | 化学 | 生物 | 地学 |
|---|---|---|---|---|---|
| 国家一般職 | 0 | 1 | 1 | 1 | 0 |
| 国家専門職<br>（国税・労基・財務等） | 0 | 1 | 1 | 1 | 0 |
| 裁判所一般職 | 0 | 1 | 1 | 1 | 1 |
| 東京都Ⅰ類B | 0 | 1 | 1 | 1 | 1 |
| 特別区Ⅰ類 | 0 | 2 | 2 | 2 | 2 |
| 地方上級<br>（道府県庁・政令市） | 1 | 1 | 2 | 2 | 1 |
| 市役所 | 1 | 1 | 1 | 2 | 1 |

※年度によって，出題数が変動する可能性があります。

## 1 数学の出題内容と対策

　数学の出題がある場合、高校数学の範囲から出題がなされる。数的処理で出題される範囲と区別するためか、方程式や関数に関わる出題が多いのが特徴である。
　1次関数・2次関数や数と式といった特定の分野からの出題が繰り返されているので、的を絞って対策するとよい。また、数列の内容は数的推理、三角比で学ぶ図形の公式などは空間把握や物理を学ぶうえでも役に立つので、知識を習得しておくとよいだろう。

## 2 物理の出題内容と対策

　物理の出題区分は、高校課程の物理(現行では物理・物理基礎)全般からの出題となり、特に物理基礎が重要である。出題される単元は大きく分けて、力学、波動、電磁気である。
　物理はやや相性の要求される科目であり、どうしても負担に感じる場合はあまり深追いをしないほうがよい場合も確かにある。しかし、例えば力学の等加速度運動は数的処理の「速さ」の単元の延長上にある分野であり、このように部分的に取り組

みやすい単元もある。

また、近年の傾向として知識のみで解ける出題も多く、前述したように公式や計算が苦手な受験生は、知識分野だけでも押さえておくとよいだろう。また、波動で扱う光の性質や放射線物理学の知識は地学で必要となり、電磁気で扱う静電気の知識は化学でも必要となるので、科目横断を意識して学ぶとよいだろう。

## 3 化学の出題内容と対策

化学の出題区分は、高校課程の化学（現行では化学・化学基礎）全般からの出題となり、特に化学基礎が重要である。出題される単元は大きく分けて、理論化学、無機化学、有機化学である。

まず、出題の過半数を占め、なおかつ科目全体の理解に必要不可欠な理論化学の学習に十分な時間を割き、そのうえで無機化学を対策し、余力があれば有機化学に取り組むとよい。高校の2年間の学習課程を短期的に詰め込むことになるので、裏を返せば頻出分野や核となる分野に絞った学習が不可欠ということであり、要領よく取り組むことが重要である。

## 4 生物の出題内容と対策

生物の出題区分は、高校課程の生物（現行では生物・生物基礎）全般からの出題となる。特に出題される単元は大きく分けて、細胞、遺伝と発生、人体、その他である。

生物は、分野ごとの出題頻度に明確な傾向があるわけではなく、全体的に均等に出題されている。ただ、試験種ごとに見た場合、東京都Ⅰ類Bと裁判所一般職の出題傾向が似ており、国家一般職、国家専門職、特別区Ⅰ類の出題傾向が似ているといえる。しかし、これも明確なものではなく、どの試験種を受験するにしても、全体的に学習する必要がある。そのため、単元ごとの基本事項を確実に押さえ、少しでも正解する確率を上げていくしかない。

知識系は「やや曖昧にたくさん覚えている」よりも「少なくても確実な知識」があるほうが正答率が上がる。このことを意識して取り組んでいこう。

## 5 地学の出題内容と対策

地学の出題区分は、高校課程の地学（現行では地学・地学基礎）全般からの出題となり、特に地学基礎が重要である。出題される単元は大きく分けて、宇宙、大気・

海洋、個体地球、地球史である。

　公務員試験全体の傾向としては、天体と日本の天気、地震からの出題が比較的多く、全体の半分以上が中学学習内容なので、高校入試で理科が得意だった者にとっては、それよりも易しいと感じる問題もあるだろう。そのため、まずはこれらの分野の基礎部分を重点的に学習し、問題演習で知識を確実なものにしていくとよい。

## 2　$10^n$ の表記・計算

### 1　$10^n$ の表記

　自然科学においては、非常に大きな数量や非常に小さな数量を取り扱うケースがあり、これらの数量を表記したり計算したりするのに、$10^n$という形式を採用する場合がある。

　例えば、化学の学習に登場するアボガドロ定数は$6.02 \times 10^{23}$という数であり、これを通常の方法で表記しようとすると、

　　$6.02 \times 10^{23} = 602,000,000,000,000,000,000,000$

と長大な記述を要することになる。これをコンパクトにしたものが「$10^n$」という表記である。$n$には負の数が用いられることもある。負のときは分数で表記され、$10^{-n} = \dfrac{1}{10^n}$ になる（表では小数表記している）。

〈表　$10^n$ の表記〉

| べき指数 | 数 | べき指数 | 数 |
|---|---:|---|---:|
| $10^{24}$ | 1,000,000,000,000,000,000,000,000 | $10^{0}$ | 1 |
| $10^{21}$ | 1,000,000,000,000,000,000,000 | $10^{-1}$ | 0.1 |
| $10^{18}$ | 1,000,000,000,000,000,000 | $10^{-2}$ | 0.01 |
| $10^{15}$ | 1,000,000,000,000,000 | $10^{-3}$ | 0.001 |
| $10^{12}$ | 1,000,000,000,000 | $10^{-4}$ | 0.0001 |
| $10^{11}$ | 100,000,000,000 | $10^{-5}$ | 0.00001 |
| $10^{10}$ | 10,000,000,000 | $10^{-6}$ | 0.000001 |
| $10^{9}$ | 1,000,000,000 | $10^{-7}$ | 0.0000001 |
| $10^{8}$ | 100,000,000 | $10^{-8}$ | 0.00000001 |
| $10^{7}$ | 10,000,000 | $10^{-9}$ | 0.000000001 |
| $10^{6}$ | 1,000,000 | $10^{-10}$ | 0.0000000001 |
| $10^{5}$ | 100,000 | $10^{-11}$ | 0.00000000001 |
| $10^{4}$ | 10,000 | $10^{-12}$ | 0.000000000001 |
| $10^{3}$ | 1,000 | $10^{-15}$ | 0.000000000000001 |
| $10^{2}$ | 100 | $10^{-18}$ | 0.000000000000000001 |
| $10^{1}$ | 10 | $10^{-21}$ | 0.000000000000000000001 |
| $10^{0}$ | 1 | $10^{-24}$ | 0.000000000000000000000001 |

序　章　学習の前に

## 2 ▷ $10^n$ の計算

数学で学習する指数法則を活用して計算する。例えば、

$$\frac{2.5 \times 10^{-5}}{0.5 \times 10^3} = 5.0 \times 10^{-5} \times \frac{1}{10^3} \quad (2.5 と 0.5 を約分)$$

$$= 5.0 \times 10^{-5} \times 10^{-3} \quad (指数法則 \, a^{-x} = \frac{1}{a^x} \, より)$$

$$= 5.0 \times 10^{-5-3} \quad (指数法則 \, a^x \times a^y = a^{x+y} \, より)$$

$$= 5.0 \times 10^{-8}$$

## 3 既知とする知識について

以下の内容は、本書の学習を始める時点で既知であるものとして、改めて説明していない場合がある。

① 中学課程までの算数、数学、理科の学習内容
② 『過去問攻略Vテキスト 16 数的処理(上)』の数的推理で取り扱った知識

②は主に数学の図形に関する学習で前提となるものである。

# 第 1 章

## 数 学

　数学では数ⅠAの基本をしっかりマスターすることが肝心です。それぞれの項目の重要点について解説をしていきますので、計算問題を中心に理解できるようになりましょう。

★★★

# 1 計算の基礎

数学の基本は計算力であり、計算の正確性は学習者にとって永遠のテーマですが、「工夫によって計算量を減らす」ことを意識して学習しましょう。

## 1 指数法則と展開・因数分解

数学では、指数法則や因数分解・展開公式を使いこなすことが要求される。そこで、以下に挙げた指数法則と因数分解・展開の公式をマスターしよう。

### 1 指数法則

**指数法則**

❶ $a^x \times a^y = a^{x+y}$

❷ $a^x \div a^y = a^{x-y}$

❸ $(a^x)^y = (a^y)^x = a^{xy}$

❹ $(ab)^x = a^x b^x$

❺ $a^{-x} = \dfrac{1}{a^x}$

❻ $a^0 = 1$

❼ $a^{\frac{1}{n}} = \sqrt[n]{a}$　※特に$a^{\frac{1}{2}} = \sqrt[2]{a} = \sqrt{a}$（厳密には、平方根は2を省略したもの）

### 2 展開・因数分解の公式

以下の公式において、左辺から右辺へ変形することを**展開**、右辺から左辺へ変形することを**因数分解**という。

8　第1章　数学

## 展開・因数分解の公式

❶ $m(x+y)=mx+my$　　　　❷ $(x+y)^2=x^2+2xy+y^2$

❸ $(x-y)^2=x^2-2xy+y^2$　　❹ $(x+y)(x-y)=x^2-y^2$

❺ $(x+a)(x+b)=x^2+(a+b)x+ab$

❻ $(ax+b)(cx+d)=acx^2+(ad+bc)x+bd$

❼ $(x+y)^3=x^3+3x^2y+3xy^2+y^3$

❽ $(x-y)^3=x^3-3x^2y+3xy^2-y^3$

❾ $(x+y)(x^2-xy+y^2)=x^3+y^3$

❿ $(x-y)(x^2+xy+y^2)=x^3-y^3$

⓫ $(x+y+z)^2=x^2+y^2+z^2+2xy+2yz+2zx$

⓬ $(x+y+z)(x^2+y^2+z^2-xy-yz-zx)=x^3+y^3+z^3-3xyz$

---

### 3 因数分解の解法

　因数分解の解き方を整理する。次の四つの例で示す因数分解のパターンは必ず解けるようにしておくこと。

---

**例1**　$2x^2+6x-20$を因数分解せよ。

$$2x^2+6x-20=2(x^2+3x-10)　\text{共通因数でくくる：公式❶}$$
$$=2(x-2)(x+5)　\text{公式❺}$$

---

**例2**　$(x^2-3)^2+3(x^2-3)-4$を因数分解せよ。

$(x^2-3)$をAと置いて簡単な形にする。　文字で置いて簡単な形にする（置き換え）
$$(x^2-3)^2+3(x^2-3)-4=A^2+3A-4$$
$$=(A-1)(A+4)　\text{公式❺}$$

Aをもとに戻す。
$$\{(x^2-3)-1\}\{(x^2-3)+4\}=(x^2-4)(x^2+1)　\text{文字をもとに戻す}$$
さらに因数分解する。
$$(x^2-4)(x^2+1)=(x+2)(x-2)(x^2+1)　\text{公式❹}$$

**例3** $x^2+2xy-10y-25$ を因数分解せよ。

文字が複数ある場合には、**次数が最も低い文字**について整理する。

$x$ の 2 次式、$y$ の 1 次式なので、**次数が最も低い $y$ について整理する。**

$$x^2+2xy-10y-25=(2x-10)y+(x^2-25)$$

因数分解できるところを探すと $(2x-10)y$ は 2 でくくることができ（**公式❶**）、$x^2-25$ は和と差の積に因数分解（**公式❹**）できる。

$$(2x-10)y+(x^2-25)=2(x-5)y+(x+5)(x-5)$$

$(x-5)$ を A とおいて簡単な形にし、因数分解を経てもとに戻す。

$$2Ay+A(x+5)=A\{2y+(x+5)\} \quad \longleftarrow \boxed{\text{文字で置いて簡単な形にする（置き換え）}}$$
$$=\underline{(x-5)(x+2y+5)}$$

**例4** $3x^2+2x-1$ を因数分解せよ。

たすきがけの公式（**公式❻**）を使って因数分解する。

$x^2$ の項の係数が 3 なので、積が 3 になる組合せを考える。次に定数項が $-1$ なので、積が $-1$ になる組合せを考える。これらの組合せを下のようにクロスして掛け合わせ、その和が $x$ の項の係数 2 になるように数字を配置する。その配置した数字を横方向に組み合わせたものが、因数分解した後の形となる。

$$
\begin{array}{ccccc}
3 & & -1 & \longrightarrow & -1 & & 1\times(-1)=-1 \\
1 & & 1 & \longrightarrow & 3 & & 3\times\ \ 1\ =\ 3 \\
\hline
& & & & 2
\end{array}
$$

以上より、$3x^2+2x-1=\underline{(3x-1)(x+1)}$ となる。

## 例題 1-1

次の式を因数分解せよ。

(1) $x^2+xy-4x+4-2y$

(2) $x^2-y^2-2y-1$

## 解説

(1)

$x$の2次式、$y$の1次式なので、次数が最も低い$y$について整理する。

$$
\begin{aligned}
x^2+xy-4x+4-2y &= (x-2)y+(x^2-4x+4) \\
&= (x-2)y+(x-2)^2 \\
&= Ay+A^2 \quad \vartriangleleft\ \boxed{x-2=A\ とおく} \\
&= A(y+A) \\
&= (x-2)(y+x-2) \\
&= \underline{(x-2)(x+y-2)}
\end{aligned}
$$

(2)

$$
\begin{aligned}
x^2-y^2-2y-1 &= x^2-(y^2+2y+1) \\
&= x^2-(y+1)^2 \\
&= x^2-A^2 \quad \vartriangleleft\ \boxed{y+1=A\ とおく} \\
&= (x+A)(x-A) \\
&= \underline{(x+y+1)(x-y-1)}
\end{aligned}
$$

$\boxed{x-A=x-(y+1)=x-y-1\ となることに注意}$

## 2 絶対値・平方根

### 1 絶対値

絶対値の中身が正か負で場合分けすることによって絶対値を外すことができる。$x=0$は正負のどちらに含めてもよい。

$x \geqq 0$のとき、$|x|=x$

$x < 0$のとき、$|x|=-x$

**例5** $|2x-1|>3$を満たす$x$の範囲を求めよ。

❶ $2x-1 \geqq 0$のとき

つまり、

$x \geqq \dfrac{1}{2}$　……①

のとき、$2x-1>3$なので、

$2x>4$

$x>2$　……②

①、②を同時に満たす$x$の範囲は、

$x>2$　……③

❷ $2x-1<0$のとき

つまり、

$x < \dfrac{1}{2}$　……④

のとき、$-(2x-1)>3$なので、

$-2x+1>3$

$-2x>2$

これより、

$x<-1$　……⑤

④、⑤を同時に満たす$x$の範囲は、

$x<-1$　……⑥

よって、求める範囲は③または⑥なので、<u>$x<-1$ または $2<x$</u>となる。

## 2 > 平方根

正の数$a$の平方根には、$\sqrt{a}$ と $-\sqrt{a}$ の二つがある。

### 平方根

❶ $a>0$、$b>0$、$k>0$の場合、$\sqrt{a}\sqrt{b}=\sqrt{ab}$、$\dfrac{\sqrt{a}}{\sqrt{b}}=\sqrt{\dfrac{a}{b}}$、$\sqrt{k^2a}=k\sqrt{a}$

❷ 分母の有理化（分母から$\sqrt{\phantom{a}}$をなくす）

$$\dfrac{A}{\sqrt{a}}=\dfrac{A\times\sqrt{a}}{\sqrt{a}\times\sqrt{a}}=\dfrac{A\sqrt{a}}{a}$$

$$\dfrac{A}{\sqrt{a}+\sqrt{b}}=\dfrac{A\times(\sqrt{a}-\sqrt{b})}{(\sqrt{a}+\sqrt{b})\times(\sqrt{a}-\sqrt{b})}=\dfrac{A\times(\sqrt{a}-\sqrt{b})}{(\sqrt{a})^2-(\sqrt{b})^2}=\dfrac{A\times(\sqrt{a}-\sqrt{b})}{a-b}$$

❸ A＝（整数部分）＋（小数部分） → 0≦（小数部分）＜1

❹ $a$が実数の場合、$\sqrt{a^2}=|a|$（$a$が正か負で場合分けをして絶対値を外す）

---

### 例6

$2\sqrt{7}$の小数部分を式で表せ。

$2\sqrt{7}=\sqrt{2^2\times7}=\sqrt{28}$ を平方数の $\sqrt{\phantom{a}}$ ではさみ、整数部分を求める。

$5=\sqrt{5^2}<\sqrt{28}<\sqrt{6^2}=6$

なので、整数部分は 5 、小数部分は$\sqrt{28}-$（整数部分）$=\underline{2\sqrt{7}-5}$

### 例7

$x<2$のとき、$\sqrt{x^2-4x+4}$を簡単にせよ。

$\sqrt{x^2-4x+4}=\sqrt{(x-2)^2}=|x-2|$

$x<2$なので、絶対値の中身$(x-2)$は負となり、$-1$倍して絶対値を外すと、

$|x-2|=\underline{2-x}$

1 計算の基礎　13

## 例題 1-2

$-2<x<1$ のとき、$\sqrt{9x^2+36x+36}-\sqrt{4x^2-8x+4}$ を簡単にせよ。

### 解説

$$
\begin{aligned}
\sqrt{9x^2+36x+36}-\sqrt{4x^2-8x+4} &= \sqrt{9(x^2+4x+4)}-\sqrt{4(x^2-2x+1)} \\
&= \sqrt{9(x+2)^2}-\sqrt{4(x-1)^2} \\
&= 3\,|\,x+2\,|-2\,|\,x-1\,|
\end{aligned}
$$

$-2<x<1$ のとき、$x+2>0$、$x-1<0$ であるから、

$$
\begin{aligned}
3\,|\,x+2\,|-2\,|\,x-1\,| &= 3(x+2)-2\{-(x-1)\} \\
&= 3x+6+2x-2 \\
&= \underline{5x+4}
\end{aligned}
$$

## 3 その他の重要知識

### 1 恒等式と方程式

$(x-1)^2=x^2-2x+1$ や $(x+y)(x-y)=x^2-y^2$ などのように $x$、$y$ にどんな数を代入しても成り立つものを **恒等式** という。一方、$2x-1=0$ のように、$x$ に特定の数を代入したときだけ成り立つものを **方程式** という。

### 恒等式

❶ $ax^2+bx+c=0$ が $x$ についての恒等式ならば、$a=0$、$b=0$、$c=0$

❷ $ax^2+bx+c=Ax^2+Bx+C$ が $x$ についての恒等式ならば、$a=A$、$b=B$、$c=C$

例8 　$x$についての恒等式$2x^2-7x-1=A(x-1)^2+B(x-1)+C$が成り立つように、定数A、B、Cの値を求めよ。

右辺を展開して整理すると、
　$(右辺)=Ax^2+(-2A+B)x+(A-B+C)$
$x$についての恒等式なので、係数比較をすると、
　$A=2$、$-2A+B=-7$、$A-B+C=-1$
よって、$\underline{A=2、B=-3、C=-6}$

［別　解］
恒等式とは、$x$にどんな数を代入しても成り立つものなので、$x=0$、1、2を代入する。
　$x=0$を代入すると、$-1=A-B+C$
　$x=1$を代入すると、$-6=C$
　$x=2$を代入すると、$-7=A+B+C$
よって、$\underline{A=2、B=-3、C=-6}$

※　ここで得られた答えは必要条件でしかないので、本来は十分条件の確認をしなくてはならない。つまり、A=2、B=-3、C=-6のとき、与式に代入すると、
　　$(右辺)=2(x-1)^2-3(x-1)-6=2x^2-7x-1=(左辺)$
であるから、与式は恒等式となる。

## 2 対称式

$x$と$y$など、式中の任意の文字を入れ替えてもその値が変わらない式を対称式という。
対称式に当たる例として$x^2+y^2$、$(x-y)^2$、$x^3+y^3$など、当たらない例として$x-y$、$x^2+y$などがある。

### ① 対称式の性質
すべての対称式は$x+y$と$xy$（これを基本対称式という）だけで表すことができる。

1　計算の基礎　15

② 対称式の式変形の例

　以下の式変形をそのまま覚えるのではなく、仕組みを理解して自分で作れるようにしておきたい。

### 対称式の式変形

❶ $x^2+y^2=(x+y)^2-2xy$　　　　$(x+y)^2=x^2+2xy+y^2$を変形したもの

❷ $(x-y)^2=(x+y)^2-4xy$　　　　$(x-y)^2=x^2-2xy+y^2$を変形したもの

❸ $x^3+y^3=(x+y)^3-3xy(x+y)$　　$(x+y)^3=x^3+3x^2y+3xy^2+y^3$を変形したもの

❹ $\dfrac{1}{x}+\dfrac{1}{y}=\dfrac{x+y}{xy}$

❺ $x^4+y^4=\{(x+y)^2-2xy\}^2-2(xy)^2$

❻ $x^2+y^2+z^2=(x+y+z)^2-2(xy+yz+zx)$

　❻のように3変数(文字が三つ)の場合、三つの基本対称式$x+y+z$、$xy+yz+zx$、$xyz$で必ず表すことができる。

### 例9

　　　$x=\sqrt{3}+\sqrt{2}$、$y=\sqrt{3}-\sqrt{2}$のとき、$\dfrac{y^2}{x}+\dfrac{x^2}{y}$の値を求めよ。

対称式なので、基本対称式$x+y$と$xy$で表すことができる。

$x+y=(\sqrt{3}+\sqrt{2})+(\sqrt{3}-\sqrt{2})=2\sqrt{3}$

$xy=(\sqrt{3}+\sqrt{2})\times(\sqrt{3}-\sqrt{2})=3-2=1$

$\dfrac{y^2}{x}+\dfrac{x^2}{y}=\dfrac{y^2\times y}{x\times y}+\dfrac{x^2\times x}{y\times x}=\dfrac{x^3+y^3}{xy}=\dfrac{(x+y)^3-3xy(x+y)}{xy}$

数値を代入すると、

$\dfrac{(x+y)^3-3xy(x+y)}{xy}=\dfrac{(2\sqrt{3})^3-3\times1\times2\sqrt{3}}{1}=24\sqrt{3}-6\sqrt{3}=\underline{18\sqrt{3}}$

## 例題 1-3

$x<0$ とし、$x-\dfrac{1}{x}=2\sqrt{2}$ のとき、$x^2+\dfrac{1}{x^2}$、$x+\dfrac{1}{x}$、$x^3-\dfrac{1}{x^3}$ の値をそれぞれ求めよ。

---

## 解説

$$x^2+\frac{1}{x^2}=\left(x-\frac{1}{x}\right)^2+2=(2\sqrt{2})^2+2=10 \qquad \cdots\cdots ①$$

$$\left(x+\frac{1}{x}\right)^2=x^2+2\times x\times\frac{1}{x}+\frac{1}{x^2}=x^2+\frac{1}{x^2}+2=10+2=\underline{12} \quad \triangleleft\ ①を代入$$

$x<0$ であるから、$x+\dfrac{1}{x}<0$ となるので、

$$x+\frac{1}{x}=-\sqrt{12}=\underline{-2\sqrt{3}}$$

また、$(x-y)^3=x^3-3x^2y+3xy^2-y^3$ より、

$$\left(x-\frac{1}{x}\right)^3=x^3-3x+\frac{3}{x}-\frac{1}{x^3}=x^3-\frac{1}{x^3}-3x+\frac{3}{x}=x^3-\frac{1}{x^3}-3\left(x-\frac{1}{x}\right)$$

よって、式変形すると $x^3-\dfrac{1}{x^3}=\left(x-\dfrac{1}{x}\right)^3+3\left(x-\dfrac{1}{x}\right)$ が得られる。

$x-\dfrac{1}{x}=2\sqrt{2}$ なので、代入すると以下のようになる。

$$x^3-\frac{1}{x^3}=\left(x-\frac{1}{x}\right)^3+3\left(x-\frac{1}{x}\right)=(2\sqrt{2})^3+3\times2\sqrt{2}=16\sqrt{2}+6\sqrt{2}=\underline{22\sqrt{2}}$$

1　計算の基礎　17

## 3 相加平均・相乗平均の関係

次の関係を「相加平均・相乗平均の関係」という。$a+b \geqq 2\sqrt{ab}$ の形で用いることが多い。

### 相加平均・相乗平均の関係

$a > 0$、$b > 0$ のとき、

$$\frac{a+b}{2} \geqq \sqrt{ab} \quad \Leftrightarrow \quad a+b \geqq 2\sqrt{ab} \quad (\text{等号成立は } a = b \text{ のとき})$$

### 例10

$x > 0$ のとき、$x + \dfrac{1}{x}$ の最小値を求めよ。

条件より $x > 0$、$\dfrac{1}{x} > 0$ であるので、次の式が成り立つ。

$$x + \frac{1}{x} \geqq 2\sqrt{x \times \frac{1}{x}} = 2 \times \sqrt{1} = 2$$

等号成立は、$x = \dfrac{1}{x}$ のとき、つまり、$x > 0$ より、$x = 1$ のときである。

よって、最小値は $\underline{2}$ である。

例10 で示したように、等号成立を調べなければ最小値と断定することはできない。例えば「$x > 0$ のとき、$x + 5 + \dfrac{1}{x+5}$ の最小値を求めよ」という問題があったとして、$x + 5 + \dfrac{1}{x+5} \geqq 2\sqrt{(x+5) \times \dfrac{1}{x+5}} = 2$ となるので、最小値は 2 かというとそうではない。これは等号成立する $x$ が存在しないためである。等号成立は $x + 5 = \dfrac{1}{x+5}$ のとき、つまり、$(x+5)^2 = 1$ より、$x + 5 = \pm 1$ となり、$x = -6, -4$ のときであるが、$x > 0$ なので、どちらも不適である。

### 例題 1-4

$x>0$ のとき、$x+\dfrac{3}{x}$ の最小値を求めよ。

### 解説

条件より $x>0$、$\dfrac{3}{x}>0$ であるので、相加・相乗平均の関係より、次の式が成り

立つ。

$$x+\frac{3}{x}\geqq 2\sqrt{x\times\frac{3}{x}}=2\times\sqrt{3}=2\sqrt{3}$$

等号成立は、$x=\dfrac{3}{x}$ のとき、つまり、$x>0$ より、$x=\sqrt{3}$ のときである。

よって、最小値は $\underline{2\sqrt{3}}$ である。

## 4 ▶ 方程式の整数解

与えられた方程式を、「( )×( )＝整数」の形に変形して、「A、B、C が整数のとき、AB＝C ならば A、B は C の約数」であることを利用する。

### 例11

方程式 $xy=4x-y+7$ を満たす自然数 $x$、$y$ の組 $(x,\ y)$ をすべて求めよ。

まず左辺にすべての項を移項して、$xy-4x+y-7=0$ とし、$(x+1)(y-4)=3$
$x$、$y$ は自然数であるから、$x+1\geqq 2$、$y-4\geqq -3$
よって、$(x+1,\ y-4)=(3,\ 1)$
ゆえに、$(x,\ y)=\underline{(2,\ 5)}$

1　計算の基礎　19

## 過去問 Exercise

**問題1**　式$x=(a^m)^n \times b^m$において$a=2$、$b=4$、$m=-2$、$n=-3$のときの$x$の値として最も妥当なのはどれか。

東京消防庁Ⅰ類2011

1　$2^{-6}$

2　$2^{-2}$

3　$1$

4　$4$

5　$64$

20　第1章　数　学

## 解説

正解 **4**

$x=(a^m)^n \times b^m$ に $a=2$、$b=4$、$m=-2$、$n=-3$を代入して計算すると以下のようになる。

$$x=(a^m)^n \times b^m$$
$$=(2^{-2})^{-3} \times 4^{-2}$$
$$=2^{(-2) \times (-3)} \times (2^2)^{-2}$$
$$=2^6 \times 2^{-4}$$
$$=2^{6-4}$$
$$=2^2$$
$$=4$$

**問題2** $a+b+c=2$、$ab+bc+ac=-11$ のとき、$a^2+b^2+c^2$ の値として、最も妥当なのはどれか。

東京消防庁Ⅰ類2013

1. 20
2. 26
3. 30
4. 36
5. 44

## 解説

正解 **2**

第1章 数学

式変形を行う際の初手となることが多い重要ポイントを示す。

まず、求める式はどの公式が使えそうかを考えていく。$a^2+b^2+c^2$ は因数分解・展開公式 $(x+y+z)^2=x^2+y^2+z^2+2xy+2yz+2zx$ で変形すればよさそうだとわかる。

与えられた条件式は $a+b+c=2$ なので、この式の両辺を 2 乗すると、$a^2+b^2+c^2$ を含む式ができそうである、と考えていく。

$a+b+c=2$ を両辺 2 乗すると $(a+b+c)^2=2^2$ となり、これを展開・整理する。

$$a^2+b^2+c^2+2(ab+bc+ac)=4$$

ここに、$ab+bc+ac=-11$ を代入すると、$a^2+b^2+c^2+2(-11)=4$ となり、$a^2+b^2+c^2=26$ を得る。

1　計算の基礎　23

**問題3** $|2x-8|<x$ を満たす $x$ の範囲として、最も妥当なのはどれか。

東京消防庁Ⅰ類2013

1. $x<\dfrac{8}{3}$ 、 $4<x$

2. $x\leqq\dfrac{8}{3}$ 、 $8<x$

3. $\dfrac{8}{3}<x\leqq4$

4. $\dfrac{8}{3}<x<8$

5. $\dfrac{8}{3}\leqq x\leqq8$

# 解説

正解 ④

❶ $2x-8 \geqq 0$ のとき

つまり、
$$x \geqq 4 \quad \cdots\cdots ①$$

のとき、絶対値記号の中の値が0以上なので、そのまま外し不等式を解くと次のようになる。

$$2x-8 < x$$
$$x < 8 \quad \cdots\cdots ②$$

①、②を同時に満たす $x$ の範囲は、以下のようになる。

$$4 \leqq x < 8 \quad \cdots\cdots ③$$

❷ $2x-8 < 0$ のとき

つまり、
$$x < 4 \quad \cdots\cdots ④$$

のとき、絶対値記号の中の値が0未満なので、−1倍して外し解くと次のようになる。

$$-(2x-8) < x$$
$$-2x+8 < x$$
$$-3x < -8$$
$$x > \frac{8}{3} \quad \cdots\cdots ⑤ \quad \text{◁ 不等号の向きに注意する}$$

④、⑤を同時に満たす $x$ の範囲は、以下のようになる。

$$\frac{8}{3} < x < 4 \quad \cdots\cdots ⑥$$

以上より、求める範囲は③または⑥なので、$\frac{8}{3} < x < 8$ となる。

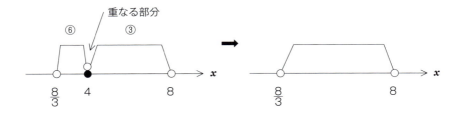

1 計算の基礎

**問題4**　$\dfrac{1}{2-\sqrt{3}}+\dfrac{1}{2+\sqrt{3}}$ に等しいのはどれか。

警視庁Ⅰ類2008

**1**　1

**2**　2

**3**　3

**4**　4

**5**　5

## 解説

正解 ④

分母のルートをなくす（有理化する）ためには、$(x+y)(x-y)=x^2-y^2$ を利用する。その際、$x=2$、$y=\sqrt{3}$ として考えると見えやすいだろう。

$\dfrac{1}{2-\sqrt{3}}+\dfrac{1}{2+\sqrt{3}}$ の分母をそれぞれ有理化すると以下のようになる。

$$\frac{1}{2-\sqrt{3}}+\frac{1}{2+\sqrt{3}}=\frac{2+\sqrt{3}}{(2-\sqrt{3})(2+\sqrt{3})}+\frac{2-\sqrt{3}}{(2+\sqrt{3})(2-\sqrt{3})}$$

$$=\frac{2+\sqrt{3}}{4-3}+\frac{2-\sqrt{3}}{4-3}=4$$

［別　解］

$\dfrac{1}{a}+\dfrac{1}{b}=\dfrac{b+a}{ab}$ を用いる（有理化をする必要がなくなる）。

$$\frac{1}{2-\sqrt{3}}+\frac{1}{2+\sqrt{3}}=\frac{2+\sqrt{3}+2-\sqrt{3}}{(2-\sqrt{3})(2+\sqrt{3})}=\frac{4}{4-3}=4$$

1　計算の基礎　27

**問題5**　$x+y=5$、$(x+3)(y+3)=1$のとき、$x^2-3xy+y^2$の値として、最も妥当なのはどれか。

東京消防庁Ⅰ類2015

1. 　95
2. 　110
3. 　125
4. 　140
5. 　145

## 解説

正解 **4**

第1章 数学

　まず、基本対称式の値を求める。$x+y$ の値については条件から $x+y=5$ とわかっているので、$xy$ の値を求める。$(x+3)(y+3)=1$ を展開し整理すると、

$$xy+3(x+y)=-8$$

となる。

　ここに $x+y=5$ を代入すると、$xy=-23$ と求められる。

　次に因数分解の公式を使って、対称式を基本対称式のみで表す。求める式 $x^2-3xy+y^2$ を基本対称式の形が現れるように式変形する。

　$x^2+y^2=(x+y)^2-2xy$ であることを利用して、

$$x^2-3xy+y^2=(x+y)^2-5xy$$

と変形すると基本対称式のみで表される。ここに基本対称式の値を代入する。

$$x^2-3xy+y^2=(x+y)^2-5xy=5^2-5(-23)=140$$

1　計算の基礎　29

**問題6** $x^2-y^2=24$ の自然数解の個数として、最も妥当なのは
どれか。

東京消防庁Ⅰ類2014

**1** 1

**2** 2

**3** 3

**4** 4

**5** 5

## 解説

正解 ❷

式の左辺を因数分解して、$x^2-y^2=(x+y)(x-y)=24$の形にする。$x$も$y$も自然数であるから、$x+y>0$であり、$(x+y)(x-y)=24$は、正×$(x-y)=24$と表せる。

掛け算して正になるのは「正×正」か「負×負」のみなので、$x-y>0$となる。また$x+y>x-y$であるので、$(x+y,\ x-y)=(24,\ 1)$、$(12,\ 2)$、$(8,\ 3)$、$(6,\ 4)$の4通りが考えられる。

よって、それぞれの連立方程式を解いて、解を検討していく。

❶ $(x+y,\ x-y)=(24,\ 1)$のとき

連立方程式$x+y=24$、$x-y=1$を解くと、$x=\dfrac{25}{2}$、$y=\dfrac{23}{2}$となり、$x$、$y$が自然数であることと矛盾するため、不適である。

❷ $(x+y,\ x-y)=(12,\ 2)$のとき

連立方程式$x+y=12$、$x-y=2$を解くと、$x=7$、$y=5$となり、$x$、$y$が自然数であることと適合する。

❸ $(x+y,\ x-y)=(8,\ 3)$のとき

連立方程式$x+y=8$、$x-y=3$を解くと、$x=\dfrac{11}{2}$、$y=\dfrac{5}{2}$となり、$x$、$y$が自然数であることと矛盾するため、不適である。

❹ $(x+y,\ x-y)=(6,\ 4)$のとき

連立方程式$x+y=6$、$x-y=4$を解くと、$x=5$、$y=1$となり、$x$、$y$が自然数であることと適合する。

以上より、$x$、$y$がともに自然数になるのは、$(x,\ y)=(7,\ 5)$と、$(x,\ y)=(5,\ 1)$のときの2通りである。

1　計算の基礎

# 2　整式の計算

整式においても除法（割り算）を行うことが可能です。これを用いた式変形から導かれる定理を見ていきましょう。

## 1　整式の除法

　整数$a$を整数$b$で割ったときの商を$q$、余りを$r$とすると、

　　$a = b \times q + r$

が成立する。これと同様のことが整式でも成立する。

　ここでは、整式を整式で筆算して割り算をする方法を示す。

例1　整式$4x^3 + 2x^2 + 3x + 7$を整式$x^2 + 2x + 1$で割ったときの商と余りを整式で表せ。

　**割られる数の最高次数と同じ数を作る。**

　ここでは、$x^2$にかけて$4x^3$になるものを書く。

$$
\begin{array}{r}
4x \\
x^2+2x+1 \overline{\smash{\big)}\ 4x^3+2x^2+3x+7} \\
\underline{4x^3+8x^2+4x\phantom{+7}} \\
-6x^2-\ x+7
\end{array}
$$

　**引き算により最高次数の項を消去する。**

　$x^3$の項が消えたので、$x^2$にかけて$-6x^2$になるものを書く。

$$
\begin{array}{r}
4x-6 \\
x^2+2x+1 \overline{\smash{\big)}\ 4x^3+2x^2+\ 3x+\ 7} \\
\underline{4x^3+8x^2+\ 4x\phantom{+\ 7}} \\
-6x^2-\ x+\ 7 \\
\underline{-6x^2-12x-\ 6} \\
11x+13
\end{array}
$$

　**割る式の次数を下回ったら終了。**

　割る式は2次式なので、ここで終了となる。

　剰余の関係から、（割られる整式）＝（商の整式）×（割る整式）＋（余りの整式）であるので、$4x^3 + 2x^2 + 3x + 7$は以下のように変形できる。

$$4x^3+2x^2+3x+7=(4x-6)(x^2+2x+1)+(11x+13)$$
よって、商は$4x-6$、余りは$11x+13$となる。

### 例題 1-5

$\sqrt{7}$の小数部分を$x$とするとき、$2x^3+8x^2-4x-3$の値を求めよ。

### 解説

$2^2<7<3^2$であるから、$2<\sqrt{7}<3$となり、$\sqrt{7}$の小数部分$x$は、$x=\sqrt{7}-2$となる。

よって、$x+2=\sqrt{7}$であり、両辺を2乗して、
$$x^2+4x+4=7 \quad \Leftrightarrow \quad x^2+4x-3=0$$
となる。

$2x^3+8x^2-4x-3$を$x^2+4x-3$で割ると、商が$2x$、余りが$2x-3$となるので、
$$2x^3+8x^2-4x-3=2x(x^2+4x-3)+2x-3$$
となる。

よって、$x^2+4x-3=0$なので、
$$2x^3+8x^2-4x-3=2x-3=2(\sqrt{7}-2)-3=\underline{2\sqrt{7}-7}$$
となる。

[別 解]

$x^2+4x+4=7$より、$x^2+4x=3$なので、
$$\begin{aligned}
2x^3+8x^2-4x-3&=2x(x^2+4x)-4x-3\\
&=2x\times3-4x-3\\
&=2x-3\\
&=2(\sqrt{7}-2)-3\\
&=\underline{2\sqrt{7}-7}
\end{aligned}$$

## 2 因数定理と剰余の定理

### 1 因数定理

整式$P(x)$が1次式$(x-a)$で割り切れるとき、$P(a)=0$となることを因数定理という。

例えば、$P(x)=2x^2-5x+3$を因数分解して、$P(x)=2x^2-5x+3=(2x-3)(x-1)$の形に変形した場合、$P(x)$は$(2x-3)$や$(x-1)$で割り切れることがわかる。

そして、このとき、$2x-3=0$を満たす$x=\dfrac{3}{2}$や$x-1=0$を満たす$x=1$を代入すれば$P(x)=0$になる。これは、裏を返せば、$P(x)=0$になる$x$を見つけることができれば、$P(x)$を割り切れる式を導き出せることを意味している。

## 2 剰余の定理

整式$P(x)$を1次式$(x-a)$で割ったときの余りは、定数$P(a)$となることを剰余の定理という。

### 例2

整式$P(x)=x^3+ax^2-4$を$x+1$で割った余りが$-3$となるように、定数$a$の値を求めよ。

$P(-1)=(-1)^3+a(-1)^2-4=-1+a-4=-5+a$
これが$-3$となるので、$-5+a=-3$より、$\underline{a=2}$となる。

---

### 例題 1-6

整式$P(x)$を$x+5$で割ったときの余りは17であり、$x+12$で割ったときの余りは31である。$P(x)$を$(x+5)(x+12)$で割ったときの余りを求めよ。

#### 解説

$P(x)$を2次式$(x+5)(x+12)$で割ったときの余りを$ax+b$とおいて、商を$Q(x)$とすると、次の等式が成り立つ。

$P(x)=(x+5)(x+12)Q(x)+ax+b$

剰余の定理より、

$P(-5)=-5a+b=17$　　……①
$P(-12)=-12a+b=31$　　……②

①、②を解くと、$a=-2$、$b=7$
よって余りは$\underline{-2x+7}$となる。

## 例題 1-7

整式 $P(x)$ を $x-1$ で割ったときの余りは10であり、$(x-2)^2$ で割ったときの余りは $2x+3$ である。$P(x)$ を $(x-2)^2(x-1)$ で割ったときの余りを求めよ。

### 解説

$P(x)$ を3次式 $(x-2)^2(x-1)$ で割ったときの余りを $ax^2+bx+c$ とすると、整式 $Q(x)$ を用いて、

$$P(x)=(x-2)^2(x-1)Q(x)+ax^2+bx+c \quad \cdots\cdots①$$

と表すことができる。

$P(x)$ を $x-1$ で割ると10余るので、

$$P(1)=10 \quad \cdots\cdots②$$

$P(x)$ を $(x-2)^2$ で割ると $2x+3$ 余るので、①の $ax^2+bx+c$ を $(x-2)^2$ で割ったときの余りも $2x+3$ となる。つまり、①は以下のように表すことができる。

$$P(x)=(x-2)^2(x-1)Q(x)+a(x-2)^2+2x+3 \quad \cdots\cdots③$$

②、③より、

$$P(1)=a(-1)^2+2+3=a+5$$

となり、$a+5=10$ より、$a=5$

これを③の余りの式 $a(x-2)^2+2x+3$ に代入して、

$$5(x-2)^2+2x+3=\underline{5x^2-18x+23}$$

となる。

なお、間違いやすい例として、$P(x)$ を $(x-2)^2$ で割ると $2x+3$ 余るので、整式 $R(x)$ を用いて、

$$P(x)=(x-2)^2R(x)+2x+3$$

と表すことができる。

よって、$P(2)=2\times2+3=7$ となり、①と $P(1)=10$、$P(2)=7$ より、

$$a+b+c=10 \quad \cdots\cdots④$$

$$4a+2b+c=7 \quad \cdots\cdots⑤$$

上記のように考えると、④と⑤の2式しか得られず、$a$、$b$、$c$ の値を求めることができない。解説の③の式がこの問題で最も重要な式である。

2 整式の計算　35

## 過去問 Exercise

**問題1**　整式A＝$4x^4+2x^2-3x+7$を整式B＝$x^2-x+3$で割ったとき、その商と余りの組合せとして、妥当なのはどれか。

特別区Ⅰ類2009

|  | 商 | 余り |
|---|---|---|
| **1** | $4x^2+4x-6$ | $-21x+25$ |
| **2** | $4x^2-4x+18$ | $-33x+61$ |
| **3** | $4x^2-4x+6$ | $-21x+25$ |
| **4** | $4x^2-4x+18$ | $-21x+25$ |
| **5** | $4x^2+4x-6$ | $-33x+61$ |

## 解説

正解 ❶

整式 $A = 4x^4 + 2x^2 - 3x + 7$ を整式 $B = x^2 - x + 3$ で割るときに、整式 $A$ には $x^3$ の項がないので、係数を $0$ として考える点に注意する必要がある。筆算で計算すると、下のようになる。

$$
\begin{array}{r}
4x^2 + 4x - 6 \\
x^2 - x + 3 \overline{\smash{\big)}\ 4x^4 + 0x^3 + 2x^2 - 3x + 7} \\
\underline{4x^4 - 4x^3 + 12x^2} \\
4x^3 - 10x^2 - 3x \\
\underline{4x^3 - 4x^2 + 12x} \\
-6x^2 - 15x + 7 \\
\underline{-6x^2 + 6x - 18} \\
-21x + 25
\end{array}
$$

よって、商は $4x^2 + 4x - 6$、余りは $-21x + 25$ である。

**問題2**　整式 $P(x) = x^5 - 3x^4 + 2x^3 + 2x + 1$ を $x-1$ で割った余りを求めよ。

東京消防庁Ⅰ類2012

❶　1

❷　2

❸　3

❹　4

❺　5

## 解説

正解 ③

余りを $a$ とおくと、

$$P(x) = x^5 - 3x^4 + 2x^3 + 2x + 1 = (x-1)Q(x) + a$$

と表すことができる。

$x = 1$ を代入すると、以下のように計算される。

$$P(1) = 1^5 - 3 \times 1^4 + 2 \times 1^3 + 2 \times 1 + 1 = 0 \times Q(1) + a$$

よって、$a = 3$ となる（余りは $P(1)$ となることがわかる）。

★★☆

# 3 数　列

数列の知識やテクニックは数的処理でも必須となります。等差数列の一般項と和について
しっかり押さえ、漸化式は式の意味、部分分数分解はしくみを理解しましょう。

## ① 等差数列

　隣り合った二つの項の差が等しい数列を**等差数列**という。先頭の項を初項とい
い、項と項の間の差を公差という。

$$a_1 \quad a_2 \quad a_3 \quad a_4 \quad a_5 \cdots\cdots\cdots a_{n-1} \quad a_n$$

$$\lor \qquad \lor \qquad \lor \qquad \lor \qquad\qquad \lor$$

$$+d \quad +d \quad +d \quad +d \qquad \cdots\cdots \quad +d$$

第$n$項$(a_n)$は、$a_n = a_1 + (n-1)d$　　$(a_1：初項、d：公差)$
第$n$項までの和$(S_n)$は、

$$S_n = \frac{n(a_1 + a_n)}{2}$$

**例1**

$$2 \qquad 5 \qquad 8 \qquad 11 \qquad 14 \cdots\cdots$$

$$\lor \qquad \lor \qquad \lor \qquad \lor$$

$$+3 \quad +3 \quad +3 \quad +3 \qquad \cdots\cdots$$

第$n$項$(a_n)$は、$a_n = 2 + (n-1) \times 3 = 3n - 1$
第$n$項までの和$(S_n)$は、

$$S_n = \frac{n}{2}\{2 + (3n-1)\} = \frac{1}{2}n(3n+1)$$

となる。

40　第 1 章　数　学

このとき、第$n$項を表した$a_n$を、数列の**一般項**という。

一般項を初項$a_1$と隣り合う2項間の関係式で表したものを**漸化式**という（例：$a_1$＝2、$a_{n+1}$＝$a_n$＋3）。

## ❷ 等比数列

隣り合った二つの項の比が等しい数列を等比数列という。先頭の項を初項といい、各項に乗じられる一定の比を公比という。

$$a_1 \qquad a_2 \qquad a_3 \qquad a_4 \qquad a_5 \cdots\cdots\cdots a_{n-1} \qquad a_n$$

$$\vee \qquad \vee \qquad \vee \qquad \vee \qquad\qquad\qquad \vee$$

$$\times r \qquad \times r \qquad \times r \qquad \times r \qquad \cdots\cdots \qquad \times r$$

第$n$項（$a_n$）は、$a_n = a_1 r^{n-1}$ （$a_1$：初項、$r$：公比）

第$n$項までの和（$S_n$）は、

$r = 1$のとき、$S_n = na_1$

$r \neq 1$のとき、$S_n = \dfrac{a_1(r^n - 1)}{r - 1}$

---

**例2**

$$3 \qquad 6 \qquad 12 \qquad 24 \qquad 48 \cdots\cdots$$

$$\vee \qquad \vee \qquad \vee \qquad \vee$$

$$\times 2 \qquad \times 2 \qquad \times 2 \qquad \times 2 \qquad \cdots\cdots$$

第$n$項（$a_n$）は、$a_n = 3 \times 2^{n-1}$

第$n$項までの和（$S_n$）は、

$$S_n = \frac{3(2^n - 1)}{2 - 1} = 3(2^n - 1)$$

となる。

## ③ 階差数列

隣り合った二つの項の差をとって新しい数列としたとき、この数列をもとの数列の**階差数列**という。階差数列の和を使って、もとの数列を考える場合も多い。

$$a_1 \quad\quad a_2 \quad\quad a_3 \quad\quad a_4 \quad\quad a_5 \quad\cdots\cdots\quad a_{n-1} \quad\quad a_n$$
$$\vee \quad\quad \vee \quad\quad \vee \quad\quad \vee \quad\quad\quad\quad\quad \vee$$
$$+b_1 \quad\quad +b_2 \quad\quad +b_3 \quad\quad +b_4 \quad\cdots\cdots\quad +b_{n-1}$$

第$n$項($a_n$)は、
$$a_n = a_1 + (b_1 + b_2 + b_3 + b_4 + \cdots\cdots + b_{n-1})$$
となる。

---

**例3**

$$1 \quad\quad 2 \quad\quad 4 \quad\quad 7 \quad\quad 11 \quad\quad 16 \quad\quad 22 \quad\cdots\cdots$$
$$\vee \quad\quad \vee \quad\quad \vee \quad\quad \vee \quad\quad \vee \quad\quad \vee$$
$$+1 \quad\quad +2 \quad\quad +3 \quad\quad +4 \quad\quad +5 \quad\quad +6 \quad\cdots\cdots$$

第$n$項($a_n$)は、
$$a_n = 1 + \{1 + 2 + 3 + 4 + \cdots\cdots + (n-1)\}$$
{＿＿＿}の中の計算は、初項1、公差1の等差数列の、第($n-1$)項までの和$S_{n-1}$となるから、

$$S_{n-1} = \frac{(n-1)(1+n-1)}{2}$$

$$= \frac{n(n-1)}{2}$$

よって、$a_n = \dfrac{1}{2}(n^2 - n + 2)$

となる。

---

42　第1章　数　学

## 4 分数の整列の和の計算

分数の形をした数列の和を求める場合には、式変形を活用して引き算の形に着目して計算を行う。これを**部分分数分解**という。

通分してもとに戻ることを意識すれば、分数を引き算の形に分解することができる。

**❶ 分母の差が1である場合**

$$\frac{1}{n} - \frac{1}{n+1} = \frac{n+1}{n \times (n+1)} - \frac{n}{n \times (n+1)} = \frac{1}{n(n+1)}$$

**❷ 分母の差が2である場合**

$$\frac{1}{n} - \frac{1}{n+2} = \frac{n+2}{n \times (n+2)} - \frac{n}{n \times (n+2)} = \frac{2}{n \times (n+2)}$$

よって、

$$\frac{1}{n(n+2)} = \left( \frac{1}{n} - \frac{1}{n+2} \right) \times \frac{1}{2}$$

3 数列 43

# 過去問 Exercise

**問題1** 　99までの正の整数のうち、3で割ると1余る数の総和として、最も妥当なのはどれか。

東京消防庁Ⅰ類2014

**1** 1000

**2** 1246

**3** 1334

**4** 1425

**5** 1617

**解説**

正解 **5**

　99までの正の整数のうち、3で割ると1余る数を小さいほうから述べると、次のようになる。

　　1, 4, 7, 10, …, 97

　これらの総和は、初項1、公差3、項数33の等差数列の和と等しい。したがって、求める和は、次のようになる。

$$\frac{33 \times (1+97)}{2} = 1617$$

**問題2** 次の式の計算結果として、最も妥当なのはどれか。

東京消防庁Ⅰ類2013

$$\frac{1}{1 \cdot 3} + \frac{1}{3 \cdot 5} + \frac{1}{5 \cdot 7} + \frac{1}{7 \cdot 9} + \frac{1}{9 \cdot 11} + \frac{1}{11 \cdot 13} + \frac{1}{13 \cdot 15}$$

1　$\dfrac{7}{15}$

2　$\dfrac{14}{15}$

3　$\dfrac{26}{63}$

4　$\dfrac{35}{63}$

5　$\dfrac{49}{63}$

46　第1章　数　学

## 解説

正解 **1**

第1章
数 学

与えられた式を部分分数分解すると次のようになる。

$$\frac{1}{2}\left\{\left(\frac{1}{1}-\frac{1}{3}\right)+\left(\frac{1}{3}-\frac{1}{5}\right)+\left(\frac{1}{5}-\frac{1}{7}\right)+\cdots+\left(\frac{1}{11}-\frac{1}{13}\right)+\left(\frac{1}{13}-\frac{1}{15}\right)\right\}$$

すると、カッコ内の分数は最初と最後の分数だけを残して打ち消し合うので、

$$\frac{1}{2}\left\{\frac{1}{1}-\frac{1}{15}\right\}=\frac{7}{15}$$

となる。

3 数 列　47

**問題3** 　一般項が$a_{n+1}=3a_n-2$、$a_1=4$である数列の第4項の値として、最も妥当なのはどれか。

東京消防庁Ⅰ類2012

1 　　22

2 　　42

3 　　82

4 　102

5 　122

## 解説

正解 ③

一般項の式に、$n=1$、2、3を順に代入すると次のようになる。

$a_2=3a_1-2=3\times4-2=10$

$a_3=3a_2-2=3\times10-2=28$

$a_4=3a_3-2=3\times28-2=82$

なお、参考までに漸化式を解くと、以下のとおりとなる。

$a_{n+1}=3a_n-2$より、

$a_{n+1}-\alpha=3(a_n-\alpha)$　　……①

とおけば、展開して $a_{n+1}-\alpha=3a_n-3\alpha$ となり、

$a_{n+1}=3a_n-3\alpha+\alpha=3a_n-2\alpha$　　……②

となる。

②と $a_{n+1}=3a_n-2$ を比較すれば、$-2\alpha=-2$より、$\alpha=1$であることがわかり、①より、

$a_{n+1}-1=3(a_n-1)$　　……③

となる。$a_n-1=b_n$ とおけば、③より、$b_{n+1}=3b_n$ なので、$b_n$ は初項 $b_1=a_1-1=4-1=3$、公比3の等比数列となる。

よって、$a_n-1=b_n=3\times3^{n-1}$となり、$a_n=3\times3^{n-1}+1=3^n+1$となる。

## 問題4

次の漸化式によって定められる数列 $\{a_n\}$ について、$a_{100}$ はいくらか。

国家一般職2007

$$a_1 = 1、\ a_{n+1} = \frac{a_n}{2a_{n+1}} \quad (n = 1,\ 2,\ 3,\ \cdots)$$

1　$\dfrac{1}{99}$

2　$\dfrac{1}{100}$

3　$\dfrac{1}{101}$

4　$\dfrac{1}{199}$

5　$\dfrac{1}{201}$

## 解説

正解 **④**

$n = 1$のとき、

$$a_{1+1} = \frac{a_1}{2a_1 + 1}$$

となり、これを計算すると、

$$a_2 = \frac{1}{2+1} = \frac{1}{3}$$

となり、同様に$n = 2$のとき、

$$a_3 = \frac{a_2}{2a_2 + 1} = \frac{\dfrac{1}{3}}{2 \times \dfrac{1}{3} + 1} = \frac{\dfrac{1}{3}}{\dfrac{5}{3}} = \frac{1}{5}$$

となり、$n = 3$のとき、

$$a_4 = \frac{a_3}{2a_3 + 1} = \frac{\dfrac{1}{5}}{2 \times \dfrac{1}{5} + 1} = \frac{\dfrac{1}{5}}{\dfrac{7}{5}} = \frac{1}{7}$$

となる。

よって、数列$a_n$は、

$$\frac{1}{1}, \quad \frac{1}{3}, \quad \frac{1}{5}, \quad \frac{1}{7}, \quad \cdots$$

となるので、このとき、

$$a_n = \frac{1}{2n - 1}$$

となり、$n = 100$のとき、

$$a_{100} = \frac{1}{2 \times 100 - 1} = a_n = \frac{1}{199}$$

なお、参考までに漸化式を解くと、以下のとおりとなる。

$a_n \neq 0$より、与式の逆数をとると、

$$\frac{1}{a_{n+1}} = \frac{2a_n + 1}{a_n} = \frac{1}{a_n} + 2 \qquad \cdots\cdots ①$$

3 数列 51

$\dfrac{1}{a_n} = b_n$ とおけば、①は $b_{n+1} = b_n + 2$ なので、$b_n$ は初項 $b_1 = \dfrac{1}{a_1} = 1$、公差 2 の等差数列となる。

よって、$b_n = 1 + 2(n-1) = 2n-1$ となり、$\dfrac{1}{a_n} = b_n = 2n-1$ より、$a_n = \dfrac{1}{2n-1}$ となる。

★★★

# 4 関数とグラフ

第1章 数学

関数の中では２次関数が頻出です。２次方程式を２次関数としてグラフで捉えられるようにしましょう。

## 1 1次関数

１次関数については概ね説明を要しないと思われるが、復習がてら次の例を見ておこう。

**例1**　座標平面上の三つの点をA$(0, a)$、B$(-2, 0)$、C$(4, 0)$とし、直線$y=3x$は△ABCの面積を２等分する直線である。このとき、$a$の値を求めよ。ただし、$a>0$とする。

　△ABCの面積は、BCを底辺としOAを高さとすると、

$$\frac{1}{2} \times (2+4) \times a = 3a$$

となる。直線$y=3x$は△ABCの面積を２等分する直線であるので、直線ACと直線$y=3x$の交点をDとおくと、△OCDの面積は$\frac{3}{2}a$となる。△OCDの面積は、OCを底辺とすると、高さは点Dの$y$座標であるので、

$$\frac{1}{2} \times 4 \times (\text{点Dの}y\text{座標}) = \frac{3}{2}a$$

より、点Dの$y$座標は$\frac{3}{4}a$となる。点Dは$y=3x$上にあるので、$\frac{3}{4}a=3x$より、$x=\frac{1}{4}a$となり、点Dの座標は$(\frac{1}{4}a, \frac{3}{4}a)$となる。

　また、点Dは直線AC上にあるので、直線ACの方程式$y=-\frac{1}{4}ax+a$に$(\frac{1}{4}a, \frac{3}{4}a)$を代入して、$\frac{3}{4}a=-\frac{1}{4}a \times \frac{1}{4}a+a$となり、16倍して整理すると、$a^2-$

4 関数とグラフ　53

$4a=0$ となる。因数分解して、$a(a-4)=0$ となり、$a\neq 0$ なので、<u>$a=4$</u> となる。

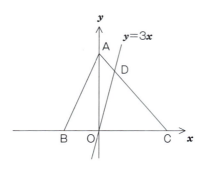

# 2 2次関数のグラフ

### 1 2次関数のグラフ

2次関数 $y=ax^2$ のグラフは、頂点が原点、$y$ 軸に線対称な形をした放物線となる。$a>0$ の場合は上に開いた形（<u>下に凸</u>）になり、$a<0$ の場合は下に開いた形（<u>上に凸</u>）になる。$a$ の絶対値が大きいほどグラフの開きは小さくなり、$a$ の絶対値が小さいほどグラフの開きは大きくなる。

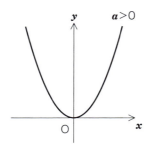
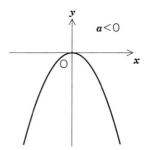

## 2 グラフの平行移動

2次関数 $y=ax^2+bx+c$ のグラフは、$y=ax^2$ のグラフと同じ形をしており、$y=ax^2$ のグラフを平行移動したものである。$y=a(x-p)^2+q$ のグラフは $y=ax^2$ のグラフを、$x$ 軸方向に $p$ だけ移動し、$y$ 軸方向に $q$ だけ移動したグラフであり、その頂点の座標は $(p, q)$ となる。$x$ の範囲が特に指定されていないとき、下に凸のグラフの場合、頂点は最小値となり、上に凸のグラフの場合、頂点は最大値になる。

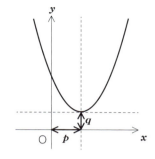

### 平行移動

❶ 点 $(a, b)$ を $x$ 軸正の方向に $p$、$y$ 軸正の方向に $q$ 平行移動 → $(a+p, b+q)$
❷ 関数 $y=f(x)$ を $x$ 軸正の方向に $p$、$y$ 軸正の方向に $q$ 平行移動
→ $y-q=f(x-p)$

※ $x^2$ の項は $x-p$ に変えたもの全体を2乗することに注意

---

**例2** 点 $(1, 2)$ を $x$ 軸方向に $+3$、$y$ 軸方向に $-4$ 平行移動した点の座標を示せ。

$(1+3, 2-4)=(\underline{4, -2})$

**例3** $y=x^2-2x-1$ を $x$ 軸方向に $+1$、$y$ 軸方向に $+2$ 平行移動したグラフの式を示せ。

すべての $y$ を $y-2$ に、すべての $x$ を $x-1$ に変えて計算する。
$y-2=(x-1)^2-2(x-1)-1$
展開して整理すると、
$\underline{y=x^2-4x+4}$

## 例4

$y=(x+1)^2-3$の頂点の座標を求めよ。

頂点の座標は$(-1, \ -3)$である。

## 3 平方完成

ほとんどの場合、2次関数は$y=ax^2+bx+c$という形(一般形という)から自分で$y=a(x-p)^2+q$の形(標準形という)に変形する必要がある。この変形を**平方完成**という。

## 例5

$y=2x^2+4x+6$を平方完成によって標準形に変形する。

❶ $x^2$の係数が1以外の場合は、$x^2$の係数でくくる($x^2$の係数を1にする)
$$y=2x^2+4x+6=2(x^2+2x)+6$$

❷ ( )内でカッコの2乗を作るため、$x$の係数の$\dfrac{1}{2}$の2乗を加え、等式を保つためその数をさらに引く
$$y=2(x^2+2x+1-1)+6 \quad \longleftarrow \boxed{(x\text{の係数2})\times\dfrac{1}{2}\text{の2乗と、等式を保つための}-1}$$

❸ ( )内で引いた数を( )の外に出す
$$y=2(x^2+2x+1)-1\times2+6 \quad \longleftarrow \boxed{(\ )\text{前の数(係数)の2に注意する}}$$

❹ ( )内を( )$^2$の形に因数分解する
$$y=2(x+1)^2+4 \quad \longleftarrow \boxed{y=a(x-p)^2+q\text{ の形が完成する}}$$

## 例題 1-8

放物線 $y=-x^2+2x+5$ について、この放物線の頂点の座標を求めよ。

### 解説

頂点の座標を求めるので、放物線 $y=-x^2+2x+5$ を平方完成する。

$$y=-x^2+2x+5$$
$$=-(x^2-2x)+5$$
$$=-(x^2-2x+1-1)+5$$
$$=-(x^2-2x+1)+1+5$$
$$=-(x-1)^2+6$$

以上より、頂点の座標は $\underline{(1,\ 6)}$ となる。

## 例題 1-9

双曲線 $y=\dfrac{1}{x}$ の平行移動について考える。$y=\dfrac{x}{x-1}$ は $y=1+\dfrac{1}{x-1}$ となり、$y-1=\dfrac{1}{x-1}$ と変形できるので、$y=\dfrac{1}{x}$ を $x$ 軸方向に $+1$、$y$ 軸方向に $+1$ だけそれぞれ平行移動したものだとわかる。このことを利用して、$y=\dfrac{-2x-5}{x+3}$ は、$y=\dfrac{1}{x}$ をどのように平行移動したものか求めよ。

### 解説

整式の除法をすることにより、$y=\dfrac{-2x-5}{x+3}=-2+\dfrac{1}{x+3}$ となり、$y+2=\dfrac{1}{x+3}$ と変形できる。

この式は $y=\dfrac{1}{x}$ のグラフを $x$ 軸方向に $-3$、$y$ 軸方向に $-2$ 平行移動したものである。

4 関数とグラフ 57

## 4 グラフの対称移動

$x$軸、$y$軸、原点などに対称な移動をするケースを次のように考えていく。

### ① $x$軸に対称な移動

すべての$x$座標は変化せず、すべての$y$座標は符号が逆転する。

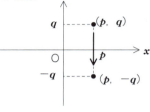

| 座標 | ：$x$はそのままで$y$を$-y$に換える |
|---|---|
| 関数$y=f(x)$ | ：すべての$y$を$-y$に換える |

$$-y=f(x) \Leftrightarrow y=-f(x)$$

### ② $y$軸に対称な移動

$y$座標は変化せず、すべての$x$座標は符号が逆転する。

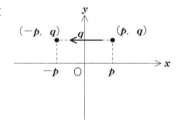

| 座標 | ：$y$はそのままで$x$を$-x$に換える |
|---|---|
| 関数$y=f(x)$ | ：すべての$x$を$-x$に換える |

$$y=f(-x)$$

### ③ 原点に対称な移動

すべての$x$座標と$y$座標の符号が逆転する。

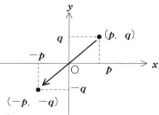

| 座標 | ：$x$を$-x$に、$y$を$-y$に換える |
|---|---|
| 関数$y=f(x)$ | ：すべての$x$を$-x$、$y$を$-y$に換える |

$$-y=f(-x) \Leftrightarrow y=-f(-x)$$

### 例題 1-10

ある放物線を$x$軸に関して対称移動し、次に$x$軸方向に$-2$、$y$軸方向に$+3$だけ平行移動してから、再び$x$軸に関して対称移動したところ、放物線$y=x^2$が得られた。このとき、最初の放物線の方程式を求めよ。

### 解説

最後にできあがった放物線$y=x^2$から逆にたどって考える。その際、$x$軸方向に$+2$、$y$軸方向に$-3$だけ平行移動することに注意する。

$y=x^2$を$x$軸に関して対称移動した放物線の方程式は$-y=x^2$となり、$y=-x^2$である。

続いて、この$y=-x^2$を$x$軸方向に$+2$、$y$軸方向に$-3$だけ平行移動した放物線の放物線の方程式は$y-(-3)=-(x-2)^2$となり、展開して整理すると、$y=-x^2+4x-7$である。

さらに、この$y=-x^2+4x-7$を$x$軸に関して対称移動したものが求める放物線であり、その方程式は、$-y=-x^2+4x-7$となり、$\underline{y=x^2-4x+7}$である。

## 5 2次関数の最大値・最小値

関数の最大値・最小値の求め方の基本は、**グラフを描く**ことである。グラフを描くことによって、グラフ上のどこが一番低く、どこが一番高いのか、視覚的にすぐにわかる。

### 例6

右図のような関数$y=2x^2$のグラフがあったとき、$-2\leqq x\leqq 1$における最大値と最小値はいくらか。

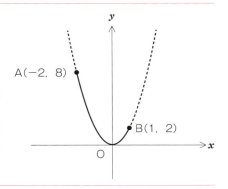

最大値は一番高い$\underline{8}$になるが、最小値は右側の2(点B)にはならない。なぜなら、放物線の頂点が2(点B)よりも下側にあるからである。よって、この場合の最小値は$\underline{0}$となる($0\leqq y\leqq 8$)。

例4における$-2 \leqq x \leqq 1$のように、$x$の変域(範囲)のことを**定義域**という。同様に、例4における$0 \leqq y \leqq 8$のように、$y$の変域(範囲)のことを**値域**という。

## 例題 1-11

次の図のような、$x$軸、$y=x$、$y=-\dfrac{1}{2}x+6$に内接する長方形PQRSの面積の最大値を求めよ。

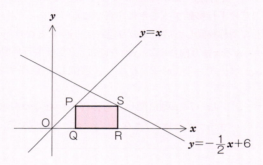

### 解説

点Qの$x$座標を$t$とおくと、点Pの$y$座標も$t$となる。点Pの$y$座標と点Sの$y$座標は等しく、点Sは$y=-\dfrac{1}{2}x+6$上にあるので、点Sの$x$座標は$t=-\dfrac{1}{2}x+6$より、$x=-2t+12$となる。

よって、点Sの$x$座標と点Rの$x$座標は等しいので、
$$QR = -2t+12-t = -3t+12$$
となる。

ここで、長方形PQRSの面積を$f(t)$とおくと、
$$f(t) = PQ \times QR = t \times (-3t+12) = -3t^2 + 12t$$
である。平方完成をして、
$$f(t) = -3t^2 + 12t = -3(t^2-4t) = -3(t-2)^2 + 12$$
となるので、長方形PQRSの面積の最大値は12 ($t=2$のとき) である。

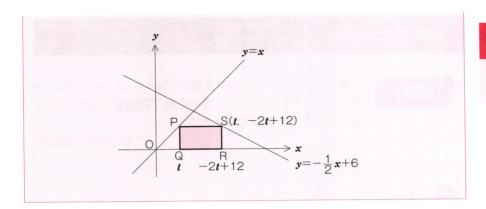

## 過去問 Exercise

**問題1**
座標平面上に、３つの直線$x-3y=0$、$x-y+4=0$、$x+y-4=0$がある。この３つの直線で囲まれた部分の面積として、最も妥当なのはどれか。

東京消防庁Ⅰ類2010

**1** 15

**2** 18

**3** 21

**4** 24

**5** 27

## 解説

正解 ❷

与えられた三つの直線の方程式を $y$ について変形すると以下のようになる。

$y = \dfrac{1}{3}x$

$y = x + 4$

$y = -x + 4$

これらの方程式を連立させると、各交点の座標を求めることができる。よって、これらを座標平面上にグラフとして表し、$y$ 軸で二つの三角形に分けて面積を計算すると以下のようになる。

$4 \times 6 \times \dfrac{1}{2} + 4 \times 3 \times \dfrac{1}{2} = 12 + 6 = 18$

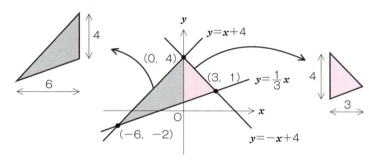

[別　解]

原点 $(0, 0)$、A $(a, b)$、B $(c, d)$ からなる △ABC の面積は以下のように表すことができる。

$S = \dfrac{1}{2} | ad - bc |$

この公式を用いると、$(0, 4)$、$(-6, -2)$、$(3, 1)$ をそれぞれ $y$ 軸方向に $-4$ 平行移動をして、$(0, 0)$、$(-6, -6)$、$(3, -3)$ となるので、面積 $S$ は、

$\dfrac{1}{2} | (-6) \times (-3) - 3 \times (-6) | = 18$

と求めることができる。

| 問題2 | 放物線$y=2x^2-4x-2$について、この放物線の頂点をA とするとき、Aの座標として、最も妥当なのはどれか。 |

東京消防庁Ⅰ類2011

**1** $(0, -2)$

**2** $(1, -4)$

**3** $(-2, 14)$

**4** $(3, 4)$

**5** $(2, -2)$

**解説**

正解 ❷

頂点 A の座標を求めるので、放物線 $y=2x^2-4x-2$ を平方完成する。

$$y=2x^2-4x-2$$
$$=2(x^2-2x)-2$$
$$=2(x^2-2x+1-1)-2$$
$$=2(x^2-2x+1)-2-2$$
$$=2(x-1)^2-4$$

以上より、頂点の座標は $(1,\ -4)$ となる。

**問題3**　2次関数$y＝2x^2＋4x＋a$は、点A（－1，3）を頂点とし、点B（0，5）を通る放物線である。この関数に関する記述として、最も妥当なのはどれか。

東京消防庁Ⅱ類2011

**1**　この関数は$y＝2x^2$のグラフを$x$方向に$a$、$y$方向に－3平行移動した放物線である。

**2**　この関数は$y＝2x^2$のグラフを$x$方向に1、$y$方向に－3平行移動した放物線である。

**3**　この関数は$y＝2x^2$のグラフを$x$方向に－1、$y$方向に3平行移動した放物線である。

**4**　$a＝3$である。

**5**　$a＝6$である。

## 解説

正解 ③

まず、点Bを代入すると、$a=5$ となる（この時点で ④ と ⑤ は不適）。

次に、$y=2x^2+4x+5$ を平方完成すると、$y=2(x+1)^2+3(y-3=2(x+1)^2)$ となる。

よって、この式は $y=2x^2$ のグラフを $x$ 軸方向に $-1$、$y$ 軸方向に $+3$ 平行移動した放物線であることがわかる。

**問題4** 座標平面上の二次関数 $y = -x^2 + x + 6$ について、このグラフを原点Oを中心に180°回転させて得られるグラフを表す関数として、最も妥当なのはどれか。

東京消防庁Ⅰ類2013

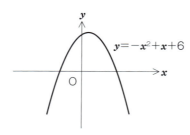

1. $y = -x^2 - x - 6$
2. $y = -x^2 + x - 6$
3. $y = x^2 - x + 6$
4. $y = x^2 + x - 6$
5. $y = x^2 + x + 6$

## 解説

正解 **4**

原点に対称な移動なので、関数 $y=f(x)$ のすべての $x$ が $-x$ に、すべての $y$ が $-y$ に変わったと考えればよい。よって 2 次関数 $y=-x^2+x+6$ について、$-y=f(-x)$ を考える。

$y=-x^2+x+6$ について、すべての $x$ を $-x$ に、$y$ を $-y$ にすると次の式が得られる。

$$-y=-(-x)^2+(-x)+6$$

これを計算して整理すると、以下のようになる。

$$-y=-x^2-x+6 \quad \Leftrightarrow \quad y=x^2+x-6$$

**問題5** 2次関数 $y = x^2 - 4x + 3$（$0 \leqq x \leqq 3$）の最大値と最小値の組合せとして正しいものはどれか。

国家専門職2009

|   | 最大値 | 最小値 |
|---|---|---|
| 1 | 1 | 0 |
| 2 | 3 | $-1$ |
| 3 | 3 | 0 |
| 4 | 4 | $-1$ |
| 5 | 4 | 0 |

## 解説

正解 ❷

2次関数 $y=x^2-4x+3$ を平方完成すると、以下のようになる。

$y=x^2-4x+3$
$\quad=x^2-4x+4-4+3$
$\quad=(x-2)^2-1$

よって、2次関数 $y=x^2-4x+3$ は $y=x^2$ のグラフを $x$ 軸方向に $+2$、$y$ 軸方向に $-1$ 移動したグラフであり、その頂点の座標は $(2,-1)$ となる。

$x$ の範囲（定義域）は $0 \leq x \leq 3$ なので、$x=0$、$x=3$ を代入して座標を計算すると以下のようになり、これらの値をもとにグラフを描くと右下のようになる。

$x=0$ のとき、$y=0^2-4\times0+3=3$
$x=3$ のとき、$y=3^2-4\times3+3=9-12+3=0$

以上より、$x=0$ のとき最大値 $y=3$、$x=2$ のとき最小値 $y=-1$ をとる。

※ 最小値は $x=3$ のときではないことに注意する。

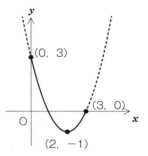

なお、グラフを描くときに毎回 $x$ 軸、$y$ 軸を書く必要はない。放物線は左右対称になっているので、頂点の $x$ 座標から遠くにあるほど、$y$ の値は大きくなる（下に凸の場合）。

# 5 方程式・不等式

方程式を解くに当たって、まずは基本を押さえておくことが重要です。等式の性質や、不等式の解を数直線上で表現できることを確認しておきましょう。

## ❶ 2次方程式と2次不等式

### 1 2次方程式

$ax^2+bx+c=0$ のような形の方程式を**2次方程式**という。$f(x)=ax^2+bx+c$ と $x$ 軸との交点を考えると、$x$ 軸は $y=0$ で表すことができるので、連立すると $ax^2+bx+c=0$ となり、まさに2次方程式の形をしている。

つまり、「2次方程式の解を求めること」と「2次関数と $x$ 軸との交点を求めること」は同じである。

**例1** 2次方程式 $x^2-5x+6=0$ を解け。

$x^2-5x+6=0$ を因数分解すると $(x-2)(x-3)=0$ なので、$x=2,\ 3$ となる。
またこの解は、右図のようにグラフと $x$ 軸との交点である。

### 2 解の公式を使った解き方

$ax^2+bx+c=0$ を因数分解した形 $a(x-\alpha)(x-\beta)=0$ に式変形をして求められないとき、**2次方程式の解の公式**を使って解く。

**2次方程式の解の公式**

$ax^2+bx+c=0\ (a\neq 0)$ の解は、$x=\dfrac{-b\pm\sqrt{b^2-4ac}}{2a}$ となる。

**例2** 2次方程式 $x^2-5x+3=0$ を解け。

解の公式を用いると、$x=\dfrac{-(-5)\pm\sqrt{(-5)^2-4\times1\times3}}{2}=\dfrac{5\pm\sqrt{25-12}}{2}=\dfrac{5\pm\sqrt{13}}{2}$

となる。

## 3 2次不等式の解き方

2次方程式 $ax^2+bx+c=0$ を $a(x-\alpha)(x-\beta)=0$ に変形して解いたときの解を $\alpha$ と $\beta$ とすると、2次関数 $y=ax^2+bx+c$ のグラフとの関係は前述のとおりである。

これを利用して2次不等式 $a(x-\alpha)(x-\beta)\leqq0$ や $a(x-\alpha)(x-\beta)\geqq0$ を解く。

 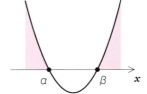

$a(x-\alpha)(x-\beta)\leqq0$

グラフが0以下になるのは $x$ が $\alpha$ と $\beta$ の間の場合であるから、$x$ の範囲は次のようになる。

$$\alpha\leqq x\leqq\beta$$

$a(x-\alpha)(x-\beta)\geqq0$

グラフが0以上になるのは $x$ が $\alpha$ と $\beta$ の外側の場合であるから、$x$ の範囲は次のようになる。

$$x\leqq\alpha,\ \beta\leqq x$$

**例3** 2次不等式 $x^2-5x+6>0$ を解け。

2次関数と $x$ 軸との交点を求めるために、$x^2-5x+6=0$ を解くと、$(x-2)(x-3)=0$ なので $x=2,\ 3$ で $x$ 軸と交点を持つグラフになる。

ここで、正になる部分を問われているので、右図のように $x$ 軸の上側に存在する部分の $x$ を不等式で答えればよい。そのような $x$ の範囲を不等式として解答す

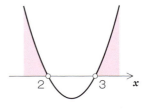

ると、$x<2$, $3<x$ となる。

> **例4** 2次不等式 $x^2-3x+2<0$ を解け。

同様に、$x^2-3x+2=0$ を解くと、$(x-1)(x-2)=0$ なので $x=1$, $2$ で $x$ 軸と交点を持つグラフになる。
今回は、負になる部分を問われているので、右図のように $x$ 軸の下側に存在する部分の $x$ を不等式で答えればよい。そのような $x$ の範囲を不等式として解答すると、$1<x<2$ となる。

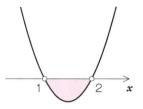

---

### 例題 1-12

次の連立2次不等式、
$2x^2-3x-5>0$
$x^2-(a+2)x+2a<0$
を同時に満たす整数 $x$ がただ一つ存在するとき、定数 $a$ の値の範囲とそのときの整数 $x$ の値を求めよ。ただし、$a<2$ とする。

### 解説

$2x^2-3x-5>0$ を因数分解して、
 $(x+1)(2x-5)>0$
より、
 $x<-1$, $\dfrac{5}{2}<x$ ……①

$x^2-(a+2)x+2a<0$ を因数分解して、
 $(x-a)(x-2)<0$
より、
 $a<x<2$ ……② ($\because a<2$)

①と②を同時に満たす整数 $x$ がただ一つになるときは、次の場合である。

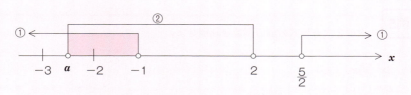

$a$ の値が $-3 \leqq a < -2$ にあるとき、整数 $x$ がただ一つになり、そのときの $x$ は $\underline{-2}$ である。なお、不等号に注意すること。「$-3 < a < -2$」ではなく、「$-3 \leqq a < -2$」である。

$a = -3$ のとき、②は $-3 < x < 2$ となり、①との共通部分は $-3 < x < -1$ であるから、確かに整数 $x$ がただ一つ存在し、それは $-2$ である。

## 2 判別式

2次方程式 $ax^2 + bx + c = 0$ の解 $x = \dfrac{-b \pm \sqrt{b^2 - 4ac}}{2a}$ のうち、$\sqrt{\phantom{x}}$ 内部の部分を<u>判別式</u>($D = b^2 - 4ac$)という。

### 判別式

❶ $D > 0$ のとき:異なる二つの実数解を持つ($x$ 軸と2交点を持つ)

⇒ $x = \dfrac{-b \pm \sqrt{D}}{2a}$ の2解が存在している

❷ $D = 0$ のとき:重解を持つ($x$ 軸と接する)

⇒ $x = \dfrac{-b \pm \sqrt{0}}{2a} = \dfrac{-b}{2a}$ の1解のみ存在する

❸ $D < 0$ のとき:実数解を持たない($x$ 軸との交点を持たない)

⇒ $D$ がマイナス、つまり $\sqrt{\phantom{x}}$ の中身がマイナスになり、$x$ の実数解は存在しない

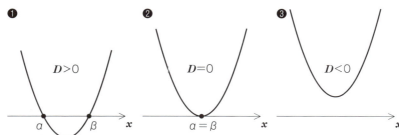

**例5** 次の2次方程式の解の個数を判別せよ。

(1) $3x^2-5x+1=0$
 $D=(-5)^2-4\times 3\times 1=13$
 よって、$D$は正なのでこの方程式は、異なる二つの実数解を持つ。

(2) $9x^2-12x+4=0$
 $D=(-12)^2-4\times 9\times 4=0$
 よって、$D$は0なのでこの方程式は、重解を持つ。

(3) $2x^2+3x+4=0$
 $D=3^2-4\times 2\times 4=-23$
 よって、$D$は負なのでこの方程式は、実数解を持たない。

## 3 直線と放物線の位置関係

関数どうしの共有点を求めるには、関数の式を連立させて解けばよい。

また、放物線の接線は、接線(直線)との共有点が一つだけのときになるので、放物線と接線を連立させてできる2次方程式は重解を持つ。よって$D=0$となる。

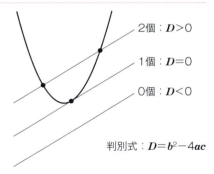

## 例題 1-13

右の図のような放物線 $y=ax^2+bx+c$ が、点 $(3, 0)$ で $x$ 軸に接している。次の値を正、0、負で答えよ。

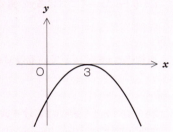

(1) $a$
(2) $b$
(3) $c$
(4) $a+b+c$
(5) $b^2-4ac$
(6) $9a+3b+c$

### 解説

(1)
放物線が上に凸であるから、$\underline{a<0}$

(2)
$$\begin{aligned}
y &= ax^2+bx+c \\
&= a\left(x^2+\frac{b}{a}x\right)+c \\
&= a\left\{\left(x+\frac{b}{2a}\right)^2-\left(\frac{b}{2a}\right)^2\right\}+c \\
&= a\left(x+\frac{b}{2a}\right)^2-\frac{b^2-4ac}{4a}
\end{aligned}$$

よって、軸の方程式は、$x=-\dfrac{b}{2a}$

問題の図より、軸は $x>0$ の部分にあるから、$-\dfrac{b}{2a}>0$

(1)より $a<0$ なので、$\underline{b>0}$

(3)
放物線と $y$ 軸との交点の $y$ 座標は $c$ なので、問題の図より、$\underline{c<0}$

(4)

$a+b+c$は$x=1$における$y$の値である。問題の図より、$\underline{a+b+c<0}$

(5)

放物線と$x$軸は接しているので、判別式$D=0$となり、$\underline{b^2-4ac=0}$

(6)

$9a+3b+c$は、$x=3$における$y$の値である。
問題の図より、$\underline{9a+3b+c=0}$

## 4 解と係数の関係

$ax^2+bx+c=0$ $(a\neq0)$ の二つの解を$\alpha$，$\beta$とすると、これらを解とする2次方程式は$a(x-\alpha)(x-\beta)$とおける。よって、

$$ax^2+bx+c=a(x-\alpha)(x-\beta)$$

となり、右辺を展開すると次のようになる。

$$a(x-\alpha)(x-\beta)=ax^2-a(\alpha+\beta)x+a\alpha\beta$$

ここで係数を比較すると、

$$b=-a(\alpha+\beta)$$

$$c=a\alpha\beta$$

となるから、

$$\alpha+\beta=-\frac{b}{a}$$

$$\alpha\beta=\frac{c}{a}$$

となる。これを2次方程式の**解と係数の関係**という。

### 解と係数の関係

2次方程式$ax^2+bx+c=0$ $(a\neq0)$ の二つの解を$\alpha$，$\beta$とすると、

$$\alpha+\beta=-\frac{b}{a}$$

$$\alpha\beta=\frac{c}{a}$$

**例6** 2次方程式 $x^2-9x+6=0$ の二つの解を $\alpha$，$\beta$ とするとき、$\alpha^3+\beta^3$ の値はいくらか。

解と係数の関係より、$\alpha+\beta=9$、$\alpha\beta=6$
$\alpha^3+\beta^3=(\alpha+\beta)^3-3\alpha\beta(\alpha+\beta)=9^3-3\times6\times9=729-162=\underline{567}$

### 例題 1-14

2次方程式 $x^2-kx+9=0$ が実数解を持つような実数 $k$ の値の範囲を求め、その実数解を $\alpha$，$\beta$ とすると、$(\alpha+1)^2-(\beta+1)^2$ の最小値を求めよ。

### 解説

$x^2-kx+9=0$ の判別式を $D$ とする。実数解を持つための条件は、$D\geqq0$
よって、$k^2-36\geqq0$ となり、因数分解して、$(k+6)(k-6)\geqq0$ より、$k\leqq-6$ または $k\geqq6$ となる。

また、解と係数の関係より、$\alpha+\beta=k$、$\alpha\beta=9$ である。
よって、
$$\begin{aligned}(\alpha+1)^2+(\beta+1)^2&=(\alpha^2+2\alpha+1)+(\beta^2+2\beta+1)\\&=(\alpha+\beta)^2-2\alpha\beta+2(\alpha+\beta)+2\\&=k^2-2\cdot9+2k+2\\&=k^2+2k-16\\&=(k+1)^2-17\end{aligned}$$
$k\leqq-6$ または $k\geqq6$ であるから、$k=-6$ のとき、$\underline{最小値8}$ をとる。

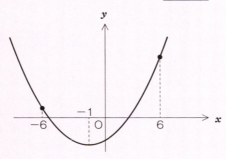

## 過去問 Exercise

**問題1**　次の不等式$2(x+6)>4x+2>x-1$の解について、最も妥当なのはどれか。

東京消防庁Ⅰ類2011

**1**　$x<-1$

**2**　$0<x<5$

**3**　$x>5$

**4**　$-1<x<5$

**5**　$x<-1$、$x>5$

## 解説

正解 ❹

不等式を二つに分けて表す。
$2(x+6)>4x+2$ を展開して整理すると $-2x>-10$ となり、
　$x<5$　……①
$4x+2>x-1$ を整理すると $3x>-3$ となり、
　$x>-1$　……②
①と②を両方同時に満たすような $x$ の範囲を求めれば、本問の連立不等式を満たす $x$ の範囲を求められる。

よって、求める範囲は、$-1<x<5$ となる。

| 問題2 | 次の連立 2 次不等式が成立する $x$ の範囲として、最も妥当なものはどれか。 |
|---|---|

警視庁Ⅰ類2006

$$x^2 + x - 6 > 0$$
$$x^2 - 2x - 3 < 0$$

**1** $\quad -3 < x < -1$

**2** $\quad x < -3$ または $2 < x$

**3** $\quad -1 < x < 2$

**4** $\quad x < -1$ または $3 < x$

**5** $\quad 2 < x < 3$

## 解説

正解 ⑤

それぞれの不等式を解くと以下のようになる。

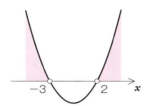 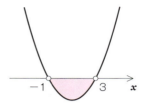

$x^2+x-6>0$　　　　　　　$x^2-2x-3<0$
$(x+3)(x-2)>0$　　　　　$(x+1)(x-3)<0$
$x<-3,\ 2<x$　……①　　$-1<x<3$　……②

①と②を両方同時に満たす $x$ の範囲を求める。

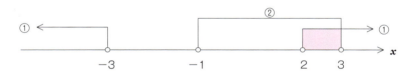

以上より、求める範囲は、$2<x<3$ となる。

**問題3**　曲線$y=x^2+2x+a$が、直線$y=4x+4$に接するときの$a$の値として、最も妥当なのはどれか。

東京消防庁Ⅰ類2014

1. 1
2. 4
3. 5
4. 8
5. 10

## 解説

正解 ③

二つの式 $y = x^2 + 2x + a$ と $y = 4x + 4$ を連立させると、$x^2 + 2x + a = 4x + 4$ より、

$x^2 - 2x + a - 4 = 0$ ……①

互いに接するので、方程式①は重解を持つ。よって、判別式 $D = 0$ になる。

$D = (-2)^2 - 4 \times 1 \times (a - 4) = 4 - 4a + 16 = 20 - 4a = 0$

よって、$a = 5$ である。

**問題4**　2次方程式$x^2-4x+k=0$が異なる二つの実数解を持つような$k$の値の範囲として、最も妥当なのはどれか。

東京消防庁Ⅰ類2010

1　$k>2$

2　$2<k<3$

3　$k<4$

4　$2<k<6$

5　$k>8$、$k<0$

## 解説

正解 ③

$x^2-4x+k=0$の判別式を $D$ とおくと、以下の式が成り立つ。

$$D=(-4)^2-4\times1\times k=16-4k$$

2次方程式が異なる二つの実数解を持つような $D$ の条件は、$D>0$であるので、

$$D=16-4k>0$$

よって、これを解いて$-4k>-16$より、$k<4$である。

5　方程式・不等式　87

**問題5**

二次関数 $y = x^2 - ax + b$ は、点 $(a, 1)$ を通り、また直線 $y = 2x$ と接している。このときの $a$ の値として、最も妥当なのはどれか。ただし、$a \neq 0$ とする。

東京消防庁Ⅱ類2010

1  −4

2  −1

3  1

4  4

5  6

## 解説

正解 ①

2次関数 $y=x^2-ax+b$ が点 $(a,\ 1)$ を通るので、代入すると、$1=a^2-a\times a+b$ より、$1=a^2-a^2+b$ となり、$b=1$ と求められる。よって、2次関数は $y=x^2-ax+1$ となる。

また、二つの関数は接するので、2式を連立すると、$x^2-ax+1=2x$ となり、整理すると、

$$x^2-(a+2)x+1=0$$

となる。この2次方程式の判別式を $D$ とする。

重解を持つ条件 (二つの関数が接する条件) は、$D=0$ である。

$$D=\{-(a+2)\}^2-4\times1\times1=a^2+4a+4-4=a^2+4a=0$$

$a^2+4a=0$ を因数分解して、$a(a+4)=0$ より、$a=-4,\ 0$

条件より $a\neq0$ なので、$a=-4$ のみが答えとなる。

5　方程式・不等式

| 問題6 | 2次方程式$x^2-ax+ab=0$の2つの解の比が1:2のとき、$a$と$b$の比はどれか。 |

警視庁Ⅰ類2010

**1** 5：6

**2** 6：5

**3** 7：4

**4** 8：3

**5** 9：2

# 解説

正解 ⑤

二つの解の比が1：2なので、それぞれの解を $k$、$2k(k \neq 0)$ とおくことができる。

解と係数の関係より、

$$k + 2k = -\frac{-a}{1} = a$$

$$3k = a \quad \cdots\cdots①$$

$$k \times 2k = \frac{ab}{1} = ab$$

$$2k^2 = ab \quad \cdots\cdots②$$

①を②に代入すると $2k^2 = 3k \times b$ となり、

$$\frac{2}{3}k = b \quad \cdots\cdots③$$

①③より、$a : b = 3k : \dfrac{2}{3}k = 9 : 2$

5　方程式・不等式

# 6 円

円を方程式で表す方法を身につけ、不等式で領域を問う問題に対応できるようにしましょう。

## 1 円の方程式

**円**とは、**ある1点からの距離が等しい点の集合**のことなので、原点Oから距離$r$である点をすべて結ぶと円ができる。

原点から等しい距離に存在する座標を一般的に$(x, y)$とおくと、円の方程式が導かれる。このとき、原点Oは円の中心となる。

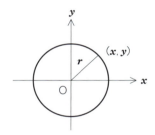

### 円の方程式

❶ 原点Oを中心とする半径$r$の円の方程式
$$x^2+y^2=r^2$$

❷ 点$(a, b)$を中心とする半径$r$の円の方程式
$$(x-a)^2+(y-b)^2=r^2$$

❷は、原点Oを中心とする円を$x$方向に$a$、$y$方向に$b$だけ平行移動したものである。

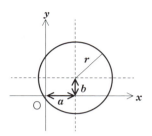

### 円の接線の方程式

❶ 原点Oを中心とする円の円周上の点A$(\alpha, \beta)$における接線の方程式
$$\alpha x + \beta y = r^2$$

❷ 点$(a, b)$を中心とする円の円周上の点A$(\alpha, \beta)$における接線の方程式
$$(\alpha - a)(x - a) + (\beta - b)(y - b) = r^2$$

**例1** 座標平面上で中心が$(1, 3)$、半径が$\sqrt{10}$である円の方程式を求めよ。また、この周上の点$(2, 6)$における接線の方程式を求めよ。

中心が$(1, 3)$、半径が3の円なので、$(x-1)^2 + (y-3)^2 = (\sqrt{10})^2$
よって、求める円の方程式は、$\underline{(x-1)^2 + (y-3)^2 = 10}$
また、点$(2, 6)$における接線の方程式は、$(2-1)(x-1) + (6-3)(y-3) = 10$
よって、
$x - 1 + 3(y-3) = 10 \Leftrightarrow \underline{x + 3y - 20 = 0}$
このように、円の接線の方程式の公式は、円周上の点(接点)が与えられているときのみ使用できる。

### 例題 1-15

円 $x^2+y^2=100$ に対して、$(0, 10)$ と $(-6, -8)$ で接する2本の接線の交点を求めよ。

### 解説

$(0, 10)$ と $(-6, -8)$ は接点なので、接線の方程式は、

$10y=100$ ……①

$-6x-8y=100$ ……②

となる。交点は①と②を連立したときの解であるから、①より、$y=10$ であり、これを②に代入して、$x=-30$ となる。

交点は $(-30, 10)$ である。

## 2 2点間の距離

2点間の距離は三平方の定理を使って求める。

2点 $A(x_1, y_1)$ と $B(x_2, y_2)$ の距離は以下の公式で求めることができる。

$$AB=\sqrt{(x_2-x_1)^2+(y_2-y_1)^2}$$

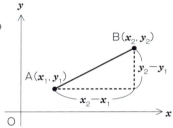

## 3 束の考え方

まず、直線 $l: ax+(a+1)y+1=0$ は $a$ の値にかかわらず、ある定点を通る。その点の座標を求めるとき、以下のようにする。

$ax+(a+1)y+1=0$ を展開して、$a$ についてまとめると、$a(x+y)+y+1=0$ となる。これが $a$ の値にかかわらずある定点を通るとき、$x+y=0$ かつ $y+1=0$ が成り立つ。

この2式を連立すると、$(x, y)=(1, -1)$ となり、常に直線 $l$ は定点 $(x, y)=(1, -1)$ を通ることがわかる。

逆に考えると、2直線 $x+y=0$、$y+1=0$ の交点を通る直線は、$a(x+y)+y+1=0$ と表すことができる。これが「束」の考え方である。また、2直線だけでなく、直線と円、円と円、放物線と放物線などどの組合せでも成り立つ。

**例2** 二つの円 $x^2+y^2=4$ と $(x-3)^2+(y-2)^2=5$ がある。

(1) 二つの円の交点を通る直線の方程式を求めよ。

(2) 二つの円の交点を通り、点 $(6,\ 0)$ を通る円の方程式を求めよ。

$(x-3)^2+(y-2)^2=5$ を展開してまとめると、$x^2-6x+y^2-4y+8=0$ となる。

二つの円の交点を通る図形は、

$$a(x^2+y^2-4)+(x^2-6x+y^2-4y+8)=0 \qquad \cdots\cdots ①$$

と表すことができる。

(1)

直線を求めるには、①の式から $x^2$ と $y^2$ を消去すればよいので、$a=-1$ を代入すればよい。よって、①は $\underline{3x+2y-6=0}$ となる。

(2)

①が $(6,\ 0)$ を通るので、代入すると、$32a+8=0$ となり、$a=-\dfrac{1}{4}$

①に代入してまとめると、$\underline{x^2-8x+y^2-\dfrac{16}{3}y+12=0}$ となる。

なお、中心と半径がわかる形に直してもよい。$\underline{(x-4)^2+(y-\dfrac{8}{3})^2=\dfrac{100}{9}}$

例3　　直線$l：ax-y+2a-1=0$と原点Oとの距離を$d$とする。このとき、$d$の最大値とそのときの$a$の値を求めよ。

$ax-y+2a-1=0$は、$y+1=a(x+2)$と式変形すると、$a$の値にかかわらずある定点Aを通ることがわかる。点Aの座標は、$y+1=0$、$x+2=0$を連立して、$(x, y)=(-2, -1)$である。

よって、$d$は直線$l$と直線OAが直交するとき最大となるので、$d=\sqrt{(-2)^2+(-1)^2}=\sqrt{5}$

$a$の値は直線OAの傾きが$\dfrac{1}{2}$で、直線$l$と直線OAは直交するので、$a=-2$である。


## 4　領　域

関数の不等式が表す領域は以下のように表すことができる。

### 関数の不等式が表す領域

❶　$y>f(x)$が表す領域：$y=f(x)$のグラフの上側（ただしグラフ上の点は含まない）

❷　$y<f(x)$が表す領域：$y=f(x)$のグラフの下側（ただしグラフ上の点は含まない）


例えば、$y=x^2$のグラフについての$y>x^2$や$y<x^2$、$y=ax+b$のグラフの$y>ax+b$や$y<ax+b$の領域は以下のようになる。

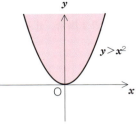
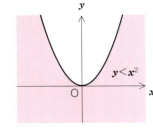
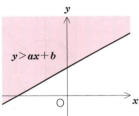
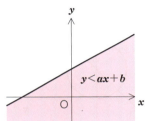

### 円の不等式が表す領域

❶ $(x-a)^2+(y-b)^2 \leqq r^2$ が表す領域：$(x-a)^2+(y-b)^2=r^2$ の内側（円周上の点含む）

❷ $(x-a)^2+(y-b)^2 \geqq r^2$ が表す領域：$(x-a)^2+(y-b)^2=r^2$ の外側（円周上の点含む）

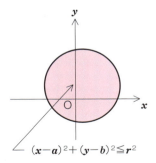

$(x-a)^2+(y-b)^2 \leqq r^2$

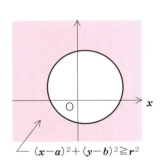

$(x-a)^2+(y-b)^2 \geqq r^2$

## 例題 1-16

次の三つの不等式を同時に満たす部分を ▢ で表す場合、正しいものはどれか。

$$\begin{cases} (x-1)^2+(y-1)^2-1<0 \\ x-y>0 \\ x-1>0 \end{cases}$$

1
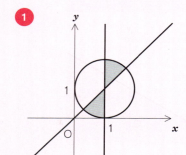

2
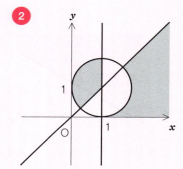

3
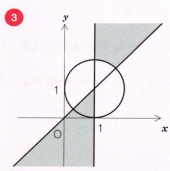

4
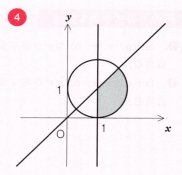

5
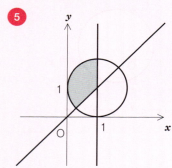

## 解説

不等式を検討すると以下のようになる。

円の内側の領域　　　　　　直線の下側の領域　　　直線の右側の領域
$(x-1)^2+(y-1)^2-1<0$　　　$x-y>0$　　　　　　$x-1>0$
$(x-1)^2+(y-1)^2<1$ ……①　$y<x$ ……②　　　　$x>1$ ……③

①②③を一つにまとめると、④（完成）になり、**4**が正しいとわかる。

①
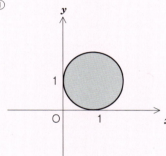

②
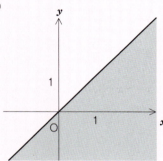

③
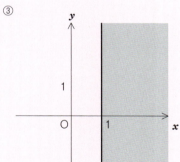

④（完成）
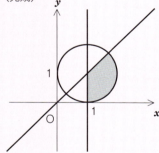

## 過去問 Exercise

**問題1**　　$xy$座標平面上において、円$x^2+y^2=9$に接する直線は、次のうちではどれか。

国家専門職2009

1　$y=-x+4$

2　$y=-x+3\sqrt{2}$

3　$y=-x+2\sqrt{5}$

4　$y=-x+\dfrac{9}{2}$

5　$y=-x+3\sqrt{3}$

| 正解 ② |

すべて傾き$=-1$の直線になっているので、求める接線の式を$y=-x+$
　　　円の方程式$x^2+y^2=9$に代入すると、$x^2+(-x+m)^2=9$となる。これ
　　てまとめると、

　　$^2-2mx+m^2-9=0$　　……①

　直線が接するので共有点は一つである。つまり、①が重解を持つので、①の
式を$D$とおくと、求める条件は$D=0$である。

　$D=(-2m)^2-4\times2\times(m^2-9)=4m^2-8m^2+72=-4m^2+72$

なり、$-4m^2+72=0$となる。

よって、$m^2=18$より、$m=\pm3\sqrt{2}$となり、選択肢では$y=-x+3\sqrt{2}$となる。

**問題2** 円$x^2+y^2-4y=0$と$x-y=0$の直線について〔も妥当な〕のはどれか。

東京消防庁 2009

1　この円と直線の共有点の座標のうちひとつは$(0,2)$となる。

2　この円の半径は4である。

3　この円と直線の共有点はない。

4　この円の半径は2、共有点の座標は$(0,0)(2,2)$となる。

5　この円の中心の座標は$(1,1)$である。

## 解説

正解 ④

$x^2+y^2-4y=0$を変形すると以下のようになる。

$x^2+y^2-4y+4-4=0$

$x^2+(y-2)^2-4=0$

$x^2+(y-2)^2=2^2$

よって、中心が $(0,2)$、半径が $2$ の円だとわかる。

円と直線の共有点の座標は、

$$\begin{cases} x^2+y^2-4y=0 & \cdots\cdots① \\ x-y=0 & \cdots\cdots② \end{cases}$$

の連立方程式を解く。

②より、

$x=y$ $\cdots\cdots③$

③を①に代入すると $x^2+x^2-4x=0$、整理すると $x^2-2x=0$ となり、これを因数分解して、$x(x-2)=0$ より、

$x=0,2$

③より、$x=0$ のとき $y=0$ となり、$x=2$ のとき $y=2$ となる。

よって、共有点の座標は $(0,0)$、$(2,2)$ となる。

以上より、$x^2+y^2-4y=0$は、中心が $(0,2)$、半径が $2$ の円で、直線 $x-y=0$ との共有点の座標は $(0,0)$、$(2,2)$ だとわかる。

**問題3** 2つの円$(x-2)^2+(y-3)^2=25$、$x^2+y^2-10x+2y+17=0$の2つの交点を通る直線の方程式として、最も妥当なのはどれか。

東京消防庁Ⅰ類2012

**1** $6x-8y-29=0$

**2** $6x-8y+29=0$

**3** $6x+8y-29=0$

**4** $8x-6y+29=0$

**5** $8x+6y+29=0$

## 解説

正解 ①

$(x-2)^2+(y-3)^2=25$ を展開すると、$x^2+y^2-4x-6y-12=0$ となる。円の式をそれぞれ①②とおく。

$x^2+y^2-4x-6y-12=0$　　……①

$x^2+y^2-10x+2y+17=0$　　……②

ここで、①−②によって $x^2$ と $y^2$ を消去する。

$(x^2+y^2-4x-6y-12)-(x^2+y^2-10x+2y+17)=0$

$x^2+y^2-4x-6y-12-x^2-y^2+10x-2y-17=0$

よって、$6x-8y-29=0$ となり、求める直線の方程式は、$6x-8y-29=0$ である。

# 7 初等幾何・三角比

数的処理においても役立てられる知識が多くある学習範囲です。難しくないうえに汎用性が高い知識・テクニックも登場しますので、これらの知識を習得することで得点の底上げを図りましょう。

## 1 三角形・円の基本性質

### 1 三角形の重心

中線は1点Gで交わる。この中線の交点Gを**重心**という。
重心は各中線を2:1に内分する。

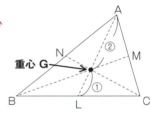

### 2 三角形の内心

三角形の三つの内角の二等分線は1点Iで交わる。この交点Iを**内心**という。
$BC=a$、$CA=b$、$AB=c$、△ABCの面積を$S$、内接円の半径を$r$とすれば、△ABC＝△IBC＋△ICA＋△IABであるから、$S=\frac{1}{2}ar+\frac{1}{2}br+\frac{1}{2}cr$となる。

ゆえに、$S=\frac{1}{2}(a+b+c)r$が成立する。

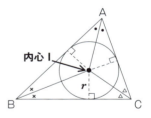

### 3 三角形の外心

3辺の垂直二等分線は、1点Oで交わる。この交点Oを**外心**という。
なお、正三角形においては重心、内心、外心の三心が一致する。

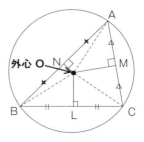

## 4 方べきの定理

点Pを通る平行でない2直線と円との交点をそれぞれA、BおよびC、Dとし、接点をTとする。それぞれ以下の等式が成り立つ。

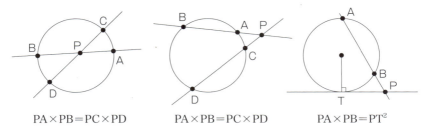

$PA \times PB = PC \times PD$　　$PA \times PB = PC \times PD$　　$PA \times PB = PT^2$

## 5 円周角の定理

円周角：中心角＝1：2となる。その他、弧の長さが1：2のとき、円周角や中心角も1：2となる。

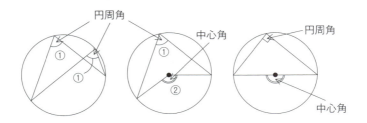

## 6 接弦定理

円Oの弦ABと、その端点Aにおける接線ATが作る∠BATは、その角の内部に含まれる弧ABに対する円周角∠ACBに等しい。

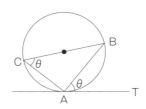

**例1** 次の∠θの値を求めよ。

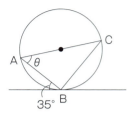

円周角の定理より、∠ABC＝90°
接弦定理より、∠ACB＝35°
よって、∠θ＝180－(90＋35)＝55°となる。

**例2** AB＝3、BC＝4、CA＝5の直角三角形において、図のように、半径の等しい二つの円が互いに外接し、一方の円は辺AB、ACと、もう一方は辺AC、BCと接している。このとき、円の半径を求めよ。

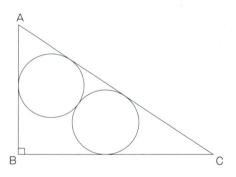

円の半径を$r$として、以下の図のように名前を付ける。

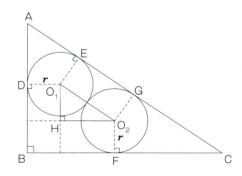

O₁からBCに、O₂からABに引いた垂線の交点をHとおく。

$\angle O_1HO_2 = 90°$ ……①

四角形ADO₁Eに注目すると、

$\angle A + 90 + \angle DO_1E + 90 = 360$ ……②

O₁まわりに注目すると、

$\angle HO_1O_2 + 90 + \angle DO_1E + 90 = 360$ ……③

②、③より、

$\angle A = \angle HO_1O_2$ ……④

①、④より二つの角が等しいので、△O₁HO₂と△ABCは相似となる。さらにO₁O₂＝2$r$であるから、$\dfrac{O_1H}{3} = \dfrac{O_2H}{4} = \dfrac{2r}{5}$ となる。よって、O₁H＝$\dfrac{6r}{5}$、O₂H＝$\dfrac{8r}{5}$ を得る。

ここで、AD＝$3 - \dfrac{6r}{5} - r = 3 - \dfrac{11r}{5}$、CF＝$4 - \dfrac{8r}{5} - r = 4 - \dfrac{13r}{5}$ となるので、

AC＝AE＋EG＋GC＝AD＋O₁O₂＋CF＝$3 - \dfrac{11r}{5} + 2r + 4 - \dfrac{13r}{5} = 7 - \dfrac{14r}{5}$

これが5となるので、$7 - \dfrac{14r}{5} = 5$ となり、$r = \dfrac{5}{7}$ となる。

## 2 図形に関する定理・公式

### 1 チェバの定理・メネラウスの定理

**チェバの定理**

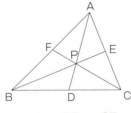

$\dfrac{AF}{FB} \times \dfrac{BD}{DC} \times \dfrac{CE}{EA} = 1$

**メネラウスの定理**

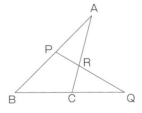

$\dfrac{AP}{PB} \times \dfrac{BQ}{QC} \times \dfrac{CR}{RA} = 1$

## 2 円に内接する四角形の性質

対角の和は180°となる。
　∠$x$＋∠$y$＝180°

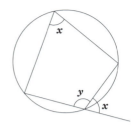

## 3 ヘロンの公式

三角形の3辺の長さがわかっているときの面積を求める公式である。3辺の長さが$a$、$b$、$c$である三角形の面積$S$は、以下のようになる。

**ヘロンの公式**

$s=\dfrac{1}{2}(a+b+c)$として、$S=\sqrt{s(s-a)(s-b)(s-c)}$

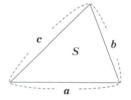

なお、1辺の長さにルートや分数があると、ヘロンの公式は計算しにくくなる。

## 4 ブラーマグプタの公式

四角形が円に内接しており、4辺の長さがわかっているときに面積を求められる公式である。

4辺の長さが $a$、$b$、$c$、$d$ である四角形の面積 $S$ は、以下のようになる。

### ブラーマグプタの公式

$s = \dfrac{1}{2}(a+b+c+d)$ として、

$S = \sqrt{(s-a)(s-b)(s-c)(s-d)}$

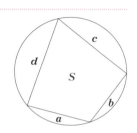

## 5 トレミーの定理

四角形が円に内接しているとき、以下の等式が成り立つ。

### トレミーの定理

$AB \times CD + BC \times AD = AC \times BD$

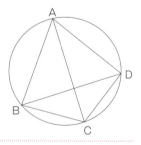

7 初等幾何・三角比

**例3** 右の図の∠θの値を求めよ。

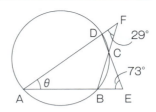

円に内接する四角形の性質より、∠BCE＝θとなる。また、∠FAB＋∠AFB＝∠CBEなので θ＋29＝∠CBEとなる。

よって、θ＋29＋73＋θ＝180より、θ＝<u>39°</u>

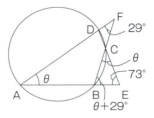

**例4** 次の面積を求めよ。

(1) AB＝5、BC＝6、CD＝7の三角形 ABC
(2) AB＝3、BC＝4、CD＝5、DA＝6の円に内接する四角形 ABCD

(1)
ヘロンの公式を用いる。

$s = \dfrac{5+6+7}{2} = 9$ として、$S = \sqrt{9(9-5)(9-6)(9-7)} = \sqrt{6^2 \times 6} = \underline{6\sqrt{6}}$

(2)
ブラーマグプタの公式を用いる。

$s = \dfrac{3+4+5+6}{2} = 9$ として、$S = \sqrt{(9-3)(9-4)(9-5)(9-6)} = \sqrt{6^2 \times 10} = \underline{6\sqrt{10}}$

## 3 三角比の値

まずは、正弦(sin)、余弦(cos)、正接(tan)の定義をしっかりと押さえること。三角比は角度θを用いて直角三角形の各辺を表したものである。下図において、

正弦：$\sin\theta = \dfrac{c}{a}$　　余弦：$\cos\theta = \dfrac{b}{a}$　　正接：$\tan\theta = \dfrac{c}{b}$

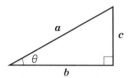

数的処理でもよく出題される次の三つの直角三角形を考えることにより、θの値が30°、60°、90°の三角比の値を求めることができる。

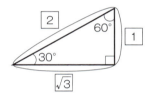
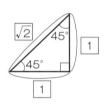
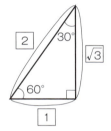

| θ | 30° | 45° | 60° |
|---|---|---|---|
| $\sin\theta$ | $\dfrac{1}{2}$ | $\dfrac{\sqrt{2}}{2}$ | $\dfrac{\sqrt{3}}{2}$ |
| $\cos\theta$ | $\dfrac{\sqrt{3}}{2}$ | $\dfrac{\sqrt{2}}{2}$ | $\dfrac{1}{2}$ |
| $\tan\theta$ | $\dfrac{\sqrt{3}}{3}$ | 1 | $\sqrt{3}$ |

ここで、θの値が0°や90°以上の場合を考えてみる。

三角比の定義は、底辺との角度がθで、長さが1の斜辺の水平方向の長さを$\cos\theta$とし、垂直方向の長さを$\sin\theta$としたものである。

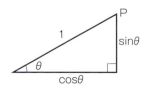

この直角三角形を以下のように座標平面上に設定する。すると、$\cos\theta$は$x$座標の値、$\sin\theta$は$y$座標の値を表していることがわかり、点Pは単位円(座標平面上の半径1の円)周上を動くことがわかる。

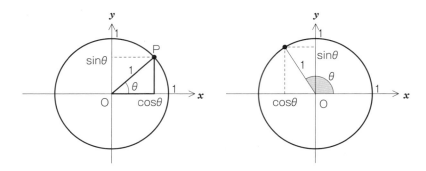

　以上より、単位円周上の点として考えることで、$\theta$の値が0°や90°以上の場合も求めることができる。
　例えば、$\theta=120°$のとき、外角が60°であるので、$\theta=60°$の直角三角形を考える。
　高さ($y$座標)は等しく、底辺($x$座標)は左右対称となっているので、

$$\sin 120° = \sin 60° = \frac{\sqrt{3}}{2}、\cos 120° = -\cos 60° = -\frac{1}{2}$$

と求めることができ、$\theta=0°$のときは、点(1, 0)であるので、

　　$\cos 0° = 1$、$\sin 0° = 0$

と求めることができる。

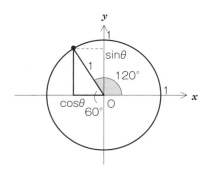

このように、単位円を用いることにより、どの三角比の値も求めることができる。
0°＜θ＜90°は直角三角形で考え、それ以外の角度に関しては、外角を考え0°＜θ＜90°の直角三角形の値と±のみで求める。

| $\theta$ | 0° | 30° | 45° | 60° | 90° | 120° | 135° | 150° | 180° |
|---|---|---|---|---|---|---|---|---|---|
| $\sin\theta$ | 0 | $\dfrac{1}{2}$ | $\dfrac{\sqrt{2}}{2}$ | $\dfrac{\sqrt{3}}{2}$ | 1 | $\dfrac{\sqrt{3}}{2}$ | $\dfrac{\sqrt{2}}{2}$ | $\dfrac{1}{2}$ | 0 |
| $\cos\theta$ | 1 | $\dfrac{\sqrt{3}}{2}$ | $\dfrac{\sqrt{2}}{2}$ | $\dfrac{1}{2}$ | 0 | $-\dfrac{1}{2}$ | $-\dfrac{\sqrt{2}}{2}$ | $-\dfrac{\sqrt{3}}{2}$ | $-1$ |
| $\tan\theta$ | 0 | $\dfrac{\sqrt{3}}{3}$ | 1 | $\sqrt{3}$ | × | $-\sqrt{3}$ | $-1$ | $-\dfrac{\sqrt{3}}{3}$ | 0 |

点Pは$x^2+y^2=1$上にあるので、$x=\cos\theta$、$y=\sin\theta$を代入すると、$\cos^2\theta+\sin^2\theta=1$となり、$\tan\theta$は$\dfrac{高さ}{底辺}$であるので、$\tan\theta=\dfrac{\sin\theta}{\cos\theta}$となる。また、$\dfrac{高さ}{底辺}=\dfrac{y の増加量}{x の増加量}$と見れば、$\tan\theta$は傾きを表していることもわかる。上記の表で$\tan 90°$の値が×になっているのも、$\tan 90°=\dfrac{\sin 90°}{\cos 90°}=\dfrac{1}{0}$よりわかる。

### 例題 1-17

次の$x$、$y$の値をそれぞれ三角比を用いて表せ。

(1)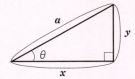

(2)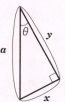

次のように考える。

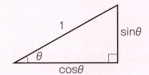

7 初等幾何・三角比

(1)

上図を参考にすると、$x = a\cos\theta$ 、$y = a\sin\theta$

(2)

(1)と同様に考えると、$x = a\sin\theta$ 、$y = a\cos\theta$

## 例題 1-18

次の値を求めよ。

(1) $\cos 60°$
(2) $\sin 45°$
(3) $\cos 150°$
(4) $\sin 210°$
(5) $\tan 120°$

(1)

$$\cos 60° = \frac{1}{2}$$

(2)

$$\sin 45° = \frac{1}{\sqrt{2}}$$

(3)

150°の外角である30°を考える。

$\cos 150°$は第2象限だから、$x$座標($\cos$)はマイナスであり、$\cos 30° = \dfrac{\sqrt{3}}{2}$だから、

$$\cos 150° = -\frac{\sqrt{3}}{2}$$

(4)

$\sin 210° = \sin(180° + 30°)$ は第3象限だから、$y$座標($\sin$)はマイナスであり、

$\sin 30° = \dfrac{1}{2}$ だから、$\sin 210° = -\dfrac{1}{2}$

(5)
$$\tan 120° = \dfrac{\sin 120°}{\cos 120°} = \dfrac{\sin 60°}{-\cos 60°} = -\sqrt{3}$$

または、120°は第2象限だから、傾き(tan)はマイナスであり、$\tan 60° = \sqrt{3}$ だから、$\tan 120° = -\sqrt{3}$

## 4 その他の重要事項

### 1 正弦定理

**正弦定理**

△ABCの∠A、∠B、∠Cの対辺の長さを$a$、$b$、$c$、その外接円の半径を$R$としたとき、次の式が成り立つ。

$$\dfrac{a}{\sin A} = \dfrac{b}{\sin B} = \dfrac{c}{\sin C} = 2R$$

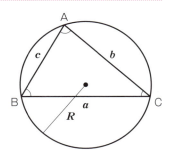

簡単ではあるが、証明を載せておく(鋭角三角形のみ示す)。

△ABCの外接円の中心は、各辺の垂直二等分線の交点であるから、

$$CD = \dfrac{1}{2}a,\ OD \perp CD$$

また、円周角の定理より、

$$\angle A = \dfrac{1}{2} \times \angle BOC = \angle COD$$

よって、$CD = R\sin\angle COD = R\sin A$ より $a = 2R$

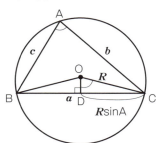

sinAとなり、$\dfrac{a}{\sin A}=2R$を得る。

同様に、$\dfrac{b}{\sin B}=2R$、$\dfrac{c}{\sin C}=2R$となるので、$\dfrac{a}{\sin A}=\dfrac{b}{\sin B}=\dfrac{c}{\sin C}=2R$
となる。

## 2 余弦定理

### 余弦定理

△ABCの∠A、∠B、∠Cの対辺の長さを$a$、$b$、$c$としたとき、次の式が成り立つ。
$$a^2=b^2+c^2-2bc\cos A$$

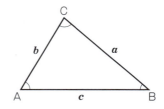

簡単ではあるが、証明を載せておく(鋭角三角形のみ示す)。

右のようにCから垂線を引き、その足をHとする。

△ACHに注目して、CH＝$b$sinA、AH＝$b$cosA、BH＝AB－AH＝$c-b$cosA

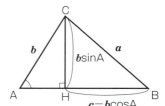

△BCHに三平方の定理を用いると、
$$a^2=(b\sin A)^2+(c-b\cos A)^2$$
$$=b^2\sin^2 A+c^2-2bc\cos A+b^2\cos^2 A$$
$$=b^2(\sin^2 A+\cos^2 A)+c^2-2bc\cos A$$
$$=b^2+c^2-2bc\cos A$$

以上より、$a^2=b^2+c^2-2bc\cos A$となる。

## 3 三角形の面積公式

### 三角形の面積公式

三角形の面積を$S$とすると、正弦($\sin$)を用いて以下の式が成り立つ。

$$S = \frac{1}{2}ab\sin\theta$$

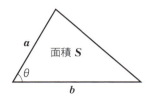

簡単ではあるが、証明を載せておく(鋭角三角形のみ示す)。
右図のように垂線を引く。
△ABHに注目すると、$AH = a\sin\theta$
よって、面積$S = \frac{1}{2} \times a\sin\theta \times b = \frac{1}{2}ab\sin\theta$

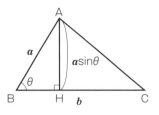

なお、この面積公式を用いて、正弦定理を示すことができる。
△ABCの面積を$S$とすると、
$$2S = bc\sin A = ca\sin B = ab\sin C$$
すべてを$abc$で割ると、
$$\frac{\sin A}{a} = \frac{\sin B}{b} = \frac{\sin C}{c}$$
よって、$\dfrac{a}{\sin A} = \dfrac{b}{\sin B} = \dfrac{c}{\sin C}$

## 過去問 Exercise

**問題1**　三角関数 $\cos\alpha = \dfrac{12}{13}$ のとき、$\sin\alpha$ の値として最も妥当なのはどれか。

ただし、$0° < \alpha < 180°$ とする。

東京消防庁Ⅰ類2013

**1** $\dfrac{2}{5}$

**2** $\dfrac{3}{7}$

**3** $\dfrac{4}{9}$

**4** $\dfrac{5}{13}$

**5** $\dfrac{6}{17}$

## 解説

正解 ④

$\cos\alpha = \dfrac{12}{13}$ より、直角三角形は右図のようになる。

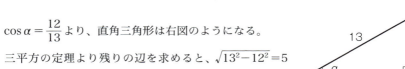

三平方の定理より残りの辺を求めると、$\sqrt{13^2 - 12^2} = 5$
となるので、$\sin\alpha = \dfrac{5}{13}$

※　$\cos\alpha = \dfrac{12}{13} > 0$ より、$0° < \alpha < 90°$ とわかる。

**問題2**　$\sin\theta = \dfrac{1}{3}$（$0° \leqq \theta \leqq 90°$）のとき、$2\cos\theta + \tan\theta$ はいくらか。

国家一般職2011

1　$\dfrac{5\sqrt{2}}{6}$

2　$\dfrac{7\sqrt{2}}{6}$

3　$\dfrac{11\sqrt{2}}{6}$

4　$\dfrac{17\sqrt{2}}{12}$

5　$\dfrac{19\sqrt{2}}{12}$

## 解説

正解 **5**

$\sin\theta = \dfrac{1}{3}$ より、直角三角形は右図のようになる。

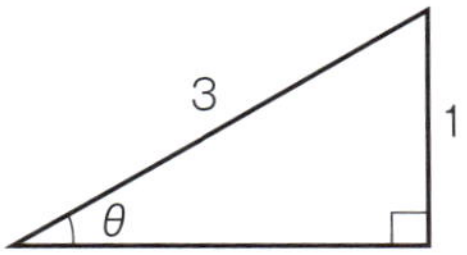

三平方の定理より、残りの辺を求めると $\sqrt{3^2 - 1^2} = 2\sqrt{2}$ となるので、

$$\cos\theta = \frac{2\sqrt{2}}{3}$$

$$\tan\theta = \frac{1}{2\sqrt{2}} = \frac{\sqrt{2}}{4}$$

よって、

$$2\cos\theta + \tan\theta = 2 \times \frac{2\sqrt{2}}{3} + \frac{\sqrt{2}}{4} = \frac{19\sqrt{2}}{12}$$

7 初等幾何・三角比 123

**問題3** 図の円に内接する三角形ABCの∠Aが45度で辺BCが $6\sqrt{2}$ cmであるとき、この円の半径は次のどれか。なお、図の角度や長さは必ずしも正確ではない。

東京消防庁Ⅰ類2008

1. 5 cm
2. 6 cm
3. 7 cm
4. 8 cm
5. 9 cm

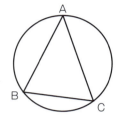

## 解説

正解 ❷

△ABC に外接する円の半径を $R$ とすると、正弦定理より以下のように計算できる。

$$\frac{a}{\sin A} = \frac{6\sqrt{2}}{\sin 45°} = 2R$$

よって、

$$R = 6\sqrt{2} \times \frac{1}{\sin 45°} \times \frac{1}{2} = 6\sqrt{2} \times \frac{2}{\sqrt{2}} \times \frac{1}{2} = 6$$

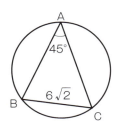

次の図のように、AB＝AD＝4、BC＝6、CD＝2、∠ABC＝60°の四角形ABCDがある。この四角形において、∠ADCの大きさとして、最も妥当なのはどれか。

東京消防庁Ⅰ類2010

1. 100°
2. 115°
3. 120°
4. 135°
5. 150°

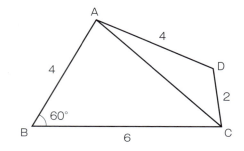

## 解説

正解 ❸

∠ADC＝$\theta$ とおく。
△ABC に余弦定理を用いると、
$$AC^2 = AB^2 + BC^2 - 2AB \times BC \times \cos 60°$$
$$= 4^2 + 6^2 - 2 \times 4 \times 6 \times \frac{1}{2}$$
$$= 16 + 36 - 24$$
$$= 28$$

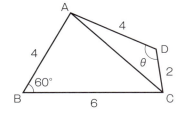

よって、
　$AC^2 = 28$　　……①

△ACD に余弦定理を用いると、
$$AC^2 = DA^2 + DC^2 - 2DA \times DC \times \cos\theta$$
$$= 4^2 + 2^2 - 2 \times 4 \times 2 \times \cos\theta$$
$$= 16 + 4 - 16\cos\theta$$
$$= 20 - 16\cos\theta$$

よって、
　$AC^2 = 20 - 16\cos\theta$　　……②

①、②の式を連立させると以下のようになる。
　$28 = 20 - 16\cos\theta$
$8 = -16\cos\theta$ より、
　$\cos\theta = -\dfrac{1}{2}$
　$\theta = 120°$

**問題5**　　AB＝5、AC＝8、面積が$10\sqrt{3}$である三角形ABCがある。この三角形におけるBCの長さはいくつか。ただし、$0° \leqq \angle BAC < 90°$とする。

東京消防庁Ⅰ類2006

1. 3
2. 4
3. 5
4. 6
5. 7

## 解説

正解 ⑤

三角形の面積公式より、

$$\frac{1}{2} \times 5 \times 8 \times \sin A = 10\sqrt{3}$$

$$\sin A = \frac{\sqrt{3}}{2}$$

よって、$0° \leqq \angle A < 90°$ より、$\angle A = 60°$

余弦定理より、

$$BC^2 = 5^2 + 8^2 - 2 \times 5 \times 8 \cos 60°$$

$$BC^2 = 25 + 64 - 80 \times \frac{1}{2}$$

$$BC^2 = 49$$

よって、$BC > 0$ より、$BC = 7$

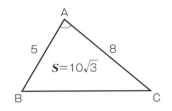

**問題6** 　円に内接する四角形ABCDにおいて、AB＝8、BC＝5、CD＝5、∠ABC＝60°のとき、四角形ABCDの面積の値として、最も妥当なのはどれか。

東京消防庁Ⅰ類2016

1  $\dfrac{55}{4}$

2  $\dfrac{55\sqrt{3}}{4}$

3  $\dfrac{75\sqrt{3}}{4}$

4  $\dfrac{55\sqrt{3}}{2}$

5  $80\sqrt{3}$

## 解説

**正解 ❷**

円に内接する四角形の性質より、$\angle ADC = 120°$ である。
△ABC において、余弦定理を用いると以下の式が成り立つ。

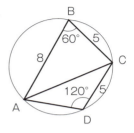

$$AC^2 = AB^2 + BC^2 - 2AB \times BC \times \cos 60°$$
$$= 8^2 + 5^2 - 2 \times 8 \times 5 \times \frac{1}{2}$$
$$= 64 + 25 - 40$$
$$= 49$$
$$AC = \pm 7$$

$AC > 0$ より、$AC = 7$ と求められる。
次に、△ADC について余弦定理を用いると以下の式が成り立つ。

$$AC^2 = AD^2 + CD^2 - 2AD \times CD \times \cos 120°$$
$$7^2 = AD^2 + 5^2 - 2 \times AD \times 5 \times \left(-\frac{1}{2}\right)$$
$$7^2 = AD^2 + 25 + 5AD$$
$$AD^2 + 5AD - 24 = 0$$
$$(AD - 3)(AD + 8) = 0$$
$$AD = 3, -8$$

$AD > 0$ より、$AD = 3$ と求められる。
ここで、△ABC の面積 $S_1$ と△ADC の面積 $S_2$ を面積の公式を用いて求める。

$$S_1 = \frac{1}{2} \times 8 \times 5 \times \sin 60° = \frac{1}{2} \times 8 \times 5 \times \frac{\sqrt{3}}{2} = 10\sqrt{3}$$

$$S_2 = \frac{1}{2} \times 3 \times 5 \times \sin 120° = \frac{1}{2} \times 3 \times 5 \times \frac{\sqrt{3}}{2} = \frac{15\sqrt{3}}{4}$$

$$S_1 + S_2 = 10\sqrt{3} + \frac{15\sqrt{3}}{4} = \frac{40\sqrt{3}}{4} + \frac{15\sqrt{3}}{4} = \frac{55\sqrt{3}}{4}$$

なお、ブラーマグプタの公式を用いて面積を求めてもよいが、

$$s = \frac{8 + 5 + 5 + 3}{2} = \frac{21}{2}$$

となり、計算しにくい（計算は以下のようになる）。

$$S=\sqrt{\left(\frac{21}{2}-8\right)\left(\frac{21}{2}-5\right)\left(\frac{21}{2}-5\right)\left(\frac{21}{2}-3\right)}=\sqrt{\frac{5}{2}\times\frac{11}{2}\times\frac{11}{2}\times\frac{15}{2}}=\frac{55\sqrt{3}}{4}$$

# 第 2 章

## 物　理

　　物理では、計算問題を解くだけではなく、法則の定性的な理解も必要となります。最重要項目である力学分野に重点を置き、頻出の電気回路を含む電磁気学についても解説します。熱力学、波動、原子については重要点のみ触れておきます。

★★★

# 1 運動と力

運動と力に関する単元をまとめて力学といいます。17世紀にニュートンによって体系立てられたこれらは特に古典力学と呼ばれ、非常に美しい式で記述されています。

## ❶ 物理量の表し方

### 1 単　位

物理学では、実験結果・観察結果を加速度、力、質量、エネルギー、電場などのような物理概念を使って理解・記述する。これらの概念を**物理量**と呼ぶ。したがって、物理学はいろいろな物理量の関係を探る学問で、これらの関係が**法則**である。

物理量を表すときは、これらの物理量を測る基準となる量の**単位**と比較して、その何倍であるかを表す。例えば、塔の高さは、長さの基準である1mの物指しの長さと比べて、50mや60mなどと表される。つまり物理量は「**数値×単位**」という形をとっている。

このように、物理学の問題を定量的に考えるときに理解しておかなければならないのが単位である。

### 2 国際単位系と基本単位

力と運動の物理学である力学に現れる物理量の単位は、長さ、質量、時間の単位を決めれば、この三つからすべて定まる。距離の単位として**メートル[m]**、質量の単位として**キログラム[kg]**、時間の単位として**秒[s]**をとり、これらを基本単位として他の物理量の単位を定めた単位系（単位の集まり）を**MKS単位系**という。この三つの基本単位に電流の単位の**アンペア[A]**を4番目の基本単位として加えた単位系を**MKSA単位系**という。

日本の計量法は**国際単位系**(略称SI)を基礎にしているので、本書では、原則として国際単位系を用いる。国際単位系はMKSA単位系を拡張した単位系で、メートル[m]、キログラム[kg]、秒[s]、アンペア[A]に加え、温度の単位のケルビン[K]、光度の単位のカンデラ[cd]、および物質量の単位のモル[mol]を加えた七つを**基本単位**として構成されている。

134　第2章　物　理

## 3 組立単位

基本単位以外の物理量の単位は、定義や物理法則を使って、基本単位から組み立てられる。こうして組み立てられた単位を**組立単位**という。例えば、距離の単位はメートル[m]、時間の単位は秒[s]なので、

「速度」＝「移動距離」÷「移動時間」の国際単位

　⇒　距離の単位[m]を時間の単位[s]で割った[m/s]

「加速度」＝「速度変化」÷「経過時間」の国際単位

　⇒　速度の単位[m/s]を時間の単位[s]で割った[m/s²]

である。「A/B」は「A÷B」を表す。「力」＝「質量」×「加速度」なので、力の国際単位は質量の単位[kg]に加速度の単位[m/s²]をかけた[kg・m/s²]である。力学の創始者ニュートンに敬意を払い、この[kg・m/s²]を[N]（ニュートン）と呼ぶ。以下に力学で扱う主な文字や単位を示す。

| 文字 | 単位 | 表される数量 | 備考 |
|---|---|---|---|
| $v$ | m/s | 速度 | 各文字の右下に0を付けて、「$v_0$」などと表されるものがあるが、これは**最初の状態**という意味である。 |
| $t$ | 時間・分・秒 | 時間 | |
| $a$ | m/s² | 加速度 | |
| $g$ | m/s² | 重力加速度（9.8[m/s²]） | |
| $x$ | m | $x$方向の移動距離 | |
| $y$ | m | $y$方向の移動距離 | |

1　運動と力　135

## 2 等加速度運動

### 1 速度

1[s]当たりの座標$x$[m]の変化を速度$v$[m/s]と定義する。また、一定の速度でまっすぐ進む運動を等速直線運動(等速度運動)という。

図1は、右方向が正である$x$軸上の原点($x=0$[m])からスタート($t=0$[s])した球の様子である。ここでは1[s]あたり座標は3[m]ずつ増すことになるので、速度の定義によると$v=3$[m/s]となる。

図1

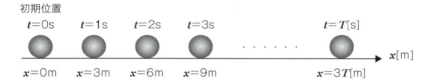

では、図2のような場合の速度$v$はいくらになるだろうか。この場合は、座標は4ずつ減少(あるいは−4ずつ増加)しているので、$v=-4$[m/s]となる。つまり、負の速度とは、逆進を表すことといえる。

図2

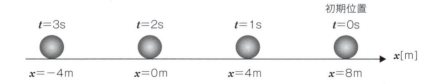

いま見てきたように、「速度」の値は正負によって向きが異なることがわかる。物理学においては「速さ」と「速度」を区別する。

「速さ」とは速度の大きさ(速度の絶対値)のことであり、大きさのみで方向を持たない量である。このようなものをスカラーという。一方「速度」とは、これに向きを加えた量である。このようなものをベクトルという。

## 2 加速度

　物体の運動は、常に一定の速度で運動することはあまりなく、加速したり減速したりして速度が変化することが多い。このように、物体の速度が刻々と変化する運動を**加速度運動**という。また、一定の加速度で一直線上を移動する運動を**等加速度直線運動**(等加速度運動)という。

　そこで、「1sあたりの速度$v$[m/s]の変化」を**加速度**と定義し、速度の変化を捉えていくことにする。加速度は$a$(acceleration)で表し、単位は[m/s$^2$]を用いる。速度と同様に、加速度にも向きと大きさがあり(ベクトル)、一直線上を運動する場合には、座標軸の向きを決めれば、正・負の符号によって、加速度の向きを表すことができる。

　例えば図3では、最初に$v=2$[m/s]の速度を持っていた球が、1[s]あたり2[m/s]ずつ速度を増加させていることがわかる。加速度の定義より、この場合の加速度は$a=2$[m/s$^2$]となる。

図3

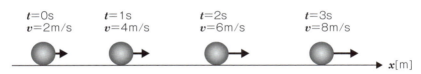

## 3 $v-t$グラフ

　速度$v$を縦軸、時間$t$を横軸にとったグラフを**$v-t$グラフ**という。公務員試験の物理で登場する加速度は常に一定で変化しないので、$v-t$グラフは❷のように直線（１次関数）となり、$v-t$グラフの傾きが加速度を表すことになる。また、加速度が０の場合（等速度運動・等速直線運動）は、傾きが０のグラフなので、❶のグラフのように横軸と平行なグラフとなる。

　そして、$v-t$グラフの直線と横軸との間にできる図形の面積は移動距離を表していることも非常に重要である。これは❶のグラフを見ると非常に理解しやすい。

　つまり、（速さ）×（時間）＝（距離）が成り立っていたのは、加速度がなければ面積は長方形だったからである。

❶　等速度運動

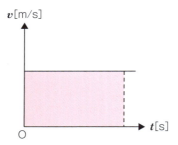

❷　等加速度運動

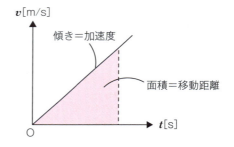

## 3 等加速度直線運動

　例えば斜面を転がる小球は、一定の加速度で斜面上を移動する（等加速度直線運動）。

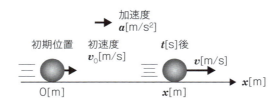

　一定の加速度$a$、初速度$v_0$の物体の、$t$秒後の速度$v$および位置$x$は以下の三つの基本式としてまとめられる。

### 等加速度運動

❶ $v = v_0 + at$   　　$t$秒後の速度$v$を表す

❷ $x = v_0 t + \dfrac{1}{2} at^2$   　　$t$秒後の位置$x$を表す（$v-t$グラフの面積）

❸ $v^2 - v_0^2 = 2ax$   　　❶と❷から$t$を消去したもの

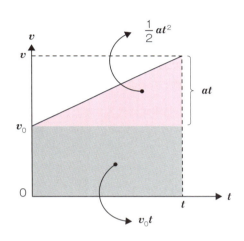

## 4 落体の運動

### 1 自由落下

高さのある場所から物体を静かに放して落下させると、物体は次第に速さを増加しながら落下する。このような運動を**自由落下**という。

自由落下は等加速度運動であり、物体が落下するときの加速度を**重力加速度$g$**という。測定結果より、地球上での重力加速度$g$の値はおおよそ$g = 9.8[\text{m/s}^2]$であることが知られている。

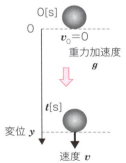

重力のはたらく方向を鉛直といい、右図のように鉛直下向きを正として$y$軸をとり、物体を放した点を原点O、時刻$t[\text{s}]$での物体の速度を$v[\text{m/s}]$とすると、初速度が$v_0 = 0[\text{m/s}]$で加速度の大きさが一定値$g$であることから、これらを等加速度運動の基本式に代入すると$v = gt$、$y = \dfrac{1}{2}gt^2$、$v^2 = 2gy$が得られる。

## 2 鉛直投げ下ろし

初速度$v_0$[m/s]で鉛直下向きに投げ下ろした物体の運動は、鉛直下向きを正とすると、加速度が$g$の等加速度運動となる。

よって条件を等加速度運動の基本式に代入すると、$v = v_0 + gt$、$y = v_0 t + \dfrac{1}{2} gt^2$、$v^2 - v_0^2 = 2gy$が得られる。

## 3 鉛直投げ上げ

初速度$v_0$[m/s]で鉛直上向きに投げ上げた物体の運動は、鉛直上向きを正とすると、加速度が$-g$の等加速度運動となる。

よって条件を等加速度運動の基本式に代入すると、$v = v_0 - gt$、$y = v_0 t - \dfrac{1}{2} gt^2$、$v^2 - v_0^2 = -2gy$が得られる。

### 落体の運動

重力加速度は物体の初速度の向きを正にすることが一般的なので、鉛直投げ下ろしの場合に$g$、鉛直投げ上げの場合に$-g$となる。

❶ $v = v_0 \pm gt$

❷ $y = v_0 t \pm \dfrac{1}{2} gt^2$　　　変位は鉛直方向なので$y$となる

❸ $v^2 - v_0^2 = \pm 2gy$

## 5 水平投射

物体をある高さから水平方向に投げると、物体は曲線を描きながら落下していく。このような運動を水平投射という。

水平投射された物体は、水平方向には力を受けないので等速直線運動を行いながら、鉛直方向には重力だけを受けるので自由落下運動をしている。

## 6 斜方投射

物体が地面と、ある角度をもって投射（斜方投射）された場合、その物体は**放物線**といわれる曲線を描きながら運動する。これを**放物運動**という。

放物運動を水平方向と鉛直方向に分解してみると、**水平方向は等速直線運動、鉛直方向は鉛直投げ上げと同じ運動をしている**。そのため、水平方向と鉛直方向に分解して考えることができる。

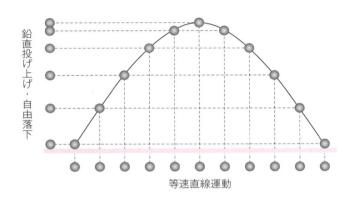

### 1 速度の分解

物体の運動を、鉛直方向と水平方向に分けるとき、三角比を使って計算することになる。そのため、数学で扱った三角比について確認しておこう。

#### ① 三角比の定義

三角比は直角三角形の各辺の関係について、角度を用いて表したものである。

$$\text{正弦}: \sin\theta = \frac{a}{c} \quad \text{余弦}: \cos\theta = \frac{b}{c} \quad \text{正接}: \tan\theta = \frac{a}{b}$$

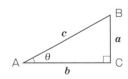

下図のように投射した物体の速度を$v$、その水平成分を$v_x$、鉛直成分を$v_y$、投射角を$\theta$とすると、その関係は以下のようになる。

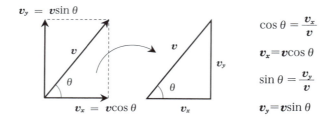

② 水平方向・鉛直方向

水平方向は等速度運動であるので$x = v_0 \cos\theta \cdot t$、鉛直方向は鉛直投げ上げになるので$y = v_0 \sin\theta - gt$となる。

特別に覚えなければならない公式ではないので、それぞれの成分がどのような運動であるかをしっかりと把握しておけばよい。

## 7 力

力とは、物体の運動の状態を変化させたり（加速度を生じさせたり）、物体を変形させたりするものであり、その単位は[N]（ニュートン）で表される。力は、接して及ぼされる接触力と、離れた物体から及ぼされる遠隔力の二つに大きく分けられ、具体的には以下のものがある。

### 力の種類

❶ 接触力　　糸などから引かれる力である張力$T$
　　　　　　面から押し返される垂直抗力$N$
　　　　　　ばねやゴムから受ける弾性力$kx$
　　　　　　粗い面で生じる摩擦力$F$
　　　　　　浮力$\rho V g$

❷ 遠隔力　　地球が質量$m$［kg］の物体を引く力$mg$（重力場）
　　　　　　静電気力（電場）
　　　　　　磁力（磁場）

# 1 力の合成と分解

## ① 力の合成

一つの物体にいくつかの力が同時にはたらく場合、それらの力を合わせたはたらきをする一つの力を考えることができる。この力を**合力**といい、合力を求めることを**力の合成**という。

同一作用線上であれば、同じ向きなら和、逆向きなら差となる。また、異なる方向にはたらく2力の場合、その2力を一辺とする平行四辺形の対角線の矢印に一致する。これを**平行四辺形の法則**といい、数学でいう**ベクトルの和**と同じである。

三つ以上についても、二つを一つに合成して、その合力と残りを合成するというようにまとめていけばよい。

## ② 力の分解

力の合成とは反対に、一つの力をいくつかの力に分けることもできる。これを**力の分解**といい、分けられたそれぞれの力を**分力**という。

力の分解も、平行四辺形の法則を用いて任意の二つの方向に分解できる。

力の分解は、互いに垂直な二つの方向に分解することが多く、直角三角形に三角比を用いて分けることが一般的だが、中学校内容の初等幾何で解けるものもある。

## 2 ニュートンの運動の3法則

ニュートンは1687年に著書『自然哲学の数学的諸原理（プリンキピア）』で運動の3法則について発表した。これをもとにニュートン力学は古典物理学として現在も体系立てられている。

① 第1法則：慣性の法則

物体に外部から力がはたらかないとき、または、いくつかの力がはたらいていてもそれらの力がつり合っているとき、**静止している物体は静止を続け、運動している物体は等速直線運動を続ける。**

すなわち、物体には運動の状態を維持しようとする性質があり、この性質を**慣性**という。

② 第2法則：運動方程式

物体に生じる加速度 $a[\text{m/s}^2]$ は、物体に加えた力 $F[\text{N}]$ に比例し、物体の質量 $m[\text{kg}]$ に反比例する。これを、比例定数が1となるように簡潔にすると以下のような式になる。この式を**運動方程式**という。

$$ma = F$$

また、質量 $1[\text{kg}]$ の物体に $1[\text{m/s}^2]$ の加速度を生じさせる力の大きさを $1[\text{N}]$ と定義する。そのため、重力 $W[\text{N}]$ は $mg$ で表される。

③ 第3法則：作用・反作用の法則

力が加えられた物体は力を加えた物体を同じ力で押し返す。このときの力は、同一作用線上、逆向き、同じ大きさとなる。

## 3 重 力

地球上にあるすべての物体には、鉛直下向き（地球の中心の向き）に重力がはたらいている。この重力の大きさを**重さ**といい、質量 $m[\text{kg}]$ にはたらく重力の大きさ $W[\text{N}]$ は、$mg[\text{N}]$ であることがわかっている。つまり1kgの物体にはたらく重力は $g = 9.8[\text{m/s}^2]$ とすると、$9.8[\text{N}]$ である。

重力の大きさ $W = mg$

重力 $mg$

## 4 張 力

糸に物を吊るすと、糸はたるまずに張る。このときに上に引っ張ろうとする力が**張力T**である。

張力 $T$

## 5 弾性力

### ① 弾性力

引き伸ばされたり、押し縮められたりしたつる巻きばねは、もとの自然の長さ（**自然長**）に戻ろうとして、つながれた物体に力を及ぼす。このように、力が加わって変形した物体が、もとの状態へ戻ろうとして他の物体に及ぼす力を**弾性力**という。

弾性力の大きさ $F$[N]は、伸びや縮みの長さ $x$[m]に比例する。これを**フックの法則**といい、

$$F = kx$$

と表される。比例定数 $k$ は、ばねによって定まる定数で**ばね定数**といい、単位は[N/m]（ニュートン毎メートル）である。

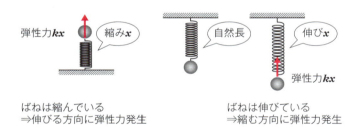

ばねは縮んでいる
⇒伸びる方向に弾性力発生

ばねは伸びている
⇒縮む方向に弾性力発生

② さまざまなばねのつなぎ方

　同じおもりを吊り下げても、ばねのつなぎ方によって伸びの大きさは異なる。大きく5種類あるので、しっかり確認してほしい。

**例1**　1[N]の力を加えると10[cm]伸びるばねに、1[N]のおもりを吊り下げる。

　1[N]で10[cm]伸びるばねに1[N]のおもりを吊り下げているので、10[cm]伸びる。

**例2**　1[N]の力を加えると10[cm]伸びるばねを縦に2本つなげた先に、1[N]のおもりを吊り下げる。

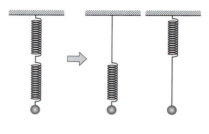

　縦に2本のばねがつながれているとき、上のばねを考える場合には、下のばねは糸でつながれているだけだと考えて伸びを計算する。また、下のばねを考える場合には、上のばねは糸でつながれているだけだと考えて伸びを計算する。このように1本ずつ計算すればよい。
　そのため、上のばねも下のばねもそれぞれ10[cm]伸びる。これは何本つないでも同様である。なお、この場合の合成ばね定数は、

$$\frac{1}{k} = \frac{1}{k_1} + \frac{1}{k_2} + \cdots$$

となる。

**例3**　1[N]の力を加えると10[cm]伸びるばねが2本並んでおり、この2本の先端を横につなげた先に、1[N]のおもりを吊り下げる。

　横に2本のばねをつないだものは、それぞれに力が加わるので、$\frac{1}{2}$の5[cm]伸びることになる。

**例4** 1[N]の力を加えると10[cm]伸びるばねを横に寝かせて、その先に1[N]のおもりを吊り下げる。

**例1**を横方向にしただけのものなので、**例1**と同様に10[cm]伸びる。

**例5** 1[N]の力を加えると10[cm]伸びるばねを横に寝かせて、その両端に1[N]のおもりを吊り下げる。

一方のおもりは、**例4**の壁と同様の役割を果たしているので、**例4**と同様に考えればよい。そのため、10[cm]伸びる。

## 6 摩擦力

物体を水平方向に引っ張っても物体はすぐには動かない。これは、加えた力と逆向きに力が生じるためであり、この力が<u>摩擦力$F$</u>である。

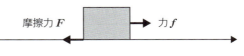

また、物体は重力と質量によって面を押しており、面はこれを押し返すことで力のつり合いが生じている。この、面が物体を押し返す力を<u>垂直抗力$N$</u>という。物体が面を押す力には重力が関係しているため、物体が重いほど垂直抗力も大きくなる。

### ① 静止摩擦力

粗い床の上に置いた物体に、水平方向に大きさ$f$[N]の力を加えると、運動方程式に従って力に比例した加速度が生じ、次第に速度を増すはずである。

ところが実際には、力がある大きさより小さいと物体は動き出さない。これは床の面から物体に、加えた力と同じ大きさで逆向きの力がはたらき、加えた力とつり合うためである。このような力を<u>静止摩擦力</u>という。よって、このときの静止摩擦力の大きさ$F$[N]は、$f=F$と表される。

② **最大摩擦力**

　静止摩擦力の大きさには限界があり、物体に加える力の大きさ$f$[N]がこの限界を超えると物体は動き出す。この限界の摩擦力を**最大摩擦力**という。最大摩擦力の大きさ$F_0$[N]は、垂直抗力の大きさ$N$[N]に比例し、次のように表される。

　　$F_0 = \mu N$

比例定数$\mu$を**静止摩擦係数**といい、物体の動き出しにくさを表す。

③ **動摩擦力**

　物体が動き出した後も、物体と面との間には、物体の運動を妨げる向きに**動摩擦力**がはたらく。動摩擦力の大きさ$F'$[N]は、垂直抗力の大きさ$N$[N]に比例し、次のように表される。

　　$F' = \mu' N$

比例定数$\mu'$を**動摩擦係数**という。

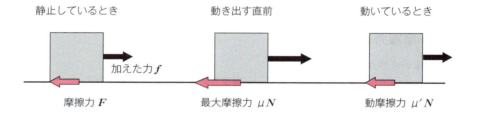

④ **摩擦力の大きさ**

　静止摩擦係数$\mu$や動摩擦係数$\mu'$は、接する２物体の材質や面の状態によって決まり、接する面積にはよらないとしてよい。また一般には、$\mu > \mu'$の関係があり、静止している物体を動き出させるために必要な力のほうが、物体を動かし続けるために必要な力より大きく、下のようなグラフとなる。

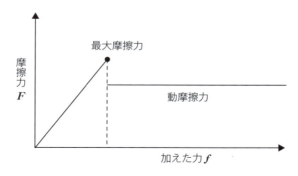

## 7 浮 力

液体と気体を合わせて流体という。流体中にある物体は、流体から押し上げられる力を受ける。このような力を浮力という。

物体が流体中にあるときは、物体の上面より下面のほうが深いところにあるため、流体が物体の上面を下向きに押す力よりも、物体の下面を上向きに押す力のほうが大きい。このため、浮力が生じる。

### ① アルキメデスの原理

流体中の物体は、それが押しのけている流体の体積の重さに等しい大きさの浮力を受ける。これをアルキメデスの原理という。

### ② 浮力の式

密度$\rho$[kg/m³]の流体中にある体積$V$[m³]の物体には、重力と反対向きに$\rho V g$[N]の浮力がはたらく。

$$F = \rho V g$$

物体の沈んでいる部分の体積、沈める液体の密度(比重)のみが浮力$F$の大きさを決める。沈んでいる体積が同じであれば、形や材質などは関係しない。

1 運動と力　149

## 8 斜面上の物体の運動

滑らかな斜面上に置かれた物体の運動を考えるときは、物体に加わる力を、斜面に対して平行な方向と垂直な方向に分解する。
具体的に、斜面上にあり、ひもで固定されている物体に加わる力について考えてみる。

### 斜面上の物体に加わる力の分解

❶ 物体が動き出しそうな方向を定め、その方向を向いていない力の矢印を特定する
❷ 分解したい矢印を対角線とし、動き出す方向と、その垂直方向を辺として含む長方形を作る
❸ 図形の性質を使って、長方形の辺の長さを斜辺の長さと三角比で表現する

下図の直角三角形において三角比を使うことにより、重力 $mg$ および角度 $\theta$ を使って求める辺の長さを三角比で表すことができる。
重力の斜面に平行な分力を $W_x$、重力の斜面に垂直な分力を $W_y$ おくと、三角比の関係より以下の式が成立する。

$$\sin\theta = \frac{W_x}{mg}$$

$$W_x = mg\sin\theta$$

$$\cos\theta = \frac{W_y}{mg}$$

$$W_y = mg\cos\theta$$

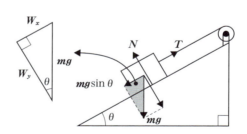

以上より、斜面下向きを正の方向にとると、（正の方向の力の合計）＝（負の方向の力の合計）の式より以下の式が成り立つ。

$$mg\sin\theta = T$$

同様に、下向きを正の方向にとると、（正の方向の力の合計）＝（負の方向の力の合計）の式より以下の式が成り立つ。

$$mg\cos\theta = N$$

## 8 力のモーメントのつり合い

### 1 剛 体

これまで学習してきたような、質量だけを考え、大きさを考えないものを**質点**という。つまり、箱に力がはたらくとき、箱の大きさを考えなくてもよい場合は、箱を質点として扱えばよい。

一方、箱の大きさを考える場合には、作用点の位置や作用線の方向によって箱の動き方が変わってくる。ここでは、力によって箱の形は変わらないが、箱が平行移動したり（**並進運動**）、回転したり（**回転運動**）する場合を考えることにする。

このように、質量と大きさ（形）だけを考え、変形しない物体を**剛体**という。

### 2 モーメントのつり合い

#### ① 力のモーメント

剛体を回転させようとする能力のことを、**力のモーメント$M$**といい、単位は[N・m]（ニュートン・メートル）を用いる。

力のモーメントは、物体に垂直に加わる力の成分$F$[N]に、物体の長さ$l$[m]を掛けることで定義される。

$$M = F \cdot l$$

② 剛体のつり合い

　剛体がその場で静止している状態を、剛体がつり合っているという。剛体がつり合うときは、剛体は並進運動も回転運動もしないので、剛体にはたらくすべての力の和が0であり、剛体の任意の点のまわりの力のモーメントの和も0である。

　例えば、てんびんについて考えてみる。次の図のように、同じ質量のおもりを左右の違う位置に複数吊り下げた場合、左側では反時計回りにてんびんを回転させるモーメントがはたらき、右側では時計回りにてんびんを回転させるモーメントがはたらく。左右にはたらくモーメントの大きさが同じであれば、てんびんは傾くことなく水平な状態で静止する。

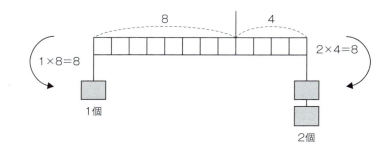

### 剛体のつり合い

❶　並進運動をしない　⇒　力の和が0
❷　回転運動をしない　⇒　力のモーメントの和が0
　　　　　　　　　　　⇒　（時計回りのモーメント）＝（反時計回りのモーメント）

※　剛体がつり合っているとき、❶と❷の両方が成り立つ。

第2章

物　理

1　運動と力　153

# 過去問 Exercise

**問題1**
ある自動車が停止状態から等加速度直線運動をしたところ、停止状態から4.00秒で50.0m進んだ。このとき、自動車の加速度はいくらか。

なお、停止状態からの等加速度直線運動における時刻$t$と速度$v$の関係を図の直線として表したとき、時刻$t=t_1$までに進んだ距離は網掛けされた三角形の面積で示される。

国家専門職2016

1. $2.50 \text{m/s}^2$
2. $5.00 \text{m/s}^2$
3. $6.25 \text{m/s}^2$
4. $12.5 \text{m/s}^2$
5. $25.0 \text{m/s}^2$

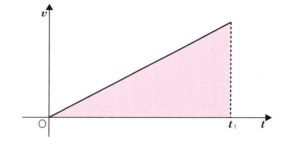

## 解説

正解 ③

問題文に与えられた $v-t$ グラフについて、$t_1=4.0$であり、網掛けされた三角形の面積は50であることがわかる。そこで、網掛けされた三角形の底辺を $t_1$、高さを $v_1$ [m/s] とおくと、

$$\frac{1}{2} \times 4 \times v_1 = 50$$

であることから、$v_1=25$と求められる。以上を反映させた $v-t$ グラフは図のようになる。

求める加速度 $a$ は直線の傾きであるので $a=\dfrac{25}{4}=6.25$ [m/s$^2$] と求められる。

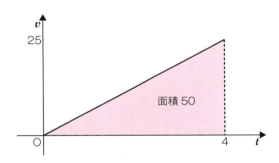

**問題2**　　静止していた自動車が、静かに動き出し、一定の加速度で速さを増しながら一直線上を進んで、4.0[s]後に動き出した地点からの距離12.0[m]の位置を通過した。この瞬間の自動車の速さとして、最も妥当なのはどれか。

東京消防庁Ⅰ類2014

1　5.0[m/s]

2　6.0[m/s]

3　7.0[m/s]

4　8.0[m/s]

5　9.0[m/s]

## 解説

正解 **2**

$x = v_0 t + \dfrac{1}{2} a t^2$ より、

$12 = 0 \times 4.0 + \cancel{x} = \dfrac{1}{2} \times a \times 4.0^2$

よって、加速度 $a = 1.5[\mathrm{m/s^2}]$ となる。これを $v = v_0 + at$ に代入して、

$v = 0 + 1.5 \times 4.0$

$\quad = 6.0\,[\mathrm{m/s}]$

**問題3**　地面からの高さが78.4mの位置から、初速度0で自由落下を始めた物体が地面に達するまでに要する時間として、妥当なのはどれか。ただし、重力加速度は9.8m/s²とし、空気抵抗及び物体の大きさは無視する。

東京都Ⅰ類2010

1　2.4秒

2　4.0秒

3　7.2秒

4　12.0秒

5　19.6秒

## 解説

正解 ②

物体の運動方向と重力加速度の向きは同じなので正として考える。重力加速度を$g$として計算すると以下のようになる。

$$y = v_0 t + \frac{1}{2}gt^2$$

$$78.4 = 0 \times t + \frac{1}{2} \times 9.8 \times t^2$$

$$t^2 = \frac{78.4 \times 2}{9.8}$$

$$t^2 = 16$$

$$t = \pm 4$$

$t > 0$なので、

$$t = 4.0 \, [\text{s}]$$

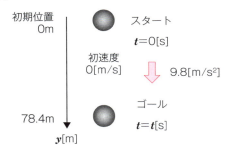

**問題4**　ビルの屋上から物体Aを自由落下させ、その1.0秒後に鉛直下向きに物体Bを初速度14.7m/sで投げ下ろした。物体Bを投げ下ろしてから、物体Bが物体Aに追いつくまでの時間はどれか。ただし、重力加速度を9.8m/s$^2$とし、空気の抵抗は考えないものとする。

特別区Ⅰ類2016

1　0.5秒

2　1.0秒

3　1.5秒

4　2.0秒

5　2.5秒

## 解説

正解 ❷

自由落下および投げ下ろし運動はともに鉛直下方向に進行する運動であるので、鉛直下向きを正とする座標軸上で運動を考える。

物体Aを自由落下させたときの1秒後の移動距離は、等加速度運動の基本式 $y=\frac{1}{2}gt^2$ より、

$$\frac{1}{2}\times 9.8\times 1^2=4.9\,[\text{m}]$$

であり、また、加速度は9.8 $[\text{m/s}^2]$ であることから、物体Aの1秒後の速度は$9.8\times 1=9.8\,[\text{m/s}]$ である(図1)。

本問では、物体Bを投げ下ろしてから物体Aに追いつくまでの時間を問われているので、図2のように、物体Aの初期位置4.9 [m]、初速9.8 [m/s]、物体Bの初期位置0 [m]、初速14.7 [m/s](加速度はともに重力加速度の9.8 $[\text{m/s}^2]$)である状況をスタートとして、時間を求めるとよい。

物体Bを投げ下ろしてから $t$ 秒後に物体Bは物体Aに追いつくとすると、$t$ 秒後における両物体の位置は等しいことになる。そこで、物体Aおよび物体Bの $t$ 秒後の位置 $y$ を求めると、それぞれ以下のように表される。

物体A　$y=\frac{1}{2}\times 9.8\times t^2+9.8\times t+4.9=4.9t^2+9.8t+4.9$　……①

物体B　$y=\frac{1}{2}\times 9.8\times t^2+14.7\times t=4.9t^2+14.7t$　……②

$t$ 秒後の位置 $y$ は等しいことから、①=②となり、

$$4.9t^2+9.8t+4.9=4.9t^2+14.7t$$

これを解くと、$t=1.0$ となる。

**問題5** 鉛直上向きに19.6[m/s]の速さで小球を投げ上げた。投げ上げた位置を原点とするとき小球が達する最高点の高さとして、最も妥当なのはどれか。ただし、重力加速度は9.8[m/s²]とする。

東京消防庁Ⅰ類2018

1 9.8[m]

2 19.6[m]

3 29.4[m]

4 39.2[m]

5 49.0[m]

## 解説

正解 **2**

物体の運動方向と重力加速度の向きは逆なので、負として考える。最高点に達するとき、速度が0になるので、$v=0$、重力加速度を$g$として計算すると以下のようになる。

$v=v_0-gt$ より、

$0=19.6-9.8t$

よって $t=2$ となり、これを $y=v_0t-\dfrac{1}{2}gt^2$ に代入して、

$y=19.6\times2-\dfrac{1}{2}\times9.8\times2^2$

$=19.6\,[\mathrm{m}]$

**問題6**　地面より78.4mの高さから、小球を速さ15m/sで水平に投げ出した。このとき、投げ出した点の真下の地面から、この小球の落下地点までの水平距離として、最も妥当なのはどれか。ただし、重力加速度は9.8m/s$^2$とする。

警視庁Ⅰ類2017

1　40m

2　45m

3　50m

4　55m

5　60m

## 解説

正解 ⑤

　本問を図に示すと次のようになる。水平方向は一定の速さで推移する等速度運動であり、鉛直方向は重力加速度による等加速度運動である。
　地上に到着するまでの時間を求め、次にその間の水平方向への移動距離を求める、という2段階で考えるとよい。

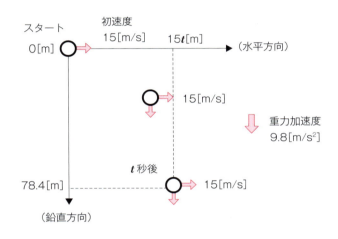

❶ 78.4m 落下にかかる時間を求める

　鉛直下向きを基準として、自由落下を開始させた点から測って $x=78.4$ [m] に到達したときの時間を $t$ [s] とおく。自由落下なので、初速度は0である。

よって、等加速度運動の距離の公式より、$78.4=0+\dfrac{1}{2}\times 9.8\times t^2$ となるので、これを解くと、$t^2=16$ → $t=4$ [s] となる。

❷ 水平方向の移動距離を求める

　水平方向は等速度運動であるので、(速さ)×(時間)＝(距離)で求めることが可能である。したがって、$15\times 4=60$ [m] だけ水平方向に進んでいることがわかる。

**問題7**

雨が降る中を走行しているバスに乗っている者が、進行方向に向かって左の窓越しに雨滴を見ている。バスが速度$V_1$で走行しているときは、図Ⅰのように雨滴の向きが鉛直方向から30°傾いて見え、バスが速度$V_2$で走行しているときは、図Ⅱのように雨滴の向きが鉛直方向から45°傾いて見えた。$V_1$と$V_2$の関係として最も妥当なのはどれか。

ただし、雨滴は鉛直下向きに同じ速度で落下しているものとする。

国家専門職2019

図Ⅰ 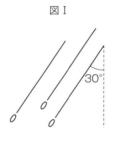　　　図Ⅱ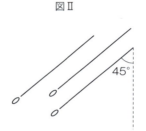

1. $V_2 = \dfrac{\sqrt{2}}{2} V_1$
2. $V_2 = \dfrac{\sqrt{3}}{2} V_1$
3. $V_2 = \dfrac{\sqrt{6}}{2} V_1$
4. $V_2 = \sqrt{2} \, V_1$
5. $V_2 = \sqrt{3} \, V_1$

## 解説

正解 ⑤

　雨滴の速度を $V$ とすると、縦が雨滴、横がバスの速度になるので、図のようになる。
　よって図Ⅰより $V=\sqrt{3}\,V_1$、図Ⅱより $V=V_2$ なので、$V_2=\sqrt{3}\,V_1$ となる。

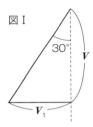 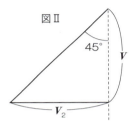

**問題8**　落体の運動に関する次のA ～ Eの記述のうち、妥当なもののみを全て挙げているものはどれか。

裁判所一般職2019

**A**　物体が重力だけを受け、初速度０で鉛直に落下する自由落下は、加速度が一定な等加速度直線運動であるが、物体を投げ下ろしたときの運動は加速度が変化する。

**B**　物体が自由落下するときの加速度のことを重力加速度といい、物体の質量が大きいほど大きくなる。

**C**　物体を水平方向や斜め方向に投げ出したときの物体の運動を放物運動といい、物体は、水平方向には等速度運動、垂直方向には等加速度直線運動をしている。

**D**　物体の質量が同じでも、形状によって受ける空気の抵抗が異なると落下の様子も異なるが、真空中では物体の質量や形状に関係なく同じように落下する。

**E**　物体をまっすぐ上に投げ上げたとき、その物体の加速度は、上昇中と下降中で向きや大きさが変化する。

**1**　A、B

**2**　A、C

**3**　B、E

**4**　C、D

**5**　D、E

## 解説

正解 ④

**A ✗**　自由落下も投げ下ろしも、加わる力は重力だけなので、加速度はどちらも変化しない。

**B ✗**　重力加速度は定数(一般に9.8 [m/s$^2$]が用いられる)であり、質量とは関係ない値である。

**C ○**　正しい記述である。

**D ○**　正しい記述である。

**E ✗**　加速度は、物体に加わる力のみによって決まる。よってこの場合、投げ上げられた物体がどのような運動をしていようが、またどのような場所にあろうが、加わる力は重力のみであるので、加速度は鉛直下向きに$g$[m/s$^2$]である。

> **問題9**　下の図のように、物体に３本のひもをつなぎ、ばねはかりで水平面内の３方向に引き、静止させた。ひもA、B、Cから物体にはたらく力の大きさをそれぞれ$F_A$、$F_B$、$F_C$とするとき、これらの比として、正しいのはどれか。
>
> 東京都Ⅰ類2020

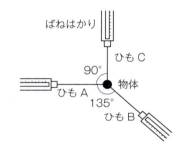

$F_A : F_B : F_C$

① 　$1 : 1 : 1$
② 　$1 : \sqrt{2} : 1$
③ 　$1 : \sqrt{2} : 2$
④ 　$1 : 2 : 1$
⑤ 　$\sqrt{2} : 1 : \sqrt{2}$

## 解説

正解 ❷

　$F_A$ と $F_C$ の合力が $F_B$ とつり合っていると考えると、図よりこれらは一直線上にあるので、$F_A$ と $F_C$ の合力はひも A とひも C に対してちょうど 45°である。合力は平行四辺形の対角線であるので、ここに正方形ができることになる。

　よって $F_A$ と $F_C$ の力は等しいので、これを 1 とすると、$F_A$ と $F_C$ の合力は $\sqrt{2}$ となるので、これが $F_B$ と等しいことがわかる。

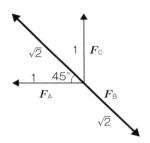

　よって、$F_A : F_B : F_C = 1 : \sqrt{2} : 1$ となる。

**問題10** 質量10kgの台車が滑らかな水平面上に静止している。この台車に、水平方向に20Nの力を4.0秒間加えたときの速さはいくらか。ただし、空気抵抗は無視できるものとする。

国家一般職2011

1　0.12m/s

2　2.0m/s

3　4.0m/s

4　8.0m/s

5　16m/s

## 解説

正解 **4**

　運動方程式 $F=ma$ より、$20=10\times a$ となる。よって、$a=2\,[\mathrm{m/s^2}]$ となる。つまり、静止した台車は $2\,[\mathrm{m/s^2}]$ で加速するので、4秒後の速度は $v=v_0+at$ より、$0+2\times4=8\,[\mathrm{m/s}]$ となる。

**問題11** 図のように、水平な床面上に質量$m$と$M$の二つの物体を置き、これらを糸でつないで水平方向に引っ張ったところ、二つの物体はともに加速度$a$で動いた。このときの糸X及び糸Yの張力の組合せとして最も妥当なのはどれか。

ただし、糸の質量及び二つの物体と床面との間に生じる摩擦力は無視できるものとする。

国家専門職2009

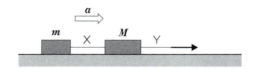

|   | 糸Xの張力 | 糸Yの張力 |
|---|---|---|
| **1** | $ma$ | $Ma$ |
| **2** | $ma$ | $(M+m)a$ |
| **3** | $Ma$ | $(M+m)a$ |
| **4** | $(M-m)a$ | $Ma$ |
| **5** | $(M-m)a$ | $(M+m)a$ |

## 解説

正解 ❷

運動方程式 $F=ma$ より、糸Xは質量 $m$ の物体を加速度 $a$ で引くので、糸Xにかかる力＝$ma$ となる。

また、糸Yは質量 $m$ と質量 $M$ の物体を加速度 $a$ で引くので、糸Yにかかる力＝$(M+m)a$ となる。

**問題12** 下の図は、同じ質量で、同じばねを取り付けた台車A、台車Bを準備し、【実験1】、【実験2】を行ったものである。このときの台車Aと台車Bのばねの縮んだ長さに関する以下の記述について、正しいものの組合せとして、最も妥当なのはどれか。なお、台車Bは静止しているものとする。

東京消防庁Ⅰ類2019

【実験1】
おもりをのせた台車Aを、台車Bに衝突させる。

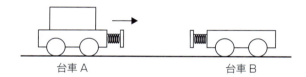

【実験2】
台車Aを、おもりをのせた台車Bに衝突させる。

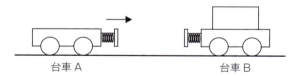

|   | 【実験1】 | 【実験2】 |
|---|---|---|
| 1 | 台車Aのばねの縮んだ長さの方が大きい | 台車Aのばねの縮んだ長さの方が大きい |
| 2 | 台車Aのばねの縮んだ長さの方が大きい | 台車Bのばねの縮んだ長さの方が大きい |
| 3 | 台車Bのばねの縮んだ長さの方が大きい | 台車Aのばねの縮んだ長さの方が大きい |
| 4 | 台車Bのばねの縮んだ長さの方が大きい | 台車Bのばねの縮んだ長さの方が大きい |
| 5 | どちらのばねも縮んだ長さは等しい | どちらのばねも縮んだ長さは等しい |

## 解説

正解 **5**

作用・反作用の法則より、加わった力は等しくなる。

**問題13** 次の図のように、天井から2本の糸でつるされたおもりが静止している。おもりにはたらく重力の大きさが2Nであるとき、糸Aの張力$T_A$の大きさはどれか。ただし、糸の重さは考えないものとする。

特別区Ⅰ類2019

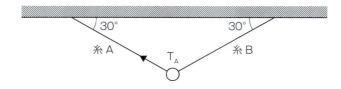

① 1 N

② $\dfrac{2}{\sqrt{3}}$ N

③ $\sqrt{3}$ N

④ 2 N

⑤ 4 N

## 解説

正解 ④

　糸 B にかかる張力を $T_B$ とし、$T_A$ と $T_B$ の合力を $F$ とする。すると、対称性より $T_A=T_B$ であるから、$T_A$ と $T_B$ を隣り合う 2 辺とする平行四辺形は下図 AOBC のようになる。

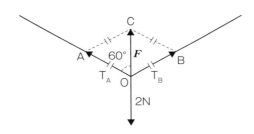

　この図において、△OCA は正三角形であるから、$T_A=F$ となる。

　また、おもりにはたらく力のつり合いを考えると $F=2$ [N] であるから $T_A=2$ [N] が成り立つ。

**問題14**　つる巻きバネを手で引いて30cm伸ばしたところ、手はバネから4.0Nの大きさの力を受けた。このつる巻きバネのばね定数の近似値（N/m）として、最も妥当なのはどれか。

東京消防庁Ⅰ類2016

1　1.2

2　7.5

3　13

4　120

5　180

## 解説

正解 ③

問題で与えられている数値から $F=kx$ より以下のように計算できる。

$F=kx$

$4.0=k\times0.3$

$k=\dfrac{4.0}{0.3}=13.33\cdots\fallingdotseq13\,[\mathrm{N/m}]$

**問題15**

　ばねに力を加えて引き伸ばすとき、ばねの自然長からの伸びは力の大きさに比例する。すなわち、ばねの自然長からの伸びを$x$[m]、力の大きさを$F$[N]とすると、$F=kx$が成り立ち、比例定数$k$[N/m]は、ばねによって決まる定数で、ばね定数（弾性定数）と呼ばれる。

　いま、ばね定数20 N/m、30 N/mの2本のばねをつなぎあわせて1本のばねとして使用するとき、全体のばね定数はいくらか。

国家専門職2004

1　6 N/m

2　12 N/m

3　18 N/m

4　25 N/m

5　50 N/m

## 解説

正解 2

　ばね定数 $k_1$、$k_2$ の 2 本のばねを直列につなぐと、全体のばね定数 $k$ は $\dfrac{1}{k} = \dfrac{1}{k_1}$

$+ \dfrac{1}{k_2}$ となる。よって、$\dfrac{1}{k} = \dfrac{1}{20} + \dfrac{1}{30} = \dfrac{1}{12}$ より、$k = 12\,[\mathrm{N/m}]$ となる。

## 問題16

㋐、㋑、㋒のようにばね定数とばねの長さが同じばねに同じおもりをつり下げたときの一つのばねの伸びに関する記述として最も妥当なのはどれか。
なお、ばねの重さは無視できるものとする。

国家専門職2013

㋐ 図Ⅰのように、二つのばねをつないで、おもりを下げた。
㋑ 図Ⅱのように、二つのばねに、おもりを下げた。
㋒ 等速で上昇しているエレベーター内で、一つのばねにおもりを下げた。

1. ㋐の一つのばねの伸びと㋑の一つのばねの伸びは等しい。
2. ㋐の一つのばねの伸びと㋒のばねの伸びは等しい。
3. ㋑の一つのばねの伸びと㋒のばねの伸びは等しい。
4. ㋑の一つのばねの伸びは、㋐の一つのばねの伸びより大きい。
5. ㋑の一つのばねの伸びは、㋒のばねの伸びより大きい。

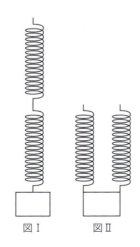

図Ⅰ　　図Ⅱ

## 解説

正解 ❷

図Ⅰについては、上のばねを考える場合、下のばねは単に糸でつながれているだけで無視でき、下のばねを考える場合には、上のばねは単に糸でつながれているだけである、と考えて解くことができる。そのため、上のばねも下のばねも伸びは同じである。

図Ⅱについては、2本のばねで支えられているので、ばねの伸びは1本の場合の半分になる。

等速で運動するエレベーター内での物体の重さは、慣性によって地上での重さと同じである。また、これは等速で運動する物体すべてに当てはまる。

よって、一つのばねの伸びる長さを状況ごとに比べると、㋐＝㋒＞㋑である。

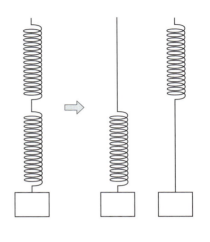

**問題17**

図のように、ばね定数$4k$のばねA、質量$m$のおもり$M_A$、ばね定数$k$のばねB、質量$m$のおもり$M_B$を直列につなぎ、ばねAの一端を天井からつり下げ、おもり$M_A$、$M_B$が静止した状態で、ばねAの伸びとばねBの伸びとの計が$L$であったとき、ばねAの伸びとして、正しいのはどれか。ただし、ばねの質量は無視する。

東京都Ⅰ類2007

1. $\dfrac{2}{15}L$
2. $\dfrac{1}{5}L$
3. $\dfrac{4}{15}L$
4. $\dfrac{1}{3}L$
5. $\dfrac{2}{5}L$

## 解説

正解 **4**

　ばねに加えた力を $F$、伸びの長さを $x$、ばね定数を $k$ とすると、$F = kx$ が成り立つ。ばね A に加わる力は、$M_A + M_B = 2mg$ であり、ばね定数は $4k$ であるので、$2mg = 4kx$ が成り立ち、$x = \dfrac{1}{2k}mg$ となる。ばね B に加わる力は $M_B$ による力 $mg$ であり、ばね定数は $k$ であるので、$mg = kx$ が成り立ち、$x = \dfrac{1}{k}mg$ となる。

　よって、ばねの伸びの長さの比は A : B ＝ 1 : 2であるので、A のばねの伸びの長さは全体の $\dfrac{1}{3}$ となる。

**問題18**　ある自動車が、水平な路面上を14m/sの速さで走っているとき、急ブレーキをかけてから停止するまでに要する距離はどれか。ただし、重力加速度を9.8m/s$^2$、タイヤと路面との間の動摩擦係数を0.25とし、自動車の運動エネルギーはすべて摩擦のエネルギーに変換されたものとする。

特別区Ⅰ類2006

**1**　10m

**2**　20m

**3**　30m

**4**　40m

**5**　50m

## 解説

正解 **4**

　自動車の質量を $m$、加速度を $a$、重力加速度を $g$、動摩擦係数を $\mu'$ とすると、自動車が受ける力は摩擦力に等しいので、$F=ma$ より加速度 $a$ は次のように計算できる。

$$ma=-\mu' mg$$

$$a=-\mu' g$$

$$a=-0.25\times9.8$$

次に、停止するまでの距離を $x$ として $v^2-v_0{}^2=2ax$ より次のようになる。

$$v^2-v_0{}^2=2ax$$

$$0^2-14^2=2\times(-0.25\times9.8)\times x$$

$$196=4.9x$$

$$x=40\,[\text{m}]$$

**問題19** 　水平面上に置いた質量$m$[kg]の物体を水平方向に引きはじめ、しだいに引く力を大きくしていったところ、引く力が24.5[N]になったとき物体は滑りはじめた。物体と面の静止摩擦係数を0.25、重力加速度の大きさを9.8m/s$^2$としたとき$m$の値として、最も妥当なのはどれか。

東京消防庁Ⅰ類2011

1. 0.625kg
2. 6.125kg
3. 10.0kg
4. 12.2kg
5. 60.02kg

## 解説

正解 3

24.5 [N] で動き始めたので、最大摩擦力 $F_0$ は24.5 [N] と考える（実際は24.5 [N] より小さいが、便宜上24.5 [N] とする）。

よって、$F_0 = \mu mg$ より、24.5＝0.25×$m$×9.8となり、これを解くと、$m$＝10.0 [kg] となる。

**問題20**　粗い水平面に置かれている物体を、水平方向に引くと力が最大摩擦力$F_0$を超えたところで、物体がすべりだす。物体がすべっているときは、引く力とは関係なく一定の動摩擦力$F'$がはたらく。物体に働く重力を$N$とする。次のア～カの記述のうち、正しいもののみをすべて選んだ組合せとして、最も妥当なのはどれか。

東京消防庁Ⅰ類2015

**ア**　静止摩擦力は、常に一定である。

**イ**　静止摩擦力は、物体が動き出すまで水平方向に引く力が増えるとともに増加する。

**ウ**　一般に、動摩擦力$F'$は最大摩擦力$F_0$より大きい。

**エ**　一般に、動摩擦力$F'$は最大摩擦力$F_0$より小さい。

**オ**　$\dfrac{N}{F_0}$を静止摩擦係数という。

**カ**　$\dfrac{F_0}{N}$を静止摩擦係数という。

**①**　ア、ウ、オ

**②**　ア、ウ、カ

**③**　ア、エ、カ

**④**　イ、エ、オ

**⑤**　イ、エ、カ

## 解説

正解 **5**

❶ **ア、イ**について

物体を引いたとき、物体が静止していれば、物体を引く力と静止摩擦力は等しい。よって、引く力が異なると静止摩擦力は異なる。よって、**ア**は妥当でない。また、静止摩擦力は、物体が動き出す直前が最も大きい。よって、**イ**が妥当である。

❷ **ウ、エ**について

一般的に、動摩擦力と最大摩擦力では、動摩擦力のほうが小さい。よって、**ウ**は妥当でなく、**エ**が妥当である。

❸ **オ、カ**について

「静止している物体の摩擦力＝静止摩擦係数×垂直抗力」で求めることができる。ここで、水平面に置かれた物体にはたらく垂直抗力は一般的に重力と等しいので、「静止している物体の摩擦力＝静止摩擦係数×重力」とも表すことができる。この式を変形すると、「静止摩擦係数＝$\dfrac{静止している物体の摩擦力}{重力}$」で表すことができ、物体が動き始めるときは、「静止している物体の摩擦力＝最大摩擦力」なので、「静止摩擦係数＝$\dfrac{最大摩擦力}{重力}$」で表すことができる。よって、**オ**は妥当でなく、**カ**が妥当である。

1 運動と力　193

## 問題21

物体を液体中に入れると、物体は重力だけではなく、液体からの浮力を受けるようになる。浮力に関する記述として最も妥当なのはどれか。

**国家専門職2012**

**❶** 浮力は、物体の体積及び形状によって決まり、同じ材質で同じ体積であれば、表面積が大きいほど浮力が大きくなり、球形のものの浮力が最も小さくなる。

**❷** 浮力は水深に比例して大きくなり、浅いところでは比較的弱い浮力しか働かなくても、深いところでは強い浮力が働く。物体を深海まで沈めるためには、大きな重量が必要である。

**❸** 浮力は液体の密度に比例する。同じ物体を水の中に完全に沈めたときと、比重1.2の食塩水の中に完全に沈めたときでは、食塩水の方が1.2倍の浮力が働く。

**❹** 鉄及びアルミニウムで同じ体積の球をつくり、それらを水の中に完全に沈めたとき、密度の小さいアルミニウムの方に大きな浮力が働く。

**❺** 図のように水槽を台ばかりに乗せ、水槽の中に木でできた球を入れたところ、球は浮いた。同じ条件で、ひもでつるした同じ体積の鉄の球を沈めていくとき、台ばかりの目盛が木の球の場合と同じになるのは、鉄の球の全体が沈んだときである。

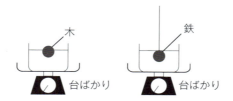

## 解説

正解 **3**

　物体の液体から受ける浮力 $F$ は、周囲の液体の密度 $\rho$ と物体が液体に浸かっている部分の体積 $V$ に比例して、$F = \rho V g$ で表される。ただし、$g$ は重力加速度である。これをもとに、各選択肢を検討していく。

**❶ ✕**　浮力は物体の体積には依存するが、形状には依存しない。したがって、表面積の大きさにも関係しない。

**❷ ✕**　上に述べたように、浮力は深さには依存せず、液体の密度と物体が液体に浸かっている部分の体積にのみ依存する。

**❸ ◯**　上にも述べたように、浮力は液体の密度に比例する。比重1.2の食塩水では、水に対し密度が1.2倍になるため、食塩水の浮力が水の浮力の1.2倍になる。

**❹ ✕**　浮力は周囲の液体の密度に比例するので、液体の密度が同一であれば、物体自身の密度には依存しない。

**❺ ✕**　木の球と鉄の球の体積は同じであることから、この体積を $V$ とする。木の球が浮いたということは、一部が水面から出ており、木の球が浸かっている部分の体積は $V$ より小さい。したがって、木の球にはたらく浮力は $\rho V g$ より小さい。一方、鉄の球の全体を沈めると、球全体が浸かるので、浮力は $\rho V g$ となる。台ばかりには水槽と液体の重さだけでなく、浮力の反作用がはたらく。したがって、台ばかりの目盛は、木の球を入れたときのほうが、鉄の球を入れたときより小さい値を指す。

**問題22**

図のように、密度$\rho$[kg/m³]、底面積$S$[m²]、高さ$h$[m]の円柱が取り付けられた同じ軽いばねが二つ天井に取り付けられている。一方を液体に$\frac{3}{4}h$[m]だけ浸したところ、どちらのばねも静止し、液体に浸した方のばねの伸びは、もう一方の伸びの$\frac{1}{2}$倍であった。このとき、この液体の密度として最も妥当なのはどれか。ただし、重力加速度の大きさは一定である。

国家一般職2014

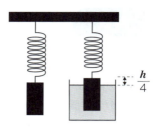

1. $\frac{3}{8}\rho$ [kg/m³]
2. $\frac{2}{3}\rho$ [kg/m³]
3. $\frac{3}{4}\rho$ [kg/m³]
4. $\frac{4}{3}\rho$ [kg/m³]
5. $\frac{3}{2}\rho$ [kg/m³]

## 解説

正解 **2**

　円柱を液体に浸していない状態のときのつり合いを考える。円柱の質量を $m$ とすると、質量＝密度×体積、つまり質量＝密度×底面積×高さなので、$m = \rho Sh$ となる。ここで重力加速度を $g$ とすると、重力は $W = mg$ より、$W = \rho Shg$ となる。また、ばね定数を $k$、ばねの伸びを $x$ とすると、つり合いは $F = kx$ より次のように表すことができる。

$$\rho Shg = kx \qquad \cdots\cdots ①$$

　次に、円柱を液体に浸した状態のつり合いを考える。液体の密度を $\rho_0$ とすると、円柱についてのつり合いは次のように表すことができる。

$$\rho_0 \times S \times \frac{3}{4} h \times g = k \times \frac{3}{4} \times x$$

より、

$$\frac{3}{2} \rho_0 Shg = kx \qquad \cdots\cdots ②$$

　①、②を連立させ、$\rho_0$ について解くと次のようになる。

$$\frac{3}{2} \rho_0 Shg = \rho Shg$$

$$\rho_0 = \frac{2}{3} \rho \ [\mathrm{kg/m^3}]$$

1　運動と力　　197

**問題23**　体重15キロの子供と体重60キロの大人がシーソーに釣り合うように座った。シーソーの中心軸から子供までの距離が2メートルのとき、中心軸から大人までの距離はいくらか。

**裁判所一般職2002**

1　0.25メートル

2　0.5メートル

3　1メートル

4　1.5メートル

5　2メートル

## 解説

正解 ②

シーソーが釣り合うように座っているので、それぞれのモーメントは等しい。よって計算すると以下のようになる。

$15 \times 2 = 60 \times x$

$x = 0.5 \, [m]$

# 2 仕事とエネルギー

物理の世界でいう仕事とは「物体を動かすこと」であり、エネルギーは「仕事をする能力」です。これらは保存され移り変わる中で、さまざまな役割を果たしています。

## 1 仕事

### 1 力と仕事

日常で使う「仕事」という言葉の意味とは異なり、物理では、物体に力を加えて、その力の向きに動いたとき、力は**仕事**をしたという。物体に一定の力$F$[N]を加えて、力の向きに$x$[m]動いたとき、力がした仕事$W$[J]は、以下の式で表される。

$$W = Fx$$

仕事の単位には、[J]（ジュール）を用いる。1[N]の力を物体に加えて、力の向きに1[m]動かすとき、その力は1[J]の仕事をする。すなわち、1[J]＝1[N·m]である。

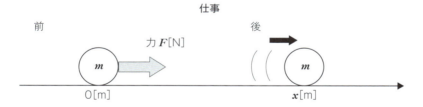

### 2 仕事の原理

滑らかな斜面や、軽い動滑車などの道具を使えば、重い物体でも小さな力で動かすことができる。しかし、動かす距離は長くなるので、結果的に仕事の大きさは変わらない。これを**仕事の原理**という。

### 3 仕事率

同じ仕事をしても、それにかかる時間によって仕事の能率は異なる。仕事の能率は、1[s]あたりの仕事で表し、これを**仕事率**という。時間$t$[s]の間に仕事$W$[J]をするときの仕事率$P$[W]は、以下の式で表される。

$$P = \frac{W}{t}$$

仕事率の単位は[W]（ワット）を用いる。1[s]間に1[J]の仕事をするとき、仕事率は1[W]である。すなわち、1[W]＝1[J/s]である。[W]は、消費電力の単位と同じである。

## 2 エネルギー

物体が仕事をする能力のことを**エネルギー**といい、ある物体がほかの物体に対して仕事をする能力を持つとき、その物体は**エネルギーを持っている**という。

エネルギーには、光エネルギー、熱エネルギー、化学エネルギー、電気エネルギー、核エネルギー、運動エネルギー、位置エネルギーなどさまざまなものがある。

エネルギーの大きさは、物体がする仕事で求めることができるので、エネルギーの単位には、仕事と同じ[J]を用いる。

### 1 運動エネルギー

① 運動エネルギー

運動している物体は、ほかの物体に対して仕事をすることができる。このことから、運動している物体はエネルギーを持っているといえる。このようなエネルギーを**運動エネルギー**という。

質量$m$[kg]の物体が速さ$v$[m/s]で運動している場合の運動エネルギー$K$[J]は、以下の式で表される。運動している物体は、静止するまでに、持っている運動エネルギー分の仕事を他の物体にすることができる。

$$K = \frac{1}{2}mv^2$$

② 仕事と運動エネルギーの関係

　速度$v_0$[m/s]で運動している物体に、仕事$W$[J]をしたとき、物体の速度が$v$[m/s]になった。このとき、物体がされた仕事と物体の運動エネルギーには以下の関係がある。

### 仕事と運動エネルギーの関係

前・中・後の状態について、以下の関係式が成立する。

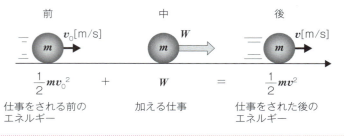

$$\frac{1}{2}mv_0^2 + W = \frac{1}{2}mv^2$$

仕事をされる前の　　加える仕事　　仕事をされた後の
エネルギー　　　　　　　　　　　エネルギー

上記のように物体は、された仕事$W$だけ運動エネルギーが増加する。

## 2 重力による位置エネルギー

　高い位置にある物体は重力によって落下すると、ほかの物体に対して仕事をすることができる。このことから、重力がはたらいている状況で高い位置にある物体はエネルギーを持っていると考えられる。このようなエネルギーを**重力による位置エネルギー**という。

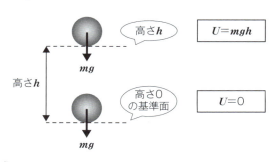

　質量$m$[kg]の物体が高さ$h$[m]の位置にある場合の重力による位置エネルギー$U$[J]は、以下の式で表される。ただし、重力加速度を$g$[m/s$^2$]とする。

$$U = mgh$$

##  力学的エネルギー保存の法則

位置エネルギー $U$ と運動エネルギー $K$ の和を**力学的エネルギー**といい、ある物体が持つ力学的エネルギーは、非保存力(摩擦や空気抵抗など)を考えなければ、常に一定となる。これを**力学的エネルギー保存の法則**(力学的エネルギー保存則)という。

$U+K=$ 一定

これは、エネルギーは形が移り変わっても、その総和は変化しないことを意味している。

自由落下の位置エネルギーと運動エネルギーの関係を考える。

自由落下の位置エネルギーと運動エネルギーの関係

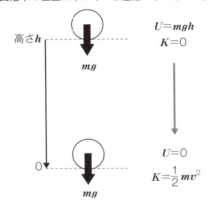

$U+K=$ 一定、つまり和が一定なので、これらをまとめると以下のようになる。

$$mgh = \frac{1}{2}mv^2$$

高さ  高さ0の
$h$の点 基準点

また、ここで重要なポイントは、この式の両辺は $m$ が約分できることにある。つまり、速度は位置によってのみ決まり、質量は関係ない、ということがいえる。

## 4 さまざまなエネルギー

　エネルギーにはさまざまな形態があり、私たちは必要に応じてエネルギーを変換して利用している。
　あるエネルギーから、別のエネルギーへの変換効率は、100%でないこともある。その場合でも、関係するすべてのエネルギーへの変換も考慮すれば、変換の前後でエネルギーの量は変化しない。これを**エネルギー保存の法則**という。

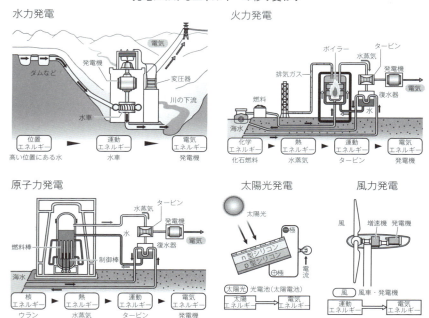

発電におけるエネルギーの移り変わり

# 5 運動量

## 1 運動量

　同じ物体なら速く運動しているほど、運動に勢いがあるといえる。一方、同じ速さでも、質量の大きい物体ほど、運動の勢いが大きいと感じられる。

　このように、物体の運動の勢いを表すには、速さだけでなく質量も合わせて考える必要がある。そこで、**運動量**という量を定義する。質量$m$[kg]の物体が速度$\vec{v}$[m/s]で運動しているとき、物体の運動量$\vec{p}$は以下のように与えられる。

### 運動量

$$\vec{p} = m\vec{v}$$

運動量：質量$m$[kg]×速度$v$[m/s]

※　文字の上の矢印は、量に向きがあることを表している。

　運動量の単位は[kg·m/s]（**キログラムメートル毎秒**）を用いる。運動量は、速度と同じく向きを持つベクトルである。

## 2 力　積

　運動の法則からわかるように、物体に生じる加速度は、物体に加える力に比例する。力が大きいほど、速度変化が大きいということである。しかし、速度の変化は力だけでなく、力がはたらく時間にも関係がある。

　力のベクトル$\vec{F}$[N]と、力がはたらいた時間の長さ$\varDelta t$[s]の積$\vec{F}\varDelta t$を**力積**という。力積の単位は[N·s]（**ニュートン秒**）が用いられる。力積も、速度と同じく向きを持つベクトルである。

2　仕事とエネルギー　205

## 3 運動量保存の法則

下図のように、直線上を運動する質量$m_A$、$m_B$[kg]の二つの小球A、Bが衝突する場合の運動について考える。二つの小球A、Bが右向きを正とした同じ直線上をそれぞれ速度$v_A$、$v_B$[m/s]で運動していて衝突し、それぞれの速度が$v_A'$、$v_B'$[m/s]になった場合の運動量の変化は次のようになる。

二つの小球A、Bが衝突するとき、互いに受ける力は、作用・反作用の法則から、大きさが等しく、向きが逆である。衝突時間が$\Delta t$のとき、二つの小球のそれぞれの運動量と力積の関係は以下のようになる。

物体$m_A$の運動量と力積の関係：$m_A v_A - F\Delta t$（$m_A$が失ったエネルギー）$= m_A v_A'$
……①

物体$m_B$の運動量と力積の関係：$m_B v_B + F\Delta t$（$m_B$が得たエネルギー）$= m_B v_B'$
……②

①＋②より、以下の式が得られる。

$$m_A v_A + m_B v_B = m_A v_A' + m_B v_B'$$

以上より、衝突前後の運動量の総和は等しくなる。これを**運動量保存の法則**という。

## 4 反発係数（はね返り係数）

### ① 反発係数

　物体をある高さから落としたときのはね返り方は、落とす物体や落とした床面の性質によって異なる。このとき、床に衝突する速さ $v$ と床からはね返る速さ $v'$ の比 $e$ を**反発係数**（はね返り係数）という。

　動かない床や壁に物体が垂直に当たり、はね返る場合において、床や壁に衝突する速度を $\vec{v}$、はね返る速度を $\vec{v'}$ とすると、

$$e = \frac{|\vec{v'}|}{|\vec{v}|} = -\frac{v'}{v}$$

と書ける。$e$ は衝突し合う物体の材質や形状で決まる定数とみなしてよい。反発係数は $0 \leqq e \leqq 1$ の範囲をとる。

### ② 衝突の種類による反発係数の値

　衝突には、弾性衝突（完全弾性衝突）、非弾性衝突、完全非弾性衝突の３種類があり、物体どうしでは、片方が静止している衝突や両方が動いている衝突があるので、それぞれの場合で反発係数がどのようになるかを確認しておく。

2　仕事とエネルギー　207

### 衝突の種類による反発係数の値

❶ 完全弾性衝突(弾性衝突)($e=1$)
はね返っても速さは同じである。

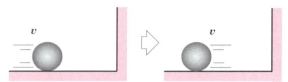

❷ 非弾性衝突($0<e<1$)
はね返ったら速さは$e$倍になる。

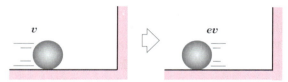

❸ 完全非弾性衝突($e=0$)
はね返らず止まってしまう。

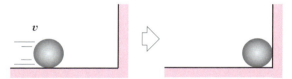

❹ 2物体の衝突

❹の図のように、運動している物体どうしが衝突する場合、反発係数は以下の式で表される。衝突前の値は正になるが、衝突後は負になるのでマイナスの符号をつけて正の値になるようにする。衝突前、衝突後のそれぞれの速さの差の絶対値をとっても同じである。

$$e = -\frac{v_A{}' - v_B{}'}{v_A - v_B}$$

また、高さ$h_0$から自由落下した小球が床ではね返り、高さ$h_1$まではね返る場合を考える。小球と床との衝突直前の速さを$v_0$、衝突直後の速さを$v_1$とすると、力学的エネルギー保存の法則より、

$$\frac{1}{2}mv_0{}^2 = mgh_0, \quad \frac{1}{2}mv_1{}^2 = mgh_1$$

であり、後者を前者で除して整理すると、以下の式を得られる。

$$\frac{v_1{}^2}{v_0{}^2} = \frac{h_1}{h_0}$$

反発係数の定義より、

$$e = -\frac{v_1}{v_0}$$

であるから、

$$e^2 = \frac{v_1{}^2}{v_0{}^2} = \frac{h_1}{h_0}$$

$$e = \sqrt{\frac{h_1}{h_0}}$$

となることがわかる。このように、**物体を自由落下させた高さとの相関で反発係数を求めることもできる**。

## 過去問 Exercise

**問題1**　クレーンが、質量60kgの荷物を垂直に10秒間で5m持ち上げたとき、重力に対してクレーンがした仕事および仕事率の組合せとして、正しいのはどれか。ただし、重力加速度は9.8m/s$^2$とする。

東京都 I 類2012

|  | 仕事 | 仕事率 |
|---|---|---|
| 1 | 2,940J | 294W |
| 2 | 2,940J | 588W |
| 3 | 3,000J | 300W |
| 4 | 5,880J | 294W |
| 5 | 5,880J | 588W |

## 解説

正解 ❶

まずは図を描き、力の大きさと動かした距離を確認する。

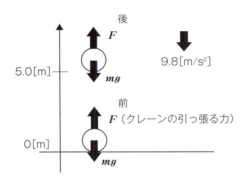

荷物の重さを $m$ [kg] とおくと、荷物を引き上げるために必要な力は、力のつり合いより $F=mg$ である。

よって、仕事は以下のように求められる。
$W = F \times 5 = (60 \times 9.8) \times 5 = 2940$ [J]

また、仕事率は $\dfrac{2940 \, [\text{J}]}{10 \, [\text{s}]} = 294$ [W] である。

**問題2** 次は、物体に加える力がする仕事に関する記述であるが、A、B、Cに当てはまるものの組合せとして最も妥当なのはどれか。ただし、重力加速度の大きさを10m/s²とする。

国家一般職2016

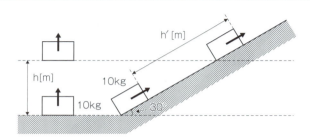

「図のように、1kgの物体をある高さh[m]までゆっくりと引き上げることを考える。傾斜角30°の滑らかな斜面に沿って物体を引き上げる場合、物体を真上に引き上げる場合に比べて、必要な力を小さくすることができるが、物体を引き上げる距離は増加する。

このとき、物体を真上に引き上げたときの仕事W及び斜面に沿って引き上げたときの仕事W'は、それぞれ次のように表すことができ、W=W'となる。

W = [ A ] [N] × h [m]
W' = [ B ] [N] × h' [m]

また、図の斜面の傾斜角を60°とすると、斜面に沿って物体を引き上げるのに必要な力は、[ C ] [N] となる。

このように斜面を用いることで、必要な力の大きさを変化させることができるが、仕事は変化しない。」

|   | A | B | C |
|---|---|---|---|
| ① | 100 | 50 | $50\sqrt{2}$ |
| ② | 100 | 50 | $50\sqrt{3}$ |
| ③ | 100 | $50\sqrt{2}$ | $50\sqrt{3}$ |
| ④ | 200 | 100 | $100\sqrt{3}$ |
| ⑤ | 200 | $100\sqrt{2}$ | $100\sqrt{3}$ |

## 解説

正解 ❷

**A**：100

　質量10〔kg〕の物体には、鉛直下方向に10〔kg〕×10〔m/s²〕＝100〔N〕の重力がかかっているので、鉛直上方向にh〔m〕だけこの物体を移動させるのに必要な仕事Wは100〔N〕×h〔m〕である。

**B**：50

　傾斜角θである斜面上にある物体にかかる力は、下図のように、重力を斜面に平行な成分と斜面に垂直な成分に分解することにより考える。質量10〔kg〕の物体の場合、斜面下方向に100sinθの力がかかるので、θ＝30°のとき、$\sin 30°=\dfrac{1}{2}$であるので、斜面下方向にかかる力は$100\times\dfrac{1}{2}=50$〔N〕である。したがって、斜面上方向にh′だけこの物体を移動させるのに必要な仕事W′は50〔N〕×h′〔m〕である。

**C**：$50\sqrt{3}$

　θ＝60°のとき、$\sin 60°=\dfrac{\sqrt{3}}{2}$であるので、斜面下方向にかかる力は、**B**と同様に考えて、$100\times\dfrac{\sqrt{3}}{2}=50\sqrt{3}$〔N〕である。

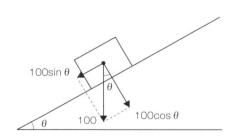

**問題3**　重さ2.5kgの球が等速で転がるとき、運動エネルギーが180Jであれば、その速度はどれか。

警視庁Ⅰ類2008

1　10m/s

2　12m/s

3　14m/s

4　16m/s

5　18m/s

**解説**

正解 **2**

速度 $v$ [m/s]、質量 $m$ [kg] である物体の運動エネルギー $K$ [J] は、

$$K = \frac{1}{2} mv^2$$

で表される。よって、求める速度を $v$ [m/s] とすると、以下の式が成り立つ。

$$180 = \frac{1}{2} \times 2.5 \times v^2$$

$$v^2 = 144$$

$$v = 12 \text{ [m/s]}$$

2 仕事とエネルギー　215

**問題4**　棒高跳びの選手が助走して秒速9.0mのときに飛び上がった。選手の運動エネルギーがすべて位置エネルギーになるとしたとき、最も高い位置に達したときのこの選手の重心の高さはおよそいくらか。ただし、飛び上がる瞬間の選手の重心の高さを1.2mとし、重力加速度を10m/s$^2$とする。なお、棒の重さ及び飛び上がるときの蹴りによる運動エネルギーは無視するものとする。

国家一般職2010

1　4.9m

2　5.3m

3　5.7m

4　6.1m

5　6.5m

**解説**

正解 ❷

棒高跳び選手の質量を $m$ とすると、飛び上がる瞬間の運動エネルギー $K$ は、

$$K = \frac{1}{2} \times m \times 9^2$$

と表すことができる。次に、棒高跳び選手が飛び上がる高さを $h$ とすると、位置エネルギー $U$ は、

$$U = m \times 10 \times h$$

と表すことができる。

ここで、力学的エネルギー保存の法則より、

$$\frac{1}{2} \times m \times 9^2 = m \times 10 \times h$$

となり、$h = 4.05$ となる。さらに、飛び上がる瞬間の選手の重心の高さが1.2 [m] なので、最も高い位置に達したときの選手の重心の高さは、4.05＋1.2＝5.25 [m] となる。

**問題5**　滑らかな水平面上を速さ14.0m/sで進んできた質量6.0kgの物体が、水平面と滑らかにつながっている斜面をすべり上がったとき、水平面からの高さが6.4mの地点でのこの物体の速さとして、妥当なのはどれか。ただし、重力加速度を9.8m/s²とし、物体と水平面及び斜面との摩擦や空気の抵抗は考えないものとする。

特別区Ⅰ類2014

1 8.4m/s

2 9.1m/s

3 9.8m/s

4 10.5m/s

5 11.2m/s

## 解説

正解 **1**

　力学的エネルギー保存の法則を使って考える。

　水平面からの高さが6.4mの地点での物体の速さを $v$ とすると、はじめに物体が持っていた力学的エネルギーは運動エネルギー $\dfrac{1}{2}\times6.0\times14.0^2$ [J] のみであるが、高さが6.4mの地点での力学的エネルギーは位置エネルギー $6.0\times9.8\times6.4$ [J] と運動エネルギー $\dfrac{1}{2}\times6.0\times v^2$ [J] である。力学的エネルギー保存の法則によれば、はじめに物体が持っていた力学的エネルギー（運動エネルギー）は、高さが6.4mの地点での位置エネルギーと運動エネルギーに変化したと考えることができ、

$$\frac{1}{2}\times6.0\times14.0^2=6.0\times9.8\times6.4+\frac{1}{2}\times6.0\times v^2$$

が成り立つ。これを解けば、$v^2=70.56$ となり、$v=8.4$ [m/s] を得る。

| 問題6 | 滑らかな水平面上を速さ14.0m/sで進んできた質量6.0kgの物体が、水平面と滑らかにつながっている斜面をすべり上がったとき、水平面からの高さが6.4mの地点でのこの物体の速さとして、妥当なのはどれか。ただし、重力加速度を9.8m/s$^2$とし、物体と水平面及び斜面との摩擦や空気の抵抗は考えないものとする。 |

特別区Ⅰ類2014

1   8.4m/s

2   9.1m/s

3   9.8m/s

4   10.5m/s

5   11.2m/s

## 解説

正解 ①

初速度を $v_0$、滑り上がった高さを $h$、そのときの物体の速さを $v$ として考える。

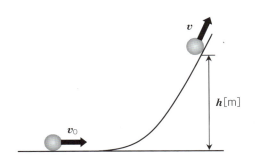

最初に物体が持っていた運動エネルギー $K_1=\dfrac{1}{2}mv_0^2$ が運動エネルギー $K_2=\dfrac{1}{2}mv^2$ と位置エネルギー $U=mgh$ に変換されたと考える。よって、前後の状況について力学的エネルギー保存の法則から以下の式が立ち、これを解くと $v$ を求めることができる。

$$\frac{1}{2}mv_0^2 = \frac{1}{2}mv^2 + mgh$$

$$v = \sqrt{v_0^2 - 2gh}$$

ここで、得られた式に具体的な数値を代入すると、

$$\sqrt{196-125.44} = \sqrt{70.56} = 8.4 \,[\text{m/s}]$$

となる。

**問題7** 図A〜Dに示すように、質量$m$又は$2m$の小球を高さH又は2Hの位置から初速0で自由落下させたとき、小球が床に到達したときのそれぞれの速さ$v_A$〜$v_D$の大小関係を示したものとして最も妥当なのはどれか。

国家専門職2017

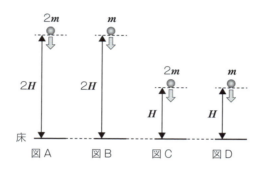

1. $v_A = v_B > v_C = v_D$
2. $v_A = v_C > v_B = v_D$
3. $v_A > v_B = v_C > v_D$
4. $v_A > v_B > v_C > v_D$
5. $v_A > v_C > v_B > v_D$

## 解説

正解 **1**

　一般に、地面からの高さ $h$ の地点から初速 0 で質量 $m$ の物体を落下させたとき、その物体が地面に達するときの速度 $v$ は、力学的エネルギー保存の法則より以下のように表される。

$$\frac{1}{2}mv^2 = mgh\ (ただし、g は重力加速度である)$$

$$v = \sqrt{2gh}\quad \cdots\cdots(\ast)$$

　$(\ast)$ の式より、落下地点における速度は、$g$ は定数なので地面からの高さによってのみ決まり、物体の質量は影響しないことがわかる。本問における高さは図 A ＝図 B ＞図 C ＝図 D であることから、速度についても $v_A = v_B > v_C = v_D$ となることがわかる。

　※　もっと単純に「自由落下に質量は関係ない」と考えてもよいだろう。

2　仕事とエネルギー　223

**問題8** 下の図は、エネルギーの形態と変換を表している。エネルギー変換を表す矢印A～Jの中で、モーター、石油ストーブ、蛍光灯、光合成を表したものの組合せとして、最も妥当なのはどれか。

東京消防庁Ⅰ類2017

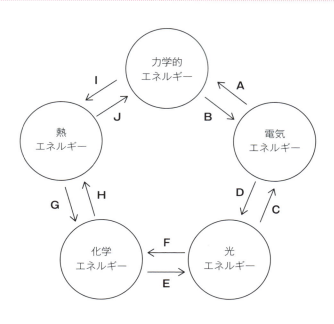

|   | モーター | 石油ストーブ | 蛍光灯 | 光合成 |
|---|---|---|---|---|
| ① | A | G | C | E |
| ② | A | H | D | F |
| ③ | A | I | C | D |
| ④ | B | J | F | C |
| ⑤ | B | G | E | F |

## 解説

正解 **2**

　モーター、石油ストーブ、蛍光灯、光合成の装置の説明とエネルギー変換をまとめると以下の表のようになる。

| | 装置の説明 | エネルギー変換 |
|---|---|---|
| モーター | 電気を動力に変える | 電気エネルギー　→　力学的エネルギー |
| 石油ストーブ | 燃料から熱を作る | 化学エネルギー　→　熱エネルギー |
| 蛍光灯 | 電気を使って光を出す | 電気エネルギー　→　光エネルギー |
| 光合成 | 光から糖を合成する | 光エネルギー　→　化学エネルギー |

　よって、モーター：**A**、石油ストーブ：**H**、蛍光灯：**D**、光合成：**F**であるとわかる。

**問題9** 次のA～Cの記述とそれに関係するエネルギーとの組合せとして最も適当なのはどれか。

裁判所一般職2009

**A** 乾電池に導線をつなぎ豆電球を接続して点灯させた。

**B** 空気ポンプで自転車のタイヤに空気を入れたところ、ポンプが熱くなった。

**C** ガソリンエンジンで自動車を駆動した。

| | A | B | C |
|---|---|---|---|
| **1** | 電気エネルギー | 化学エネルギー | 熱エネルギー |
| **2** | 化学エネルギー | 力学的エネルギー | 化学エネルギー |
| **3** | 化学エネルギー | 熱エネルギー | 核エネルギー |
| **4** | 光エネルギー | 電気エネルギー | 熱エネルギー |
| **5** | 力学的エネルギー | 熱エネルギー | 力学的エネルギー |

**解説**

正解 ❷

**A**：化学エネルギー、電気エネルギー、光エネルギー

　乾電池は化学エネルギーが電気エネルギーに変わり、電気が発生する。また、豆電球は電気エネルギーが光エネルギーに変わることにより、点灯する。

**B**：力学的エネルギー、熱エネルギー

　空気ポンプは内部のシリンダーが、力学的エネルギーによって動くことにより空気を圧縮して、空気を送る。このとき、一部のエネルギーが熱エネルギーに変わりポンプが熱くなる。

**C**：化学エネルギー、力学的エネルギー

　自動車はガソリンの化学エネルギーをエンジンのシリンダー内で爆発させ、力学的エネルギーに変えて、シリンダーのピストンが動き、自動車が駆動する。

**問題10** 　滑らかな水平面上を、質量3kgの物体Aが$x$軸の正の向きに8m/sの速度で進んできた。これに$y$軸の正の向きに18m/sの速度で進んできた質量1kgの物体Bが衝突し、一体となって運動した。衝突後の速さとして、妥当なのはどれか。

特別区Ⅰ類2012

1　5.5m/s

2　6.0m/s

3　6.5m/s

4　7.0m/s

5　7.5m/s

## 解説

正解 **5**

　衝突前の物体 A の運動量は、$x$ 軸正方向を向き、大きさが $3 \times 8 = 24$ [kg·m/s] であり、物体 B の運動量は $y$ 軸正方向を向き、大きさが $1 \times 18 = 18$ [kg·m/s] である。したがって、衝突前の A と B の全運動量は $x$ 成分が 24 [kg·m/s] であり、$y$ 成分が 18 [kg·m/s] である。

　衝突後 A と B は一体となって運動したので、衝突後の A と B の速度の $x$ 成分および $y$ 成分をそれぞれ $v_1$ [m/s]、$v_2$ [m/s] とすれば、衝突後の A と B の全運動量は $x$ 成分が $3 \times v_1 + 1 \times v_1 = 4v_1$ [kg·m/s] であり、$y$ 成分が $3 \times v_2 + 1 \times v_2 = 4v_2$ [kg·m/s] である。

　衝突の前後で全運動量の各成分は保存されるから、$24 = 4v_1$、$18 = 4v_2$ が成り立つ。2 式より、$v_1 = 6$ [m/s]、$v_2 = 4.5$ [m/s] となる。

　ゆえに、衝突後の速さ $v$ は $v = \sqrt{6^2 + 4.5^2} = 7.5$ [m/s] となる。

**問題11**

連結装置のついた質量2kgの台車Aがレール上に置かれ静止している。質量1kgの台車Bを0.6m/sの速度でレール上を走らせたところ、台車Aに衝突し、連結した。連結後の台車の速度として正しいものは次のうちどれか。

ただし、台車とレールの接触面にはたらく摩擦力は無視することとする。

裁判所一般職2004

1　0.1m/s

2　0.2m/s

3　0.3m/s

4　0.4m/s

5　0.6m/s

## 解説

正解 **2**

運動量保存の法則 $m_A v_A + m_B v_B = m_A v_A' + m_B v_B'$ より、衝突前の運動量の和は、$2 \times 0 + 1 \times 0.6$ であり、衝突後の速度を $v$ とすると、衝突後の運動量は $3 \times v$ である。よって、

$$2 \times 0 + 1 \times 0.6 = 3 \times v$$

より、$v = 0.2$ [m/s] となる。

**問題12** 次の文は、物体の衝突に関する記述であるが、文中の空所A〜Cに該当する語句又は数式の組み合わせとして、妥当なものはどれか。

特別区Ⅰ類2003

同一直線上を運動する二つの小球X、Yが衝突するとき、一方から見て他方が、衝突前に相対的に近づく速さと、衝突後に相対的に遠ざかる速さとの比の値が一定になる。この比の値 $e$ を A という。$e＝1$の衝突では、衝突前の近づく速さと衝突後の遠ざかる速さとが等しくなり、この衝突を B という。高さ $h_0$ から自由落下した小球が床に衝突し、$h_1$ まで跳ね上がった場合、この小球と床との間の A は、 C となる。

| | A | B | C |
|---|---|---|---|
| ① | はねかえり係数 | 弾性衝突 | $\sqrt{\dfrac{h_1}{h_0}}$ |
| ② | はねかえり係数 | 非弾性衝突 | $\sqrt{\dfrac{h_1}{h_0}}$ |
| ③ | はねかえり係数 | 弾性衝突 | $\dfrac{h_1}{h_0}$ |
| ④ | 仕事率 | 非弾性衝突 | $\dfrac{h_1}{h_0}$ |
| ⑤ | 仕事率 | 弾性衝突 | $\dfrac{h_1}{h_0}$ |

## 解説

正解 ①

二つの物体の衝突の前後の速度の比を反発係数またははねかえり係数（**A**）という。$e=1$のときは（完全）弾性衝突（**B**）で、衝突の前後で運動エネルギーが保存される。$e \neq 1$のときを非弾性衝突という。

高さ $h_0$ から自由落下した小球が高さ $h_1$ まではね上がったときのはね返り係数は、

$$e = \sqrt{\frac{h_1}{h_0}}$$ （**C**）である。

**問題13**　1.6mの高さから水平な床にボールを自由落下させたところ繰り返しはね上がった。ボールが2度目にはね上がった高さが10cmであったとき、ボールと床とのはね返り係数はどれか。ただし、空気の抵抗は考えないものとする。

特別区Ⅰ類2009

**1**　0.16

**2**　0.25

**3**　0.32

**4**　0.50

**5**　0.64

## 解説

正解 **4**

ボールを床に落とした高さを $h_0$cm とし、床からはね上がったボールを高さ $h_1$cm とすると、反発係数 (はね返り係数) $e$ は、

$$e = \sqrt{\dfrac{h_1}{h_0}} \quad \cdots\cdots ①$$

と表すことができる。

**❶** 1回目にはね上がったときについて

ボールを床に高さ160cm から落とし、床から高さ $h_1$cm まではね上がったとすると、①より、

$$e^2 = \dfrac{h_1}{160} \quad \cdots\cdots ②$$

となる。

**❷** 2回目にはね上がったときについて

先ほど、床から高さ $h_1$cm まではね上がったボールが、再び床に落下した後、高さ10cm まではね上がったので、①より、

$$e^2 = \dfrac{10}{h_1} \quad \cdots\cdots ③$$

となる。

よって、②、③より、$\dfrac{h_1}{160} = \dfrac{10}{h_1}$ となり、

$$h_1 = 40 \,[\text{cm}] \quad \cdots\cdots ④$$

となるので、④を③に代入すると、$e^2 = \dfrac{1}{4}$ より $e = 0.5$ となる。

2 仕事とエネルギー　235

**問題14**　滑らかで水平な直線上で、右向きに速さ5.0m/sで進む質量2.0kgの小球Aと、左向きに速さ3.0m/sで進む質量3.0kgの小球Bが正面衝突した。AとBの間の反発係数（はねかえり係数）が0.50であるとき、衝突後のAの速度はおよそいくらか。

ただし、速度は右向きを正とする。

なお、AとBの間の反発係数$e$は二つの物体の衝突前後の相対速度の比であり、A、Bの衝突前の速度をそれぞれ$v_A$、$v_B$、衝突後の速度をそれぞれ$v_A'$、$v_B'$とすると、次のように表される。

$$e = -\frac{v_A' - v_B'}{v_A - v_B}$$

国家一般職2021

1　$-2.2$m/s

2　$-1.4$m/s

3　$-0.6$m/s

4　$+0.2$m/s

5　$+1.0$m/s

## 解説

正解 ❶

右向きを正とすると、運動量保存の法則 $m_A v_A + m_B v_B = m_A v_A' + m_B v_B'$ より、

$2.0 \times 5.0 + 3.0 \times (-3.0) = 2.0 \times v_A' + 3.0 \times v_B'$

$1 = 2v_A' + 3v_B'$    ……①

また、反発係数 $e$ は与えられた式より、

$0.50 = -\dfrac{v_A' - v_B'}{5.0 - (-3.0)}$

$v_A' - v_B' = -4$    ……②

よって、①と②を連立すると $v_A' = -2.2$ [m/s] となる。

## 3 熱力学

最も身近なエネルギーの形態である「熱」という現象の本質や、熱とエネルギーの関係について見ていきましょう。

### ① 熱と温度

#### 1 熱運動

物質を構成している原子や分子などは、常に激しく乱雑な運動をしている。この運動を**熱運動**という。

#### 2 温 度

物質が熱いとか冷たいといったことを定量的に表すために、温度を用いる。物質を構成している原子や分子の熱運動は、温度が高いほど激しくなる。したがって温度とは、熱運動の激しさを表す尺度ということもできる。

私たちが日常で使用しているのは**セルシウス温度**(セ氏温度)という尺度で、単位は[℃]を用いる。1気圧のもとで、氷が融けて水になる温度を0℃、水が沸騰して水蒸気になる温度を100℃としている。

物理では、セ氏温度に代わって**絶対温度**という尺度を使うことが多い。絶対温度は[K](ケルビン)という単位を用いる。−273℃では熱運動が起こらないので、これ以下の温度は存在しない。よって、−273℃を0Kとし、この温度を**絶対零度**という。絶対温度とセ氏温度の目盛間隔は等しいので、絶対温度$T$[K]とセ氏温度$t$[℃]の関係は次のように表される。

---

#### 温度の定義

❶ セルシウス温度(セ氏温度):[℃]を用いた温度の表記方法
❷ 絶対温度(ケルビン温度):$T$ [K]$=t$ [℃]$+273$

---

## 3 熱　量

外部から物質へ移動した熱運動のエネルギーを**熱**といい、その量を**熱量**という。熱はエネルギーの移動であるから、熱量の単位にも[J]（ジュール）を用いる。

## 4 熱平衡

高温の物体Aと低温の物体Bを接触させると、物体Aは冷やされ、物体Bは温められる。このとき、高温の物体Aの熱運動のエネルギーの一部が低温の物体Bに移動する。

次の図のように、物体Aと物体Bを接触させてしばらくすると、物体Aと物体Bの温度が等しくなるところで、AからBへの熱の移動が止まる。この、温度が等しくなった状態を**熱平衡**という。熱平衡状態では、物体を構成している原子や分子は依然として激しく運動しているが、私たちが日ごろ感じているような巨視的な状態では何の変化も見られない。

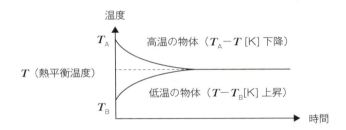

## 2 熱量の保存

### 1 熱容量と比熱

　ある物体の温度を1K上昇させるのに必要な熱量をその物体の**熱容量**という。熱容量の単位には[J/K]（ジュール毎ケルビン）が用いられる。物体の熱容量を$C$[J/K]とすると、温度を$\Delta T$[K]だけ変化させるときに必要な熱量$Q$[J]は、

$$Q = C\Delta T$$

となる。また、物体を構成する物質の1[g]あたりの熱容量を、その物質の**比熱**（**比熱容量**）という。比熱の単位には[J/(g·K)]（ジュール毎グラム毎ケルビン）が用いられる。

　比熱$c$[J/(g·K)]の物質で構成された質量$m$[g]の物体の温度を$\Delta T$[K]だけ変化させるときに必要な熱量$Q$[J]は、

$$Q = mc\Delta T = C\Delta T$$

と表せる。この式より、熱容量$C$[J/K]と比熱$c$[J/(g·K)]の間には、$C = mc$という関係がわかる。

### 2 熱量の保存

　低温の物体Aと高温の物体Bを接触させたとき、物体Aが得た熱量と物体Bが失った熱量は等しい。これを**熱量の保存**という。

#### 熱量の保存

　高温の物体と低温の物体を混ぜ合わせて、両物体は平衡温度$T$[K]になるとする。

　　・低温の物体：比熱$c_1$[J/(g·K)]、$T_1$[K]、質量$m_1$[g]
　　・高温の物体：比熱$c_2$[J/(g·K)]、$T_2$[K]、質量$m_2$[g]

　このとき、低温の物体と高温の物体の間に以下の熱量保存の関係が成立する。

$$m_1 \times c_1 \times (T - T_1) \quad = \quad m_2 \times c_2 \times (T_2 - T)$$

　　　　低温の物体が得た熱　　　　高温の物体が失った熱

# 3 熱力学の法則

## 1 熱力学第1法則

### ① 内部エネルギー

物質を構成している原子や分子は、熱運動による運動エネルギーのほかに原子間や分子間の力による位置エネルギーを持っている。これらのエネルギーの総和を内部エネルギーという。

### ② 気体の内部エネルギーと熱

温度とは、熱運動の激しさを表す尺度であるから、物質の温度は内部エネルギーと関連している。内部エネルギーの概念を使うと、「物質を熱すると温度が上がる」という私たちがよく知っている身近な事実は次のように考えることができる。

物質が熱を吸収する(熱せられる)と、外部からエネルギーを得て熱運動が活発になり、内部エネルギーが増加する(温度が上がる)。逆に、物質が熱を放出すると、内部エネルギーが減少する(温度が下がる)。

### ③ 気体の内部エネルギーと仕事

気体の内部エネルギーは、気体に外部から仕事をすることによって増加させることができる。言い換えると、気体がされた仕事は、原子、分子の熱運動のエネルギーなどに変わり、その物体の内部エネルギーとして蓄えられる。

### ④ 熱力学第1法則

気体の温度を上げるには、熱を与えてもよいし、気体に仕事をしてもよい。気体が外部から吸収した熱量を$Q$[J]、外部からされた仕事を$W$[J]とすると、気体が吸収した熱量とされた仕事の和は、気体の内部エネルギーの変化$\Delta U$[J]と等しくなる。

$$\Delta U = Q + W$$

この関係を**熱力学第1法則**という。

## 2 熱力学第2法則

### ① 熱機関

　蒸気機関やガソリンエンジンのように、熱の形でエネルギーを供給して仕事を取り出す装置を**熱機関**という。熱機関は、高温の熱源から熱エネルギー $Q_1$[J]を得て仕事$W$[J]をし、残りの熱エネルギー、つまり $Q_2(=Q_1-W)$[J]を低温の熱源へ放出する。

### ② 熱機関の効率

　熱機関の効率(**熱効率**)$e$は、高温の熱源から吸収した熱をどれだけ仕事に変えることができるかを表す量であり、1サイクルの間に高温の熱源から吸収した熱量を $Q_1$[J]、低温の熱源に排出した熱量を$Q_2$[J]とし、実際に外にした仕事を$W$[J]として、次式で表される。

$$e=\frac{W}{Q_1}=\frac{Q_1-Q_2}{Q_1}$$

　低温の物質へ放出する熱量$Q_2$を0にすることはできないことがわかっている。つまり、熱効率$e$は決して1にはならず、常に1より小さくなる。

### ③ 熱力学第2法則

　上記の熱効率の式について考えてみると、$e<1$ということは、いかなる熱機関においても1サイクルで放出する熱量$Q_2$[J]($Q_2>0$)が必ず存在することを示している。つまり、$Q_2=0$ J であるような熱機関は存在しないということである。このように、熱に関係した現象には、エネルギー収支だけではなく、変化の方向性についても制約があることがわかる。では、この方向性について考えてみる。

　高いところから落としたボールのように、逆をたどれない変化のことを**不可逆変化**という。温度が異なる物質間では、熱の移動は不可逆変化である。

　ほかの何の変化も残さずに熱が移動するときは、熱は必ず高温の物体から低温の物体へ移動する。これを**熱力学第2法則**といい、ほかにもさまざまな表現があるが、どれも熱現象に方向性があることを主張している。

---

### 熱力学の法則

❶　第1法則：　$\varDelta U=Q+W$

❷　第2法則：　熱は高温から低温に移動し、これは不可逆変化である

第2章 物理

3 熱力学　243

## 過去問 Exercise

**問題1**　質量40[g]、比熱1.2[J/(g·K)]の物体の温度を15[℃]から35[℃]に上昇させるのに必要な熱量として、最も妥当なのはどれか。

東京消防庁Ⅰ類2014

**1**　$0.8 \times 10^2$[J]

**2**　$1.2 \times 10^2$[J]

**3**　$6.6 \times 10^2$[J]

**4**　$9.6 \times 10^2$[J]

**5**　$1.7 \times 10^2$[J]

## 解説

正解 **4**

　質量40g、比熱1.2 [J/(g·K)] の物体の温度を$35-15=20$ [℃]、つまり20 [K] 上げるのに必要な熱量 $Q$ は、

　　$Q=40\times1.2\times20=960[J]=9.6\times10^2[J]$

である。

**問題2** 　熱容量が84J/Kのティーカップに水100gが入っており、水とティーカップの温度は両方とも10℃となっている。このティーカップへ温度が60℃の水80gを加えて熱平衡の状態になったときの水とティーカップの温度として、正しいのはどれか。ただし、水の比熱は4.2J/(g·K)とし、ティーカップと水の間以外の熱の出入りはないものとする。

東京都Ⅰ類2014

1　28℃

2　30℃

3　32℃

4　34℃

5　36℃

## 解説

正解 **2**

　熱容量とは物体の温度を 1 [℃] 上げるのに必要な熱量であり、比熱とは 1 [g] の物体の温度を 1 [℃] 上げるのに必要な熱量である。

　そこで、熱平衡状態の水とティーカップの温度を $t$ [℃] とすると、加えた水は $60-t$ [℃] だけ温度が下がったので、$80 \times 4.2 \times (60-t)$ [J] の熱をもとあった水とティーカップに奪われている。

　一方、もとあった水とティーカップは $t-10$ [℃] だけ温度が上がったので、もとあった水は $100 \times 4.2 \times (t-10)$ [J] の熱を、ティーカップは $84 \times (t-10)$ [J] の熱を加えた水から受け取る。

　したがって、熱量の保存により、

$$80 \times 4.2 \times (60-t) = 100 \times 4.2 \times (t-10) + 84 \times (t-10) \quad \cdots\cdots ①$$

が成り立つ。①を整理すれば、

$$336(60-t) = 504(t-10)$$

より、$t=30$ [℃] となる。

**問題3** 　質量100gの金属容器がある。これに100gの液体を入れて温度を測ると20℃だった。そこにさらに50℃の同じ液体を70g加え、よくかき混ぜてから全体の温度を測ると30℃だった。この液体の比熱は温度によらず5.0J/g·Kであることがわかっている。このとき、この金属容器の比熱（J/g·K）として、正しいのはどれか。ただし、液体の蒸発や外部との熱の出入りは考えない。

警視庁Ⅰ類2011

**1** 　1.0

**2** 　2.0

**3** 　3.0

**4** 　4.0

**5** 　5.0

## 解説

正解 **2**

　20 [℃] の液体100 [g] を液体 A とし、50 [℃] の液体70 [g] を液体 B とする。

　20 [℃] の金属容器100 [g] と液体 A、および液体 B を混合したので、20 [℃] の容器100 [g] と液体 A が熱量を受け取り、液体 B が熱量を放出したとわかる。

　容器の比熱を $c$ とすると、20 [℃] の金属容器100g が受け取る熱量は、

$$100 \times c \times (30-20) = 1000c \ [\text{J}]$$

となり、液体 A が受け取る熱量は、

$$100 \times 5 \times (30-20) = 5000 \ [\text{J}]$$

となる。次に、液体 B が放出した熱量は、

$$70 \times 5 \times (50-30) = 7000 \ [\text{J}]$$

となる。

　以上より、20℃の金属容器100g と液体 A の受け取った熱量と、液体 B の放出した熱量が等しいので、

$$1000c + 5000 = 7000$$

となり、これを解くと $c = 2 \ [\text{J}/(\text{g}\cdot\text{k})]$ となる。

3　熱力学　249

**問題4**

　質量が等しい液体A、固体B、固体Cがあり、固体Bの比熱は固体Cの比熱の2倍である。18.0℃の液体Aの中に40.0℃の固体Bを入れてしばらくすると、液体A及び固体Bの温度は20.0℃で一定になった。

　いま、18.0℃の液体Aの中に81.0℃の固体Cを入れてしばらくすると温度は一定になった。このときの液体A及び固体Cの温度はいくらか。

　ただし、熱の移動は液体と固体の間だけで起こるものとする。また、比熱とは、単位質量(1gや1kgなど)の物質の温度を1K上昇させるのに必要な熱量をいう。

国家一般職2015

1　20.0℃

2　21.0℃

3　23.7℃

4　26.1℃

5　28.5℃

## 解説

正解 ❷

　液体 A、固体 C の比熱を $x$ [J/(g·K)]、$y$ [J/(g·K)] とする。このとき、固体 B の比熱は固体 C の 2 倍なので、$2y$ [J/(g·K)] と表せる。これら三つの質量は等しいので、質量を $m$ [g] とする。

　18.0 [℃] の液体 A 中に 40.0 [℃] の固体 B を入れてしばらくすると温度 20.0 [℃] で一定になったので、熱量の保存により、

$$m \times x \times (20-18) = m \times 2y \times (40-20)$$

となり、

$$x = 20y \qquad \cdots\cdots①$$

が成り立つ。

　18.0 [℃] の液体 A 中に 81.0 [℃] の固体 C を入れてしばらくすると温度は一定になったので、この温度を $T$ [℃] とすれば、熱量の保存により、

$$mx(T-18) = my(81-T) \qquad \cdots\cdots②$$

が成り立つ。①を②に代入して整理すれば、

$$20(T-18) = 81-T \qquad \cdots\cdots③$$

を得る。③を解けば、$21T = 441$ より、$T = 21$ [℃] となる。

3　熱力学　251

**問題5**　45℃の水220gに、100℃に熱した鉄球210gを入れたときの全体の温度として、最も妥当なのはどれか。ただし、水と鉄の比熱をそれぞれ4.2 J/(g·K)、0.44 J/(g·K)とし、熱の移動は水と鉄の間のみとする。

警視庁Ⅰ類2018

1　50℃

2　55℃

3　60℃

4　65℃

5　75℃

## 解説

正解 **1**

水が得た熱量と鉄球が失った熱量が等しいので、この熱量を $t$ とすると、熱量の保存により、以下の式が成り立つ。

$$220 \times 4.2 \times (t-45) = 210 \times 0.44 \times (100-t)$$

これを解いて $t=50$ [℃] となる。

3 熱力学 253

**問題6**　次は、気体の状態変化に関する記述であるが、A ～ D に当てはまるものの組合せとして最も妥当なのはどれか。

国家一般職2020

　空気をピストンの付いたシリンダーに入れ、勢いよくピストンを引くと、容器の内部が白く曇ることがある。

　この現象は、熱力学第1法則によって説明することができる。まず、気体内部のエネルギーの変化 $\Delta U$ は、気体に加えられた熱量 $Q$ と外部から気体に加えられた仕事 $W$ の　**A**　である。この現象では、勢いよくピストンを引いたことでシリンダー内部の空気が膨張した。短時間の出来事であり、熱の出入りがほとんどなく、　**B**　とみなせるため、$Q$ は 0 である。また、空気は膨張することで外部に仕事をしたので、$W$ は　**C**　となる。すると、$\Delta U$ も　**C**　となり、シリンダー内部の空気の温度が　**D**　した。このため、シリンダー内部の空気中の水蒸気が水滴に変わり、シリンダー内が白く曇ったのである。

|   | A | B | C | D |
|---|---|---|---|---|
| **1** | 和 | 等温変化 | 負 | 上昇 |
| **2** | 和 | 断熱変化 | 負 | 下降 |
| **3** | 差 | 等温変化 | 正 | 下降 |
| **4** | 差 | 断熱変化 | 正 | 上昇 |
| **5** | 差 | 断熱変化 | 負 | 上昇 |

## 解説

正解 **2**

　熱力学第1法則は、気体に加えられた熱量を $Q$ [J]、内部エネルギーの変化を $\Delta U$ [J]、気体が外部にした仕事を $w$ [J] とすると、$Q = \Delta U + w$ で表される。本問の場合、仕事 $W$ を「加えられた仕事」と表現しているので、$w = -W$ となる。よって $\Delta U = Q + W$ となり、熱量 $Q$ と仕事 $W$ の和（**A**）となる。

　熱の出入りがない変化を断熱変化（**B**）といい、$W$ は「加えられた仕事」なので、これが外部に仕事をした場合は負（**C**）となる。よって温度は下降（**D**）する。

　なお、水蒸気（気体）が水滴（液体）になったという記述より、温度が下がったことを判断することも可能である。

3　熱力学　255

★☆☆

# 4 波　動

水面に現れるものだけでなく、音や光も、目に見えない電磁波（携帯電話の電波や電子レンジのマイクロ波）もみな波動です。ここでは特に音と光について見ていきましょう。

## 1 波

### 1 波の成り立ち

　池にボールを投げ入れると、投げ入れた場所を中心に波が発生して周囲に広がる。池に浮かぶ葉は波が通過するとその場で小さく揺れるが、流されていくことはない。このことから、水面の波は水の流れではなく、水面の振動が周囲に伝わっているだけであることがわかる。

　振動が次々と伝わっていく現象を**波動**または**波**という。また、波が発生した場所を**波源**、その振動を伝える物質を**媒質**という。上記の例では、ボールが水を揺らした点が波源で、水が媒質である。

### 2 波の伝わり方

　つる巻きばねの端を上下に振動させると、ばねの変形が次々と伝わって波ができる。このとき、ばねの各点が振動する方向は波の進む向きに対して垂直である。このような波を**横波**という。横波の伝わる媒質は分子間の距離が短い固体の物体で、分子間の距離が比較的長い液体や気体中には生じない。弦の振動や光（特殊な例である。詳細は後述）、地震のS波は横波の例である。

　次に、つる巻きばねの端を左右に振動させると、ばねが伸びて隙間の大きい**疎**の部分と、ばねが縮んで隙間の小さい**密**の部分が交互に伝わっていく。このとき、ばねの各点が振動する方向は、波の進む向きと平行である。このような波を**縦波**または**疎密波**という。縦波は、分子間距離の長い物質でも伝わることができるため、固体、液体、気体のどのような物質中でも生じる。音波や地震のP波は縦波の例である。

256　第2章　物　理

## 3 波の表し方

横波では、ばねの振動している各点をつなげた曲線を波形といい、各点での振動の中心から測った媒質の位置をその時刻での変位という。変位は正の値と負の値を繰り返す。

変位の最も高いところを山、最も低いところを谷という。隣り合う山と山（谷と谷）の間隔を波長という。山の高さ（谷の深さ）が振幅である。

## ② 媒質の振動と波

### 1 振動を表す量

波が伝わるとき、媒質の1点に注目すると、ある時間をかけて周期的な運動をしていることがわかる。媒質が1回振動する時間を波の周期という。

また、1秒あたりに波源や媒質が繰り返す振動の回数を振動数 $f$ といい、単位には[Hz]（ヘルツ）を用いる。振動数は周期の逆数に等しいから、周期が $T$ [s]の波の振動数を $f$ [Hz]とすると、次のように表すことができる。

$$f = \frac{1}{T}$$

$$T = \frac{1}{f}$$

波の特徴として、1周期 $T$ [s]の間に1波長分の距離 $\lambda$ [m]進む、ということが挙げられる。したがって、波の速さ $v$ [m/s]は、次のように表すことができる。

$$v = \frac{\lambda}{T} = f\lambda$$

### 波の基本式

❶ $v = f\lambda$

❷ $f = \dfrac{1}{T}$

4　波　動　257

## 2 波形を表すグラフと振動を表すグラフ

ある時刻で波が実際にどのような形をしているのかを、振動方向の変位$y$、進行方向の変位$x$で表したものを**y－xグラフ**といい、ある1点での波の振動の時間的変化を振動方向の変位$y$、時間$t$で表したものを**y－tグラフ**という。

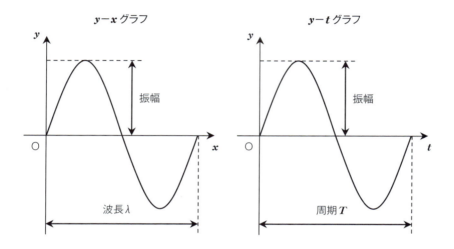

## 3 位 相

媒質は、周期的な振動を繰り返している。媒質がどのような振動状態であるのかを**位相**という。振動状態が同じ場合を**同位相**、振動状態が逆の場合を**逆位相**という。

# 3 波の性質

## 1 波の独立性

一つの媒質中を複数の波が重なって伝わるとき、それぞれの波は互いに影響を受けることなく進む。このような性質を波の独立性という。

## 2 波の重ね合わせの原理

二つの波が重ね合わさったときに現れる波の形は、それぞれの波の変位を足し合わせたものとなる（山と山がぶつかれば高い山ができ、山と谷がぶつかれば相殺される）。この作用を波の重ね合わせの原理といい、重ね合わせによってできた波を合成波という。

複数の波を重ね合わせると、場所によって強め合ったり弱め合ったりする。これを干渉という。

## 3 定常波

振幅と波長の等しい二つの波が、一直線上を互いに逆向きに進んで重なると、右にも左にも進まないように見える波ができる。これを定常波（定在波）という。

これに対して、時間とともに左右に進んでいくように見える波を進行波という。

定常波について媒質の1点1点に着目すると、媒質が大きく振動するところと、ほとんど振動しないところがある。最も振動が大きいところを腹、全く振動しないところを節という。となり合う腹と腹（または節と節）の間隔は、もとの進行波の波長の $\frac{1}{2}$ である。

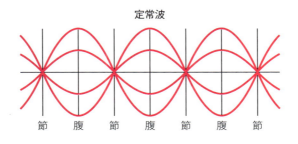

定常波

節 腹 節 腹 節 腹 節

## 4 自由端反射と固定端反射

ウェーブマシンの左端からパルス波(極めて短い波)を送ると、その波は右端で反射して戻ってくる。波源である左端から発生して右端に進んでいく波(最初に送った波)を入射波、右端で反射して入射波と逆向きに進む波(戻ってくる波)を反射波という。その様子は、右端を自由に動ける状態(自由端)にしたときと、固定して動けない状態(固定端)にしたときで異なる。

自由端の場合は、入射波が山ならば反射波も山になる。一方、固定端の場合は、入射波が山ならば反射波は谷になる。

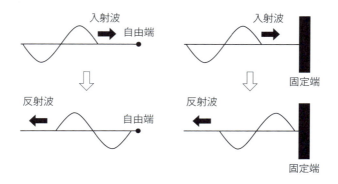

## 5 ホイヘンスの原理

ホイヘンスは、波は波面上の各点から球面に広がると考え、これを素元波と名づけた。ある時刻の波面から出た素元波に共通する面(包絡面)が新しい時刻の波面になる。これをホイヘンスの原理といい、波のさまざまな現象を説明できる。

# 4 音　波

## 1 音　波

音は**音波**という波動であり、振動して音を発するものを**音源**（**発音体**）という。

## 2 音の伝わり方

音波は、**空気中の分子を媒質として伝わる縦波（疎密波）**である。何らかの音源から発せられた音の波動は、空気の分子を伝わり、我々の鼓膜を揺らして音として認識されている。よって、媒質が存在しない真空中では、音波は伝わらない。

## 3 音の速さ

音の速さ（**音速**）は媒質によって決まり、振動数や振幅によらない。一般に、気体では音速は小さく、気体→液体→固体の順に大きくなる。

乾燥した空気中での音速 $V$[m/s]は温度 $t$[℃]のとき、次のように表される。

$V = 331.5 + 0.6t$

例えば、15℃の空気中では音速は約340 m/sである。また、気体の種類が変われば音速も変わる。例えば密度の大きい二酸化炭素中での音速は小さく、小さいヘリウム中での音速は大きい。

### 音波の性質

❶ 音波と温度の関係

温度 $t$[℃]における空気中の音速 $V$[m/s]は以下の式で表される。

$V = 331.5 + 0.6t$

❷ 音波と媒質の関係

・媒質の密度が小さい（軽くなる）ほど速く伝わる

（ヘリウム＞暖かい空気＞寒い空気）

・媒質が固くなるほど速く伝わる　　（固体＞液体＞気体）

## 4 音の3要素

音の特徴は、**音の大きさ**、**音の高さ**、**音色**で表すことができる。これらを**音の3要素**という。音の大きさは**振幅**、音の高さは**振動数**、音色は**波形**で決まる。

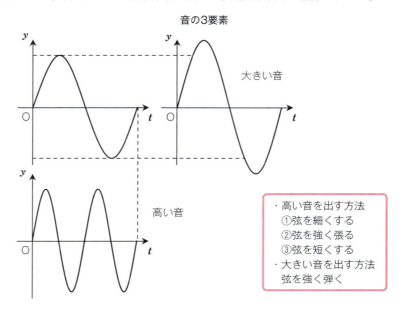

音の3要素

- 高い音を出す方法
  ① 弦を細くする
  ② 弦を強く張る
  ③ 弦を短くする
- 大きい音を出す方法
  弦を強く弾く

## 5 ドップラー効果

サイレンを鳴らした救急車が自分の前を通過するとき、近づくときにはサイレンの音は高く聞こえ、遠ざかるときには低く聞こえる。このように、波源や観測者が運動していると、観測される波の振動数が変化する現象を**ドップラー効果**という。

観測者が聞く音の振動数を$f_O$[Hz]、音源の振動数を$f_S$[Hz]、音速を$V$[m/s]、観測者の速度を$v_O$[m/s]、音源の速度を$v_S$[m/s]とすると、以下の式が成り立つ。

### ドップラー効果の基本式

$$f_O = \frac{V - v_O}{V - v_S} f_S$$

※ 音源から観測者に向かう向きを正とする。

ここでは音波に定位して説明したが、ドップラー効果はすべての波に共通する現象である。空気中での減衰が音波より少ないマイクロ波や、赤外線などの電磁波のドップラー効果は、自動車のスピード違反の取締りやスピードガンなど、さまざまなところで利用されている。

# 5 光 波

## 1 光の波動性

物質と波の性質を同時に持ち、[nm](ナノメートル)単位($10^{-9}$ m)もしくはそれ以下と極めて小さいものを量子という。

**光は粒子性と波動性を持った量子**であるが、光を波動として考えたとき、これを**光波**という。光波は**横波で真空中も伝わる波動**であるとみなすことができる。

一般的な波動現象は何らかの媒質を伝わっていくものだったが、光波は**電磁波**であるので、電界と磁界の変化によって真空中でも伝わっていく。また、真空中であれば電磁波の速さは一定(光速に等しい)である。

## 2 光の波長と色

私たちの眼が光を受けると、その振動数(あるいは波長)の違いを色の違いとして認識する。私たちの眼に見える光を**可視光線**といい、その波長は、最も長い赤い光が770nm($7.7×10^{-7}$m)程度で、そこから橙、黄、緑、青、藍と波長が短くなり、最も短い紫の光が380nm($3.8×10^{-7}$m)程度である。私たちの眼に見えない**赤外線**の波長は可視光線よりも長く、**紫外線**の波長は可視光線よりも短い。

光を含む電磁波の種類を波長によって整理したのが次の図である。

4 波 動 263

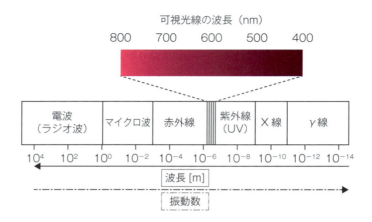

　また、電磁波は、波長によって特徴のある性質を示し、次のようにさまざまな用途に使われている。

電磁波の用途

| | 電磁波 | 波長[m] | 主な用途 |
|---|---|---|---|
| 電波 | 超長波VLF | $10^4 \sim 10^5$ | 船舶、航空機の通信 |
| | 長波LF | $10^3 \sim 10^4$ | |
| | 中波MF | $10^2 \sim 10^3$ | AMラジオ |
| | 短波HF | $10 \sim 10^2$ | 海外放送 |
| | 超短波VHF | $1 \sim 10$ | FMラジオ、非接触型ICカード |
| | 極超短波UHF | $10^{-1} \sim 1$ | 地デジTV |
| | センチ波SHF | $10^{-2} \sim 10^{-1}$ | ハイビジョン、衛星放送 |
| | ミリ波EHF | $10^{-3} \sim 10^{-2}$ | 気象レーダー |
| | サブミリ波THF | $10^{-4} \sim 10^{-3}$ | |
| 光 | 赤外線 | $10^{-9} \sim 10^{-3}$ | 赤外線リモコン |
| | 可視光線 | | |
| | 紫外線 | | 殺菌灯 |
| | X線 | $10^{-12} \sim 10^{-9}$ | 医療検査 |
| | γ線 | $\sim 10^{-12}$ | |

## 3 光の速さ

17世紀初めにガリレイは、光の速さが有限であると考え光速の測定を試みたが、あまりにも速すぎたために成功しなかった。地上での実験で最初に光速を測定したのは**フィゾーの実験**である。1849年、フィゾーは高速回転する歯車と鏡を用いて、地上で初めて光の速さを測定する実験を行った。現在では、真空中の光の速さ $c$ は最も基本的な物理定数の一つとして、

$$c = 2.99792458 \times 10^8 [\text{m/s}] \fallingdotseq 3.0 \times 10^8 [\text{m/s}]$$

と定義されている。

光の速さは、空気中では真空中とほぼ同じだが、水中やガラスの中では遅くなる。一般に、真空中に比べて物質中を進む光の速さは遅くなる。また、物質中では、光の波長によっても速さはわずかに異なる。

## 4 光の反射

面に垂直な軸を法線というが、光が鏡に当たったときに、入射光と法線のなす角を**入射角**、反射光と法線のなす角を**反射角**といい、入射角と反射角は等しくなる。これを**反射の法則**という。

鏡の前に物体を置いた場合、物体から出た光は鏡で反射し、観測者の目に入ってくる。

## 5 光の屈折

空気中から水中へと光が進む場合や水中から空気中へ光が進む場合、光が水面に垂直に入射するとそのまま進む。

これに対して斜めに入射する場合には、空気と水の境界面で折れ曲がる。これを**屈折**といい、屈折光と境界面の法線がなす角を**屈折角**という。屈折は異なる媒質を進むときに光の速度が変化するために起こる現象である。

光が屈折率の大きい媒質から小さい媒質へと進むとき、入射角がある角度より大きいときには、屈折光が存在せず、すべて反射光になる。これを**全反射**といい、このときの入射角を**臨界角**という。全反射を利用したものに**光ファイバー**がある。

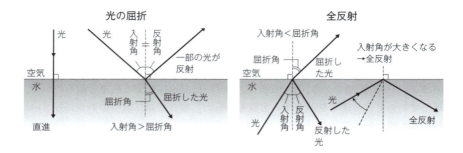

　媒質1、媒質2を伝わる光の速さをそれぞれ$v_1$[m/s]、$v_2$[m/s]、波長を$\lambda_1$[m]、$\lambda_2$[m]とすれば、入射光・屈折光が境界面の法線となす角(入射角$i$、屈折角$r$)の間には次の屈折の法則が成り立つ。

$$n_{12} = \frac{\sin i}{\sin r} = \frac{v_1}{v_2} = \frac{\lambda_1}{\lambda_2}$$

$$n_{12} = \frac{1}{n_{21}}$$

## 6 光の分散

　白色光をプリズムに当てると、いろいろな色に分かれる。これは、同じ物質中を進む光でも、波長(つまり色)によって速さがわずかに異なり、異なる角度に屈折するためである。これを光の分散という。波長ごとに分かれた光の色の模様を光のスペクトルという。

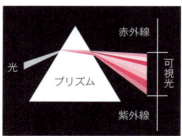

光の分散

白色光のスペクトルのように、赤から紫まで連続しているスペクトルを**連続スペクトル**という。連続スペクトルは一般に、高温の固体や液体から出る光に見られ、物体の温度が比較的低いときは波長の長い光が、高いときは短い光が強くなる。

　これに対して、ナトリウムランプや水銀灯の光は、スペクトルのところどころに線が見られる。これを**線スペクトル**という。線スペクトルには、明るい線の**輝線**と暗い線の**暗線**(**吸収線**)がある。

　太陽光のスペクトルの中には多くの暗線があり、これを**フラウンホーファー線**という。これによって太陽や地球の大気を構成する元素の種類を調べることができる。

## 7 光の回折と干渉

　波を隙間や遮蔽物に通すと、隙間や端から回り込み、裏側まで波が広がる現象が観測できる。これを**回折**という。ヤングは、細いスリットから光を出し回折させたあと、この光をさらに二つに分け干渉させると縞模様(**干渉縞**)ができることを発見した。これを**ヤングの実験**という。

　図にあるように、光の干渉が起こると光どうしが強め合った部分が明るく、弱め合った部分が暗く、縞模様のようになって現れる。日常的に見かけるものとしては、水たまりに広がった油膜やシャボン玉が虹色に色づいて見える、という現象を挙げられる。これは**薄膜の表面で反射した光**と、**薄膜の裏側で反射した光が干渉する**ためである。

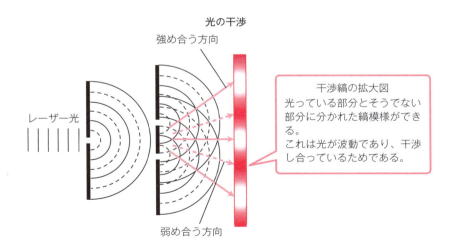

光の干渉

干渉縞の拡大図
光っている部分とそうでない部分に分かれた縞模様ができる。
これは光が波動であり、干渉し合っているためである。

## 8 偏　光

　太陽や白熱電球の光は、さまざまな方向に振動する光の集まり(自然光という)である。このような光が特定の方向に振動する光のみを通過させる板である偏光板を通過すると、振動が一方向にそろう。このような光を偏光という。

　偏光は光が横波であるために起こる現象である。

## 9 光の散乱

　光が、その波長と同じ程度の大きさ、あるいはそれよりも小さな粒子に当たると、その粒子を中心とする球面波が生じ、四方に広がる。この現象を散乱という。太陽光は、大気中の窒素や酸素などの分子によって散乱されるが、赤い光は波長が長いため散乱されにくく、青い光は波長が短いため散乱されやすい。

　晴れた日の昼間の空が青く、朝日や夕日が赤く見えるのは、太陽光の散乱によるものである。

## 10 光に見られるさまざまな現象

　板ガラスなどの片面に1cm当たり数百本以上の細い溝を等間隔で平行に刻んだものを回折格子という。回折格子に光を当てると、溝の部分は乱反射が起こり光を通さないが、溝と溝の間の透明部分は光を通しスリットの役割をする。この間隔を格子定数といい、強め合った明線から光の波長を計算することができる。CDの記録面が色づいて見えるのは、この面が回折格子と同じ役割をして、回折光が干渉するためである。

　また、平面ガラスの上に、平面と球面でできた平凸レンズを、凸面を下に置くと同心円状の縞模様が現れる。この模様はニュートンリングと呼ばれ、レンズの球面半径や球面精度を測定できる。

# 6 レンズ

## 1 レンズを通る光線の進み方

眼鏡やカメラ、望遠鏡、顕微鏡など、私たちは身の周りでさまざまにレンズを利用している。レンズには中心部が周辺部よりも厚い**凸レンズ**と、周辺部よりも薄い**凹レンズ**の2種類がある。

また、レンズの中心を通りレンズの面に垂直な軸を**光軸**という。凸レンズに光を当てた場合、光軸を通る光は直進する。これに対して、光軸と平行な光は凸レンズを通って屈折した後、ある1点に集まるように進む。この点を**焦点**といい、凸レンズの左右にある。焦点を通った光は凸レンズで屈折した後、光軸と平行に進む。

レンズの中心から焦点までの距離を**焦点距離**という。

**焦点と焦点距離**

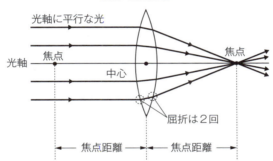

## 2 凸レンズの像

凸レンズの焦点の外側に物体を置いた場合、凸レンズの反対側に像ができる。これは、実際に光が集まってできた像で、**倒立実像**という。倒立実像は物体を上下左右逆にした像である。下図において、スクリーンに映すことができるものが(a)～(c)で、焦点上に物体を置いた場合、(d)のように像はできない。

焦点距離の2倍の位置に物体を置いた場合、凸レンズの反対側の**焦点距離の2倍の位置**に、**物体と同じ大きさの**倒立実像ができる(b)。焦点距離の2倍の位置よりもレンズから離すと物体より小さな実像ができ(a)、近づけると物体より大きな実像ができる(c)。

一方、凸レンズと焦点の間に物体を置いた場合、物体と同じ側に拡大された像ができる。これは実際に光が集まってできていない像で<u>正立虚像</u>といい、スクリーンに映すことはできない(e)。正立虚像は**物体と同じ向きの像**である。

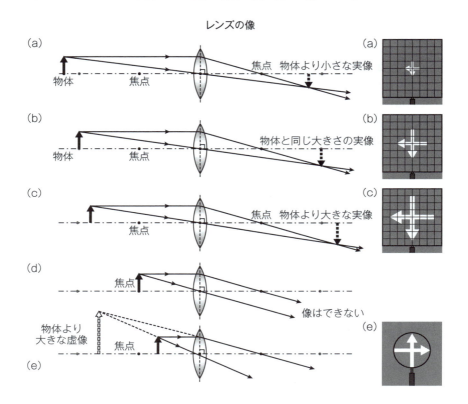

レンズの像

## 3 レンズの公式

次の図のように、凸レンズから物体までの距離を$a$、凸レンズから倒立実像までの距離を$b$とすると、色を付けた二つの三角形は相似なので、像の大きさは物体の$\frac{b}{a}$倍になる。これを**倍率**という。

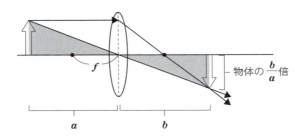

凸レンズから物体までの距離を$a$、凸レンズから像までの距離を$b$、焦点距離を$f$とすると、以下の式が成り立ち、これを**レンズの公式**という。なお、虚像について考える場合、$b$を$-b$とする。

### レンズの公式

❶ $\dfrac{1}{a} + \dfrac{1}{b} = \dfrac{1}{f}$

❷ 倍率$= \dfrac{b}{a}$

## 過去問 Exercise

**問題1** 下の図は、秒速24［cm］で$x$軸の正の向きに進む正弦波を表している。この波の振動数として、最も妥当なのはどれか。

東京消防庁Ⅰ類2018

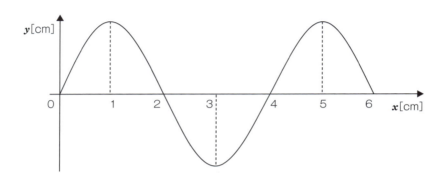

1. 4［Hz］
2. 6［Hz］
3. 8［Hz］
4. 10［Hz］
5. 12［Hz］

## 解説

正解 ❷

　波の速度 $v$ [cm/s]、振動数 $f$ [Hz]、波長 $\lambda$ [cm] について、波の基本式より以下のように成り立つ。

$$v = f\lambda$$

$v = 24$ [cm/s]、グラフより $\lambda = 4$ [cm] なので、

$$24 = 4f$$

$$\therefore f = 6 \text{ [Hz]}$$

4　波　動　273

**問題2** 次の文は、波に関する記述であるが、文中の空所A～Cに該当する語の組合せとして、妥当なのはどれか。

特別区Ⅰ類2007

つるまきばねをなめらかな水平面上に置き、ばねの一端を長さの方向に振動させると、次々と隣の部分にその振動が伝わり波が生まれる。このような、波を伝える物質を波の　A　といい、　A　の振動方向と波の進行方向が一致している波を　B　という。これに対して、　A　の振動方向と波の進行方向が互いに垂直である波を　C　という。

|  | A | B | C |
|---|---|---|---|
| 1 | 媒質 | 縦波 | 横波 |
| 2 | 媒質 | 横波 | 縦波 |
| 3 | 媒質 | パルス波 | 連続波 |
| 4 | 波源 | 横波 | 縦波 |
| 5 | 波源 | パルス波 | 連続波 |

## 解説

正解 **1**

　ばねを長さの方向に振動させているので、発生する波は縦波 (**B**) である。縦波は、媒質 (**A**) の振動方向と波の進行方向が同じ波 (疎密波という) である。

　また、横波 (**C**) は、媒質の振動方向と波の進行方向が垂直の波である。

**問題3**　振幅と波長がそれぞれ等しい二つの波㋐（実線）、㋑（破線）が互いに逆向きに進んでおり、図は時刻$t=0$［秒］のときの二つの波の様子を表している。このとき、二つの波の合成波は$x$軸と一致する。

波の周期は両方とも8秒であるとすると、時刻$t=2$［秒］のとき、二つの波の合成波において$y=0$となる点はA〜Mのうちに何点あるか。

ただし、二つの波は無限に続いており、振幅は減衰しないものとする。

国家専門職2015

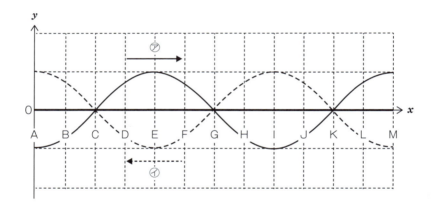

**1** 1点
**2** 2点
**3** 4点
**4** 6点
**5** 8点

## 解説

正解 ③

周期が8秒の波が2秒進むと、$\dfrac{2}{8}=\dfrac{1}{4}$ 波長分移動する。

図から読み取れば、$t=0$［秒］のときの波の波長は例えばCKの長さであり、図の目盛でいえば8目盛分に相当する。$\dfrac{1}{4}$ 波長分移動するので、波㋐（実線）は右に、波㋑（破線）は左にそれぞれ $8\times\dfrac{1}{4}=2$（目盛）ずつ移動する。すると、移動後の波の様子は下図のようになり、二つの波はぴったり重なる。

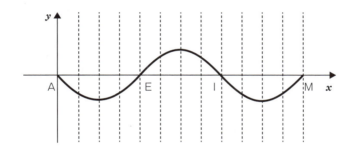

それぞれ、$y=0$ となる点は、A、E、I、M の4点であり、重ね合わせの原理から合成波の変位も0となる。これ以外に、重ね合わされて0になる点は存在しない。

**問題4** 音に関する次の記述中のA～Eの空欄に入る語句の組合せとして最も妥当なものはどれか。

裁判所一般職2018

音の高さは、音波の（　A　）によって決まり、音の強さは（　B　）によって、音色は（　C　）によって決まる。高い音の（　A　）は、低い音よりも（　D　）。

また、一般に音速は（　E　）の順に大きい。

| | A | B | C | D | E |
|---|---|---|---|---|---|
| 1 | 振動数 | 振幅 | 波形 | 大きい | 固体中＞液体中＞気体中 |
| 2 | 振動数 | 波形 | 振幅 | 小さい | 気体中＞液体中＞固体中 |
| 3 | 振幅 | 振動数 | 波形 | 大きい | 液体中＞気体中＞固体中 |
| 4 | 振幅 | 振動数 | 波形 | 小さい | 固体中＞液体中＞気体中 |
| 5 | 波形 | 振動数 | 振幅 | 大きい | 気体中＞液体中＞固体中 |

## 解説

正解 **1**

　音の高さ、音の強さ、音色の「音の3要素」は、それぞれ以下の要素で決まる。

・音の高さ：音波の振動数 (**A**)
・音の強さ：音波の振幅 (**B**)
・音色　　：音波の波形 (**C**)

　高い音の振動数は低い音よりも大きい (**D**)。
　また、一般に音速は、固体中＞液体中＞気体中 (**E**) の順に大きい。

**問題5** 波の性質に関する次のA～Cの記述中のア～ウの空欄に入る語句の組合せとして最も適当なのはどれか。

裁判所一般職2011

A　ギターは、弦の長さを変えてはじくと音の高さが変化する。これは（　**ア**　）が変化するからである。

B　光が、ある媒質から別の媒質に入射するとき、媒質の境界で屈折するのが見られる。これは光の波の（　**イ**　）が二つの媒質で異なるからである。

C　通過する消防車が鳴らすサイレンを立ち止まって聞くとき、消防車が近づくときと遠ざかるときで音の高さが変化して聞こえる。これは音波の（　**ウ**　）が変化したからである。

|   | ア | イ | ウ |
|---|------|--------|--------|
| 1 | 振幅 | 速度 | 速度 |
| 2 | 振幅 | 振動数 | 振動数 |
| 3 | 振動数 | 速度 | 振動数 |
| 4 | 振動数 | 振動数 | 速度 |
| 5 | 振動数 | 速度 | 速度 |

**解説**

正解 ③

**ア**：振動数

　弦の太さや長さ、張り方により、音の高低が変化する。これは、振動数が変化するためである。

**イ**：速度

　媒質により光の速度が若干変化する。ある媒質から異なる媒質に光が進むとき、屈折が起こるのは、光の速度が変化するためである。

**ウ**：振動数

　ドップラー効果についての記述である。ドップラー効果は、振動数が変化するため起こる現象である。

**問題6**

振動数 $f_0$ の音源が移動する観測者の後方から観測者より速い一定の速度で同一方向へ進み、観測者に追いついた瞬間から速度を落としてある一定時間観測者と同一速度で併走した。その後、音源は再び速度を上げ一定の速い速度で観測者から遠ざかっていった。

後方から接近する音源、併走している音源、遠ざかっていく音源の三者について、観測者に聞こえる音の振動数をそれぞれ $f_1$、$f_2$、$f_3$ とすると、これら及び $f_0$ との大小関係を表したものとして最も妥当なものはどれか。

ただし、観測者の速度は一定であったものとする。

国家一般職2004

1　$f_0 < f_1 < f_2 < f_3$

2　$f_1 < f_0 = f_2 < f_3$

3　$f_1 < f_3 < f_0 = f_2$

4　$f_3 < f_1 < f_0 = f_2$

5　$f_3 < f_0 = f_2 < f_1$

## 解説

正解 **5**

音源と観測者の距離が相対的に近づくときには、観測者が聞く振動数は音源の振動数より大きくなり、観測される音は音源の音よりも高くなる。

また、音源と観測者の距離が相対的に遠ざかるときには、観測者が聞く振動数は音源の振動数より小さくなり、観測される音は音源の音よりも低くなる。

さらに、音源と観測者の距離が相対的に変化していないときには、観測者が聞く振動数は音源の振動数と等しく、観測される音は、音源の音と等しくなる。

よって、$f_3 < f_0 = f_2 < f_1$ となる。

| | | 問題7 | | 客船が、振動数800Hzの霧笛を鳴らしながら20m/sの速さで港に近づいている。このとき、港の桟橋上で立ち止まっている人に聞こえる霧笛音の振動数及び波長の組み合わせとして、妥当なのはどれか。ただし、音の速さを340m/sとする。

特別区Ⅰ類2008

|     | 振動数 | 波長 |
|-----|--------|------|
| 1   | 755Hz  | 0.38m |
| 2   | 755Hz  | 0.40m |
| 3   | 850Hz  | 0.38m |
| 4   | 850Hz  | 0.40m |
| 5   | 900Hz  | 0.38m |

## 解説

正解 **4**

$f_O = \dfrac{V - v_O}{V - v_S} f_S$ より、観測者は動かずに、音源が近づいてくるので、音源の移動の方向を正とすると $f_O = \dfrac{340}{340 - 20} \times 800 = 850\,[\text{Hz}]$ となる。

また、波長は $V = f\lambda$ より、$340 = 850 \times \lambda$ なので、$\lambda = \dfrac{340}{850} = \dfrac{2}{5} = 0.4\,[\text{m}]$ となる。

**問題8** 次の図A～Dのように、ある振動数$f$の音を出している音源と観測者が、それぞれ$V_S$、$V_O$の速度で同一直線上を矢印の方向に動いている。今、音源と観測者の距離がLとなったとき、観測者が聞こえる音の振動数が同じとなるものの組合せとして、妥当なのはどれか。ただし、空気中の音速は340m/sとし、音源と観測者との間に障害物はないものとする。

特別区Ⅰ類2013

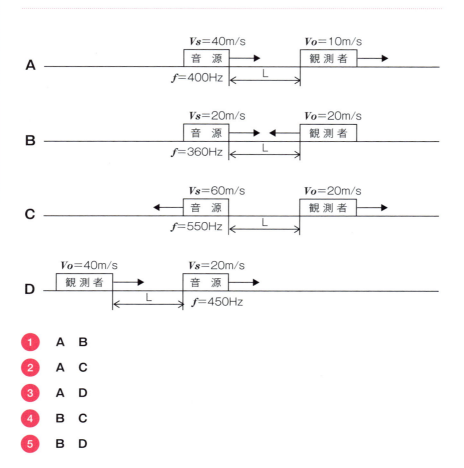

1. A B
2. A C
3. A D
4. B C
5. B D

**解説**　　　　　　　　　　　　　　　　　　　　　　　　　　　正解 **2**

それぞれの振動数を $f_A$、$f_B$、$f_C$、$f_D$、右向きを正とすると $f_o = \dfrac{340 - V_o}{340 - V_S} f$ より、観測者の聞く振動数はそれぞれ以下のとおりとなる。

**A**：440〔Hz〕

$$f_A = \frac{340 - 10}{340 - 40} \times 400 = \frac{330}{300} \times 400 = 440 \,〔\text{Hz}〕$$

**B**：405〔Hz〕

$$f_B = \frac{340 + 20}{340 - 20} \times 360 = \frac{360}{320} \times 360 = \frac{9}{8} \times 360 = 405 \,〔\text{Hz}〕$$

**C**：440〔Hz〕

$$f_C = \frac{340 - 20}{340 + 60} \times 550 = \frac{320}{400} \times 550 = \frac{4}{5} \times 550 = 440 \,〔\text{Hz}〕$$

**D**：475〔Hz〕

$$f_D = \frac{340 + 40}{340 + 20} \times 450 = \frac{380}{360} \times 450 = \frac{19}{18} \times 450 = 475 \,〔\text{Hz}〕$$

4　波　動

電磁波に関する記述として、妥当なのはどれか。

東京都Ⅰ類2017

**1** 電磁波は、波長又は周波数によって分類されており、AMラジオ放送に利用される電磁波には、マイクロ波がある。

**2** 真空中における電磁波の速さは、周波数によって異なり、周波数が高いほど速い。

**3** 可視光線の波長は、中波の波長や短波の波長よりも長く、X線の波長よりも短い。

**4** 紫外線は、波長がγ線よりも長く、殺菌作用があるので殺菌灯に利用されている。

**5** 赤外線は、X線と比べて物質を透過しやすく、大気中の二酸化炭素に吸収されない。

## 解説

正解 ④

**❶ ✕** AMラジオに利用される電磁波は電波（中波）である。なおマイクロ波は、テレビ放送や無線LAN、さらにレーダーや電子レンジなどに利用されている。

**❷ ✕** 真空中における電磁波の速さは光速$c=3.0\times 10^8$ [m/s]で一定である。

**❸ ✕** 本肢で与えられている電磁波の波長は、長いものから中波、短波、可視光線、X線の順である。

**❹ ◯** 正しい記述である。

**❺ ✕** 赤外線はX線に比べ物質透過能力は低い。また、二酸化炭素は赤外線の吸収率が非常に高く、温室効果ガスとも呼ばれている。

**問題10**

## 光の性質に関する記述として最も妥当なのはどれか。

国家一般職2019

**1** 光は、いかなる媒質中も等しい速度で進む性質がある。そのため、定数である光の速さを用いて、時間の単位である秒が決められており、1秒は、光がおよそ30万キロメートルを進むためにかかる時間と定義されている。

**2** 太陽光における可視光が大気中を進む場合、酸素や窒素などの分子によって散乱され、この現象は波長の短い光ほど強く起こる。このため、青色の光は散乱されやすく、大気層を長く透過すると、赤色の光が多く残ることから、夕日は赤く見える。

**3** 太陽光などの自然光は、様々な方向に振動する横波の集まりである。偏光板は特定の振動方向の光だけを増幅する働きをもっているため、カメラのレンズに偏光板を付けて撮影すると、水面やガラスに映った像を鮮明に撮影することができる。

**4** 光は波の性質をもつため、隙間や障害物の背後に回り込む回折という現象を起こす。シャボン玉が自然光によって色づくのは、シャボン玉の表面で反射した光と、回折によってシャボン玉の背後に回り込んだ光が干渉するためである。

**5** 光は、絶対屈折率が1より小さい媒質中では、屈折という現象により進行方向を徐々に変化させながら進む。通信網に使われている光ファイバーは、絶対屈折率が1より小さいため、光は光ファイバー中を屈折しながら進む。そのため、曲がった経路に沿って光を送ることができる。

## 解説

正解 **2**

**1** ✕ 　光は媒質によって速度が異なり、このため屈折も起こる。また、時間の基本単位「秒」は、セシウム133原子の放射周期を基準として定義されている。

**2** ◯ 　正しい記述である。

**3** ✕ 　偏光板は、一定の振動方向の光しか通さないことから、光の振動する向きを揃えることができる。特定の光を増幅しているわけではない。このため、カメラのレンズに偏光板を付けて撮影すると、水面やガラスに反射した反射光を遮ることができ、水面ではなく水中や、ガラスに映った像ではなくガラスの奥を撮影することができる。

**4** ✕ 　シャボン玉が自然光によって色づくのは光の回折による作用ではなく、シャボン玉の膜の厚さが異なることで、膜の表面と裏側とで別々に反射する光が強め合ったり、弱め合ったりすること(干渉)が原因である。

**5** ✕ 　光は、絶対屈折率が1よりも大きい媒質中で屈折をする。また、光ファイバーの中の光は屈折しながら進むのではなく、屈折率の大きいガラスなどを中心で用いることにより、全反射を利用して光を伝えている。

4　波　動　291

**問題11** 次は、光に関する記述であるが、ア～エに入るものの組合せとして最も妥当なのはどれか。

国家専門職2008

「光は ア と呼ばれる波の一種であり、屈折率の異なる媒質の境界面に達すると、図のようにその一部は反射し、残りは屈折して進む。

ここで、屈折率の イ 媒質から屈折率の ウ 媒質へ光が入射する場合には、屈折角は入射角よりも大きくなるため、全反射が起こりやすい。ダイヤモンドがよく輝いて見えるのは、ダイヤモンドの エ 光が境界面に入射したときによく全反射するためである。」

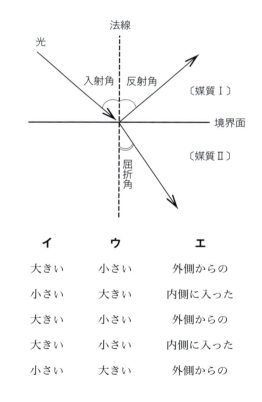

| | ア | イ | ウ | エ |
|---|---|---|---|---|
| ① | 超音波 | 大きい | 小さい | 外側からの |
| ② | 超音波 | 小さい | 大きい | 内側に入った |
| ③ | 電磁波 | 大きい | 小さい | 外側からの |
| ④ | 電磁波 | 大きい | 小さい | 内側に入った |
| ⑤ | 電磁波 | 小さい | 大きい | 外側からの |

## 解説

正解 ④

　電磁気学の発達により、電磁波の速さを理論的に求めることができるようになった。その計算結果と光速の測定値より、光は電磁波（**ア**）の一種であるといわれるようになった。

　光の性質は多々あるが、光は、光の屈折率の大きい（**イ**）媒質から小さい（**ウ**）媒質へと進むときは屈折角が入射角より大きく、光は境界面に近づくように屈折する。さらに入射角を大きくしていくと、屈折光線が境界面に沿って進むようになる。このときの入射角を臨界角といい、入射角が臨界角より大きいと屈折は起こらず、光が境界面で反射される。この現象を全反射という。特に、ダイヤモンドがよく輝くのは、ダイヤモンドの内側に入った（**エ**）光が境界面に入射したときに、多くの光が全反射するためである。

4　波　動　293

**問題12** 音や光に関する記述として最も妥当なのはどれか。

国家専門職2018

**1** 走行する救急車のサイレンの音は、救急車が近づいてくるときに低く、遠ざかっていくときに高く聞こえる。これは、クーロンの法則によると、音源が近づくところでは、波長が長く、振動数が小さくなり、その結果、音源の出す音よりも低く聞こえるためである。

**2** ヤングの実験によって、音が波動であることと、温度の異なる空気の境界ではその両側で音速が異なるために、音波は回折することが示された。このような音波の回折のため、夜間には聞こえない音が、地表付近の空気の温度が上昇する昼間には聞こえることがある。

**3** 凸レンズに光軸と平行な光線を当てると、凸レンズの後方の光軸上の1点に光が集まる。この点を凸レンズの焦点という。逆に、焦点から出る光は、凸レンズを通過後、光軸に平行に進む。凸レンズによる実像は向きが物体と逆向きになり、また、凸レンズによる虚像は向きが物体と同じ向きである。

**4** 光は、波長によって持っている力学的エネルギーが異なるため、真空状態の空間で白熱電球などから白色光を出すと、スペクトルという虹のような一連の色に分かれる現象が見られ、これを光の干渉という。太陽光の連続スペクトルの中には、γ線という多くの暗線が見られる。

**5** 地上における光の速さは、2枚の偏光板を回転させることで測定することができ、この結果から、ホイヘンスの原理によって真空中における光の速さが導き出される。一方、音の速さは、鏡と歯車を用いたフィゾーの実験で測定することができる。

294　第2章　物　理

## 解説

正解 ③

**❶ ✗** クーロンの法則ではなくドップラー効果に関する記述である。なおクーロンの法則とは、二つの点電荷の間にはたらく静電気力（クーロン力）は、それぞれの点電荷の電気量の大きさの積に比例し、点電荷の距離の2乗に反比例するというものである。

**❷ ✗** ヤングの実験は音ではなく光の干渉実験であり、この実験により光の波動性が示された。

**❸ ◯** 正しい記述である。

**❹ ✗** 光の干渉ではなく光の分散に関する記述である。また太陽光スペクトルの暗線は、太陽の上層に存在する元素や地球の大気中の微粒子によって吸収されたスペクトルであり、フラウンホーファー線と呼ばれる。

**❺ ✗** 地上における光の速さは、鏡と歯車を用いたフィゾーの実験で測定することができる。音の速さについては、音が2点間を伝わる時間を測定し、距離と時間から音速を求めることができる。

| 問題13 | 光の性質に関する記述として、妥当なものはどれか。 |

東京都Ⅰ類2003

**1** 光の色は波長によって決まり、太陽光はいろいろな波長の光を含むが、電球の白色光は単色光であり1つの波長しかもたない。

**2** 光の散乱は、光が大気中の分子やちりなどの粒子により進路を曲げられる現象であり、太陽光が昼間に比べて大気中を長く通過する夕方になると、赤い光は青い光に比べて散乱されにくいため、夕焼けは赤く見える。

**3** 光の速さは、真空中と空気中とではほぼ等しいが、光が空気中からガラスに入ると、波長の長い光ほど、速さは遅くなり屈折率が大きくなる。

**4** 光の分散は、薄い膜の表面での反射光と裏面での反射光とが重なり合うことにより、ある特定の波長の反射光だけが強め合って特定の色として見える現象であり、シャボン玉の表面や雨上がりの虹に見られる。

**5** 光は、進行方向と垂直に振動する横波であるが、偏光板を通過すると縦波となり、進行方向と振動方向が同一となるため、偏光板のサングラスを用いると水面やガラス板からの反射光を遮ることができる。

## 解説

正解 **2**

**①** ✕　電球の白色光も、いろいろな波長の光を含んでいるので、プリズムからは、赤から紫までの色を持った光に分かれる。

**②** ⭕　日中、空が青く見えるのは、空気中の分子などで波長の短い光(青色)が強く散乱され、その散乱された光が目に入ってくるからである。また、太陽光は日の出や、日没時に最も長く大気中を通過するので、波長の短い光は昼間より多く散乱されてしまい、波長の長い赤い光は散乱されにくいために青い光は地上まで届かず、赤い光が多くなる。よって、夕焼けや朝焼けは赤く見える。

**③** ✕　物質中の光の速さは波長によって異なり、波長が短い光ほど、速さが遅く、屈折率が大きくなる。

**④** ✕　雨上がりの虹は光の分散の例として妥当であるが、この選択肢の記述は光の干渉についての説明である。

**⑤** ✕　横波が縦波になることはない。偏光板を通すと、一つの振動面を持つ光だけが通り抜けるので、水面などの反射光を遮ることができる。

4　波　動　297

**問題14** 光の性質に関する記述として最も妥当なものはどれか。

国家一般職2003

**❶** 光は音波や電波とともに、総称して電磁波と呼ばれる横波の一種であり、媒質のない真空中でも伝わる。また光の速さは振動数によって決まっているため、紫外線が最も速く、赤外線が最も遅いが、媒質には関係なく一定である。

**❷** 凸レンズを通過した光線は常に反対側の焦点に集まることから、凸レンズで見た像は拡大されるが、凹レンズはこの逆の性質を持つ。したがって凸レンズを数枚組み合わせると顕微鏡になるが、凹レンズを数枚組み合わせると望遠鏡になる。

**❸** 太陽の光をスリットを通してプリズムに当てると、赤から紫までの色をもった光に分かれるが、白熱電球の光の場合は白色の単色光がプリズムから出てくる。これは白熱電球の光が単一の波長の光からなっているためである。

**❹** 日中、空が青く見えるのは、オゾン層や空気中の分子が波長の長い光を強く散乱させるため、青い光だけが目に届くからである。したがって地球上の大気がなければ、光は散乱されないため、空は白く明るく見える。

**❺** 屈折率の大きい媒質から屈折率の小さい媒質に光が入射すると、屈折角のほうが入射角よりも大きくなるが、入射角がある程度以上になると、境界面で光がすべて反射する。光ファイバーはこの全反射という現象を利用している。

## 解説

正解 **⑤**

**❶** ✗ 　音波は縦波であり、電磁波の一種ではない。また、真空中での光の速さは、その波長によらず一定であるが、物質中の光の速さは波長が短いほど遅くなり、紫色光が最も遅く、赤色光が最も速い。なお、紫外線、赤外線は光（可視光線）ではない。

**❷** ✗ 　凸レンズで焦点に集まるのは、光軸に平行な光のみである。また、顕微鏡も望遠鏡も基本的には同じ構造である。

**❸** ✗ 　太陽光も白熱電球の光も、プリズムからは赤から紫までの色を持った光に分かれる。

**❹** ✗ 　散乱するのは波長の長い光でなく短い光である。日中、空が青く見えるのは、空気中の分子などで波長の短い光が強く散乱され、その散乱された光が目に入ってくるからである。また、地球上に大気がなければ、太陽光は白く見えるが、空は暗く見える。

**❺** ○ 　正しい記述である。

**問題15** ある物体が、焦点距離12cmの凸レンズから光軸上で18cmの距離にあるとき、この物体の実像ができる凸レンズからの光軸上の距離はどれか。

特別区Ⅰ類2009

1 18cm

2 24cm

3 30cm

4 36cm

5 42cm

## 解説

正解 **4**

レンズの公式 $\dfrac{1}{a} + \dfrac{1}{b} = \dfrac{1}{f}$ にそれぞれの値を代入すると、

$$\frac{1}{18} + \frac{1}{b} = \frac{1}{12}$$

となる。これを解くと、$b=36$〔cm〕となる。

**問題16** 凸レンズの性質に関する次の文章の空所a～cに該当する数字の組み合わせとして妥当なものはどれか。

警視庁Ⅰ類2007

　直線L上に、焦点距離が10cmの凸レンズをその光軸がLと一致するように固定し、光源とスクリーンがL上で自由に移動できるようにする。このとき、光源を凸レンズから（　a　）cmの位置に置いたときには、光源の反対側からレンズを見ると光源の虚像が見える。また、光源が凸レンズから（　b　）cmの位置に、スクリーンが凸レンズから（　c　）cmの位置にあるとき、光源の像がスクリーン上に実物と同じ大きさで映る。

|   | a | b | c |
|---|---|---|---|
| ① | 5 | 5 | 5 |
| ② | 5 | 20 | 20 |
| ③ | 10 | 5 | 5 |
| ④ | 10 | 20 | 20 |
| ⑤ | 20 | 10 | 10 |

## 解説

正解 **2**

　虚像ができるのは、光源を凸レンズと焦点の間に置いたときなので、**a** が10以下の選択肢 **3**、**4**、**5** は不適である。また、焦点距離の2倍の位置に物体を置いたときに、反対側の焦点距離の2倍の位置に物体と同じ大きさの像ができるので、**b** が20である選択肢 **2** が正しい。

**問題17**　焦点距離20cmの凸レンズの前方15cmの位置に物体を置き、レンズ後方から見た。このときできる虚像の、物体に対する大きさの比として、妥当なのはどれか。

特別区Ⅰ類2012

1　1.3

2　1.5

3　3

4　4

5　5

## 解説

正解 **4**

　焦点距離は20［cm］であり、物体の位置がレンズの前方15［cm］にあるので、レンズの公式 $\dfrac{1}{a}+\dfrac{1}{b}=\dfrac{1}{f}$ に $f=20$、$a=15$ を代入すると、$\dfrac{1}{15}+\dfrac{1}{b}=\dfrac{1}{20}$ となり、$\dfrac{1}{b}=\dfrac{1}{20}-\dfrac{1}{15}=-\dfrac{1}{60}$ より、$b=-60$ となる。このとき、像の物体に対する倍率は、像が虚像であるため、

$$倍率=\frac{-b}{a}=\frac{-(-60)}{15}=4$$

となる。

4　波動　305

**問題18** 焦点距離30cmの凸レンズの前方20cmの位置に、物体を置いた時にできる像として、最も妥当なのはどれか。

警視庁Ⅰ類2016

1 レンズの前方50cmの位置に虚像ができる。

2 レンズの後方50cmの位置に実像ができる。

3 レンズの後方50cmの位置に虚像ができる。

4 レンズの前方60cmの位置に虚像ができる。

5 レンズの後方60cmの位置に実像ができる。

## 解説

正解 ④

レンズの公式より、像の位置は以下のようになる。

$$\frac{1}{a} + \frac{1}{b} = \frac{1}{f}$$

より、

$$\frac{1}{20} + \frac{1}{b} = \frac{1}{30}$$

よって $b = -60$ となり、負の値は虚像を表す。

**問題19** 凸レンズの前方30cmの光軸上の点Pに物体を置いたところ、凸レンズの後方の点Qに倍率が0.50倍の倒立実像が生じたとき、レンズの焦点距離として、正しいのはどれか。

警視庁Ⅰ類2012

1. 　8 cm
2. 　10cm
3. 　12cm
4. 　15cm
5. 　30cm

## 解説

正解 **2**

$\dfrac{b}{a}$（倍率）$=0.50$、$a=30$より、$b=15$となる。

次にレンズの公式$\dfrac{1}{a}+\dfrac{1}{b}=\dfrac{1}{f}$より、焦点距離は以下のようになる。

$$\dfrac{1}{f}=\dfrac{1}{a}+\dfrac{1}{b}=\dfrac{1}{30}+\dfrac{1}{15}=\dfrac{1}{30}+\dfrac{2}{30}=\dfrac{3}{30}=\dfrac{1}{10}$$

$$f=10\,[\text{cm}]$$

**問題20** 波の性質に関する記述として、最も妥当なのはどれか。

東京消防庁Ⅰ類2020

**1** 波源や観測者が動くことによって、観測される波の周波数が変化する現象をドップラー効果と言う。この現象は、音に対してのみ生じる。

**2** 光はさまざまな方向に振動しているが、特定の方向のみに振動することが有る。この現象を偏光と言う。同様の現象が、音に対しても生じる。

**3** 光の屈折率は振動数、すなわち色によって異なる。この性質により、プリズムなどに光が入ると、光の色が分離するが、この現象を屈折と言う。

**4** 光が大気中の塵などと衝突して、大きく進行方向を変化させる現象を散乱と言う。空が青く見えるのは、波長の短い光が大気の塵によって空全体に散乱されることによる。

**5** 音波は縦波で常温の空気での音速は約341m/sである。温度の変化により、音速は変化する。水中での音速は空気中のそれに比べて音速は小さくなる。

310 第2章 物　理

## 解説

正解 ❹

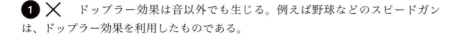

❶ ✗　ドップラー効果は音以外でも生じる。例えば野球などのスピードガンは、ドップラー効果を利用したものである。

❷ ✗　光は横波であり、これを偏光板などによって特定方向に振動するものだけ取り出したものを偏光という。また音は縦波なので、このような現象は観測できない。

❸ ✗　屈折は、媒質ごとに波の速度が異なるために、その境界面で折れ曲がる現象である。また、プリズムなどによって色が分離する現象を分散といい、色は振動数によって決まるが、振動数(色)ごとにその屈折率が異なるために起こる現象である。

❹ ◯　正しい記述である。

❺ ✗　水は空気に比べて密度が大きいため、水中では空気中よりも音は速く伝わる。水中での音速は1500m/sほどである。

<br>

★★☆

# 5 電気と磁気

摩擦による静電気は古くから知られていましたが実用化は遅く、200年の歴史すらありません。生活にとって必要不可欠な電気と磁気の性質について学習しましょう。

## ❶ 静電気

### 1 静電気

#### ① 静電気

物体が電気を帯びることを**帯電**という。また、このとき生じた電気は、物体にとどまって移動しないので、**静電気**といわれる。物体や電子、原子核などが持つ電気を**電荷**といい、その量を**電気量**という。電気量の単位には[C]（**クーロン**）が用いられる。

電気には正（＋）と負（−）の2種類があり、同種の電気どうしは斥力（反発する力）を、異種の電気どうしは引力を及ぼし合う。これを**静電気力**（**クーロン力**）という。

#### ② 帯電のしくみ

原子内の陽子の数と、原子核の周りの電子の数は普通等しいため、原子全体としては電気的に中性であり、原子によって構成される物体も電気的に中性である。しかし、物体中の電子に過不足が生じると、正・負のバランスが崩れ、物体は電気を帯びる。

二つの物体をこすり合わせると、一方の物体から他方の物体へと一部の電子が移動し、電子が不足した物体は正に、電子が過剰になった物体は負に帯電する。

#### ③ クーロンの法則

大きさが無視できるほど小さな帯電体を**点電荷**という。点電荷どうしが及ぼし合う力は、電気量が大きいほど大きく、点電荷どうしが離れるほど小さくなる。クーロンはその関係を測定した。その結果、二つの点電荷どうしが及ぼし合う静電気力 $F[\text{N}]$ は、二つの点電荷の電気量 $q[\text{C}]$ と $Q[\text{C}]$ の積に比例し、距離 $r[\text{m}]$ の2乗に反比例することを発見した。

これを**クーロンの法則**といい、比例定数を $k$ として、次のように表すことができ

312　第2章　物　理

る。

## クーロンの法則

$Q[C]$と$q[C]$の荷電粒子が$r[m]$離れているときにはたらくクーロン力$F[N]$は、距離の2乗に反比例する以下の式で表される（$k$はクーロンの法則の比例定数という）。

$$F=k\frac{Q \times q}{r^2}\left(=k\frac{q_1 \times q_2}{r^2}\right)$$

## 2 電 場

### ① 電 場

点電荷を置いたときに、静電気力が発生する空間のことを電場（または電界）という。

ある点に、$q（>0）[C]$の試験電荷（仮に置く電荷）を置くとき、それが受ける静電気力$\vec{F}$の向きをその点の電場の向き、1Cあたりに受ける静電気力の大きさをその点の電場の強さと定める。電場は向きと強さを持つ量であり、電場ベクトルともいう。これを$\vec{E}$とすれば、

$$\vec{E}=\frac{\vec{F}}{q}$$

の関係がある。電場の単位は$[N/C]$（ニュートン毎クーロン）を用いる。

### ② 電場中の点電荷が受ける力

電場$\vec{E}$の空間中に置かれた点電荷が受ける静電気の大きさは、点電荷の電気量に比例する。強さ$\vec{E}[N/C]$の電場中に置かれた$q[C]$の点電荷が受ける静電気力$\vec{F}[N]$は、次のように表される。

$$\vec{F}=q\vec{E}$$

### ③ 点電荷が作る電場

正の点電荷の周りには点電荷から遠ざかる向き、負の点電荷の周りには点電荷に近づく向きに電場が生じる。

$Q[C]$の点電荷から$r[m]$離れた点に$q[C]$の試験電荷を置くと、試験電荷が受け

5　電気と磁気　313

る静電気力は、クーロンの法則より$F = \dfrac{Q \times q}{r^2}$、電場の強さは試験電荷が+1Cあたりに受ける力の大きさであるから、この点の電場の強さは$E = \dfrac{F}{q}$より代入して、$E = k\dfrac{Q}{r^2}$となる。

---

### 電場（電界）の式

❶ $\vec{F} = q\vec{E}$

❷ $E = k\dfrac{Q}{r^2}$

---

## 3 電　位

#### ① 一様な電場中の荷電粒子の運動

　重力のみを受ける物体は、運動の法則に従い加速度が一定の等加速度運動をする。同様に、一定の静電気力のみを受ける荷電粒子(電荷を持つ粒子)も、等加速度運動をする。

　重力を受ける物体については、重力による位置エネルギーを定義することができた。同様に静電気力を受ける荷電粒子についても、静電気力による位置エネルギーを定義することができる。

#### ② 静電気力による位置エネルギー

　一様な電場の中で、移動する電荷に対して静電気力がする仕事も、重力がする仕事と同じく経路によらず、電荷のはじめの位置と終わりの位置だけで決まる。このことから、電荷が基準の位置までに移動する間に静電気力がする仕事によって、静電気力による位置エネルギーを定義することができる。

#### ③ 電位の定義

　+1Cが持つ静電気力による位置エネルギーのことを電位$V$という。単位は[J/C]であるが、[V](ボルト)を用いる。電位$V$[V]は、電荷$q$[C]が持つ静電気力による位置エネルギー $U$[J]を用いて以下のように表すことができる。

第2章　物　理

$$V = \frac{U}{q}$$

$$U = qV$$

電場の中の2点間における電位の差を電位差または電圧という。電位差が$V$[V]の2点間を高電位側から低電位側に電荷$q$[C]を移動させるとき、静電気力がする仕事$W$[J]は以下のように表すことができる。

$$W = qV$$

また、電荷を移動させる経路を変えても、静電気力がする仕事は変わらない。

## 2 電流と電気抵抗

### 1 電 流

金属原子は一般に、電子を手放しやすい性質を持っており、金属の内部では、各金属原子からいくつかの電子が離れ、自由に動き回っている。このような電子を自由電子という。

金属の導線に電池をつなぐと、負(−)の電荷を持つ自由電子は電池の正(+)極へ向かう力を受け、導線内を移動する。この自由電子の移動が、導線を流れる電流の正体である。

電流とは電気の流れであり、電気を運ぶ粒子があれば、導線以外の場所でも電流は流れる。

#### ① 電流の大きさと向き

電流の大きさは、ある断面を1秒間に通過する電気量で定める。単位には[A](アンペア)を用い、ある断面を時間$t$[s]の間に$q$[C]の電気量が通過するとき、その断面を流れる電流$I$[A]は次式で表される。

$$I = \frac{q}{t}$$

よって、1秒間に1Cの電気量が断面を通過する電流が1Aである。また電流の向きは、正の電気が移動する向きと定める。

電池に導線をつなぐと、電流は正(+)極から負(−)極へ向かって流れる。一方、導線内の自由電子は電池の負(−)極から正(+)極へ向かって流れる。つまり、電流の向きと自由電子の流れる向きは逆となる。

## 電　流

導体の断面を1sあたりに通過する電気量[C]の大きさで定義される。

$$I[\text{A}] = \frac{q}{t}\ [\text{C/s}]$$

### ② 電　圧

電源である電池は、一定の電圧を保つはたらきを持つ。このような電源のはたらきを**起電力**といい、電圧と同じく単位には[V]を用いる。

## 2 直流回路

### ① 直流回路と交流回路

電気回路は電流の流れる向きによって直流回路と交流回路に分類される。**直流回路**は電流の流れる向きが一方向に決まっている回路であり、電流は**正極**から**負極**へと流れる。**交流回路**は電流の流れる向きが変化する回路である。公務員試験において出題があるのは一般的に直流回路である。

### ② オームの法則

導線に加える電圧$V$を変化させて、流れる電流$I$を測定する実験をすると、導線の温度が一定であれば、電圧に比例した電流が流れることがわかる。これを**オームの法則**といい、次のように表される。

$$V = RI$$

比例定数である$R$を**抵抗**または**電気抵抗**といい、電流の流れにくさを表したものである。抵抗の値が大きいほど流れる電流は小さくなる。単位には[Ω]（**オーム**）を用いる。１Vの電圧を加えたときに１Aの電流が流れる導線の抵抗が１Ωである。

316　第２章　物　理

③ 抵抗の接続

電気回路には、直列回路と並列回路があるが、両者は電圧、電流、抵抗の関係が異なる。また、二つ以上の抵抗を一つの抵抗とみなしたときの抵抗を**合成抵抗**という。

次の図のように、枝分かれなく一列につながれた回路を**直列回路**という。

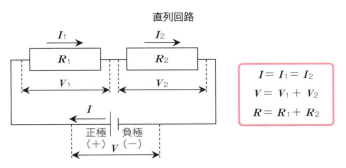

- 電流はどの抵抗でも等しい
- 抵抗での電位差の和が回路全体の電圧と等しい

また、図のように、途中に枝分かれのある回路を**並列回路**という。

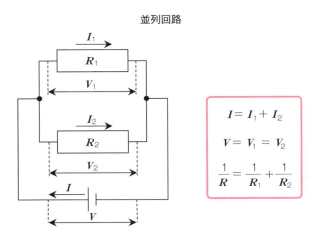

- 各抵抗に流れる電流の和が回路全体の電流に等しい
- 各抵抗での電位差は等しい

④ 抵抗率

　物質の電気抵抗は、材質や形状によって異なる値を持つ。同じ材質で作られた場合の電気抵抗$R$[Ω]は、物質の長さ$l$[m]に比例し、断面積$S$[m²]に反比例する。この関係は、次のように表される。

$$R = \rho \frac{l}{S}$$

　比例定数$\rho$は材質によって決まる定数であり、これを**抵抗率**という。抵抗率の単位は[Ω·m](オーム・メートル)である。

## 3 電気とエネルギー

### ① ジュール熱

　電熱線などの抵抗に電流を流すと、熱が発生する。抵抗$R$[Ω]に電圧$V$[V]を加えて、電流$I$[A]を時間$t$[s]流すと、発生する熱量$Q$[J]は、次のように表せる。

$$Q = VIt = RI^2 t \left( = \frac{V^2}{R} t \right)$$

　この関係は、1840年にジュールが見出したもので、**ジュールの法則**という。また、抵抗で発生する熱を**ジュール熱**という。

　ジュール熱は移動する自由電子が導体中の陽イオンに衝突し、陽イオンの熱運動が激しくなることによって発生する。

### ② 電力量と電力

　一般に、電気エネルギーを消費するものを負荷という。負荷にかかっている電圧を$V$[V]、流れている電流を$I$[A]、電流を流す時間を$t$[s]とすると、負荷で消費される電気エネルギーは、ジュールの法則と同様に次のように表せる。

$$W = VIt \left( = RI^2 t = \frac{V^2}{R} t \right)$$

　$W$は電力量といい、単位は[J]である。また、負荷が単位時間に消費する電力量を**消費電力**、または単に**電力**といい、次のように表せる。

$$P = \frac{W}{t} = VI \left( = RI^2 = \frac{V^2}{R} \right)$$

　単位は[W](ワット)を用いる。電力量の実用的な単位として、1 Wまたは1 kWの電力を1時間使った際に消費するエネルギーである1 [Wh](ワット時)($= 3.6 \times 10^3$J)や1 [kWh](キロワット時)($= 3.6 \times 10^6$J)を使うこともある。

### 電力に関する式

**❶ ジュールの法則・電力量**

$$Q = W = VIt = RI^2 t \left(= \frac{V^2}{R} t\right)$$

**❷ 消費電力（電力）**

$$P = \frac{W}{t} = VI \left(= RI^2 = \frac{V^2}{R}\right)$$

※ 等式の後半はオームの法則 $V = RI$ から導けるので、覚える必要はない。

## 4 内部抵抗と電流計・電圧計

### ① 内部抵抗による電圧降下

電池の両極側に現れる電圧を<u>端子電圧</u>という。また、電池から電流が流れていないときの端子電圧を電池の<u>起電力</u>という。

電池から電流が流れているとき、端子電圧は起電力より小さくなる。これは電池内部にある抵抗（これを<u>内部抵抗</u>という）によって、電池内部で電圧降下が生じるためである。起電力 $E$ [V]、内部抵抗 $r$ [Ω] の電池から電流 $I$ [A] を取り出すときに現れる端子電圧 $V$ [V] は次式で与えられる。

$$V = E - rI$$

### ② 電流計

回路のある部分に流れる電流を測定するには、測定したい部分に<u>電流計</u>を<u>直列</u>に接続する。このとき電流計には内部抵抗があるため、回路を流れる電流が電流計を接続する前に比べて小さくなる。このため電流計の内部抵抗は小さいほどよい。

電流計で測定できる範囲を広げるには、電流計と<u>並列</u>に小さな値の抵抗を接続し、測定したい部分の電流の一部だけが電流計に流れるようにすればよい。このようなはたらきをする抵抗を<u>分流計</u>という。例えば、右図のような全体の抵抗が 1Ω の電流計を考える。このとき、10mA の電流計で 100mA を測りたいとすると、分流器に残りの電流を流せばよいので、抵抗が 9：1 になるような分流器を組めばよいことがわかる。

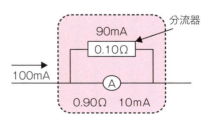

③ 電圧計

　回路のある部分の電圧を測定するためには、**電圧計**を用いる。電圧計の構造は、**電流計と直列に抵抗を接続したもの**である。電流計の針の振れは流れる電流に比例し、電流はオームの法則によって電圧計の両端の電圧に比例するので、針の振れから電圧を知ることができる。

　電圧を測定するには、測定したい部分に電圧計を**並列**に接続する。このとき、電圧計を含めた合成抵抗が小さくなるため、測定したい部分にかかる電圧が、電圧計を接続する前に比べて小さくなる。このような影響を少なくするためには、電圧計の内部抵抗は大きいほどよい。

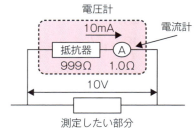

　例えば右図のような内部抵抗が1.0Ωで10mAまで測定できる電流計を用いて10Vまで計測できる電圧計を考える。オームの法則より10mAで10Vなので10÷0.01＝1000Ωとなるので、電圧計の直列回路の合成抵抗が1000Ω、つまり抵抗器は999Ωあればよいとわかる。

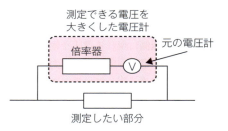

　電圧計で測定できる範囲を広げるには、電圧計と直列に、さらに別の抵抗を接続し、測定したい部分にかかる電圧の一部だけが電圧計にかかるようにすればよい。このようなはたらきをする抵抗を**倍率器**という。

## ③ 電流と磁界

### 1 磁　界

　磁石は、互いに引きつけ合ったり反発し合ったりするが、これは磁石の両端の磁極間に**磁力**(**磁気力**)と呼ばれる力がはたらくためである。磁極にはN極とS極があり、同種の磁極間には斥力(反発力)がはたらき、異種の磁極間には引力がはたらく。

　この関係は、静電気における正の電荷と負の電荷の関係に似ており、電気量の単位［C］(クーロン)に対応するものとして、磁気量の単位には［Wb］(ウェーバー)を用いる。

① 磁　界

　静電気力の場合と同様に、磁極によって周りの空間の磁気が変化し、その変化した空間からほかの磁極が力を受けると考えることができる。その力を磁力といい、磁力を及ぼす空間を磁界(磁場)という。

　磁界はN極が1[Wb]当たりに受ける力と定義され、$H$[N/Wb]と表される。

② 磁力線

　磁界の様子を表すために、磁界の向きを視覚的に表したものを磁力線という。磁力線は磁石のN極から出てS極に入り、交差したり、枝分かれしたりすることはない。また、磁界の強さは磁力線の密度で表せる。

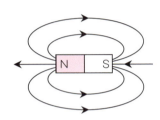

## 2 電流が作る磁界

① 直線電流が作る磁界

　十分に長い導線を流れる直線電流の周りには、同心円上の磁界ができる。その向きは、右ねじが進む向きを電流の向きに合わせたときに、ねじを回す向きとなり、これを右ねじの法則という。

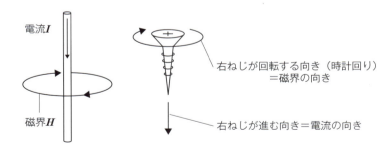

② ソレノイドに流れる電流が作る磁界

　導線を円筒状に巻いたコイルを**ソレノイド**という。ソレノイドに電流を流したときに生じる磁界は、下図(左)のように多数の円形電流が作る磁界の重ね合わせと考えればよい。ソレノイドの外部に生じる磁界は、下図(右)のように棒磁石が作る磁界に似ている。

　十分に長いソレノイドの内部の磁界は、両端付近を除けば、ソレノイドの軸に平行で、強さは場所によらず一定となる。

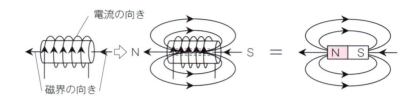

## 3 電流が磁界から受ける力

　下図(左)のように、磁石の磁極間に導線を吊り下げ電流を流すと、導線は力を受ける。この力の向きは、電流や磁界の向きと垂直であり、下図(右)のように、左手の中指を電流の向き、人差し指を磁界の向きに合わせると、親指が力の向きを表す。これを**フレミング左手の法則**という。

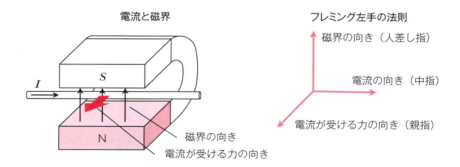

## 4 電磁誘導の法則

### ① 電磁誘導現象

磁石をコイルに近づけたり遠ざけたりすると、コイルに電流が流れる。また、磁石を止めておいてコイルを動かしてもコイルに電流が流れる。

このように、コイルを貫く磁束(磁力線の本数)が変化すると、コイルには起電力が発生する。この現象を**電磁誘導**といい、電磁誘導によって生じる起電力を**誘導起電力**、また、その起電力によって流れる電流を**誘導電流**という。

### ② 誘導起電力の向き

コイルに流れる誘導電流の向きを、誘導起電力の向きと定義する。コイルに発生する誘導起電力の向きは、磁石を近づけたときと遠ざけたときで反対になる。また、出し入れする磁極がN極かS極かでも反対になる。いずれの場合も、コイルを流れる誘導電流が作る磁界は、コイルを貫く磁束の変化を妨げる向きとなっている。

一般に、誘導起電力は、コイルを貫く磁束の変化を妨げる向きに生じる。これを**レンツの法則**という。

### ③ 誘導起電力の大きさ

コイルに生じる誘導起電力の大きさは、磁石を速く動かすほど大きくなる。一般に、誘導起電力の大きさは、コイルを貫く磁束の1sあたりの変化に比例する。これを**ファラデーの電磁誘導の法則**(ファラデーの法則)という。

また、$N$回巻きのコイルの場合、1巻き当たりに生じる誘導起電力が、直列につながれた電池のように足し合わされる。

$N$回巻きのコイルを貫く磁束$\Phi$[Wb]が$\Delta t$[s]の間に$\Delta\Phi$[Wb]だけ変化するとき、コイルに生じる誘導起電力の大きさは次のように表される。

$$V = -N\frac{\Delta\Phi}{\Delta t}$$

右辺の負の符号は、誘導起電力が磁束の変化を妨げる向きに生じること(レンツの法則)を示している。

### 電磁誘導の法則

❶ レンツの法則
コイル内部の磁力線の本数が変化するとき、その変化を妨げる向きに電流が流れる。

❷ ファラデーの法則
誘導起電力$V$の大きさは1秒あたりの磁束の変化$\Phi$の大きさと、コイルの巻き数$N$に比例する。

$$V = -N\frac{\Delta \Phi}{\Delta t}$$

④ 電磁誘導の具体的操作

(ア) N極を近づける
N極が近づくことによる変化を打ち消す(N極に反発しようとするので、N極が発生する)ようにコイル右側にN極を作る。

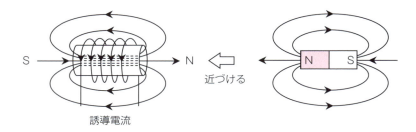

誘導電流

(イ) N極を遠ざける
N極が離れることによる変化を打ち消す(N極を引きつけようとするので、S極が発生する)ように、コイル右側にS極を作る。

（ウ）S極を近づける

　S極が近づくことによる変化を打ち消す（S極に反発しようとするので、S極が発生する）ように、コイル右側にS極を作る。

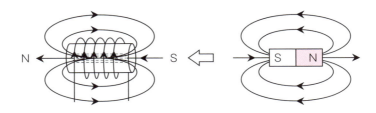

（エ）S極を遠ざける

　S極が離れることによる変化を打ち消す（S極を引きつけようとするので、N極が発生する）ように、コイル右側にN極を作る。

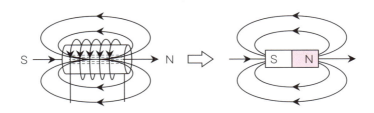

## 過去問 Exercise

**問題1** 次の文は、静電気力に関する記述であるが、文中の空所A～Dに該当する語の組合せとして、妥当なのはどれか。

特別区Ⅰ類2008

2つの電荷の間にはたらく静電気力の大きさは、それぞれの電荷の電気量の A に B し、電荷間の距離の C に D する。これを静電気力に関するクーロンの法則という。

|   | A | B | C | D |
|---|---|---|---|---|
| 1 | 積 | 比例 | 2乗 | 反比例 |
| 2 | 積 | 比例 | 3乗 | 反比例 |
| 3 | 積 | 反比例 | 2乗 | 比例 |
| 4 | 和 | 反比例 | 3乗 | 比例 |
| 5 | 和 | 比例 | 2乗 | 比例 |

## 解説

正解 **1**

　二つの電荷はその距離とそれぞれの持つ電気量の大きさによって、それぞれが及ぼす静電気力が変化する。具体的には二つの電荷にはたらく静電気力の大きさは、二つの電荷が持つ電気量の積（**A**）に比例（**B**）し、電荷間の距離の２乗（**C**）に反比例（**D**）する。これをクーロンの法則という。

5　電気と磁気　327

**問題2** 強さ8N/Cの電場にある−2Cの電荷が受ける力の向き
と大きさの組合せとして、最も妥当なのはどれか。

東京消防庁Ⅰ類2013

1 電場の向きに4N

2 電場と反対の向きに0.25N

3 電場と反対の向きに16N

4 電場と垂直の向きに0.25N

5 電場の向きに16N

## 解説

正解 ③

力の大きさは $F=-2\times8=-16$ [N] となる。よって電場の向きと反対向きに16 [N] となる。

5　電気と磁気　329

**問題3**　導線の断面を電子が2.0秒間で4.0×10$^{18}$個移動（通過）したときの電流の大きさとして、最も妥当なのはどれか。ただし、電子1個の持つ電気量の大きさ（電気素量）を1.6×10$^{-19}$クーロンとする。

東京消防庁Ⅰ類2012

1　0.08アンペア

2　0.16アンペア

3　0.32アンペア

4　8.0アンペア

5　16.0アンペア

## 解説

正解 ③

電子 1 個が $1.6 \times 10^{-19}$ [C] の電気量を持つため、電子 $4.0 \times 10^{18}$ 個が持つ電気量を $q$ [C] とすると、

1 個：$1.6 \times 10^{-19}$ [C]＝$4.0 \times 10^{18}$ 個：$q$ [C]

$q = 1.6 \times 10^{-19} \times 4.0 \times 10^{18}$ [C]

電流 $I$ は $I = \dfrac{q}{t}$ より、

$$I = \frac{1.6 \times 10^{-19} \times 4.0 \times 10^{18}}{2.0} = 1.6 \times 2 \times 10^{-1} = 0.32 \text{ [A]}$$

**問題4** 　導線に4.0［A］の電流を2.0秒間流したとき、導線内を通過した電子の個数として、最も妥当なのはどれか。ただし、電子１個のもつ電気量の大きさ（電気素量）を$1.6 \times 10^{-19}$［C］とする。

東京消防庁Ⅰ類2016

1　$1.5 \times 10^{18}$

2　$2.5 \times 10^{18}$

3　$5.0 \times 10^{18}$

4　$2.5 \times 10^{19}$

5　$5.0 \times 10^{19}$

## 解説

正解 **5**

$I = \dfrac{q}{t}$ より、

$$4.0 = \frac{q}{2} \quad \Leftrightarrow \quad q = 8.0\,[\mathrm{C}]$$

である。

電子 1 個が $1.6 \times 10^{-19}\,[\mathrm{C}]$ の電気量を持つため、$8.0\,[\mathrm{C}]$ の電気量を持つ電子の個数を $n$ 個とすると、

$$1\,\text{個} : 1.6 \times 10^{-19}\,[\mathrm{C}] = n\,\text{個} : 8.0\,[\mathrm{C}]$$

$$1.6 \times 10^{-19} \times n = 1 \times 8.0$$

$$n = \frac{8.0}{1.6 \times 10^{-19}} = 5.0 \times 10^{19}\,[\text{個}]$$

**問題5** 次の図のような直流回路において、各抵抗の抵抗値は $R_1=30Ω$、$R_2=20Ω$、$R_3=20Ω$ で、$R_1$ に流れる電流が1.4Aであるとき、$R_3$ を流れる電流はどれか。ただし、電源の内部抵抗は考えないものとする。

特別区Ⅰ類2011

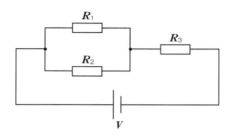

1. 3.1A
2. 3.2A
3. 3.3A
4. 3.4A
5. 3.5A

## 解説

正解 ⑤

以下に図示するように考える。

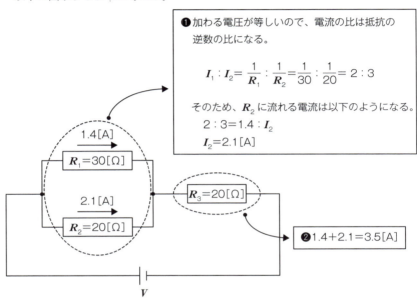

❶ 加わる電圧が等しいので、電流の比は抵抗の逆数の比になる。

$$I_1 : I_2 = \frac{1}{R_1} : \frac{1}{R_2} = \frac{1}{30} : \frac{1}{20} = 2 : 3$$

そのため、$R_2$ に流れる電流は以下のようになる。
$2 : 3 = 1.4 : I_2$
$I_2 = 2.1 [A]$

❷ $1.4 + 2.1 = 3.5 [A]$

[別 解]

$R_1$ のかかる電圧を $V_1$ とすると、$V = RI$ より、
$V_1 = 30 \times 1.4 = 42 [V]$

$R_1$ と $R_2$ は並列接続であるため、電位差(電圧)は等しい。$R_2$ の流れる電流を $I_2$ とすると、$V = RI$ より、
$42 = 20 \times I_2$
$I_2 = 2.1 [A]$

$R_3$ を流れる電流は $R_1$ を流れる電流と $R_2$ を流れる電流の和に等しいので、
$I = 1.4 + 2.1 = 3.5 [A]$

**問題6** 次の図のような直流回路において、抵抗$R_1$を流れる電流が60mAであるとき、抵抗$R_4$を流れる電流はどれか。ただし、電源の内部抵抗は考えないものとする。

特別区Ⅰ類2007

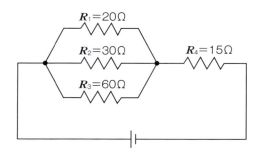

1. 60mA
2. 80mA
3. 100mA
4. 120mA
5. 140mA

## 解説

正解 ④

$R_1$に60 [mA] ＝0.06 [A] 流れているので、オームの法則より $R_1$の電圧は $V=$ $0.06 \times 20 = 1.2$ [V] となる。また、$R_1$と $R_2$と $R_3$は並列回路なので電圧は等しくなり、$R_1 = R_2 = R_3 = 1.2$ [V] となる。次に、$R_2$の電流をオームの法則を用いて求めると、$I_2 = \dfrac{1.2}{30} = 0.04$ [A] ＝40 [mA] となる。同様に $R_3$の電流もオームの法則を用いて求めると、$I_3 = \dfrac{1.2}{60} = 0.02$ [A] ＝20 [mA] となる。

以上より、各抵抗を流れる電流は、$I_1 = 60$ [mA]、$I_2 = 40$ [mA]、$I_3 = 20$ [mA] となり、これらの合計が $R_4$に流れる電流になるので、$I_4 = 60 + 40 + 20 = 120$ [mA] となる。

**問題7** 次の図のような直流回路において、抵抗$R_1$に流れる電流の大きさと向きの組合せとして、妥当なのはどれか。ただし、$R_1=40Ω$、$R_2=60Ω$、$R_3=10Ω$、$R_4=6Ω$、$E=100V$とする。

特別区Ⅰ類2009

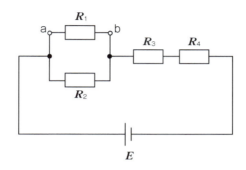

| | 電流 | 向き |
|---|---|---|
| ① | 1.0 A | a→$R_1$→b |
| ② | 1.0 A | b→$R_1$→a |
| ③ | 1.5 A | a→$R_1$→b |
| ④ | 1.5 A | b→$R_1$→a |
| ⑤ | 2.5 A | a→$R_1$→b |

# 解説

正解 ③

向きは正極（長いほう）から出て負極に入るので a → b である。

電流について、並列な $R_1$ と $R_2$ の合成抵抗（$R_{12}$ とおく）と $R_3$、$R_4$ に分けて考える。$\dfrac{1}{R_{12}} = \dfrac{1}{R_1} + \dfrac{1}{R_2}$ より、

$$\frac{1}{R_{12}} = \frac{1}{40} + \frac{1}{60} = \frac{5}{120}$$

よって、$R_{12} = 24$ ［Ω］となる。

直列である $R_{12}$、$R_3$、$R_4$ の合成抵抗（$R_{1234}$ とおく）は、$R_{1234} = 24 + 10 + 6 = 40$ ［Ω］である。回路全体に流れる電流 $I$ ［A］は、オームの法則より $I = \dfrac{100}{40} = 2.5$ ［A］である。

$R_1$ と $R_2$ 全体を通る電流も 2.5 ［A］なので、この部分にかかる電圧はオームの法則より $V = 2.5 \times 24 = 60$ ［V］である。$R_1$ と $R_2$ は並列であるので、両方ともかかる電圧は 60 ［V］で等しい。よって、抵抗 $R_1$ についてオームの法則より、$I = \dfrac{60}{40} = 1.5$ ［A］となる。

5　電気と磁気　339

**問題8** 次の図は、抵抗値の等しい4つの抵抗を接続したものである。A、B、Cの全体の抵抗（合成抵抗）の値を、それぞれ$R_A$、$R_B$、$R_C$としたとき、$R_A$、$R_B$、$R_C$を大きい順に並べたものとして、最も妥当なのはどれか。

東京消防庁Ⅰ類2010

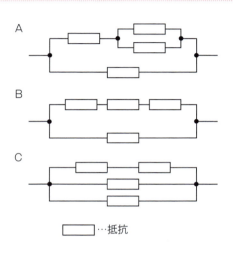

　　　□…抵抗

1. $R_A > R_B > R_C$
2. $R_A > R_C > R_B$
3. $R_B > R_A > R_C$
4. $R_B > R_C > R_A$
5. $R_C > R_A > R_B$

## 解説

正解 ❸

本問における抵抗値の大きさはすべて等しいので、抵抗値を1として計算する。

**❶ Aについて**

上側の抵抗は、左側の抵抗一つと右側の並列な抵抗二つが直列につながれて構成されているので、まずは右側にある二つの並列な抵抗の合成抵抗を求める。この部分の合成抵抗を $R$ とおくと、

$$\frac{1}{R} = \frac{1}{1} + \frac{1}{1} = 2$$

なので、逆数をとると $R = \frac{1}{2}$ とわかる。さらに、上側の抵抗は、左の抵抗と $R$ が直列な関係にあるので、

$$（上側の合成抵抗）= 1 + \frac{1}{2} = \frac{3}{2}$$

と求められる。

上側の合成抵抗と下側の抵抗はそれぞれ並列であるので、

$$\frac{1}{R_A} = \frac{1}{（上側の合成抵抗）} + \frac{1}{1} = \frac{2}{3} + \frac{1}{1}$$

が成り立ち、$\frac{1}{R_A} = \frac{5}{3}$ であることから、$R_A = \frac{3}{5}$（$=0.6$）とわかる。

**❷ Bについて**

上側の抵抗は三つの抵抗が直列であるので、

$$（上側の合成抵抗）= 1 + 1 + 1 = 3$$

である。上側の合成抵抗と下側の抵抗はそれぞれ並列であるので、

$$\frac{1}{R_B} = \frac{1}{（上側の合成抵抗）} + \frac{1}{1} = \frac{1}{3} + \frac{1}{1}$$

が成り立ち、$\frac{1}{R_B} = \frac{4}{3}$ であることから、$R_B = \frac{3}{4}$（$=0.75$）とわかる。

**❸ Cについて**

一番上側の抵抗は二つの抵抗が直列であるので、

5 電気と磁気 341

（一番上側の合成抵抗）＝1＋1＝2

である。一番上側の合成抵抗と真ん中の抵抗と下側の抵抗はそれぞれ並列な抵抗であるので、

$$\frac{1}{R_C} = \frac{1}{（一番上側の合成抵抗）} + \frac{1}{1} + \frac{1}{1} = \frac{1}{2} + \frac{1}{1} + \frac{1}{1}$$

が成り立ち、$\dfrac{1}{R_C} = \dfrac{5}{2}$ であることから、$R_C = \dfrac{2}{5}$（＝0.4）と求められる。

以上より、$R_B > R_A > R_C$ となる。

第2章
物理

5 電気と磁気 343

| | | 問題9 | 次の文は電池と抵抗から構成される回路に関する記述であるが、A、B、Cに当てはまるものの組合せとして最も妥当なのはどれか。ただし、電池の内部抵抗は無視できるものとする。 |

国家一般職2013

3.0Ωと6.0Ωの抵抗を並列に接続し、その両端を起電力が12.0Vの電池につないだ。このとき電池から流れる電流は、　**A**　である。よって、この回路の合成抵抗は　**B**　である。

次に、3.0Ωと6.0Ωの抵抗を並列に接続したものを二つ作り、これを直列に接続し、その両端を起電力が12.0Vの電池につないだときに、全ての抵抗によって消費される電力の和は、3.0Ωと6.0Ωの抵抗を並列に接続したものが一つのときの　**C**　倍である。

| | A | B | C |
|---|---|---|---|
| **1** | 3.0A | 2.0Ω | 0.25 |
| **2** | 3.0A | 4.5Ω | 0.50 |
| **3** | 6.0A | 2.0Ω | 0.25 |
| **4** | 6.0A | 2.0Ω | 0.50 |
| **5** | 6.0A | 4.5Ω | 0.25 |

## 解説

正解 ❹

以下に図示するように考える。

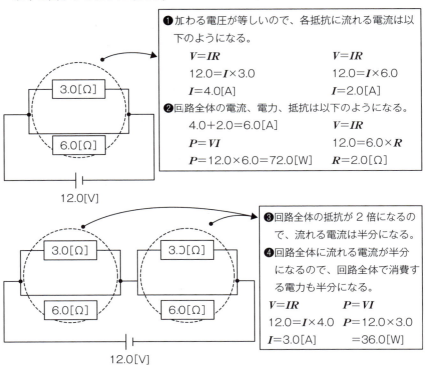

❶加わる電圧が等しいので、各抵抗に流れる電流は以下のようになる。
$V=IR$　　　　　　$V=IR$
$12.0=I×3.0$　　$12.0=I×6.0$
$I=4.0[A]$　　　　$I=2.0[A]$

❷回路全体の電流、電力、抵抗は以下のようになる。
$4.0+2.0=6.0[A]$　　$V=IR$
$P=VI$　　　　　　　$12.0=6.0×R$
$P=12.0×6.0=72.0[W]$　$R=2.0[Ω]$

❸回路全体の抵抗が2倍になるので、流れる電流は半分になる。

❹回路全体に流れる電流が半分になるので、回路全体で消費する電力も半分になる。
$V=IR$　　　　　　$P=VI$
$12.0=I×4.0$　　$P=12.0×3.0$
$I=3.0[A]$　　　　　$=36.0[W]$

よって、**A**：6.0A、**B**：2.0Ω、**C**：0.50となる。

**問題10** 次の文は、ジュールの法則に関する記述であるが、文中の空所A～Cに該当する語又は語句の組合せとして、妥当なのはどれか。

特別区Ⅰ類2010

導線上の2点間に発生する熱量は、 A と、2点間の B と、電流の流れた C との積に比例する。これを電流の熱作用に関するジュールの法則という。

|   | A | B | C |
|---|---|---|---|
| 1 | 電流 | 抵抗 | 距離 |
| 2 | 電流 | 抵抗 | 時間 |
| 3 | 電流 | 電圧 | 距離 |
| 4 | 電流の2乗 | 抵抗 | 時間 |
| 5 | 電流の2乗 | 電圧 | 距離 |

## 解説

正解 **4**

$R$[Ω] の抵抗に $V$[V] の電圧をかけて、$I$[A] の電流を $t$ 秒間流したとき、発生する熱量を $Q$[J] とすると、ジュールの法則より、

$$Q=VIt \quad \cdots\cdots①$$

と表すことができる。また、オームの法則より、

$$V=RI \quad \cdots\cdots②$$

と表すことができる。ここで、②を①に代入すると、

$$Q=RI^2t \quad \cdots\cdots③$$

となる。

よって、③より、発生する熱量は電流の 2 乗 (**A**) と 2 点間の抵抗 (**B**)、電流の流れた時間 (**C**) との積に比例するといえる。

5 電気と磁気 **347**

**問題11** 次の図Ⅰ、図Ⅱのように、100V用500Wの電熱線A、Bと100V用125Wの電熱線C、Dを100Vの電源に接続した。このとき、それぞれの電熱線の消費電力の大小を表すものとして、最も妥当なのはどれか。

東京消防庁Ⅰ類2008

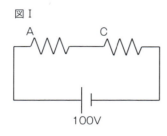
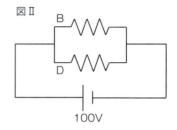

1. A＝B＞C＝D
2. A＝C＞B＝D
3. B＞A＞D＞C
4. B＞D＞A＞C
5. B＞D＞C＞A

## 解説

正解 ⑤

A、Bは100V用500Wなので、$P=\dfrac{V^2}{R}$ より、$500=\dfrac{100^2}{R}$ となり $R_A=R_B=$ 20 [Ω] となる。同様に、CとDも計算すると、$125=\dfrac{100^2}{R}$ となり $R_C=R_D=80$ [Ω] となる。

次に図Ⅰに流れる電流を求める。図Ⅰは直列回路なので、合成抵抗は100 [Ω] となる。また、回路に流れる電流はオームの法則より、$100=100×I$ より、1 [A] となる。よって、AおよびCに流れる電流は1 [A] となるので、オームの法則よりAにかかる電圧は20 [V]、Cにかかる電圧は80 [V] と決まる。さらに、Aの消費電力は $P=VI$ より、$20×1=20$ [W] となり、Cの消費電力は $80×1=80$ [W] となる。

図Ⅱは並列回路であるためBおよびDにかかる電圧はいずれも100 [V] となるので、Bは500 [W]、Dは125 [W] となる。以上より、それぞれの電熱線の消費電力はB＞D＞C＞Aと決まる。

5 電気と磁気　349

**問題12** 100Vの電圧をかけると500Wの電力を消費するニクロム線の抵抗の値として、正しいのはどれか。

警視庁Ⅰ類2015

1. $10\Omega$
2. $20\Omega$
3. $25\Omega$
4. $40\Omega$
5. $50\Omega$

## 解説

正解 **2**

　100 [V] の電圧をかけると500 [W] の電力を消費するニクロム線に、100 [V] の電力をかけたときに流れる電流を $I$ [A] とすると、$500＝100×I$ と表すことができ、$I＝5$ [A] となる。また、このニクロム線の抵抗を $R$ [Ω] とすると、オームの法則より、$100＝5×R$ となり、$R＝20$ [Ω] となる。

**問題13**　起電力が3.0V、内部抵抗が0.50Ωの電池に可変抵抗器を接続したところ、電流が1.2A流れた。このときの電池の端子電圧 $V$ [V]と可変抵抗器の抵抗値 $R$ [Ω]の組合せはどれか。

特別区Ⅰ類2020

| | $V$ | $R$ |
|---|---|---|
| 1 | 3.6V | 3.0Ω |
| 2 | 3.6V | 2.0Ω |
| 3 | 2.4V | 3.0Ω |
| 4 | 2.4V | 2.0Ω |
| 5 | 0.60V | 3.0Ω |

## 解説

正解 **4**

$V=E-rI$ より、

$V=3.0-0.50\times1.2$

$=2.4\,[\mathrm{V}]$

である。また、起電力2.4［V］に対して電流が1.2［A］流れているので、可変抵抗器の抵抗は2.4［V］÷1.2［A］＝2［Ω］となる。

5 電気と磁気 353

| **問題14** | 内部抵抗$r_a$［Ω］の電流計がある。今、この電流計の測定範囲を$n$倍に広げるとき、電流計と並列に接続する分流器の抵抗値$R_A$はどれか。 |

特別区Ⅰ類2013

1　$\dfrac{r_a}{n-1}$［Ω］

2　$\dfrac{n-1}{r_a}$［Ω］

3　$\dfrac{1-n}{r_a}$［Ω］

4　$(n-1)r_a$［Ω］

5　$(1-n)r_a$［Ω］

## 解説

正解 **1**

　$n$ 倍の電流を測るためには、電流計に流れる電流を $I$ [A] とすると、全体が $nI$ [A] となるので、分流器側に $(n-1)I$ [A] の電流が流れるような仕組みにすればよい。電流計内部は並列回路なので、両者の電圧が等しいから、オームの法則より $R_A \times (n-1)I = r_a \times I$ となり、これを解いて $R_A = \dfrac{r_a}{n-1}$ [Ω] となる。

| 問題15 | 内部抵抗$r_V$［Ω］の電圧計がある。今、この電圧計の測定範囲を$n$倍に広げるとき、電圧計と直列に接続する倍率器の抵抗$R_V$［Ω］はどれか。 |

特別区Ⅰ類2017

**1** $(n+1)r_V$［Ω］

**2** $(1-n)r_V$［Ω］

**3** $(n-1)r_V$［Ω］

**4** $(n+1)r_V{}^2$［Ω］

**5** $(n-1)r_V{}^2$［Ω］

## 解説

正解 ③

　$n$ 倍の電圧を測るためには、電圧計にかかる電圧を $V$ [V] とすると、全体が $nV$ [V] となるので、倍率器側に $(n-1)V$ [V] の電圧がかかる仕組みにすればよい（直列回路においては、電圧と抵抗は同じ比になる）。

　倍率器を付けた電圧計内部は直列回路なので、両者の電流が等しいから、オームの法則より、$\dfrac{(n-1)V}{R_V} = \dfrac{V}{r_V}$ となり、これを解いて $R_V = (n-1)r_V$ [Ω] となる。

**問題16** 磁界に関する記述として、妥当なのはどれか。

東京都Ⅰ類2015

**1** 空間の各点の磁界の向きを連ねた線を磁力線といい、磁石の周りでは、S極から出てN極に入る。

**2** コイルに電流を流した際、コイルの中心の磁界の向きは、左手の親指を立て、電流の向きに、残りの指でコイルを握った時の親指の向きである。

**3** コイルを貫く磁界の強さが変化するとき、コイルに電圧が生じ電流が流れる現象を、超伝導という。

**4** 磁力線の間隔が狭い場所では磁界が弱く、磁力線の間隔が広い場所では磁界が強い。

**5** 直線の導線に電流を流すと、導線に垂直な平面内で電流を中心に同心円状の磁界ができる。

## 解説

正解 **5**

**1** ✕　磁力線の向きは、磁石の周りではＮ極から出てＳ極に入る。

**2** ✕　コイルに電流を流した際、コイルの中心の磁界の向きは、右手の親指を立て、電流の向きに、残りの指でコイルを握ったときの親指の向きである。

**3** ✕　コイルを貫く磁界の強さが変化するとき、コイルに電圧が生じ電流が流れる現象を、電磁誘導という。

**4** ✕　磁力線の間隔が狭い場所では磁界が強く、磁力線の間隔が広い場所では磁界が弱い。

**5** ◯　正しい記述である。

**問題17** 次の記述の ア から エ に当てはまる語句の組合せとして、最も妥当なのはどれか。

東京消防庁Ⅰ類2013

下の図のように、2つの磁石の間にコイル ABCD を置いた直流モーターがある。この2つの磁石の間の磁場の向きは ア の向きである。いま、コイル ABCD に電流を ABCD の向きに流すと、フレミングの左手の法則のとおり、コイルの辺 AB は磁場から、 イ 向きの力を受け、コイルの辺 CD は磁場から ウ 向きの力を受けるので、コイルは回転を始める。このとき整流子はコイルとともに回転するが、ブラシは固定されている。そしてコイルが半回転するごとに、整流子によってコイルの辺 AB に流れる電流の向きが エ ので、コイルは同じ向きに回転し続ける。

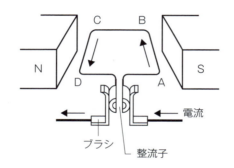

| | ア | イ | ウ | エ |
|---|---|---|---|---|
| ① | N→S | 上 | 下 | 維持される |
| ② | N→S | 下 | 上 | 反転する |
| ③ | N→S | 上 | 下 | 反転する |
| ④ | S→N | 下 | 上 | 反転する |
| ⑤ | S→N | 上 | 下 | 維持される |

## 解説

正解 **2**

　磁界（磁場）の向きはN→S（**ア**）なので右向き、ABでは電流の向きは奥なので、フレミング左手の法則に当てはめると、電流が受ける力の向きは下（**イ**）向きになる。これに対して、CDでは電流の向きは手前なので、電流が受ける力の向きは上（**ウ**）向きになる。

　整流子とブラシがあることによって、コイルは半回転ごとに電流の向きが反転する（**エ**）構造になっており、これによって同じ向きに回転し続ける。

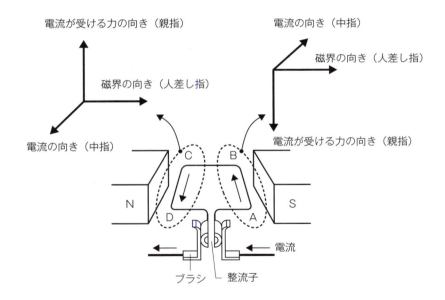

| 問題18 | 200回巻きのコイルを貫く磁束が、0.75秒間に1.8× $10^{-3}$ Wbだけ変化したとき、コイルの両端に生じる誘導起電力の大きさはどれか。 |

特別区Ⅰ類2019

① 0.15V

② 0.27V

③ 0.36V

④ 0.48V

⑤ 0.54V

# 解説

正解 **4**

　コイルの両端に生じる誘導起電力は、ファラデーの電磁誘導の法則により、次のように表される。

$$V = -N\frac{\Delta\phi}{\Delta t}$$

ここで、$N$ はコイルの巻き数、$\Delta\phi$ は磁束の増分、$\Delta t$ は時間変化である。なお、マイナスは、磁束の変化を打ち消す向きに誘導起電力が発生するという意味である。

　これより、誘導起電力の大きさは、逆向きなのでマイナスを打ち消して、次のように計算できる。

$$200\times\frac{1.8\times 10^{-3}}{0.75}=\frac{0.36}{0.75}=\frac{36}{75}=\frac{12}{25}=0.48\,[\mathrm{V}]$$

**問題19** 下図のア、イ、ウのように、棒磁石をコイルに対して点線の位置まで移動させるとき、コイルに流れる電流の向きの組合せとして、妥当なのはどれか。ただし、棒磁石のNはN極を、SはS極を表し、a及びbの矢印は流れる電流の向きを示す。

東京都Ⅰ類2009

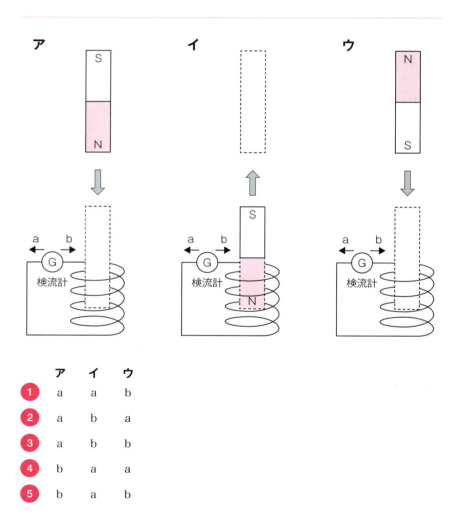

|   | ア | イ | ウ |
|---|---|---|---|
| 1 | a | a | b |
| 2 | a | b | a |
| 3 | a | b | b |
| 4 | b | a | a |
| 5 | b | a | b |

# 解説

正解 **3**

コイル内の磁界が変化するときは、反対向きの磁界を作る向きに誘導電流が流れる。

**ア**：a

N極を近づけているのでコイルの上から下向きに貫く磁力線が増加し、電磁誘導によってコイルの下から上向きの磁界が発生し、誘導電流はaの向きに流れる。

**イ**：b

N極を遠ざけているので、コイルの上から下向きに貫く磁力線が減少し、電磁誘導によってコイルの上から下向きの磁界が発生し、誘導電流はbの向きに流れる。

**ウ**：b

S極を近づけているので、コイルの下から上向きに貫く磁力線が増加し、電磁誘導によってコイルの上から下向きの磁界が発生し、誘導電流はbの向きに流れる。

5　電気と磁気　365

**問題20** 次は、磁気に関する記述であるが、A～Dに当てはまるものの組合せとして最も妥当なのはどれか。

国家一般職2017

磁極にはN極とS極があり、同種の極の間には斥力、異種の極の間には引力が働き、磁気力が及ぶ空間には磁場が生じる。磁場の向きに沿って引いた線である磁力線は、　A　極から出て　B　極に入る。

また、電流は周囲に磁場を作り、十分に長い導線を流れる直線電流が作る磁場の向きは、右ねじの進む向きを電流の向きに合わせたときの右ねじの回る向きになる。

以上の性質及びレンツの法則を用いて、次の現象を考えることができる。

図Ⅰのように、水平面にコイルを置き、コイルに対して垂直に上方向から棒磁石のN極を近づけた。このときコイルには　C　の向きに電流が流れる。これは、コイルを貫く磁束の変化を妨げる向きの磁場を作るような電流が流れるためである。また、図Ⅱのように、図Ⅰと同じコイルに対して垂直に上方向へ棒磁石のS極を遠ざけたときは、　D　の向きに電流が流れる。

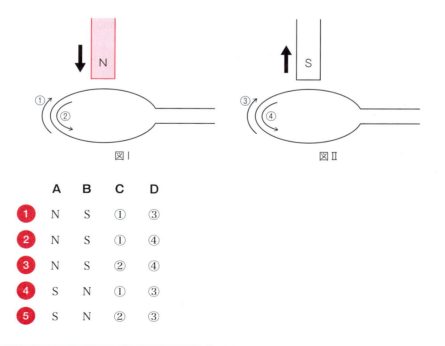

|   | A | B | C | D |
|---|---|---|---|---|
| 1 | N | S | ① | ③ |
| 2 | N | S | ① | ④ |
| 3 | N | S | ② | ④ |
| 4 | S | N | ① | ③ |
| 5 | S | N | ② | ③ |

# 解説

正解 **3**

　磁石から出る磁力線は、N（**A**）極から出て S（**B**）極に入る。

　コイルに上方向から下向きに N 極を近づけると、コイルの内部には下向きの磁束が増加する。これに対して、コイルには誘導起電力が生じて上向きの磁場を作ることにより、下向きの磁束の増加を妨げようとする。生じる電流および磁場の方向は右ねじの法則により決まり、電流は②（**C**）の方向に流れる。

　コイルに上方向で上向きに S 極を遠ざけると、コイルの内部では上向きの磁束が減少する。これに対して、コイルには誘導起電力が生じて上向きの磁場を作ることにより、上向きの磁束の減少を妨げようとする。生じる電流および磁場の方向は右ねじの法則により決まり、電流は④（**D**）の方向に流れる。

★★☆

# 6 原 子

物質を決める最小の粒子である原子（最小の粒はさらに細かい素粒子）。その性質の多くは化学で扱われますが、ここでは特に物理学として扱うものに絞って見ていきます。

## 1 原子の構造

物質を構成する**原子**は、中心に**原子核**と、その周りを取り巻く負の電気を持つ**電子**から構成され、原子核は正の電気を持つ**陽子**と電気を持たない**中性子**からなる。原子核を構成する**陽子と中性子**を(物理では特に)**核子**という。陽子と中性子は**核力**という強い力で結合している。

電子はマイナスの電荷を持つ。陽子の数と電子の数は等しいため、全体として電気的に中性になっている。**原子核に含まれる陽子の数を原子番号**といい、**陽子の数と中性子の数の和を質量数**という。電子1個の持つ電気量を**電気素量**($e = -1.6 \times 10^{-19}[C]$)といい、電気量の最小単位である。

## 2 放射線と原子核の崩壊

### 1 放射線

ウランやラジウムのような原子核は不安定であり、自然に**放射線**を出してほかの原子核に変わる。これを原子核の**放射性崩壊**という。

このように、自然に放射線を出す性質を**放射能**といい、放射能を持つ原子核を**放射性原子核**という。天然の放射性原子核から放出される放射線には$\alpha$線、$\beta$線、$\gamma$線の三つがある。放射線によって物質を透過する能力である**透過力**、原子をイオン化する**電離作用**などが異なる。

368　第2章　物　理

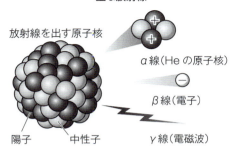

主な放射線

### ① α線

α粒子と呼ばれる**ヘリウム原子核**の流れであり、正（$+2e$）の電荷を持つ。透過力は最も弱いが、電離作用は最も強い。

α線を放出する放射性崩壊を**α崩壊**という。α崩壊後は原子核の質量数は4減り、原子番号は2減る。

### ② β線

高速で運動する**電子**の流れであり、負（$-e$）の電荷を持つ。透過力はα線よりは強いが、電離作用はα線より弱い。

β線を放出する放射性崩壊を**β崩壊**という。なお、このβ線は原子核から放出される電子であって、原子核の周りに存在する電子ではない。β崩壊によって、原子核を構成する中性子は、陽子と電子と反電子ニュートリノに崩壊する。このため、β崩壊では、原子核の質量数は変わらないが、原子番号は1だけ増す。

### ③ γ線

波長が非常に短い**電磁波**である。電荷を持たないので、磁界中で曲がらない。透過力は最も強いが、電離作用は最も弱い。

γ線を放出する反応を**γ崩壊**という。γ崩壊では原子番号も質量数も変わらない。

| 種類 | 実体 | 電荷 | 透過力 | 崩壊後の質量数 | 崩壊後の原子番号 |
|---|---|---|---|---|---|
| α線 | ヘリウムHeの原子核 | +2 | 弱 | −4 | −2 |
| β線 | 電子$e^-$ | −1 | 中 | 0 | +1 |
| γ線 | 電磁波 | なし | 強 | 0 | 0 |

## 2 放射線に関する単位

放射能や放射線の強さを表すときに、以下のような単位が用いられる。

**放射線に関する単位**

| 用　語 | 単位記号 | 意　味 |
|---|---|---|
| 放射能 | Bq（ベクレル） | 1秒間に崩壊する原子核の数を表すもので、放射線を出す側に着目した数値である。放射能の強さを表す単位として使用される。 |
| 吸収線量 | Gy（グレイ） | 放射線を受けた物質が単位質量（1kg）当たりに吸収する放射線のエネルギー量を表す数値である。 |
| 等価線量（線量当量） | Sv（シーベルト） | 放射線が人体の各臓器・組織にどれだけの影響を与えるかを表すもので、放射線を受ける側に着目した数値である。被ばくの指標として使用される。 |
| 実効線量 | Sv | 人体の各臓器・組織が受けた等価線量から計算された数値を足し合わせた数値である。全身にどれだけの影響があるのかの指標として使用される。 |

## 3 半減期

放射性原子核は、放射線を出してほかの原子核に変わる。それに伴って、放射性原子核の数は時間とともにだんだん少なくなっていく。残っている放射性原子核の数が、もとの半分になる時間を、放射性原子核の**半減期**という。

半減期は、原子核の種類によって決まっており、同じ元素でも、同位体によって半減期は異なる。なお、このような放射線を出す同位体を放射性同位体という。

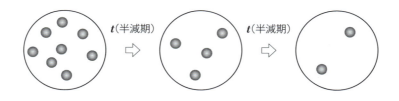

時間 $t$ だけ経過したときに崩壊せずに残っている原子核の数 $N$ は、はじめの原子核の数を $N_0$、半減期を $T$ とすると次のように表すことができる。

$$N = N_0 \times \left(\frac{1}{2}\right)^{\frac{T}{t}}$$

第2章 物理

6 原子 371

## 過去問 Exercise

### 問題1

放射線に関する記述として、妥当なのはどれか。

東京都Ⅰ類2019

**1** 放射性崩壊をする原子核を放射性原子核といい、放射性崩壊によって放出される放射線にはα線、β線及びγ線などがある。

**2** α線は非常に波長の短い電磁波で、磁場内で力を受けず直進し、厚さ数cmの鉛板でなければ、これをさえぎることはできない。

**3** β線の放出は、原子核から陽子2個と中性子2個が${}_{2}^{4}\text{He}$となって出ていく現象で、原子核は質量数が4、原子番号が2だけ小さい原子核に変わる。

**4** 半減期とは、放射性元素が崩壊して原子核が消滅し、もとの放射性元素の半分の質量になるまでにかかる時間をいう。

**5** 物質に吸収されるときに放射線が物質に与えるエネルギーを吸収線量といい、シーベルト(記号Sv)という単位が用いられる。

## 解説

正解 **1**

**1** ◯ 　正しい記述である。

**2** ✕ 　これは γ 線についての説明である。

**3** ✕ 　これは α 線についての説明である。なお、厳密にいうと α 粒子はヘリウムの原子核である。

**4** ✕ 　半減期とは、もとの原子（放射性物質）が別の種類の原子核に変わり、半分になるまでの期間である。原子核が消滅するわけではない。

**5** ✕ 　これはグレイ（記号Gy）の説明である。シーベルトは人体が受ける影響の大きさを表す単位である。ほかに、放射能の強さを表すベクレル（記号Bq）という単位もある。

6　原子　373

**問題2** 放射線に関する記述として、妥当なのはどれか。

東京都Ⅰ類2013

**1** 放射性元素が崩壊する際に放出する放射線には、α線、β線およびγ線とよばれる3種類がある。

**2** α線の実体は、波長が非常に短い電磁波であり、電気的に中性で、物質を透過する作用は最も強く、厚さ数cmくらいの金属板も通り抜ける。

**3** β線の実体は、ヘリウム原子核であり、正の電荷を持ち、物質を透過する作用は最も弱く、空気中では数cmで止まる。

**4** 半減期とは、放射性元素が崩壊して原子核が消滅し、もとの放射性元素の質量の半分になるまでにかかる時間をいう。

**5** 放射能の強さは、単位時間に崩壊する原子核の個数で表し、1秒間に1個の原子核が崩壊する放射能の強さを1シーベルト（記号Sv）という。

## 解説

正解 **1**

**1** ◯　正しい記述である。

**2** ✕　α線は粒子線であり、透過力は非常に弱い。

**3** ✕　この記述はβ線ではなく、α線に関する記述である。なお、β線の実体は電子である。

**4** ✕　半減期とは、ある放射性元素の半分が崩壊により別の核種になるまでにかかる時間のことを指す。原子が半分になるということは、質量ではなく個数[mol]が半分になるということである。

**5** ✕　放射能の強さを表す単位は[Sv]（シーベルト）ではなく[Bq]（ベクレル）である。なお、シーベルトとは人体や臓器・組織がどの程度放射線の影響を受けたのかを表す指標である。

6　原子　375

**問題3** ある鉱物に含まれる放射性同位体Aの原子核の数を測定したところ51,200個あった。80日後に再び測定したところ、その数は200個になっていた。この放射性同位体Aの半減期はいくらか。

国家一般職2001

1　5日

2　8日

3　10日

4　16日

5　20日

| | |
|---|---|
| | **解説** |

正解 ❸

51,200個が200個になったので、$N = N_0 \times \left(\dfrac{1}{2}\right)^{\frac{t}{T}}$ より、

$$200 = 51{,}200 \times \left(\frac{1}{2}\right)^{\frac{80}{T}}$$

$$\frac{1}{256} = \left(\frac{1}{2}\right)^{\frac{80}{T}}$$

$$\left(\frac{1}{256}\right)^{T} = \left(\frac{1}{2}\right)^{80}$$

$$= \left[\left(\frac{1}{2}\right)^{8}\right]^{10}$$

$$= \left(\frac{1}{256}\right)^{10}$$

$$T = 10 \ [日]$$

[別　解]

　地道に計算する方法もある。51,200→25,600→12,800→6,400→3,200→1,600→800→400→200と8回半減期が到来していることがわかるので、80÷8＝10で10日が半減期である。

6　原　子　377

**問題4** 原子核や放射線に関する記述として最も妥当なのはどれか。

国家一般職2018

**1** 原子核は、原子番号と等しい個数で正の電荷を持つ陽子と、陽子と等しい個数で電荷を持たない中性子から成っている。陽子と中性子の個数の和が等しい原子核を持つ原子どうしを同位体といい、物理的性質は大きく異なっている。

**2** 放射性崩壊とは、放射性原子核が放射線を放出して他の原子核に変わる現象をいう。放射性崩壊によって、元の放射性原子核の数が半分になるまでの時間を半減期といい、半減期は放射性原子核の種類によって決まっている。

**3** 放射性物質が放出する放射線のうち、α線は陽子1個と中性子1個から成る水素原子核の流れであり、β線は波長の短い電磁波である。α線は、β線と比べてエネルギーが高く、物質に対する透過力も強い。

**4** 核分裂反応では、1個の原子核が質量数半分の原子核2個に分裂する。太陽の中心部では、ヘリウム原子核1個が水素原子核2個に分裂する核分裂反応が行われ、莫大なエネルギーが放出されている。

**5** X線は放射線の一種であり、エネルギーの高い電子の流れである。赤外線よりも波長が長く、γ線よりも透過力が強いため、物質の内部を調べることができ、医療診断や機械内部の検査などに用いられている。

## 解説

正解 ❷

❶ ✗　陽子の数は原子番号と等しいが、中性子の個数は必ずしも陽子の個数と等しくはない。また、同位体とは、陽子数は等しいが中性子の個数が異なる原子どうしのことである。

❷ ◯　放射性崩壊および半減期に関する正しい記述である。

❸ ✗　$\alpha$線は陽子2個と中性子2個からなるヘリウム原子核の流れであり、$\beta$線は電子の流れである。エネルギーおよび透過力は$\alpha$線よりも$\beta$線のほうが強い。

❹ ✗　核分裂反応とは、不安定核が分裂してより軽い元素を二つ以上作る反応のことを指す。また、太陽の中心部では水素原子核からヘリウム原子核が生じる核融合反応が行われ、莫大なエネルギーが産生されている。

❺ ✗　X線は放射線の一種であり、エネルギーの高い電磁波である。X線は紫外線よりも短いので、当然赤外線よりも波長が短く、$\gamma$線よりも透過力が弱い。

# 第3章

## 化　学

　化学とは、物質の性質を探求する分野です。物質の基本要素は原子であり、原子は電子と原子核から構成されています。物質の性質で重要なはたらきをするのは電子です。原子の性質、化学反応、化合物などの重要事項について学習していきます。

★★★

# 1 物質の構成

地球上のあらゆる物質はすべて原子という粒子から構成されています。これらの構造や分類、さらには結合について見ていきましょう。

## ① 物質の構成

### 1 元素、原子、分子

**① 元　素**

　物質を構成する基本的な成分を**元素**という。100種類以上の元素が存在し、**元素記号**を用いて表す。性質ごとに**周期表**にまとめられている。

　**例**　水素H、ヘリウムHe、炭素C、窒素N、酸素O、ネオンNe、ナトリウムNa、塩素Cl、金Auなど

**② 原　子**

　物質を構成する基本的な粒子を**原子**という。原子がそのままの状態で物質を作っていることはほとんどなく、結合していることが多い。

**③ 分　子**

　いくつかの原子が結合して作られた粒子を**分子**という。物質の化学的性質を決める最小の単位である。

　**例**　水$H_2O$、二酸化炭素$CO_2$など

### 2 物質の分類

　物質は、1種類の物質のみで構成される純物質と、2種類以上の物質で構成される混合物に分けられる。

382　第3章　化　学

```
物質 ─┬─ 純物質 ─┬─ 単体 … 1種類の元素から構成される物質
      │          │    例  水素H₂、酸素O₂、炭素C、硫黄S、鉄Feなど
      │          │
      │          └─ 化合物 … 2種類以上の元素からなる物質
      │               例  水H₂O、二酸化炭素CO₂、塩化ナトリウムNaCl、
      │                   ショ糖C₁₂H₂₂O₁₁など
      │
      └─ 混合物 … 2種類以上の純物質が混合しているもの
           例  空気、海水、石油、アンモニア水、砂糖水、塩酸[1]
               (H₂O＋HCl)など
```

純物質はすべて一つの化学式で表現できるが、混合物は純物質が複数混ぜられているので一つの化学式では表現できない。

## 3 物質の状態変化

　純物質は、それぞれ物質ごとに一定の値の融点や沸点、密度などを持っている。この融点や沸点を超えて物質の状態が変化することを**状態変化**という。

　気体が液体に変化することを**凝縮**といい、液体が気体に変化することを**蒸発**という。

　液体が固体に変化することを**凝固**といい、固体が液体に変化することを**融解**という。

　気体が固体に変化すること、固体が気体に変化することを**昇華**という。

　気体、液体、固体という物質の三つの状態を**物質の三態**という。

## 4 物質の分離・精製法

　混合物にさまざまな操作を加えることによって、その中に混ざっている純物質を別々に取り出すことができる。これを**分離**といい、より純粋な物質を得る操作を**精製**という。

　混合物の分離は一般に、各純物質の沸点や融点、水への溶解度の違いなどを用いて行われる。

---

[1] 塩化水素HClという気体を水に溶かしたものが塩酸で、便宜上同じくHClと表記している。

## ① ろ 過

固体と液体の混合物から、ろ紙を用いて物質を分離する操作を**ろ過**という。

## ② 再結晶

少量の不純物を含む物質を溶媒(主に水)に溶かし、温度などによる溶解度の違いを利用して純物質のみを結晶として析出させる操作を**再結晶**という。

硝酸カリウムに硫酸銅(Ⅱ)五水和物が含まれているとき、これらを温水に溶かして冷却すると、硝酸カリウムのみが先に結晶として析出する。

## ③ 蒸留と分留

固体が溶けた溶液や、液体どうしの混合物を加熱沸騰させ、その蒸気を冷却して沸点の低い成分を分離する方法を**蒸留**という。特に沸点の異なる2種類以上の液体を含む混合物の蒸留を**分留**(分別蒸留)という。

蒸留は食塩水やアルコール、分留は原油や液体空気(窒素や酸素に分ける)などを分離するときに用いられる。

## ④ 抽 出

溶解度の差を利用して、混合物から特定の物質のみを溶かし出す操作を**抽出**という。

ヨウ素とヨウ化カリウムの分離にヘキサンを用いる(ヨウ素のみがヘキサンに溶ける)などがある。

## ⑤ 昇華法

固体混合物の中に昇華性のある物質が含まれるとき、加熱や減圧などによってその物質のみを気体にし、再び固体に戻すことで分離することができる。これを**昇華法**という。ヨウ素などの分離に用いられる。

## ⑥ クロマトグラフィー

種々の成分を含む混合物を、適当な溶媒とともにろ紙などの中を移動させると、各成分が少しずつ分離していく。これはろ紙などに吸着する力が成分によって異なることで、移動速度に違いが生じるためである。

このような現象を利用して、物質を分離する操作を**クロマトグラフィー**という。

## 5 化学式

### ① 化学式

物質を元素の組成がわかるように表現したものを化学式といい、さまざまな形式が存在する。表にあるように、同じ物質が式の形式によって異なる表現になりうることがわかる。

#### 主な化学式

| 種　類 | 説　明 | 具体例 |
|---|---|---|
| 分子式 | 分子に含まれる元素の種類と数を表した式 | 酢酸$C_2H_4O_2$ |
| 組成式<br>（そせい） | 分子を構成する原子数を最も簡単な整数比で表した式 | 酢酸$CH_2O$ |
| 構造式 | 元素とその結合を価標という線でつないで表した式 | 酢酸　$H-\overset{\displaystyle H}{\underset{\displaystyle H}{C}}-\overset{\displaystyle }{\underset{\displaystyle O}{C}}-O-H$ |
| 示性式<br>（しせい） | 有機化合物に含まれる官能基部分を明示した式 | 酢酸$CH_3COOH$ |
| イオン式 | イオンを表す化学式 | 酢酸イオン$CH_3COO^-$ |

### ② 暗記必須の化学式

以下に化学の学習を円滑に進めていくために必要な記憶事項を示す。下記のものが公務員試験で出題される化学式の多くを占めるので、まずは基本的な知識として押さえておこう（大半は中学学習内容である）。

#### 暗記必須の化学式

| | | | | | |
|---|---|---|---|---|---|
| $H_2$ | ：水素 | $O_2$ | ：酸素 | $O_3$ | ：オゾン |
| $N_2$ | ：窒素 | $F_2$ | ：フッ素 | $Cl_2$ | ：塩素 |
| $H_2O$ | ：水 | $CO$ | ：一酸化炭素 | $CO_2$ | ：二酸化炭素 |
| $NO$ | ：一酸化窒素 | $NO_2$ | ：二酸化窒素 | | |
| $NaCl$ | ：塩化ナトリウム | $NaOH$ | ：水酸化ナトリウム | | |
| $NaHCO_3$ | ：炭酸水素ナトリウム | $Na_2CO_3$ | ：炭酸ナトリウム | | |
| $KOH$ | ：水酸化カリウム | $Ca(OH)_2$ | ：水酸化カルシウム | $BaSO_4$ | ：硫酸バリウム |
| $HCl$ | ：塩化水素 | $H_2SO_4$ | ：硫酸 | $HNO_3$ | ：硝酸 |
| $CH_3COOH$ | ：酢酸 | $NH_3$ | ：アンモニア | | |
| $CH_4$ | ：メタン | $C_2H_6$ | ：エタン | $C_3H_8$ | ：プロパン |
| $CH_3OH$ | ：メタノール | $C_2H_5OH$ | ：エタノール | | |

1　物質の構成　385

## 2 原子の構成

### 1 原子の構造

#### ① 原子の構造

原子の中心に**原子核**、その周囲に**電子**があり、原子核と電子の間には静電気的な引力がはたらいている。原子核は**陽子**と**中性子**から構成されている。

原子の大きさは約$10^{-10}$mであり、原子核の大きさは$10^{-14} \sim 10^{-15}$mと非常に小さい。また、**原子中の陽子の数と電子の数は等しい。**

原子の構造

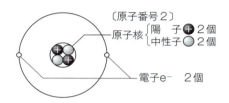

#### ② 粒子の電荷と質量

陽子は**正の電荷**を帯びており、中性子は**電荷を帯びていない**ため、原子核は全体として正の電荷を帯びている。一方、電子は**負の電荷**を帯びており、陽子1個が持つ電荷と電子1個が持つ電荷は符号が逆でその大きさが等しいため、**原子全体では電気的に中性**となる。

また、陽子と中性子の質量はほぼ等しく、電子は陽子や中性子の1,840分の1の質量しかないため、電子の質量としては無視できる。このため、原子の質量は原子核の質量に等しいとみなすことができ、この**陽子と中性子の合計**を**質量数**という。

原子の構成要素

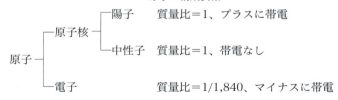

質量数も含めた表記方法は、例えば、原子番号2で質量数4であるヘリウムは以下のように表される。

**元素記号と陽子・中性子の表し方**

$$_2^4\text{He}$$

質量数＝陽子の数＋中性子の数
元素記号
原子番号＝陽子の数

### ③ 原子番号

原子核中の陽子の数は元素によってすべて異なり、この陽子の数を**原子番号**という。

## 2 同位体（アイソトープ）

陽子数が同じである同一の元素にもかかわらず、質量数の異なる原子どうしを**同位体**（アイソトープ）という。同位体は、**陽子数が等しく中性子数の異なる原子**である。また、**化学的性質はほぼ同じである**。

**例** 水素 $_1^1\text{H}$、重水素 $_1^2\text{H}$、三重水素（トリチウム） $_1^3\text{H}$

自然に存在するほとんど（99.9885％）の水素は $_1^1\text{H}$ であり、同位体はごく微量である。また、トリチウム $_1^3\text{H}$ は**放射性同位体**[2]（ラジオアイソトープ）といい、放射線を出す性質を持つ。この微量放射線は生物学実験のDNA量の測定に用いられている。

## 3 同素体

同じ元素からなる単体であるが、結合の仕方により互いに性質の異なるものを**同素体**という。同素体を持つ元素として硫黄S、炭素C、酸素O、リンPの四つ（SCOP）が重要である。なお、同素体どうしは相互に変化が可能である。酸素 $O_2$ とオゾン $O_3$ のような物質どうしを「互いに同素体である」という。

---

[2] 同位体には安定したものと不安定なものが存在し、不安定なものは時間とともに崩壊してほかの原子に変化していくが、このときに放射線を出すものを放射性同位体（ラジオアイソトープ）という。原子番号83（ビスマス）以上の元素は、放射性同位体しか存在しないことから、放射性元素と呼ばれている。放射性同位体は一定の割合で減少していくので、半分の数に減少するまでの期間が決まっている。この期間を半減期といい、化石の年代測定などに用いられている。これ以外にも、癌の治療などに用いられることもある。

1 物質の構成 **387**

① 硫黄 S

単斜硫黄、斜方硫黄、ゴム状硫黄などが硫黄の同素体である。

単斜硫黄　　　　　斜方硫黄　　　　ゴム状硫黄
（黄色）　　　　　（黄色）　　　　　（暗褐色）

② 炭素 C

ダイヤモンド、黒鉛、フラーレン、カーボンナノチューブなどが炭素の同素体である。

ダイヤモンド　　　　黒鉛　　　　　フラーレン

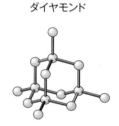  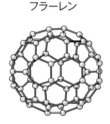

③ 酸素 O

酸素$O_2$、オゾン$O_3$などが酸素の同素体である。

④ リン P

赤リン、白リンなどがリンの同素体である。
白リン[3]は常温の空気中でも酸化され青白い炎を上げるので、水中に保存する。

---

**3** 黄リンは同素体とされていたが、実際は不純物を含む白リンである（本試験の出題では黄リンは同素体として扱われているので、その際には注意すること）。

## 3 電子配置

### 1 電子殻と電子配置

電子は、原子核を中心に決まった軌道上に存在しており、この軌道を**電子殻**という。電子殻は内側からK殻(n=1)、L殻(n=2)、M殻(n=3)、N殻(n=4) …と名前が付けられており、その中に入ることができる電子の最大数は、$2n^2$で求めることができる。そのため、K殻には2個($2×1^2$)、L殻には8個($2×2^2$)、M殻には18個($2×3^2$)、N殻には32個($2×4^2$) …の電子が入ることができる。

内側の電子殻にある電子ほど原子核に強く引き付けられ、エネルギーの低い安定した状態となる。このため、電子は最も内側にあるK殻から順に外側の電子殻へと配置される。

このような電子の入り方を**電子配置**といい、水素HからアルゴンArまでは、この原則に従って配置される。

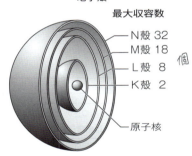

電子殻

最大収容数
- N殻 32
- M殻 18
- L殻 8
- K殻 2
- 原子核

電子殻と最大収容数

| 電子殻名 | K殻 | L殻 | M殻 | N殻 |
|---|---|---|---|---|
| 最大収容数 | $2×1^2=2$ | $2×2^2=8$ | $2×3^2=18$ | $2×4^2=32$ |

## 2 最外殻電子と安定

最も外側の電子殻にある電子のことを**最外殻電子**(≒**価電子**[4])といい、最外殻電子の数が同じ元素は性質が似ている。また、貴ガス(He、Ne、Arなど)のように電子殻に入ることができる電子の数と実際に入っている電子の数が等しい(または8個の)状態を**閉殻**といい、電子配置が最も安定している状態[5]である。L殻の最大収容数は8個、M殻は18個だが、8個でひとまず閉殻となる。

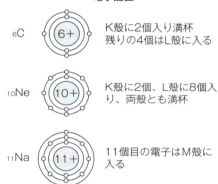

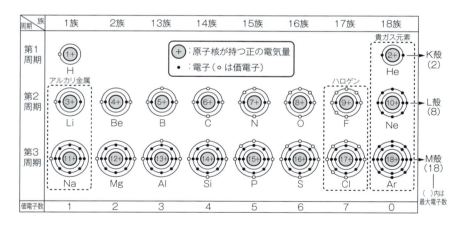

---

4 結合などに関わる最外殻電子を特に価電子という。貴ガスは安定性の高い原子の集まりであるため、価電子は0としている。

5 ここでの安定とは「化学反応を起こしにくい状態」のことをいう。

# 4 イオン

## 1 イオン

　原子は、電子を受け取ったり、放出したりすることで＋や－の電荷を持つことがあるが、このような**電荷を持っている粒子**を**イオン**という。水などに溶かしたとき、イオンに分かれる物質を**電解質**といい、イオンに分かれることを**電離**という。電解質に対して、イオンに分かれない物質を**非電解質**という。

　　**例**　電　解　質：塩化ナトリウム、塩化水素、水酸化ナトリウムなど
　　　　　非電解質：グルコース、ショ糖、エタノールなど

　また、イオンには陽イオンと陰イオンがある。

　　**陽イオン**：原子が電子（－の電荷）を放出することで、＋の電荷を帯びたイオン
　　**陰イオン**：原子が電子（－の電荷）を受け取ることで、－の電荷を帯びたイオン

　原子が電離して**電荷を帯びたイオンになること**を**帯電**という。電子の電気的な性質を理解するために、帯電のメカニズムを理解しよう。

---

### 帯　電

❶　電気的に中性の状態　　：陽子の数＝電子の数
❷　電気的にプラスの状態　：陽子の数＞電子の数
❸　電気的にマイナスの状態：陽子の数＜電子の数

---

## 2 イオンの構造

　原子は、K殻以外は**最外殻電子が8個の場合が最も安定**した（化学反応を起こしにくい）状態なので、そのように変化しようとする。これをオクテット則という。

　価電子の数が0個に近い1〜3個のものは、電子を失うことによって最外殻の電子が8個になるように変化する。この場合、－の電荷を持つ電子を失うことから、全体として＋の電荷を持つ陽イオンになる。このような性質を**陽性**という。

　これに対して、価電子の数が6個や7個のものは、電子を受け取ることによって最外殻の電子が8個になるように変化する。この場合、－の電荷を持つ電子を受け取ることから、全体として－の電荷を持つ陰イオンになる。このような性質を**陰性**という。

イオンの構造

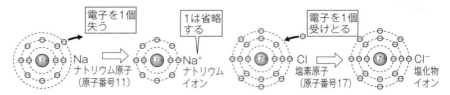

## 3 イオン式・電離式

　イオンを表す化学式を**イオン式**といい、イオンが帯びている電荷や価電子の個数を右上の記号で示したものである。右上の＋、－の前に置かれた数を価数といい、1は省略されるので＋や－だけなら1価、数字が2なら2価、3なら3価という。
　主なイオン式は次の表のとおりである。

主なイオン式

| イオンの名称 | イオン式 | イオンの名称 | イオン式 |
|---|---|---|---|
| 水素イオン | $H^+$ | ナトリウムイオン | $Na^+$ |
| カリウムイオン | $K^+$ | 銀イオン | $Ag^+$ |
| マグネシウムイオン | $Mg^{2+}$ | アンモニウムイオン | $NH_4^+$ |
| バリウムイオン | $Ba^{2+}$ | 亜鉛イオン | $Zn^{2+}$ |
| カルシウムイオン | $Ca^{2+}$ | 銅イオン | $Cu^{2+}$ |
| アルミニウムイオン | $Al^{3+}$ | 塩化物イオン | $Cl^-$ |
| 水酸化物イオン | $OH^-$ | 硝酸イオン | $NO_3^-$ |
| 酢酸イオン | $CH_3COO^-$ | 硫酸イオン | $SO_4^{2-}$ |
| 炭酸水素イオン | $HCO_3^-$ | 炭酸イオン | $CO_3^{2-}$ |
| 硫化水素イオン | $HS^-$ | 硫化物イオン | $S^{2-}$ |

　また、物質が**陽イオンと陰イオン**に分かれる様子を表す式を**電離式**という。主な電離式は次の表のとおりである。

主な電離式

| 物質名または水溶液名 | 電離式 |
|---|---|
| 塩化水素 | $HCl \rightarrow H^+ + Cl^-$ |
| 水酸化ナトリウム | $NaOH \rightarrow Na^+ + OH^-$ |
| 塩化ナトリウム | $NaCl \rightarrow Na^+ + Cl^-$ |
| 塩化カルシウム | $CaCl_2 \rightarrow Ca^{2+} + 2Cl^-$ |
| 塩化銅 | $CuCl_2 \rightarrow Cu^{2+} + 2Cl^-$ |
| 硫酸 | $H_2SO_4 \rightarrow 2H^+ + SO_4^{2-}$ |
| 硫酸ナトリウム | $Na_2SO_4 \rightarrow 2Na^+ + SO_4^{2-}$ |
| 水酸化バリウム | $Ba(OH)_2 \rightarrow Ba^{2+} + 2OH^-$ |
| 水酸化カルシウム | $Ca(OH)_2 \rightarrow Ca^{2+} + 2OH^-$ |
| 水酸化カリウム | $KOH \rightarrow K^+ + OH^-$ |
| 水酸化アルミニウム | $Al(OH)_3 \rightarrow Al^{3+} + 3OH^-$ |
| 酢酸 | $CH_3COOH \rightarrow H^+ + CH_3COO^-$ |
| 硝酸 | $HNO_3 \rightarrow H^+ + NO_3^-$ |
| アンモニア水 | $NH_3 + H_2O \rightarrow NH_4^+ + OH^-$ |
| 二酸化炭素（炭酸水） | $CO_2 + H_2O \rightarrow 2H^+ + CO_3^{2-}$ |
| 硫化水素 | $H_2S \rightarrow H^+ + HS^- \rightarrow 2H^+ + S^{2-}$ |
| 水 | $H_2O \rightleftarrows H^+ + OH^-$ |

## 4 イオン生成のエネルギー

### ① イオン化エネルギー

　ある原子を1価の陽イオンにするために必要なエネルギーをイオン化エネルギーといい、イオン化エネルギーの値が小さいほど、陽イオンにするために必要なエネルギーが小さく（つまり電子を放出しやすい）、陽イオンになりやすい。周期表の右上のほうが大きく（Heが最大）、左下のほうが小さい。

### ② 電子親和力

　1価の陰イオンになるときに原子が放出するエネルギーを電子親和力といい、電子親和力が大きいほど、陰イオンにするために必要なエネルギーが小さく（つまり電子を受け取りやすい）、陰イオンになりやすい。通常、周期表の右上のほうが大きく、左下のほうが小さいが、例外も多い。特に貴ガスは閉殻構造で安定しているため陰イオンになりにくく、非常に小さい（負の値をとる）。

### 周期表とイオンの関係

| H | | | | | | | He |
|---|---|---|---|---|---|---|---|
| Li | Be | B | C | N | O | F | Ne |
| Na | Mg | Al | Si | P | S | Cl | Ar |
| K | Ca | | | | | | |

| 電子が<br>1個余分 | 電子が<br>2個余分 | 例 Caなら<br>2個電子を失って<br>$Ca^{2+}$ となる | | | 電子が<br>あと2個<br>で閉殻 | 電子が<br>あと1個<br>で閉殻 | 例 Sなら<br>2個電子を得て<br>$S^{2-}$ となる |

### イオン化エネルギーと電子親和力

| | 金　属 | 非金属 | 貴ガス |
|---|---|---|---|
| イオン化エネルギー | 小さい | 大きい | 非常に大きい |
| 電子親和力 | 小さい | 大きい | 非常に小さい |

## 5 原子とイオンの大きさ

　原子やイオンの大きさは、主に原子核の正電荷の大きさと電子配置によって決まり、以下のような傾向がある。

### 原子・イオンの大きさ

- ❶ 同じ族では原子番号が大きい(周期表の下)ほど、原子は大きい
- ❷ 同じ周期では貴ガスを除き原子番号が大きい(周期表の右)ほど小さい
- ❸ 原子が陽イオンになると小さくなり、陰イオンになると大きくなる
- ❹ 同じ族のイオンでは、原子番号が大きいほどイオンも大きい
- ❺ 同じ電子配置のイオンでは、原子番号が大きいほど原子核の正電荷が大きくなり、電子がより引き付けられるため、イオンは小さい

## 5 元素の周期律

### 1 元素の周期律

元素を原子番号順(陽子数順)に並べていくと、似た性質を持つ元素が周期的に現れる。この規則性を元素の**周期律**という。周期律は以下のような周期表にまとめられるが、これは1869年にロシアの化学者メンデレーエフによって原型が作られたものである。

**元素の周期表**

| 族/周期 | 1 | 2 | 3 | 4 | 5 | 6 | 7 | 8 | 9 | 10 | 11 | 12 | 13 | 14 | 15 | 16 | 17 | 18 | 族/周期 |
|---|---|---|---|---|---|---|---|---|---|---|---|---|---|---|---|---|---|---|---|
| 1 | 1H 水素 | | | | | | | | | | | | | | | | | 2He ヘリウム | 1 |
| 2 | 3Li リチウム | 4Be ベリリウム | | | | | | | | | | | 5B ホウ素 | 6C 炭素 | 7N 窒素 | 8O 酸素 | 9F フッ素 | 10Ne ネオン | 2 |
| 3 | 11Na ナトリウム | 12Mg マグネシウム | | | | | | | | | | | 13Al アルミニウム | 14Si ケイ素 | 15P リン | 16S 硫黄 | 17Cl 塩素 | 18Ar アルゴン | 3 |
| 4 | 19K カリウム | 20Ca カルシウム | 21Sc スカンジウム | 22Ti チタン | 23V バナジウム | 24Cr クロム | 25Mn マンガン | 26Fe 鉄 | 27Co コバルト | 28Ni ニッケル | 29Cu 銅 | 30Zn 亜鉛 | 31Ga ガリウム | 32Ge ゲルマニウム | 33As ヒ素 | 34Se セレン | 35Br 臭素 | 36Kr クリプトン | 4 |
| 5 | 37Rb ルビジウム | 38Sr ストロンチウム | 39Y イットリウム | 40Zr ジルコニウム | 41Nb ニオブ | 42Mo モリブデン | 43Tc テクネチウム | 44Ru ルテニウム | 45Rh ロジウム | 46Pd パラジウム | 47Ag 銀 | 48Cd カドミウム | 49In インジウム | 50Sn スズ | 51Sb アンチモン | 52Te テルル | 53I ヨウ素 | 54Xe キセノン | 5 |
| 6 | 55Cs セシウム | 56Ba バリウム | 57～71 ランタノイド | 72Hf ハフニウム | 73Ta タンタル | 74W タングステン | 75Re レニウム | 76Os オスミウム | 77Ir イリジウム | 78Pt 白金 | 79Au 金 | 80Hg 水銀 | 81Tl タリウム | 82Pb 鉛 | 83Bi ビスマス | 84Po ポロニウム | 85At アスタチン | 86Rn ラドン | 6 |
| 7 | 87Fr フランシウム | 88Ra ラジウム | 89～103 アクチノイド | | | | | | | | | | | | | | | | 7 |
| 族の一般名 | アルカリ金属 | アルカリ土類金属 | | | | | | | | | | | | | | | ハロゲン | 貴ガス | 族の一般名 |
| 価電子の数 | 1 | 2 | (遷移元素では原子の最外電子殻電子の数は1または2が多い) | | | | | | | | | 2 | 3 | 4 | 5 | 6 | 7 | 0 | 価電子の数 |

凡例: 原子番号 / 元素記号 / 元素名
典型非金属元素、典型金属元素、遷移金属元素

注1:アルカリ金属はHを除く1族の元素
注2:アルカリ土類金属はBeとMgを除く2族元素

### 2 周期表の族と周期

周期表の縦の列を**族**といい、原子番号の小さいほうのグループから順に、1族、2族、3族、…、18族という。同じ族に属する元素を**同族元素**という。

一方、周期表の横の行を**周期**といい、原子番号の小さいほうのグループから順に、第1周期、第2周期、…、第7周期がある。

1 物質の構成 **395**

## 3 ▷ 典型元素と遷移元素

　周期表の1、2、12〜18族の元素を**典型元素**という。典型元素においては、原子の価電子数が周期的に変化し、価電子数が等しい同族元素どうしの化学的性質はよく似ている。

　一方、3〜11族の元素を**遷移元素**という。遷移元素では周期表で隣り合う元素どうしの化学的性質が似ていることが多い。

## 4 ▷ 金属元素と非金属元素

　単体が金属光沢を持ち、熱電気伝導性が高い元素を**金属元素**という。金属元素は全元素の8割を占めている。周期表においては左下から中央付近にかけて位置し、遷移元素はすべて金属元素である。一般に金属元素は陽性を持ち、周期表の左下ほどそれは強い。

　一方、水素と周期表の右上にある典型元素は**非金属元素**である。一般に、18族を除く非金属元素は陰性を持ち、周期表では右上ほど強く、フッ素が最大である。

## 5 ▷ 同族元素

　一つの同族元素全体、あるいはその一部の元素群において、性質が特徴的であったりよく似ていたりするものには、特別な名称がついている。

#### ① アルカリ金属

　水素Hを除く1族元素(リチウムLi、ナトリウムNa、カリウムK、ルビジウムRb、セシウムScなど)を**アルカリ金属**という。これらは価電子を1個持つため1価の陽イオンになりやすい。

#### ② アルカリ土類金属

　ベリリウムBeとマグネシウムMgを除く2族元素(カルシウムCa、ストロンチウムSr、バリウムBaなど)を**アルカリ土類金属**という(すべてとする場合もある)。これらは価電子を2個持つため2価の陽イオンになりやすい。

#### ③ ハロゲン

　17族元素(フッ素F、塩素Cl、臭素Br、ヨウ素Iなど)を**ハロゲン**という。これらは価電子を7個持つため1価の陰イオンになりやすい。単体は2原子分子である。

④ 貴ガス

18族元素(ヘリウムHe、ネオンNe、アルゴンAr、クリプトンKr、キセノンXeなど)を**貴ガス**という。価電子数が0で安定な電子配置を持つ。単体は**単原子分子**であり、常温で無色の気体である。

**同族元素の名称と性質**

| 族 | 名　称 | 性　質 |
|---|---|---|
| 1族の元素<br>（Hを除く） | アルカリ金属 | **1価の陽イオン**になりやすい<br>水酸化物は**塩基性** |
| 2族の元素<br>（Be、Mgを除く） | アルカリ土類金属 | **2価の陽イオン**になりやすい<br>水酸化物は**塩基性** |
| 17族の元素 | ハロゲン | **1価の陰イオン**になりやすい<br>単体は**2原子分子**で存在し有色 |
| 18族の元素 | 貴ガス | 安定した**単原子分子**で存在<br>いずれも気体 |

## 6 単体の常温・常圧での状態

各元素の単体における状態は覚えておくと便利である。なお化学では、常温とは25℃、常圧とは$1.0 \times 10^5$Paを指すことが多い。

| 常温・常圧で単体が液体の元素 | 臭素$Br_2$と水銀Hg |
|---|---|
| 常温・常圧で単体が気体の元素 | 水素$H_2$、窒素$N_2$、酸素$O_2$、オゾン$O_3$、フッ素$F_2$、塩素$Cl_2$およびすべての貴ガス |
| 常温・常圧で単体が固体の元素 | 上記以外の単体 |

1　物質の構成　397

# 6 化学結合

## 1 化学結合

　物質は、原子が複数集まることによって分子や結晶を作ったり、イオンどうしが結合することで集合体を作ったりする。また、分子どうしも結合して集合体を作る。このような結合を**化学結合**という。化学結合のうち、原子どうしの結合を**共有結合**、**金属結合**、イオンどうしの結合を**イオン結合**、分子間の結合を**分子間力**という。一般的に結合の強さは次のようになる。

> 共有結合＞イオン結合＞金属結合＞分子間力（水素結合など）

## 2 共有結合

### ① 共有結合

　非金属どうしが分子を作るとき、それぞれの原子が価電子を出して互いにそれを共有し、同周期の貴ガス原子と同じ電子配置になることが多い。このような結合を**共有結合**という。

　第2、第3周期の原子では、最外殻電子が1〜4個のときには電子殻中の電子は単独で存在し、最外殻電子が5個以上になると**2個で1組の対**を作るようになる。これを**電子対**といい、最外殻には最大で4個の電子対が存在できる。対を作っていない電子を**不対電子**といい、これらをモデル化したものを**電子式**という。

　原子が共有結合で結びつくときは、互いの不対電子を出し合ってできる電子対を共有する。このとき、**原子間で共有された電子対を共有電子対**、共有されない電子対を**非共有電子対**という。

　共有電子対が1組の場合を**単結合**、2組、3組の場合をそれぞれ**二重結合**、**三重結合**という。

共有結合

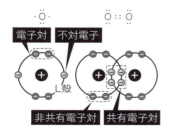

| | 単結合 | 二重結合 | 三重結合 |
|---|---|---|---|
| 電子式 | H:H | :Ö::Ö: | :N⋮⋮N: |
| 構造式 | H—H<br>価標 | O=O | N≡N |

価標：1対の共有電子対を1本の線で表したもの

② 配位結合・錯イオン

　共有結合では、結合する電子どうしがそれぞれ不対電子を出し合い、共有電子対を作って結合するが、**結合する原子の片方からだけ非共有電子対が出され、それを両方の原子が互いに共有してできる結合**もある。これを**配位結合**という。配位結合は共有結合の一種であり、オキソニウムイオン$H_3O^+$やアンモニウムイオン$NH_4^+$がその代表例である。結合したものと他の共有結合しているものとの間に**違いはない**。

　金属元素の陽イオンに非共有電子対を持ついくつかの分子や陰イオンが配位結合したイオンを**錯イオン**という。アンモニア$NH_3$のように、非共有電子対を持ち金属イオンに配位結合する分子やイオンを**配位子**という。

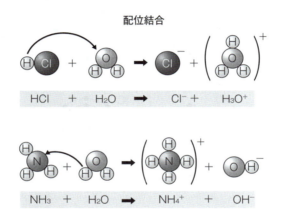
配位結合

## 3 イオン結合

　陽イオンと陰イオンの静電気的な引力(**クーロン力**)による結びつきを**イオン結合**という。一般に陽性の強い元素(金属元素)と、陰性の強い元素(非金属元素)からなる化合物はイオン結合である。

　イオンからなる物質は、陽イオンによる正電荷と陰イオンによる負電荷の総和が0で電気的に中性であり、「陽イオンの価数×陽イオンの数＝陰イオンの価数×陰イオンの数」が成り立っている。

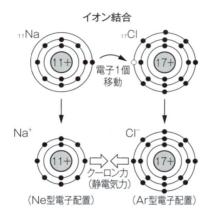

## 4 金属結合

### ① 金属結合

　金属元素は共有電子対を引き付ける力(電気陰性度)が小さいため、自らの電子を常に引き付けておくことができず、一部の電子が**電子殻から離れてしまう**。このような電子を**自由電子**という。－の電荷を持つ自由電子と＋の電荷を持つ金属イオン(電子が離れてしまうため陽イオンになる)が静電気力(クーロン力)によって引き合い**結合**する。これを**金属結合**という。金属結合は同じ金属元素どうしの結合である。

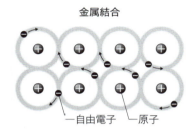

金属結合

原子間の結合

| 結合名 | 構成元素 | 物質例 |
|---|---|---|
| 共有結合 | 非金属元素どうし | $H_2$、HCl、$NH_3$など(分子式で表記) |
| イオン結合 | 金属元素と非金属元素 | NaCl、$CaCl_2$など(組成式で表記) |
| 金属結合 | 金属元素どうし | Na、Ca、Feなど(組成式で表記) |

### ② 金属の性質

　金属は磨くと光る。これを**金属光沢**といい、これは自由電子と光の相互作用によるものである。また金属は、熱や電気をよく通す。これも自由電子があるからである。金属は叩くと薄く広がり(**展性**)、引っ張ると伸びる(**延性**)性質がある。これも自由電子によるものである。金属がイオンになる場合、必ず陽イオンである。

## 5 電気陰性度と分子の極性

### ① 電気陰性度

　異なる種類の原子が結合するとき、各原子の陽子数や電子配置が異なるため、それぞれの原子が価電子を引き寄せる強さに違いが生じる。この強さを数値化したものを**電気陰性度**という。周期表の貴ガスを除く部分の**右上ほど強く**(陰イオンになりやすい原子は電子を得ようとする)、フッ素Fが最大である。

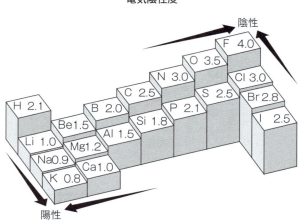

電気陰性度

### 電気陰性度の性質

　電気陰性度とは、共有結合している原子どうしが分子内の共有電子対を引きつける力のことである。また、以下の３点の性質については特に覚えておくこと。
① 　特に電気陰性度の大きい原子
　　　フッ素F＞酸素O＞塩素Cl＞窒素N＞水素H
② 　貴ガスは結合しないので電気陰性度は考えない
③ 　周期表右上に向かって値が大きくなっていく(水素Hも大きい)

② 結合の極性

例えば塩化水素H－Clの共有結合を考える。図より電気陰性度は水素よりも塩素のほうが強いので、共有電子対は塩素側に引き寄せられる。結果として水素はいくらかプラス（δ＋）を帯び、塩素はいくらかマイナス（δ－）を帯びる。

このように共有結合している原子間に生じる**電荷の偏り**を**極性**という。電気陰性度が異なる原子間においては必ず極性が生じる。

③ 分子の極性

2原子分子の場合、同じ原子どうしであれば**結合に極性がない**。このような分子を**無極性分子**という。一方、塩化水素のような、**極性を持つもの**を**極性分子**という。

多原子分子では、分子の形が極性に大きく関係する。例えば直線型の二酸化炭素分子O＝C＝Oでは、それぞれのC＝Oでは極性があるが、正反対を向いているために打ち消し合って分子全体では無極性となる。同様に、メタン分子のような正四面体形でも無極性分子となる。

一方、折れ線形の水分子では、二つのO－H結合の極性は、それらが一直線上にないため分子全体では打ち消されず、極性分子となる。同様に三角錐形のアンモニア分子なども極性分子である。

水分子・アンモニア分子

## 6　分子間力

### ① 分子間力
　分子からなる物質は、常温常圧($25℃$、$1.0×10^5Pa$)で、例えば水素$H_2$や二酸化炭素$CO_2$は気体、水$H_2O$やエタノール$C_2H_5OH$は液体である。これは分子間にイオン結合や共有結合よりはるかに弱い力しかはたらかないためである。この、**分子間にはたらく弱い力**を**分子間力**という。

### ② ファンデルワールス力
　常温常圧で気体として存在する水素や二酸化炭素も、低温や高圧にすれば液体や固体となる。これは、どのような分子の間にも弱い力ははたらくためで、これを**ファンデルワールス力**という。
　構造が似た分子では、質量(後述する分子量)が大きいほど分子が大きくなるため、ファンデルワールス力が大きく、沸点が高くなる。また、分子量が近い物質どうし、例えばフッ素$F_2$と塩化水素$HCl$を比べると、塩化水素のほうが沸点が高い。これは塩化水素が極性分子であるため、分子間に弱いクーロン力がはたらくのが原因である。同様に、**極性分子のほうが無極性分子よりも沸点が高い。**

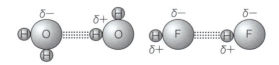

### ③ 水素結合

アンモニア$NH_3$、水$H_2O$、フッ化水素$HF$は、似たような分子量の物質に比べて沸点が異常に高い。これは、電気陰性度の特に大きい原子(窒素N、酸素O、フッ素F)が電子を強く引き寄せて負に帯電し、一方の水素原子が正に帯電して分子の極性が大きくなったからである。

このように、電気陰性度が特に大きいF、O、N原子間にH原子が仲立ちする形で生じる結合を**水素結合**という。

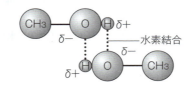

## 7 化学結晶

化学結合によって、原子、分子、イオンなどが**周期的な配列で結合した固体**のことを**結晶**という。結晶には共有結合結晶、イオン結晶、金属結晶、分子結晶がある。

### ① 共有結合結晶（共有結晶）

共有結合によってできた結晶を**共有結合結晶**という。結合が非常に強く、**融点が高い**。基本的に**電気伝導性はない**が、黒鉛は例外的に電気伝導性がある。

　**例**　ダイヤモンド・黒鉛C、ケイ素Si、二酸化ケイ素$SiO_2$、炭化ケイ素SiCなど

### ② イオン結晶

イオン結合によってできた結晶を**イオン結晶**という。結合は比較的強く、**融点が高い**。イオン結晶は**硬くてもろく**、**電気伝導性はない**が、水に溶かした場合(**溶解**)や加熱して溶かした場合(**融解**)には**電気伝導性がある**。

　**例**　塩化ナトリウムNaCl、塩化マグネシウム$MgCl_2$など

### ③ 金属結晶

金属結合によってできた結晶を金属結晶という。結合の強さはさまざまで、融点の幅も広い。**延性**(叩くと薄く広がる性質)や**展性**(引っ張ると細く伸びる性質)、**電気伝導性がある。**

**例** 鉄Fe、アルミニウムAl、マグネシウムMgなど

### ④ 分子結晶

分子間力によってできた結晶を分子結晶という。結合は**非常に弱く、融点や昇華点は低い。**基本的に**電気伝導性はない。**

**例** ヨウ素$I_2$、ドライアイス(二酸化炭素$CO_2$の固体)、氷(水$H_2O$の固体)、ナフタレンなど[6]

### ⑤ アモルファス

**構成粒子が規則性を持たずに配列している固体**をアモルファス(非晶体)という。ガラスはその代表例である。

## 8 水和物

分子またはイオンに水分子が結合した化合物を水和物といい、分子またはイオンが水和物を形成する作用を水和という。硫酸銅(II)五水和物$CuSo_4 \cdot 5H_2O$、塩化マグネシウム六水和物$MgCl_2 \cdot 6H_2O$などが水和物の例として挙げられる。

---

**6** ヨウ素、ドライアイス、ナフタレンなどは、固体から気体(気体から固体)に直接状態変化する昇華性を有する。

第3章

化　学

1　物質の構成　407

## 過去問 Exercise

**問題1**　（　）の中の物質を、混合物、化合物、単体に分類した組合せとして、最も妥当なのはどれか。

東京消防庁Ⅰ類2012

（海水　　水　　アルゴン　　空気　　金　　二酸化炭素）

| | 混合物 | 化合物 | 単体 |
|---|---|---|---|
| 1 | 海水、空気 | 水、二酸化炭素 | アルゴン、金 |
| 2 | 海水、水 | アルゴン、二酸化炭素 | 空気、金 |
| 3 | アルゴン、二酸化炭素 | 海水、水、空気 | 金 |
| 4 | 空気、二酸化炭素 | 海水、金 | 水、アルゴン |
| 5 | 水、アルゴン | 空気、金 | 海水、二酸化炭素 |

## 解説

正解 **1**

　海水は、水と塩化ナトリウム、塩化マグネシウム、硫酸ナトリウムなどの混合物である。また、水は、水素原子と酸素原子の化合物である。次に、アルゴンはアルゴン原子のみからできている単体である。空気は、主に窒素と酸素の混合物である。金は、金原子のみからできた単体である。二酸化炭素は、炭素原子と酸素原子の化合物である。

　よって、混合物：海水、空気、化合物：水、二酸化炭素、単体：アルゴン、金である。

**問題2**　　　**分離に関する記述として、最も妥当なのはどれか。**

東京消防庁Ⅰ類2020

**1**　　ろ過は、温度による溶解度の違いを利用して不純物を取り除く方法で、硫酸銅が少量混ざった硝酸カリウムを温水に溶かし、冷却するとより純粋な硝酸カリウムを得ることができる。

**2**　　抽出は、液体に目的とする物質を溶かしだして分離する方法で、身近な例では、コーヒー豆からコーヒーの成分をお湯に溶かすというものがある。

**3**　　再結晶は、液体同士が混ざっているときに、沸点の違いを利用して分ける方法で、沸点が異なることを利用して、ガソリンや灯油を分離することができる。

**4**　　昇華は、吸着と溶解の差を利用して分離する方法で、ヨウ素と塩化ナトリウムの混合物からヨウ素を取り出すときに使える。

**5**　　蒸留は、固体から直接気体に状態変化することであり、ドライアイスが気体に変化することをいう。

## 解説

正解 **2**

**1** ✕　これはろ過ではなく再結晶に関する記述である。

**2** ◯　正しい記述である。

**3** ✕　これは再結晶ではなく蒸留（分留）に関する記述である。

**4** ✕　これは昇華ではなく抽出に関する記述である。

**5** ✕　これは蒸留ではなく昇華に関する記述である。

1　物質の構成　411

| 問題3 | 同位体に関する記述として、最も妥当なのはどれか。 |

警視庁 I 類2018

**1** 原子番号が等しく、電子の数が異なる原子を同位体という。

**2** 同じ元素の同位体は中性子の数が異なるため、化学的性質が全く異なる。

**3** 黄リンと赤リン、黒鉛とダイヤモンドはともに同位体の関係である。

**4** 各元素の同位体の相対質量と存在比から求められる平均値を原子量という。

**5** 放射線を吸収することによって、他の原子に変わる同位体を放射性同位体という。

## 解説

正解 **4**

**❶** ✕　電子ではなく中性子の数が異なる原子が同位体である。

**❷** ✕　同位体の化学的性質は同じである。

**❸** ✕　同位体の関係ではなく同素体の関係である。

**❹** ◯　正しい記述である。

**❺** ✕　放射線を吸収するのではなく放出する能力（放射能）を持つ同位体が放射性同位体である。

| 問題4 | 物質の構成に関する記述として、妥当なのはどれか。 |

東京都Ⅰ類2018

**1**　1種類の元素からできている純物質を単体といい、水素、酸素及びアルミニウムがその例である。

**2**　2種類以上の元素がある一定の割合で結びついてできた純物質を混合物といい、水、塩化ナトリウム及びメタンがその例である。

**3**　2種類以上の物質が混じり合ったものを化合物といい、空気、海水及び牛乳がその例である。

**4**　同じ元素からできている単体で、性質の異なる物質を互いに同位体であるといい、ダイヤモンド、フラーレンは炭素の同位体である。

**5**　原子番号が等しく、質量数が異なる原子を互いに同素体であるといい、重水素、三重水素は水素の同素体である。

## 解説

正解 **1**

**1** ○  正しい記述である。

**2** ✕  ２種類以上の元素が、ある一定の割合で結びついてできた純物質を化合物という。なお、挙げられている水、塩化ナトリウム、メタンは化合物の例である。

**3** ✕  ２種類以上の物質が混じり合ったものは混合物という。なお、挙げられている空気、海水、牛乳は混合物の例である。

**4** ✕  同じ元素からできている単体で、性質の異なる物質は互いに同素体という。なお、挙げられているダイヤモンド、フラーレンは炭素の同素体の例である。

**5** ✕  原子番号が等しく、質量数が異なる原子は互いに同位体という。なお、挙げられている重水素、三重水素は水素の同位体の例である。

**問題5** 物質の構成に関する記述として、妥当なのはどれか。

東京都Ⅰ類2013

**1** 1種類の元素からできている純物質を単体といい、水素、酸素及び鉄が例である。

**2** 2種類以上の物質が混じり合ったものを混合物といい、水、二酸化炭素、アンモニアがその例である。

**3** 2種類以上の元素がある一定の割合で結びついてできた純物質を化合物といい、空気、海水及び食塩水がその例である。

**4** 同じ元素からなる単体で、性質の異なる物質を互いに同位体であるといい、ダイヤモンド、黒鉛及びカーボンナノチューブは炭素の同位体である。

**5** 原子番号が等しく、質量数が異なる原子を互いに同素体であるといい、重水素及び三重水素は水素の同素体である。

## 解説

正解 **1**

**1** ◯ 正しい記述である。

**2** ✕ 前半の記述は正しいが、挙げられている具体例は単体ではなく化合物である。

**3** ✕ 前半の記述は正しいが、挙げられている具体例は化合物ではなく混合物である。

**4** ✕ 同位体ではなく同素体についての記述である。

**5** ✕ 同素体ではなく同位体についての記述である。

| 問題6 | 次の元素のうち、最外殻電子の数が最も大きいのはどれか。 |

特別区Ⅰ類2007

1 酸素

2 ヘリウム

3 炭素

4 マグネシウム

5 窒素

## 解説

正解 **1**

**1** ◯　酸素の原子番号は8なので電子の数は8個となり、K殻に2個、L殻に6個電子が入っている。よって、最外殻電子は6個となる。

**2** ✕　ヘリウムの原子番号は2なので電子の数は2個となり、K殻に2個電子が入っている。よって、最外殻電子は2個となる。

**3** ✕　炭素の原子番号は6なので電子の数は6個となり、K殻に2個、L殻に4個電子が入っている。よって、最外殻電子は4個となる。

**4** ✕　マグネシウムの原子番号は12なので電子の数は12個となり、K殻に2個、L殻に8個、M殻に2個電子が入っている。よって、最外殻電子は2個となる。

**5** ✕　窒素の原子番号は7なので電子の数は7個となり、K殻に2個、L殻に5個電子が入っている。よって、最外殻電子は5個となる。

1　物質の構成　419

| 問題7 | 原子の構造に関する記述として、妥当なのはどれか。 |

特別区Ⅰ類2012

**1** 原子に含まれる電子の数と中性子の数は常に等しいので、原子は全体として電気的に中性である。

**2** 原子核に含まれる陽子の数が等しく、中性子の数が異なる原子どうしを、互いに同素体であるという。

**3** 原子番号は、原子核に含まれる中性子の数と常に等しい。

**4** 原子核に近い内側から$n$番目の電子殻に入ることができる電子の数は、$2 \times n^2$で表される。

**5** 原子に含まれる陽子の数と電子の数との和を、その原子の質量数という。

## 解説

正解 **4**

**❶ ✕** 　原子は、全体として電気的に中性である。これは、原子に含まれる電子の数と陽子の数が等しいからである。

**❷ ✕** 　原子核に含まれる陽子の数が等しく、中性子の数が異なる原子どうしは、同位体である。

**❸ ✕** 　原子番号は、原子核に含まれる陽子の数、または電子の数と等しい。

**❹ ◯** 　電子核は、原子核に近い内側からK殻、L殻、M殻、N殻…といわれる。また、原子核に近い内側から$n$番目の電子核に入ることができる電子の最大数は、$2n^2$で表すことができる。

**❺ ✕** 　原子に含まれる陽子の数と中性子の数の和を、質量数という。

**問題8**　次の記述のうち、明らかに誤っているものはどれか。

裁判所一般職2002

**①**　電子殻はエネルギーの低い順にK殻、L殻、M殻、N殻、…と呼ばれる。

**②**　ヘリウム原子の最外殻電子は2個、ネオン原子・アルゴン原子の最外殻電子はそれぞれ8個である。

**③**　塩素原子は7個の価電子を持っている。

**④**　マグネシウム原子は1価の陰イオンになり易い。

**⑤**　リチウム原子は3個の電子のうち、2個はK殻に入るが、残りの1個はL殻に入る。

## 解説

正解 ④

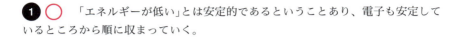

❶ ○ 「エネルギーが低い」とは安定的であるということあり、電子も安定しているところから順に収まっていく。

❷ ○ 周期表から原子の最外殻電子の規則性を掴めるようにしておくこと。

❸ ○ 貴ガス以外については、基本的には価電子＝最外殻電子とする。塩素原子の最外殻電子数は7個なので、価電子数も7個である。

❹ × マグネシウムはあと2個の電子を失うと貴ガス型電子配置になる原子（2族）なので、2価の陽イオンになりやすい。

❺ ○ K殻は2個で閉殻になるので、残り1個はL殻に収容される。

**問題9** 次のA〜Dの記述の正誤の組合せとして最も適当なのはどれか。

裁判所一般職2011

**A** 物質を構成する基本的な粒子を原子という。原子は、正の電荷をもつ原子核と、そのまわりを回っている負の電荷をもつ電子からできている。原子核はさらに、正の電荷をもつ陽子と、電荷を持たない中性子からできている。原子核中の陽子の数を原子番号という。これは原子の質量を示す質量数と等しい。

**B** 化学物質を構成する様々な元素を原子番号の順に並べると、化学的性質のよく似た元素が周期的に現れる。また、単体の体積、融点、沸点などにも、同じような周期性が見られる。このような周期性を元素の周期律という。

**C** 物質の中には、隣り合う二個の原子がいくつかの価電子を共有することによって形成する共有結合により分子を形成するもの、希ガスのように一つの原子が一つの分子を形成するもの、正の電荷をもつイオンと負の電荷をもつイオンとの間に電気的な引力が働いてできるイオン結合により形成されるものなどがある。

**D** 金属では、すべての価電子が原子間を自由に運動している。金属の性質を示す元素を金属元素といい、一般に陽イオンになりやすい。例えば、鉄は空気中の酸素と化合して二価もしくは三価の陽イオンとなり酸化鉄を形成する。金属元素以外の元素を非金属元素といい、希ガス以外の非金属元素は陰イオンになるものが多い。

|   | A | B | C | D |
|---|---|---|---|---|
| ① | 正 | 正 | 誤 | 誤 |
| ② | 正 | 誤 | 誤 | 正 |
| ③ | 正 | 誤 | 正 | 正 |
| ④ | 正 | 正 | 正 | 誤 |
| ⑤ | 誤 | 正 | 正 | 正 |

# 解説

正解 **5**

**A** ✕　質量数とは、原子核に存在する陽子の数と中性子の数の和で示される。他の記述は正しい。

**B** ○　周期律に従って、性質が類似した元素が縦に並ぶように配列した表を周期表といい、縦の列を族、横の列を周期という。

**C** ○　共有結合は、価電子を共有することにより分子を形成する。また、イオン結合とは、陽イオンと陰イオンが静電気的な引力で結合したものである。さらに、貴ガス(希ガス)のように、一つの原子で一つの分子を形成するもの(単原子分子)がある。

**D** ○　金属結合における、原子間を自由に運動する価電子のことを自由電子という。また、金属は一般に陽イオンになりやすく、貴ガス以外の非金属元素は陰イオンになりやすい。

**問題10** イオン化エネルギーと電子親和力に関する記述として、最も妥当なのはどれか。

東京消防庁Ⅰ類2016

1　アルカリ金属の原子はイオン化エネルギーが大きい。

2　希ガス原子はイオン化エネルギーが小さい。

3　イオン化エネルギーが大きいと陽イオンになりやすい。

4　電子親和力が大きいと陰イオンになりやすい。

5　ハロゲンの原子は電子親和力が小さい。

426　第3章　化　学

## 解説

正解 **4**

　イオン化エネルギーとは原子から電子を1個受け取って1価の陽イオンにするのに必要なエネルギーのことで、電子親和力とは原子が電子を1個受け取って1価の陰イオンとなる際に放出するエネルギーのことである。

**1** ✕　アルカリ金属の原子は1価の陽イオンになりやすいので、イオン化エネルギーは小さい。

**2** ✕　貴ガス(希ガス)原子は極めて安定的な原子であるため、イオン化エネルギーは非常に大きい。

**3** ✕　陽イオンになりやすい原子は、イオン化エネルギーが小さい。

**4** ◯　電子親和力が大きい原子は陰イオンになりやすい。

**5** ✕　ハロゲンの原子は1価の陰イオンになりやすいので、電子親和力は大きい。

**問題11**　　質量数18の酸素原子がもつ中性子の数として、最も妥当なのはどれか。

東京消防庁Ⅰ類2013

1　　7
2　　8
3　　9
4　　10
5　　11

**解説**

正解 **4**

　周期表より酸素の原子番号は8である。よって、陽子の数は8であるから、中性子の数は、18−8＝10となる。

**問題12** 次の元素ア～オのうち、アルカリ土類金属の組合せとして、妥当なのはどれか。

特別区Ⅰ類2016

ア　Be

イ　Ca

ウ　K

エ　Mg

オ　Sr

1　ア　ウ

2　ア　エ

3　イ　エ

4　イ　オ

5　ウ　オ

430　第3章　化　学

## 解説

正解 ④

アルカリ土類金属とは、ベリリウム Be とマグネシウム Mg を除く第2族の元素のことである。よって、与えられた元素の中ではカルシウム Ca (**イ**) とストロンチウム Sr (**オ**) が正しい。

**問題13** 元素の周期表に関する記述として最も妥当なのはどれか。

国家一般職2009

**1** 周期表は、元素をその原子核中に存在する中性子数の少ないものから順に並べたもので、周期表の横の行は周期と呼ばれる。

**2** 周期表の1族に属する元素は、いずれも金属元素である。その原子は、いずれも1個の価電子をもち、電子1個を取り入れて1価の陰イオンになりやすい。

**3** 周期表の2族に属する元素は遷移元素と呼ばれる非金属元素で、それらの元素の単体の沸点や融点は互いに大きく異なり、常温で気体のものと固体のものがある。

**4** 周期表の17族に属する元素はハロゲンと呼ばれる非金属元素で、単体はいずれも単原子分子の気体で陽イオンになりやすいという性質をもち、原子番号の大きいものほど陽イオンになりやすい。

**5** 周期表の18族に属する元素は希ガスと呼ばれる非金属元素で、いずれも常温では無色・無臭の気体である。他の原子と結合しにくく化合物をつくりにくい。そこで、希ガス原子の価電子の数は0とされている。

432 第3章 化 学

## 解説

正解 **5**

**❶ ✕**　元素の周期律に基づいて、元素を原子番号順に並べたものを元素の周期表という。また、元素の周期表の縦の列を族、横の行を周期という。

**❷ ✕**　周期表の1族元素のうち、水素H以外は金属元素である。1族元素は1個の価電子を持ち、電子1個を放出して1価の陽イオンになりやすい。

**❸ ✕**　1、2、12〜18族元素を典型元素という。また、2族元素は金属元素のみでいずれも常温で固体である。

**❹ ✕**　17族元素はハロゲンと呼ばれる非金属元素である。ハロゲンの単体はいずれも2原子分子であり、価電子が7個であるため1価の陰イオンになりやすいという性質がある。また、ハロゲンは原子番号が大きくなるほど、電子親和力が小さく陰イオンになりにくい。

**❺ ◯**　18族元素は貴ガス(希ガス)と呼ばれる非金属元素である。また、他の元素と結合しにくく化合物になりにくいため、価電子は0とされている。

**問題14** 原子の構造とイオンに関する記述として最も妥当なものはどれか。

裁判所一般職2020

**1** 原子は、中心にある原子核を構成する正の電荷をもつ陽子と、原子核のまわりにある負の電荷をもつ電子の数が等しく、全体として電気的に中性である。

**2** 原子が電子をやり取りして電気を帯びるとイオンになるが、電子を失ったときは陰イオンに、電子を受け取ったときは陽イオンになる。

**3** イオンが生成するとき、一般に価電子が1個〜3個の原子は陰イオンに、価電子が6個〜7個の原子は陽イオンになりやすい。

**4** イオンからなる物質は、粒子間にはたらくイオン結合が強いため一般に融点が高く、また、固体の結晶のままでも電気を導く。

**5** 電子親和力とは、原子が陽イオンになるのに必要なエネルギーのことをいい、電子親和力の大きい原子ほど陽イオンになりやすい。

## 解説

正解 **1**

**❶ ◯** 　正しい記述である。

**❷ ✕** 　電子は負の電荷を持つので、失うとプラスに偏り陽イオン、受け取るとマイナスに偏り陰イオンとなる。

**❸ ✕** 　最外殻電子数が8個のときの価電子は0とし、これをオクテットという。原子はオクテットのときが最も安定しているので、価電子が1～3個のときは失って陽イオン、6～7個のときは受け取って陰イオンになりやすい。

**❹ ✕** 　イオン結合はクーロン力という静電気的な引力で結びついており、その強さが融点に影響する。また、一般に結晶のままでは電気伝導性はなく、水に溶けて電離すると電気伝導性を持つ。

**❺ ✕** 　電子親和力は、原子が最外殻電子殻に電子1個を受け取り、1価の陰イオンになるときに放出するエネルギーのことである。またこれは、一般に周期表の右上ほど大きく、左下ほど小さいので、大きいものほど陰イオンになりやすいといえる。

**問題15**

化学結合に関する記述として、妥当なのはどれか。

特別区Ⅰ類2005

**❶** イオン化した原子と原子との間に働く力をファンデルワールス力といい、この力による結合をイオン結合という。

**❷** イオン結合でつながっている結晶は、陽イオンと陰イオンが規則正しく配列されているため、固体でも電子が自由に動き電気を通す。

**❸** 2個の原子が、それぞれの電子を共有してつくる結合を共有結合といい、共有された電子を共有電子対という。

**❹** 二酸化炭素やヨウ素などの分子からなる物質がつくる結晶は、共有結合に比べて極めて強い力であるクーロン力によって結びついている。

**❺** 複数の原子が価電子を出して陽イオンとなり、この価電子が自由電子として陽イオンを結びつける結合を、配位結合という。

436 第3章 化 学

## 解説

正解 **3**

**1** ✕　イオン化した原子と原子の間にはたらく力はクーロン力であり、クーロン力による結合がイオン結合である。ファンデルワールス力(分子間力)は分子どうしの間にはたらく力である。

**2** ✕　イオン結晶は結晶状態では電気を通さないが、融解したり、水に溶かしたりすると電気を通す。

**3** ◯　正しい記述である。

**4** ✕　二酸化炭素やヨウ素などの分子結晶は、分子間にはたらく弱い力(分子間力またはファンデルワールス力)による結晶である。

**5** ✕　この記述は金属結合に関するものである。配位結合とは、共有結合の電子が一方の原子のみから提供されている共有結合をいう。

1　物質の構成　437

**問題16** 化学結合に関する記述として、妥当なのはどれか。

特別区Ⅰ類2014

**1** 電気陰性度の大きい原子が隣接分子の水素原子と引き合うような、水素原子を仲立ちとした分子間の結合を水素結合という。

**2** 2個の原子の間で、それぞれの原子が価電子を出して引き合うような、互いの静電気的な力（クーロン力）による結合を共有結合という。

**3** 陽イオンと陰イオンとの間に働く力をファンデルワールス力といい、この力による結合をイオン結合という。

**4** 金属の原子が集合した金属の単体において、隣り合う2個の原子の間で共有される価電子による結合を金属結合という。

**5** 電荷の片寄りがある極性分子の分子間に働く、無極性分子より強い静電気的な引力による結合を配位結合という。

## 解説

正解 **1**

**1** ◯　正しい記述である。

**2** ✕　原子の間で、それぞれの原子が価電子を何個かずつ出し合って、互いの電子を共有してできる結びつきを共有結合という。

**3** ✕　陽イオンと陰イオンの間にはたらく力はクーロン力という静電気的な引力である。この力による結合をイオン結合という。

**4** ✕　金属の原子が集合した金属の単体において、各原子の自由電子は、結晶中のすべての原子に共有され、自由に結晶中を動き回ることができる。このような、自由電子による結合を金属結合という。

**5** ✕　電荷の偏りがある極性分子の分子間にはたらく、無極性分子より強い静電気的な引力による結合を水素結合という。

1　物質の構成　439

**問題17** 化学結合に関する記述Ａ～Ｄのうち、妥当なもののみを挙げているのはどれか。

国家専門職2013

**A** イオン結合は、陽イオンと陰イオンとの静電気的な引力による結びつきである。多数の陽イオンと陰イオンがイオン結合によってできた結晶をイオン結晶といい、結合力が強いため一般に融点や沸点の高いものが多く、その多くは水に溶けやすい。

**B** 共有結合は、原子間で出し合った価電子を共有してできる結びつきである。ケイ素の単体やダイヤモンドは、非常に多数の原子が三次元的に共有結合で結びついた硬い結晶である。

**C** 金属結合は、中性子間にはたらく力による金属元素どうしの結びつきである。金属は、叩くと薄く広がり（延性）、引っ張ると細長くのびる性質（展性）をもつが、これは金属結合している固体の中では原子が不規則に並んでいるためである。

**D** 水素結合は、水素原子２個から水素分子１個ができるときの結びつきである。水素は電気陰性度が大きく、その原子の間で相互に強く引き合うため、水素分子は非常に大きなエネルギーをもつ。核融合反応はこうした水素分子がもつエネルギーが放出される反応である。

1 Ａ、Ｂ
2 Ａ、Ｃ
3 Ａ、Ｄ
4 Ｂ、Ｃ
5 Ｂ、Ｄ

## 解説

正解 **1**

**A** ◯　正しい記述である。

**B** ◯　正しい記述である。

**C** ✕　「不規則に並んでいる」が誤り。金属結合は金属原子が規則的に並んで結合に方向性がなく、自由電子によって陽イオンが互いに結びつけられている。このため、自由に変形することができ、延性、展性に富む。

**D** ✕　核融合反応とは、軽い核種どうしが衝突して、重い核種に変化することであり、水素結合とは異なる。

**問題18** 　金属の特徴に関する記述として、最も妥当なのはどれか。

東京消防庁Ⅰ類2012

1　金属結合は自由電子による金属元素の原子同士の結びつきである。

2　金属結合の固体では金属元素の原子が自由に不規則に並んでいる。

3　金属の結晶は二酸化ケイ素やダイヤモンドと同様に分子が集まってできている。

4　金属の結晶では、分子が自由に動き回るので電気や熱をよく伝える。

5　金属の薄く広げて箔にすることができる性質を延性という。

## 解説

正解 **1**

**1** ◯ 正しい記述である。

**2** ✕ 金属結合の固体では原子が不規則ではなく規則的な並びをしている。

**3** ✕ 金属は分子を作らない。

**4** ✕ 分子ではなく自由電子のふるまいによる。

**5** ✕ 延性ではなく展性についての説明である。

| 問題19 | 結晶の種類と性質に関する記述として、妥当なのはどれか。 |

特別区Ⅰ類2019

**1** 構成粒子が規則正しく配列した構造をもつ固体を結晶といい、金属結晶、イオン結晶、共有結合の結晶、分子結晶、アモルファスに大別される。

**2** 金属結晶は、多数の金属元素の原子が金属結合で結びついており、自由電子が電気や熱を伝えるため、電気伝導性や熱伝導性が大きい。

**3** 共有結合の結晶は、多数の金属元素の原子が共有結合によって強く結びついているため、一般にきわめて硬く、融点が非常に高い。

**4** イオン結晶は、一般に融点が高くて硬いが、強い力を加えると結晶の特定な面に沿って割れやすい性質があり、これを展性という。

**5** 分子結晶は、多数の分子が分子間力によって結びついた結晶であり、一般に融点が低く、軟らかく、電気伝導性があり、昇華しやすいものが多い。

## 解説

正解 **2**

**❶ ✕** アモルファスとは、結晶構造を持たない物質の状態のことをいう。ガラスやゴムがその例である。

**❷ ◯** 正しい記述である。

**❸ ✕** 共有結合による結晶で代表的なものは、ダイヤモンド（炭素）や二酸化ケイ素などの、非金属の原子が数多く結びついたもので、金属元素ではない。

**❹ ✕** 展性とは、物質が圧力や打撃によって破壊されることなく、薄く広げられる性質のことである。金、銀、アルミニウムなどの柔らかい金属がこの性質に富んでいる。特定の面に沿って割れやすい性質は「へき開性」という。

**❺ ✕** 分子は電気的に中性なので、分子結晶は一般に電気伝導性を持たない。

1 物質の構成 445

**問題20** 化学結合や結晶に関する記述として最も妥当なのはどれか。

国家一般職2017

**❶** イオン結合とは、陽イオンと陰イオンが静電気力によって結び付いた結合のことをいう。イオン結合によってできているイオン結晶は、一般に、硬いが、外部からの力にはもろく、また、結晶状態では電気を導かないが、水溶液にすると電気を導く。

**❷** 共有結合とは、2個の原子の間で電子を共有してできる結合のことをいう。窒素分子は窒素原子が二重結合した物質で電子を4個共有している。また、非金属の原子が多数、次々に共有結合した構造の結晶を共有結晶といい、例としてはドライアイスが挙げられる。

**❸** それぞれの原子が結合している原子の陽子を引き付けようとする強さには差があり、この強さの程度のことを電気陰性度と呼ぶ。電気陰性度の差によりそれぞれの結合に極性が生じたとしても、分子としては極性がないものも存在し、例としてはアンモニアが挙げられる。

**❹** 分子結晶とは、共有結合より強い結合によって分子が規則正しく配列している結晶のことをいう。分子結晶は、一般に、電気伝導性が大きく、水に溶けやすい。例としては塩化ナトリウムが挙げられる。

**❺** 金属結合とは、金属原子から放出された陽子と電子が自由に動き回り、金属原子どうしを結び付ける結合のことをいう。金属結晶は多数の金属原子が金属結合により規則正しく配列してできており、熱伝導性、電気伝導性が大きく、潮解性があるなどの特徴を持つ。

## 解説

正解 **1**

**1** ○  正しい記述である。

**2** ✕  共有結合に関する記述は妥当であるが、窒素分子$N_2$は窒素原子Nが三重結合した物質であるため、電子を6個共有している。共有結合によりできる結晶を共有結晶(共有結合の結晶)と呼ぶことは妥当であるが、具体例として挙げられているドライアイスは共有結晶ではなく分子結晶である。

**3** ✕  電気陰性度とは、分子内において共有電子対を引き付けようとする強さの程度のことである。電気陰性度により原子間で極性が生じたときの、分子としての極性については一般に以下のように考えられる。
  ・正の電荷の重心と負の電荷の重心が一致していれば分子としては極性が生じない
  ・正の電荷の重心と負の電荷の重心が一致していない場合は極性分子となる
  よって、アンモニア$NH_3$は正の電荷と負の電荷の重心が一致していないため、極性分子となる。

**4** ✕  分子結晶とは、分子間力により分子どうしが弱く結合して規則正しく配列することによりできる結晶であり、分子間力は共有結合よりも強い結合であるということはない。なお、具体例として挙げられている塩化ナトリウムは分子結晶ではなくイオン結晶である。

**5** ✕  金属結合とは、金属原子を構成する陽子が規則的に並ぶことで電子の軌道が共有され、自由に動き回ることができるようになった自由電子による結合である。つまり、陽子が自由に動き回るということはない。また、潮解性は金属結晶とは無関係である。

# 2 物質量と化学反応式

原子にはそれぞれ質量があり、物質の反応には一定の法則があります。ここではこれらの量的な関係とその法則について見ていきます。

## ❶ 原子量・分子量・式量

### 1 原子量・分子量・式量

　原子1個の質量は$10^{-24}$～$10^{-22}$ g と非常に小さい。そこで、種々の原子の質量は「質量数12の炭素原子$^{12}$Cの質量を12」とし、これを基準とする相対的な質量で表している。質量数は陽子数と中性子数の和であるので、各原子の相対質量はそれぞれの原子の質量数とほぼ同じである。

　ところが、元素には同位体が存在するものが多く、その存在比は自然界ではほぼ一定である。そこで、同位体が存在する元素の相対質量は各同位体の相対質量と存在比から求めることとなる。このようにして求めた値を**原子量**という。原子量は相対的な値なので単位はない。

　分子の相対質量を**分子量**という。分子量は、分子を構成する元素の原子量の総和である。また、イオンやイオン結晶、金属、共有結合結晶など、イオン式や組成式で表される物質においては、式に含まれる元素の原子量の総和を**式量**という。

**分子量と式量**

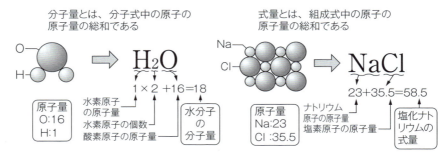

## 2 代表的な原子量の値

| 元素記号 | 原子量 | 元素記号 | 原子量 | 元素記号 | 原子量 |
|---|---|---|---|---|---|
| H | 1.0 | He | 4.0 | Li | 6.9 |
| C | 12 | N | 14 | O | 16 |
| F | 19 | Ne | 20 | Na | 23 |
| Mg | 24 | Al | 27 | Si | 28 |
| P | 31 | S | 32 | Cl | 35.5 |
| Ar | 40 | K | 39 | Ca | 40 |
| Cr | 52 | Mn | 55 | Fe | 56 |
| Cu | 63.5 | Zn | 65 | Br | 80 |
| Ag | 108 | I | 127 | Ba | 137 |
| Au | 197 | Hg | 201 | Pb | 207 |

## 2 物質量

炭素原子$^{12}$Cの相対質量を12と決めたことから、炭素12gの中にある原子の数を調べると$6.02×10^{23}$個であった。この数値を**アボガドロ定数**とし、この個数を1mol ということにした(国際単位としての厳密な値は$6.02214076×10^{23}$)。1molを単位として表す粒子の量を**物質量**という。原子や分子を1mol集めた場合の質量は、原子量、分子量、式量に[g]を付けて表される。

### 1 モル質量

物質1mol当たりの質量を**モル質量**といい、単位は[g/mol]である。原子量や分子量、式量の数値に単位g/molをつけたものがその物質のモル質量である。よって物質量は以下の式で求められる。

$$物質量[mol] = \frac{物質の質量[g]}{モル質量[g/mol]}$$

## 2 アボガドロの法則

**アボガドロの法則**とは、標準状態におけるすべての種類の気体には同じ数の分子（原子）が含まれるというものである。物質が気体ならば、分子（原子）の種類にかかわらず、アボガドロの法則が成り立つ。また、**物質1molが占める体積**を**モル体積**といい、特に標準状態（0℃、$1.013\times10^5$Pa）であれば、気体の種類に関係なく、**1molの気体の体積＝22.4[L]**である。

標準状態（0℃、1気圧）における1molの気体の体積＝22.4[L]
22.4[L/mol]×物質量[mol]＝原子・分子の体積[L]

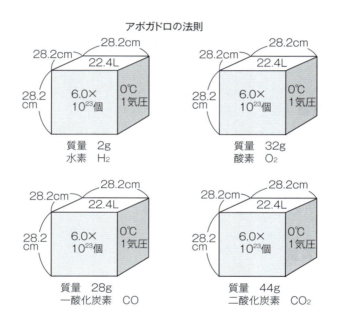

アボガドロの法則

### 3 化学反応式

　反応物質を左辺に、生成された物質を右辺において化学反応を示したものが化学反応式である。ラボアジエの質量保存の法則により、反応の前後で原子の種類と数は変化しない。

## 1 化学変化の量的関係

　化学変化では、反応物の量によって生成物の量が決まる。これらの量的関係は反応式を見るとわかり、化学反応式の係数の比＝物質量[mol]の比となる。

| 化学反応式 | $3H_2$ | $+$ | $N_2$ | $\rightarrow$ | $2NH_3$ |
|---|---|---|---|---|---|
| 分子数 | 3個 | | 1個 | | 2個 |
| 物質量 | 3mol | | 1mol | | 2mol |
| 質量 | $3 \times 2.0g$ | | $1 \times 28.0g$ | | $2 \times 17.0g$ |
| 気体の体積<br>（標準状態） | $3 \times 22.4L$ | | $1 \times 22.4L$ | | $2 \times 22.4L$ |

## 2 暗記必須の化学反応式

| 反応 | 化学反応式 |
|---|---|
| 鉄と硫黄の化合 | $Fe + S \rightarrow FeS$ |
| 窒素と水素の化合 | $N_2 + 3H_2 \rightarrow 2NH_3$ |
| 銅の酸化 | $2Cu + O_2 \rightarrow 2CuO$ |
| マグネシウムの酸化 | $2Mg + O_2 \rightarrow 2MgO$ |
| 炭素の燃焼 | $C + O_2 \rightarrow CO_2$ |
| 水素の燃焼 | $2H_2 + O_2 \rightarrow 2H_2O$ |
| メタンの燃焼 | $CH_4 + 2O_2 \rightarrow CO_2 + 2H_2O$ |
| エタンの燃焼 | $2C_2H_6 + 7O_2 \rightarrow 4CO_2 + 6H_2O$ |
| プロパンの燃焼 | $C_3H_8 + 5O_2 \rightarrow 3CO_2 + 4H_2O$ |
| 炭酸水素ナトリウムの熱分解 | $2NaHCO_3 \rightarrow Na_2CO_3 + H_2O + CO_2$ |
| 炭酸水素ナトリウムと塩酸 | $NaHCO_3 + HCl \rightarrow NaCl + H_2O + CO_2$ |
| 石灰石（炭酸カルシウム）と塩酸 | $CaCO_3 + 2HCl \rightarrow CaCl_2 + H_2O + CO_2$ |
| 酸化銅と塩酸 | $CuO + 2HCl \rightarrow CuCl_2 + H_2O$ |
| 亜鉛と塩酸 | $Zn + 2HCl \rightarrow ZnCl_2 + H_2$ |
| マグネシウムと塩酸 | $Mg + 2HCl \rightarrow MgCl_2 + H_2$ |

2　物質量と化学反応式　451

## 3 完全燃焼と化学反応式

　公務員試験では、「完全燃焼」の出題が多いため、特にしっかりと学ぶ必要がある。

　**燃焼**とは、対象物質を酸素$O_2$と反応させることであり、完全燃焼は酸素を十分に供給して各原子を完全な燃焼生成物に変化させることである。また、有機物ではごく一部の例外を除き、水素Hも含まれているので、すべてが$CO_2$と$H_2O$になる。

　よって、特に有機物の完全燃焼の反応式は「(燃やす物質)$+O_2 \rightarrow CO_2+H_2O$」の形で表され、これが反応式の骨格となる。

　本試験の問題は、完全燃焼の反応式を自力で完成させることを求めるものも多い。そこで、完全燃焼の反応式の作り方を簡単に覚えておくとよい。

### 完全燃焼型化学反応式の作り方

❶　係数を無視して、反応式の骨格を完成させる

❷　燃やす物質(左辺)のCの数とHの数を、右辺の$CO_2$と$H_2O$の係数で揃える

❸　最後に、Oの数を左辺の$O_2$の係数で揃える

❹　この段階で揃わなければ、分数を使って揃えて、両辺を分母の数で払う

第3章

化学

2　物質量と化学反応式　453

## 過去問 Exercise

**問題1**　水（$H_2O$）270gに含まれるH原子の数として、最も妥当なのはどれか。ただし、アボガドロ定数を$6.0×10^{23}$/mol、原子量はそれぞれH＝1、O＝16とする。

東京消防庁Ⅰ類2016

1　$1.8×10^{24}$

2　$6.0×10^{24}$

3　$9.0×10^{24}$

4　$1.8×10^{25}$

5　$9.0×10^{25}$

## 解説

正解 ④

水 $H_2O$ の分子量は、

$$(1 \times 2 + 16) = 18 \,[\text{g/mol}]$$

なので、水270 [g] の物質量 [mol] は、

$$270 \,[\text{g}] \div 18 \,[\text{g/mol}] = 15 \,[\text{mol}]$$

である。水分子1個の中に水素原子は2個含まれているので、

$$(水素原子の物質量) = (水分子の物質量) \times 2$$

となることから、水270 [g] に含まれる水素原子の物質量は、

$$15 \,[\text{mol}] \times 2 = 30 \,[\text{mol}]$$

である。

アボガドロ定数とは、1mol あたりに含まれる分子や原子の個数を表すので、水素原子30 [mol] の個数は、

$$6.0 \times 10^{23} \,[\text{mol}] \times 30 \,[\text{mol}] = 180 \times 10^{23} \,[個] = 1.8 \times 10^{25} \,[個]$$

である。

2 物質量と化学反応式 455

**問題2** 32.0gのメタン$CH_4$の標準状態における体積として、最も妥当なのはどれか。ただし、Cの原子量を12、Hの原子量を1とする。

東京消防庁Ⅰ類2015

1  11.2L

2  16.0L

3  22.4L

4  32.0L

5  44.8L

## 解説

正解 **5**

CH$_4$の分子量は12＋1×4＝16である。よって、メタン CH$_4$の物質量 [mol] は、

32 [g] ÷16 [g/mol] ＝2 [mol]

である。標準状態における気体の体積は1 [mol] あたり22.4 [L] なので、

22.4 [L/mol] ×2 [mol] ＝44.8 [L]

である。

**問題3**　容積がいずれも2.8Lの容器Ａ、Ｂがあり、容器Ａには水素のみ、容器Ｂには窒素のみがそれぞれ０℃、１気圧で封入されている。このとき、次のア～オのうち、容器Ａ、Ｂそれぞれの中に含まれる気体に関する記述として、妥当なものの組合せはどれか。ただし、水素の分子量を2.0、窒素の分子量を28.0とする。

東京都Ⅰ類2004

---

**ア**　容器Ａの中に含まれる水素分子の物質量は、0.125molである。

**イ**　容器Ｂの中に含まれる窒素分子の質量は、2.5gである。

**ウ**　容器Ａの中に含まれる水素分子の数は、容器Ｂの中に含まれる窒素分子の数と等しい。

**エ**　容器Ｂの中に含まれる窒素分子の物質量に対する、容器Ａの中に含まれる水素分子の物質量の比は$\frac{1}{14}$である。

**オ**　容器Ｂの中に含まれる窒素分子の質量に対する、容器Ａの中に含まれる水素分子の質量の比は$\frac{1}{28}$である。

**1**　ア、ウ

**2**　ア、エ

**3**　イ、エ

**4**　イ、オ

**5**　ウ、オ

## 解説

正解 **1**

0℃、1気圧において、どのような気体も1［mol］で22.4［L］であるので、2.8［L］では、 1 mol：$x$ mol ＝22.4L：2.8L となり、$x$＝0.125［mol］である。

**ア** ◯ 　上記のように0.125［mol］である。

**イ** ✕ 　窒素分子1［mol］が28.0gであるので、窒素分子0.125molでは、1 mol：0.125mol＝28.0g：$y$gとなり、$y$＝3.5gである。

**ウ** ◯ 　どちらも0.125［mol］であるので、どちらも分子数は0.125×6.02×$10^{23}$個である。

**エ** ✕ 　どちらも0.125［mol］であるので、物質量の比は1：1である。

**オ** ✕ 　物質量の比が1：1であるので、質量の比は$\dfrac{2.0}{28.0}＝\dfrac{1}{14}$である。

2 　物質量と化学反応式　459

**問題4** 標準状態（0℃、1気圧）における二酸化炭素の気体110グラムの体積として、最も妥当なのはどれか。

東京消防庁 I 類2012

1. 48リットル
2. 52リットル
3. 56リットル
4. 110リットル
5. 160リットル

**解説**

正解 ③

　二酸化炭素 $CO_2$ 110g の物質量 [mol] を求める。原子量は問題文中に与えられていないので、炭素原子 C の原子量は12、酸素 O の原子量は16として二酸化炭素 $CO_2$の分子量を求めると、

　　($CO_2$の分子量) $=12+16×2=44$ [g/mol]

である。よって、

　　($CO_2$の物質量) $= \dfrac{110\,[\text{g}]}{44\,[\text{g/mol}]} = 2.5$ [mol]

である。

　アボガドロの法則より、標準状態（ 0 ℃、 1 気圧）において 1 mol あたりの気体の体積は22.4L であることから、$CO_2$ 2.5mol の体積は、

　　22.4 [L/mol] ×2.5 [mol] ＝56 [L]

である。

**問題5** 　炭酸カルシウム$CaCO_3$ 0.5gに、濃度1.0mol/Lの塩酸を10cm$^3$加えたときに発生する気体に関する記述として最も妥当なのはどれか。
　　ただし、$CaCO_3$の式量を100とする。

国家一般職2011

1　塩素が0.005mol発生する。

2　塩素が0.010mol発生する。

3　酸素が0.010mol発生する。

4　二酸化炭素が0.005mol発生する。

5　二酸化炭素が0.010mol発生する。

## 解説

正解 **4**

炭酸カルシウムと塩酸の反応は次のように表すことができる。

$$CaCO_3 + 2HCl \rightarrow CaCl_2 + H_2O + CO_2$$

炭酸カルシウム0.5〔g〕を物質量で表すと、

$$0.5 \,[g] \div 100 \,[g/mol] = 0.5 \times 10^{-2} \,[mol]$$

となる。また、濃度1.0〔mol/L〕、10〔cm³〕の塩酸の物質量は、10〔cm³〕=0.01〔L〕より、

$$1.0 \,[mol/L] \times 0.01 \,[L] = 1 \times 10^{-2} \,[mol]$$

となる。

ここで反応式より、炭酸カルシウムと塩酸の反応する物質量の比は、炭酸カルシウム：塩酸＝1：2なので、この反応は過不足なく起こったといえる。

次に、炭酸カルシウムと二酸化炭素の物質量の比は、炭酸カルシウム：二酸化炭素＝1：1なので、炭酸カルシウムを$0.5 \times 10^{-2}$〔mol〕反応させると生成する二酸化炭素は、

$$0.5 \times 10^{-2} \,[mol] = 0.005 \,[mol]$$

となる。

2　物質量と化学反応式　463

**問題6** 　メタン8.0gが完全燃焼するときに生成する水の物質量として、正しいのはどれか。ただし、メタンの分子式は$CH_4$、分子量は16とする。

東京都Ⅰ類2016

1 　0.5mol

2 　1.0mol

3 　1.5mol

4 　2.0mol

5 　2.5mol

## 解説

正解 **2**

メタンの分子量は16であることから、反応させるメタン8.0 [g] の物質量は、

$$8 \, [g] \div 16 \, [g/mol] = 0.5 \, [mol]$$

である。また、メタンの完全燃焼の反応式は以下のように表される。

$$CH_4 + 2O_2 \rightarrow CO_2 + 2H_2O$$

反応式の係数より、

（反応するメタン $CH_4$ の物質量）：（生成する水 $H_2O$ の物質量）＝ 1 : 2

であるので、水は、

$$0.5 \, [mol] \times 2 = 1.0 \, [mol]$$

生成する。

**問題7** プロパン$C_3H_8$ 4.4gが完全燃焼したとき、生成する水の質量はどれか。ただし、原子量はH＝1.0、C＝12.0、O＝16.0とする。

特別区Ⅰ類2015

1. 3.6g
2. 5.4g
3. 7.2g
4. 9.0g
5. 10.8g

## 解説

正解 ③

プロパン $C_3H_8$ が完全燃焼したときの反応式は次のように表すことができる。

$$C_3H_8 + 5O_2 \rightarrow 3CO_2 + 4H_2O$$

プロパンの分子量は$12 \times 3 + 1 \times 8 = 44$なので、4.4 [g] のプロパンの物質量は0.1 [mol] となる。ここで、反応するプロパンと生成する水の物質量の比は、プロパン：水＝1：4であるので、0.1 [mol] のプロパンによって生成する水は0.4 [mol] となる。次に、水の分子量＝$1 \times 2 + 16 = 18$なので、0.4 [mol] の水は、

$$0.4 \,[\text{mol}] \times 18 \,[\text{g/mol}] = 7.2 \,[\text{g}]$$

となる。

| 問題8 | 一酸化炭素2.8gを完全燃焼させるときに必要となる酸素の質量として、妥当なのはどれか。ただし、一酸化炭素の分子量を28、酸素の分子量を32とする。 |

東京都Ⅰ類2020

**①** 0.8g

**②** 1.4g

**③** 1.6g

**④** 2.8g

**⑤** 4.4g

## 解説

正解 ③

　メタンの分子量は28であることから、反応させる一酸化炭素2.8［g］の物質量は、

　　2.8［g］÷28［g/mol］＝0.1［mol］

である。また、一酸化炭素の完全燃焼の反応式は以下のように表される。

　　$2CO + O_2 \rightarrow 2CO_2$

　反応式の係数より、

　　（反応する一酸化炭素 CO の物質量）：（反応する酸素 $O_2$ の物質量）＝2：1

であるので、酸素は、

　　0.1［mol］×0.5＝0.05［mol］

必要となる。

　よって、酸素の分子量は32であることから、

　　0.05［mol］×32＝1.6［g］

となる。

2　物質量と化学反応式　469

**問題9** メタン（$CH_4$）0.50molと水素0.50molの混合気体を完全燃焼させたとき、生成する水の質量はいくらか。ただし、原子量は、H＝1.0、C＝12.0、O＝16.0とする。

国家一般職2009

1　12g

2　18g

3　27g

4　36g

5　45g

## 解説

正解 ❸

メタン $CH_4$ と水素 $H_2$ をそれぞれ完全燃焼させると次のような反応式になる。

$$CH_4 + 2O_2 \rightarrow CO_2 + 2H_2O$$

$$2H_2 + O_2 \rightarrow 2H_2O$$

上記の反応式の係数の比と、反応式中の物質の物質量の比は等しいので、メタンの燃焼によって生成する水を $x$ [mol]、水素の燃焼によって生成する水を $y$ [mol] とすると、

$$CH_4 : H_2O = 1 : 2 = 0.50 \text{ [mol]} : x \text{ [mol]} \qquad \cdots\cdots①$$

$$H_2 : H_2O = 1 : 1 = 0.50 \text{ [mol]} : y \text{ [mol]} \qquad \cdots\cdots②$$

と表すことができる。①、②より、$x = 1.0$ [mol]、$y = 0.50$ [mol] となり、生成する水の合計は1.5 [mol] とわかる。さらに、水の分子量は $1 \times 2 + 16 = 18.0$ より、

$$生成する水の量 = 1.5 \text{ [mol]} \times 18 \text{ [g/mol]} = 27 \text{ [g]}$$

となる。

2 物質量と化学反応式

**問題10** 質量48.0gのCH₄(メタン)を完全に燃焼させるとき、必要なO₂(酸素)の標準状態における体積として、妥当なのはどれか。ただし、原子量はC＝12、H＝1、O＝16とする。

特別区Ⅰ類2006

1. 67.2L
2. 89.6L
3. 112.0L
4. 134.4L
5. 156.8L

## 解説

正解 **4**

メタンの化学反応式は以下のようになる。

$$CH_4 + 2O_2 \rightarrow 2H_2O + CO_2$$

次に、メタンの分子量は $12 + 1 \times 4 = 16$ であるので、$48.0$g のメタンは $\dfrac{48.0}{16} = 3$ [mol] となる。

よって、化学反応式より、メタン $3$ mol を完全に燃焼させるときに必要な酸素分子は $6$ mol であり、$6$ mol の酸素分子の標準状態における体積は $22.4 \times 6 = 134.4$ [L] となる。

**問題11** エチレン($C_2H_4$)2.8gを完全燃焼させたときに発生する二酸化炭素($CO_2$)の重さとして、最も妥当なのはどれか。ただし、原子量はH＝1、C＝12、O＝16とする。

東京消防庁Ⅰ類2010

① 8.4g

② 8.8g

③ 9.2g

④ 9.6g

⑤ 10.0g

## 解説

正解 **2**

エチレンを完全燃焼させたときの化学反応式は次のように示される。

$$C_2H_4 + 3O_2 \rightarrow 2CO_2 + 2H_2O$$

次に、エチレンの分子量は$12 \times 2 + 1 \times 4 = 28$であるため、エチレン2.8gは$\dfrac{2.8}{28}$ $=0.1$〔mol〕となる。さらに、化学反応式よりエチレンと二酸化炭素の係数の比は、エチレン：二酸化炭素$=1:2$となる。よって、係数の比と物質量の比は等しいので、二酸化炭素の分子量を$x$ molとすると、エチレン：二酸化炭素$=1:2=$ $0.1$mol：$x$ mol となり、$x=0.2$となる。また、二酸化炭素の分子量は$12 \times 1 + 16 \times 2 = 44$であるため、二酸化炭素0.2molは$44 \times 0.2 = 8.8$〔g〕となる。

**問題12** 次の⑦〜①の物質量[mol]の大小関係を示したものとして最も妥当なのはどれか。

ただし、原子量はH＝1.0、C＝12.0、O＝16.0とし、アボガドロ定数は$6.02 \times 10^{23}$/molとする。

国家専門職2018

⑦　$3.01 \times 10^{24}$個の水素分子

④　標準状態（0℃、$1.013 \times 10^5$Pa）で44.8Lの酸素分子

⑦　27.0gの水分子

①　2.0molのアセチレン（$C_2H_2$）を完全燃焼させたときに生成する二酸化炭素分子

**1**　⑦＞④＞①＞⑦

**2**　⑦＞①＞④＞⑦

**3**　④＞①＞⑦＞⑦

**4**　①＞④＞⑦＞⑦

**5**　①＞⑦＞⑦＞④

| 解説 | 正解 **2** |

⑦：5.0 [mol]

水素分子の $3.01 \times 10^{24}$ 個は、

$$3.01 \times 10^{24} \div 6.02 \times 10^2 \, [/\mathrm{mol}] = 5.0 \, [\mathrm{mol}]$$

である。

⑦：2.0 [mol]

標準状態における気体の体積は、気体の種類によらず 1 [mol] あたり 22.4 [L] であるので、

$$44.8 \, [\mathrm{L}] \div 22.4 \, [\mathrm{L/mol}] = 2.0 \, [\mathrm{mol}]$$

である。

⑦：1.5 [mol]

水 $H_2O$ の分子量は $(1 \times 2 + 16) = 18 \, [\mathrm{g/mol}]$ であるので、水 27 [g] の物質量は、

$$27 \, [\mathrm{g}] \div 18 \, [\mathrm{g/mol}] = 1.5 \, [\mathrm{mol}]$$

である。

⑦：4.0 [mol]

アセチレン $C_2H_2$ の完全燃焼の反応式は以下の通りである。

$$2C_2H_2 + 5O_2 \rightarrow 4CO_2 + 2H_2O$$

反応式の係数の比より、反応するアセチレンの物質量と生成する二酸化炭素の物質量の比は以下の通りである。

（反応するアセチレンの mol）：（生成する二酸化炭素の mol）＝ 2：4 ＝ 1：2

よって、アセチレン 2 [mol] が反応することで生成した二酸化炭素の物質量は、

$$2 \, [\mathrm{mol}] \times 2 = 4.0 \, [\mathrm{mol}]$$

である。

★★★

# 3 酸と塩基

酸性や塩基性などの液性は日常で特に目にするものであり、それらの反応は代表的な化学反応といえます。ここでは中和や塩も含めて詳しく見ていきましょう。

## ❶ 酸と塩基

### 1 酸と塩基の定義

水溶液中で、水素イオン$H^+$を増やすように作用する物質を**酸**、水酸化物イオン$OH^-$を増やすように作用する物質を**塩基**という。酸と塩基には以下のような定義がある。

> アルカリ

#### ① アレニウスの定義

水溶液中で、電離して水素イオン$H^+$を生じる物質を酸、水酸化物イオン$OH^-$を生じる物質を塩基と定義する。

**例** 酸：$HCl \rightarrow H^+ + Cl^-$
  塩基：$NaOH \rightarrow Na^+ + OH^-$

#### ② ブレンステッドの定義

水素イオンを生じる物質を酸、水素イオンを受け取る物質を塩基と定義する。

**例** 塩基：$NH_3 + H_2O \rightleftharpoons NH_4^+ + OH^-$ [1]

---

**1** $NH_3$は塩基、$H_2O$は酸として作用した結果、水酸化物イオン$OH^-$を生じる。

## 2 酸と塩基の特徴

酸と塩基は，表のような特徴を持つ。

### 酸と塩基の特徴

| | 酸 | 塩 基 |
|---|---|---|
| 指示薬の色の変化 | ❶青色リトマス紙を赤色にする<br>❷BTB溶液[2]を黄色にする<br>❸メチルオレンジ溶液を赤色にする | ❶赤色リトマス紙を青色にする<br>❷BTB溶液を青色にする<br>❸フェノールフタレイン溶液を赤色にする<br>❹メチルオレンジ溶液を黄色にする |
| 味 | 酸っぱい味がする | 苦い味がする |
| 金属との反応 | 鉄、マグネシウム、アルミニウム、亜鉛などの金属と反応して水素を発生する | アルミニウム、亜鉛（両性元素）と反応して水素を発生する |

## 3 価 数

酸 1 分子中に含まれる水素原子Hのうち、水素イオン$H^+$として塩基に与えることができるHの数を酸の価数という。塩基では、組成式に含まれる水酸化物イオン$OH^-$の数を塩基の価数という。

なお、アンモニア$NH_3$などの分子からなる塩基は、 1 分子が受け取る$H^+$の数で定義する。

### 酸と塩基の電離式

| | | |
|---|---|---|
| 1価の酸 | 塩 酸 | $HCl \rightarrow H^+ + Cl^-$ |
| | 硝 酸 | $HNO_3 \rightarrow H^+ + NO_3^-$ |
| | 酢 酸 | $CH_3COOH \rightarrow H^+ + CH_3COO^-$ |
| 2価の酸 | 硫 酸 | $H_2SO_4 \rightarrow 2H^+ + SO_4^{2-}$ |
| | 炭 酸 | $CO_2 + H_2O \rightarrow H^+ + HCO_3^- \rightarrow 2H^+ + CO_3^{2-}$ |
| 1価の塩基 | 水酸化ナトリウム | $NaOH \rightarrow Na^+ + OH^-$ |
| | 水酸化カリウム | $KOH \rightarrow K^+ + OH^-$ |
| | アンモニア | $NH_3 + H_2O \rightarrow NH_4^+ + OH^-$ |
| 2価の塩基 | 水酸化バリウム | $Ba(OH)_2 \rightarrow Ba^{2+} + 2OH^-$ |
| | 水酸化カルシウム | $Ca(OH)_2 \rightarrow Ca^{2+} + 2OH^-$ |
| | 水酸化銅 | $Cu(OH)_2 \rightarrow Cu^{2+} + 2OH^-$ |

---

**2** BTB溶液の中性は緑色である。

## 4 電離と電離度

電解質は、そのすべてが電離しているわけではなく、種類によってどの程度電離するのかが異なる。ある電解質が1[mol]当たりどれだけ電離しているかという**電離の程度**のことを**電離度**という。

電離度は以下のように定義式で表すことができる。電離度が1に近い酸、塩基が**強酸**、**強塩基**であり、電離度が1より著しく小さい酸、塩基が**弱酸**、**弱塩基**である[3]。価数とは無関係で、電離度の大小によって定まる。

$$電離度\ \alpha = \frac{電離した酸、塩基のモル濃度\ [mol/L]}{酸、塩基のモル濃度}$$

$$= \frac{電離した酸、塩基の物質量\ [mol]}{酸、塩基の物質量\ [mol]}$$

### 強酸、強塩基、弱酸、弱塩基

| 強　酸 | 塩酸HCl、硝酸$HNO_3$、硫酸$H_2SO_4$ |
|---|---|
| 強塩基 | 水酸化ナトリウムNaOH、水酸化バリウム$Ba(OH)_2$、水酸化カリウムKOH、水酸化カルシウム$Ca(OH)_2$ |
| 弱　酸 | 酢酸$CH_3COOH$、炭酸$H_2CO_3$、硫化水素$H_2S$ |
| 弱塩基 | アンモニア$NH_3$、水酸化銅$Cu(OH)_2$ |

## 5 モル濃度

溶液1[L]中に溶けている溶質の量を物質量[mol]で示した濃度を**モル濃度**という。モル濃度の単位は[mol/L]を用いる。

$$モル濃度[mol/L] = \frac{溶質の物質量\ [mol]}{溶液の体積\ [L]}$$

---

**3**　弱酸の中でも、リン酸$H_3PO_4$は酢酸$CH_3COOH$や炭酸$H_2CO_3$よりも強い酸である。また、アルカリ金属、アルカリ土類金属の水酸化物は強塩基で、それ以外は弱塩基になる。

## 6 pH（水素イオン指数）

　液性を客観的な数値で表現するときは、[H$^+$]を基準としたpH（Potential of Hydrogen：水素の潜在力＝水素イオン指数）という指標を用いる。

　pHは水溶液中の**水素イオン濃度**[H$^+$]に基づく指標で、[H$^+$]＝$1.0 \times 10^{-n}$ [mol/L]と表したときのnの値がpHにあたり、**中性のときはpH＝7**であり、**7より小さくなるほど酸性が強く、7より大きくなるほど塩基性が強くなる**[4]。

## 7 水のイオン積

　水溶液中の水素イオンのモル濃度[H$^+$]と水酸化物イオンのモル濃度[OH$^-$]の積は、温度が同じであれば常に一定で、25℃のとき、水の電離 H$_2$O $\rightleftarrows$ H$^+$ + OH$^-$ から、平衡であることが知られており、

　　[H$^+$]＝[OH$^-$]＝$1.0 \times 10^{-7}$ [mol/L]

である。この掛け算を**水のイオン積**Kwといい、

　　Kw＝[H$^+$][OH$^-$]＝$1.0 \times 10^{-14}$ (mol/L)$^2$

である。

---

[4] 塩基性の物質が水溶液になったときの性質をアルカリ性という。

## ❷ 中 和

### 1 中和反応

　酸と塩基が互いの**性質を打ち消し合う**ことを**中和**という。このとき、酸のH$^+$と塩基のOH$^-$が反応して水H$_2$Oができる。また、酸の陰イオンと塩基の陽イオンが反応してできた物質を**塩**という。

### 2 中和計算

　酸と塩基が過不足なく中和する場合、酸から電離したH$^+$の物質量[mol]と、塩基が受け取ったH$^+$の物質量[mol]（電離したOH$^-$の物質量）とが等しい状態（これを**中和点**という）であるため、次の式が成り立つ。

　　酸の物質量[mol]×価数＝塩基の物質量[mol]×価数

　実際には、モル濃度も考慮する必要があるため、以下のように計算していくことになる。

　　酸の溶液　　：濃度$C_1$［mol/L］、体積$V_1$［mL］、価数$a$
　　塩基の溶液：濃度$C_2$［mol/L］、体積$V_2$［mL］、価数$b$

とすると、以上の溶液の中和の条件式は以下のようになる。

$$\underbrace{C_1[\text{mol/L}] \times \frac{V_1[\text{mL}]}{1000} \times 価数a}_{酸のmol} \quad = \quad \underbrace{C_2[\text{mol/L}] \times \frac{V_2[\text{mL}]}{1000} \times 価数b}_{塩基のmol}$$

　両辺に1000を乗じて、

$$C_1[\text{mol/L}] \times V_1[\text{mL}] \times 価数a \quad = \quad C_2[\text{mol/L}] \times V_2[\text{mL}] \times 価数b$$

## 3 中和滴定

　濃度未知の酸(塩基)を一定体積取り、これに濃度既知の塩基(酸)を中和点まで加えていくと、それに要した体積から酸(塩基)の濃度が計算できる。このような実験操作を中和滴定という。

　このとき、中和点では急激にpHが変化する。この様子をグラフにしたものが滴定曲線である。水溶液のpHが急激に変化する範囲に変色域を持つ指示薬を使用して判断する。

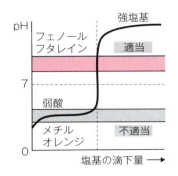

# 過去問 Exercise

**問題1**

次の化合物のうち、水溶液が酸性を示すものとして、最も妥当なのはどれか。

東京消防庁Ⅰ類2015

**1** $HNO_3$

**2** NaOH

**3** KOH

**4** $NH_3$

**5** NaCl

## 解説

正解 ①

**①** ◯ 硝酸$HNO_3$の水溶液は、酸性(1価の酸)である。

**②** ✕ 水酸化ナトリウム$NaOH$の水溶液は、塩基性(1価の塩基)である。

**③** ✕ 水酸化カリウム$KOH$の水溶液は、塩基性(1価の塩基)である。

**④** ✕ アンモニア$NH_3$の水溶液は、塩基性(1価の塩基)である。

**⑤** ✕ 塩化ナトリウム$NaCl$の水溶液は、中性である。

第3章

化学

3 酸と塩基　485

**問題2** pHに関しての記述で、空欄 A ～ D の組合せとして最も妥当なのはどれか。

東京消防庁 I 類2011

水溶液の酸性や塩基性の強弱を表す値として、$H^+$の A 、すなわち水素イオン濃度 $[H^+]$ を B と表したときの n の値を使う。この n の値を pH または、 C という。中性の水溶液は pH＝7 であり、塩基性が強くなるに従い、pH の値は D なる。

|   | A | B | C | D |
|---|---|---|---|---|
| 1 | モル濃度 | $1.0\times10^n\,mol/L$ | 水素イオン指数 | 小さく |
| 2 | モル濃度 | $1.0\times10^{-n}\,mol/L$ | 水素イオン指数 | 大きく |
| 3 | イオン濃度 | $1.0\times10^{7n}\,mol/L$ | 水素イオン濃度 | 小さく |
| 4 | イオン濃度 | $1.0\times10^{-7n}\,mol/L$ | 水素イオン濃度 | 大きく |
| 5 | モル濃度 | $1.0\times10^{2n}\,mol/L$ | イオン指数濃度 | 大きく |

## 解説

正解 **2**

**A：モル濃度**

pH（水素イオン指数）は、水素イオン $H^+$ のモル濃度をもとに示された指標である。

**B：$1.0 \times 10^{-n}$mol/L**

pH（水素イオン指数）は、水素イオン濃度 $[H^+]$ を $1.0 \times 10^{-n}$mol/L と表したときの n の値のことである。

**C：水素イオン指数**

pH のことを水素イオン指数という。

**D：大きく**

pH の値は 7 を中性として、小さくなるほど酸性が強くなり、大きくなるほど塩基性が強くなる。

**問題3**　ある濃度の希硫酸10.0mLを完全に中和するのに、0.10mol/Lの水酸化ナトリウム水溶液8.0mLを要したとき、希硫酸のモル濃度として、正しいのはどれか。

東京都Ⅰ類2014

**1**　0.01mol/L

**2**　0.02mol/L

**3**　0.04mol/L

**4**　0.08mol/L

**5**　0.16mol/L

**解説**

正解 **3**

希硫酸のモル濃度を $x$ [mol/L] とする。

希硫酸とは濃度の薄い硫酸であり、2価の酸であるので、$x$ [mol/L] の希硫酸 10.0 [mL] に含まれる $H^+$ のモル数は $2 \times x \times \dfrac{10}{1000}$ [mol] となる。

水酸化ナトリウムは1価の塩基であるので、0.10 [mol/L] の水酸化ナトリウム 8.0 [mL] に含まれる $OH^-$ のモル数は $1 \times 0.1 \times \dfrac{8}{1000}$ [mol] となる。

完全に中和した状態では、$H^+$ のモル数と $OH^-$ のモル数は等しく、以下の式が成り立つ。

$$2 \times x \times \frac{10}{1000} = 1 \times 0.1 \times \frac{8}{1000}$$

上式を解くと、$x = 0.04$ [mol/L] となる。

**問題4**　濃度の分からない硫酸15.0mLを中和滴定したとき、0.4mol/Lの水酸化ナトリウム水溶液が45.0mL必要であった。この硫酸のモル濃度はどれか。

特別区Ⅰ類2006

1　0.4mol/L

2　0.6mol/L

3　0.8mol/L

4　1.0mol/L

5　1.2mol/L

**解説**

正解 ❷

硫酸のモル濃度を $x$ [mol/L] とする。

硫酸は2価の酸であるので、$x$ [mol/L] の硫酸15.0 [mL] に含まれる $H^+$ のモル数は、

$$x \times \frac{15.0}{1000} \times 2 \text{[mol]}$$

となる。

水酸化ナトリウムは1価の塩基であるので、0.4 [mol/L] の水酸化ナトリウム45.0 [mL] に含まれる $OH^-$ のモル数は、

$$0.4 \times \frac{45.0}{1000} \times 1 \text{[mol]}$$

となる。

中和滴定している（つまり過不足なく中和させた）ので、$H^+$ のモル数と $OH^-$ のモル数は等しく、以下の式が成り立つ。

$$x \times \frac{15.0}{1000} \times 2 = 0.4 \times \frac{45.0}{1000} \times 1$$

よって、$x = 0.6$ [mol/L] となる。

**問題5** 　0.2mol/Lの酢酸20mLと0.1mol/Lの硫酸40mLとを混合した水溶液を完全に中和するために必要な0.8mol/Lの水酸化ナトリウム水溶液の量はどれか。

特別区Ⅰ類2003

1 　5 mL

2 　10mL

3 　15mL

4 　20mL

5 　25mL

**解説**

正解 ③

酢酸 $CH_3COOH$ は 1 価の酸であるので、0.2mol/L の酢酸20mL に含まれる $H^+$ は $0.2 \times \dfrac{20}{1000} \times 1$ [mol] である。

また、硫酸 $H_2SO_4$ は 2 価の酸であるので、0.1mol/L の硫酸40mL に含まれる $H^+$ は $0.1 \times \dfrac{40}{1000} \times 2$ [mol] である。

さらに、水酸化ナトリウム $NaOH$ は 1 価の塩基であるので、0.8mol/L の水酸化ナトリウム $x$ mL に含まれる $OH^-$ は $0.8 \times \dfrac{x}{1000} \times 1$ [mol] である。

完全に中和するので、$H^+$ のモル数と $OH^-$ のモル数は等しく、以下の式が成り立つ。

$$0.2 \times \frac{20}{1000} \times 1 + 0.1 \times \frac{40}{1000} \times 2 = 0.8 \times \frac{x}{1000} \times 1$$

上式を解くと、$x = 15$ となる。

3 酸と塩基

| 問題6 | 酸と塩基に関する記述として、妥当なものはどれか。 |

東京都Ⅰ類2003

**1** 酸は、水溶液中で電離して水素イオンを生じる物質で、金属と反応して水素を発生する性質があり、酸の例として、アンモニアがある。

**2** 塩基は、水溶液中で電離して水酸化物イオンを生じる物質、又は他の物質から水素イオンを受け取る物質であり、塩基のうち水に溶けるものをアルカリという。

**3** 電離度は、電解質が水溶液中で電離している割合であり、電離度の大きい酸を強酸、小さい塩基を強塩基といい、強酸の例として硫化水素、強塩基の例として水酸化ナトリウムがある。

**4** 水のイオン積は、水素イオン濃度と水酸化物イオン濃度との積の値で表され、水溶液に溶けている酸や塩基によって値が異なり、この値をpHといい、中性の水溶液では7を示す。

**5** 塩は、酸と塩基の中和によって水とともに生じる物質であり、中和においては、酸性と塩基性が互いに打ち消し合うため、この塩の水溶液は必ず中性を示す。

## 解説

正解 **2**

**❶** ✕　アンモニア$NH_3$は$NH_3 + H_2O \rightarrow NH_4{}^+ + OH^-$と電離するので、1価の弱塩基である。なお、他の部分は妥当である。

**❷** ◯　水酸化ナトリウム$NaOH$のように、$NaOH \rightarrow Na^+ + OH^-$と電離するものや、アンモニア$NH_3$のように、$NH_3 + H_2O \rightarrow NH_4{}^+ + OH^-$と電離するのが塩基である。

**❸** ✕　電離度の大きい塩基が強塩基である。また、硫化水素$H_2S$は弱酸である。なお、他の部分は妥当である。

**❹** ✕　pHは水素イオン指数であり、水のイオン積とは別のものである。水のイオン積についての説明は妥当である。

**❺** ✕　塩についての前半の説明は妥当であるが、塩の水溶液が必ず中性になるとは限らない。例えば強酸の塩酸$HCl$と弱塩基のアンモニア$NH_3$の中和によって生じる塩化アンモニウム$NH_4Cl$は、加水分解により水溶液は酸性となる。

| | | 問題7 | | 酸と塩基の反応に関する次のA ~ Dの記述の正誤の組合せとして最も妥当なものはどれか。 |

**問題7** 酸と塩基の反応に関する次のA ~ Dの記述の正誤の組合せとして最も妥当なものはどれか。

裁判所一般職2019

**A** 酸と塩基が反応して、互いにその性質を打ち消し合う反応を中和という。

**B** 酸と塩基を反応させて、酸の$H^+$と塩基の$OH^-$が結合すると水ができる。

**C** 酸と塩基が過不足なく反応して、中和反応が完了する点を中和点という。

**D** 過不足なく反応する酸と塩基を用いて水溶液を中性にする操作を中和滴定という。

| | A | B | C | D |
|---|---|---|---|---|
| **1** | 正 | 正 | 誤 | 正 |
| **2** | 正 | 正 | 正 | 誤 |
| **3** | 誤 | 正 | 誤 | 正 |
| **4** | 誤 | 誤 | 正 | 正 |
| **5** | 誤 | 正 | 正 | 正 |

## 解説

正解 **2**

**A** ◯　正しい記述である。

**B** ◯　正しい記述である。

**C** ◯　正しい記述である。

**D** ✕　中和滴定は、濃度のわからない酸や塩基の濃度を求めるために行われるもので、水溶液を中性にすることが目的ではない。

| | 問題8 | 酸と塩基に関する次のA〜Dの記述の正誤の組合せとして最も適当なものはどれか。 |

裁判所一般職2014

**A**　酢酸や硫酸などの水溶液中で電離して水素イオンを生じる物質を酸といい、酸は青色リトマス紙を赤くする。

**B**　水酸化ナトリウムや水酸化カルシウムなどの水溶液中で電離して水酸化物イオンを生じる物質を塩基という。塩基は、赤色のリトマス紙を青くし、また、酸の水溶液の酸性を打ち消して塩を生成する。

**C**　水溶液の酸性の強さや塩基性の強さを表すのにはpHという数値が使われる。pHが7より大きな場合を酸性、7より小さな場合を塩基性という。

**D**　酸が塩基に与えることのできる水素イオンの物質量と、塩基に含まれる水酸化物イオンの物質量とが等しいとき、酸と塩基は過不足なく反応する。これを中和反応という。

| | A | B | C | D |
|---|---|---|---|---|
| **1** | 誤 | 正 | 正 | 正 |
| **2** | 正 | 誤 | 正 | 正 |
| **3** | 正 | 正 | 誤 | 正 |
| **4** | 正 | 正 | 正 | 誤 |
| **5** | 誤 | 誤 | 正 | 正 |

## 解説

正解 **3**

**A** ○　酢酸や硫酸のように、水溶液中で電離して、水素イオンを生じる物質を酸という。酸は、青色リトマス紙を赤色に変化させる。

**B** ○　水酸化ナトリウムや水酸化カルシウムのように、水溶液中で電離して、水酸化物イオンを生じる物質を塩基という。塩基は、赤色リトマス紙を青色に変化させ、また、酸の水溶液の酸性を打ち消して塩を生成する。

**C** ✕　水溶液の酸性や塩基性の強弱を示すのに、pHという数値が用いられる。pHが7より小さい場合を酸、7より大きい場合を塩基という。

**D** ○　水溶液の酸が塩基に与えることのできる水素イオンの物質量と、塩基に含まれる水酸化物イオンの物質量が等しいとき、酸と塩基は過不足なく反応する。これを、中和反応という。

中和反応 = 酸と塩基が
反応し合う

3　酸と塩基　499

★★☆

# 4 酸化と還元

酸素の授受だけではなく、水素や電子に注目したやり取りも酸化・還元として定義できます。また電池は典型的な酸化還元反応なので、併せて見ていきましょう。

## ❶ 酸化と還元

### 1 酸化と還元の定義

酸化と還元には、酸素のやりとりに着目した定義、水素のやりとりに着目した定義、電子のやりとりに着目した定義がある。

酸化と還元の定義

| | | 酸化される | 還元される |
|---|---|:---:|:---:|
| ❶ | 酸　素 | 得る | 失う |
| ❷ | 水　素 | 失う | 得る |
| ❸ | 電　子 | 失う | 得る |

❶ 酸素と結合することによる酸化反応と酸素を失うことによる還元反応

　　**例** $2Cu + O_2 \rightarrow 2CuO$ 　　　…銅が酸化された

　　　　 $CuO + H_2 \rightarrow Cu + H_2O$ 　…酸化銅が還元された

❷ 水素を失うことによる酸化反応と水素と結合することによる還元反応

　　**例** $2H_2S + O_2 \rightarrow 2S + 2H_2O$ 　…硫化水素は酸化され、酸素は還元された

❸ 電子($e^-$)を失うことによる酸化反応と電子($e^-$)を得ることによる還元反応[1]

　　**例** $Fe + Cu^{2+} \rightarrow Fe + Cu$ 　　…鉄は酸化され、銅イオンは還元された

---

[1] ❶、❷についても電子の授受で説明することができる。酸素は電気陰性度が大きいので、分子となっても電子を引き付ける。これは、電子を得ることと同様に考えることができる。また、水素は電気陰性度が小さく、分子となっていても他の分子に電子が引っ張られるので、電子を失ったと考えることができる。

酸化と還元

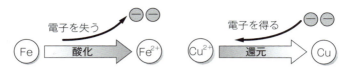

　一般に陽性の強い元素の原子は酸化されやすく、陰性の強い元素の原子は還元されやすい。また、酸化と還元は必ず同時に起こるので、まとめて**酸化還元反応**という。

## 2 酸化数

　酸化還元反応を理解するには、原子間で電子$e^-$がどのように授受されたかを知る必要がある。例えば共有結合のような分子の反応では、原子が酸化されたのか還元されたのかは、表面的にはわからない。そこで、分子が関わる酸化還元反応でも酸化や還元の関係を明確に判断できるように**酸化数**という指標が考えられた。酸化数は、物質中のそれぞれの原子に対する酸化の度合いを数値化したもので、これは一定のルールによって決められている。

　原子がもともと持っている電子の数を基準にして、そこから**奪われた電子の数を酸化数**とする。**酸化数が＋になった場合には酸化**され、**－になった場合には還元**されたことになる。

酸化数の規則

| 規則 | 例 |
|---|---|
| 単体：<br>原子の酸化数は0とする | $H_2$、$O_2$、$N_2$、$Cl_2$、$Cu$<br>すべて0 |
| 単原子イオン：<br>酸化数はイオンの電荷に等しい | $Na^+$、$K^+$、$Ca^{2+}$、$Al^{3+}$、$Cl^-$、$S^{2-}$<br>すべて電荷と等しい |
| 化合物：<br>水素原子の酸化数は＋1<br>酸素原子の酸化数は－2 | $H_2O$、$CO_2$<br>例外 $H_2O_2$（Oは－1）、NaH（Hは－1） |
| 電気的に中性の化合物：<br>構成原子の酸化数の総和が0 | $SO_2$（Oが－2なので、S－4＝0よりS＝＋4）<br>$HNO_3$（＋1＋N－6＝0より、N＝＋5） |
| 多原子イオン：<br>構成原子の酸化数の総和は、<br>そのイオンの価数に等しい | $NH_4^+$（N＋4＝＋1より、N＝－3）<br>$SO_4^{2-}$（S－8＝－2より、S＝＋6） |

## ❷ 酸化剤と還元剤

### 1 酸化剤

　電子を奪う力、酸素を与える力の強い物質を**酸化剤**という。すなわち、**相手方を酸化し、自らは還元**される物質である。

### 2 還元剤

　電子を与える力、酸素を奪う力の強い物質を**還元剤**という。すなわち、**相手方を還元し、自らは酸化**される物質である。

### 3 酸化剤・還元剤としてはたらく物質の例

① **酸化剤としてはたらく物質**
　　**例**　二酸化マンガン$MnO_2$、過マンガン酸カリウム$KMnO_4$、二クロム酸カリウム$K_2Cr_2O_7$、濃硫酸$H_2SO_4$、濃硝酸$HNO_3$、塩素$Cl_2$

② **還元剤としてはたらく物質**
　　**例**　水素$H_2$、硫化水素$H_2S$、ナトリウム$Na$（などのイオン化傾向の大きい金属）

③ **酸化剤と還元剤の両方としてはたらく物質**
　　**例**　過酸化水素$H_2O_2$、二酸化硫黄$SO_2$

### 4 金属の酸化還元反応

　金属が電子を失って(酸化して)陽イオンに変化する反応は、金属ごとに反応のしやすさが異なっており、この**陽イオンへの変化しやすさ**を**金属のイオン化傾向**という。
　金属をイオン化傾向の大きい順に並べたものを**金属のイオン化列**という。

金属のイオン化列

$$K > Ca > Na > Mg > Al > Zn > Fe > Ni > Sn > Pb > (H) > Cu > Hg > Ag > Pt > Au$$

大　◀──────────── イオン化傾向 ────────────▶　小

## 金属のイオン化傾向

| | | K | Ca | Na | Mg | Al | Zn | Fe | Ni | Sn | Pb | $H_2$ | Cu | Hg | Ag | Pt | Au |
|---|---|---|---|---|---|---|---|---|---|---|---|---|---|---|---|---|---|
| 空気中での酸化 | 常温 | 内部まで酸化 | | | | 表面が酸化 | | | | | | | | | | 酸化されない | |
| | 高温 | 燃焼し酸化物になる | | | | 強熱により酸化物になる | | | | | | | | | | 酸化されない | |
| 水との反応（水素を発生） | | 常温で激しく反応 | | | ❶ | 高温の水蒸気と反応 | | | 反応しない | | | | | | | | |
| 酸との反応 | | 希塩酸、希硫酸などの薄い酸と反応し水素を発生❷ | | | | | | | | | ❸ | | 酸化作用の強い酸と反応❹ | | | 王水と反応❺ | |

❶熱水（沸騰水）と反応
❷Al、Fe、Niは濃硝酸とは不動態となり反応しない
❸Pbは塩酸や希硫酸とは反応しにくい
❹酸化作用の強い酸（濃硝酸・熱濃硫酸）と反応して、濃硝酸の場合には二酸化窒素、熱濃硫酸の場合は二酸化硫黄を発生する
❺王水は濃塩酸と濃硝酸を3：1で混合した液体のこと

## 3 酸化還元反応と人間生活

### 1 金属の精錬

　金属のうち、単体で自然界に存在するものは、イオン化傾向が小さい金AuやプラチナPtなどごく一部で、多くの金属は酸化物や硫化物などの鉱石として産出する。そのため、利用するには酸化還元反応によって単体を取り出さなければならない。これを精錬という。

　鉄など、イオン化傾向が比較的小さいものは、鉱石を還元することによって得られるが、イオン化傾向が大きい金属は電気分解を用いて単体を得る必要がある。例えばアルミニウムは、酸化アルミニウム$Al_2O_3$を電気分解する方法によって単体を得る。これを溶融塩電解という。また銅は、不純物を含む粗銅を陽極に、純銅を陰極にして、硫酸銅（II）水溶液を電気分解して精錬する。これを電解精錬という。

## 2 製　鉄

鉄Feは、コークスCから生じた一酸化炭素COによって、赤鉄鉱$Fe_2O_3$や磁鉄鉱$Fe_3O_4$などの鉄鉱石を高炉で還元して得られる。

$$Fe_2O_3 + 3CO \rightarrow 2Fe + 3CO_2$$

高炉で得られる鉄は**銑鉄**と呼ばれ、４％ほどの炭素Cを含んでおりもろい。よってこれを転炉に移し、酸素を送り込むことによって炭素含有量を減らすと**鋼**となる。

## 3 さびとめっき

金属の精錬で得た単体を放置すると、空気中の酸素や水と反応して酸化されていく。これを**さび**という。鉄などのさびは表面にとどまらず内部まで進む。そのため、他の金属によって表面被膜を作るなどの方法があり、これを**めっき**加工という。めっきは、製品の美観、耐食性、耐摩擦性（耐摩耗性）といった機能性の向上を目的に行われる。

### ① トタン

鉄板に亜鉛Znをめっきしたものを**トタン**といい、屋外で水に濡れる場所で使われる製品（屋根など）に用いられる。

亜鉛Znと鉄Feでは、イオン化傾向がZn＞Feであるので、表面の亜鉛に傷がついて鉄が露出しても、亜鉛が先にイオンになる（酸化される）ため、鉄板だけのときよりもさびにくくなる。さらに、亜鉛の酸化皮膜は密着性があって内部を保護するため、よりさびにくくなる。

### ② ブリキ

鉄板に錫Snをめっきしたものを**ブリキ**といい、缶詰の内壁などに用いられる。

ブリキは鉄板だけよりもさびにくい。ただし、鉄Feと錫Snでは、イオン化傾向がFe＞Snであるので、いったん表面の錫に傷がついて鉄が露出してしまうと、鉄が先にイオンになる。このため、鉄板だけのときよりも速くさびてしまうので、缶詰の内壁などの傷がつかないところに利用される。

# 4 電池

## 1 化学電池

　酸化還元反応による電子の流れを利用して、電気エネルギーを取り出す装置のことを**化学電池**という。化学電池には以下のとおり、**負極**と**正極**がある。
- ❶ 負極：イオン化傾向が大きいほうの金属(電子を放出する側)
- ❷ 正極：イオン化傾向が小さいほうの金属(電子を受け入れる側)

　電子は負極から正極へ、電流は正極から負極へ流れる。また、負極では**酸化反応**、正極では**還元反応**が起こっている。

### ① ボルタ電池

　希硫酸$H_2SO_4$の中に銅板と亜鉛板を入れ、導線でつないで電流を流す電池を**ボルタ電池**という。

　電池式：$(-)\ Zn\ |\ H_2SO_4\ aq\ |\ Cu\ (+)$
　起電力：1.1V
　負　極：$Zn \rightarrow Zn^{2+} + 2e^-$　　　酸化反応
　正　極：$2H^+ + 2e^- \rightarrow H_2\uparrow$　　　還元反応[2]

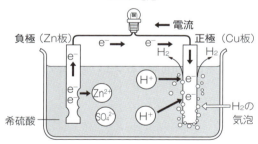

ボルタ電池

　ボルタ電池は、使用開始後すぐに電池としての機能を失ってしまう。この現象を**電池の分極**という。これは、正極で生じた$H_2$が銅板の表面に付着して$H^+$と$e^-$の結合を防いだり、$H_2$がイオン化して逆方向に電子を移動させようとしたりすることが原因である。

---

[2] 化学反応式中の「↓」は沈殿が生じたことを、「↑」は気体が生じたことを示す。

② ダニエル電池

　硫酸亜鉛ZnSO₄水溶液中に亜鉛板を、硫酸銅CuSO₄水溶液中に銅板を入れ、それぞれの水溶液が混ざらないように素焼きの壁やセロハンで二つを隔て、亜鉛板と銅板を導線でつないで電流を流す電池を**ダニエル電池**という。

　電池式：(−) Zn｜ZnSO₄ aq‖CuSO₄ aq｜Cu(＋)
　起電力：1.1V
　負　極：Zn → Zn²⁺＋2e⁻　　酸化反応
　正　極：Cu²⁺＋2e⁻ → Cu　　還元反応

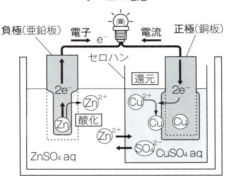

　セロハン（半透膜）は電解液が混じるのを防いでいるが、イオンは膜を通過していくので両溶液は電気的に接続している。

　気体の発生がなく繰り返し使用可能であるという性質を持つ。ただ、現在は使用されていない。

### ③ 鉛蓄電池

鉛板と酸化鉛板を希硫酸に入れ、導線でつないで電流を流す電池を**鉛蓄電池**という。放電と充電の二つを繰り返し行うことができる電池であり、自動車のバッテリーなどに利用されている。

電池式：$(-)\ Pb\ |\ H_2SO_4\ aq\ |\ PbO_2(+)$

起電力：2.1V

（放電の場合）

負　極：$Pb + SO_4^{2-} \rightarrow PbSO_4 + 2e^-$　　　　　　　　　酸化反応

正　極：$PbO_2 + SO_4^{2-} + 4H^+ + 2e^- \rightarrow PbSO_4 + 2H_2O$　　還元反応

（充電[3]の場合）

負　極：$PbSO_4 + 2e^- \rightarrow Pb + SO_4^{2-}$　　　　　　　　　酸化反応

正　極：$PbSO_4 + 2H_2O \rightarrow PbO_2 + SO_4^{2-} + 4H^+ + 2e^-$　　還元反応

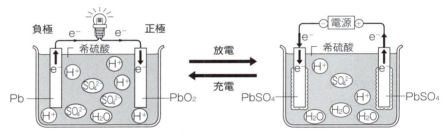

鉛蓄電池

### 2 燃料電池

水素などの燃料（還元剤）と酸素などの酸化剤を外部から供給し、化学エネルギーを直接電気エネルギーとして取り出す装置を**燃料電池**という。近年は都市ガス（主成分メタン）から水素を取り出す燃料電池が普及しており、発電時に二酸化炭素を出さないことで環境への配慮があるエネルギーとして注目されている。

負　極：　　$2H_2 \rightarrow 4H^+ + 4e^-$

正　極：　　$O_2 + 4H^+ + 4e^- \rightarrow 2H_2O$

まとめて：$2H_2 + O_2 \rightarrow 2H_2O$

---

[3] 充電を行うと、電池内では放電のときと全く逆の変化が起こる。

## 3 さまざまな実用電池

### ① アルカリマンガン乾電池

日常的に広く使われている乾電池に、一次電池の**アルカリマンガン乾電池**がある。電圧が1.5Vの円筒形のものと9Vの角形のものがある。アルカリマンガン乾電池は、マンガン乾電池に比べ、大きな電流を長時間安定的に取り出せる。

正極に酸化マンガン（IV）$MnO_2$、負極に亜鉛$Zn$、電解液に水酸化カリウム$KOH$水溶液を用いている。

### ② リチウムイオン電池

スマートフォンやタブレット端末、デジタルカメラなどに利用され、これらの機器の小型化や長時間使用を可能にした二次電池が**リチウムイオン電池**である。起電力は約3.7Vと、小型の割には高く自己放電も少ない。さらに充電中の温度上昇も小さいという特長がある。

リチウムイオン電池は負極にリチウムを含む炭素、正極にコバルト酸リチウムを使用したものが多く、電解液にはリチウム塩を溶かす有機化合物が用いられている。2019年、この業績によって吉野彰がノーベル化学賞を受賞した。

### ③ その他の実用電池

#### (ア) マンガン乾電池

実用電池の中でも最も昔から使われている。目覚まし時計などに使われ安価である。近年はアルカリマンガン乾電池に需要が移っている。

#### (イ) 酸化銀電池（銀電池）

やや高価だが、電圧が長期的に安定しているので、腕時計や電子体温計に使われる。

#### (ウ) 空気亜鉛電池（空気電池）

ボタン型電池で、空気孔から取り入れた酸素を正極の酸化剤として利用する。そのため、内部は負極の亜鉛のみであり、電圧が長期的に安定している。軽いため、補聴器などに利用される。使用時は空気孔を塞いでいるシールを剥がす。

#### (エ) リチウム電池

円筒形とコイン形があり、高い起電力で小型・軽量・長寿命のため、腕時計・カメラ・ペースメーカーなど、さまざまな用途がある。

**(オ) ニッケル水素電池（二次電池）**

　水素吸蔵合金に蓄えられる水素を、負極の還元剤に利用している。軽くて容量も大きいため、ニッケルカドミウム電池にとって代わる電池となった。電動アシスト自転車やハイブリッドカーにも搭載されている。

**(カ) 太陽電池**

　ケイ素やゲルマニウムを原料とした半導体を利用したもので、光を当てると電流が発生する。これを太陽電池といい、化学電池と比較して**物理電池**と呼ばれている。

# 5 電気分解

## 1 電気分解の原理

　電解液や融解液に電極を入れて、外部電源（電池）を用いて直流電圧をかけると、電極表面で酸化還元反応が起こる。これを**電気分解**（電解）という。

　電気分解では、外部電源の**負極**につないだ電極を**陰極**という。陰極では、外部電源の負極から流れ込んだ電子$e^-$を受け取る還元反応が起こる。一方、正極につないだ電極を**陽極**という。陽極では、電子を生じる**酸化反応**が起こり、外部電源の正極に電子を送り出す。

### 白金板または炭素棒を電極に用いるとき

❶ 塩化ナトリウム水溶液
　陽極：$2Cl^- \longrightarrow Cl_2 + 2e^-$
　陰極：$2H_2O + 2e^- \longrightarrow H_2 + 2OH^-$

❷ 塩化銅水溶液
　陽極：$2Cl^- \longrightarrow Cl_2 + 2e^-$
　陰極：$Cu_2^+ + 2e^- \longrightarrow Cu$

## 2 ▶ 電気分解の工業的利用

### ① 溶融塩電解

るつぼに塩化ナトリウム$NaCl$を入れて強熱すると、融解して液体となる。これを電気分解すると陽極では気体の塩素$Cl_2$が発生する。一方、陰極では電解液が存在しないためナトリウムイオン$Na^+$が還元されて単体が生じる。

このような方法を**溶融塩電解**(融解塩電解)といい、イオン化傾向の大きいナトリウムやアルミニウムの単体を工業的に製造する方法として用いられる。

### ② 水酸化ナトリウムの製造

水酸化ナトリウム$NaOH$は、塩化ナトリウム$NaCl$の電気分解で製造される。陽極に炭素$C$、陰極に鉄$Fe$を用いて、両極間を陽イオン交換膜で仕切って電気分解する。

陽極：$2H_2O+2e^- \rightarrow H_2+2OH^-$

陰極：$2Cl \rightarrow Cl_2+2e^-$

陰極で生じた水酸化物イオン$OH^-$と、膜を透過したナトリウムイオン$Na^+$が陰極側に溜まり、これを濃縮することによって水酸化ナトリウム$NaOH$の固体が得られる。

### ③ アルミニウムの製造

アルミニウムの単体は、ボーキサイト(主成分$Al_2O_3 \cdot nH_2O$)を生成して酸化アルミニウム(アルミナ)$Al_2O_3$を作り、炭素を電極として溶融塩電解することによって得られる。アルミナは融点が高いため、氷晶石を溶媒として少しずつ混合することによって融点を下げる。

### ④ 銅の製造

主に黄銅鉱$CuFeS_2$からなる銅鉱石を精錬すると、純度約99％の粗銅が得られる。この粗銅を、純度をより高めるため、陰極に薄い純銅板、陽極に粗銅板、電解液に硫酸(Ⅱ)$CuSO_4$を用いて電気分解を行う。

これによって、純銅板上に純度99.99％以上の純銅を析出させることができる。これを銅の**電解精錬**という。

第3章
化学

4 酸化と還元　511

## 過去問 Exercise

**問題1**　次の文章の（ア）から（オ）の語句や数値のうち１つだけ誤っているものがある。それを正しく書き換えたものとして、最も妥当なのはどれか。

東京消防庁Ⅰ類2012

二酸化硫黄は、反応する相手によって酸化剤・還元剤のどちらとしても働く。 （ア）硫化水素 との反応では酸化剤として働き、次の式のように反応する。

$SO_2 + 2H_2S \rightarrow 2H_2O +$ （イ）3 $S$

（ウ）過マンガン酸カリウム との反応では還元剤として働き、次の式のように反応する。

$2KMnO_4 +$ （エ）5 $SO_2 + 2H_2O$

$\rightarrow 2MnSO_4 + K_2SO_4 +$ （オ）3 $H_2SO_4$

**1** （ア）は正しくは 塩化水素

**2** （イ）は正しくは 2

**3** （ウ）は正しくは 二クロム酸カリウム

**4** （エ）は正しくは 7

**5** （オ）は正しくは 2

**解説**

正解 ⑤

二酸化硫黄 $SO_2$ の S 原子は中間の値の酸化数を持つので、強い還元剤である硫化水素 $H_2S$ との反応では、酸化剤としてはたらいて単体の硫黄を生じる。

$$SO_2 + 2H_2S \rightarrow 2H_2O + 3S$$

また、過マンガン酸カリウムの酸化力は非常に強いので、二酸化硫黄は還元剤としてはたらく。

$$2KMnO_4 + 5SO_2 + 2H_2O \rightarrow 2MnSO_4 + K_2SO_4 + 2H_2SO_4$$

**問題2** 次の図A～Eのうち、それぞれのビーカーに入っている液体にそれぞれの金属を入れたとき、反応して水素が発生するものを選んだ組合せとして、妥当なのはどれか。

特別区Ⅰ類2007

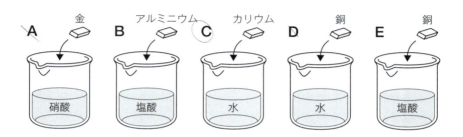

1 　A D
2 　A E
3 　B C
4 　B D
5 　C E

## 解説

正解 ③

**A** ✗  金Auは硝酸$HNO_3$と反応せず、水素は発生しない。

**B** ⭕  アルミニウムAlは塩酸HClと反応し、水素が発生する。

**C** ⭕  カリウムKは水$H_2O$と常温で反応し、水素が発生する。

**D** ✗  銅Cuは水$H_2O$と反応せず、水素は発生しない。

**E** ✗  銅Cuは塩酸HClと反応せず、水素は発生しない。酸化作用の強い濃硝酸・熱濃硫酸とは反応する。

4　酸化と還元　515

**問題3** 金属のイオン化傾向に関する記述として最も妥当なのはどれか。

国家一般職2006

**1** アルミニウムは沸騰水と反応し、水素を発生しながら溶けてアルミニウムイオンになるが、マグネシウムは沸騰水とは反応せず、変化しない。したがって、アルミニウムはマグネシウムよりもイオン化傾向が大きい。

**2** 濃硝酸に銀を入れると、水素を発生しながら溶けて銀イオンになるが、濃硝酸にマグネシウムを入れても反応せず、変化しない。したがって、銀はマグネシウムよりもイオン化傾向が大きい。

**3** 白金は王水と反応し、水素を発生しながら溶けて白金イオンとなるが、金は王水には溶けない。したがって、白金は金よりもイオン化傾向が大きい。

**4** ナトリウムは常温の水と反応し、水素を発生しながら溶けてナトリウムイオンになるが、亜鉛は常温の水とは反応せず、変化しない。したがって、ナトリウムは亜鉛よりもイオン化傾向が大きい。

**5** 希硫酸に亜鉛を入れても亜鉛は変化しないが、希硫酸に銅を入れると、銅は水素を発生しながら溶けて銅イオンになる。したがって、銅は亜鉛よりもイオン化傾向が大きい。

第3章 化 学

## 解説

正解 **4**

**❶ ✕**　アルミニウムは沸騰水とは反応せず、マグネシウムは沸騰水と反応する。また、アルミニウムはマグネシウムよりもイオン化傾向が小さい。

**❷ ✕**　濃硝酸に銀を入れると溶けながら銀イオンになるが、発生するのは水素ではなく二酸化窒素$NO_2$である。また、濃硝酸にマグネシウムを入れると、水素を発生しながら溶けて、マグネシウムイオンになる。さらに、銀はマグネシウムよりもイオン化傾向が小さい。

**❸ ✕**　白金も金も王水には溶けるが、水素は発生しない。

**❹ ◯**　正しい記述である。

**❺ ✕**　希硫酸に亜鉛を入れると、水素を発生しながら溶けて、亜鉛イオンになる。また、希硫酸に銅を入れても銅は変化しない。さらに、銅は亜鉛よりもイオン化傾向が小さい。

**問題4** 次の文は、鉄の製造に関する記述であるが、文中の空所A～Dに該当する語の組合せとして、妥当なのはどれか。

特別区Ⅰ類2007

鉄は、主に赤鉄鉱などの鉄鉱石を、溶鉱炉中でコークスから発生する一酸化炭素により　 A 　して製造する。溶鉱炉で得られる鉄は　 B 　といい、約4％の炭素のほか硫黄などを不純物として含むのでもろい。
　 B 　を転炉に移して　 C 　を吹き込み、不純物や余分な炭素を除くと、炭素の含有量が0.02～2％の　 D 　が得られる。

|   | A | B | C | D |
|---|---|---|---|---|
| 1 | 還元 | スラグ | 二酸化炭素 | 銑鉄 |
| 2 | 還元 | スラグ | 酸素 | 鋼 |
| 3 | 還元 | 銑鉄 | 酸素 | 鋼 |
| 4 | 酸化 | スラグ | 二酸化炭素 | 銑鉄 |
| 5 | 酸化 | 銑鉄 | 酸素 | 鋼 |

## 解説

正解 ③

**A：還元**

鉄 Fe は、鉄鉱石を高炉で還元することによって得られる。

**B：銑鉄**

高炉（溶鉱炉）で得られる鉄を銑鉄といい、炭素などの不純物を含んでいるためもろい。

**C：酸素**

銑鉄を転炉に移して酸素を送り込むことで、炭素含有量を減らすことができる。

**D：鋼**

銑鉄を転炉に移して酸素を送り込むと、炭素含有量の少ない鋼を得ることができる。

| 問題5 | 金属のイオン化傾向に関する記述として、最も妥当なのはどれか。 |

警視庁Ⅰ類2016

**1** 一般に、金属の単体が水溶液中で陰イオンになろうとする性質を、金属のイオン化傾向という。

**2** イオン化傾向が極めて大きい白金、金は空気中では酸化されず、金属光沢を保ち続ける。

**3** ブリキ(スズめっき鋼板)に傷が付いた場合、鉄よりもスズの方がイオン化傾向が大きいため、鉄がイオンとなって溶け出し、鋼板は腐食されやすくなる。

**4** 水素よりイオン化傾向の小さい金属の銅や水銀は、硝酸と反応し、水素以外の気体を発生する。

**5** 水素よりイオン化傾向の大きい金属の銀は、塩酸や希硫酸と反応し、水素を発生する。

## 解説

正解

- ❶ ✕ 金属はすべて陰イオンではなく陽イオンになる。
- ❷ ✕ イオン化傾向が小さいほど酸化せず、金属光沢を保つことができる。
- ❸ ✕ 鉄よりもスズのほうがイオン化傾向は小さい。
- ❹ ◯ 正しい記述である。
- ❺ ✕ 銀は水素よりもイオン化傾向が小さい。

**問題6** 電池に関する次の記述中のA～Cの空欄に入る語句の組合せとして最も適当なものはどれか。

裁判所一般職2016

電池の正極と負極を導線で結ぶと、負極では（　**A**　）反応が起こる。このとき、電子は導線を（　**B**　）へ移動し、電流は（　**C**　）へ流れる。

|   | A | B | C |
|---|---|---|---|
| **1** | 酸化 | 負極から正極 | 負極から正極 |
| **2** | 酸化 | 負極から正極 | 正極から負極 |
| **3** | 酸化 | 正極から負極 | 負極から正極 |
| **4** | 還元 | 負極から正極 | 正極から負極 |
| **5** | 還元 | 正極から負極 | 負極から正極 |

## 解説

正解 **2**

　化学電池は、イオン化傾向の異なる金属板どうしを導線でつなぎ、正極と負極において酸化還元反応を起こすことによって、電気エネルギー取り出す装置である。

　負極ではイオン化傾向の大きな物質による酸化（**A**）反応が起こり、正極ではイオン化傾向の小さな物質による還元反応が起こる。したがって、電子の移動方向は負極から正極（**B**）であり、電流の流れる方向は電子の移動方向の逆となるので、電流は正極から負極（**C**）に流れる。

**問題7**　次の文は、電池に関する記述であるが、文中の空所A〜Eに該当する語の組合せとして、妥当なのはどれか。

特別区Ⅰ類2010

　亜鉛板と銅板を希硫酸の中に浸し、溶液の外で亜鉛板と銅板とを導線で接続すると、　A　から　B　に向かって電流が流れる。このとき銅板側では　C　、亜鉛板側では　D　がおこり、銅板の表面から水素が発生する。

　このような反応で電流を取り出す装置を　E　という。

| | A | B | C | D | E |
|---|---|---|---|---|---|
| 1 | 銅板 | 亜鉛板 | 酸化 | 還元 | ダニエル電池 |
| 2 | 銅板 | 亜鉛板 | 還元 | 酸化 | ボルタ電池 |
| 3 | 亜鉛板 | 銅板 | 還元 | 酸化 | ダニエル電池 |
| 4 | 亜鉛板 | 銅板 | 酸化 | 還元 | ボルタ電池 |
| 5 | 亜鉛板 | 銅板 | 酸化 | 還元 | ダニエル電池 |

## 解説

正解 **2**

　電流は正極から負極に向かって流れ、電子は負極から正極に向かって移動する。また、負極では酸化反応、正極では還元反応が起こっている。

　よって、亜鉛板（負極）と銅板（正極）を希硫酸の中に浸して導線で接続すると、銅板（**A**）から亜鉛板（**B**）に向かって電流が流れる。また、正極である銅板側では還元（**C**）、負極である亜鉛板側では酸化（**D**）が起こっている。

　このような反応で電流を取り出すのはボルタ電池（**E**）である。

**問題8**　次の文は電池に関する記述であるが、文中の空所ア～エに該当する語の組合せとして、妥当なのはどれか。

特別区Ⅰ類2011

　　**ア**　は、希硫酸の入った容器に亜鉛板と銅板を浸して導線でつないだもので、亜鉛が銅よりイオン化傾向が　**イ**　ため、亜鉛板が　**ウ**　となり、導線を通じて亜鉛板から銅板へ　**エ**　が流れる。

| | ア | イ | ウ | エ |
|---|---|---|---|---|
| ❶ | ボルタ電池 | 小さい | 負極 | 電流 |
| ❷ | ボルタ電池 | 大きい | 正極 | 電流 |
| ❸ | ボルタ電池 | 大きい | 負極 | 電子 |
| ❹ | ダニエル電池 | 小さい | 正極 | 電流 |
| ❺ | ダニエル電池 | 大きい | 負極 | 電子 |

## 解説

正解 **3**

　異なる２種類の金属を電解質の溶液に入れ、電流を発生させる装置を化学電池という。化学電池では、イオン化傾向の大きい金属は負極になり、イオン化傾向の小さい金属は正極になる。ボルタ電池（**ア**）とは、亜鉛板と銅板を希硫酸に入れ、両板を導線でつないだものである。このとき、亜鉛と銅では、亜鉛のほうがイオン化傾向が大きい（**イ**）ので負極（**ウ**）になる。さらに、銅のほうがイオン化傾向が小さいので正極となる。また、電子（**エ**）は亜鉛板から銅板に流れる。

**問題9** 電池に関する記述として最も妥当なのはどれか。

国家専門職2017

**1** イオン化傾向の異なる2種類の金属を電解質水溶液に浸して導線で結ぶと電流が流れる。このように、酸化還元反応に伴って発生する化学エネルギーを電気エネルギーに変換する装置を、電池という。また、酸化反応が起こって電子が流れ出る電極を負極、電子が流れ込んで還元反応が起こる電極を正極という。

**2** ダニエル電池は、亜鉛板と銅板を希硫酸に浸したものである。負極で亜鉛が溶けて亜鉛イオンになり、生じた電子が銅板に達すると、溶液中の銅(Ⅱ)イオンが電子を受け取り、正極で銅が析出する。希硫酸の代わりに電解液に水酸化カリウム水溶液を用いたものをアルカリマンガン乾電池といい、広く使用されている。

**3** 鉛蓄電池は、負極に鉛、正極に白金、電解液に希硫酸を用いた一次電池である。電流を流し続けると、分極により電圧が低下してしまうため、ある程度放電した鉛蓄電池の負極・正極を、外部の直流電源の負極・正極につなぎ、放電時と逆向きに電流を流して充電して使用する。起電力が高いため、自動車のバッテリーとして広く使用されている。

**4** リチウムイオン電池は、負極にリチウムを含む黒鉛、正極にコバルト酸リチウムを用いた電池である。リチウム電池よりも起電力は低いが、小型・軽量化が可能であり、携帯電話やノートパソコン等に用いられている。空気中の酸素を触媒として利用するため、購入時に貼られているシールを剥がすと放電が始まる。

**5** 燃料電池は、水素や天然ガスなどの燃料と酸素を用いるものである。発電のときには、二酸化炭素を発生させるため環境への負荷があり、また、小型・軽量化も難しいが、幅広い分野での活用が期待されている。特に負極に酸素、正極に水素、電解液にリン酸水溶液を用いたリン酸型燃料電池の開発が進んでいる。

**解説**

正解 **1**

**1** ○ 化学電池に関する正しい記述である。

**2** ✕ 亜鉛板を硫酸塩水溶液に、銅板を硫酸銅に浸したものがダニエル電池であり、本肢で述べられているものはボルタ電池である。また、アルカリマンガン乾電池は水酸化カリウムを用いるが、ボルタ電池の電解質に代えたものではない。

**3** ✕ 鉛蓄電池の正極は白金でなく二酸化鉛であり、鉛蓄電池は充電可能な二次電池である。車のバッテリーなどに利用されている。

**4** ✕ 前半部分はリチウムイオン電池についての説明として正しいが、空気中の酸素を触媒として利用しているのは空気電池である。

**5** ✕ 燃料電池は二酸化炭素を発生させず環境負荷が小さいので、クリーンなエネルギーとして近年非常に注目を集めており、現在では研究が盛んに行われている。なお、それ以外の記述は正しい。

第3章 化学

4 酸化と還元 529

**問題10** 酸化と還元に関する記述として、最も妥当なのはどれか。

東京消防庁Ⅰ類2017

**1** 物質が水素を得る反応を酸化、水素を失う反応を還元という。

**2** 原子が電子を得る反応を酸化、電子を失う反応を還元という。

**3** 電池で電子が導線に流れ込む正極では酸化反応が、電子が導線から流れ出す負極では還元反応が起こる。

**4** 電気分解で電子が導線から流れ出す陽極では酸化反応が、電子が導線に流れ込む陰極では還元反応が起こる。

**5** 過酸化水素は、酸化剤にも還元剤にもなることができる唯一の物質である。

530　第3章　化　学

## 解説

正解 **4**

**❶ ✕** 　物質が水素を得る反応を還元、水素を失う反応を酸化という。

**❷ ✕** 　原子が電子を得る反応を還元、電子を失う反応を酸化という。

**❸ ✕** 　電池の正極では電子が流れ込む還元反応が起こり、負極では電子が流れ出す酸化反応が起こる。

**❹ ◯** 　正しい記述である。

**❺ ✕** 　酸化剤にも還元剤にもなる物質は過酸化水素だけではない。他の代表的な物質として、二酸化硫黄が知られている。

| | 問題11 | 次の文はアルミニウムに関する記述であるが、文中のA 〜 Cに該当する語の組合せとして、妥当なのはどれか。 |

特別区Ⅰ類2019

アルミニウムの単体は、鉱石の 　A　 を精製して得られる酸化アルミニウムを氷晶石とともに 　B　 して製造される。また、アルミニウムは両性金属であり、酸、強塩基の水溶液と反応して 　C　 を発生する。

| | A | B | C |
|---|---|---|---|
| ❶ | ボーキサイト | 溶融塩電解 | 水素 |
| ❷ | ボーキサイト | 電解精錬 | 酸素 |
| ❸ | アルマイト | 電解精錬 | 酸素 |
| ❹ | アルマイト | 溶融塩電解 | 水素 |
| ❺ | アルマイト | 電解精錬 | 水素 |

## 解説

正解 **1**

**A**：ボーキサイト

　アルミニウムの鉱石はボーキサイトである。アルマイトとは、アルミニウムの表面に酸化アルミニウムの被膜を作る処理のことで、黒板のチョーク受けなどに使われているものをいう。

**B**：溶融塩電解

　イオン性の固体を高温にして融解させて電気分解する方法を溶融塩電解という。電解精錬とは電気分解を利用して金属を精錬することであり、溶融塩電解は電解精錬の一種であるため、どちらを入れても誤りではないが、組合せから「溶融塩電解」が正しい用語となる。

**C**：水素

　アルミニウムは両性元素であるので、強酸または強塩基の水溶液と反応したときには水素を発生する。

# 5 気体の性質

すべての気体には共通して成り立ついくつかの法則があります。ここでは気体の法則について見ていきます。

## 1 温 度

　原子や分子は乱雑に振動しており、この運動を**熱運動**という。この運動の激しさの度合いを表すのが**温度**という物理量である。日常生活でよく使われる温度目盛りは、**セ氏温度**（セルシウス温度）と呼ばれ、単位記号は[℃]を用いる。一方、自然科学では**絶対温度**（熱力学温度）を使うことが多く、単位は[K]（ケルビン）を用いる。

　原子・分子の熱運動は、温度が低くなるにつれて穏やかになり、やがてほとんど熱運動をしなくなる。これが最低温度であり、−273[℃]であることが知られている。この−273[℃]を0[K]と定義する。理論上、上限は無限で下限が絶対零度（正確には−273.15[℃]）である。

### セ氏温度と絶対温度

・セ氏温度（セルシウス温度）　　：[℃]を用いた温度の表記方法
・絶対温度（熱力学温度）　　　　：$t$[℃]＋273

## 2 気体の体積変化

### 1 ボイルの法則

　1662年、イギリスのボイルは「一定温度で一定量の気体の体積は、圧力に反比例する」ことを発見した。この関係を**ボイルの法則**という。気体の体積を$V$、圧力を$p$とすると、

$$V = \frac{k}{p}$$

$$pV = k \quad (k\text{は定数})$$

　したがって、圧力$p_1$、体積$V_1$の気体が、温度一定のもとで圧力$p_2$、体積$V_2$に変

化したとすると、

$$p_1 V_1 = p_2 V_2 = k$$

## 2 シャルルの法則

1787年、フランスのシャルルは「一定圧力で一定量の気体の体積は、1℃の温度上昇で0℃のときの体積の$\frac{1}{273}$だけ増加する」ことを発見した。この関係を**シャルルの法則**という。0℃のときの体積を$V_0$、$t$［℃］のときの体積を$V$とすると、

$$V = V_0 + \frac{t}{273} V_0 = \left( \frac{273+t}{273} \right) V_0$$

したがって、絶対温度では$T = 273 + t$であるので、$\dfrac{V}{T} = \dfrac{V_0}{273}$において、圧力は一定値であるため、これを$k'$とすると、シャルルの法則は「圧力一定において、一定量の気体の体積は絶対温度$T$に比例する」と言い換えられるので、

$$V = k' T$$
$$VT = k' \quad (k' は定数)$$

よって、絶対温度$T_1$、体積$V_1$の気体が、一定圧力で絶対温度$T_2$、体積$V_2$に変化したとき、

$$\frac{V_1}{T_1} = \frac{V_2}{T_2} = k'$$

## 3 ボイル・シャルルの法則

ボイルの法則とシャルルの法則から、「一定量の気体の体積は、圧力に反比例し絶対温度に比例する」といえる。この関係を**ボイル・シャルルの法則**という。絶対温度$T_1$、圧力$p_1$、体積$V_1$の気体が、温度$T_2$、圧力$p_2$、体積$V_2$に変化したとすると、

$$\frac{p_1 V_1}{T_1} = \frac{p_2 V_2}{T_2} = k'' \quad (k'' は定数)$$

5 気体の性質 535

## ③ 気体の状態方程式

### 1 気体定数

ボイル・シャルルの法則を$\dfrac{pV}{T}=k$と見て、標準状態における気体のモル体積$V_m=22.4\text{L/mol}$をこの式に代入すると、$k=8.31\times10^3\ [\text{Pa·L/(mol/K)}]$となる。この値を**気体定数**といい、記号$R$で表す。

### 2 気体の状態方程式

物質量が$n[\text{mol}]$であり、気体の体積$V[\text{L}]$、温度$T[\text{K}]$の容器内で$p[\text{Pa}]$を示すとき、

$$pV=nRT$$

という式が成り立つ。これを**気体の状態方程式**という。

## ④ 混合気体

一定温度$T[\text{K}]$、一定圧力$p[\text{Pa}]$で、気体の体積$V[\text{L}]$は粒子の数に比例する。このため、同温同圧のもとで混合した気体の体積は、**混合前の各気体の和に等しく**なる。

一定温度$T[\text{K}]$のもとで、体積$V[\text{L}]$・物質量$n[\text{mol}]$・圧力$p_A[\text{Pa}]$の気体Aと、体積$V[\text{L}]$・物質量$n[\text{mol}]$・圧力$p_B[\text{Pa}]$の気体Bでは、気体の状態方程式より、

$$p_A V=n_A RT、\ p_B V=n_B RT$$

が成り立っているので、これらを体積$V[\text{L}]$の容器に封入して圧力$p[\text{Pa}]$、物質量$n[\text{mol}]$の混合気体が得られるとき、$pV=nRT$より$(p_A+p_B)V=(n_A+n_B)RT$、つまり、

$$p=p_A+p_B$$
$$n=n_A+n_B$$

この混合気体の圧力を**全圧**といい、各成分気体が単独で混合気体の体積$V[\text{L}]$を占めるときの圧力を**分圧**という。上式は「混合気体の全圧は、各成分気体の分圧の和に等しい」ことを表しており、これを**分圧の法則**という。

第3章

化

学

5　気体の性質　537

## 過去問 Exercise

**問題1**　物質と温度に関する記述として最も適当なものはどれか。

裁判所一般職2017

**1**　絶対零度では、理論上、分子の熱運動が停止し、それ以上温度が下がらない。

**2**　セルシウス温度の0［℃］は、絶対温度の0［K］より低い温度である。

**3**　気体分子の平均の速さは、温度が低いほど大きく、同じ温度では分子量が大きい分子ほど大きい。

**4**　水などが、その時の温度によって液体から固体になったり、気体になったりする状態変化は、化学変化の1つである。

**5**　常温・常圧下での状態が液体である単体の物質は、臭素・水銀・水のみである。

## 解説

正解 ❶

**❶ ○** 正しい記述である。

**❷ ✕** セルシウス温度の0［℃］は絶対温度における273［K］であり、絶対零度よりも低い温度ではない。なお、絶対零度よりも低い温度は存在しない。

**❸ ✕** 気体分子の平均の速さは、温度に比例し分子量に反比例する。そのため、温度が低いほど小さく、同じ温度では分子量が大きい分子ほど小さくなる。

**❹ ✕** 本肢で述べられている変化は化学変化ではなく、状態変化である。

**❺ ✕** 常温・常圧下で液体である単体は臭素・水銀の二つだけである。なお、水は単体ではなく、化合物である。

5　気体の性質　539

**問題2**　温度27℃、圧力$1.0 \times 10^5$Pa、体積72.0Lの気体がある。この気体を温度87℃、体積36.0Lにしたときの圧力はどれか。ただし、絶対零度は−273℃とする。

特別区Ⅰ類2020

1　　$2.0 \times 10^5$Pa

2　　$2.4 \times 10^5$Pa

3　　$2.8 \times 10^5$Pa

4　　$3.2 \times 10^5$Pa

5　　$3.6 \times 10^5$Pa

**解説**

正解 ②

ボイル・シャルルの法則 $\dfrac{pV}{T} = \dfrac{p'V'}{T'}$ より、求める圧力を $p$ とすると、

$$\frac{1.0 \times 10^5 \times 72.0}{27 + 273} = \frac{p \times 36.0}{87 + 273}$$

より、$p = 2.4 \times 10^5$ となる。

**問題3**　温度27℃、圧力$1.0 \times 10^5$Pa、体積50.0 L の気体がある。この気体を温度57℃、圧力$2.0 \times 10^5$Paにしたときの体積として、妥当なのはどれか。ただし、絶対零度は−273℃とする。

特別区Ⅰ類2013

1　20.0 L

2　22.5 L

3　25.0 L

4　27.5 L

5　30.0 L

**解説**

正解 ④

温度57 [℃]、圧力$2.0 \times 10^5$ [Pa] にしたときの体積を $V$ とすると、ボイル・シャルルの法則より、

$$\frac{1.0 \times 10^5 \times 50}{273 + 27} = \frac{2.0 \times 10^5 \times V}{273 + 57}$$

となる。よってこれを解いて $V \fallingdotseq 27.5$ [L] となる。

| **問題4** | 温度27℃、圧力$1.0 \times 10^5$Paのとき体積118Lの気体が、81℃、$5.9 \times 10^4$Paになったときの体積はどれか。ただし、絶対零度は－273℃とする。 |

特別区Ⅰ類2009

1　118L

2　236L

3　354L

4　450L

5　600L

## 解説

正解 ②

温度を絶対温度に直すと27［℃］＝300［K］、81［℃］＝354［K］となる。

求める気体の体積を $V$［L］とすると、ボイル・シャルルの法則より、

$$\frac{1.0\times10^5\times118}{300}=\frac{5.9\times10^4\times V}{354}$$

という式を得ることができる。これを解くと、$V\fallingdotseq236$［L］となる。

**問題5**　窒素14g、酸素8g、水素2gを封入した容器の全圧が119kPaであるとき、この混合気体中の酸素の分圧として、最も妥当なのはどれか。ただし、原子量はN＝14、O＝16、H＝1とする。

東京消防庁Ⅰ類2011

**1**　16kPa

**2**　17kPa

**3**　18kPa

**4**　39.7kPa

**5**　46.7kPa

**解説**

正解 **2**

　化学で量の問題を考えるときは、質量 [g] のままではなく、物質量 [mol] の単位に直す必要がある。与えられた物質について物質量を求めると、$N_2 = \dfrac{14}{28} = 0.5$ [mol]、$O_2 = \dfrac{8}{32} = 0.25$ [mol]、$H_2 = \dfrac{2}{2} = 1$ [mol] となる。

　本問では、全圧が与えられている中で酸素の分圧を問われているので、分圧の法則より、

$$（酸素の分圧）= \frac{0.25}{0.5+0.25+1} \times 119 \,[kPa] = 17\,[kPa]$$

5　気体の性質

# 6 溶液の性質

水に物質が溶けたものを水溶液といいますが、その種類は非常に多く、またいろいろな性質を示します。ここでは溶液の性質について見ていきます。

## 1 溶液と濃度

液体の中にある物質が溶けているものを溶液といい、溶けている物質のことを溶質、溶質を溶かした液体を溶媒という。特に溶媒が水のものを水溶液という。
例：食塩水(溶液)＝食塩(溶質)＋水(溶媒)
　　塩酸(溶液)＝塩化水素(溶質)＋水(溶媒)
溶液に含まれる溶質の割合を濃度といい、表し方がいくつかある。

### 1 質量パーセント濃度

溶液中に溶けている溶質の質量[g]の割合を百分率(％)で示した濃度を質量パーセント濃度といい、溶液100g当たりの溶質の質量を表し、記号は％を用いる。

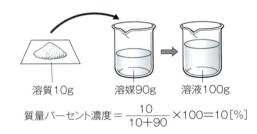

質量パーセント濃度 ＝ $\dfrac{10}{10+90} \times 100 = 10$ [％]

$$質量パーセント濃度[\%] = \dfrac{溶質の質量[g]}{溶液の質量[g]} \times 100$$

### 2 モル濃度 (再掲)

溶液1[L]中に溶けている溶質の量を物質量[mol]で示した濃度をモル濃度という。モル濃度の単位は[mol/L]を用いる。

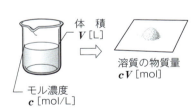

$$モル濃度[mol/L] = \dfrac{溶質の物質量[mol]}{溶液の体積[L]}$$

### 3 質量モル濃度

溶媒1[kg]当たりに溶けている溶質の物質量[mol]を示した濃度を**質量モル濃度**という。質量モル濃度の単位は[mol/kg]を用いる。

$$質量モル濃度[mol/Kg] = \frac{溶質の物質量[mol]}{溶媒の質量[kg]}$$

## 2 溶解度

　一定量の溶媒に溶ける溶質には限度があることが多い。その限度まで溶質を溶かした溶液を**飽和溶液**といい、一定の温度で溶解する溶質の最大値を**溶解度**という。溶解度は一般に、溶媒100gに溶解する溶質の最大質量である。
　高温の飽和溶液を冷却すると、溶解度を超えた分の溶質が結晶となって現れる。この作用を**析出**という。

### 1 固体の溶解度

　一般に**温度が高いほど溶解度は大きい**（例外の物質もある）。溶解度と温度の関係を表した図のようなグラフを**溶解度曲線**という。

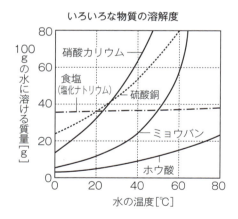

いろいろな物質の溶解度

### 2 気体の溶解度

　**温度が高いほど溶解度は小さく、圧力が高いほど溶解度は大きい。**

## 3 ヘンリーの法則

「一定温度で、一定量の溶媒に溶ける気体の質量は、その気体の圧力に比例する」という法則を ヘンリーの法則 という。

圧力が$n$倍になれば、気体の体積は$\frac{1}{n}$になるので、圧力を変えても、溶媒に溶ける気体の体積は変わらない。

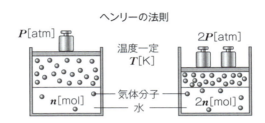

ヘンリーの法則

# 3 コロイド溶液

## 1 コロイド粒子

原子が$10^3 \sim 10^9$個程度集まってできた大きな粒子を**コロイド粒子**といい、コロイド粒子が均一に分散している状態または物質を**コロイド**という。

分散しているコロイド粒子を**分散質**、分散させている物質を**分散媒**という。例えば牛乳であれば、脂肪やタンパク質が分散質で水が分散媒である。

## 2 コロイドの分類

① 流動性による分類

コロイド粒子を含む溶液を**コロイド溶液**、または ゾル という。ゾルには流動性があるが、寒天やこんにゃくのように流動性を失って固まった状態を ゲル という。また、ゲルを乾燥させたものを**キセロゲル**という。例えば、水ガラスに塩酸を加えるとゲル状のケイ酸が生じる。これを加熱乾燥させたものをシリカゲルという。

流動性によるコロイドの分類

| 分散媒 | 分散質 | コロイドの例 | 名　称 |
|---|---|---|---|
| 固体 | 固体 | 色ガラス、ルビー、オパール、合金 | ゲル |
| 固体 | 液体 | ゼリー、寒天 | ゲル |
| 固体 | 気体 | マシュマロ、スポンジ | ゲル |
| 液体 | 固体 | 墨汁、絵具、泥水 | ゾル |
| 液体 | 液体 | 牛乳、マヨネーズ | ゾル |
| 液体 | 気体 | 泡 | ゾル |
| 気体 | 固体 | 煙 | エアロゾル |
| 気体 | 液体 | 霧、雲 | エアロゾル |
| 気体 | 気体 | なし | エアロゾル |

② 粒子の構造による分類

タンパク質やデンプンなどは高分子であるため、1分子でコロイド粒子の大きさを持つ。このようなコロイドを**分子コロイド**という。

また、セッケンなどの界面活性剤によって疎水基を内側、親水基を外側に向けて分子が集まったものを**ミセル**といい、ミセルによるコロイドを**会合コロイド**という。

水に不溶な金属や金属酸化物は、あまり粒子が大きくならず分散しているが、このようなものを**分散コロイド**という。

## 3 コロイドに関連する現象

① 透　析

コロイドは比較的大きな粒子であることから、半透膜を利用するとコロイド溶液を精製することができる（半透膜は水分子を通すが、コロイド粒子は通さない）。これを**透析**という。

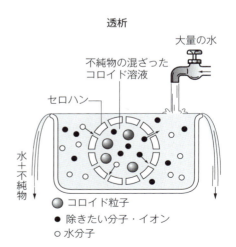

透析

② チンダル現象

　コロイドは比較的大きな粒子であることから、強い光を当てると粒子に当たった光が散乱し、光の筋が見えるようになる。この現象を**チンダル現象**という。

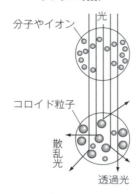

チンダル現象

③ ブラウン運動

　熱運動によって動く水分子などの粒子は、不規則にコロイド粒子に衝突しており、これによってコロイド粒子は不規則な運動をしているように見える。このような運動を**ブラウン運動**といい、限外顕微鏡[1]で観察することができる。

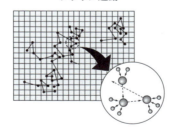

ブラウン運動

---

[1] 通常の顕微鏡では見分けられない微粒子に特殊な照明装置による光を当て、その散乱光によって存在や運動状態を知る顕微鏡のことで、暗視野顕微鏡ともいう。

④ 電気泳動

　コロイド粒子は電荷を帯びており、それぞれが反発する形で分散媒の中に存在している。例えば、正の電荷を帯びている水酸化鉄(Ⅲ)の溶液に蒸留水を加えて電圧をかけると、水酸化鉄(Ⅲ)の溶液は陰極に移動する。このようにコロイド溶液に電圧をかけたときに移動することを**電気泳動**という。

　**例**　正電荷：金属の水酸化物、タンパク質
　　　　負電荷：金、粘土、デンプン

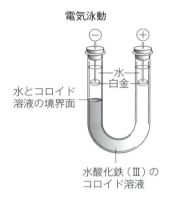

## 4 疎水コロイド・親水コロイド

### ① 疎水コロイド

　コロイドの表面が正または負の電荷を帯びており、コロイドどうしが反発するため、コロイドどうしが集まりにくく（沈殿しにくく）なっている状態のコロイドを疎水コロイドという。このコロイドは、帯びている電荷と反対の電荷を持つイオン（電解質）を少量加えただけで、互いに反発力を失い、コロイドどうしが集まって沈殿する。これを凝析という。

　疎水コロイドは、分散質が金属微粒子（無機物）などの、水と親和性を持たないもので、水酸化鉄(Ⅲ)、金、炭素、粘土などがある。

### ② 親水コロイド

　コロイドの表面に親水基が多数存在していて、多数の水分子と水和している（水分子に囲まれている＝溶けている）状態のコロイドを親水コロイドという。水との親和力が強いので、疎水コロイドのようにイオン（電解質）を少量加えただけでは沈殿させることはできないが、親水基よりも強く水分子を引き付けるイオン（電解質）を多量に加えれば沈殿させることができる。この現象を塩析という。

　親水コロイドは、分散質がデンプン、タンパク質、セッケン、ゼラチンなど（有機物）である。

### ③ 保護コロイド

　凝析しやすい疎水コロイドに親水コロイドを加えると疎水コロイド粒子の周囲に親水コロイドが集まり、イオン（電解質）を少量加えても沈殿しなくなる（凝析しにくくなる）。このような作用のある親水コロイドは疎水コロイドの粒子を保護することから、保護コロイドという。例えば、墨汁（保護コロイド）は炭（疎水コロイド）にニカワ（親水コロイド）を加えて作られている。

# 4 塩と水溶液の液性

## 1 塩の種類

塩は、化学式にHやOHが含まれるかどうかで、以下の3種類に分類される。

ただし、この分類の名称にある「酸性」、「塩基性」が、**実際の水溶液の液性と一致するとは限らない。**

### ① 正　塩
化学式にHもOHも含まない。

　**例**　$Na_2SO_4$、$MgCl_2$

### ② 酸性塩
化学式にHが含まれる。

　**例**　$NaHSO_4$、$NaHCO_3$

### ③ 塩基性塩
化学式にOHが含まれる。

　**例**　$CaCl(OH)$、$CuCO_3 \cdot Cu(OH)_2$

## 2 塩の水溶液の性質

中和反応によって生じた塩は、水に溶けると電離してイオンになる。このとき、電離度の違いによって再び水と反応して酸性や塩基性を示す。これを塩の加水分解という。なお、強酸と強塩基によって生じた正塩は、水に溶けると完全に電離しているため加水分解はしない。

塩が水に溶けたときの液性は以下のとおりである。

### ① 正　塩
- ・強酸＋強塩基によりできる塩　→　中性
- ・強酸＋弱塩基によりできる塩　→　酸性
- ・弱酸＋強塩基によりできる塩　→　塩基性
- ・弱酸＋弱塩基によりできる塩　→　一様には決まらない

6　溶液の性質　555

② 酸性塩

　　・ $NaHSO_4$、$NaH_2PO_4$　→　酸性

　　・ $NaHCO_3$、$Na_2HPO_4$　→　塩基性


③ 塩基性塩

　　・難溶なので、水に溶けない


## 3 液性の決定法

　硫酸バリウム$BaSO_4$という塩を例として、液性決定の解法を示す。

❶　塩を(塩基由来の陽イオン)＋(酸由来の陰イオン)として、何の酸・塩基由来かを特定する。この場合、Baは水酸化バリウム$Ba(OH)_2$、$SO_4$は硫酸$H_2SO_4$由来である、と特定する。

❷　特定した酸と塩基は強酸・強塩基あるいは弱酸・弱塩基かを分類する。この場合、水酸化バリウム$Ba(OH)_2$は強塩基、硫酸$H_2SO_4$は強酸なので、強酸と強塩基の組合せとなる。

❸　基準に従って液性を判断する。

第3章

化 学

6 溶液の性質　557

## 過去問 Exercise

**問題1**　濃度に関する次の記述の　A　～　C　に入る語句の組合せとして、最も妥当なのはどれか。

東京消防庁Ⅰ類2016

　質量パーセント濃度は、　A　の質量に対する溶質の質量の割合をパーセントで表した濃度である。

　モル濃度は　B　1 [L] 当たりに溶けている溶質の量を物質量 [mol] で表した濃度である。

　質量モル濃度は　C　1 [kg] 当たりに溶けている溶質の量を物質量 [mol] で表した濃度である。

|   | A | B | C |
|---|---|---|---|
| **1** | 溶液 | 溶液 | 溶液 |
| **2** | 溶媒 | 溶液 | 溶液 |
| **3** | 溶液 | 溶媒 | 溶液 |
| **4** | 溶液 | 溶液 | 溶媒 |
| **5** | 溶媒 | 溶媒 | 溶媒 |

**解説**

正解 ❹

**A**：溶液

$$質量パーセント濃度＝\frac{溶質の質量\,[g]}{溶液の質量\,[g]}\times100\,[\%]\ である。$$

**B**：溶液

$$モル濃度＝\frac{溶質の物質量\,[mol]}{溶液の体積\,[L]}\ [mol/L]\ である。$$

**C**：溶媒

$$質量モル濃度＝\frac{溶質の物質量\,[mol]}{溶媒の質量\,[kg]}\ [mol/kg]\ である。$$

6［mol/L］の水酸化ナトリウム水溶液をつくる手順として、最も妥当なのはどれか。ただし、水酸化ナトリウムNaOHの式量を40とする。

東京消防庁Ⅰ類2014

1. 水酸化ナトリウム6［g］に水1［L］を加える。
2. 水酸化ナトリウム40［g］に水1［L］を加える。
3. 水酸化ナトリウム6［g］に水を加えて1［L］にする。
4. 水酸化ナトリウム240［g］に水760［mL］を加える。
5. 水酸化ナトリウム240［g］に水を加えて1［L］にする。

## 解説

正解 **5**

　水酸化ナトリウム NaOH の式量は40なので、40[g] で1[mol] となる。よって、6[mol] であれば240[g] であるので、6[mol/L] を作るには、1[L] に240[g] の水酸化ナトリウムが含まれた水溶液を作ればよい。

**問題3** 　40℃の硝酸カリウム飽和水溶液200gを10℃まで冷却したとき、析出する硝酸カリウムの質量として、妥当なものはどれか。ただし、水100gに対する硝酸カリウムの溶解度は、10℃では22g、40℃では64gとする。

特別区Ⅰ類2004

**1**　6.4g

**2**　12.8g

**3**　25.6g

**4**　51.2g

**5**　102.4g

## 解説

正解 ④

　40℃の硝酸カリウム飽和水溶液164g（水100g、硝酸カリウム64g）を10℃まで冷却したときは、硝酸カリウム飽和水溶液122g（水100g、硝酸カリウム22g）になり、硝酸カリウムは164−122＝42g析出する。ここで飽和水溶液が200gのときの析出量を $x$g とすると、200：$x$＝164：42より、

$$x=\frac{200\times42}{164}=51.2\cdots[g]$$

となる。

6　溶液の性質　563

気体に関する記述として最も妥当なものはどれか。

国家一般職2003

① 圧力を一定にしたまま気体の温度を上昇させると、気体の体積は膨張するが、体積は絶対温度の２乗に比例しており、この比例定数を気体定数と呼ぶ。

② 同じ温度で圧力が異なる二種類の気体1ℓずつを、容積1ℓの密閉容器に入れ、温度を変えずに保つと、これらが反応を起こさなければ、混合気体の圧力はもとの気体の圧力の和になる。

③ 温度が絶対零度の付近まで下がると、気体は液体を経て固体となるが、融点は分子間力の強弱で決まるため、水素は、結合に極性のあるヘリウムよりも融点が低い。

④ 温度を一定にしたとき、一定量の液体に溶け込む気体の質量は、圧力に反比例するため、炭酸水に高い圧力をかけると二酸化炭素が吹き出てくる。

⑤ 実在の気体は分子の熱運動や蒸気圧が影響し、理想気体の状態方程式からずれを生ずるが、一般に低温・高圧になるほどそのずれは小さい。

## 解説

正解 **2**

**❶ ✕** 　圧力が一定のとき、一定量の気体の体積は絶対温度に比例する（シャルルの法則）。気体定数は理想気体の状態方程式における比例定数である。

**❷ ◯** 　2種類の気体をA、Bとし、そのときの圧力を$P_A$、$P_B$とすると、温度が一定、体積が1Lで一定であるので、ボイルの法則より、それぞれの気体の圧力は$P_A$、$P_B$となる。さらに分圧の法則より、混合気体の圧力は$P_A+P_B$となる。

**❸ ✕** 　融点が最も低い元素はヘリウムHeである。ヘリウムは原子量が小さく、しかも原子間引力が弱いため、融点が最も低い。

**❹ ✕** 　一定量の液体に溶け込む気体の質量は圧力に比例する。また、気体の溶解度は、温度が低いほど大きくなる。さらに、栓を開けた炭酸水から二酸化炭素が吹き出てくるのは、栓を開けたことによって低圧になったためである。

**❺ ✕** 　実在気体では分子自身が体積を持ち、分子間力がはたらくので、理想気体の状態方程式からずれている。低温・高圧になるほど、そのずれは大きくなる。逆に高温・低圧のとき、「理想気体」≒「実在気体」となる。

6　溶液の性質　565

| | 問題5 | 次の文は、コロイド溶液に関する記述であるが、文中の空所A〜Dに該当する語の組合せとして、妥当なのはどれか。 |

特別区Ⅰ類2017

　水酸化鉄（Ⅲ）や粘土のコロイド溶液に、少量の電解質を加えることでコロイド粒子が集まって沈殿する現象を　A　といい、このようなコロイドを　B　コロイドという。

　タンパク質やデンプンのコロイド溶液では、少量の電解質を加えても沈殿しないが、多量の電解質を加えることで沈殿する現象を　C　といい、このようなコロイドを　D　コロイドという。

| | A | B | C | D |
|---|---|---|---|---|
| 1 | 塩析 | 親水 | 凝析 | 疎水 |
| 2 | 塩析 | 疎水 | 凝析 | 親水 |
| 3 | 凝析 | 親水 | 塩析 | 疎水 |
| 4 | 凝析 | 疎水 | 塩析 | 親水 |
| 5 | 疎水 | 凝析 | 親水 | 塩析 |

**解説**

正解 **4**

　水酸化鉄（Ⅲ）や粘土などのコロイドは、表面に水分子をあまり引きつけていないので疎水（**B**）コロイドといわれる。疎水コロイドは少量の電解質を加えることにより表面の水分子が取り除かれ、コロイド粒子が集合して沈殿する。この現象を凝析（**A**）という。

　タンパク質やデンプンなどのコロイドは、表面に多くの水分子を引きつけているので親水（**D**）コロイドといわれる。親水コロイドは多量の電解質を加えることで表面の水分子が取り除かれ沈殿する。この現象を塩析（**C**）という。

第3章

化学

6　溶液の性質　567

**問題6**　次のア～ウは、コロイド溶液に関する記述であるが、文中の空所A～Dに該当する語又は語句の組合せとして、妥当なのはどれか。

特別区Ⅰ類2011

ア　コロイド溶液に横から強い光線を当てると、コロイド粒子が光を散乱するために、光の通路が輝いて見える　　A　　が確認できる。

イ　セロハンの袋にコロイド溶液を入れて水に浸すと　　B　　をセロハンの袋内から除くことができる。このようにしてコロイドを精製する方法を　　C　　という。

ウ　限外顕微鏡では、コロイド粒子に水分子が衝突して起こる不規則な　　D　　が観察できる。

| | A | B | C | D |
|---|---|---|---|---|
| 1 | 電気泳動 | コロイド粒子以外の溶質 | 透析 | ブラウン運動 |
| 2 | 電気泳動 | コロイド粒子以外の溶質 | 凝析 | チンダル現象 |
| 3 | チンダル現象 | コロイド粒子以外の溶質 | 透析 | ブラウン運動 |
| 4 | チンダル現象 | コロイド粒子のみ | 凝析 | 電気泳動 |
| 5 | ブラウン運動 | コロイド粒子のみ | 凝析 | 電気泳動 |

## 解説

正解 ③

　コロイド溶液に強い光線を当てると、光の道筋が見える現象を、チンダル現象（**A**）という。これは、コロイド粒子が光を散乱するためである。

　セロハンなどの半透膜を用いて、コロイドを精製することを透析（**C**）という。コロイド粒子は大きいため、半透膜を通過することができずに、コロイド粒子以外の溶質（**B**）を半透膜内から除くことができる。

　限外顕微鏡で観察すると、コロイド粒子がブラウン運動（**D**）をしていることが観察できる。これは、水分子がコロイド粒子に衝突して、コロイド粒子が不規則な運動をしているためである。

第3章

化学

6　溶液の性質　569

| 問題7 | コロイドに関する記述として、最も妥当なのはどれか。 |

警視庁Ⅰ類2018

**1** 周囲の水分子が熱運動によりコロイド粒子に衝突し、コロイド粒子が不規則に運動する現象をチンダル現象という。

**2** コロイド溶液に横から強い光を当てると、コロイド粒子によって光が散乱され光の進路が見えるが、デンプン水溶液は溶質粒子が小さいため、光の進路は見えない。

**3** 雲は、水滴が空気中に浮遊したものであり、エーロゾルとよばれるコロイドの一種である。

**4** デンプンや卵白の水溶液に塩化ナトリウムのような電解質を多量に加えると凝析する。

**5** 石鹸などの界面活性剤を水に溶かすと、ある濃度以上で多数の分子が集合したコロイド粒子になるが、この粒子は分子の疎水基を外側に、親水基を内側に向けて集合している。

## 解説

正解 **3**

**❶ ✕** チンダル現象ではなくブラウン運動についての説明である。

**❷ ✕** コロイド粒子は大きいので、光の進路が見える。これをチンダル現象という。

**❸ ◯** 正しい記述である。

**❹ ✕** 多量の電解質で沈殿させることは凝析ではなく塩析という。

**❺ ✕** この集合したコロイドを会合コロイドというが、疎水基が内側、親水基は外側になる。

6 溶液の性質　571

**問題8** 溶液に関する記述として、最も妥当なのはどれか。

東京消防庁Ⅰ類2019

**1** 一般に、液体が気体になる変化を沸騰といい、沸騰が起こる温度を沸点という。また、温度が高くなると、液体の内部から気体が発生する現象を昇華という。

**2** 溶媒の質量に対する溶質の質量の割合を、質量パーセント濃度という。水100[g]にスクロース25[g]を溶かした水溶液の質量パーセント濃度は25%である。

**3** 1.0[mol/L]の塩化ナトリウム水溶液を作る際は、5.85[g]の塩化ナトリウムをメスフラスコ内にいれ、1[L]の純水を加えて溶解させる。

**4** 温度と溶解度は反比例の関係にあり、その関係を表した曲線を溶解度曲線という。固体の溶解度は温度が低くなると大きくなるものが多い。

**5** 結晶中に水分子を一定の割合で含んでいる物質を水和物という。硫酸銅(Ⅱ)は、ふつう硫酸銅(Ⅱ)五水和物のような水和物になっている。

## 解説

正解 **5**

**1** ✕  液体が気体になることを蒸発という。特に蒸発は表面から気体になることをいい、沸点に達し内部からも気体になることを沸騰という。なお、昇華とは固体が気体に変化すること、気体が固体に変化することをいう。

**2** ✕  溶液の質量に対する溶質の質量の割合を質量パーセント濃度という。よって、100gの水に25gのスクロースを溶かしたものの溶液は100+25＝125[g]になるので、この場合の質量パーセント濃度は25÷125×100＝20[％]となる。

**3** ✕  塩化ナトリウム$NaCl$の分子量は23+35.5＝58.5なので、58.5gで1molになる。また、1Lの水に溶解させると溶液全体は溶質の分増えてしまうので数値はずれてしまい、この場合ちょうど0.1mol/Lにもならない。

**4** ✕  反比例とは一方が2倍3倍となるともう一方は1/2、1/3になることをいうので、溶解度曲線は反比例ではない。また、一般に固体は温度が高いほど溶解度は大きく、気体は温度が低いほど溶解度は大きい(また例外の物質もある)。

**5** 〇  正しい記述である。

6　溶液の性質　573

★★☆

# 7 物質の変化と平衡

化学変化に関する法則はいくつかありますが、ここでは特にエネルギーや化学平衡について見ていきます。

## ① 反応熱と熱化学方程式

　温度が異なる二つの物体が接触すると、高温の物質から低温の物質へエネルギーが移動する。このエネルギーを**熱**といい、**熱量**として定量的に表現することができる。高温物質が失った熱量と低温物質が得た熱量は等しい（**熱量の保存**）。

　物質の温度を $1[K]$ 上昇させるのに必要なエネルギーを**熱容量**といい、$1[g]$ 当たりに換算した熱容量を**比熱**という。比熱 $c[J/(g\cdot K)]$、質量 $m[g]$ の物質の温度が $\Delta T[K]$ 上昇したとき、その物質が吸収した熱量 $Q[J]$ は、

　　$Q = mc\Delta T$

と表せる。比熱は「モノの温まりにくさ」を数値化したものなので、値が大きいものほど温まりにくく冷めにくい物質といえる。

### 1 発熱反応と吸熱反応

　化学変化は熱の出入りを伴って進むことが多い。このとき、熱を発生する反応を**発熱反応**、熱を吸収する反応を**吸熱反応**という。物質の持つエネルギーを**化学エネルギー**といい、化学変化するときに変化した化学エネルギーが熱エネルギーとなる。

### 2 反応熱と熱化学方程式

　化学変化に伴って発生または吸収する熱量を**反応熱**という。発熱反応では正（＋）、吸熱反応では負（－）の符号で表現する。また、化学反応式の矢印→を等式＝に置き換え、右辺（生成物側）に反応熱を書き加えた式を**熱化学方程式**という。

　物質の持つ化学エネルギーは状態によって異なるので、固体・液体・気体の状態を付記し、反応熱は常温常圧とする。

574　第3章　化　学

## 3 さまざまな反応熱

反応熱には以下に示すようなものがある。反応熱は一般に 1 [mol] あたりの熱量で表され、熱化学方程式ではその物質の係数を 1 とする。そのため、他の物質の係数が分数になることもある。

ここではどの物質の係数を 1 とするかを示しているが、実際の熱化学方程式では係数が 1 である場合は表記しない。

### ① 燃焼熱

物質 1 [mol] が完全燃焼するとき発生する熱量を**燃焼熱**という。**燃焼する物質の係数を1にする。**

$$1C_2H_6 + \frac{7}{2}O_2 = 2CO_2(気) + 3H_2O(液) + 1561[kJ]$$

### ② 生成熱

化合物 1 [mol] が、その成分元素の単体から生じるときに、発生または吸収する熱量を**生成熱**という。**生成する物質の係数を1にする。**

$$C(黒鉛) + 2H_2 + \frac{1}{2}O_2 = 1CH_3OH(液) + 222[kJ]$$

### ③ 溶解熱

物質 1 [mol] を多量の溶媒に溶かしたときに、発生または吸収する熱量を**溶解熱**という。**溶ける物質の係数を1にする。**

$$1NaOH(固) + aq = NaOHaq + 44.5[kJ]$$

### ④ 中和熱

水溶液中で、酸と塩基が中和して水 1 [mol] が生じるときに発生する熱量を**中和熱**という。**水 $H_2O$ の係数を1にする。**

$$HClaq + NaOHaq = NaClaq + 1H_2O + 56.5[kJ]$$

7　物質の変化と平衡　575

## 4 ヘスの法則

熱化学方程式に関する出題は、与えられた数値から目的の熱を求めるという形式のものが多い。このような出題パターンの問題は「求める熱化学方程式を書く」、「化学式を文字とみなし、与えられた式を連立して、求める方程式を作り上げる」という2段階で考えて解いていく。

この解き方が成り立つ理由を示す法則として、**ヘスの法則**がある。

### ヘスの法則

物質が変化するとき出入りする熱量（反応熱）は、最初と最後の状態だけで決まり、反応経路には無関係である。

例えば、黒鉛から二酸化炭素を生成する反応を考える。図のように、直接二酸化炭素を生成する経路と、いったん、一酸化炭素を生成してから二酸化炭素を生成する経路の2種類があり得る。しかし、いずれの経路をたどったとしても反応熱は一定となっている。

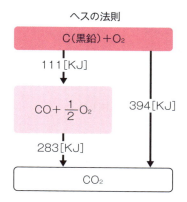

## 2 化学反応と触媒

　一般に、化学反応が起こるためには、反応物の粒子どうしが衝突する必要がある。そのため、気体であれば分圧が大きいほど、液体では高濃度ほど反応速度が大きい。固体であれば、細かいほど表面積が大きいので反応速度は大きくなる。

### 1 反応速度と活性化エネルギー

　化学反応が起こるためには、ある一定以上のエネルギーが必要である。このエネルギーを**活性化エネルギー**という。反応物の粒子は、活性化エネルギー以上のエネルギーを得ると、エネルギーの高い状態を経て生成物に変わる。このエネルギーの高い状態を**活性化状態**（遷移状態）という。
　一般に、反応物の濃度や温度などが同じならば、活性化エネルギーが小さい反応ほど反応速度は大きい。

### 2 反応速度と触媒

　それ自身は変化しないが、反応速度を大きくするような物質を**触媒**という。これは、触媒によって反応のしくみが変わり、より小さい経路で反応が進むからである。
　一方、反応熱は、反応物と生成物とのエネルギー差で決まり、反応経路によらない（ヘスの法則）ので、**触媒を用いても反応熱の値は変化しない**。

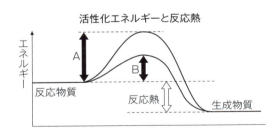

活性化エネルギーと反応熱

A：触媒がないときの活性化エネルギー
B：触媒があるときの活性化エネルギー

## ③ 化学平衡

### ①▶ 平　衡

　一般に右向きの反応(反応物から生成物ができる)を**正反応**、左向きの反応を**逆反応**という。正反応と逆反応のどちらの方向にも進む反応を**可逆反応**、一方向にしか進まない反応を**不可逆反応**という。

　例えば、$H_2$と$N_2$を容器に入れておくと$NH_3$が合成されるが、合成された$NH_3$には$H_2$と$N_2$に戻る反応も同時に起こっている。ある時間が経過すると反応速度が等しくなり、見かけ上は反応が止まっているように見える。このような状態を**化学平衡**の状態(平衡状態)という。

$$正反応：N_2 + 3H_2 \rightarrow 2NH_3$$
$$逆反応：N_2 + 3H_2 \leftarrow 2NH_3$$

### ②▶ 平衡移動とルシャトリエの原理

　可逆反応が平衡状態にあるとき、濃度・圧力・温度などの条件を変化させると、正逆どちらかの反応が進み、新たな平衡状態になる。この現象を**平衡移動**(化学平衡の移動)という。

　この平衡の向きについて、フランスのルシャトリエは「一般に、可逆反応が平衡状態にあるとき、濃度・圧力・温度などの条件を変化させると、その変化の影響を和らげる向きに反応が進み、新たな平衡状態になる」という原理を発見した。これを**ルシャトリエの原理**(平衡移動の原理)という。

578　第3章　化　学

## 条件変化と平衡移動

❶ 温度：温度を上げる：吸熱（温度が下がる）の方向へ移動し、物質の結びつき
は弱くなる

温度を下げる：発熱（温度が上がる）の方向へ移動し、物質の結びつき
は強くなる

❷ 圧力：圧力を上げる：減圧（分子数減少）の方向へ移動し、物質の結びつきは
強くなる

圧力を下げる：増圧（分子数増加）の方向へ移動し、物質の結びつきは
弱くなる

❸ 濃度：濃度を上げる：その物質が減少する（濃度が下がる）方向へ移動する

濃度を下げる：その物質が増加する（濃度が上がる）方向へ移動する

## 過去問 Exercise

**問題1** 次に示す熱化学方程式に関するア～オの記述のうち、正しいもののみすべて選んだ組合せとして、最も妥当なのはどれか。

東京消防庁Ⅰ類2016

$$C（黒鉛）+ \frac{1}{2} O_2（気）= CO（気）+111kJ \quad \cdots\cdots①$$

$$CO（気）+ \frac{1}{2} O_2（気）= CO_2（気）+283kJ \quad \cdots\cdots②$$

$$C（黒鉛）+ O_2（気）= CO_2（気）+394kJ \quad \cdots\cdots③$$

**ア** C（黒鉛）の燃焼熱は111kJである。

**イ** CO（気）の生成熱は111kJである。

**ウ** $CO_2$（気）の生成熱は283kJである。

**エ** CO（気）の燃焼熱は283kJである。

**オ** C（黒鉛）の燃焼熱は394kJである。

**1** ア、イ、ウ

**2** ア、イ、エ

**3** イ、ウ

**4** イ、エ、オ

**5** エ、オ

580 第3章 化 学

**解説**

正解 **4**

生成熱と燃焼熱の定義に従って分類する。

① C（黒鉛）単体 1 [mol] からの生成物なので、CO（気）の生成熱111 [kJ] を表す式である。なお、生成物は一酸化炭素で二酸化炭素ではないので、燃焼熱ではない。

したがって、**ア**は誤りで、**イ**は正しい。

② CO（気）1 [mol] の燃焼なので、燃焼熱283 [kJ] を表す式である。

したがって、**ウ**は誤りで、**エ**は正しい。

③ C（黒鉛）に着目すると燃焼熱394 [kJ] を表す式であるとともに、$CO_2$（気）に着目すると生成熱394 [kJ] を表す式である。

したがって、**ウ**は誤りで、**オ**は正しい。

**問題2** ヘスの法則の説明として、最も妥当なのはどれか。

東京消防庁Ⅰ類2015

**1** 化学変化の前後で物質の質量の総和は変化しない。

**2** 同じ化合物中の成分元素の質量比は、常に一定である。

**3** 気体の種類によらず、同温、同圧で同体積の気体には、同数の分子が含まれる。

**4** 反応熱は、反応の経路によらず、反応の初めの状態と終わりの状態で決まる。

**5** 2種類の元素でできた化合物が複数あるとき、一つの元素の一定数量と化合している他の元素の質量は簡単な整数比になる。

## 解説

正解 **4**

**①** ✕　これはラボアジエによる質量保存の法則の内容である。

**②** ✕　これはプルーストによる定比例の法則の内容である。

**③** ✕　これはアボガドロの法則の内容である。

**④** ◯　ヘスの法則についての正しい説明である。

**⑤** ✕　これはドルトンによる倍数比例の法則の内容である。

7　物質の変化と平衡　583

**問題3** 次の熱化学方程式を用いて求められるプロパン$C_3H_8$の燃焼熱はいくらか。

警視庁Ⅰ類2015

$C(黒鉛) + O_2(気) = CO_2(気) + 394kJ$ ……①

$H_2(気) + \dfrac{1}{2}O_2(気) = H_2O(液) + 286kJ$ ……②

$3C(黒鉛) + 4H_2(気) = C_3H_8(気) + 105kJ$ ……③

- **1** 575kJ
- **2** 785kJ
- **3** 1754kJ
- **4** 2221kJ
- **5** 2326kJ

## 解説

正解 **4**

求める熱化学方程式を書くと、

$$C_3H_8 + 5O_2 = 4H_2O + 3CO_2 + Q \text{ [kJ]}$$

問題文の方程式を連立しながら、求める方程式を作っていく。まず目的の式と比較すると、式の中に $C_3H_8$ がほしい一方 C は必要ない。そこで、①と③を連立して C を消去するような式変形を考える。

$$①×3－③：C_3H_8 + 3O_2 - 4H_2 = 3CO_2 + 1077 \text{ [kJ]} \qquad \cdots\cdots④$$

次に、④と残りの②を連立させる。目的の式と比較すると、$H_2$ を消去するような式変形を考えればよいので、

$$②×4＋④：C_3H_8 + 5O_2 = 4H_2O + 3CO_2 + 2221 \text{ [kJ]}$$

したがって、求める $Q$ は2221 [kJ] とわかる。

| 問題4 | 水素、炭素（黒鉛）及びメタンの燃焼熱を、それぞれ286kJ/mol、394kJ/mol、891kJ/molとすると、それぞれの燃焼反応の熱化学方程式は、次のとおりである。このとき、メタンの生成熱はいくらか。 |
|---|---|

国家専門職2019

$H_2$（気体）$+ \dfrac{1}{2} O_2$（気体）$= H_2O$（液体）$+286kJ$

$C$（黒鉛）$+ O_2$（気体）$= CO_2$（気体）$+394kJ$

$CH_4$（気体）$+2O_2$（気体）$= CO_2$（気体）$+2H_2O$（液体）$+891kJ$

1　$-211kJ/mol$

2　$-183kJ/mol$

3　$-75kJ/mol$

4　$75kJ/mol$

5　$211kJ/mol$

## 解説

正解 **4**

各式について、以下のように表す。

$$H_2 (気体) + \frac{1}{2} O_2 (気体) = H_2O (液体) + 286kJ \qquad \cdots\cdots①$$

$$C (黒鉛) + O_2 (気体) = CO_2 (気体) + 394kJ \qquad \cdots\cdots②$$

$$CH_4 (気体) + 2O_2 (気体) = CO_2 (気体) + 2H_2O (液体) + 891kJ \qquad \cdots\cdots③$$

生成熱とは、物質 1 mol がもととなる成分元素の単体から生成されるときの反応熱であるので、まずはメタン $CH_4$ の生成熱の式を立てると、以下のようになる（生成熱の値を $Q$kJ とする）。

$$C + 2H_2 = CH_4 + Q \, [kJ] \qquad \cdots\cdots④$$

ヘスの法則より、④式を①〜③式から導くと、④式の左辺に $2H_2$ があることから、これを含む①式を 2 倍する。同様に④式の左辺に C があることから、これを含む②式を用いる。同様に④式の右辺に $CH_4$ があることから、これを含む③式を用いる。①× 2 ＋②－③より、以下のようになる。

$$(2H_2 + O_2) + (C + O_2) + (CO_2 + 2H_2O + 891kJ)$$
$$= (2H_2O + 572kJ) + (CO_2 + 394kJ) + (CH_4 + 2O_2)$$

$$C + 2H_2 + 891kJ = CH_4 + 57kJ + 394kJ$$

$$C + 2H_2 = CH_4 + 75kJ$$

※ 左辺は左辺、右辺は右辺ごとに計算した。なお「式を引く」ときは両辺を逆にして足している。

**問題5**　次は炭素及びその化合物に関する記述であるが、ア〜エに当てはまるものの組合せとして最も妥当なのはどれか。

国家専門職2011

　炭素は、周期表14族の非金属元素である。生命体をつくる重要な元素で、その化合物の種類は非常に多い。単体には、ダイヤモンド、黒鉛、フラーレンなどがあり、これらは互いに　ア　である。

　一酸化炭素は、炭素又は炭素化合物の不完全燃焼などによって生じる、無色で　イ　きわめて有毒な気体である。空気中で点火すると青白い炎をあげて燃え、二酸化炭素になる。

　炭素（黒鉛）と酸素から一酸化炭素が生じる反応では、二酸化炭素を生じる反応が同時に起こるため、一酸化炭素の生成熱を直接測定することは難しい。しかし、炭素（黒鉛）や一酸化炭素の燃焼熱は直接測定できるので、これらの反応熱を用い、ヘスの法則（総熱量保存の法則）を利用すると、以下のように、計算によって一酸化炭素の生成熱を求めることができる。

　炭素（黒鉛）及び一酸化炭素の燃焼熱は、それぞれ394kJ/mol、283kJ/molであるから、

$$C（黒鉛）+ O_2 = CO_2 \boxed{ウ} 394kJ \quad ……①$$

$$CO + \frac{1}{2} O_2 = CO_2 \boxed{ウ} 283kJ \quad ……②$$

式①と式②を整理すると、$C（黒鉛）+ \frac{1}{2} O_2 = CO \boxed{ウ}\boxed{エ} kJ$

したがって、一酸化炭素の生成熱は　エ　kJ/molである。

|   | ア | イ | ウ | エ |
|---|------|----------|---|-----|
| **1** | 同位体 | 刺激臭のある | − | 111 |
| **2** | 同位体 | 無臭の | − | 677 |
| **3** | 同素体 | 刺激臭のある | + | 677 |
| **4** | 同素体 | 無臭の | + | 111 |
| **5** | 同素体 | 無臭の | − | 111 |

**解説**

正解 ④

　炭素は14族の非金属元素で、同素体（**ア**）に、ダイヤモンドや黒鉛、フラーレンなどがある。また、炭素の酸化物に一酸化炭素があり、炭素化合物を不完全燃焼した際に発生する無色、無臭の（**イ**）有毒な気体である。一般に、燃焼すると発熱反応が起こるので、熱化学方程式の右辺の熱量は正になる。よって、熱化学方程式は、次のように表すことができる。

　　$C（黒鉛）+ O_2 = CO_2 + （$**ウ**$）394 [kJ]$　　……①

　　$CO + \dfrac{1}{2} O_2 = CO_2 + 283 [kJ]$　　……②

　①－②より、

　　$C（黒鉛）+ \dfrac{1}{2} O_2 = CO + 111 [kJ]$　　……③

　③より、一酸化炭素の生成熱は、111（**エ**）$[kJ/mol]$ となる。

| 問題6 | 触媒反応に関するA～Dの記述のうち、妥当なものを選んだ組合せはどれか。 |

特別区Ⅰ類2010

**A** 触媒があってもなくても、反応熱の大きさは変わらない。

**B** 触媒は、反応の活性化エネルギーを大きくする。

**C** 反応の前後で、触媒自身は変化しない。

**D** 触媒は、反応速度を小さくする。

1　A　B
2　A　C
3　B　C
4　B　D
5　C　D

**解説**

正解 **2**

　触媒は、活性化エネルギーを低下させることにより、反応速度を促進させる特徴を持つ。また、触媒自体は反応そのものに直接関与せず、減少したり増加したりすることもない。

**A** ○　触媒を用いると、活性化エネルギーは低下するが、反応熱の大きさは変わらない。

**B** ✕　触媒を用いると、活性化エネルギーが小さくなる。

**C** ○　触媒を用いても、触媒自体は反応前後で変化しない。

**D** ✕　触媒は、反応速度を増大させる。

**問題7** 化学反応のエネルギー変化に関する次の記述の㋐、㋑に当てはまるものの組合せとして最も妥当なのはどれか。

国家一般職2012

図は、次の反応のエネルギー変化を示す。

$H_2 + I_2 \rightarrow 2HI$

図からこの反応は ㋐ であり、その反応熱は ㋑ であることが分かる。

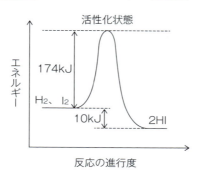

|   | ㋐ | ㋑ |
|---|---|---|
| 1 | 発熱反応 | 10kJ |
| 2 | 発熱反応 | 184kJ |
| 3 | 発熱反応 | 358kJ |
| 4 | 吸熱反応 | 184kJ |
| 5 | 吸熱反応 | 358kJ |

## 解説

正解 **1**

　問題の図より、反応物である $H_2$ と $I_2$ ともに1分子の持つエネルギーの合計は、生成物の $HI_2$ 分子の持つエネルギーより大きいので、この反応は発熱反応（㋐）といえる。また、反応物の持つエネルギーと、生成物の持つエネルギーの差が反応熱であるので、反応熱は10kJ（㋑）となる。

7　物質の変化と平衡　593

**問題8** 次は、化学平衡に関する記述であるが、ア、イに当てはまるものの組合せとして最も妥当なのはどれか。

国家一般職2015

窒素 $N_2$ と水素 $H_2$ を高温に保つと、アンモニア $NH_3$ を生じる。この反応は逆向きにも起こり、アンモニアは分解して、窒素と水素を生じる。このように、逆向きにも起こる反応を可逆反応という。可逆反応は、$\rightleftarrows$ を用いて示され、例えば、アンモニアの生成反応は、次のように表され、この正反応は発熱反応である。

$$N_{2(気)} + 3H_{2(気)} \rightleftarrows 2NH_{3(気)} \quad \cdots\cdots (*)$$

化学反応が平衡状態にあるとき、濃度や温度などの反応条件を変化させると、その変化をやわらげる方向に反応が進み、新しい平衡状態になる。この現象を平衡の移動という。

（*）のアンモニアの生成反応が平衡状態にあるときに、温度を高くすれば平衡は ア 、圧縮すれば平衡は イ 。

|   | ア | イ |
|---|---|---|
| **1** | 移動せず | 右に移動する |
| **2** | 右に移動し | 移動しない |
| **3** | 右に移動し | 左に移動する |
| **4** | 左に移動し | 左に移動する |
| **5** | 左に移動し | 右に移動する |

594 第3章 化学

## 解説

正解 **5**

　アンモニアの生成反応が平衡状態にあるとき、ルシャトリエの原理より、温度を高くすれば発熱反応が生じるので、温度を下げようとして平衡は左に移動し（**ア**）、圧縮すれば分子の数を減らそうとするので、平衡は右に移動する（**イ**）。

第3章

化学

7　物質の変化と平衡　595

| 問題9 | 次のア～オの平衡反応において（　）内の操作を行ったとき、平衡が左に移動するものの組み合わせとして、妥当なのはどれか。 |

東京消防庁Ⅰ類2007

**ア**　$NH_3 + H_2O \rightleftarrows NH_4^+ + OH^-$　（水を加える）

**イ**　$2O_3 \rightleftarrows 3O_2 + 285kJ$　（触媒を加える）

**ウ**　$2SO_2 + O_2 \rightleftarrows 2SO_3 + 197.7kJ$　（温度を下げる）

**エ**　$H_2 + Br_2 \rightleftarrows 2HBr + 24.7kJ$　（圧力を加える）

**オ**　$2NH_3 \rightleftarrows N_2 + 3H_2 - 92kJ$　（温度を下げる）

**1** ア、イ

**2** エ、オ

**3** ウ

**4** イ、オ

**5** オ

## 解説

正解 **5**

**ア ✕** 水を減らす方向に移動するので、平衡は右に移動する。

**イ ✕** 触媒は平衡の移動には関与しないので、どちらの方向にも移動しない。

**ウ ✕** 温度を上げようとするので、平衡は右に移動する。

**エ ✕** 分子を減らす方向に移動するが、この場合は両辺で分子数が変化していないので、平衡は移動しない。

**オ ◯** 温度を上げようとするので、平衡は左に移動する。

★★★

# 8 無機化学

金属やセラミックスなどを無機物質といい、私たちの生活に欠かすことのできないものとなっています。ここでは無機物質について見ていきます。

## 1 元 素

### 1 典型元素と遷移元素

　1、2、12～18族の元素を**典型元素**といい、族番号が増えるとともに価電子も増え、族どうしが似た性質になる。

　3～11族の元素を**遷移元素**といい、族番号と価電子に相関がなく、周期表の隣どうしが似た性質になるものが多い。

　**遷移元素はすべて金属**であり、典型元素には金属と非金属がある（周期表参照）。

### 2 単体の常温・常圧での状態

　各元素の単体における状態は覚えておくと便利である。

❶　常温・常圧で単体が液体の元素：臭素$Br_2$、水銀$Hg$

❷　常温・常圧で単体が気体の元素：水素$H_2$、窒素$N_2$、酸素$O_2$、オゾン$O_3$、フッ素$F_2$、塩素$Cl_2$およびすべての貴ガス

❸　常温・常圧で単体が固体の元素：上記以外の単体

### 3 炎色反応

　金属元素を熱すると、各金属が特有の色を示す。これを**炎色反応**という。金属の重要な検出法となる。

炎色反応

| 金属元素 | リチウム Li | ナトリウム Na | カリウム K | 銅 Cu | カルシウム Ca | ストロンチウム Sr | バリウム Ba |
|---|---|---|---|---|---|---|---|
| 色 | 赤 | 黄 | 紫 | 緑 | 橙 | 紅 | 緑 |

598　第3章 化　学

## ❷ 非金属元素

### 1 水素 H

　水素は、宇宙に最も多く存在する元素で、単体は2原子分子$H_2$である。また、1族の中で**唯一の非金属元素**である。無色無臭の気体であり、すべての気体の中で**最も密度が小さい**。

　実験室ではイオン化傾向の大きい金属に希硫酸などを加え、水上置換で捕集する。工業的には石油や天然ガスと高温水蒸気反応、または水の電気分解などで得る。

### 2 18族元素（貴ガス）

　18族の元素を**貴ガス**（希ガス）という。融点、沸点が非常に低く、**常温で気体**として存在し、無色無臭である。価電子が0個（閉殻）なので、反応性に乏しい（化合物を作りにくい）。ほかの原子とも結びつかないので、単原子分子を作る。例外として、アルゴンArは唯一フッ素Fと化合物を作る。また、アルゴンの大気中の割合は窒素$N_2$、酸素$O_2$に次いで3番目である。

　ガラス管などに封じ込め、電圧をかけると元素固有の発光が見られる。ネオンNeはオレンジ色、ヘリウムHeは薄紫色、アルゴンArは紫色に発光する。燃えにくいため、気球や風船のガスとして利用されているほか、冷却剤、リニアモーターカーなどにも利用されている。

　ヘリウムは不燃性の気体で、水素に次いで軽い。元素の中で**最も融点が低く**（−268.93℃）、**最も液体になりにくい**。

　アルゴンやクリプトンKrは、フィラメントの酸化・蒸発を防止するために電球や蛍光灯に封入されている。またクリプトンはカメラのストロボに利用されている。

8　無機化学　599

## 3 17族典型非金属元素（ハロゲン）

この族に属する元素は**ハロゲン**といい、単体は$F_2$、$Cl_2$、$Br_2$、$I_2$のように2原子分子として存在している。すべて有色・有毒である。その酸化力、反応性は$F_2 > Cl_2 > Br_2 > I_2$の順（原子番号の小さい順）になる。なお、還元力の強さは逆である。

|  | 単体の形状 | 特徴 |
|---|---|---|
| フッ素$F_2$ | 淡黄色・気体 | ・水と激しく反応し、酸素$O_2$を発生<br>・低温、暗所でも水素と爆発的に反応する |
| 塩素$Cl_2$ | 黄緑色・気体 | ・水と一部反応　$H_2O + Cl_2 \rightleftarrows HCl + HClO$<br>・常温で、光を当てると水素と激しく反応 |
| 臭素$Br_2$ | 赤褐色・液体 | ・水と少し反応<br>・水素と高温で反応<br>・臭化銀AgBrはフィルムの感光剤に利用されている |
| ヨウ素$I_2$ | 黒紫色・固体 | ・水にはほとんど溶けない<br>・水素と高温でわずかに反応<br>・黒紫色の板状の固体結晶で**昇華性**を持つ<br>・デンプンと反応すると青紫色に変化（ヨウ素デンプン反応） |

### ① ハロゲン化水素

ハロゲンと水素が結びついた物質をまとめて**ハロゲン化水素**といい、すべて有毒で強い刺激臭を持つ。極性があるので水によく溶け、フッ化水素以外の水溶液は強酸である。

### (ア) 塩化水素 HCl

無色で、**刺激臭**がある。融点が$-114℃$、沸点が$-85℃$である。水によく溶け、その水溶液が塩酸であり、水溶液なので混合物である。アンモニアに触れると、塩化アンモニウムの白煙を生じる。

$$HCl + NH_3 \rightarrow NH_4Cl$$

塩酸は強酸性を示し、鉄、亜鉛、アルミニウムなどを溶かして水素を生じる。

製法1：食塩に濃硫酸を加えて加熱する

$$NaCl + H_2SO_4 \rightarrow NaHSO_4 + HCl\uparrow$$

製法2：塩素と水素から合成する

$$H_2 + Cl_2 \rightarrow 2HCl$$

### (イ) フッ化水素 HF

無色、刺激臭のある液体で発煙性がある。融点が$-83℃$、沸点が$20℃$である。フッ化カルシウム$CaF_2$(蛍石の主成分)に濃硫酸を加え加熱すると発生する。

$$CaF_2 + H_2SO_4 \rightarrow CaSO_4 + 2HF$$

水溶液はフッ化水素酸といい、**弱酸**であるが、ガラスなどのケイ酸塩や石英を溶かす性質があるので、ポリエチレン容器などで保存する。

### (ウ) 臭化水素 HBr、ヨウ化水素 HI

それぞれの水溶液を臭化水素酸・ヨウ化水素酸といい、ともに強酸性を示す。

### ② ハロゲン化銀

ハロゲン化物イオンを含む水溶液に硝酸銀$AgNO_3$水溶液を加えると、塩化銀$AgCl$、臭化銀$AgBr$、ヨウ化銀$AgI$が沈殿する。これらのハロゲン化銀には感光性があるため、光が当たると分解して銀が析出する。

この仕組みがフィルムで、光の当たった部分の銀が黒くなったものを、現像液を用いて還元することによって画像ができあがる。

### ③ 次亜塩素酸ナトリウム NaClO

次亜塩素酸ナトリウムは酸化作用を示す。固体は不安定であり、水溶液として酸化剤や漂白剤、殺菌消毒剤に用いられる。次亜塩素酸ナトリウムに塩酸を加えると水素が発生する。

$$NaClO + 2HCl \rightarrow NaCl + H_2O + Cl_2$$

### ④ 塩素酸カリウム KClO₃

塩素酸カリウム$KClO_3$は無色の結晶で、酸化マンガン(IV) $MnO_2$を触媒として加え加熱すると酸素を発生する。

$$2\,KClO_3 \rightarrow 2KCl + 3O_2$$

8 無機化学 601

## 4 16族典型非金属元素

酸素は空気や水、岩石などの構成物質であり、地球上においては地殻中の元素割合として最も多い。

硫黄は鉱石の成分元素として地殻に多く存在している。

### ① 酸素 $O_2$ とその化合物
#### (ア) 酸素 $O_2$

単体の酸素 $O_2$ は空気中の21％を占め、工業的には液体空気の分留で得られる。実験室では水の電気分解や過酸化水素水の分解、塩素酸カリウムの熱分解などで得られる。

#### (イ) オゾン $O_3$

オゾン $O_3$ は酸素の同素体で、酸素中の無声放電や酸素に紫外線を照射することで得られる。

オゾンは特異臭のある淡青色の気体で、毒性が強い。分解して酸素になりやすく、強い酸化作用がある。大気の成層圏(地上20～30km)において、オゾン層を形成している。

#### (ウ) 過酸化水素 $H_2O_2$

過酸化水素 $H_2O_2$ は無色の液体で、濃い溶液は酸化力が強く、皮膚などに付着すると白い薬傷を起こす。３％ほどの溶液をオキシドールといい、殺菌消毒に用いられる。不安定で分解しやすく、触媒によって水と酸素になる。

$$2H_2O_2 \rightarrow 2H_2O + O_2$$

過酸化水素は、一般に酸化剤としてはたらくことが多いが、過マンガン酸カリウム $KMnO_4$ などに対しては還元剤としてはたらく。

## (エ) 酸化物

酸素はフッ素に次いで陰性が強い。単体は反応性が高いので多くの元素と直接反応して酸化物を作る。例えば二酸化炭素$CO_2$や二酸化硫黄$SO_2$などの非金属酸化物の多くは、水と反応して酸を生じたり、塩基と反応して塩を生じたりする。このような酸化物を**酸性酸化物**という。

$$CO_2 + H_2O \rightleftarrows H^+ + HCO_3^-$$

$$SO_2 + 2NaOH \rightarrow Na_2SO_3 + H_2O$$

酸化ナトリウム$Na_2O$や酸化カルシウム$CaO$のような金属酸化物の多くは、水と反応して塩基を生じたり、酸と反応して塩を生じたりする。このような酸化物を**塩基性酸化物**という。

$$NaO + H_2O \rightleftarrows 2NaOH$$

$$CaO + 2HCl \rightarrow CaCl_2 + H_2O$$

酸化アルミニウム$Al_2O_3$や酸化亜鉛$ZnO$は、酸と塩基のどちらとも反応して塩を生じる。これらを**両性酸化物**という。

## ② 硫黄 S とその化合物

### (ア) 硫黄 S

単体の硫黄Sは、黄色のもろい固体として火山地帯などで産出する。工業的には石油精製の**脱硫**という、硫黄を除去する工程で得られる。硫黄の単体には斜方硫黄、単斜硫黄、ゴム状硫黄などの同素体がある。いずれも無臭で水に不溶である。

また硫黄は、酸素同様に反応性が高く、多くの元素と結合して硫化物を作る。硫黄同素体は空気中で燃焼させると青い炎を出し二酸化硫黄$SO_2$になる。

$$S + O_2 \rightarrow SO_2$$

### (イ) 硫化水素 H₂S

硫化水素$H_2S$は、無色の気体で腐乱臭があり、極めて毒性が強い。火山ガスに含まれ、実験室では硫化鉄(II)に希硫酸や希塩酸を加えて下方置換で捕集する。

$$FeS + H_2SO_4 \rightarrow FeSO_4 + H_2S$$

$$FeS + I_2 \rightarrow 2HI + S$$

**(ウ) 二酸化硫黄 $SO_2$**

二酸化硫黄$SO_2$は、刺激臭があり無色で有毒な気体である。水によく溶け、水溶液は弱酸性である。

$$SO_2 + H_2O \rightleftarrows H^+ + HSO_3^-$$

普通は還元剤としてはたらき漂白剤としても利用されるが、硫化水素に対しては酸化剤となる。


**(エ) 硫酸 $H_2SO_4$**

硫酸$H_2SO_4$は、化学工業に広く用いられている。工業的には**接触法**により作られる。市販の**濃硫酸**は、濃度98％（約18mol/L）で無色・高密度(1.83g/mL)、**不揮発性**、粘性が大きい液体である。吸湿性が強く乾燥剤に用いられ、**脱水作用**がある。熱濃硫酸は酸化作用があり、イオン化傾向の小さい銅Cu、水銀Hg、銀Agを酸化して溶かし二酸化硫黄を発生する。

水に濃硫酸を加えると、多量の熱を発生して**希硫酸**となる。希硫酸は強酸で、水素よりイオン化傾向の大きい金属を溶かし水素を発生する。アルカリ土類金属や鉛の硫酸塩は水に溶けにくいので、硫酸バリウム$BaSO_4$の白色沈殿は硫酸イオン$SO_4^{2-}$の検出に用いられる。

$$BaCl_2 + H_2SO_4 \rightarrow BaSO_4 + 2HCl$$

## 5 15族典型非金属元素

### ① 窒素 $N_2$ とその化合物

#### （ア）窒素 $N_2$

　窒素 $N_2$ の単体は無色無臭の気体で、空気中の78％を占める。工業的には液体空気の分留で得られ、液体窒素は冷却剤として用いられる。一般に反応性が乏しく安定であるが、高温条件下では酸素と反応する。

#### （イ）アンモニア $NH_3$

　アンモニア $NH_3$ は刺激臭のある無色の気体で、硝酸などの窒素酸化物の合成原料に用いられる。工業的には**ハーバー・ボッシュ法**、実験室ではアンモニウム塩を強塩基とともに加熱すると発生し、上方置換で捕集する。

$$N_2 + 3H_2 \rightleftarrows 2NH_3$$
$$2NH_4Cl + Ca(OH)_2 \rightarrow CaCl_2 + 2H_2O + 2NH_3$$

　アンモニアと塩化水素の反応では、塩化アンモニウムの白煙を生じるので、互いの気体の検出に用いられる。またアンモニアは、水によく溶け、一部が水と反応するので水溶液は弱塩基性となる。

$$NH_3 + H_2O \rightleftarrows NH_4^+ + OH^-$$

　また硝酸 $HNO_3$ や尿素 $CO(NH_2)_2$ の原料として多量に用いられている。

#### （ウ）一酸化窒素 NO

　一酸化窒素 NO は水に溶けにくい無色の気体で、実験室では銅 Cu に希硝酸を加えて発生させる。

$$3Cu + 8HNO_3 \rightarrow 3Cu(NO_3)_2 + 4H_2O + 2NO$$

　一酸化窒素は空気中で速やかに酸化され、赤褐色の二酸化窒素になる。

$$2NO + O_2 \rightarrow 2NO_2$$

#### （エ）二酸化窒素 $NO_2$

　二酸化窒素 $NO_2$ は、刺激臭のある**赤褐色**の有毒な気体で、実験室では銅 Cu に濃硫酸を加えて発生させる。

$$Cu + 4HNO_3 \rightarrow Cu(NO_3)_2 + 2H_2O + 2NO_2$$

　常温では一部が無色の四酸化二窒素に変化する。

$$2NO_2 \rightleftarrows N_2O_4$$

　また、水に溶けると硝酸を生じる。

$$3NO_2 + H_2O \rightarrow 2HNO_3 + NO$$

　これは**オストワルト法**と呼ばれる製法である。

8　無機化学　605

**(オ) 硝酸 HNO₃**

硝酸HNO₃は、水に溶けやすく揮発性のある無色の液体である。市販の**濃硝酸**は、濃度62％（14mol/L、密度1.38g/mL）前後のものが多い。熱や光で分解して黄色味を帯びるので、褐色瓶などで保存する。

硝酸は強酸であるほか、強い酸化剤としてもはたらく。イオン化傾向の小さい銅Cu・水銀Hg・銀Agなどを酸化して溶かし、一酸化窒素や二酸化窒素を発生する。

$3Ag + 4HNO_3(希硝酸) \rightarrow 3AgNO_3 + 2H_2O + NO$

$Ag + 2HNO_3(濃硝酸) \rightarrow AgNO_3 + H_2O + NO_3$

## ② リン P とその化合物

**(ア) リン P**

カルシウムイオンとリン酸イオンを主成分とするリン鉱石を電気炉中で珪砂$SiO_2$やコークスと反応させるとリン単体が得られる。このとき、蒸気として発生しているものを水中で固化させると黄リン(白リン)が得られる。

黄リンは$P_4$からなる単黄色のろう状固体で、自然発火する。また水に溶けないので水中保存される。**毒性が強い**。空気を断って黄リンを加熱すると、赤褐色固体の赤リンとなる。毒性は小さく、マッチ箱の側薬・衣料品・肥料などに用いられる。

**(イ) 十酸化四リン P₄O₁₀**

十酸化四リン$P_4O_{10}$は、吸湿性・脱水作用の強い白色固体で、乾燥剤として用いられる。リンを過剰の乾燥空気や酸素中で燃焼させる。

$4P + 5O_2 \rightarrow P_4O_{10}$

**(ウ) リン酸 H₃PO₄**

十酸化四リンを多量の水と反応させるとリン酸$H_3PO_4$が得られる。リン酸は水に溶けて酸性を示し、DNAの成分として体内に存在する。

## 6 14族典型非金属元素

炭素Cは有機物の中心となる元素で、ケイ素Siは地殻を構成する元素の中で酸素の次に多い。

### ① 炭素 C とその化合物
#### （ア）炭素 C とその同素体

炭素は有機物の中心となる元素である。また、次のような同素体を持つ。

| ダイヤモンド | 無色の結晶で非常に硬い。光の屈折率が大きく、大きな結晶は宝石として価値が高い。高温高圧下では黒鉛から人工的に小さな結晶を生成でき、研磨剤や切削剤として工業的に用いられる。 |
|---|---|
| 黒鉛（グラファイト） | 光沢のある灰黒色の結晶で軟らかく、**熱電気伝導性**がある。電極や鉛筆の芯などに用いられる。 |
| フラーレン | $C_{60}$、$C_{70}$などの分子式を持つ球状の分子。 |
| カーボンナノチューブ | 直径1nmの管状分子で導体または半導体である。 |

#### （イ）一酸化炭素 CO

一酸化炭素COは水に溶けにくい無色無臭の気体で、毒性が極めて強い。体内に取り込まれると、赤血球中のヘモグロビンと酸素よりも強く（約250倍）結合するため、酸素を運べなくなる。不完全燃焼や赤熱した炭素で二酸化炭素を還元することで生じる。

$$CO_2 + C \rightleftarrows 2CO$$

実験室では、ギ酸に濃硫酸を加えて加熱する。

$$HCOOH \rightarrow H_2O + CO_2$$

一酸化炭素は還元性を持ち、金属の精錬に利用される。

#### （ウ）二酸化炭素 CO2

二酸化炭素$CO_2$は、無色無臭の気体で、実験室では炭酸塩や炭酸水素塩に希塩酸を加えると発生する。

$$CaCO_3 + 2HCl \rightarrow CaCl_2 + H_2O + CO_2$$

工業的には石油化学工場のプラント排ガスなどから得られる。二酸化炭素は水に少し溶けて炭酸水となり、弱酸性を示す。固体はドライアイスで、昇華性を持つ。石灰水$Ca(OH)_2aq$に通じると炭酸カルシウム$CaCO_3$の白色沈殿を生じる。

8　無機化学

## ② ケイ素 Si とその化合物

### (ア) ケイ素 Si

ケイ素の単体は自然界には存在しない。電気炉内において、酸化物を炭素で還元することにより得られる。

$$SiO_2 + 2C \rightarrow Si + 2CO$$

単体は共有結合結晶であり、半導体の性質を示す。コンピュータや太陽光発電に用いられる。

### (イ) 二酸化ケイ素 $SiO_2$

二酸化ケイ素$SiO_2$は、共有結合結晶で硬く、融点が高い。主に石英として岩石中に存在する。大きな結晶は水晶、砂状の場合は珪砂という。

### (ウ) ケイ酸ナトリウム $NaSiO_3$

二酸化ケイ素に、水酸化ナトリウムや炭酸ナトリウムなどの塩基を加え融解させると、ケイ酸ナトリウム$NaSiO_3$となる。

$$SiO_2 + 2NaOH \rightarrow Na_2SiO_3 + H_2O$$

$$SiO_2 + 2Na_2CO_3 \rightarrow Na_2SiO_3 + CO_2$$

ケイ酸ナトリウムに水を加えて煮沸すると、粘性の大きな**水ガラス**となる。水ガラスは塩基性であり、酸を加えるとケイ酸$SiO_2 \cdot nH_2O$が生じる。ゲル状のケイ酸を熱して脱水すると、多孔質の**シリカゲル**となる。シリカゲルは表面積が大きく水蒸気を吸収するため、乾燥剤や吸湿剤として用いられる。

## 3 典型金属元素

### 1 1族典型金属元素（アルカリ金属）

水素以外の1族元素を**アルカリ金属**という。アルカリ金属は価電子を1個持つので、1価の陽イオンになりやすい。天然には塩として多く存在し、イオン化エネルギーが小さくイオン結晶の化合物を作る。また炎色反応を示す。

単体はいずれも密度の小さい銀白色の軽金属であり、比較的軟らかく融点も低い。イオン化傾向が大きいので、溶融塩電解などで得る。また空気中の酸素や水と反応するので灯油などで保存する。

|  | 融点[℃] | 密度[g/cm³] | 炎色反応 |
|---|---|---|---|
| リチウムLi | 181 | 0.53 | 赤 |
| ナトリウムNa | 98 | 0.97 | 黄 |
| カリウムK | 64 | 0.86 | 紫 |

アルカリ金属の単体は反応性が高く、還元作用が強い。常温で酸素や塩素と化合し、空気中では速やかに酸化され、冷水とも激しく反応し水素を発生する。

アルカリ金属の酸化物は塩基性酸化物であり、水と反応して水酸化物になる。また酸と反応して塩を作る。

$Na_2O + H_2O \rightarrow 2NaOH$

$Na_2O + 2HCl \rightarrow 2NaCl + H_2O$

アルカリ金属の水酸化物は、水によく溶け強い塩基性を示す。また水酸化物は、二酸化炭素と反応し炭酸塩を生じる。

$2NaOH + CO_2 \rightarrow Na_2CO_3 + H_2O$

以下ではナトリウムの化合物を一通り見ていこう。

#### ① 水酸化ナトリウム NaOH

水酸化ナトリウムNaOHは、塩化ナトリウムの電気分解で作られる。無色の固体で、空気中では水分を吸収して溶けてしまう。これを**潮解**という。セッケンの製造やソーダ石灰として利用される。

## ② 炭酸ナトリウム $Na_2CO_3$

炭酸ナトリウム$Na_2CO_3$は、炭酸ソーダ（一般に「ソーダ」といえば炭酸ナトリウムを指す）とも呼ばれる白色固体で、アンモニアソーダ法などにより作られる。水によく溶け塩基性を示す。

$$CO_3^- + H_2O \rightleftarrows HCO_3^- + OH^-$$

炭酸ナトリウムに塩酸を加えると二酸化炭素が発生する。

$$Na_2CO_3 + 2HCl \rightarrow 2NaCl + H_2O + CO_2$$

## ③ 炭酸水素ナトリウム $NaHCO_3$

炭酸水素ナトリウム$NaHCO_3$は、重曹とも呼ばれる白色粉末である。水にはあまり溶けないが、水溶液は弱塩基性となる。加熱や塩酸で二酸化炭素を発生する。ベーキングパウダーに利用されている。

$$2NaHCO_3 \rightarrow Na_2CO_3 + H_2O + CO_2$$
$$NaHCO_3 + HCl \rightarrow NaCl + H_2O + CO_2$$

# 2 2族典型金属元素

## ① ベリリウム Be

ベリリウムは、軽く、融点・耐久性が高いが、加工が難しい。加工の過程で粉末にしなければならず、粉末は吸引すると肺の機能を妨げるなど**強い毒性**を持つ。ハッブル宇宙望遠鏡などの**宇宙望遠鏡の反射鏡**に利用されている。

## ② マグネシウム Mg

マグネシウムは、古くは写真のストロボとして利用されていた。塩化マグネシウム$MgCl_2$は海水に含まれる**にがり**の主成分であり、水酸化マグネシウム$Mg(OH)_2$は**胃腸薬**として利用されている。マグネシウムは、アルミニウムや鉄に比べて比重が小さく剛性が高いため、**自動車部品**、**電子機器**などに利用されている。

## ③ アルカリ土類金属

2族元素のうちBe、Mgを除いたCa、Sr、Ba、Raを**アルカリ土類金属**という。

銀白色の金属で価電子2個を持ち、2価の陽イオンになりやすい。水酸化物は一般に水に溶けやすく、塩基性を示す。炎色反応を示すため、検出可能である。炭酸塩は水に溶けない。

## (ア) 酸化カルシウム CaO

酸化カルシウムCaOは、**生石灰**とも呼ばれる白色固体で、炭酸カルシウムCaCO$_3$を強熱して得られる。

$$CaCO_3 \rightarrow CaO + CO_2$$

CaOは塩基酸化物であり、水を加えると水酸化カルシウムCa(OH)$_2$に、塩酸を加えると塩化カルシウムCaCl$_2$となる。

$$CaO + H_2O \rightarrow Ca(OH)_2$$

$$CaO + 2HCl \rightarrow CaCl_2 + H_2O$$

## (イ) 水酸化カルシウム Ca(OH)$_2$

水酸化カルシウムCa(OH)$_2$は、**消石灰**とも呼ばれる白色粉末で、水に溶けたものが**石灰水**である。二酸化炭素を石灰水に通じたときに白濁(炭酸カルシウム)するのは以下の反応式である。

$$Ca(OH)_2 + CO_2 \rightarrow CaCO_3 + H_2O$$

## (ウ) 炭酸カルシウム CaCO$_3$

炭酸カルシウムCaCO$_3$は、石灰石や貝殻、大理石などの主成分である。上記の白濁は、さらに二酸化炭素を加えると消すことができる。

$$CaCO_3 + CO_2 + H_2O \rightleftarrows Ca(HCO_3)_2$$

炭酸カルシウムに塩酸を加えると二酸化炭素が発生する。

$$CaCO_3 + 2HCl \rightarrow CaCl_2 + H_2O + CO_2$$

## (エ) 硫酸カルシウム CaSO$_4$·2H$_2$O

硫酸カルシウム二水和物CaSO$_4$·2H$_2$Oは、**セッコウ**(石膏)と呼ばれる。これを焼くと焼きセッコウCaSO$_4$·1/2H$_2$Oとなる。建築材料や像などに用いられる。

## (オ) 塩化カルシウム CaCl$_2$

塩化カルシウムCaCl$_2$は、乾燥剤や凍結防止剤に用いられる。

## (カ) その他2族化合物

硫酸バリウムBaSO$_4$は、水や酸に溶けにくく、消化管のX線造影剤に用いられる。塩化マグネシウムMgCl$_2$は、海水の成分として塩化ナトリウムNaClの次に多く、**にがり**として豆腐の凝固などに用いられる。

8 無機化学 611

## 3 ▶ 12〜14族典型金属元素

単体および酸化物に、酸と塩基のいずれとも反応して水素を発生させるものがある。このような性質の元素を**両性元素**といい、アルミニウムAl、亜鉛Zn、スズSn、鉛Pbなどが挙げられる。また、両性元素は濃硝酸と反応すると外側に被膜が形成され、それ以上反応しなくなる。このような性質を**不動態**という。

### ① アルミニウム Al とその化合物

#### (ア) アルミニウム Al

アルミニウムは価電子を3個持ち、3価の陽イオンになりやすい。地殻中に酸素・ケイ素に次いで3番目に多い元素である。単体は軟らかく、銀白色の軽金属で、展性・延性・電気伝導性が高い。

ボーキサイトから得られた酸化アルミニウム$Al_2O_3$(アルミナ)の溶融塩電解によって得られる。濃硝酸には不動態となる。

また、アルミニウムに酸化鉄(III)の粉末を混ぜて点火すると、激しく反応する。これを**テルミット反応**といい、冶金(鉱石から金属を取り出す方法)などに用いられる。

#### (イ) 酸化アルミニウム $Al_2O_3$

酸化アルミニウム$Al_2O_3$は、両性酸化物であり、水酸化アルミニウムを加熱・脱水して得られる。

$$Al_2O_3 + 6HCl \rightarrow 2AlCl_3 + 3H_2O$$
$$Al_2O_3 + 2NaOH + 3H_2O \rightarrow 2Na[Al(OH)_2]$$

ルビー(赤)やサファイア(青などの赤以外)は酸化アルミニウムの結晶である。色の違いは不純物の違いによる。また、アルミニウムの表面に電気分解で酸化被膜をつけたものを**アルマイト**といい、薬缶や弁当箱、サッシなどさまざまな用途に用いられている。

#### (ウ) 水酸化アルミニウム $Al(OH)_3$

アルミニウムイオンを含んだ水溶液に、塩基を加えると半透明ゲル状の沈殿が生じる。これが水酸化アルミニウム$Al(OH)_3$である。水酸化アルミニウムも両性であり、両性水酸化物である。

### （エ）ミョウバン

硫酸アルミニウムカリウム十二和物$AlK(SO_4)_2 \cdot 12H_2O$の通称を**ミョウバン**という。

硫酸アルミニウム$Al_2(SO_4)_3$と硫酸カリウム$K_2SO_4$の混合水溶液を冷却すると得られる正八面体の結晶で、小学校の自由研究などでよく目にする。この結晶を水に溶かすと$Al^{3+}$、$K^+$、$SO_4^{2-}$に電離する。このように複数の塩が結合した化合物で、水に溶けると成分イオンに電離するものを**複塩**という。

## ② 亜鉛 Zn・水銀 Hg

亜鉛Znは青白色の重金属で、価電子を2個持っているので2価の陽イオンになりやすい。

水銀Hgは常温(25℃)で唯一の液体金属であり、水銀との合金を**アマルガム**という。

### （ア）水酸化亜鉛 Zn(OH)$_2$

亜鉛イオンを含む水溶液に塩基を加えると、白色ゲル状の沈殿が生じる。これが水酸化亜鉛$Zn(OH)_2$である。亜鉛は両性であるので、この沈殿は塩酸・水酸化ナトリウムいずれとも反応する。

### （イ）酸化亜鉛 ZnO

酸化亜鉛ZnOは白色粉末で、顔料や塗料として用いられる。

## ③ スズ Sn・鉛 Pb

スズ（錫）Sn、鉛Pbは14族であるので、価電子を4個持ち、酸化数+2か+4の化合物を作る。スズ・鉛ともに両性で、スズは銀白色の重金属である。はんだや青銅などの合金、ブリキなどのめっき加工に用いられる。鉛は暗灰色の重金属で、鉛蓄電池や放射線の遮蔽などに用いられる。

## 4 遷移元素（3～11族）

周期表で3～11族の元素を**遷移元素**という。**遷移元素はすべて金属元素であり、元素全体の6割ほどを占める。**

次の表は、周期表第4周期の遷移元素の部分を抜粋したものである。価電子の変化について実際に確認してみると、最外殻電子は1または2で一定となっていることがわかる。

### 遷移元素の例

|  | 3族 | 4族 | 5族 | 6族 | 7族 | 8族 | 9族 | 10族 | 11族 |
|---|---|---|---|---|---|---|---|---|---|
| 元素 | Sc | Ti | V | Cr | Mn | Fe | Co | Ni | Cu |
| 原子番号 | 21 | 22 | 23 | 24 | 25 | 26 | 27 | 28 | 29 |
| K殻 | 2 | 2 | 2 | 2 | 2 | 2 | 2 | 2 | 2 |
| L殻 | 8 | 8 | 8 | 8 | 8 | 8 | 8 | 8 | 8 |
| M殻 | 9 | 10 | 11 | 13 | 13 | 14 | 15 | 16 | 18 |
| N殻 | 2 | 2 | 2 | 1 | 2 | 2 | 2 | 2 | 1 |

よって遷移元素は「隣どうしが似た性質を示す」ものが多い。また、同じ元素でもいくつかの酸化数をとるものが多く、例えば鉄Feであれば$Fe^{2+}$や$Fe^{3+}$などがある。ほかにも、イオンや化合物に有色なものが多い、錯イオンを作りやすい、触媒となりやすい、などの性質がある。

特に金Au・銀Ag・銅Cu・鉄Feが問われる。

## 1 金 Au

金Auの単体は金色であり、イオン化傾向が最も小さい金属で、**展性と延性が全金属中で最大**である。酸にはほとんど溶けないが、**王水**（濃塩酸HCl：濃硝酸$HNO_3$＝3：1の溶液）にのみ溶ける。

## 2 銀 Ag

銀Agの単体は銀白色で、**熱・電気伝導性が全金属中で最大**である。展性・延性は金Auに次いで大きい。塩酸や希硫酸とは反応しないが、硝酸などの酸化力が強い酸には溶け、酸化数＋1の化合物を作る。ハロゲン化銀には感光性があり、臭化銀AgBrは写真の感光剤に用いられている。

614 第3章 化 学

## 3 銅 Cu

銅Cuの単体は特有の赤褐色を持つ。展性・延性に富み、**熱・電気伝導性は銀Ag**の次に大きい。銀同様に、塩酸や希硫酸とは反応しないが、硝酸などの酸化力が強い酸には溶ける。

空気中で酸化されると黒色の酸化銅（Ⅰ）$CuO$に変化するが、1000℃以上の高温では赤色の酸化銅（Ⅱ）$Cu_2O$ができる。また、湿った空気中では$Cu_2O$の酸化被膜ができ、これが長時間経つと**緑青**と呼ばれる銅特有のさびになる。**電解精錬**によって純度の高い銅を作ることができる。

## 4 鉄 Fe

鉄Feは、金属元素としてはアルミニウムに次いで地殻中に多く存在する。展性・延性に富み、強い**磁性**を持つ。塩酸や希硫酸と反応し水素$H_2$を生じるが、濃硝酸$HNO_3$には不動態を作り、溶けない。

自然界には赤鉄鉱$Fe_2O_3$や磁鉄鉱$Fe_3O_4$の形で存在し、これらを高炉内で**コークス**（C：木炭）、**石灰石**$CaCO_3$から生じる一酸化炭素COによる還元で単体を取り出す。

$$Fe_2O_3 + 3CO \rightarrow 2Fe + 3CO_2$$

このとき、不純物を取り除くために入れた石灰石が**スラグ**となる（スラグは産業廃棄物として処理される）。炭素含有量が２％未満のものを**鋼**、４％程度のものを**銑鉄**という。鋼は比較的軟らかくしなやかであるが、銑鉄は硬くて脆く、溶かしやすい。高炉で得られる鉄が銑鉄であり、この銑鉄を**転炉**に移して酸素を吹き込み、炭素含有量を減らして鋼が得られる。

# 5 生活の中の金属

　2種類以上の金属を融解して混ぜ合わせたものや、金属に非金属を添加した金属特性を失っていないものを**合金**という。合金にすることでもとの金属とは異なる性質を持つものとなる。

| 名称 | 主元素 | 添加元素 | 特徴 | 主な用途 |
|---|---|---|---|---|
| 黄銅（真鍮） | Cu | Zn | 黄色光沢 | 5円硬貨、楽器 |
| 白銅 | Cu | Ni | 白色光沢 | 50・100円硬貨 |
| ニッケル黄銅 | Cu | Ni、Zn | 洋白 | 500円硬貨 |
| 青銅（ブロンズ） | Cu | Sn | さびにくい | 美術品、10円硬貨 |
| ニクロム | Ni | Cr | 電気抵抗大 | ドライヤー、電熱線 |
| ステンレス | Fe | Ni、Cr | さびにくい | 台所用品、鉄道車両 |
| ジュラルミン | Al | Mg、Mn、Cu | 軽くて強い | 航空機体 |
| はんだ | Sn | Cu、Ag、Ni | 融点が低い | 金属接合 |
| 超電導合金 | | Nb、Ti | ニオブチタン | 超電導 |

616　第3章　化学

## 6 主な気体の性質

### 1 気体の性質・製法

気体の製法と特徴について、特記しておく。

| | 主な製法 | 特徴 |
|---|---|---|
| $H_2$ | ・イオン化傾向が水素$H_2$より大きい金属に酸を加える<br>・**水の電気分解**<br>・**石油（天然ガス）などの加熱分解** | ・無色無臭の気体で**最も軽い**<br>・非常によく燃える<br>・宇宙の元素組成の80%を占める |
| $O_2$ | ・$H_2O_2$に$MnO_2$を触媒として加える<br>・**水の電気分解** | ・大気の約21%を占める<br>・**地殻を構成する元素における割合が最も大きい**（地殻構成元素：O>Si>Al）<br>・助燃性 |
| $O_3$ | ・酸素に紫外線や無声放電を作用 | ・酸化力が非常に高い<br>・殺菌作用や漂白作用を持ち、有毒 |
| $Cl_2$ | ・濃HClに$MnO_2$を酸化剤として加える<br>・さらし粉$Ca(ClO)_2$に塩酸HClを加える | ・酸化力が非常に高い<br>・殺菌作用や漂白作用を持つ<br>・黄緑色、刺激臭で有毒 |
| HCl | ・食塩NaClに濃硫酸$H_2SO_4$を加える | ・無色<br>・刺激臭 |
| HClO | ・塩素$Cl_2$に水$H_2O$を加える | ・弱酸 |
| $H_2S$ | ・硫化鉄FeSに希塩酸HClを加える | ・腐卵臭<br>・還元性が高い |
| $N_2$ | ・液体窒素の分留<br>・亜硝酸アンモニウムの加熱分解 | ・地球の**大気の約78%**を占めている<br>・常温では化合物を作りにくい<br>・窒素酸化物$NO_X$（光化学スモッグの原因）を作る |
| $NH_3$ | ・$NH_4Cl$に強塩基を加える | ・無色、刺激臭を持ち有毒 |
| CO | ・炭素化合物の不完全燃焼<br>・ギ酸HCOOHの脱水反応 | ・赤血球と結合しやすく有毒<br>・空気中で燃やすと青白い炎を出す |
| $CO_2$ | ・石灰石$CaCO_3$に希HClを加える | ・石灰水を白濁させる |
| NO | ・Cuに希硝酸$HNO_3$を酸化剤として加える | ・無色 |
| $NO_2$ | ・Cuに濃硝酸$HNO_3$を酸化剤として加える | ・赤褐色<br>・刺激臭を持ち有毒 |
| $SO_2$ | ・Cuに濃硫酸$H_2SO_4$を酸化剤として加える | ・無色で刺激臭、漂白作用がある<br>・還元性が高く、水に溶けて弱酸性 |
| HF | ・蛍石$CaF_2$に濃硫酸$H_2SO_4$を加える | ・ガラスを腐食する |

8 無機化学

## 2 気体の捕集方法

　気体の捕集は、水への溶けやすさと空気との重さの比較の2点を軸に決定する。水に溶けないならすべて水上置換で、溶けるものなら空気との密度比較によって決まる。

　このとき、空気より重いか軽いかは、空気の平均分子量＝28.8と比較して決める。この値は、空気を構成する分子の存在比率を窒素：酸素が4：1として計算したものである。

　　　$N_2$（分子量28）：$O_2$（分子量32）＝80％：20％

であることから、平均は$28×0.8+32×0.2=28.8$と計算できる。

### ① 水上置換
　水に溶けにくい気体はすべて水上置換で捕集する。
　**例**　$O_2$、$H_2$、$N_2$、CO、NOなど

### ② 上方置換
　水に溶けやすく、空気より軽い気体は上方置換で捕集する。
　**例**　$NH_3$

### ③ 下方置換
　水に溶けやすく、空気より重い気体は下方置換で捕集する。
　**例**　$Cl_2$、$NO_2$

気体の捕集方法

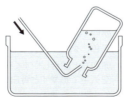  

水上置換法　　　上方置換法　　下方置換法

## 7 工業化学

工業化学で特に重要なのはアンモニア$NH_3$、硝酸$HNO_3$、硫酸$H_2SO_4$、炭酸ナトリウム$Na_2CO_3$の四つの製法である。触媒となる物質まで押さえておきたい。

### 1 ハーバー・ボッシュ法

アンモニア$NH_3$の製法であり、空気中にある窒素$N_2$と水素$H_2$から直接アンモニア$NH_3$を合成する。触媒として四酸化三鉄$Fe_3O_4$を用いる。

$$N_2 + 3H_2 \rightarrow 2NH_3$$

### 2 オストワルト法

硝酸$HNO_3$の製法であり、ハーバー・ボッシュ法により合成されたアンモニア$NH_3$から硝酸$HNO_3$を合成する。触媒として白金$Pt$を用いる。

$$NH_3 \rightarrow NO （酸化） \rightarrow NO_2 （酸化） \rightarrow HNO_3 （水に吸収）$$

以上のオストワルト法をひとまとめに表すと、以下の式になる。

$$NH_3 + 2O_2 \rightarrow HNO_3 + H_2O$$

### 3 接触法

硫酸$H_2SO_4$の製法であり、触媒として酸化バナジウム$V_2O_5$を用いる。

$$S \rightarrow SO_2 （酸化） \rightarrow SO_3 （酸化） \rightarrow H_2SO_4 （水に吸収）$$

### 4 アンモニアソーダ（ソルベー）法

炭酸ナトリウム$Na_2CO_3$の製法であり、塩化ナトリウム$NaCl$と炭酸カルシウム$CaCO_3$（石灰石）から炭酸ナトリウム$Na_2CO_3$を作り出す方法である。炭酸ナトリウムは洗剤や入浴剤、ガラスなどの原料として利用されている。

炭酸ナトリウム$Na_2CO_3$の合成をまとめると以下の式になる。

$$2NaCl + CaCO_3 \rightarrow Na_2CO_3 + CaCl_2$$

8　無機化学　619

## 5 アルミニウムの精錬

❶ ボーキサイト（アルミニウムの原料である鉱石）を濃水酸化ナトリウム NaOH に溶かし、水酸化アルミニウム $Al(OH)_3$ を生じさせる

❷ 水酸化アルミニウム $Al(OH)_3$ を加熱してアルミナ $Al_2O_3$ を作る

❸ アルミナ $Al_2O_3$ を溶融塩電解してアルミニウム Al を得る[1]

## 6 鉄の精錬

溶鉱炉の中に鉄鉱石（磁鉄鉱 $Fe_3O_4$ や赤鉄鉱 $Fe_2O_3$）をコークス、石灰石とともに入れ、熱風を吹き込んで一酸化炭素 CO と反応させ酸素 O を除去する。精錬の過程で比重の軽いスラグ（二酸化ケイ素 $SiO_2$ などの岩石）が銑鉄の上に浮く。

鉄鉱石 → FeO（CO により還元）→ 銑鉄 Fe（CO により還元）

→ 鋼 Fe（不純物除去）

---

[1] アルミナは融点が非常に高いので、氷晶石を加えて融点を下げてから溶融塩電解（アルミニウムを液体にしたものを電解する手法）を行う。

620　第3章 化 学

第3章

化　学

8　無機化学　621

## 過去問 Exercise

**問題1**　次の炎色反応における元素と炎の色の組合せとして、妥当なのはどれか。

東京都Ⅰ類2015

|  | 元素 | 炎の色 |
|---|---|---|
| **1** | Li | 青緑 |
| **2** | Na | 黄 |
| **3** | Ca | 緑 |
| **4** | Sr | 黄緑 |
| **5** | Cu | 赤紫 |

## 解説

正解 **2**

**❶** ✗ リチウムLiの炎色反応は赤色である。

**❷** ◯ ナトリウムNaの炎色反応は黄色である。

**❸** ✗ カルシウムCaの炎色反応は橙色である。

**❹** ✗ ストロンチウムSrの炎色反応は紅色である。

**❺** ✗ 銅Cuの炎色反応は緑色である。

**問題2**　次の表は、ハロゲンの単体の性質を示したものであるが、表中の空所ア～ウに該当する語の組合せとして、妥当なのはどれか。

特別区Ⅰ類2005

| 分子式 | 融点<br>沸点[℃] | 色 | 水との反応 |
|---|---|---|---|
| $F_2$ | −220<br>−188 | 淡黄 | 激しく反応、$O_2$発生 |
| **ア** | −101<br>−35 | **イ** | 一部反応 |
| $Br_2$ | −7<br>59 | 赤褐 | ごくわずかに反応 |
| **ウ** | 114<br>184 | 黒紫 | 反応しにくい |

|   | ア | イ | ウ |
|---|---|---|---|
| **1** | $Cl_2$ | 黄緑 | $I_2$ |
| **2** | $Cl_2$ | 白 | $I_2$ |
| **3** | $I_2$ | 濃青 | $Cl_2$ |
| **4** | $I_2$ | 黄緑 | $Cl_2$ |
| **5** | $I_2$ | 白 | $Cl_2$ |

## 解説

正解 **1**

　**ア**の沸点は0℃以下なので、**ア**は常温で気体である。また、**ウ**の融点は100℃以上なので、**ウ**は常温で固体である。塩素$Cl_2$は常温で気体、ヨウ素$I_2$は常温で固体であるので、**ア**は塩素$Cl_2$、**ウ**はヨウ素$I_2$となり、塩素の色は黄緑色であるので、**イ**は黄緑となる。

　よって、**ア**：$Cl_2$、**イ**：黄緑、**ウ**：$I_2$である。

**問題3** ハロゲンに関する記述として、最も妥当なのはどれか。

東京消防庁Ⅰ類2015

1 元素の周期表で15族の元素をハロゲンという。

2 価電子を6個もち、電子2個を取り入れて2価の陰イオンになりやすい。

3 ハロゲン単体は、全て2原子分子になる。

4 フッ素は、水と激しく反応し、水素を発生する。

5 塩素は、常温では無色透明な気体で、水とは完全に反応しHClとなる。

**解説**　　　　　　　　　　　　　　　　　　　　　　　　正解 **③**

❶ ✕　　元素の周期表で17族の元素をハロゲンという。

❷ ✕　　ハロゲンは、価電子を 7 個持ち、電子を 1 個取り入れて 1 価の陰イオンになりやすい。

❸ ◯　　正しい記述である。ハロゲンの単体は 2 原子分子である。

❹ ✕　　フッ素は水と激しく反応し、フッ化水素と酸素を生成する。

❺ ✕　　塩素は、常温で黄緑色の気体である。また、水との反応性は低く、反応すると塩化水素$HCl$と次亜塩素酸$HClO$が発生する。

第**3**章

化

学

8　無機化学　627

**問題4** 　塩素、塩化水素に関する記述として、最も妥当なのはどれか。

東京消防庁Ⅰ類2018

**1** 　塩素は無色、刺激臭の気体である。

**2** 　塩化水素は黄緑色、刺激臭の気体である。

**3** 　塩素は極性分子であり、塩化水素は無極性分子である。

**4** 　塩素の水溶液を塩酸といい、強酸に分類される。

**5** 　塩化水素とアンモニアを気体状態で反応させると白煙を生じる。

**解説**                                                      正解 **5**

**1** ✕ 　塩素は無色ではなく黄緑色の気体である。

**2** ✕ 　塩化水素は黄緑色ではなく無色の気体である。

**3** ✕ 　塩素は$Cl_2$なので、極性はない(同じものどうしなので偏りがない)。

**4** ✕ 　塩素ではなく塩化水素の水溶液が塩酸である。

**5** ◯ 　正しい記述である。

**問題5** 　　酸素及び過酸化水素に関する記述A、B、Cのうち、妥当なもののみをすべて挙げているのはどれか。

**国家一般職2010**

**A**　　酸素は、空気中に存在するほか、水や岩石、生物体など多くの物質に化合物の形で含まれ、地球表層の地殻における元素の質量パーセントでみると、ケイ素、アルミニウムに次いで多い。

**B**　　酸素の同素体であるオゾンは特有の悪臭のある有毒な気体であり、分解して酸素に変わりやすく、このとき酸化作用を示す。

**C**　　過酸化水素は、一般には還元作用を示すが、酸化作用を示すこともある。特に高濃度の過酸化水素水は強い還元作用を示すため、皮膚の殺菌や消毒に用いられる。

1 　A

2 　B

3 　C

4 　A、B

5 　A、C

**解説**　　　　　　　　　　　　　　　　　　　　　　　　　　　正解 **2**

**A** ✕　　酸素は、化合物として地球上に最も多く存在する。特に、地殻中に含まれる元素の質量パーセントで最も多いものが酸素であり、次いでケイ素、アルミニウムである。

**B** ◯　　正しい記述である。

**C** ✕　　高濃度過酸化水素水は強い酸化作用を示し、皮膚に付着すると白斑が生じるほど危険な物質である。

8　無機化学　　631

**問題6**　次の文は、硫黄化合物に関する記述であるが、文中の空所A～Cに該当する語の組み合わせとして、妥当なものはどれか。

特別区Ⅰ類2003

　　**A**　は、火山ガスやある種の温泉に含まれており、実験室では、硫化鉄（Ⅱ）に希硫酸を加えると得られる。無色で腐卵臭のある有毒な気体で、水に少し溶け、弱酸性を示す。

　　**B**　は、硫化物や硫黄を空気中で燃やすと生じ、実験室では、亜硫酸水素ナトリウムに硫酸を加えても得られる。無色で刺激臭のある有毒な気体で、水に溶け、弱酸性を示す。　**C**　などに使用される。

|   | A | B | C |
|---|---|---|---|
| **1** | 硫化水素 | 二酸化硫黄 | 酸化剤 |
| **2** | 硫化水素 | 二酸化硫黄 | 漂白剤 |
| **3** | 硫化水素 | 二硫化炭素 | 酸化剤 |
| **4** | 二酸化硫黄 | 硫化水素 | 漂白剤 |
| **5** | 二酸化硫黄 | 硫化水素 | 酸化剤 |

## 解説

正解 **2**

　腐卵臭を持つ気体は硫化水素（**A**）$H_2S$ であり、硫化物や硫黄を空気中で燃やすと生じる気体は二酸化硫黄（**B**）$SO_2$である。二酸化硫黄は硫化水素のような強い還元剤と反応するときには酸化剤となるが、一般的には酸化剤としては用いられず、漂白剤（**C**）のほうが妥当である。

**問題7** 二酸化窒素に関する記述A ～ Dの記述のうち、妥当なものを選んだ組合せはどれか。

特別区 I 類2018

**A** 常温では、一部が無色の四酸化二窒素となる。

**B** 赤褐色の有毒な気体である。

**C** 銅と希硝酸の反応で発生する。

**D** 水に溶けにくい。

1 A B
2 A C
3 A D
4 B C
5 B D

## 解説

正解 **1**

**A** ◯　二酸化窒素$NO_2$は、常温において一部が無色の四酸化二窒素$N_2O_4$となる平衡状態となっている（$2NO_2 \rightleftarrows N_2O_4$）。

**B** ◯　二酸化窒素は赤褐色であり、有毒な気体である。

**C** ✕　銅と希硝酸の反応で発生する気体は一酸化窒素$NO$である。二酸化窒素は銅と濃硝酸の反応で発生する。

**D** ✕　二酸化窒素は酸性気体であり、水に溶けやすい。二酸化窒素が水に溶けると硝酸が生成される。

**問題8** アンモニア又は硝酸に関する記述として、妥当なものはどれか。

東京都Ⅰ類2002

**1** アンモニアは、窒素と酸素を原料として、鉄を主成分とする触媒を用いて、高温、高圧のもとで工業的に合成され、この製法はオストワルト法とよばれる。

**2** アンモニアは、空気に比べ重く、水に溶けにくい気体で、尿素、硫安などの窒素肥料の原料に用いられ、合成樹脂・合成ゴム及びナイロン繊維などの合成繊維の原料に利用される。

**3** 硝酸は、硫黄を空気と混ぜて、触媒として白金網を用いて加熱し、水と反応させることによって工業的に合成され、この製法はハーバー・ボッシュ法とよばれる。

**4** 硝酸は、強い酸で酸化力があり、銅や銀を溶かし、染料及びトリニトロトルエンやニトログリセリンなどの火薬の合成に利用される。

**5** 濃硝酸は、鉄と激しく反応するが、希硝酸では鉄が不動態となり反応しないため、希硝酸の運搬には鉄製のタンクが用いられる。

## 解説

正解 **4**

**1** ✕ アンモニアは窒素と水素を原料とし、この製法はハーバー・ボッシュ法という。また、オストワルト法はアンモニアではなく硝酸の製法で、アンモニアを白金触媒存在下で空気酸化して作った一酸化窒素を空気中で二酸化窒素とし、これを水に溶かして硝酸を作るものである。

**2** ✕ アンモニアは空気に比べて軽く、水に溶けやすい。また、窒素肥料の原料にはなるが、合成樹脂・合成ゴムおよびナイロン繊維などの合成繊維の原料には利用されていない。

**3** ✕ **1**にあるように、硝酸はアンモニアと空気を混ぜて作られる。この製法をオストワルト法という。

**4** ◯ 硝酸は、強い酸化剤で、白金、金以外のほとんどの金属は硝酸に溶けるか、侵される。また各種の硝酸塩、硝酸エステル、肥料や工業用の硝安、ニトロ化合物および各種の爆薬の製造、金属の洗浄に用いられる。

**5** ✕ 鉄は希硝酸ではなく濃硝酸で不動態になるので、希硝酸ではなく、濃硝酸を運搬するのに鉄製のタンクを用いる。

**問題9**　炭素に関する次のA～Eの記述の正誤の組合せとして最も妥当なものはどれか。

裁判所一般職2018

**A**　一酸化炭素は、無色・無臭の気体で、人体に有毒である。

**B**　一酸化炭素は、二酸化硫黄と並び、酸性雨の原因の一つになる。

**C**　一酸化炭素や二酸化炭素は炭素を含む化合物であるため、一般に有機化合物として扱われる。

**D**　ダイヤモンドと黒鉛は互いに同素体の関係にある。

**E**　ダイヤモンドと黒鉛はどちらも電気伝導性がない。

| | A | B | C | D | E |
|---|---|---|---|---|---|
| 1 | 正 | 正 | 正 | 誤 | 誤 |
| 2 | 正 | 誤 | 誤 | 正 | 誤 |
| 3 | 正 | 正 | 誤 | 誤 | 正 |
| 4 | 誤 | 誤 | 正 | 正 | 正 |
| 5 | 誤 | 誤 | 正 | 正 | 誤 |

# 解説

正解 ❷

**A** ◯　正しい記述である。

**B** ✕　酸性雨の原因となるのはSOx（硫黄酸化物）やNOx（窒素酸化物）などであり、一酸化炭素ではない。

**C** ✕　一酸化炭素や二酸化炭素は無機化合物である。一般に、炭素を中心とした化合物かつ生物関連物質を有機化合物として扱う。

**D** ◯　正しい記述である。

**E** ✕　ダイヤモンドは電気伝導性がないが、黒鉛は電気伝導性がある。

**問題10**

炭素に関する記述として、妥当なものはどれか。

東京都Ⅰ類2002

**1** ダイヤモンドは、炭素の単体からなるイオン結晶であり、あらゆる物質中で最も硬く、光の屈折率が小さく、装飾品や研磨剤に用いられる。

**2** 黒鉛は、炭素の単体からなる共有結合の結晶であり、やわらかく、電気をよく通し、鉛筆の芯や電極に用いられる。

**3** 活性炭は、黒鉛の微少な結晶が規則的に配列した集合体であり、単位体積当たりの表面積が小さく、気体の分子を吸着する性質があるため、脱臭剤に用いられる。

**4** 一酸化炭素は、炭素や炭素化合物が不完全燃焼したときに生じる気体であり、無色無臭の不燃性で、水には溶けず、実験室では、石灰石に塩酸を作用させて発生させる。

**5** 二酸化炭素は、炭素や炭素化合物が完全燃焼したときに生じる気体であり、空気に比べ軽く、無色無臭の不燃性で、水に溶けて弱い酸性を示し、実験室では、過酸化水素水に酸化マンガン(Ⅳ)を作用させて発生させる。

640 第3章 化 学

## 解説

正解 **2**

**❶** ✕　ダイヤモンドは炭素が正四面体構造に共有結合した共有結合結晶である。硬度は最も高いが、光の屈折率は大きい。

**❷** 〇　黒鉛は炭素原子の4個の価電子のうち、3個が次々と他の炭素原子と結合した、網目状の平面構造が重なり合っているので、このような性質がある。

**❸** ✕　活性炭ははっきりとした結晶状態を示さない。このような炭素を無定形炭素といい、コークス、木炭、すすも無定形炭素である。さらに、活性炭は単位体積当たりの表面積が大きいので、気体分子を吸着する。

**❹** ✕　一酸化炭素は不燃性でなく可燃性であり、酸素と化合して二酸化炭素になる。実験室で、石灰石に塩酸を加えて作用させて得るのは二酸化炭素であり、一酸化炭素はギ酸に濃硫酸を加えて加熱して得る。

**❺** ✕　二酸化炭素は空気よりも重い。実験室で、過酸化水素水に触媒として酸化マンガン($IV$)を作用させて得るのは酸素である。二酸化炭素は石灰石に塩酸を加えて作用させて得ることができる。

8　無機化学　641

**問題11** 元素に関する次の文章の空欄A～Dにあてはまる語句の組合せとして、妥当なのはどれか。

東京都Ⅰ類2012

元素の周期表の縦の列を族といい、1族、2族、12～18族の元素を[A]元素、3～11族の元素を[B]元素という。

このうち、2族に属する元素の原子は、2価の[C]イオンになりやすく、ベリリウムとマグネシウムを除く2族の元素を[D]という。

| | A | B | C | D |
|---|---|---|---|---|
| **1** | 典型 | 遷移 | 陽 | アルカリ土類金属 |
| **2** | 遷移 | 典型 | 陽 | アルカリ金属 |
| **3** | 遷移 | 典型 | 陰 | アルカリ土類金属 |
| **4** | 遷移 | 典型 | 陰 | アルカリ金属 |
| **5** | 典型 | 遷移 | 陰 | アルカリ土類金属 |

## 解説

正解 **1**

　元素は典型元素と遷移元素に分けることができる。1、2、12〜18族の元素を典型（**A**）元素といい、3〜11族元素を遷移（**B**）元素という。

　2族元素は、価電子を2個持つため、2価の陽（**C**）イオンになりやすい。また、2族元素のうち、ベリリウム Be とマグネシウム Mg を除く元素をアルカリ土類金属（**D**）という。

第3章

化学

8　無機化学　643

**問題12** 次の文はアルカリ金属及びアルカリ土類金属に関する記述であるが、A～Dに当てはまるものの組合せとして最も妥当なのはどれか。

国家一般職2013

　元素の周期表の1族に属する元素のうち、水素を除くナトリウム (Na) やカリウム (K) などの元素をまとめてアルカリ金属という。アルカリ金属の原子は、1個の価電子をもち、1価の　**A**　になりやすい。アルカリ金属の化合物のうち、　**B**　は、塩酸などの酸と反応して二酸化炭素を発生する。　**B**　は重曹とも言われ、胃腸薬やベーキングパウダーなどに用いられる。

　元素の周期表の2族に属する元素のうち、カルシウム (Ca) やバリウム (Ba) などは互いによく似た性質を示し、アルカリ土類金属と呼ばれる。アルカリ土類金属の化合物のうち、　**C**　は、大理石や貝殻などの主成分である。　**C**　は水には溶けにくいが、二酸化炭素を含む水には炭酸水素イオンを生じて溶ける。また、　**D**　は消石灰とも言われ、水に少し溶けて強い塩基性を示す。　**D**　はしっくいや石灰モルタルなどの建築材料や、酸性土壌の改良剤などに用いられる。

| | A | B | C | D |
|---|---|---|---|---|
| 1 | 陽イオン | 炭酸水素ナトリウム | 酸化カルシウム | 硫酸カルシウム |
| 2 | 陽イオン | 水酸化カリウム | 炭酸カルシウム | 硫酸カルシウム |
| 3 | 陽イオン | 炭酸水素ナトリウム | 炭酸カルシウム | 水酸化カルシウム |
| 4 | 陰イオン | 水酸化カリウム | 酸化カルシウム | 水酸化カルシウム |
| 5 | 陰イオン | 炭酸水素ナトリウム | 炭酸カルシウム | 硫酸カルシウム |

## 解説

正解 ③

水素 H を除く 1 族元素をアルカリ金属という。アルカリ金属の原子は 1 価の価電子を持ち、1 価の陽イオン（**A**）になりやすい。アルカリ金属の化合物のうち、炭酸水素ナトリウムは、酸である塩酸と次のように反応し、二酸化炭素を生成する。

$$HCl + NaHCO_3 \rightarrow NaCl + H_2O + CO_2$$

また、炭酸水素ナトリウム（**B**）は重曹とも呼ばれ、胃腸薬やベーキングパウダーにも用いられている。

マグネシウム Mg とベリリウム Be を除く 2 族元素をアルカリ土類金属という。アルカリ土類金属の化合物で炭酸カルシウム（**C**）は大理石や貝殻の主成分である。また、炭酸カルシウムは水には溶けにくいが、二酸化炭素を含む水には次のように反応し、炭酸水素イオンを生じて溶ける。

$$CaCO_3 + CO_2 + H_2O \rightarrow Ca(HCO_3)_2$$
$$Ca(HCO_3)_2 \rightarrow Ca^{2+} + 2HCO_3^{-}$$

さらに、水酸化カルシウム（**D**）は消石灰とも呼ばれ、水に溶けると強塩基性を示す。また、水酸化カルシウムは漆喰、石炭モルタルなどの建築材料や、酸性になった土壌の改良剤にも用いられている。

8　無機化学　645

**問題13** 次のA、B、Cは、いずれもカルシウムの化合物の特徴を述べたものであるが、該当する化学式の組合せとして最も妥当なのはどれか。

国家一般職2007

**A** 天然には石灰石、大理石などの主成分として大量に存在する。水には溶けにくいが、二酸化炭素を含んだ水にはわずかに溶けるので、石灰石の分布する地域では、カルスト台地や鍾乳洞などの特徴的な地形が形成される。

**B** 工業的にはアンモニアソーダ法（ソルベー法）の副産物として大量に生産できる。水によく溶け、空気中で潮解し、乾燥剤や道路の凍結防止剤に利用される。

**C** 天然には結晶セッコウとして産するが、熱すると白色で粉末状の焼きセッコウとなる。焼きセッコウは、水と混合すると発熱しながら硬化するので、この性質を利用して建築材料・医療用ギプス・美術の塑像製作などに使われる。

|   | A | B | C |
|---|---|---|---|
| 1 | $CaCO_3$ | $CaSO_4$ | $CaCl_2$ |
| 2 | $CaCO_3$ | $CaCl_2$ | $CaSO_4$ |
| 3 | $CaCl_2$ | $CaSO_4$ | $CaCO_3$ |
| 4 | $CaCl_2$ | $CaCO_3$ | $CaSO_4$ |
| 5 | $CaSO_4$ | $CaCl_2$ | $CaCO_3$ |

| 解説 | 正解 ❷ |

**A**：$CaCO_3$

　石灰石や大理石、貝殻、サンゴなどの主成分は炭酸カルシウム $CaCO_3$ である。

**B**：$CaCl_2$

　アンモニアソーダ法は炭酸ナトリウム $Na_2CO_3$ を作る製法である。以下の反応式より、

$$2NaCl + CaCO_3 \rightarrow Na_2CO_3 + CaCl_2$$

となり、副生成物は塩化カルシウム $CaCl_2$ となる。

**C**：$CaSO_4$

　セッコウ（石膏）は化学式で $CaSO_4 \cdot 2H_2O$ と表され、加熱すると焼きセッコウ（$CaSO_4 \cdot \dfrac{1}{2} H_2O$）となる。

**問題14** 金属元素に関する記述として、妥当なのはどれか。

東京都Ⅰ類2013

**1** 亜鉛の単体は、室温では銀白色の比較的安定な金属で、ブリキ、はんだ、青銅などに利用されている。

**2** アルミニウムの単体は、常温で唯一の液体の金属で、金、銀、銅などとの合金は、アマルガムと呼ばれている。

**3** 水銀の単体は、銀白色の軟らかい金属で、銅やマグネシウム、マンガンなどとの合金はジュラルミンとして航空機の機体に利用されている。

**4** スズの単体は、融点が比較的低い金属で、乾電池やトタン、黄銅などの合金などに用いられる。

**5** 鉛の単体は、密度が大きく軟らかい金属で、放射線の遮蔽物や蓄電池などに用いられる。

**解説**

正解 ⑤

**1** ✗ 　亜鉛ではなくスズに関する記述である。

**2** ✗ 　アルミニウムではなく水銀に関する記述である。

**3** ✗ 　水銀ではなくアルミニウムに関する記述である。

**4** ✗ 　スズではなく亜鉛に関する記述である。

**5** ◯ 　正しい記述である。

**問題15** 金属元素の単体と化合物に関する記述として、最も妥当なのはどれか。

東京消防庁Ⅰ類2011

**1** 炭酸カリウム$K_2CO_3$はアンモニアソーダ法(ソルベー法)により合成できる。

**2** 遷移元素はすべて金属元素で単体の融点は低い。

**3** アルミニウム単体は両性元素で酸とも塩基とも反応し、酸素を発生する。

**4** 水酸化亜鉛$Zn(OH)_2$は白色の粉末で顔料などに用いられる両性酸化物である。

**5** 臭化銀$AgBr$は光によって分解し、銀を析出する。この性質は写真の感光剤に利用される。

650 第3章 化 学

## 解説

正解 **5**

**❶ ✕** アンモニアソーダ法は炭酸ナトリウム$Na_2CO_3$を合成する。なお炭酸カリウム$K_2CO_3$は陸上植物の灰に1〜3割ほど含まれ、灰汁のもとである。

**❷ ✕** 遷移元素は一般に典型元素より融点は高い。ナトリウム$Na$などを考えるとよいだろう。

**❸ ✕** 両性元素は酸とも塩基とも反応するが、水素を発生する。

**❹ ✕** 水酸化亜鉛ではなく酸化亜鉛$ZnO$についての説明である。

**❺ ◯** 正しい記述である。

8 無機化学 651

| 問題16 | 身の回りの金属に関する記述として最も妥当なのはどれか。 |

国家専門職2015

**1** 銅(Cu)は、赤色で、熱や電気をほとんど通さない。銅の合金は加工しやすく、耐食性にも優れている。銅と亜鉛の合金は青銅といい、銅像や機械類などに、銅とニッケルの合金は黄銅といい、楽器や硬貨などに用いられる。

**2** 鉄(Fe)は、酸素と化合しやすく、湿った空気中では赤くさびる。鉄が急激に酸化されるときに発熱する性質を利用したものとしてカイロがある。また、銅やマグネシウムなどを溶かし込むとジュラルミンという硬くて軽い合金になり、包丁や建築材料などに利用される。

**3** リチウム(Li)は、金属元素の中で最も密度が小さく、アルカリ金属であり、水や酸素と反応しやすい。リチウムイオン電池は小型・高電圧で、低温でも凍りにくく、携帯電話などの電源に広く用いられている。

**4** スズ(Sn)は、常温では赤みを帯びた茶色で、重く、硬い金属である。鉄をスズでめっきすることにより、表面に形成される酸化被膜によって鉄の酸化を防ぐことができる。これはトタンと呼ばれ、屋根やバケツなどに用いられている。

**5** アルミニウム(Al)は、熱伝導性と電気伝導性が全ての金属の中で最大である。鉄や銀に比べて製造に必要なエネルギーやコストが少ない上、再生利用もしやすく、省資源に役立つ循環型の金属として、電線や缶、一円硬貨などとして身の回りで広く用いられている。

## 解説

正解 ❸

**❶** ✗　銅は赤色で、耐食性があるとする記述は正しいが、熱や電気の伝導性にも優れた物質である。また、青銅は銅を主成分として亜鉛ではなくスズを含む物質で、黄銅は銅を主成分としてニッケルではなく亜鉛を含む物質である。

**❷** ✗　使い捨てカイロは鉄が急激にではなく穏やかに酸化したときの発熱反応を利用している。また、ジュラルミンは、アルミニウムと銅、マグネシウムの合金である。

**❸** ◯　リチウムはアルカリ金属であり、金属元素の中で最も密度が小さい。リチウムイオン電池は携帯電話などの電源に利用されている。

**❹** ✗　スズは茶色ではなく灰色から白色の物質である。また、トタンは鉄に亜鉛のめっきを施したものである。

**❺** ✗　熱伝導性と電気伝導性がすべての金属の中で最大なのは銀である。再生利用がしやすく、電線や缶、一円硬貨などに用いられているという記述は正しい。

第3章

化学

8　無機化学　653

**問題17** 合金に関する記述として、最も妥当なのはどれか。

東京消防庁Ⅰ類2006

**1** ジュラルミンはアルミニウムとクロムの合金で、軽くて耐久性もあることから航空機などに使われている。

**2** はんだはニッケルと鉛の合金で、黄色くてさびにくく加工が容易なため、機械・日用品・工芸品などに使用されている。

**3** ステンレスは鉄と亜鉛の合金で、亜鉛のイオン化傾向が大きいため鉄のさびを防いでいる。

**4** 白銅は銅とニッケルの合金で、銀白色で硬く展・延性や耐食性に優れているので、硬貨や装飾品などに使用されている。

**5** 青銅は銅とスズとの合金で、電気抵抗が大きく、電熱線などに使用されている。

## 解説

正解 **4**

**①** ✗　ジュラルミンはアルミニウムAlと、微量の銅Cu、マグネシウムMg、マンガンMnの合金である。軽くて耐久性があるので航空機や車両に使われている。

**②** ✗　はんだは鉛PbとスズSnの合金であり、金属の接合に使われている。

**③** ✗　ステンレスは鉄FeとクコムCr(微量のニッケルNiが含まれることもある)の合金であり、さびにくい性質を持ち、厨房器具や食器に用いられている。

**④** ◯　白銅は銅CuとニッケルNiの合金であり、100円硬貨や50円硬貨といった硬貨や装飾品に利用されている。

**⑤** ✗　青銅(ブロンズ)は銅CuとスズSnとの合金であり、10円硬貨や銅像などの装飾品に利用されている。電熱線に使用されている金属はニクロムといわれ、ニッケルNiとクロムCrを中心とした合金である。

## 問題18

気体の性質に関する記述として、妥当なのはどれか。

東京都Ⅰ類2006

**1** 塩素は、無色で刺激臭がある気体であり、同温、同圧、同体積で比べると、ヘリウムに次いで軽く、水に溶けると塩素水になる。

**2** 酸素は、無色で無臭の気体であり、実験室で発生させる場合、さらし粉に塩酸を加えて、下方置換で捕集する。

**3** 水素は、無色で無臭の気体であり、同温、同圧、同体積で比べると、すべての気体の中で最も軽く、亜鉛に希硫酸を加えると得られる。

**4** 二酸化硫黄は、黄緑色で刺激臭がある気体であり、人体に有毒で、水に溶けるとアルカリ性を示す。

**5** 二酸化炭素は、無色で無臭の気体であり、同温、同圧、同体積で比べると、空気より軽く、空気中で燃焼させると青白い炎を出して燃える。

## 解説

正解 **3**

**1** ✕　塩素は黄緑色の気体である。また塩素$Cl_2$(分子量71)よりも、窒素$N_2$(同28)や酸素$O_2$(同32)などの気体のほうが軽い。

**2** ✕　さらし粉$Ca(ClO)_2$に塩酸$HCl$を加えて、下方置換で捕集する気体は塩素$Cl_2$である。酸素$O_2$は実験室では酸化マンガン($IV$)を触媒として過酸化水素水$H_2O_2$を分解して、水上置換で捕集する。

**3** ◯　正しい記述である。

**4** ✕　二酸化硫黄$SO_2$は無色である。また、水に溶けると弱酸性を示す。

**5** ✕　二酸化炭素は$CO_2$空気よりも重く、不燃性である。空気中で燃焼させると青白い炎を出して燃える気体は、一酸化炭素$CO$である。

第3章
化学

8　無機化学　657

**問題19**　次の気体A〜Eのうち、下方置換によって捕集する気体の組合せとして、妥当なのはどれか。

特別区Ⅰ類2017

**A**　アンモニア

**B**　一酸化窒素

**C**　塩化水素

**D**　水素

**E**　二酸化窒素

1　A　C
2　A　D
3　B　D
4　B　E
5　C　E

## 解説

正解 **5**

　気体の捕集法は、その気体が空気と比べて重いかどうかと、水に溶けやすいかどうかにより決定する。以下に、それぞれの気体について重さと水への可溶性に関する特徴を挙げる。

**A ✕**　　アンモニア$NH_3$は分子量17で空気よりも軽く、水に非常に溶けやすいので上方置換により捕集する。

**B ✕**　　一酸化窒素$NO$は分子量30で空気よりもわずかに重いが、水にほとんど溶けないので水上置換により捕集する。

**C 〇**　　塩化水素$HCl$は分子量36.5で空気より重く、水に溶けやすいので下方置換により捕集する。

**D ✕**　　水素$H_2$は分子量2で空気より軽く、水に溶けにくいので水上置換により捕集する。

**E 〇**　　二酸化窒素$NO_2$は分子量46で空気より重く、水に溶けやすいので下方置換により捕集する。

8　無機化学　659

**問題20** 無機物質に関する次のA～Dの記述の正誤の組合せとして最も適当なものはどれか。

裁判所一般職2015

**A** 二酸化炭素は、空気より重い無色無臭の気体で、水に少し溶けて炭酸水になり、弱酸性を示す。

**B** アンモニアは、黄緑色の有毒な気体で、漂白・殺菌作用を持つ。水道水の殺菌剤として利用されている。

**C** 一酸化炭素は、無色無臭の有毒な気体で、有機物の不完全燃焼で生じる。一酸化炭素は赤血球中のヘモグロビンと結合しやすいため、低濃度でも吸引すると中毒が生じる。

**D** 水素は最も軽い気体であり、燃料電池やロケットの燃料に利用される。工業的には天然ガスと水から触媒を用いて作ることができる。

|   | A | B | C | D |
|---|---|---|---|---|
| 1 | 誤 | 正 | 正 | 正 |
| 2 | 正 | 誤 | 正 | 正 |
| 3 | 正 | 正 | 誤 | 正 |
| 4 | 正 | 誤 | 正 | 誤 |
| 5 | 誤 | 誤 | 正 | 正 |

**解説**

正解 ❷

**A 〇** 　二酸化炭素は空気より重い無色無臭の気体である。また、水に溶けると炭酸水となり、弱酸性を示す。

**B ✕** 　アンモニアは無色の有毒な気体である。また、漂白・殺菌作用は持たない。漂白・殺菌作用を持ち、水道水の殺菌剤として利用されているのは塩素である。

**C 〇** 　一酸化炭素は有毒な気体で、物質を不完全燃焼したときに発生する。また、一酸化炭素はヘモグロビンと結合し、吸引すると中毒を起こす。

**D 〇** 　水素は最も軽い気体であり、燃料電池やロケットの燃料に利用されている。工業的には天然ガスと水から生成する。

8　無機化学　661

**問題21** 無機物質に関する記述として、最も妥当なのはどれか。
警視庁Ⅰ類2019

**1** 塩化水素は、塩化ナトリウムに濃硫酸を加えて加熱すると発生し、上方置換によって捕集される。

**2** アンモニアは、塩化アンモニウムと水酸化カルシウムの混合物を加熱すると発生し、下方置換によって捕集される。

**3** 酸素は、塩素酸カリウムに少量の酸化マンガン(Ⅳ)を加えて加熱すると発生し、水上置換によって捕集される。

**4** 濃硫酸は揮発性であり、強い吸湿性や強い酸化作用といった特徴をもつ。

**5** リンには、黄リンと赤リンの同素体があり、赤リンは猛毒のため水中に保存する。

## 解説

正解 **3**

**❶ ✕**　塩化水素は空気よりやや重い（HCl：$1+35.5=36.5$）ので、上方置換ではなく下方置換で捕集される。

**❷ ✕**　アンモニアは空気より軽い（$NH_3$：$14+1×3=17$）ので、下方置換ではなく上方置換で捕集される。

**❸ ◯**　正しい記述である。

**❹ ✕**　濃硫酸は粘度が高く、不揮発性である。

**❺ ✕**　猛毒なのは赤リンではなく黄リンである。

**問題22** アンモニアの工業的製法として、最も妥当なのはどれか。

警視庁Ⅰ類2013

1. アンモニアソーダ法(ソルベー法)

2. オストワルト法

3. ハーバー・ボッシュ法(ハーバー法)

4. 接触法

5. 融解塩電解

## 解説

正解 **3**

　アンモニアの工業的製法は、ハーバー・ボッシュ法（ハーバー法）という。ハーバー・ボッシュ法とは、四酸化鉄を触媒として、窒素と水素からアンモニアを作る製法である。

　なお、アンモニアソーダ法（ソルベー法）は炭酸ナトリウム、オストワルト法は硝酸、接触法は硫酸、融解塩電解（溶融塩電解）はアルミニウムやナトリウムの製法である。

| **問題23** | 化学物質に関する記述ア～オにおいて、記号Ｘはそれぞれ第１周期～第３周期に属する元素の一つを表している。ア～オのうち、Ｘで表される元素が同じものの組合せとして最も妥当なのはどれか。 |
|---|---|

国家専門職2005

**ア** $X_2O_2$ で表される酸化物の水溶液はオキシドールと呼ばれ、消毒剤や殺菌剤として用いられる。また、この水溶液に酸化マンガン(IV)を触媒として加えることにより、酸素を発生させることができる。

**イ** $XO$ で表される酸化物は血液中のヘモグロビンと結合する力が極めて強く、有毒である。また、$XO_2$ で表される酸化物は植物の光合成の原料となる。

**ウ** 天然で産出される石英や水晶の成分は $XO_2$ で表される酸化物である。$XO_2$ は普通の酸には溶けず、フッ化水素酸にのみ溶ける性質がある。

**エ** $X_2$ で表される単体は、室温で刺激臭のある黄緑色の気体である。その水溶液は $X_2$ の一部が水と反応して生じた生成物が強い酸化作用を示すため、漂白剤や殺菌剤として用いられる。

**オ** $X_2$ で表される単体は、亜鉛に希硫酸を作用させることによって発生させることができる。また、$X_2$ が酸素と反応するときに生じるエネルギーを電気として取り出す装置が近年実用化されている。

1. ア、エ
2. ア、オ
3. イ、エ
4. イ、オ
5. ウ、エ

## 解説

正解 **②**

**ア**　水素のことである。過酸化水素$H_2O_2$の水溶液はオキシドールである。

**イ**　炭素のことである。一酸化炭素COは有毒であり、二酸化炭素$CO_2$は光合成の原料である。

**ウ**　ケイ素のことである。二酸化ケイ素$SiO_2$は、石英などの主成分で、フッ化水素酸(フッ化水素水)にのみ溶ける。

**エ**　塩素のことである。塩素$Cl_2$は、水に少し溶け次亜塩素酸と塩酸を生じ、この水溶液を塩素水という。

**オ**　水素のことである。水素$H_2$は水素よりイオン化傾向の大きい金属と酸を反応させて得る。また、燃料電池は水素と酸素が反応するときに生じるエネルギーを取り出すものである。

　よって、**ア**と**オ**が水素で同じものである。

★★☆

# 9 有機化学

医薬品、衣類、食物から日用品に至るまで、さまざまな場面で出会う有機化合物について、その基本的な構造と分類を見ていきます。

## ❶ 有機化合物の基礎知識

### 1 有機化合物と無機化合物

炭素原子を骨格とした化合物を**有機化合物**、それ以外を**無機化合物**という。歴史的には「生物が作り出す物質のみ」を指していたが、実験で尿素が合成されたことから、今日ではこのような定義としている。

なお、炭素を含んでいても$CO$、$CO_2$や$H_2CO_3$、$NaHCO_3$などの炭酸化合物、$KCN$などのシアン化合物は無機化合物として扱う。

### 2 有機化合物の特徴

炭素原子の電気陰性度は大きくも小さくもないため**共有結合**を作りやすく、**化合物の種類は極めて多い**。また、炭素以外の構成元素は水素H、酸素Oで、他に窒素N、硫黄S、ハロゲンなどがあるが、成分元素の種類は少ない。ほかにも、可燃性のものが多いなどの特徴がある。以下に表でまとめた。

|  | 有機化合物 | 無機化合物 |
|---|---|---|
| 構成元素 | C、H、O、N、S、ハロゲンなど少ない | ほぼすべて |
| 化合物の数 | 非常に多い | 有機より少ない |
| 物性 | 分子を作る、融点沸点が低い | さまざま |
| 溶解性 | 水に溶けにくく、有機溶媒に溶けやすい | 水に溶けやすく、有機溶媒に溶けにくい |

668　第3章　化学

## 3 原子と価標

　有機化合物は、炭素Cを骨格として、炭素に対して水素H、酸素O、窒素Nが共有結合することで性質が決まる。ただし、共有電子対としていちいち考えていると不便なので、有機化学の世界では共有電子対を **価標** という「腕に見立てたもの」として考える。

価標（結合の手）の数

メタンの構造式

## 4 ベンゼン環

　図のように「6個の炭素が環状につながっており、そのそれぞれも単結合と二重結合を持つもの」を **ベンゼン環** という。ベンゼン環を持つ化合物のうち、最も簡単な構造なのがベンゼンである。

ベンゼン環

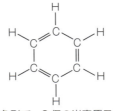

正六角形で、6個の炭素原子間の結合や長さは、すべて等しい

6個のC原子と6個のH原子は同一平面上にある

省略した構造式

9　有機化学　669

## 5 炭化水素の分類

　CとHのみで構成される、官能基を持たない有機化合物のことを炭化水素という。まずは炭化水素の分類の全体像を確認しておく。

**炭化水素の分類**

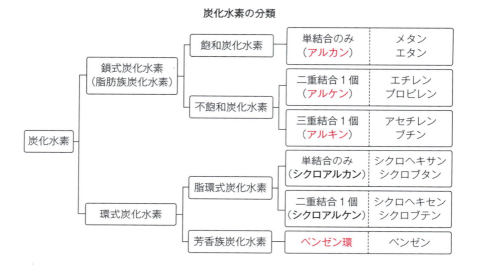

### ① 鎖状構造
　炭素どうしが鎖のようにつながっている構造を鎖状構造といい、このような構造を持つ化合物を**鎖式炭化水素**または**脂肪族炭化水素**という。

### ② 環状構造
　炭素どうしが環のようにつながっている構造を環状構造といい、このような構造を持つ化合物を**環式炭化水素**という。環式炭化水素の中で、**ベンゼン環**を持つ化合物を**芳香族炭化水素**、それ以外を**脂環式炭化水素**という。

### ③ 飽和炭化水素
　炭素どうしがすべて**単結合**している化合物を**飽和炭化水素**という。鎖式炭化水素のうち、飽和炭化水素を**アルカン**という。

## ④ 不飽和炭化水素

炭素どうしが**二重結合**（2本の価標で結合）や**三重結合**（3本の価標で結合）している化合物で、この結合を含む化合物を**不飽和炭化水素**という。鎖式炭化水素のうち二重結合を一つ持つものを**アルケン**、三重結合を一つ持つものを**アルキン**という。

### 炭素の結合

| 鎖状構造 | 環状構造 | 二重結合 | 三重結合 |
| --- | --- | --- | --- |

## 6 基と官能基

分子から何個かの原子が取れた原子団を**基**という。炭化水素から水素分子が取れたものを炭化水素基といい、例えばメタン$CH_4$から水素が一つ取れた「$CH_3-$」のようなものをメチル基という。化合物の性質を決める特定の基を**官能基**といい、有機化合物においては、特徴を決定づける重要な要素である。

| 官能基 | 構造式 | 一般名 | 化合物例 | |
| --- | --- | --- | --- | --- |
| ヒドロキシ基 | $-OH$ | アルコール フェノール類 | $CH_3-OH$ $C_6H_5-OH$ | メタノール フェノール |
| アルデヒド基 | $-CHO$ | アルデヒド | $CH_3-CHO$ | アルデヒド |
| カルボキシ基 | $-COOH$ | カルボン酸 | $CH_3-COOH$ | 酢酸 |
| カルボニル基 | $-CO-$ | ケトン | $CH_3-CO-CH_3$ | アセトン |
| ニトロ基 | $-NO_2$ | ニトロ化合物 | $C_6H_5-NO_2$ | ニトロベンゼン |
| スルホ基 | $-SO_3H$ | スルホン酸 | $C_6H_5-SO_3H$ | ベンゼンスルホン酸 |
| アミノ基 | $-NH_2$ | アミン | $C_6H_5-NH_2$ | アニリン |
| エーテル結合 | $-O-$ | エーテル | $C_2H_5-O-C_2H_5$ | ジエチルエーテル |
| エステル結合 | $-COO-$ | エステル | $CH_3-COO-C_2H_5$ | 酢酸エチル |

なお、アルデヒド基はホルミル基、カルボニル基はケトン基とも呼ばれる。

9 有機化学 **671**

## 7 異性体

分子式は同じであるが、構造が異なる化合物を互いに**異性体**という。

異性体のうち、構造式が異なるものを**構造異性体**、構造式は同じだが立体構造が異なる異性体を**立体異性体**という。立体異性体には、鏡像異性体(光学異性体)やシス-トランス異性体(幾何異性体)などがある。

```
    H   H   H   H                          H   H
    |   |   |   |                          |   |
H — C — C = C — C — H    ←異性体→    H — C — C — H
    |   |   |   |                          |   |
    H   H   H   H                      H — C — C — H
                                           |   |
                                           H   H
```

## 8 有機化合物の化学式

有機化合物については、分子式をそのまま用いることは少なく、分子中にある結合の仕方(官能基)がわかりやすくなるように**示性式**や**構造式**を用いる。

## 9 有機化合物の分析

有機化合物にどのような元素が含まれるかを調べる方法を**成分元素の検出**といい、特定の元素だけに関係する反応を用いる。中でも構成元素の質量比を調べることを**元素分析**という。元素分析では主に、炭素C、水素H、酸素Oからなる有機化合物を調べる。これを**燃焼法**といい、以下のような実験装置を使って行われる。

構造は単純であり、塩化カルシウム管で捕集した水$H_2O$とソーダ石灰管で捕集した二酸化炭素$CO_2$の質量を調べてC、H、Oの質量を求めてからmol比を求める。

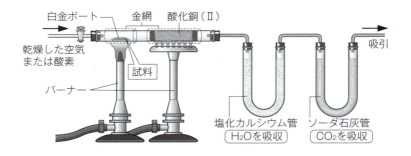

### 組成式決定法

❶ 捕集した$H_2O$の質量からH原子の質量、$CO_2$の質量からC原子の質量を求める

❷ 全体から水素と炭素を引くことでO原子の質量を求める

❸ 各元素の質量をモル質量で割った比を取る

実験装置における塩化カルシウムとソーダ石灰の順序を逆にしてはならない。ソーダ石灰は水も吸着可能なので、水と二酸化炭素を分離して質量を量ることができなくなる。

## 2 アルコール

炭化水素の水素原子Hが**ヒドロキシ基**−OHに置換したものを**アルコール**という。一般にアルコールは、水に溶けやすく沸点が高い。これはヒドロキシ基の水素結合によるものである。

### 1 アルコールの分類

#### ① 価数による分類

アルコール1分子中のヒドロキシ基の数により分類するものである。

1分子中にヒドロキシ基が1個のものを一価アルコール、2個のものを二価アルコールという。つまり、$n$個のものを$n$価アルコールという。特に$n$が2以上の場合は**多価アルコール**という。

#### ② 級数による分類

ヒドロキシ基の結合している炭素原子に結合している炭化水素基の数により分類するものである。

ヒドロキシ基の結合している炭素原子に、他の炭素原子が何個結合しているかで第1級・第2級・第3級アルコールと分類できる(Cの原子価は4なので、他の炭素原子の結合数は最大で3個となる)。

#### ③ 低級と高級

アルコールを構成する炭素原子が少ないものを低級アルコール、多いものを高級アルコールという。一般に6個以上のものを高級アルコールとすることが多い。

9　有機化学　**673**

## 2 アルコールの性質

アルコールは、同じ分子量の炭化水素と比べると融点や沸点が高い。これはヒドロキシ基の水素結合によるものである。また、このヒドロキシ基の水素結合によって、価数が大きいほど、また低級であるほど水に溶けやすい。

ヒドロキシ基は電離しないので、アルコールは中性となる。また、アルコールにナトリウムNaを加えると水素を発生しナトリウムアルコキシドR-ONaを生じる。さらに、アルコールを酸化させると、第1級アルコールはアルデヒドに、第2級アルコールはケトンになる。なお第3級アルコールは酸化されにくい。

## 3 メタノール $CH_3OH$

メタノール$CH_3OH$はメチルアルコールともいわれ、最も簡単な構造のアルコールである。工業的には、触媒を用いて一酸化炭素COと水素$H_2$から作られる。

## 4 エタノール $C_2H_5OH$

エタノール$C_2H_5OH$はエチルアルコールともいわれ、単にアルコールといえばエタノールを指すことも多い。いわゆるアルコール飲料(お酒)の成分であり、グルコース$C_6H_{12}O_6$の発酵(アルコール発酵)によって作られる。工業的には触媒を用いてエチレンに水を付加させることによって得られる。

## 5 その他のアルコール

エチレングリコール$C_2H_4(OH)_2$は2価、グリセリン$C_3H_5(OH)_3$は3価アルコールである。これらはともに無色で粘性の高い不揮発性の液体である。エチレングリコールはエンジンの冷却液、合成繊維、合成樹脂の原料である。グリセリンは化粧水・口腔洗浄剤・合成樹脂や爆薬の原料である。

酸素原子に炭化水素基2個が結合した形をエーテルといい、エーテル結合-O-を持つ。ジエチルエーテル$C_2H_5-O-C_2H_5$は揮発性の液体で、引火しやすく麻酔性がある。一般にエーテルといえばジエチルエーテルを指す。油脂をよく溶かすので、有機溶媒の抽出に用いられる。

674　第3章　化　学

## ③ アルデヒドとケトン

カルボニル基C＝Oを持つ化合物を**カルボニル化合物**といい、カルボニル基に結合する置換基の一方または両方が水素原子のものを**アルデヒド**、2個とも炭化水素基のものを**ケトン**という。

## ① アルデヒド

アルデヒドは中性で、低分子量であれば刺激臭があり水に溶けやすい。第1級アルコールを酸化することによって得られ、水素で還元すれば再び第1級アルコールになる。また、酸化されるとカルボン酸になる。

アルデヒドは、自身が酸化されやすいため還元剤となる。例えば、アンモニア性硝酸銀水溶液にアルデヒドを入れて加熱すると、銀イオンが還元されて析出する。これを**銀鏡反応**という。この反応を用いて、銀めっきとして実際に鏡を作ることができる。

硫酸銅(Ⅱ)水溶液と酒石酸カリウムナトリウムに水酸化ナトリウム水溶液を混合したものをフェーリング液(濃青色)といい、これにアルデヒドを加えると還元して赤色の酸化銅(Ⅰ)$Cu_2O$が沈殿する。この反応を**フェーリング反応**という。

### ① ホルムアルデヒド HCHO

**ホルムアルデヒド**HCHOは最も単純な構造のアルデヒドである。刺激臭、催涙性があり、実験室ではメタノールの蒸気を熱した銅Cuや白金Ptを触媒にして酸化させることによって得られる。

ホルムアルデヒドをさらに酸化させるとギ酸が得られる。**ホルマリン**はホルムアルデヒドの水溶液で、防腐剤や消毒薬に用いられる。

### ② アセトアルデヒド CH₃CHO

**アセトアルデヒド**CH₃CHOは刺激臭、催涙性のある液体で、水や有機溶媒によく溶ける。実験室ではエタノールを二クロム酸カリウム$K_2Cr_2O_7$の硫酸酸性溶液で酸化するか、エタノールの蒸気を熱した銅Cuを触媒にして酸化させることによって得られる。工業的には、塩化パラジウムと塩化銅を触媒に、エチレンを酸化させることによって得られる。

$$2CH_2＝CH_2+O_2 \rightarrow 2CH_3CHO$$

アセトアルデヒドは、さらに酸化させると酢酸CH₃COOHとなる。

9 有機化学 675

## 2 ケトン

　ケトンは中性で、第2級アルコールを二クロム酸カリウムの硫酸酸性溶液で酸化することによって得られる。水素で還元することによってもとの第2級アルコールに戻る。なおケトンはアルデヒドとは異なり、還元性を示さない。

　アセトン$CH_3COCH_3$は、無色の液体で、有機溶媒としてマニキュアをはがす除光液などに用いられる。実験室では酢酸カルシウム$(CH_3COO)_2Ca$の乾留（熱分解）で得られる。アセトン水溶液にヨウ素と水酸化ナトリウム水溶液を入れて加熱すると、ヨードホルム$CHI_3$の黄色結晶が生じる。これを**ヨードホルム反応**といい、アセトアルデヒドやエタノールでも起こる。

## 4 カルボン酸

　分子中にカルボキシ基$-COOH$を持つ化合物を**カルボン酸**という。鎖状の末端にカルボキシ基を1個持つものを**脂肪酸**、ヒドロキシ基を持つものを**ヒドロキシ酸**という。

## 1 ギ酸 HCOOH

　**ギ酸**HCOOHは最も単純な形のカルボン酸で、刺激臭のある無色の液体である。また分子中にアルデヒド基を持つため、還元性を示す。ホルムアルデヒドを酸化することによって得られる。

$$2HCHO + O_2 \rightarrow 2HCOOH$$

## 2 酢酸 CH₃COOH

　**酢酸**$CH_3COOH$は、刺激臭のある無色の液体で、純度の高いものは氷酢酸という。食酢の3〜5％を占め、工業的にはメタノールに一酸化炭素を付加して得られる。

$$CH_3OH + CO \rightarrow CH_3COOH$$

　無水酢酸$(CH_3CO)_2O$は、無色で刺激臭のある中性の液体で水には溶けにくい。しかし徐々に反応して酢酸となる。

## 5 芳香族炭化水素

炭素原子6個が作る正六角形の環を**ベンゼン環**という。ベンゼン環は非常に安定しており、これを持つ化合物を**芳香族炭化水素**という。ベンゼン$C_6H_6$のほかに、ナフタレン$C_{10}H_8$、トルエン$C_6H_5CH_3$などがある。

ベンゼンは特異臭のある無色の液体で、有機溶媒として用いられていたが、やや毒性があるため、近年ではトルエンなどが代替品として用いられている。

### 1 芳香族炭化水素の反応

#### ① 置換反応

炭化水素を構成する水素原子がほかの原子や原子団に置き換わることを**置換反応**という。

ベンゼン環は安定しているため、不飽和結合を持つが、後述する付加反応が起こりにくい。よって、ベンゼン環が保たれる置換反応が起こりやすい。

#### (ア) ハロゲン化

鉄を触媒にベンゼンを塩素と反応させると、**クロロベンゼン**$C_6H_5Cl$が生じる。一般に、置換反応で塩素化合物ができる反応を**塩素化**、さらに広くハロゲン化物ができる反応を**ハロゲン化**という。

#### (イ) ニトロ化

混酸(濃硫酸と濃硝酸の混合物)をベンゼンに加えると**ニトロベンゼン**$C_6H_5NO_2$が生じる。一般に、水素原子がニトロ基$-NO_2$に置換される反応を**ニトロ化**という。

#### (ウ) スルホン化

ベンゼンに濃硫酸を加えて加熱すると、**ベンゼンスルホン酸**$C_6H_5SO_3H$が生じる。一般に、水素原子がスルホン基$-SO_3H$に置換されることを**スルホン化**という。

9 有機化学 677

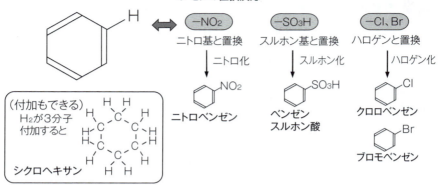

② 付加反応

　二重結合や三重結合を持つ化合物は、ハロゲンや水素と反応すると、その結合部分が切れて新たにそれらと結びつく反応をする。これを**付加反応**という。
　ベンゼン環の不飽和結合では付加反応が生じにくいが、紫外線照射などで反応させることができる。例えば、ベンゼンと塩素の混合物に紫外線を当てると、塩素が付加されヘキサクロロシクロヘキサン$C_6H_6Cl_6$が生じる。また、ベンゼンにニッケル触媒で水素を付加させるとシクロヘキサン$C_6H_{12}$が生じる。

## 2 酸素を含む芳香族炭化水素

### ① フェノール類

　ベンゼン環の水素原子をヒドロキシ基－OHで置換した化合物を**フェノール類**という。フェノール類のヒドロキシ基は電離し、水溶液は**弱酸性**を示す。
　最も単純な構造のフェノール$C_6H_5OH$は、有毒で皮膚に触れると薬傷を引き起こす。常温では無色の結晶で潮解性がある。医薬品、染料、樹脂の原料、殺菌消毒剤などに用いられる。ホルマリンと合成したフェノール樹脂（ベークライト）などがある。フェノールは、工業的には**クメン法**で合成される。プロペンとベンゼンからクメンを作り、これを空気中で酸化させてクメンヒドロペルオキシドにし、希硫酸で分解すると作られる。このとき、同時にアセトンも生じる。
　フェノール類は、強塩基と中和反応して塩を作る。また、塩化鉄(Ⅲ)$FeCl_3$と反応し、青や紫などの呈色反応を示す。

② 芳香族カルボン酸

　ベンゼン環の水素原子をカルボキシ基－COOHで置換した化合物を**芳香族カルボン酸**という。一般に無色の固体で、温水に溶けて弱酸性を示す。フェノールと同様に強塩基と中和して塩を作る。

　最も単純な構造の芳香族カルボン酸は**安息香酸**$C_6H_5COOH$で、無色の結晶・酸性を示す。

　ベンゼン環にカルボキシ基が2個結合したものをジカルボン酸$C_6H_4(COOH)_2$といい、カルボキシ基の結合位置によってフタル酸、テレフタル酸に分かれる。テレフタル酸はペットボトルの原料である。また、フタル酸を加熱すると無水フタル酸となる。

　**サリチル酸**$C_6H_4(OH)COOH$は、ベンゼン環にカルボキシ基とヒドロキシ基が結合した化合物であり、カルボン酸だけでなくフェノールの特徴も持つ。

サリチル酸の構造式

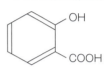

　サリチル酸に無水酢酸を作用させると、**アセチルサリチル酸**$C_6H_4(OCOCH_3)COOH$が生じる。アセチルサリチル酸は**アスピリン**という商品名で解熱鎮痛剤として販売されている。

　サリチル酸にメタノールを作用させると、**サリチル酸メチル**$C_6H_4(OH)COOCH_3$となる。特有の強い香りのある液体で、筋肉痛の湿布や歯磨き粉などに用いられる。

## 3 窒素を含む芳香族炭化水素

　アンモニアの水素原子を炭化水素基で置換した化合物を**アミン**という。フェニル基であれば芳香族アミン、鎖式炭化水素基であれば脂肪族アミンである。最も単純な構造の芳香族アミンは**アニリン**$C_6H_5NH_2$で、無色の油状の液体である。硫酸酸性二クロム酸カリウム溶液で酸化させると黒色物質に変わる。これを**アニリンブラック**という。アニリンは**塩基性**を示す。

アニリンの構造式

　アニリンに酢酸と濃硫酸を加えて加熱、もしくは無水酢酸を作用させアセチル化することによってアセトアニリド$C_6H_5NHCOCH_3$を生じる。

## 4 芳香族炭化水素の反応

### ① ベンゼンを起点とした反応

ベンゼンを起点としたさまざまな芳香族炭化水素の反応を示す。

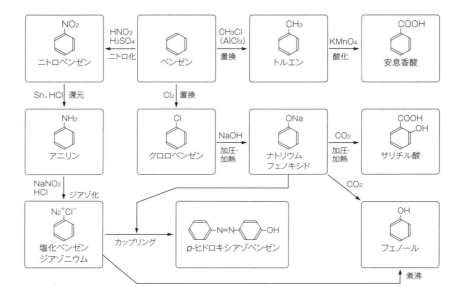

② アニリンを起点とした反応

アニリンを起点としたさまざまな芳香族炭化水素の反応を示す。

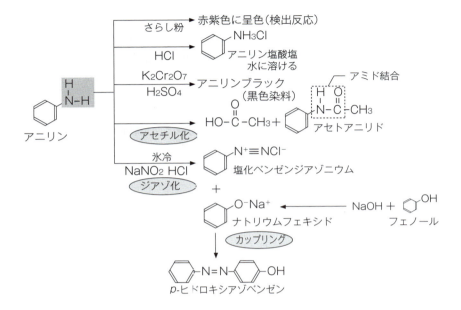

## 6 生活と有機化合物

### 1 合成樹脂

　人為的に製造された高分子化合物からなる物質を**合成樹脂**、または**プラスチック**という。熱に対する性質から**熱可塑性樹脂**と**熱硬化性樹脂**に分類される。

#### ① 熱可塑性樹脂

　加熱による軟化、冷却による硬化など熱による影響を受けることから形成・加工が容易である。**付加重合**によって合成されるものが多く、一般的に**鎖状構造**である。

| 合成高分子化合物（重合体） | $\begin{bmatrix} & H & H \\ - & C & - & C & - \\ & H & H \end{bmatrix}_n$ ポリエチレン | $\begin{bmatrix} & H & H \\ - & C & - & C & - \\ & H & \end{bmatrix}_n$ ポリスチレン | $\begin{bmatrix} & H & H \\ - & C & - & C & - \\ & H & Cl \end{bmatrix}_n$ ポリ塩化ビニル | $\begin{bmatrix} & H & H \\ - & C & - & C & - \\ & H & O-CO-CH_3 \end{bmatrix}_n$ ポリ酢酸ビニル | $\begin{bmatrix} & H & H \\ - & C & - & C & - \\ & H & CN \end{bmatrix}_n$ ポリアクリロニトリル |
|---|---|---|---|---|---|
| 原料（単量体） | $\begin{matrix} H & H \\ C=C \\ H & H \end{matrix}$ エチレン | $\begin{matrix} H & H \\ C=C \\ H & \end{matrix}$ スチレン | $\begin{matrix} H & H \\ C=C \\ H & Cl \end{matrix}$ 塩化ビニル | $\begin{matrix} H & H \\ C=C \\ H & O-CO-CH_3 \end{matrix}$ 酢酸ビニル | $\begin{matrix} H & H \\ C=C \\ H & CN \end{matrix}$ アクリロニトリル |
| 用途 | 包装用材など | カップ容器など | 水道管など | チューインガム ビニロンの原料 | アクリル繊維 |

#### ② 熱硬化性樹脂

　**付加縮合**によって合成されるものが多く、一般に**立体構造**である。

**主な合成樹脂**

| | 名　称 | 特　徴 | 用　途 |
|---|---|---|---|
| **熱可塑性樹脂** | ポリエチレン | 耐水性 | 袋・容器など |
| | ポリプロピレン | 耐熱性・耐薬品性・軽量 | 包装用フィルム・容器など |
| | ポリ塩化ビニル | 耐水性・耐薬品性・弾力性 | ホース・パイプなど |
| | ポリスチレン | 耐熱性・耐薬品性 | 発泡スチロールなど |
| | ポリ酢酸ビニル | 融点が低い | チューインガムなど |
| | フッ素樹脂 | 耐薬品性・不燃性 | フッ素加工 |
| | アクリル樹脂 | 耐久性・透明 | 有機ガラスなど |
| **熱硬化性樹脂** | フェノール樹脂 | 耐薬品性・電気絶縁性 | 電気絶縁体など |
| | 尿素樹脂 | 透明・着色可 | ボタン・キャップなど |
| | メラミン樹脂 | 耐久性・着色可 | 食器・家具・建材など |
| | シリコン樹脂 | 耐熱性・電気絶縁性・耐湿性 | 電気絶縁体など |
| | エポキシ樹脂 | 耐薬品性 | 接着剤など |

## 2 合成繊維

単量体を重合させて合成した鎖状の高分子を紡糸することによって**合成繊維**が得られる。

縮合重合によって得られるポリアミド系（ナイロンなど）やポリエステル系（ポリエチレンテレフタラートなど）と、付加重合によって得られるポリアクリロニトリル系（アクリル繊維など）やポリビニル系（ビニロンなど）に分けられる。

**主な合成繊維**

| | | 名　称 | 特　徴 | 用　途 |
|---|---|---|---|---|
| 縮合重合型 | ポリアミド系 | ナイロン | 耐久性・耐薬品性・弾力性 | 衣料・魚網 |
| | | アラミド繊維 | 耐久性・耐熱性・耐薬品性 | 防弾チョッキ 消防士服 |
| | ポリエステル系 | ポリエチレンテレフタラート（PET） | 耐久性・しわになりにくい 吸湿性なし | スーツ・シャツ ペットボトル |
| 付加重合型 | | ポリプロピレン | 耐薬品性・吸湿性なし | テント・魚網 |
| | | ポリアクリロニトリル（アクリル繊維） | 保湿性・柔軟性 | セーター |
| | | ポリウレタン | 伸縮性・弾力性 | 運動着 |
| | | ビニロン | 吸湿性 | 衣服・登山具 |

## 3 天然繊維と化学繊維

主に衣料として用いられる繊維には、**天然繊維**と**化学繊維**がある。

天然繊維はさらに**植物繊維**と**動物繊維**に分類される。植物繊維の**木綿**は、ワタから採取されるセルロースが主成分の繊維で、塩基には強いが酸には弱い。**絹**はカイコガの繭から作られるタンパク質が主成分の繊維である。

生体内や自然環境中で微生物によって分解される高分子化合物（プラスチック）を**生分解性高分子**という。昨今の持続可能社会に向けて注目されている。

9　有機化学　**683**

## 過去問 Exercise

**問題1**　次の文は、有機化合物及び無機化合物に関する記述であるが、文中の空所A～Eに該当する語の組合せとして、妥当なのはどれか。

特別区Ⅰ類2008

　有機化合物は、主に　**A**　原子を骨格として組み立てられている化合物で、融点と沸点が　**B**　ものが多く、例としてショ糖や　**C**　などがある。

　有機化合物以外の化合物は無機化合物と呼ばれ、融点と沸点が　**D**　ものが多く、例として炭酸カルシウムや　**E**　などがある。

|   | A | B | C | D | E |
|---|---|---|---|---|---|
| 1 | 炭素 | 低い | ポリエチレン | 高い | 塩化ナトリウム |
| 2 | 炭素 | 高い | 塩化ナトリウム | 低い | ポリエチレン |
| 3 | 窒素 | 低い | 塩化ナトリウム | 高い | ポリエチレン |
| 4 | 窒素 | 高い | 塩化ナトリウム | 低い | ポリエチレン |
| 5 | 窒素 | 高い | ポリエチレン | 低い | 塩化ナトリウム |

## 解説

正解 **1**

　有機化合物とは炭素（**A**）原子が共有結合で結びついた骨格を持つ化合物で、分子間力により集まって液体や固体になっているため、沸点、融点が低い（**B**）。アルコール、エーテル、ショ糖などの糖類、ポリエチレン（**C**）などの重合体が有機化合物である。

　有機化合物以外を無機化合物という。無機化合物には固体、気体などさまざまな状態の物質が存在し、酸化鉄、塩化ナトリウム（**E**）、炭酸カルシウムなどが挙げられる。これらの物質の融点、沸点は高い（**D**）ものが多い。

**問題2**　次の文は、有機化合物の分類に関する記述であるが、文中の空所A～Dに該当する語の組合せとして、妥当なのはどれか。

特別区Ⅰ類2009

最も基本的な有機化合物は、炭素と水素からなる炭化水素であり、炭素原子の結合のしかたによって分類される。

炭素原子が鎖状に結合しているものを鎖式炭化水素、環状に結合した部分を含むものを環式炭化水素といい、環式炭化水素はベンゼン環をもつ　A　炭化水素とそれ以外の　B　炭化水素に分けられる。また、炭素原子間の結合がすべて単結合のものを　C　炭化水素、二重結合や三重結合を含むものを　D　炭化水素という。

|   | A | B | C | D |
|---|---|---|---|---|
| **1** | 芳香族 | 脂環式 | 飽和 | 不飽和 |
| **2** | 芳香族 | 脂環式 | 不飽和 | 飽和 |
| **3** | 脂環式 | 芳香族 | 飽和 | 不飽和 |
| **4** | 脂環式 | 芳香族 | 不飽和 | 飽和 |
| **5** | 脂環式 | 脂肪族 | 飽和 | 不飽和 |

686　第3章　化　学

## 解説

正解 ①

　炭素の化合物を一般に有機化合物という。有機化合物の大きな特徴は、構成元素の種類が少ない、化合物の種類が非常に多い、共有結合による分子性物質が多い、沸点および融点が低い物質が多い、水には溶けにくいが有機溶媒には溶けやすいといった点が挙げられる。

　次に、最も基本的な有機化合物は炭化水素であり、炭化水素は炭素原子の結合状態によって鎖式炭化水素と環式炭化水素に分けることができる。鎖式炭化水素は炭素原子が鎖状に結合している有機化合物であり、環式炭化水素は炭素原子が環状に結合している有機化合物である。特に、環式炭化水素のうちベンゼン環を持つ有機化合物である芳香族（**A**）炭化水素と、ベンゼン環を持たない炭化水素である脂環式（**B**）炭化水素に分けることができる。また、炭素原子間の結合が単結合のみの炭化水素を飽和（**C**）炭化水素といい、炭素原子間の結合が二重結合や三重結合を含むものを不飽和（**D**）炭化水素という。

9　有機化学　**687**

| 問題3 | 有機化合物の性質を特徴づける官能基について、官能基名と、示性式の中でその官能基を示す部分の組み合わせとして、最も妥当なのはどれか。 |

東京消防庁Ⅰ類2010

1　ヒドロキシ基(ヒドロキシル基) …COOH

2　カルボキシル基…CHO

3　アルデヒド基…CO

4　アミノ基…$NH_2$

5　ケトン基…OH

**解説**

正解 **4**

**❶** ✕  ヒドロキシ基は－OHである。

**❷** ✕  カルボキシ基(カルボキシル基)は－COOHである。

**❸** ✕  アルデヒド基は－CHOである。

**❹** ◯  正しい組合せである。

**❺** ✕  ケトン基は－CO－である。

9　有機化学　**689**

## 問題4

次は、有機化合物の特徴とその分析に関する記述であるが、A～Dに当てはまるものの組合せとして最も妥当なのはどれか。

国家専門職2016

炭素原子を骨格とする化合物を有機化合物といい、このうち、炭素原子間に二重結合や三重結合を含むものを　A　という。

有機化合物は、官能基と呼ばれる化合物の特性を決める原子団によりいくつかの化合物群に分類でき、有機化合物を化学式で表す場合、官能基を明示した　B　がよく用いられる。例えば、酢酸は、　C　という官能基を持つため、カルボン酸という化合物群に分類され、$CH_3-COOH$ の　B　で表される。

いま、炭素原子、水素原子、酸素原子から成る有機化合物60 gを、図のような装置で完全に燃焼させたところ、発生した $H_2O$ を全て吸収した塩化カルシウム管の質量が72 g増加し、発生した $CO_2$ を全て吸収したソーダ石灰管の質量が132 g増加したとする。原子量を炭素原子=12.0、水素原子=1.0、酸素原子=16.0とすると、この有機化合物の組成式は　D　である。

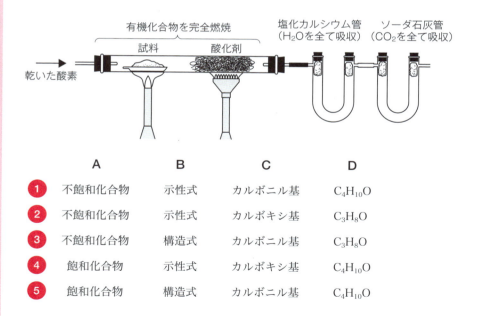

| | A | B | C | D |
|---|---|---|---|---|
| ❶ | 不飽和化合物 | 示性式 | カルボニル基 | $C_4H_{10}O$ |
| ❷ | 不飽和化合物 | 示性式 | カルボキシ基 | $C_3H_8O$ |
| ❸ | 不飽和化合物 | 構造式 | カルボニル基 | $C_3H_8O$ |
| ❹ | 飽和化合物 | 示性式 | カルボキシ基 | $C_4H_{10}O$ |
| ❺ | 飽和化合物 | 構造式 | カルボニル基 | $C_4H_{10}O$ |

正解 ❷

## 解説

**A：不飽和化合物**

炭素原子間の結合がすべて単結合だけで構成された化合物を飽和化合物といい、炭素原子間の結合に二重結合や三重結合を含むものを不飽和化合物という。

**B：示性式**

有機化合物の化学式の表現方法として、主に構造式と示性式が存在している。構造式は、炭素原子とほかの原子間の結合を省略することなく表記する化学式であり、示性式は、官能基を特に明示する化学式である。

**C：カルボキシ基**

酢酸の示性式は $CH_3COOH$ によって表され、カルボキシ基$-COOH$ を持つ。

**D：$C_3H_8O$**

炭素原子、酸素原子、水素原子からなる有機化合物の組成式を $C_xH_yO_z$ とおく。この化合物中に含まれる水素原子Hはすべて塩化カルシウム管に吸収された水 $H_2O$（分子量18.0）中に存在していて、炭素原子Cはすべてソーダ石灰管に吸収された二酸化炭素 $CO_2$（分子量44.0）中に存在している。

また、分子中に含まれる原子の質量は $\dfrac{\text{当該原子量の合計}}{\text{分子量}}$ が常に一定であるので、

水素原子の質量は $72\,[g] \times \dfrac{2}{18} = 8\,[g]$、炭素原子の質量は $132\,[g] \times \dfrac{12}{44} = 36\,[g]$

とそれぞれ求められる。酸素原子Oの質量は、有機化合物全体から水素原子と炭素原子の質量を差し引けば求められるので、

$$60\,[g] - (8+36)\,[g] = 16\,[g]$$

と求められる。

$x:y:z =$（炭素原子の物質量）：（水素原子の物質量）：（酸素原子の物質量）

よって、

$$\frac{36}{12} : \frac{8}{1} : \frac{16}{16} = 3 : 8 : 1$$

であることがわかるので、組成式は $C_3H_8O$ と求められる。

**問題5** 次のうち単結合のみからなる化合物として、最も妥当なのはどれか。

**警視庁Ⅰ類2013**

**1** ベンゼン

**2** 二酸化炭素

**3** アセチレン

**4** エタン

**5** エチレン

**解説**

正解 **4**

**1** ✗　ベンゼンは、単結合と二重結合を持つ化合物である。

**2** ✗　二酸化炭素は、二重結合のみを持つ化合物である。

**3** ✗　アセチレンは、単結合と三重結合を持つ化合物である。

**4** ◯　エタンは、単結合のみを持つ化合物である。

**5** ✗　エチレンは、単結合と二重結合を持つ化合物である。

| 問題6 | アルコールに関する記述として、妥当なのはどれか。 |

特別区Ⅰ類2020

**1** メタノールやエタノールのように、炭化水素の水素原子をヒドロキシ基で置換した化合物をアルコールという。

**2** アルコールにナトリウムを加えると、二酸化炭素が発生し、ナトリウムアルコキシドを生じる。

**3** 濃硫酸を160 ～ 170℃に加熱しながらエタノールを加えると、分子内で脱水反応が起こり、ジエチルエーテルが生じる。

**4** グリセリンは、2価のアルコールで、自動車エンジンの冷却用不凍液、合成繊維や合成樹脂の原料として用いられる。

**5** エチレングリコールは、3価のアルコールで、医薬品や合成樹脂、爆薬の原料として用いられる。

## 解説

正解 **1**

**1** ◯　正しい記述である。

**2** ✕　アルコールにナトリウムNaを加えると水素$H_2$が発生する。生じる物質はナトリウムアルコキシドR-ONaなのは正しい。

**3** ✕　濃硫酸を160〜170℃に加熱しながらエタノールを加えると、エチレン$C_2H_4$が発生する。

**4** ✕　グリセリン$C_3H_5(OH)_3$は2価ではなく3価のアルコールであり、この記述はエチレングリコール$C_2H_4(OH)_2$についての説明である。

**5** ✕　この記述はグリセリンについての説明である。

9　有機化学　695

**問題7** 次の文は、有機化合物に関する記述であるが、文中の空所A〜Dに該当する語の組合せとして、妥当なのはどれか。

特別区Ⅰ類2015

　　　**A**　は、無色の液体で、水などと混じり合い、有機化合物を良く溶かし、酢酸カルシウムを熱分解して得られる。

　　　**B**　は、　**C**　のある液体で、二クロム酸カリウムの硫酸酸性溶液でエタノールを酸化すると得られ、工業的には触媒を用いて、　**D**　を酸化して製造する。

|   | A | B | C | D |
|---|---|---|---|---|
| **1** | アセトアルデヒド | アセトン | 芳香 | エーテル |
| **2** | アセトアルデヒド | メタノール | 刺激臭 | エチレン |
| **3** | アセトン | アセトアルデヒド | 刺激臭 | エチレン |
| **4** | アセトン | メタノール | 芳香 | エーテル |
| **5** | メタノール | アセトアルデヒド | 刺激臭 | エーテル |

696　第3章　化　学

## 解説

正解 ③

　酢酸カルシウムの熱分解によって得ることができるのはアセトン（**A**）である。

　アセトアルデヒド（**B**）は、刺激臭（**C**）のある液体で、二クロム酸カリウムの硫酸酸性溶液でエタノールを酸化すると得られる。またアセトアルデヒドは、工業的には触媒を用いてエチレン（**D**）を用いて製造する。

9　有機化学　697

有機化合物に関する記述として最も妥当なのはどれか。

国家一般職2018

**❶** アルコールとは、一般に、炭化水素の水素原子をヒドロキシ基($-OH$)で置き換えた形の化合物の総称である。アルコールの一種であるエタノールは、酒類に含まれており、グルコースなどの糖類をアルコール発酵することによって得ることができる。

**❷** エーテルとは、1個の酸素原子に2個の炭化水素基が結合した形の化合物の総称であり、アルコールとカルボン酸が脱水縮合することによって生成する。エーテルの一種であるジエチルエーテルは、麻酔に用いられ、水に溶けやすく、有機化合物に混ぜると沈殿を生じる。

**❸** アルデヒドとは、カルボニル基($>C=O$)の炭素原子に1個の水素原子が結合したアルデヒド基($-CHO$)を持つ化合物の総称である。アルデヒドの一種であるホルムアルデヒドは、防腐剤などに用いられる無色無臭の気体で、酢酸を酸化することによって得ることができる。

**❹** ケトンとは、カルボニル基に2個の炭化水素基が結合した化合物の総称である。ケトンは、一般にアルデヒドを酸化することで得られる。ケトンの一種であるグリセリンは、常温では固体であり、洗剤などに用いられるが、硬水中では不溶性の塩を生じる。

**❺** カルボン酸とは、分子中にカルボキシ基($-COOH$)を持つ化合物の総称である。カルボン酸は塩酸よりも強い酸であり、カルボン酸の塩に塩酸を加えると塩素が発生する。また、油脂に含まれる脂肪酸もカルボン酸の一種であり、リノール酸、乳酸などがある。

## 解説

正解 **1**

**1** ◯  アルコールに関する正しい記述である。

**2** ✕  エーテルの構造に関する記述は妥当である。エーテルは、アルコールを低温で分子間脱水することで得られる。アルコールとカルボン酸の脱水縮合で得られる物質はエステルである。また、エーテルは水に溶けにくく、有機化合物はエーテルに溶ける。

**3** ✕  アルデヒドの構造に関する記述は妥当である。ホルムアルデヒドは刺激臭があり、メタノールを酸化することで得られる。なお、酢酸はこれ以上酸化されない。

**4** ✕  ケトンの構造に関する記述は妥当である。ケトンは第2級アルコールを酸化することで得られる。また、グリセリンは3価アルコールであり、常温では液体であり、セッケンの成分である。

**5** ✕  カルボン酸の構造に関する記述は妥当である。カルボン酸は弱酸であり、塩酸は強酸であるので、カルボン酸は塩酸よりも弱い酸である。カルボン酸の塩に塩酸を加えた場合、カルボン酸が遊離するが塩素は発生しない。また、鎖式1価カルボン酸のことを脂肪酸といい、リノール酸や乳酸は脂肪酸に分類される(乳酸は脂肪酸に含めないとする立場も存在する)。

9　有機化学　**699**

| 問題9 | 有機化合物に関する記述として最も妥当なのはどれか。 |
|---|---|

**国家一般職2014**

**1** 炭素を含む化合物を有機化合物という。これには、二酸化炭素、炭酸カルシウムなどの低分子の化合物や陶器に利用されるセラミックスなどの高分子の化合物が含まれる。

**2** エタノールは、水と任意の割合で混じり合う無色の液体で、化学式は$C_2H_5OH$である。ブドウ糖（グルコース）などのアルコール発酵によって生じる。

**3** 酢酸は、常温で無色の液体で、化学式は$C_6H_6$である。食酢の主成分であり、純粋な酢酸は無水酢酸と呼ばれ、強酸性である。

**4** 尿素は、化学式は$CH_3CHO$で、生物体内にも含まれる有機化合物である。水や有機溶媒によく溶け、肥料や爆薬（ダイナマイト）の原料としても利用される。

**5** メタンは、褐色で甘いにおいをもつ気体で、化学式は$CH_4$である。塩化ビニルの原料となるほか、リンゴなどの果実の成熟促進剤にも用いられている。

## 解説

正解 **2**

**❶** ✕  炭素を含む化合物を有機化合物という。しかし、二酸化炭素、一酸化炭素、炭酸カルシウムなどは炭素を含むが、習慣として無機化合物として扱う。

**❷** ◯  エタノール$C_2H_5OH$は、水と任意の割合で混じり合う無色の液体である。また、エタノールは、グルコースなどのアルコール発酵により生じる。

**❸** ✕  酢酸は、常温で無色の液体で、化学式は$CH_3COOH$である。また、酢酸は食酢に含まれている。さらに、無水酢酸は、酢酸2分子を脱水したもので、純粋な酢酸ではない。

**❹** ✕  尿素の化学式は$CO(NH_2)_2$で、生体体内に含まれる有機化合物である。また、尿素は、水や有機溶媒によく溶け、ダイナマイトの原料である硝酸アンモニウムの原料である。

**❺** ✕  メタンは、常温・常圧で無色・無臭の気体で、化学式は$CH_4$である。また、メタンは塩素に付加させると塩化ビニルが生成し、塩化ビニルの原料となっている。さらに、果実の成熟促進剤はメタンでなくエチレンである。

9  有機化学  701

**問題10**

ベンゼンに関する記述として、最も妥当なのはどれか。

東京消防庁Ⅰ類2017

1 常温で気体である。

2 水に溶けにくい。

3 無臭である。

4 無毒である。

5 極性分子である。

**解説**

正解 **2**

**1** ✕　ベンゼンは常温で液体である。

**2** ⭕　ベンゼンは無極性分子であり、水には溶けにくい。

**3** ✕　ベンゼンは芳香族炭化水素であり、独特の芳香(甘い香り)を持つ。

**4** ✕　ベンゼンは有毒な物質であり、発がん性を有する。

**5** ✕　ベンゼンは無極性分子である。

第3章

化学

9　有機化学　703

**問題11** 次の図は、ベンゼンからフェノールを合成する際の、クメン法ではない反応経路の例を示している。空欄 A に当てはまる化合物として、妥当なのはどれか。

警視庁Ⅰ類2012

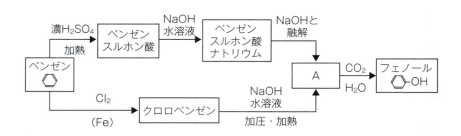

1. 酢酸フェニル
2. ニトロベンゼン
3. ナトリウムフェノキシド
4. シクロヘキサン
5. 塩化ベンゼンジアゾニウム

## 解説

正解 **3**

　クロロベンゼンを水酸化ナトリウム NaOH 水溶液と反応させ、加圧・加熱すると
とナトリウムフェノキシドが生じる。

9　有機化学　705

## 問題12

次の有機化合物Ⅰ、Ⅱと、それらの構造式ア～オを正しく組み合わせているのはどれか。

国家一般職2006

Ⅰ　この物質は、サリチル酸、ピクリン酸など、多くの有機化合物の原料となる。また、水に少し溶け、水溶液は弱い酸性を示す。この物質とホルムアルデヒドを縮合重合させると、立体網目構造をもつ熱硬化性樹脂が得られる。

Ⅱ　この物質は、古代からデンプンや糖を酵母を用いて発酵させてつくられてきた。工業的には、リン酸触媒の存在するところでエチレンに水蒸気を付加反応させてつくられる。

|   | Ⅰ | Ⅱ |
|---|---|---|
| ❶ | ア | エ |
| ❷ | ア | オ |
| ❸ | イ | ウ |
| ❹ | イ | エ |
| ❺ | ウ | オ |

## 解説

正解 **②**

Ⅰ　フェノールに関する記述である。フェノールはベンゼン環にヒドロキシ基－OH が直接結合した構造を持つので、**ア**がフェノールである。

Ⅱ　エタノールに関する記述である。エタノールはエタンの水素分子 H がヒドロキシ基－OH に置き換わった構造を持つので、**オ**がエタノールである。

　なお、**イ**はベンゼン、**ウ**はプロペン、**エ**はアセトアルデヒドの構造式である。

9　有機化学　707

**問題13** 有機化合物に関する記述として、妥当なのはどれか。

警視庁Ⅰ類2011

**1** トルエンを、触媒を用いて酸化するか、または過マンガン酸カリウムの塩基性水溶液とともに熱して酸化すると、アセチルサリチル酸ができる。

**2** ベンゼンを、プロペン(プロピレンともいう)でアルキル化すると、ニトロベンゼンができる。

**3** アニリンを、水酸化ナトリウムでアセチル化するか、または水酸化ナトリウムを加えて縮合させると、アセトアニリドができる。

**4** エチレングリコールを、高温高圧下で二酸化炭素と反応させると、サリチル酸ナトリウムができる。

**5** 塩化ベンゼンジアゾニウムの水溶液に、ナトリウムフェノキシドの水溶液を加えると、p－ヒドロキシアゾベンゼンができる。

## 解説

正解 **5**

**❶ ✗** トルエンを酸化させると安息香酸ができる。

**❷ ✗** ベンゼンをプロピレンでアルキル化するとクメンができる。

**❸ ✗** アセトアニリドは、アニリンと無水酢酸を反応させるか、アニリンと酢酸を加熱することによってできる。

**❹ ✗** サリチル酸ナトリウムは、ナトリウムフェノキシドを高温高圧下で二酸化炭素と反応させることによってできる。

**❺ ◯** 正しい記述である。

| 問題14 | 繊維に関する記述として最も妥当なのはどれか。 |

**国家専門職2011**

**1** 綿は、植物のワタから得られる天然繊維であり、その主成分はタンパク質である。酸には強いが塩基には弱い。繊維の表面にクチクラがあるため耐熱性や耐摩耗性はよい。

**2** 絹は、カイコガがまゆを作るときに吐き出す糸から作られる天然繊維である。水や熱に弱いが、これは主成分のセルロースが水や熱により溶解しやすい性質をもつためである。

**3** ナイロンは、綿の代用品として開発された化学繊維であり、エーテル結合によって単量体が多数連なった高分子化合物である。耐摩耗性、弾力性、吸湿性に優れている。

**4** レーヨンは、古着などから回収された化学繊維を熱溶解し、銅イオンを含む水溶液中で生成される再生繊維である。分子中に銅イオンを含むため耐熱性はよい。

**5** ポリエチレンテレフタレート(PET)は、分子内にエステル結合をもつ合成高分子であり、紡糸により繊維として使われる。耐熱性や耐摩耗性はよいが、吸湿性は少ない。

## 解説

正解 **5**

**1** ✕　綿の主成分はセルロース（炭水化物）である。塩基には強く酸に弱い。

**2** ✕　絹の主成分はタンパク質である。

**3** ✕　ナイロンは、アミド結合−CO−NH−によって縮合した合成繊維である。耐摩耗性は高いが吸湿性は低い。

**4** ✕　レーヨンは、セルロース（植物繊維）の再生繊維である。銅アンモニア溶液にセルロースを溶解して得られたレーヨンを銅アンモニアレーヨンというが、銅イオンが耐熱性に影響しているかの知見は得られていない。

**5** 〇　正しい記述である。

# 第4章

## 生　物

　　生態系はさまざまな生物と周りの環境からなり、生物は種の存続のために生殖活動やいろいろな行動を行っています。また、細胞での物質・エネルギー交代による巧妙な調節機構が個体維持のためにはたらいています。それぞれの重要箇所について解説していきます。

# 1 生物の特徴

細胞は生物を構成する最小単位です。細胞にはいくつかの種類があり、共通性や多様性が見られます。それらについて見ていきましょう。

## ① 生物の分類

生物の分類の仕方にはさまざまな説があるが、以前からの分類と近年有力になってきた分類について触れる。

### 1 ▷ 5界説

生物は長い間、運動するかしないかによって、動物界と植物界とに二分する**2界説**によって分類されていた。しかし、顕微鏡の発達やミドリムシなどにより、矛盾が生じたため新たな分類を模索していった。

その後、細胞には原核細胞と真核細胞の2種類があることがわかり、ホイタッカーやマーギュリスによって**原核生物界**、**原生生物界**、**植物界**、**菌界**、**動物界**の五つに分類する**5界説**が提唱された。

### 2 ▷ 3ドメイン説

核酸の塩基配列を比較する方法が発見されて以降、原核生物の中でも細菌類と大きく異なるものがいることがわかってきた。これらを古細菌といい、界よりさらに上に**ドメイン**という分類が提唱された。細菌(バクテリア)ドメイン、古細菌(アーキア)ドメイン、真核生物ドメインで、これら三つのドメインが存在するという説を**3ドメイン説**という。

5界説の原核生物界を細菌と古細菌に、残り四つを真核生物に分けたものである。

### 3 ▷ 生物の共通性

生物を分類する基本単位を**種**という。現在、地球上で名前によって区別できる生

714 第4章 生 物

物は190万種存在する。実際の種はこの何倍も存在していると考えられている。

一般に生物の定義として、体が細胞でできている、生命活動にエネルギーを利用する、DNAを持ち自身と同じ形質の子孫を残す、体内環境を一定に保つ、刺激に反応する、進化する、などが挙げられる。

これらの共通性は「現存生物はすべて共通の祖先に至る」ことを物語っている。よって、現存生物を共通の祖先から枝分かれしたものと考え、樹木のように示したものを**系統樹**という。

なお、この定義によるとウイルスは生物ではないということになる。

## 2 細　胞

### 1 細　胞

1665年にイギリスのロバート・フックがコルク片を観察したところ、多くの「小さな部屋」からできていることを発見し、これを**細胞**(cell)と名づけた。1831年には同じくイギリスのブラウンが植物の細胞内に**核**があることを発見した。

19世紀のドイツにおいて、1838年にシュライデンが植物、1839年にシュワンが動物について「細胞が生物の構造および機能の上の単位である」とする**細胞説**を提唱した。そして、1858年にフィルヒョーが「すべての細胞は細胞から生じる」という説を提唱するに至った。

### 2 細胞の基本構造

細胞には核を持たない**原核細胞**と核を持つ**真核細胞**がある。原核細胞からなる生物を**原核生物**といい、大腸菌やシアノバクテリアなどが挙げられる。また真核細胞からなる生物を**真核生物**といい、植物や動物は真核生物である。共通しているのはどちらも**細胞膜**、**細胞質基質**、遺伝情報としての**DNA**を持つ点である。

① 原核細胞

核がなくむき出しのDNAと細胞壁、細胞膜からなる構造を持つ。

② 真核細胞

真核細胞の細胞膜内にはさまざまな**細胞小器官**があり、その間を細胞質基質が満たしている。細胞質基質には流動が見られ、これを**原形質流動**という。

1　生物の特徴　715

## 3 細胞小器官

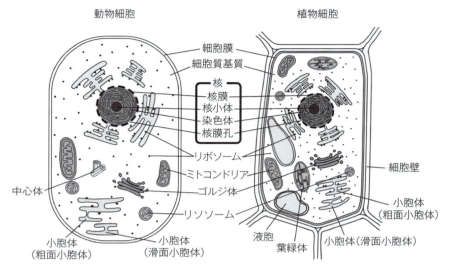

### ① 核

　真核細胞には通常、1個の球形の**核**がある。核は**核膜**に包まれており、中には**染色体**がある。染色体は酢酸カーミン、酢酸オルセインで赤色に染まる。染色体の主な成分はタンパク質とDNA（デオキシリボ核酸）である。

### ② ミトコンドリア

　**ミトコンドリア**は細胞の**呼吸**に関わり、酸素を使って有機物からエネルギーを取り出している（詳細は後述）。核内の鎖状DNAとは異なる独自の環状DNAを持っている。

③ リボソーム

**リボソーム**は小粒子であり、**タンパク質合成の場**である。

④ 小胞体

**小胞体**は袋状や管状の細胞小器官で、リボソームの付着した**粗面小胞体**と、付着していない**滑面小胞体**とがある。滑面小胞体はカルシウムにまつわる濃度調節や情報伝達などに関わっている。

⑤ ゴルジ体

**ゴルジ体**は扁平な袋状の膜構造が密になった細胞小器官で、タンパク質に糖類などの付加や濃縮を行う。

また、リボソームで合成されたタンパク質(ホルモン)を特定の器官に送るなど、**合成された物質を貯蔵したり細胞外に分泌したりする。**

⑥ 葉緑体

**葉緑体**は植物細胞のみに存在する。外膜と内膜による**二重構造**の細胞小器官で、光のエネルギーを利用して二酸化炭素$CO_2$からグルコース$C_6H_{12}O_6$を合成する、**光合成の場**である。このグルコースをもとにしてデンプンを合成する。

内部に扁平な袋状の**チラコイド**(多数積み重なっている部分は**グラナ**という)、基質部分の**ストロマ**がある。チラコイドには**クロロフィル**(**葉緑素**)などの光合成色素が含まれていて、光エネルギーを吸収する。核内の鎖状DNAとは異なる独自の**環状DNA**を持ち、**細胞分裂とは別に独自に分裂して増殖**する。

チラコイドで光エネルギーを吸収する光化学反応、ストロマでは二酸化炭素を用いてデンプンを合成する反応が起こる。

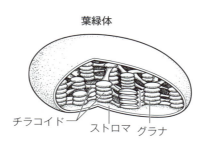

葉緑体

⑦ 中心体

中心体は主に動物細胞に存在する器官で2個の中心小体からなり、動物では細胞分裂時の染色体移動に関わる。また、べん毛や繊毛の形成にも関与している。

植物においては、シダ・コケなどの精子で見られる。

⑧ 細胞質

原形質の核と細胞小器官以外の部分を細胞質といい、細胞の形態を維持する基質となる透明な液体で満たされている。細胞質基質にすべての細胞小器官が存在する。また、細胞質基質には多くのタンパク質や酵素も含まれていて、エネルギー産生の一部といった重要な反応の場でもある。

⑨ リソソーム

リソソームは内部がpH5程度の酸性であり、リソソーム諸酵素を含む。この酵素は酸性下でよくはたらく加水分解酵素で、細胞内消化という異物や不要物の分解を行う。

⑩ 液　胞

液胞は主に成長した植物細胞に見られる細胞小器官で、細胞液(炭水化物、アミノ酸、無機塩類、色素などを含む)で満たされている。細胞内の水分・物質の濃度調節、老廃物の貯蔵を行う。細胞が成長するにつれて、細胞の体積に占める液胞の割合は大きくなっていく。花弁の赤や紫は、液胞内にアントシアンという色素が含まれているためである。

細胞内分解の機能(リソソームのような機能)と物質貯蔵機能を兼ね備えた珍しい小器官である。

⑪ 細胞壁

細胞壁は植物細胞と原核細胞に存在する。植物・菌類・細菌類の細胞において、細胞膜の外側を取り囲み、細胞の保護と支持を行うものである。主成分はセルロースという炭水化物で、溶媒・溶質の両方を通す全透性を持つ。

⑫ 細胞膜

細胞膜は植物細胞と原核細胞に存在する。リン脂質の二重層からなる非常に薄い柔軟性のある膜で、ところどころにタンパク質の粒子が埋まっている。詳しくは次項で扱う。

# 3 生体膜

細胞膜や膜構造を持つ細胞小器官は、膜の外側と内側で異なった環境が保たれている。このような膜を総称して**生体膜**という。

## 1 生体膜の性質

生体膜は主にリン脂質で構成されている。リン脂質は、水に馴染みにくい（**疎水性**）脂質分子の一部に、水に馴染みやすい（**親水性**）リン酸を持つ。生体膜はこの疎水性の部分を内側、親水性の部分を外側にした二重層からなり、これを**脂質二重層**という。生体膜には、特定の物質を選択的に透過させるタンパク質、水分子を通過させるアクアポリンや、エネルギーを使って特定の物質を輸送するタンパク質などがある。

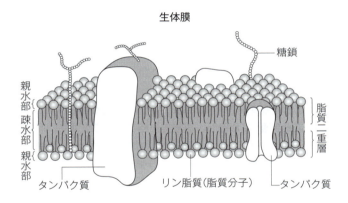

生体膜

## 2 透過性

物質どうしが混じり合って均一な濃度になる現象を**拡散**という。拡散は膜を通しても見られる現象で、これを**浸透**という。膜において、すべてを自由に透過させる性質を**全透性**、水や一部の溶質は浸透するが他の溶質は浸透しない性質を**半透性**という。全透性を持つ膜を全透膜、半透性を持つ膜を**半透膜**という。細胞膜も半透膜であり、半透膜を通じて物質が浸透するときの圧力を**浸透圧**という。

細胞は、特定の物質を細胞内に吸収したり、特定の物質を細胞外に放出したりしながら活動している。生体膜が持つ、特定の物質のみを透過させる性質を**選択的透過性**という。

## 3 受動輸送と能動輸送

　細胞においては、生体膜を通して物質を中から外へ、外から中へ輸送している。この輸送には以下のとおり、チャネルによって行われる受動輸送と、ポンプによって行われる能動輸送がある。

### ① 受動輸送とチャネル

　物質の濃度の差を濃度勾配という。この濃度勾配に従って物質が輸送されることを**受動輸送**といい、エネルギー(ATP)を必要としない輸送である。

　受動輸送は、**チャネル**と呼ばれるタンパク質を通じて行われる。チャネルにはイオンチャネルやアクアポリンなどがある。

### ② 能動輸送とポンプ

　濃度の低い方から濃度の高い方へ物質を移動させるには、エネルギー(ATP)が必要となる。このようなエネルギーを必要とする輸送を**能動輸送**という。

　能動輸送は、ナトリウムポンプなどの**ポンプ**と呼ばれる機構によって行われる。


## 4 浸透圧

　半透膜を境に溶液の濃度が異なり、溶質が半透膜を通り抜けることができない場合には、水が**半透膜を通って移動**し、濃度差を解消しようとする。半透膜を通じて物質が浸透する圧力を**浸透圧**という。細胞内の溶液と比較して、浸透圧が高い溶液を**高張液**、低い溶液を**低張液**、等しい溶液を**等張液**といい、どちらに浸透圧がかかるかを以下にまとめる。

### ① 細胞外の濃度が細胞内の濃度より高い場合 (高張液)

　細胞外のほうが高濃度であるため、それを薄めるために**細胞内の水が細胞外に移動**し、細胞(細胞膜の内側)が収縮する。その結果、植物細胞では細胞膜と細胞壁の間に隙間ができる。これを**原形質分離**といい、植物細胞にのみ起こる現象である。動物細胞の場合には、細胞が収縮することになる。

② **細胞外の濃度が細胞内の濃度より低い場合（低張液）**

　細胞内のほうが高濃度であるため、それを薄めるために**細胞外の水が細胞内に移動**し、細胞（細胞膜の内側）が膨張する。その結果、浸透圧が強すぎると動物細胞は破裂してしまう。赤血球の破裂を**溶血**という。植物細胞の場合には水が細胞内に移動することで膨張はするが、体積が増加して細胞壁の内側に圧力（**膨圧**）が加わり、それ以上水が入りにくくなる。

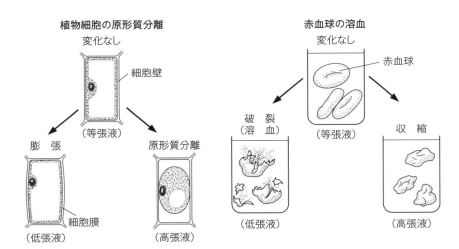

## 過去問 Exercise

**問題1**　生物の細胞に含まれるミトコンドリアの機能に関する記述として、最も妥当なのはどれか。

**警視庁Ⅰ類2014**

**1** 細胞分裂の際に紡錘糸を形成する起点となり、染色体の移動に関与する。

**2** 細胞の生存と増殖に不可欠な遺伝情報を担っている物質を貯蔵する。

**3** 酸素を消費しながら有機物を分解してエネルギーを取り出す呼吸を行う。

**4** 遺伝情報に基づいてアミノ酸を結合して様々なタンパク質を合成する。

**5** 光エネルギーを利用して、二酸化炭素と水からデンプンなどを合成する。

## 解説

正解 **3**

**1** ✕　これは中心体に関する記述である。

**2** ✕　これは核に関する記述である。

**3** ◯　ミトコンドリアに関する記述である。

**4** ✕　これはリボソームに関する記述である。

**5** ✕　これは葉緑体に関する記述である。

**問題2**　細胞小器官の名称とそれらに関連の深い機能の組合せとして、妥当なのはどれか。

警視庁Ⅰ類2011

名　称

**ア**　液胞

**イ**　ミトコンドリア

**ウ**　中心体

**エ**　ゴルジ体

機　能

**A**　光エネルギーを用いて有機物を合成する。

**B**　有機物を分解してエネルギーを取り出す。

**C**　細胞内外の物質の出入りを調節する。

**D**　べん毛形成の起点となるほか、細胞分裂にも関与する。

**E**　植物細胞の内部を保護し、細胞の形を保持する。

**F**　酵素やホルモンの分泌や輸送を行う。

**G**　浸透圧の調節、栄養分や老廃物の貯蔵などを行う。

| | ア | イ | ウ | エ |
|---|---|---|---|---|
| **1** | C | A | E | G |
| **2** | B | G | D | E |
| **3** | F | B | C | G |
| **4** | F | G | A | B |
| **5** | G | B | D | F |

## 解説

正解 **5**

**A**　葉緑体の機能である。

**B**　ミトコンドリア（**イ**）の機能である。

**C**　細胞膜の機能である。

**D**　中心体（**ウ**）の機能である。

**E**　細胞壁の機能である。

**F**　ゴルジ体（**エ**）の機能である。

**G**　液胞（**ア**）の機能である。

| 問題3 | 次のA～Eの細胞の構造体のうち、原核細胞のもつ構造体を選んだ組合せはどれか。 |

特別区Ⅰ類2015

A　液胞

B　核膜

C　細胞膜

D　ミトコンドリア

E　細胞壁

**1** A　C

**2** A　D

**3** B　D

**4** B　E

**5** C　E

**解説**

正解 ⑤

　原核細胞とは、核膜に包まれた核を持たない細胞である(DNAがむき出しになっている)。また、原核細胞は、細胞の大きさは小さく、ミトコンドリアや葉緑体、ゴルジ体、液胞などがない。

　よって、原核細胞の持つ構造体は細胞膜 (**C**)、細胞壁 (**E**) である。

**問題4** 細胞膜の働きに関する次の記述の ☐ A ☐ ～ ☐ C ☐ に入る語句の組合せとして、最も妥当なのはどれか。

東京消防庁Ⅰ類2016

　細胞が活動を続けるためには、必要なものを細胞内に吸収し、不要なものを細胞外に排出する必要がある。このため細胞膜にはいろいろな種類の小さな孔がある。例えば、水の分子だけを通過させる小さな孔はアクアポリンといい、イオンを通す孔を、☐ A ☐ という。ともに細胞膜を貫通する ☐ B ☐ で、☐ A ☐ では決まった種類のイオンだけをイオン濃度の高い方から低い方へと濃度の勾配に従って通す。このことを ☐ C ☐ と呼ぶ。

|   | A | B | C |
|---|---|---|---|
| 1 | イオンチャネル | リン脂質 | 受動輸送 |
| 2 | イオンチャネル | タンパク質 | 受動輸送 |
| 3 | イオンチャネル | リン脂質 | 能動輸送 |
| 4 | イオンポンプ | タンパク質 | 能動輸送 |
| 5 | イオンポンプ | リン脂質 | 能動輸送 |

728　第4章　生　物

| | 解説 | | 正解 **2** |

細胞膜は水ですら簡単には通さない。そのため、細胞が必要とする水はアクアポリンというチャネル（水チャネル）を使って通過させている。

**A：イオンチャネル**

後半の文章に「濃度の高い方から低い方へと濃度の勾配に従って」とあるので、ポンプではなくチャネルを使った輸送であることがわかる。

**B：タンパク質**

物質の輸送に関わるのは細胞膜のチャネルやポンプであり、これらはどちらもタンパク質でできている。

**C：受動輸送**

「濃度の高い方から低い方へと濃度の勾配に従って」とあるので、受動輸送であることがわかる。受動輸送はエネルギー（ATP）を必要としない輸送である。

1　生物の特徴　729

| 問題5 | 細胞への物質の出入りに関する記述として妥当なのはどれか。 |

東京都Ⅰ類2007

**1** 細胞膜とセロハン膜は同じ性質をもち、セロハン膜で純水とスクロース溶液とを仕切っておくと、セロハン膜は、スクロース溶液に含まれる水の分子だけを選択的透過性によって透過させるため、スクロース溶液の濃度は高まる。

**2** 溶液を細胞に浸したとき細胞の内と外との水の出入りが見掛け上ない溶液を等張液といい、等張液よりも浸透圧が低い溶液に動物細胞を浸した場合、動物細胞は膨張又は破裂する。

**3** 細胞膜を通して水分子などの粒子が移動する圧力を膨圧といい、浸透圧と膨圧とを加えた圧力は吸水力に等しく、植物細胞では、吸水力がゼロとなったときに原形質分離が起こる。

**4** 受動輸送とは、細胞膜がエネルギーを使って物質を濃度差に逆らって輸送することをいい、受動輸送が行われている例として腸壁からの物質の吸収や腎臓における物質の再吸収がある。

**5** 能動輸送とは、細胞の内と外との濃度差によって物質が移動することをいい、ナメクジに塩を掛けるとナメクジが縮んでいくのは、能動輸送によって、ナメクジの細胞から水が出ていくためである。

## 解説

正解 **②**

**❶ ✕** 　濃度差を解消しようとするため、水がスクロース溶液側へ移動し、スクロース溶液の濃度は下がる。

**❷ ◯** 　正しい記述である。

**❸ ✕** 　吸水力は浸透圧と膨圧の差で求められる。これが負になったとき細胞内から外へ水が移動し、原形質分離が起こる。

**❹ ✕** 　受動輸送ではなく能動輸送についての説明である。

**❺ ✕** 　能動輸送ではなく受動輸送についての説明である。

第4章 生物

1　生物の特徴　731

**問題6** 次の文章の A から D にあてはまる語句の組合せとして、最も妥当なのはどれか。

東京消防庁Ⅱ類2012

動物細胞を濃度が A い食塩水などの A 張液に浸すと、細胞内の水が外部に出て細胞は収縮する。また、蒸留水などの B 張液に浸すと、外の水が細胞内に入ってきて体積が増し、ついには C が破れる。このため、動物体から取り出した組織や細胞をしばらく生かしておくときには、生理食塩水やリンガー液などの D 張液を用いる。

|   | A | B | C | D |
|---|---|---|---|---|
| 1 | 高 | 低 | 細胞膜 | 等 |
| 2 | 高 | 等 | 細胞壁 | 低 |
| 3 | 高 | 低 | 細胞壁 | 等 |
| 4 | 低 | 等 | 細胞膜 | 高 |
| 5 | 低 | 高 | 細胞膜 | 等 |

# 解説

正解 ①

**A**：高

　直後に「細胞内の水が外部に出て」とあるため、浸す液は高張液であるとわかる。

**B**：低

　Ａと逆の作用が示されているため、浸す液は低張液であるとわかる。

**C**：細胞膜

　文章は動物細胞についてのものであり、細胞壁は動物細胞には存在しないものであるから、細胞膜が入ることがわかる。

**D**：等

　浸透圧が生じないような保存方法が必要であるから、高張液でも低張液でもなく等張液を用いるべきことがわかる。

# 2 代謝

すべての真核生物と細菌はATPという物質を利用して物質の合成や分解を行っています。同化と異化におけるそれらのやり取りや酵素の特徴について見ていきましょう。

## ❶ 代謝とATP

細胞は外界から必要な物質を取り入れ、不要になった物質を排出する。その過程で、取り入れた物質を材料として、新たな物質を合成したり分解したりする。これらをまとめて**代謝**という。

代謝には、単純な物質から複雑な物質を合成する**同化**と、複雑な物質を単純な物質に分解する**異化**がある。同化の代表例として光合成、異化の代表例として呼吸がある。

### 1 エネルギーの受け渡しとATP

代謝の過程では、**ATP**（アデノシン三リン酸）という物質によってエネルギーの受け渡しが行われる。ATPは、すべての生物が持つ物質であり、生命活動においてエネルギー授受の仲立ちをしており、化学反応を進行させている。

### 2 ATPの構造

ATPは**ヌクレオチド**（リン酸、糖、塩基が結合したもの）の一種である。糖はリボース、塩基はアデニンであり、これらをまとめてアデノシンという。このアデノシンに三つのリン酸が結合した構造を持つ。

ATPの構造

ATPの分子内部では、リン酸どうしの結合部分にエネルギーが蓄えられている。これを**高エネルギーリン酸結合**という。リン酸どうしの結合が切れ、ATPがADP（アデノシン二リン酸）とリン酸に分解されるとき、大きなエネルギーが放出される。逆に異化などで得られたエネルギーを用いてADPとリン酸からATPが合成される。

## 2 酵 素

### 1 酵 素

代謝における数々の化学反応は**酵素**というタンパク質のはたらきで進行する。化学反応を促進させる物質を**触媒**といい、自身は変化しないが、反応速度を上げる（活性化エネルギーを小さくする）物質である。基本的に酵素は触媒作用を持つタンパク質であるため、**生体触媒**とも呼ばれている。

酵素は分子量が数万から数十万の高分子化合物であるタンパク質を主成分とするが、タンパク質のほかに、金属イオンや低分子の有機化合物と結合して初めて触媒作用を示すものがある。このような低分子有機化合物を**補酵素**という。

### 2 基質特異性

酵素は一般に特定の基質にのみ作用し、特定の化学反応に限って触媒となる。これを酵素の**基質特異性**という。酵素が基質と結合して触媒作用を現す部分を酵素の

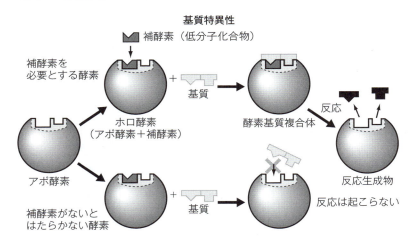

基質特異性

活性中心(**活性部位**)といい、基質の構造と活性部位の構造が合致するもののみが結合できる。基質特異性はこの性質に起因しており、酵素と基質の関係は「鍵と鍵穴の関係」にたとえられる。

## 3 活性の外部条件

### ① 最適温度

酵素反応は化学変化であるので、一般に温度上昇とともに反応速度は増加する。しかし、多くの酵素では40℃を超えるあたりから反応速度が下がっていき、やがて酵素活性が失われる。これを**失活**というが、酵素反応には**最適温度**があることを示している。多くの酵素の最適温度は37〜40℃程度である。

### ② 最適 pH

酵素反応は溶液のpHの影響も受ける。酵素反応が最大のときを**最適pH**といい、胃液に含まれるペプシンはpH 2 (酸性)程度、すい液に含まれるトリプシンはpH 8 (塩基性)程度で最もよくはたらく。

活性の外部条件

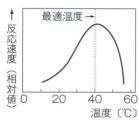

温度依存曲線

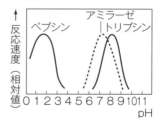

pH依存曲線

## 4 消化液と分解

消化液と分解

| 分解前 | 口のだ液腺 | 胃 | 肝臓 | すい臓 | 小腸 | 分解後 |
|---|---|---|---|---|---|---|
|  | だ液 | 胃液 | 胆汁 | すい液 | 腸壁の酵素 |  |
| 炭水化物 (デンプン) | ● | × | × | ● | ● | グルコース (ブドウ糖) |
| タンパク質 | × | ● | × | ● | ● | アミノ酸 |
| 脂質 | × | × | ● (乳化) | ● | × | 脂肪酸 モノグリセリド |

① 消化
(ア) 糖質の加水分解酵素

酵素による糖質の加水分解

炭水化物に含まれるデンプンは、まずだ液に含まれるアミラーゼによって、マルトースとデキストリンに分解される。これらはすい液に含まれるアミラーゼによりさらに分解され、最終的に腸壁の消化酵素であるマルターゼによってグルコースにまで分解されて吸収される。

(イ) タンパク質の加水分解酵素

酵素によるタンパク質の加水分解

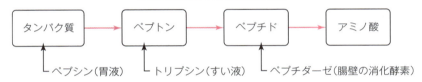

タンパク質は、胃液に含まれるペプシンによって半消化されペプトンとなり、さらにすい液に含まれるトリプシンによってペプチドとなる。最終的に腸壁の消化酵素であるペプチダーゼによってアミノ酸まで分解されて吸収される。

(ウ) 脂質の加水分解酵素

酵素による脂質の加水分解

脂質は胆汁によって乳化[1]され、すい液に含まれるリパーゼによって脂肪酸とモノグリセリドに分解されて吸収される。

---

[1] 胆汁には消化酵素は含まれておらず、脂質を消化しているわけではない。

② 吸　収

　グルコース（ブドウ糖）とアミノ酸は、小腸の柔毛の**毛細血管**に吸収され、脂肪酸とモノグリセリドは、小腸の柔毛の**リンパ管**に吸収される。

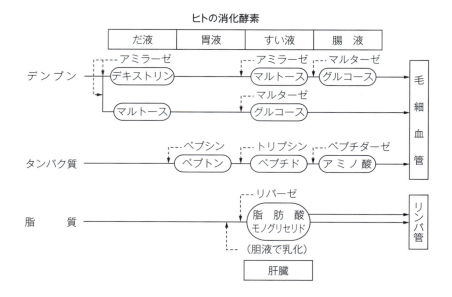

ヒトの消化酵素

## 5 細胞内に存在する酵素

　からだを作る主なものはタンパク質であり、酵素も機能性タンパク質として体内の至る所に存在している。**カタラーゼ**もその一つである。カタラーゼは、いろいろな生物の肝臓に多く存在し、過酸化水素を分解するはたらきを持つ。そのため、生物の肝臓に過酸化水素を加えると酸素が発生する。

　　$2H_2O_2 \rightarrow 2H_2O + O_2$

# 3 光合成

## 1 光合成

　葉緑体で光のエネルギーを利用して二酸化炭素$CO_2$と水$H_2O$からデンプンなどの有機物を合成する同化反応を**光合成**という。また、このように**二酸化炭素から有機物を合成するはたらきを炭酸同化**という。

　光合成には大きく分けて、**チラコイド**で光エネルギーから水を分解してATPを作る反応と、**ストロマ**でATPを使って二酸化炭素から有機物を作る二つの過程がある。

① 葉緑体の構造
- **チラコイド**：クロロフィルやカロテノイドが存在している部分
- **グラナ**：チラコイドが円盤状に集まった部分
- **ストロマ**：上記以外の部分

葉緑体の構造
- チラコイド（水を分解してH原子を作る）
- グラナ
- ストロマ（H原子に$CO_2$を結合させて有機物を作る）

## ② 光合成の反応と反応場所

### (ア) 光化学反応 (チラコイド)

クロロフィルが光エネルギーを吸収し、活性化クロロフィルとなる。

### (イ) 水の分解 (チラコイド)

(ア)の光エネルギーを利用して水$H_2O$を分解し、酸素$O_2$と水素$H$が発生する。

### (ウ) ATP 合成 (チラコイド)

(イ)で生じた水素$H$は、$H \rightarrow H^+ + e^-$ と分かれる。

このとき生じた電子$e^-$が電子伝達系を通ることでADPからATPが合成される。

### (エ) カルビン・ベンソン回路 (炭酸同化反応) (ストロマ)

気孔から取り入れた$CO_2$を、(ウ)で生じた$H^+$とATPによって還元することで、グルコース$C_6H_{12}O_6$を合成する。

光合成の反応と反応場所

740　第4章　生物

## 2 光合成と限定要因

### ① 真の光合成量と見かけの光合成量[2]

植物は光合成を行うために二酸化炭素を取り入れているが、**呼吸によって二酸化炭素を放出**もしている。そのため、見かけの光合成量は、真の光合成量から呼吸による二酸化炭素の放出量を引いたものになる。見かけ上、光合成量が0になる点(二酸化炭素の出入りが等しい点)を**補償点**といい、これ以下では植物はエネルギーをため込むことができなくなり成長しない。

真の光合成量と見かけの光合成量

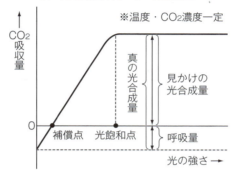

真の光合成量 ＝ 見かけの光合成量 ＋ 呼吸量

### ② 光合成量と光の強さ

ある程度までは光の強さに比例して光合成量も上がる。しかし、ある一定以上の光の強さになると二酸化炭素が足りなくなり、光合成量は一定になる。このときの光の強さを**光飽和点**という。

---

[2] 単位時間あたりの光合成量のことを光合成速度と表記することがあるが、光合成量と光合成速度はほぼ同じ意味であると考えてよい。

③ 限定要因

　ある一定の値までは、光の強さ、二酸化炭素濃度が高いほど光合成量は大きくなるが、例えば温度については30℃付近(酵素の最適温度)で光合成量が最大になる。自然界ではこのような要因が複合的に影響し合っており、光合成量はその中の最も量が少ないものを基準に制限される。このような要因を**限定要因**という。一般的な大気の二酸化炭素濃度は(過去100年で上昇を続けているが) 0.04％ほどである。この量は、一般的な昼間の光の量に対して不足しており、**光飽和点の限定要因が二酸化炭素と**であるといえる。

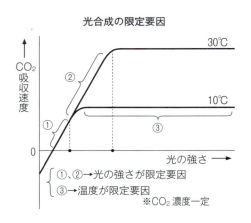

## 3 陽生植物と陰生植物

① 陽生植物

　補償点、光飽和点が**高い**植物を**陽生植物**といい、日の当たる場所での生活に適している。他方、**補償点が高いため、日陰での生活には適していない**。

② 陰生植物

　補償点、光飽和点が**低い**植物を**陰生植物**という。補償点が低いため、**日陰で生活することが可能**である。

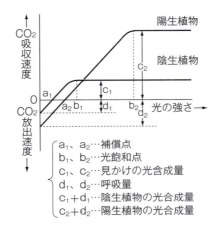

陽生植物と陰生植物
陽生植物は呼吸・光合成ともに陰生植物より盛んである

$a_1$、$a_2$…補償点
$b_1$、$b_2$…光飽和点
$c_1$、$c_2$…見かけの光合成量
$d_1$、$d_2$…呼吸量
$c_1+d_1$…陰生植物の光合成量
$c_2+d_2$…陽生植物の光合成量

## 4 細菌の光合成と化学合成

① 光合成細菌

　緑色硫黄細菌や紅色硫黄細菌は、水の代わりに硫化水素$H_2S$などから電子を得て有機物を合成する。そのため、酸素を発生せず硫黄Sを蓄積する。これらの細菌は光エネルギーを吸収する際、**バクテリオクロロフィル**という、クロロフィルによく似た構造の光合成色素を用いる。このような細菌を**光合成細菌**という。

光合成細菌

緑色植物が光合成で$CO_2$と$H_2O$を用いるのに対して、光合成細菌では$CO_2$と$H_2S$（硫化水素）などを用いる

## ② 化学合成細菌

細菌の中には、光エネルギーではなく無機物を酸化する際に得られる化学エネルギーを用いて炭酸同化するものもいて、これらは化学合成細菌と呼ばれている。硝化菌や深海の硫黄細菌などが例である。

## ④ 呼　吸

呼吸には、えら・肺で行われる酸素と二酸化炭素のガス交換(外呼吸)と、細胞が有機物を分解してATPを作り出す反応過程(内呼吸・細胞呼吸)の二つがある。

一般に、生物において呼吸といえば、異化反応として内呼吸を指すため、ここでは、呼吸は内呼吸を意味するものとして扱う。

### 1 呼吸 (好気呼吸)

酸素を用いてエネルギーを取り出す過程を呼吸という。呼吸によるエネルギーの分解は、大きく三つの反応過程で進行する。

#### ① 解糖系 (細胞質基質)

細胞質基質にある酵素によって、1分子のグルコース$C_6H_{12}O_6$から2分子のピルビン酸$C_3H_4O_3$に分解され、**2分子のATP**を生じる。この過程では酸素を必要としない。ここでは水素が4個生じる。

#### ② クエン酸 (TCA) 回路 (ミトコンドリア)

解糖系で生じたピルビン酸はミトコンドリアのマトリックスで段階的に分解される。ここでは6分子の水を使い、6分子の二酸化炭素が排出される。ここでも**2分子のATP**が生じる。水素は20個生じる。

#### ③ 電子伝達系 (ミトコンドリア)

ミトコンドリア内膜で起こり、解糖系で出た水素4個とクエン酸回路で出た水素20個(計24個)を6分子の酸素を使って分解し、**最大34分子のATP**が生じる。

#### ④ 呼吸のまとめ

呼吸は、1分子のグルコースから、合計38分子のATPを生じさせる。化学反応式で簡略化すると、以下のようになる。

$$C_6H_{12}O_6 + 6H_2O + 6O_2 \rightarrow 6CO_2 + 12H_2O + 38ATP$$

呼吸は、解糖系・クエン酸回路・電子伝達系という3段階に分けられたが、各反応過程でいくつのATPが生じるのかということを覚えてしまうとよい。

**呼吸の各反応過程**

| | 生じるATP数 | 場所 | 酸素の消費 |
|---|---|---|---|
| 解糖系 | 2分子 | 細胞質基質 | 消費なし |
| クエン酸回路 | 2分子 | ミトコンドリア（マトリックス） | 消費はないが、酸素がないと反応が停止してしまう |
| 電子伝達系 | 34分子 | ミトコンドリア（クリステ） | 消費あり |
| 合　計 | 38分子 | ― | ― |

**呼吸によるエネルギーの分解**

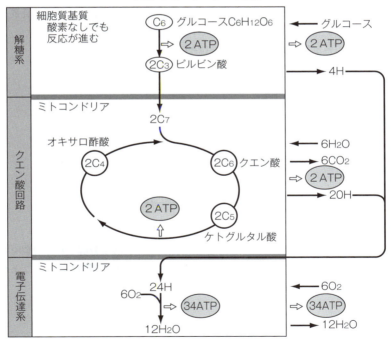

## 2 発酵（嫌気呼吸）

酸素を用いずに有機物を分解し、エネルギーを取り出す過程を**発酵**という。発酵に必要な酵素は細胞質基質に存在している。発酵では、**ATPが2分子生成**される。

### ① アルコール発酵

グルコース$C_6H_{12}O_6$をエタノール$C_2H_5OH$と二酸化炭素$CO_2$に分解する発酵を**アルコール発酵**という。酵母菌はアルコール発酵を行い、グルコース1分子から**エタノール、二酸化炭素、ATP 2分子を生成**する。

$$C_6H_{12}O_6 \rightarrow 2C_2H_5OH + 2CO_2 + エネルギー(2ATP)$$

酵母菌は、酸素がある場合には呼吸を行い、酸素がない場合には発酵を行うという特徴を持つ。

### ② 乳酸発酵

グルコースを乳糖$C_3H_6O_3$に分解する発酵を**乳酸発酵**という。乳酸菌は乳酸発酵を行い、グルコース1分子から**乳酸、ATP 2分子を生成**する。

$$C_6H_{12}O_6 \rightarrow 2C_3H_6O_3 + エネルギー(2ATP)$$

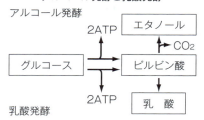

アルコール発酵と乳酸発酵

### ③ 解 糖

筋肉でグリコーゲンやグルコースが酸素を使わずに乳酸に分解される現象を**解糖**という。運動の活動が激しいときなどに無酸素状態のままで運動を続けることが可能となる。

第4章

生物

2 代謝 747

## 過去問 Exercise

**問題1**　ATPに関する記述中の空所A～Cに当てはまる語句の組合せとして、最も妥当なのはどれか。

警視庁Ⅰ類2016

ATP は、塩基の一種である（　**A**　）と糖の一種である（　**B**　）が結合した（　**C**　）に3分子のリン酸が結合した化合物である。

|  | A | B | C |
|---|---|---|---|
| **1** | アデノシン | アデニン | リボース |
| **2** | アデノシン | リボース | アデニン |
| **3** | アデニン | リボース | アデノシン |
| **4** | アデニン | アデノシン | リボース |
| **5** | リボース | アデニン | アデノシン |

**解説**

正解 ❸

**A：アデニン**

ATP はヌクレオチドの一種であり、このうち塩基部分はアデニンである。

**B：リボース**

ATP はヌクレオチドの一種であり、このうち糖部分はリボースである。

**C：アデノシン**

リボースとアデニンが結合したものをアデノシンといい、これに3分子のリン酸が結合した化合物が ATP（アデノシン三リン酸）である。

**問題2** 生体内の化学反応に関する次のA〜Cの記述の正誤の組合せとして最も妥当なものはどれか。

裁判所一般職2019

**A** 酵素は、生体内の化学反応を促進するタンパク質で、生体触媒とよばれる。

**B** 化学反応の前後で、酵素それ自体は変化しないため、何度も再利用されるが、化学反応の種類に応じて多種多様な酵素が必要である。

**C** 酵素は本来もっと高温で起こる反応を促進しているので、温度が高ければ高いほどはたらきが活発になり、化学反応の速度が大きくなる。

|   | A | B | C |
|---|---|---|---|
| 1 | 正 | 誤 | 誤 |
| 2 | 誤 | 誤 | 正 |
| 3 | 正 | 誤 | 正 |
| 4 | 正 | 正 | 誤 |
| 5 | 誤 | 正 | 誤 |

## 解説

正解 **4**

**A ○** 酵素は触媒作用を持つタンパク質であるため、生体触媒とも呼ばれている。

**B ○** 酵素は一般に特定の基質にのみ作用し、特定の化学反応に限って触媒となる。この性質を基質特異性といい、この性質のため、化学反応の種類に応じて多種多様な酵素が必要となる。

**C ✕** 多くの酵素は、生体内で作り出されるタンパク質をもとにして構成されている。したがって、温度が一定以上に高くなると変性して活性を失う。

**問題3** ヒトの消化酵素に関する記述として、最も妥当なのはどれか。

東京消防庁Ⅱ類2013

1. だ液中には消化酵素は含まれるが、胃液中には含まれない。

2. 胃液中には消化酵素は含まれるが、胆汁には含まれない。

3. すい液中には消化酵素は含まれるが、だ液中には含まれない。

4. 胆汁には消化酵素は含まれるが、すい液中には含まれない。

5. 小腸の壁には消化酵素は含まれるが、だ液中には含まれない。

## 解説

正解 ❷

❶ ✕　だ液にはアミラーゼという消化酵素が含まれ、胃液にもペプシンという消化酵素が含まれている。

❷ ○　胆汁は消化酵素を含まない。

❸ ✕　すい液にはアミラーゼ、トリプシン、リパーゼなどの消化酵素が含まれ、❶にあるようにだ液にもアミラーゼという消化酵素が含まれている。

❹ ✕　胆汁は酵素を含まず、❸にあるようにすい液は消化酵素を含む。

❺ ✕　小腸の腸壁にはマルターゼ、ペプチダーゼなどの消化酵素が含まれ、❶にあるようにだ液にもアミラーゼという消化酵素が含まれている。

| 問題4 | 酵素に関する記述として、妥当なのはどれか。 |

東京都Ⅰ類2019

**❶** カタラーゼは、過酸化水素を触媒として分解されることで、酸素とアミノ酸を生成する。

**❷** 唾液や膵液に含まれるアミラーゼは、デンプンをマルトースに分解する消化酵素であり、唾液中のアミラーゼの最適pHは約7である。

**❸** 胃液に含まれるリパーゼは、デンプン及びタンパク質をヒトの小腸の柔毛上皮で吸収できる状態にまで分解する。

**❹** トリプシンは、胆汁に多く含まれる分解酵素の一つであり、乳糖や脂肪の分解に働く。

**❺** 植物の光合成は、制限酵素の働きの一つであり、水と酸素を原料にタンパク質を合成する。

754 第4章 生 物

## 解説

正解 **2**

**❶** ✗　カタラーゼは過酸化水素を分解する酵素である。ちなみに酵素はすべて触媒である。なお、過酸化水素が分解されると酸素が発生する。

$$2H_2O_2 \rightarrow 2H_2O + O_2$$

**❷** ◯　正しい記述である。

**❸** ✗　リパーゼが作用するのは脂質に対してである。

**❹** ✗　トリプシンはすい液に多く含まれるタンパク質分解酵素である。

**❺** ✗　植物の光合成で作られるのはデンプン(炭水化物)である。

| 問題5 | 酵素やエネルギーに関する記述として最も妥当なのは どれか。 |

国家一般職2014

**①** 酵素のうち、ペプシンは、タンパク質を分解する消化酵素である。また、ペプシンは胃液に含まれており、強い酸性条件下でよく働く。

**②** 酵素のうち、カタラーゼは、過酸化水素を分解して水素を発生させる。これはカタラーゼが触媒として働いたためであり、一度触媒として働いたカタラーゼは消費されてしまうため、再度触媒として働くことはない。

**③** 酵素のうち、アミラーゼは、デンプン、タンパク質、セルロースなどの物質に酵素反応を示し、物質の分解を促進する。また、アミラーゼは温度が上昇するほど、反応速度が高まる。

**④** 呼吸とは、グルコース、酸素及び水から、水とエネルギーを合成する反応である。真核生物では、呼吸は細胞内のミトコンドリアで行われ、その構造は一重の膜に包まれ、細胞液で満たされている。

**⑤** 光合成とは、二酸化炭素と光エネルギーから、酸素と水を合成する反応である。陸上植物では、光合成は細胞内の葉緑体で行われ、葉緑体はそれぞれの細胞に一つずつ含まれている。

## 解説

正解 ①

**①** ◯ タンパク質を分解する消化酵素には、胃液に含まれるペプシン、すい液に含まれるトリプシン、キモトリプシン、小腸液に含まれるアミノペプチダーゼ、ジペプチダーゼなどがある。強酸である胃液に含まれるペプシンの最適pHは約1〜2であり、強い酸性条件下でよく働く。

**②** ✕ カタラーゼは、生物の肝臓などに多く含まれている、過酸化水素を酸素と水に分解する$(2H_2O_2 \rightarrow 2H_2O + O_2)$触媒である。また、酵素は化学反応を促進させる触媒であり、それ自体は変化しないので、消費されることはない。

**③** ✕ アミラーゼは糖質分解酵素であるので、デンプンの分解は促進できるが、タンパク質の分解は促進できない。また、アミラーゼはデンプンに基質特異性があるが、デンプンと化学的構造が異なるセルロースには基質特異性がないため、分解を促進することはできない。一般に、酵素の最適温度は約36〜37℃であるので、それ以上温度が上昇すると反応速度は落ち、さらに高温になると変性し、不活化する。

**④** ✕ 呼吸とは、グルコースを基質とし、酸素と水から、二酸化炭素、水、エネルギーを生成することであり、有機物であるグルコースを分解する異化反応である。また、呼吸は細胞質基質で行われる解糖系とミトコンドリアで行われるクエン酸回路と電子伝達系の3段階からなる。ミトコンドリアは二重の膜で包まれており、クエン酸回路は基質で行われ、電子伝達系は内膜で行われる。

**⑤** ✕ 光合成とは、二酸化炭素、水、光エネルギーから、有機物と酸素と水を生成する同化反応である。光合成は、クロロフィルなどの光合成色素を含んでいる葉緑体で行われ、葉緑体は陸上植物や多細胞の緑藻などでは、数個〜数百個含まれている。

**問題6** 光合成に関する次の記述中のA～Eの空欄に入る語句の組合せとして最も適当なものはどれか。

裁判所一般職2014

　高等植物は、葉面に分布する気孔を通して、大気中から（　**A**　）を葉内に吸収し、光エネルギーを利用して光合成を行い、炭水化物を合成している。炭水化物の合成は、葉の細胞小器官の1つである（　**B**　）で行われている。（　**B**　）は二重の膜で包まれており膜構造が多数見られる。（　**B**　）内の二重の膜で包まれた（　**C**　）には、クロロフィルやカロテノイドなどの光合成色素が含まれ、光エネルギーが吸収されて化学エネルギーに変換され、炭水化物の合成に使用される。合成された炭水化物は、細胞小器官の1つである（　**D**　）で分解を受け、その結果、（　**E**　）が放出され、エネルギーが取り出される。

| | A | B | C | D | E |
|---|---|---|---|---|---|
| **1** | 酸素 | ミトコンドリア | ストロマ | ミトコンドリア | 酸素 |
| **2** | 二酸化炭素 | 葉緑体 | チラコイド | ミトコンドリア | 二酸化炭素 |
| **3** | 二酸化炭素 | 葉緑体 | ストロマ | 葉緑体 | 二酸化炭素 |
| **4** | 二酸化炭素 | ミトコンドリア | ストロマ | 葉緑体 | 二酸化炭素 |
| **5** | 酸素 | 葉緑体 | チラコイド | ミトコンドリア | 酸素 |

# 解説

正解 **2**

　高等植物は、葉の表皮に存在する気孔を通して、大気中から二酸化炭素（**A**）を吸収し、光エネルギーを利用して光合成を行い、炭水化物を合成している。炭水化物の合成は、細胞小器官の一つである葉緑体（**B**）で行われている。葉緑体は二重の膜で包まれており、葉緑体の内部はストロマで満たされている。

　さらに、その中には、二重の膜で包まれた袋状の構造をしたチラコイド（**C**）が存在しており、多数の小さなチラコイドが積み重なった構造をグラナという。チラコイドにはクロロフィルやカロテノイドなどの光合成色素が含まれており、光エネルギーが吸収されて化学エネルギーに変換される。この化学エネルギーが炭水化物の合成に用いられている。合成された炭水化物は、細胞小器官の一つであるミトコンドリア（**D**）で分解される。ミトコンドリアは酸素を用いて炭水化物を分解し、最終産物として二酸化炭素（**E**）と水を排出する。その過程で ATP が産生される。

**問題7** 光合成に関する記述として、妥当なのはどれか。

東京都Ⅰ類2012

**①** 植物は、光合成により水と窒素からデンプンなどの有機物を合成するとともに、呼吸により二酸化炭素を吸収している。

**②** 光合成速度の限定要因は、光合成速度を制限する環境要因のうち最も不足する要因のことであり、例として温度がある。

**③** 光飽和点は、植物において二酸化炭素の出入りがみかけの上でなくなる光の強さのことであり、光飽和点では呼吸速度と光合成速度が等しくなる。

**④** 陰葉は、弱い光しか当たらないところにあるため、強い光が当たるところにある陽葉と比べ、さく状組織が発達して葉が厚くなる。

**⑤** クロロフィルは、光合成を行う緑色の色素であり、緑色植物や藻類の細胞にあるミトコンドリアに含まれている。

## 解説

正解 **2**

**1** ✗ 　光合成とは、二酸化炭素と水、光のエネルギーを用いて、葉緑体で糖やデンプン、酸素、水が生成されることである。

**2** ○ 　正しい記述である。

**3** ✗ 　光飽和点ではなく補償点についての記述である。

**4** ✗ 　陰葉とは、日陰の葉のことである。陰葉は陽葉と比べると、葉の厚さが薄く、柵状組織が薄いことが特徴である。

**5** ✗ 　クロロフィルは、光合成の場である葉緑体の中に存在する。ミトコンドリアは、呼吸によりATPを生成している。

**問題8** 植物の生育する環境と光合成に関する次の文章中の空欄 A ～ D に入る語句の組合せとして、妥当なのはどれか。

警視庁Ⅰ類2012

自然界で植物が受ける光の強さは環境によりさまざまである。補償点以下の弱い光のもとでは、呼吸による A の消費量が、光合成による A の生産量を上回るので、植物は生育できない。

補償点が低いため森林の下層など光の弱い環境でも生育できる B のような植物を陰生植物といい、逆に光のよく当たる場所に生育する C のような植物を陽生植物という。陰生植物は陽生植物に比べて呼吸速度が小さく、光飽和点 D 。

|   | A | B | C | D |
|---|---|---|---|---|
| 1 | 水 | ブナ | ヒマワリ | も低い |
| 2 | 有機物 | アオキ | ススキ | も低い |
| 3 | 二酸化炭素 | イネ | ドクダミ | は高い |
| 4 | 酸素 | トウモロコシ | タバコ | は高い |
| 5 | 葉緑素 | ヒノキ | タマシダ | は高い |

762 第4章 生物

## 解説

正解 **2**

**A**：有機物

　光合成は二酸化炭素 $CO_2$ と水 $H_2O$ からデンプンなどの有機物を合成する反応をいう。

**B**：アオキ

　本問は具体的な植物がわからなくても解答できるが、選択肢中にある植物のうち、陰生植物に分類されるものはほかに、ブナ、ドクダミ、ヒノキ、タマシダが挙げられる。

**C**：ススキ

　本問は具体的な植物がわからなくても解答できるが、選択肢中にある植物のうち、陽生植物に分類されるものはほかに、ヒマワリ、イネ、トウモロコシ、タバコが挙げられる。

**D**：も低い

　陰生植物は陽生植物に比べて、補償点、光飽和点が低い。

**問題9**　植物は、光のエネルギーを用いて、二酸化炭素と水から有機物と酸素をつくる。これを光合成という。光合成がどの程度活発に起こっているかは、光合成による二酸化炭素の消費速度で分かり、これを光合成速度という。しかし、植物は、光合成を行っているときにも、これと並行して呼吸によって酸素を消費し、二酸化炭素を生成している。したがって、植物が呼吸により生成した二酸化炭素以外の外界からの二酸化炭素の吸収速度を測定したのでは、光合成速度を測定したことにはならない。つまり、これでは「みかけの光合成速度」を測定したことになる。光合成速度を与える式として正しいものは、次のうちどれか。

裁判所一般職2003

**1**　光合成速度＝みかけの光合成速度＋水の吸収速度

**2**　光合成速度＝みかけの光合成速度－呼吸による二酸化炭素の生成速度

**3**　光合成速度＝みかけの光合成速度＋呼吸による二酸化炭素の生成速度

**4**　光合成速度＝みかけの光合成速度－酸素の生成速度

**5**　光合成速度＝みかけの光合成速度＋酸素の生成速度

## 解説

正解 ③

　「光合成速度（真の光合成量）」＝「見かけの光合成速度（量）」＋「呼吸による二酸化炭素の生成速度（呼吸量）」である。

2　代　謝　765

**問題10** 次の記述の $\boxed{A}$ ～ $\boxed{E}$ に入る語句が正しいものとして、最も妥当なのはどれか。

東京消防庁Ⅰ類2015

　細菌類には光合成色素を持ち、光エネルギーを利用して炭酸同化を行うものがある。このような細菌を $\boxed{A}$ という。$\boxed{A}$ は緑色植物のクロロフィルと構造のよく似た $\boxed{B}$ をもっており、それを用いて吸収した光エネルギーを利用する。中でも紅色硫黄細菌・緑色硫黄細菌は、二酸化炭素と $\boxed{C}$ を用いて炭酸同化を行うため、細胞内に $\boxed{D}$ が蓄積する。また、光エネルギーの代わりに化学エネルギーを利用して炭酸同化を行う細菌を $\boxed{E}$ という。

❶　**A** ―　化学合成細菌

❷　**B** ―　ヘモグロビン

❸　**C** ―　硫化水素

❹　**D** ―　酸素

❺　**E** ―　光合成細菌

## 解説

正解 ③

**A：光合成細菌**
　光エネルギーを利用して炭酸同化を行う細菌を光合成細菌という。

**B：バクテリオクロロフィル**
　光合成細菌は、クロロフィルとよく似たバクテリオクロロフィルという光合成色素によって光エネルギーを吸収する。

**C：硫化水素**
　植物が二酸化炭素 $CO_2$ と水 $H_2O$ を用いるのに対し、光合成細菌は二酸化炭素 $CO_2$ と硫化水素 $H_2S$ を用いて炭酸同化を行う。

**D：硫黄**
　光合成細菌は二酸化炭素 $CO_2$ と硫化水素 $H_2S$ を用いて炭酸同化を行うため、酸素を発生せず硫黄 S を蓄積する。

**E：化学合成細菌**
　光エネルギーではなく化学エネルギーを用いて炭酸同化を行う細菌を化学合成細菌という。

**問題11**

呼吸に関する記述として、最も妥当なのはどれか。

東京消防庁Ⅰ類2018

**1** 呼吸により得られたエネルギーは、すべて熱エネルギーとして周囲に放出される。

**2** 酸素を用いてグルコースを分解すると、水と二酸化炭素とRNAが合成される。

**3** 呼吸の反応は、細胞小器官であるミトコンドリアのマトリックス内でのみ行われる。

**4** 呼吸は、さまざまなホルモンが関わって行われる化学反応である。

**5** 呼吸の過程は、解糖系、クエン酸回路、電子伝達系に分けられる。

## 解説

正解 ⑤

**①** ✕　呼吸により得られたエネルギーは、大部分がATPとして化学エネルギーに変換される。

**②** ✕　酸素を用いてグルコースを分解すると、生体内においては水と二酸化炭素とATPが合成される。

**③** ✕　呼吸の反応は、細胞質基質、ミトコンドリアのマトリックス、ミトコンドリアの内膜にてそれぞれ行われる。

**④** ✕　呼吸は、さまざまな酵素が関わって行われる化学反応である。ホルモンはさまざまな生体化学反応の調節シグナルとして作用する。

**⑤** ◯　正しい記述である。

**問題12** グルコースを分解してATPを生成する過程は、大きく3つの反応過程に分けられる。その3つの過程の名称、反応過程が行われる細胞の名称、1分子のグルコースから生成されるエネルギーの組合せとして、最も妥当なのはどれか。

東京消防庁Ⅱ類2015

| | 過程の名称 | 細胞の名称 | エネルギー |
|---|---|---|---|
| 1 | 解糖系 | 細胞質基質 | 3 ATP |
| 2 | 解糖系 | ミトコンドリア | 6 ATP |
| 3 | クエン酸回路 | ミトコンドリア | 3 ATP |
| 4 | 電子伝達系 | 細胞質基質 | 最大32ATP |
| 5 | 電子伝達系 | ミトコンドリア | 最大34ATP |

## 解説

正解 **5**

　細胞に入ったグルコースは、細胞質で解糖系という反応によりピルビン酸に分解され、その結果2ATPが生じる。その後、酸素存在下ではピルビン酸はミトコンドリアに入り、クエン酸回路（2ATP生成）、電子伝達系（34ATP生成）という反応過程によって分解されていき、最終的には水と二酸化炭素にまで分解される。

　以上の反応過程をまとめると以下の反応式のように表され、酸素の存在下では合計38ATPが生成することになる。

　　$C_6H_{12}O_6$（グルコース）$+ 6O_2 \rightarrow 6CO_2 + 6H_2O + 38ATP$

　また、1分子のグルコースが分解されたときに生成するATP数を反応過程ごとにまとめると以下のようになる。

| | 場所 | 生成するATP数 |
|---|---|---|
| (1)解糖系 | 細胞質基質 | 2分子 |
| (2)クエン酸回路 | ミトコンドリア | 2分子 |
| (3)電子伝達系 | ミトコンドリア | 34分子 |

　なお、本問においては「過程の名称」「細胞の名称」「エネルギー」を解答することを求めているが、厳密には「細胞の名称→反応が起こる場所」「エネルギー→ATP数」である。そのように解釈して解答すると、過程の名称：電子伝達系、細胞の名称：ミトコンドリア、エネルギー：最大34ATPとなる組合せが妥当である。

**問題13** 次の文は、発酵に関する記述であるが、文中の空所A 〜 Cに該当する語の組合せとして、妥当なのはどれか。

特別区Ⅰ類2018

微生物が、 **A** を使わずに有機物を分解してエネルギーを得る反応を発酵という。 **B** は、 **A** が少ないときには、アルコール発酵を行い、 **C** をエタノールと二酸化炭素に分解してエネルギーを得ている。

| | A | B | C |
|---|---|---|---|
| **1** | 葉緑体 | 乳酸菌 | グルコース |
| **2** | 葉緑体 | 乳酸菌 | ATP |
| **3** | 酸素 | 乳酸菌 | グルコース |
| **4** | 酸素 | 酵母 | ATP |
| **5** | 酸素 | 酵母 | グルコース |

## 解説

正解 **5**

**A**：酸素

　微生物が、酸素を使わずに有機物を分解してエネルギーを得る反応を発酵という。

**B**：酵母

　発酵を行う微生物の中でも、アルコール発酵を行うのは酵母菌である。

**C**：グルコース

　アルコール発酵とはグルコースをエタノールと二酸化炭素に分解する以下のような反応である。

$$C_6H_{12}O_6 \rightarrow 2C_2H_5OH + 2CO_2 + エネルギー（2ATP）$$

　ちなみに、葉緑体は光合成を行う細胞小器官であり、ATP はエネルギーのことである。また、乳酸菌は、乳酸発酵を行い、グルコースから乳酸を作る以下のような反応をする。

$$C_6H_{12}O_6 \rightarrow 2C_3H_6O_3 + エネルギー（2ATP）$$

第4章 生物

2 代 謝 773

**問題14** 細胞小器官に関する記述として最も妥当なのはどれか。

国家専門職2018

**1** 細胞膜は、主にリン脂質とタンパク質から成り、リン脂質の疎水性の部分を外側、親水性の部分を内側にしてできた二重層に、タンパク質がモザイク状に分布した構造をしている。細胞膜を挟んで物質の濃度に差があるときに、濃度の高い側から低い側に物質を透過させる性質を選択的透過性という。

**2** 核は、原核細胞に存在し、細胞の形態や機能を決定する働きをしている。核の内部には染色体や1〜数個の核小体があり、最外層は核膜と呼ばれる二重の生体膜である。染色体は、主にDNAとタンパク質から成り、細胞が分裂していないときには凝集して棒状になっているが、分裂期には核内に分散する。

**3** ミトコンドリアは、内外二重の生体膜でできており、内部に向かって突出している内膜をクリステ、内膜に囲まれた部分をマトリックスという。呼吸の過程は、細胞質基質で行われる解糖系、ミトコンドリアのマトリックスで行われるクエン酸回路、ミトコンドリアの内膜で行われる電子伝達系の3段階に分けられる。

**4** 葉緑体は、植物細胞に存在し、内外二重の生体膜で囲まれた内部にチラコイドと呼ばれる扁平な袋状構造を持ち、チラコイドの間をストロマが満たしている。光合成では、葉緑体のストロマで光エネルギーの吸収と二酸化炭素の固定が行われた後、葉緑体のチラコイドで水が分解され、酸素と有機物が生成される。

**5** ゴルジ体は、真核細胞と原核細胞の両方に存在し、二重の生体膜から成る管状の構造をしており、細胞分裂の際に細胞の両極に分かれて微小管を形成するほか、べん毛、繊毛を形成する際の起点となる。ゴルジ体は、一般的に植物細胞には見られないが、コケ植物やシダ植物の一部の細胞などで見られる。

## 解説

正解 ③

**①** ✕　細胞膜は、リン脂質の疎水性の部分を内側、親水性の部分を外側に向けた構造をとる。選択的透過性は受動輸送と能動輸送があるので、濃度の高い側から低い側とは限らない。

**②** ✕　原核生物(原核細胞)に核は存在しない。また染色体は、細胞分裂期以外では核内に分散しているが、分裂期では凝集して棒状になっている。

**③** ◯　正しい記述である。

**④** ✕　光エネルギーの吸収と水の分解はチラコイド、二酸化炭素の固定はストロマで行われる。

**⑤** ✕　ゴルジ体は原核細胞には存在しない。微小管、べん毛、繊毛形成の起点となる細胞小器官は中心体であり、中心体はコケ植物やシダ植物を含む一般的な植物細胞には見られない。

2　代　謝　775

| 問題15 | 生物の代謝に関する記述として最も妥当なのはどれか。 |
|---|---|

国家一般職2020

**1** アデノシン三リン酸（ATP）は、塩基の一種であるアデニンと、糖の一種であるデオキシリボースが結合したアデノシンに、3分子のリン酸が結合した化合物であり、デオキシリボースとリン酸との結合が切れるときにエネルギーを吸収する。

**2** 代謝などの生体内の化学反応を触媒する酵素は、主な成分がタンパク質であり、温度が高くなり過ぎるとタンパク質の立体構造が変化し、基質と結合することができなくなる。このため、酵素を触媒とする反応では一定の温度を超えると反応速度が低下する。

**3** 代謝には、二酸化炭素や水などから炭水化物やタンパク質を合成する異化と、炭水化物やタンパク質を二酸化炭素や水などに分解する同化があり、同化の例としては呼吸が挙げられる。

**4** 光合成の反応は、主にチラコイドでの光合成色素による光エネルギーの吸収、水の分解とATPの合成、クリステでのカルビン・ベンソン回路から成っており、最終的に有機物、二酸化炭素、水が生成される。

**5** 酒類などを製造するときに利用される酵母は、酸素が多い環境では呼吸を行うが、酸素の少ない環境では発酵を行い、グルコースをメタノールと水に分解する。このとき、グルコース1分子当たりでは、酸素を用いた呼吸と比べてより多くのATPが合成される。

## 解説

正解 **2**

**1** ✕　ATP（アデノシン三リン酸）の糖はリボースであり、リン酸どうしの結合が切れるときにエネルギーを放出する。

**2** ◯　正しい記述でる。

**3** ✕　同化と異化の記述が逆である。

**4** ✕　光合成によって生成されるのは有機物と酸素である。なお、反応式は以下の通りである。

$$6CO_2 + 12H_2O + 光エネルギー \rightarrow C_6H_{12}O_6 + 6H_2O + 6O_2$$

**5** ✕　酵母は酸素のない環境ではグルコースをエタノールと二酸化炭素に分解する。なお、反応式は以下の通りである。

$$C_6H_{12}O_6 \rightarrow 2C_2H_5OH + 2CO_2$$

　このとき ATP が 2 分子合成されるが、これは酸素を用いて分解したときよりも少ない。

★★☆

# 3 遺　伝

遺伝とは親から子へ形質が受け継がれることをいいます。遺伝学は生まれてから160年ほどしか経っていない新しい学問です。ここではDNAの性質や遺伝の法則について見ていきます。

## 1 遺伝情報とDNA

### 1 生物と遺伝

　生物は、それぞれが特有な形や性質を持っている。この特徴を形質といい、形質は世代を通じて受け継がれる。これを遺伝という。

　遺伝する形質を規定する要素を遺伝子といい、遺伝子は染色体に含まれている。遺伝子の本体はDNA（デオキシリボ核酸）であることが知られている。

### 2 DNAの構成単位

　核酸は、細胞の核に多く含まれる酸性の物質である。第2節で学習したATPと同様に、核酸もヌクレオチドが多数連結した分子である。核酸にはDNAとRNAがあり、DNAを作るヌクレオチドの糖はデオキシリボース、塩基はアデニン（A）、グアニン（G）、チミン（T）、シトシン（C）の4種類から構成されている。

　これら4種類の塩基は、AはTと、GはCと対になっている。これを相補性という。2本のヌクレオチド鎖は、水素結合で弱く結合している。

**DNAの相補性**

778　第4章　生　物

## 3 DNA の二重らせん構造

1953年、アメリカのワトソンとイギリスのクリックによってDNAの**二重らせん構造**モデルが提案された。このモデルはオーストリアのシャルガフが発見した「AとT、CとGの数がそれぞれ等しい」ことを見事に説明したモデルだった。この、AはTと、CはGと同量存在することを**シャルガフの法則**という。

## 4 原核生物と真核生物の DNA

第1節で学習したとおり、生物は大きく原核生物と真核生物に分けることができるが、原核生物は主に**細菌類**で、原始的な生物が多い。一方、真核生物は動植物をはじめとした原核生物以外の生物を指す。それぞれのDNAの構造やそれぞれの細胞小器官の有無に関して大きな違いがあるので以下にまとめる。

原核生物と真核生物の違い

|  | 原核生物 | 真核生物 | |
|---|---|---|---|
|  |  | 植物細胞 | 動物細胞 |
| DNAの形状 | 環状2本鎖<br>（核様体に偏在） | 鎖（線）状2本鎖<br>（核に存在） | 鎖（線）状2本鎖<br>（核に存在） |
| 細胞壁の有無 | ○ | ○ | × |
| 細胞膜の有無 | ○ | ○ | ○ |
| 特徴 | リボソームのみ | 葉緑体の存在<br>液胞の存在 | 中心体の存在※ |

※シダ植物、コケ植物にも見られる

なお、肉眼では確認できない生物を**微生物**という。

## ❷ 遺伝情報の分配

### 1 細胞の種類

　多細胞生物の細胞は**体細胞**と**生殖細胞**に大別される。生殖細胞の中でも、合体により新個体を作り出す細胞を**配偶子**といい、精子や卵のことである。この配偶子による生殖を有性生殖、配偶子によらない生殖を無性生殖という。

**体細胞と生殖細胞**

|  | DNA量（相対値） | 具体例 |
|---|---|---|
| 体細胞 | $2n$ | 生殖細胞以外の細胞[1] |
| 生殖細胞 | $n$ | 生殖に関わる細胞（精子、卵、胞子など） |

### 2 染色体

#### ① 染色体

　ヒトをはじめとする真核生物の核内DNAはいくつかの断片に分かれていて、それぞれ細長いひも状である。真核生物において、長いDNA分子は**ヒストン**というタンパク質に巻きついて**ヌクレオソーム**を形成し、これが折りたたまれた**クロマチン繊維**という構造をとっている。これが細胞分裂の際に、さらに規則的に集合し太い**染色体**となる。

　ヒトをはじめ、多くの真核生物の一つの体細胞には、**形や大きさが同じ染色体**が２本ずつある。この１対の染色体を**相同染色体**という。ヒトの場合46本あるため、$2n＝46$と表す。このうち、44本は男女に共通して見られ、これを**常染色体**という。残り２本は**性染色体**といい、性の決定に関わる。男性はXY、女性はXXである。

クロマチン繊維

---

**1** ヒトの体細胞はおよそ200種類、35兆個である。

② 染色体とゲノム

　ある生物が持つ染色体にある全遺伝情報を**ゲノム**という。一つの細胞には完全なゲノムが含まれており、本体はDNAである。

　ヒトには約22,000個の遺伝子があり、これは塩基対の総数約30億に対して2％ほどといわれている(遺伝子一つは塩基対一つではなく複数のまとまりである)。

　なおヒトゲノムは、2003年に解読完了が宣言されている。

## 3 遺伝情報の複製

　細胞は多くの場合、二つに分かれることによって増える。細胞分裂は大きく、体細胞で行われる**体細胞分裂**と、生殖細胞の形成時に行われる**減数分裂**に分けることができる。分裂前の細胞を**母細胞**、分裂によって生じる細胞を**娘細胞**という。

　体細胞分裂の場合、母細胞と娘細胞のDNA塩基配列は同じである。つまり、母細胞において同じ塩基配列を持つDNAが合成されているからである。これをDNAの**複製**という。DNAが複製されるとき、もともとあるDNAを鋳型として複製が行われる。これを**半保存的複製**という。

遺伝情報の複製

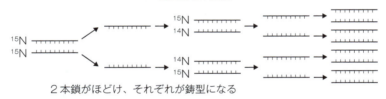

2本鎖がほどけ、それぞれが鋳型になる

## 4 体細胞分裂

体細胞分裂によってできたばかりの娘細胞が、再び細胞分裂するまでの周期的な過程を**細胞周期**という。細胞周期は大きく分裂期と間期に分けることができる。

分裂によって母細胞の持つ染色体と**同じ数・同じ形**の染色体を持つ**2個**の娘細胞ができる。

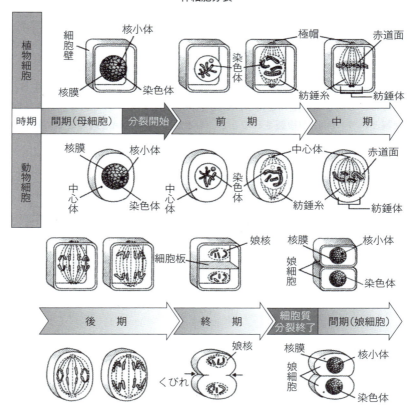

体細胞分裂

① 分裂期

分裂が行われている時期を**分裂期**（**M期**）といい、さらに詳細に**前期**、**中期**、**後期**、**終期**に分けられる。

分裂期

| 前期 | 前期の前半ではDNAが凝縮して染色体となり、後半では核膜と核小体が消失する | | |
|---|---|---|---|
| 中期 | 染色体が**細胞中央**（**赤道面**）**に横一列に並び**、染色体に中心体から放出された紡錘糸が付着する | | |
| 後期 | 染色体が紡錘糸に引っ張られて、細胞の両極に移動する | | |
| 終期 | 両極の細胞で核膜が再生され、細胞分裂が起こる | 動物細胞 | 細胞質が収縮環によって**くびれてちぎれる**ことで二つに分かれる |
| | | 植物細胞 | **細胞板**という仕切りが生じて二つに分かれる |

② 間　期

分裂期以外を**間期**という。間期にはDNAの複製が行われ、分裂に備えてDNA量が2倍に増加する。

間期もさらに詳細に**DNA合成準備期**（$G_1$期）、**DNA合成期**（S期）、**分裂準備期**（$G_2$期）に分けられる。

## 5 減数分裂

　減数分裂は連続した2回の分裂から構成され、第一分裂と第二分裂との間の間期が省略されて、第一分裂終期から第二分裂前期に連続して移行する。分裂によって**母細胞の半数の染色体を持つ、4個の娘細胞が生じる**。

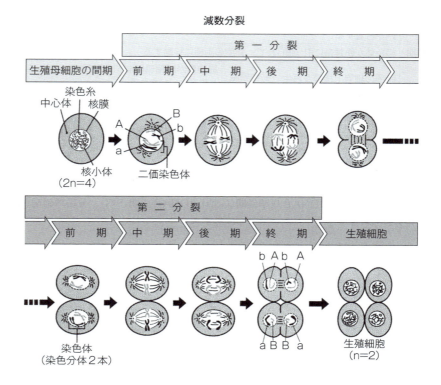

### ① 染色体の核相

　ヒトの染色体が23対46本であるように、染色体が2セット($2n$)であることを**複相**、1セット($n$)であることを**単相**という。体細胞は複相であり、配偶子などの生殖細胞は単相である。単相や複相のように、細胞がいくつの対の染色体を持つかで表現される細胞の状態を**核相**という。

　減数分裂においては核相が複相($2n$)から単相($n$)に減じることになり、結果として生じた配偶子どうしが受精することによって複相となる。

② **第一分裂**

　第一分裂の前期に、父母の両方に由来する相同染色体が平行に接着した状態になる。これを**対合**といい、この状態の相同染色体を**二価染色体**という。核分裂後に細胞質分裂が起こり、**染色体の数が半減**した2個の細胞になる。

　二価染色体になっているとき、X字状になっている部分(**キアズマ**)ができ、相同染色体の一部が交換される場合がある。これを染色体の**乗換え(交さ)**という。これによって染色体が持つ遺伝子の組合せがもとの状態と異なったものになる。これを遺伝子の**組換え**という。組換えは遺伝子間の距離が離れているほど起こりやすい。

③ **第二分裂**

　第二分裂では**染色体の数を維持したまま4個の細胞に分裂**する。

## 6 細胞分裂時におけるDNA量の変化

　細胞分裂が起こる際には、細胞内のDNA量の変化が起こっている。

　体細胞分裂の場合、細胞分裂の間期には分裂に備えてDNA量が倍増し、細胞が分裂すると1細胞あたりのDNA量は半減してもとに戻る。

　減数分裂の場合、間期に倍増したDNA量は第一分裂で半減してもとに戻り、第二分裂でさらに半減する。

細胞分裂時におけるDNA量の変化

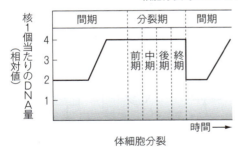
体細胞分裂

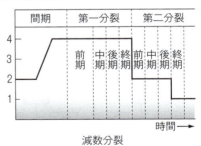
減数分裂

## 3 遺伝子の発現とタンパク質の合成

　生物にとって、生命活動に必要な情報はDNAに含まれている。この情報をもとに生物はタンパク質を合成する。これを**遺伝子の発現**という。
　遺伝子の発現に際しては、DNAから情報を写し取ったRNAが作られ、これをもとにタンパク質が合成される。この流れは常に一方通行であり、この基本原則を**セントラルドグマ**という。

### 1 タンパク質

　**タンパク質**は生命活動において非常に重要な役割を果たし、ヒトでは約10万種あるといわれている。体を構成する主な物質であり、**アミノ酸**を鎖状につなげることによって構成されている。酵素などもタンパク質である。
　タンパク質を作るアミノ酸は20種類あり、並びや数、そして立体構造によってさまざまな機能を備えている。この並び順を**アミノ酸配列**という。

#### ① アミノ酸の基本構造

　アミノ酸は、炭素原子Cにカルボキシ基－COOH、アミノ基－NH$_2$、水素原子H、側鎖Rが結合した構造をしており、側鎖によって20種類に分類される。
　アミノ酸は隣どうしがカルボキシ基とアミノ基で連結される。これを**ペプチド結合**といい、ペプチド結合でつながったものを**ペプチド**という。アミノ酸が鎖のように長くつながったものを**ポリペプチド鎖**という。

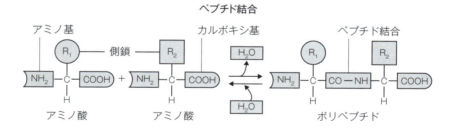

ペプチド結合

　ポリペプチド鎖のアミノ酸の並びを一次構造、ポリペプチドが部分的に折りたたまれたものを二次構造、ポリペプチド鎖がさらに立体的になったものを三次構造という。さらに三次構造体どうしが複数集まれば、四次構造が形成される。

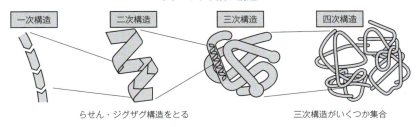

ポリペプチド鎖の構造

### ② タンパク質の変性

　タンパク質は立体構造のため、熱によってこれが変形し機能を失ってしまう。これを**変性**という。

## 2 RNA

　RNA（リボ核酸）は、DNAと同様にヌクレオチドが多数連結した分子である。
　構造は糖としてリボース、塩基としてアデニン（A）、グアニン（G）、**ウラシル**（U）、シトシン（C）の4種類であり、UはAと相補性を持つ。

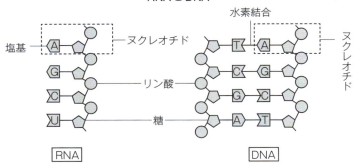

RNAとDNA

## ① mRNA

DNAの塩基配列を写し取り、タンパク質合成の場であるリボソームへ、その情報を伝える役割を持ったRNAをmRNA(伝令RNA)という。

mRNAの塩基配列は三つで1組をなし、この配列をコドンという(後述)。

## ② tRNA

アミノ酸をリボソームに運ぶRNAをtRNA(転移RNA[2])という。

tRNAはmRNAのコドンを読み取るための塩基配列を持ち、この配列をアンチコドンという。

## ③ rRNA

タンパク質と結合してリボソームを形成するRNAをrRNA(リボソームRNA)という。

## 3 転写と翻訳

### ① 転 写

DNAの塩基配列を写し取りながらmRNAが合成される過程を転写という。

転写は、DNAの一部の塩基対が切れ、2本鎖がほどけて始まる。このほどけた部分からDNAを相補的に読み取ったmRNAが合成される。転写は核内で行われる。

### ② 翻 訳

mRNAの塩基配列に基づいてアミノ酸が並べられ、タンパク質が合成される過程を翻訳という。

塩基三つの配列に対応したアミノ酸が複数つながることでタンパク質となる。翻訳は核外のリボソームで行われる。

---

**2** tRNAの別名は転移RNAと表記されるのが一般的だが、かつての表記である「運搬RNA」を用いた出題も見られるので注意されたい。

## 4 遺伝暗号

　タンパク質を構成するアミノ酸は20種類あるのに対し、DNAやRNAの塩基は4種類しかない。そこで三つの塩基が一組になることで$4^3$通りとなり、20種類を表現できるようになる。この連続した三つの塩基1組を**トリプレット**という。

　また、mRNA上の連続した三つの塩基配列を**コドン**（**遺伝暗号**）といい、コドンには対応したアミノ酸が決まっている。

　AUGを開始コドン、UAA、UAG、UGAを終止コドンといい、タンパク質合成の開始・停止を表すコドンとなっている。

### コドン（遺伝暗号）

| | | 2文字目 | | | | | | |
|---|---|---|---|---|---|---|---|---|
| | | U | | C | | A | | G |
| 1文字目 | U | UUU<br>UUC | フェニルアラニン | UCU<br>UCC<br>UCA<br>UCG | セリン | UAU<br>UAC | チロシン | UGU<br>UGC | システイン |
| | | UUA<br>UUG | ロイシン | | | UAA<br>UAG | 終止コドン | UGA<br>UGG | 終止コドン<br>トリプトファン |
| | C | CUU<br>CUC<br>CUA<br>CUG | ロイシン | CCU<br>CCC<br>CCA<br>CCG | プロリン | CAU<br>CAC | ヒスチジン | CGU<br>CGC<br>CGA<br>CGG | アルギニン |
| | | | | | | CAA<br>CAG | グルタミン | | |
| | A | AUU<br>AUC | イソロイシン | ACU<br>ACC<br>ACA<br>ACG | スレオニン | AAU<br>AAC | アスパラギン | AGU<br>AGC | セリン |
| | | AUA | | | | AAA<br>AAG | リジン | AGA<br>AGG | アルギニン |
| | | AUG | メチオニン<br>（開始コドン） | | | | | | |
| | G | GUU<br>GUC<br>GUA<br>GUG | バリン | GCU<br>GCC<br>GCA<br>GCG | アラニン | GAU<br>GAC | アスパラギン酸 | GGU<br>GGC<br>GGA<br>GGG | グリシン |
| | | | | | | GAA<br>GAG | グルタミン酸 | | |

## 5 特定の遺伝子の発現

　生物が持つDNAは、体中のどの細胞においてもすべて同じである。ところが、動物の体を構成する細胞には多くの種類があり、それぞれの場所でそれぞれに合わせた特定の遺伝子が発現している。

　体細胞分裂を繰り返した細胞が、特定の形態や機能を持つようになることで、特定の遺伝子を発現させており、これを**分化**という。

## 6 タンパク質合成の詳しい仕組み

### ① RNA ポリメラーゼ

　転写が起きるとき、核内でDNAの二重らせんの一部が塩基の部分で分かれ、二つの1本鎖DNAとなる。このとき、片方の1本鎖DNAを鋳型に相補的に塩基対を形成していくが、これは**RNAポリメラーゼ（RNA合成酵素）**により進行する。

### ② スプライシング

　真核生物においてRNAは、転写後に不要な部分が切除されると同時に、タンパク質の遺伝情報を持つ部分がつなぎ合わされてmRNAとなる。この過程を**スプライシング**という。

　mRNAに対応するDNAの領域を**エキソン**といい、スプライシングでエキソンに対応する部分がつなぎ合わさる。逆に、スプライシングで取り除かれmRNAに残らない部分を**イントロン**という。

### ③ 調節遺伝子

　DNAの持つさまざまな遺伝情報は、その発現が調節されている。この調節は、転写でmRNAができる段階が中心である。

　RNAポリメラーゼが結合し、転写が開始される領域を**プロモーター**という。個々の遺伝子の周りに、調節タンパク質が結合できる調節領域があり、調節遺伝子によって発現する。

### ④ 原核生物における遺伝子発現の調節

　原核生物では、関連する機能を持つ複数の遺伝子が塊として存在している場合がある。このような遺伝子の塊を**オペロン**という。オペロンは一つのプロモーターによって転写が調節され、1本のmRNAとして転写される。

　プロモーターの近くに**オペレーター**といわれる調節領域があり、このオペレーターに調節タンパク質が結合して、オペロンの転写が調節（制御）される。

　例えば大腸菌では、培地にラクトース（乳糖）だけが含まれていると、これを分解してグルコースを生成する酵素が作られるが、ラクトースがなければこの酵素は作られない。このときに調節されるオペロンをラクトースオペロンといい、まとめて転写の調節を受ける。

## ⑤ 真核生物における遺伝子発現の調節

　真核生物では**基本転写因子**というタンパク質が転写に必要である。転写の調節にはさまざまなパターンがあり、少ない調節遺伝子で多くの発現を調節している。

　ユスリカやショウジョウバエなどの幼虫の、だ液を分泌する細胞の染色体は他の細胞の分裂中期の染色体の200倍ほどの大きさがある。この染色体を**唾腺染色体**といい、普通の染色体よりはるかに観察しやすい。唾腺染色体を観察すると膨らんでいる部分があり、これを**パフ**という。パフでは転写が活発に行われている(DNAがほどけているといえる)。

## ⑥ アポトーシスとネクローシス

　ある段階で細胞が死ぬように予定されているものを**プログラム細胞死**という。これは、発生過程における形態の形成に重要な役割を果たしている。プログラム細胞死の多くは、染色体が凝集し細胞が委縮して断片化する過程を経る。これを特に**アポトーシス**という。

　また、体の一部を構成する細胞が損傷などにより死滅したものを**ネクローシス**(壊死)という。

## ⑦ 遺伝子を扱った技術
### (ア) 遺伝子組換え

　細胞や組織を人工的に培養したり、遺伝子に操作を加えたりする技術を**バイオテクノロジー**という。その中でも、遺伝子の新しい組合せを作るものを**遺伝子組換え**という。

　DNAの、ある特定の塩基配列を切断する酵素を**制限酵素**という。遺伝子組換えでは**DNAリガーゼ**というDNA鎖の末端を連結させる酵素を用いて、切断した部分を連結させることができる。

　大腸菌には**プラスミド**という環状DNAがある。プラスミドは菌体内で増殖でき、大腸菌から取り出し目的の遺伝子を組み込んで戻すことができる。このようなものを**ベクター**と呼ぶ。

### (イ) PCR法

　**PCR法**(ポリメラーゼ連鎖反応法)は、試験管内で、特定のDNA領域を高温にすることによって多量に増幅することができる。

　ごく微量の検体を増幅させることができるため、体内に潜む細菌やウイルスを検出したりする検査などに用いられている。

### (ウ) 電気泳動

DNAは負の電荷を帯びているため、電圧をかけると断片を分離することができる。これを**電気泳動**といい、塩基数の少ないDNAほど、寒天ゲル内を速く移動する。この性質により分離できる。

## ④ メンデル遺伝の法則

オーストリアのメンデルは、エンドウマメを用いて2個体間で受精を行うという交配実験を繰り返した。その結果は1865年に「植物の雑種に関する実験」として発表された。

代々、親と同じ形質の個体ができるものを**純系**といい、メンデルの交配実験は純系の植物を用いて行われた。

### 1 メンデル遺伝の3法則

#### ① 優性の法則

形質の中でも、二重まぶたと一重まぶたのように同時に現れない形質を**対立形質**という。対立形質を持つ純系どうしを交配させると、その子には**一方の形質だけが現れる**。これを**優性の法則**という。子に現れた形質を**優性**（顕性）、現れなかった形質を**劣性**（潜性）という。

このとき、純系どうしを交配させてできた子を、$F_1$（雑種第1代）という[3]。

#### ② 分離の法則

対立形質を支配する相同染色体上にある遺伝子は、**別々の配偶子に分配される**。これを**分離の法則**という（「Aa」ならば、それぞれAとaが別々の配偶子に入る）。

#### ③ 独立の法則

異なる染色体にある各対立遺伝子は**それぞれ独立に行動して配偶子に入る**。これを**独立の法則**という（対立遺伝子は、遺伝子Aと遺伝子Bという別の種類の遺伝子であり、かつ別の染色体にある遺伝子なので、これらの遺伝子は互いに影響せず、独立に動く）。

---

[3] 優性や劣性は、優れている／劣っているという価値判断に基づいているわけではなく、あくまでも、ヘテロ接合となったときにどちらの遺伝子が優先して表に出るのかということにすぎない。日本遺伝学会の提言により、優性は「顕性」、劣性は「潜性」という用語に変更されている。また、「F」はラテン語で子を表す「Filius」に由来する。

## 2 遺伝子型と表現型

染色体のどの位置にどのような遺伝子があるかは染色体ごとに決まっており、この位置を**遺伝子座**という。ある遺伝子座の遺伝子は個体間で少し異なっている場合があり、これを**対立遺伝子**という。対立遺伝子のうち、優性形質を発現させるものを**優性遺伝子**、劣性形質を発現させるものを**劣性遺伝子**という。

ある形質の発現が、1組の対立遺伝子A（優性）とa（劣性）によってもたらされるとすると、これらの組合せはAA、Aa、aaの3通りがあり得る。このような遺伝子の組合せを**遺伝子型**という。このうち、同じ遺伝子の組合せ（AAとaa）を**ホモ接合体**、異なる遺伝子の組合せ（Aa）を**ヘテロ接合体**という。このとき、ヘテロ接合体では優性が現れる。このように実際に現れた形質を**表現型**という。

## 3 自家受精

同じ遺伝子を持つものどうしを掛け合わせることを**自家受精**という。特に植物において、同一個体の雌雄を掛け合わせる交配は起こりやすい。

雑種第一代$F_1$は、純系の親どうしの交雑（AA×aa）で生まれるので、$F_1$は必ずヘテロ接合Aaになっている。なお、雑種第一代$F_1$の自家受精により生じる子どもを雑種第二代$F_2$という。

## 4 一遺伝子雑種の実験例

「エンドウの種子の形」という形質には、丸形としわ形という対立形質がある。種子の形が丸形である純系個体と、しわ形である純系個体を親（P）として交配すると雑種第一代（$F_1$）の表現型はすべて丸形になった。$F_1$どうしを交配（自家受精）すると、雑種第二代（$F_2$）の表現型は、丸形：しわ形＝３：１となった。

図は$F_1$どうしの交配によって得られる$F_2$の遺伝子型を表したものである。

**一遺伝子雑種の交配結果**

| 母＼父 | A | a |
|---|---|---|
| A | AA | Aa |
| a | Aa | aa |

この実験例では、$F_1$はすべて丸形になった。ここから、丸型が優性であり、優性形質だけが$F_1$に現れるという優性の法則が確認できる。

また、$F_2$の表現型が３：１の比に分かれたのは、$F_1$が配偶子を作るときに、$F_1$の持つ遺伝子対が１：１に分離し、別々の配偶子に入ったからであり、分離の法則が確認できる。

## 5 二遺伝子雑種の実験例

エンドウの「種子の形」と「子葉の色」というように、2種類の形質に注目して交配実験を行う。種子の形が丸形で子葉の色が黄色の純系個体と、種子の形がしわ形で子葉の色が緑色の純系個体を親として交配すると、$F_1$はすべて【丸形・黄色】の形質を表す。$F_1$どうしを交配すると、$F_2$の表現型は次のようになる。

【丸形・黄色】：【丸形・緑色】：【しわ形・黄色】：【しわ形・緑色】

$$=9：3：3：1$$

$F_2$の表現型は、2種類の対立形質の組合せになっている。

図は$F_1$どうしの交配によって得られる$F_2$の遺伝子型を表したものである。

### 二遺伝子雑種の交配結果

| 父 母 | AB | Ab | aB | ab |
|---|---|---|---|---|
| AB | AABB | AABb | AaBB | AaBb |
| Ab | AABb | AAbb | AaBb | Aabb |
| aB | AaBB | AaBb | aaBB | aaBb |
| ab | AaBb | Aabb | aaBb | aabb |

この実験例の結果は、$F_1$の配偶子が形成されるとき、各対立形質の遺伝子A（a）とB（b）が互いに影響することなく独立して行動し、組み合わされて配偶子が形成されるからであり、独立の法則が確認できる。ただし、独立の法則は、各対立遺伝子が**それぞれ異なる染色体上**にある場合にのみ成立する。

## 5 さまざまな遺伝

遺伝において、一見すると優性の法則に従わないように見えるものがいくつかある。特に遺伝現象名および原因遺伝子の名称と、その遺伝現象で生じる$F_1$や$F_2$での比率が試験で問われることが多い。

### 1 不完全優性

マルバアサガオやオシロイバナの花の色を支配する遺伝子(赤色遺伝子Aと白色遺伝子a)においては、**Aa遺伝子を持つ個体**は赤と白の中間の色である**桃色**になる。よって、$F_2$では、**赤色(AA):桃色(Aa):白色(aa)＝1：2：1**となる。

このように中間的な形質を有する個体が生じるのは、赤色遺伝子Aと白色遺伝子aの間で**優劣の関係が不完全である**ためであり、こうした遺伝現象を**不完全優性**という。

オシロイバナの不完全優性

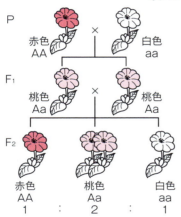

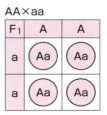

## 2 致死遺伝子

　ハツカネズミの毛の色を支配する遺伝子において、黄色遺伝子Yは黒色遺伝子yに対して優性である。しかし、毛色の遺伝子がヘテロである個体どうしを掛け合わせて生まれる子どもの比率は**黄色：黒色＝2：1**となる。これは、YYが致死作用を現し、この遺伝子を持つ個体は出生前に死ぬためである。このように、**ホモ接合になると致死作用を現す遺伝子**を**致死遺伝子**という。

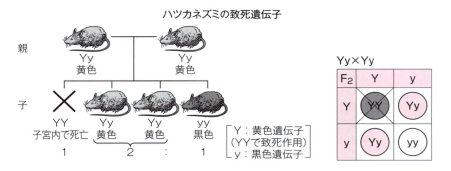

ハツカネズミの致死遺伝子

## 3 ▶ 複対立遺伝子（ヒト ABO 式血液型）

　ヒトのABO式血液型にはA型、B型、O型、AB型の4種類があり、これはA型遺伝子、B型遺伝子、O型遺伝子の三つの対立遺伝子によって支配されている。このように**一つの形質に対して複数の対立遺伝子が存在する遺伝子**を複対立遺伝子という。

　AとBはOに対して優性であり、AとBの間には優劣の関係はない（A＝B＞O）。

### ヒト ABO 式血液型の複対立遺伝子

| 表現型 | A型 | | B型 | | AB型 | O型 |
|---|---|---|---|---|---|---|
| 遺伝子型 | AA | AO | BB | BO | AB | OO |

**AA×BB**

| | A | A |
|---|---|---|
| B | AB | AB |
| B | AB | AB |

**AA×BO**

| | A | A |
|---|---|---|
| B | AB | AB |
| O | AO | AO |

**AO×BB**

| | A | O |
|---|---|---|
| B | AB | BO |
| B | AB | BO |

**AO×BO**

| | A | O |
|---|---|---|
| B | AB | BO |
| O | AO | OO |

## 4 補足遺伝子

スイートピーの花の色には白色と紫色がある。この花は、色素原を作る遺伝子Ｃと色素原から色素を作る遺伝子Ｐを持ち、これらの遺伝子が**共存**するときにのみ紫色の花をつける。ある形質を発現するのに**複数の遺伝子が補い合って**はたらくとき、それぞれの遺伝子を**補足遺伝子**という。

白の花をつける純系の親どうしの交配（CCpp×ccPP）ではすべて紫の$F_1$（CcPp）が生まれ、この$F_1$の自家受精（CcPp×CcPp）から生まれる$F_2$の比率は、**紫：白＝9：7**となる。なお、$F_1$の自家受精による配偶子の組合せは次のとおりになる（計算は不要）。

スイートピーの補足遺伝子

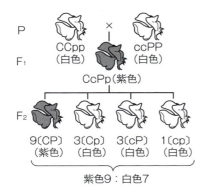

CcPp×CcPp

| $F_2$ | CP | Cp | cP | cp |
|---|---|---|---|---|
| CP | CCPP | CCPp | CcPP | CcPp |
| Cp | CCPp | CCpp | CcPp | Ccpp |
| cP | CcPP | CcPp | ccPP | ccPp |
| cp | CcPp | Ccpp | ccPp | ccpp |

## 5 条件遺伝子

カイウサギやハツカネズミに見られる遺伝で、2対の対立遺伝子のうち、一方の優性遺伝子は独立に発現するが、もう一方の遺伝子は**前者の発現が存在する場合にのみ発現する**ような遺伝子を**条件遺伝子**という。C（黒色）が独立で発現する遺伝子、E（灰色）はＣの発現を前提とする遺伝子であると考えると、CEは灰色、Ceは黒色、cE、ceは白色となり、**灰色：黒色：白色＝9：3：4**となる。

条件遺伝子

CcEe×CcEe

| $F_2$ | CE | Ce | cE | ce |
|---|---|---|---|---|
| CE | CCEE | CCEe | CcEE | CcEe |
| Ce | CCEe | CCee | CcEe | Ccee |
| cE | CcEE | CcEe | ccEE | ccEe |
| ce | CcEe | Ccee | ccEe | ccee |

## 6 抑制遺伝子

**カイコガ**に見られる遺伝で、白のまゆを作るカイコガ（IIyy）と黄色のまゆを作るカイコガ（iiYY）を交配すると$F_1$（IiYy）はすべて白色のまゆとなる。この$F_1$の自家受精（IiYy×IiYy）から生まれる$F_2$のまゆの色の比率は**白：黄色＝13：3**となる。

これは、黄色を発現する遺伝子Yに対して遺伝子Iが抑制的に作用するためである。このように、**ある遺伝子のはたらきを抑制する遺伝子Iのような遺伝子**を**抑制遺伝子**という。

カイコガの抑制遺伝子

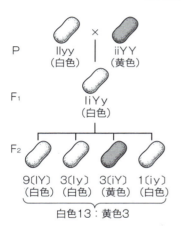

IiYy×IiYy

| $F_2$ | IY | Iy | iY | iy |
|---|---|---|---|---|
| IY | IIYY | IIYy | IiYY | IiYy |
| Iy | IIYy | IIyy | IiYy | Iiyy |
| iY | IiYY | IiYy | iiYY | iiYy |
| iy | IiYy | Iiyy | iiYy | iiyy |

## 7 伴性遺伝

ヒトの性染色体は男性でXY、女性でXXである。よって、X染色体上に劣性遺伝子がある場合、男性であれば表現型は劣性形質になるが、女性の場合、両方のXに劣性遺伝子があって初めて劣性形質となる。このように、**性染色体上にある遺伝子による遺伝**を**伴性遺伝**といい、**雌雄によって形質の現れ方が異なる**という特徴がある。

例えば、ヒトの色覚異常は男性では多いのに対して、女性ではあまり見られない。これは、色覚異常に関する遺伝子がXY染色体のX染色体に存在しており、劣性の伴性遺伝によって伝わるからである。

ヒト以外には、**キイロショウジョウバエの白眼**などがある。

### ヒトの伴性遺伝

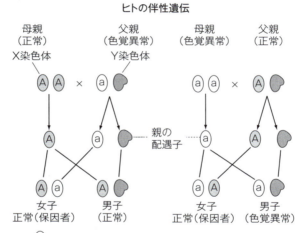

ⓐ：色覚異常遺伝子（劣性）を持つX染色体
女性は、aをホモに持つ場合にだけ発現する

# 6 その他の遺伝現象

## 1 検定交雑

　丸形の遺伝子をA、しわ形の遺伝子をaとすると、AAやAaのときは丸型になる。表現型は、見た目で遺伝子の組合せがわからないので、ここに劣性のホモ接合を交配させて、そこでできた子孫から遺伝子型を判別する。この方法を検定交雑という。

　純系の丸型の場合はすべて丸型になるが（表左）、ヘテロ丸型の場合は1：1で丸としわが現れる（表右）。このでき方によって遺伝子型がわかる。

**検定交雑による遺伝子型の判別**

| AA×aa | A | A |
|---|---|---|
| F | A | A |
| a | Aa | Aa |
| a | Aa | Aa |

| Aa×aa | A | a |
|---|---|---|
| F | A | a |
| a | Aa | aa |
| a | Aa | aa |

## 2 連　鎖

　一つの染色体に二つ以上の遺伝子が存在する場合を連鎖という。連鎖している複数の遺伝子は、減数分裂の際に伴って移動するため、メンデルの独立の法則が成り立たない。

## 3 染色体地図

　各遺伝子が染色体のどのような位置にあるのかを示したものを染色体地図という。特に、実際の遺伝子の染色体上の位置を表す染色体地図を細胞学的地図という。これに対して、互いに組換えが起こったときの染色体地図を遺伝学的地図という。

## 4 選択的遺伝発現

多細胞生物は、それぞれの細胞の機能が分化しており、細胞（組織・器官）ごとに異なる遺伝子を発現している。これを選択的遺伝発現という。

なお、細胞機能維持に共通なRNAなどは、どの細胞でも発現する。

## 過去問 Exercise

**問題1**　次の文は、DNAの構造に関する記述であるが、文中の空所A～Cに該当する語の組合せとして、妥当なのはどれか。

特別区Ⅰ類2020

DNA は、リン酸と糖と塩基からなるヌクレオチドが連なったヌクレオチド鎖で構成される。DNA を構成するヌクレオチドの糖は　A　であり、塩基にはアデニン、　B　、　C　、シトシンの4種類がある。DNA では、2本のヌクレオチド鎖は、塩基を内側にして平行に並び、アデニンが　B　と、　C　がシトシンと互いに対になるように結合し、はしご状になり、このはしご状の構造がねじれて二重らせん構造となる。

| | A | B | C |
|---|---|---|---|
| 1 | デオキシリボース | ウラシル | グアニン |
| 2 | デオキシリボース | グアニン | チミン |
| 3 | デオキシリボース | チミン | グアニン |
| 4 | リボース | グアニン | チミン |
| 5 | リボース | チミン | ウラシル |

解説

正解 **3**

**A**：デオキシリボース
　DNAを構成するヌクレオチドの糖はデオキシリボースである。

**B**：チミン
　DNAを構成するヌクレオチドの塩基のうち、アデニンと対になるように結合するのはチミンである。

**C**：グアニン
　DNAを構成するヌクレオチドの塩基のうち、シトシンと対になるように結合するのはグアニンである。

| | | 問題2 | DNAに関する記述中の空所A〜Dに当てはまる語句の組合せとして、最も妥当なのはどれか。 |

**問題2** DNAに関する記述中の空所A〜Dに当てはまる語句の組合せとして、最も妥当なのはどれか。

警視庁Ⅰ類2018

DNAを構成するヌクレオチドの糖は（ **A** ）であり、塩基にはアデニン、（ **B** ）、グアニン、シトシンの4種類がある。

また、DNAは2本の（ **C** ）の鎖が平行に並び塩基部分で向かい合わせに結合してはしご状の構造をとっている。さらにこの構造がねじれて（ **D** ）が提案したDNAの二重らせん構造を形成している。

| | A | B | C | D |
|---|---|---|---|---|
| 1 | デオキシリボース | ウラシル | ヌクレオチド | ワトソンとクリック |
| 2 | リボース | ウラシル | ポリペプチド | シャルガフ |
| 3 | デオキシリボース | チミン | ヌクレオチド | ワトソンとクリック |
| 4 | デオキシリボース | チミン | ポリペプチド | シャルガフ |
| 5 | リボース | チミン | ヌクレオチド | ワトソンとクリック |

## 解説

正解 **4**

**A**：デオキシリボース

　DNAを構成するヌクレオチドの糖はデオキシリボースである。

**B**：チミン

　DNAを構成するヌクレオチドの塩基はアデニン、チミン、グアニン、シトシンの4種類である。

**C**：ヌクレオチド

　DNAは2本のヌクレオチドが鎖状につながった形状をしている。

**D**：ワトソンとクリック

　DNAが二重らせん構造であると提案したのはワトソンとクリックである。

次は遺伝子に関する記述であるが、ア、イ、ウに入るものの組合せとして最も妥当なのはどれか。

国家一般職2011

遺伝子の本体であるDNAは4種類の構成要素からできており、それらが多数つながった長い鎖状になっている。4種類の構成要素は、A（アデニン）、　ア　、G（グアニン）、C（シトシン）という符号で表される。その要素は互いに　イ　し、ねじれた2本鎖としてつながった二重らせん構造になっている。

ある生物のDNAを解析したところ、A（アデニン）がC（シトシン）の2倍量含まれていることが分かった。このDNA中の推定されるG（グアニン）の割合はおよそ　ウ　％である。

|   | ア | イ | ウ |
|---|---|---|---|
| ① | T（チミン） | 共有結合 | 33.3 |
| ② | T（チミン） | 水素結合 | 16.7 |
| ③ | T（チミン） | 水素結合 | 33.3 |
| ④ | U（ウラシル） | 共有結合 | 33.3 |
| ⑤ | U（ウラシル） | 水素結合 | 16.7 |

### 解説

正解 **2**

**ア**：T（チミン）

　DNA を構成するヌクレオチドの塩基はアデニン、チミン、グアニン、シトシンの 4 種類である。

**イ**：水素結合

　DNA を構成する 2 本のヌクレオチド鎖は、水素結合で弱く結合している。

**ウ**：16.7

　塩基どうしの結合は、A－T、G－C と相補的に決まっているので、A と T の分量、G と C の分量はそれぞれが等しい。よって、4 種類の塩基の分量比は、

　　A：T：G：C＝2：2：1：1

となる。よって、$100 \times \dfrac{1}{6} \fallingdotseq 16.7\%$ である。

| 問題4 | DNAに関するA～Dの記述のうち、妥当なものを選んだ組合せはどれか。 |

特別区Ⅰ類2010

**A** DNAは、遺伝形質の発現を支配する物質で、主として核に含まれ、DNA量は体細胞の種類により異なっている。

**B** 精子のように減数分裂によって染色体が半数になった細胞では、核内のDNA量もそれに伴い半減している。

**C** DNAは、A（アデニン）、U（ウラシル）、G（グアニン）、C（シトシン）の4種の構成要素が多数連なった2本の鎖からなっている。

**D** DNAは、2本の鎖の間で、対をなす構成要素どうしが弱く結合し、全体がらせん状に規則的にねじれた二重らせん構造をしている。

1. A　B
2. A　C
3. B　C
4. B　D
5. C　D

# 解説

正解 **4**

**A** ✗　DNA量は体細胞の種類により異なってはいない。同一の生物の体細胞ではDNA量は等しい。

**B** ◯　1個の生殖母細胞が減数分裂すると、母細胞の半分のDNA量を持つ娘細胞が4個作られる。

**C** ✗　塩基であるU（ウラシル）はDNAの持つ塩基ではなく、RNAの持つ塩基である。ゆえに、DNAの持つ4種類の塩基はA（アデニン）、T（チミン）、G（グアニン）、C（シトシン）、RNAの持つ4種類の塩基はA、U（ウラシル）、G、Cとなる。

**D** ◯　DNAは、2本の鎖が相補的な塩基どうしの水素結合により、らせん構造となっている。水素結合は、ほかの化学結合（共有結合やイオン結合）に比べ、とても弱い。

第4章
生物

3　遺伝　811

| 問題5 | 大腸菌とヒトの染色体DNAの構造に関する記述として最も適当なものはどれか。 |

裁判所一般職2015

1 　大腸菌もヒトも、ともに2本鎖の線状DNAである。

2 　大腸菌もヒトも、ともに2本鎖の環状DNAである。

3 　大腸菌は2本鎖の線状DNAであり、ヒトは2本鎖の環状DNAである。

4 　大腸菌は2本鎖の環状DNAであり、ヒトは2本鎖の線状DNAである。

5 　大腸菌は1本鎖の環状DNAであり、ヒトは2本鎖の線状DNAである。

## 解説

正解 **4**

　大腸菌は原核生物に該当するため、染色体 DNA の構造は環状 2 本鎖である。

　ヒトは真核生物に該当し、動物細胞を持つため、染色体 DNA の構造は鎖状 2 本鎖（線状 2 本鎖）である。

**問題6** 体細胞分裂に関する次の記述のA～Dに当てはまるものの組合せとして最も妥当なのはどれか。

国家専門職2007

「体細胞分裂の過程は、核分裂及び細胞質分裂が行われる分裂期と、分裂が行われていない間期とに分けられる。

さらに、分裂期は、染色体の状態などから、前期・中期・後期・終期の四つの段階に分けられる。

図は、体細胞分裂のある段階を表したものであり、その特徴から　A　の体細胞分裂における分裂期の　B　の状態を表していることが分かる。　B　では、染色体が細胞の中央部（赤道面）に並び、　C　が完成する。

この後、染色体は両極に分かれていく。このとき、それぞれの極の染色体の数は元の細胞と　D　。」

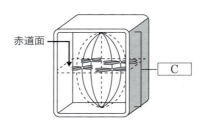

| | A | B | C | D |
|---|---|---|---|---|
| ① | 動物 | 中期 | 紡錘体 | 異なる |
| ② | 動物 | 後期 | 中心体 | 同じになる |
| ③ | 植物 | 中期 | 紡錘体 | 同じになる |
| ④ | 植物 | 後期 | 中心体 | 同じになる |
| ⑤ | 植物 | 後期 | 中心体 | 異なる |

## 解説

正解 **3**

動物細胞と植物細胞の違いは次の表のとおりである。

| | 動物細胞 | 植物細胞 |
|---|---|---|
| 細胞壁 | なし | ある |
| 葉緑体 | なし | 含む場合が多い |
| 液胞 | なし | ある |
| 中心体 | ある | 一部の植物のみある |

**A**：植物

本問の図は細胞壁があるので、植物細胞と判断することができる。

**B**：中期、**C**：紡錘体

体細胞分裂の過程は、核や染色体の分裂が行われる分裂期と、分裂が行われない間期とに分けられる。さらに、分裂期は染色体などの変化により前期、中期、後期、終期に分けられる。

前期は、染色体が糸状に見えるようになり、核膜や核小体が消失し、紡錘体が形成され始める。

中期は、染色体が赤道面に並び紡錘体が完成する。

後期は、各染色体が二つに分かれて両極に移動する。

終期は、動物細胞ではくびれができ始める。植物細胞ではくびれができずに、細胞板ができ始める。その後、染色体は核膜に包まれ核小体が現れる。

本問の図は染色体が赤道面に並んでいるので中期と判断することができる。

**D**：同じになる

また、体細胞分裂において染色体の数は変化しない。

3　遺　伝　815

| 問題7 | 体細胞分裂に関する記述として、最も妥当なのはどれか。 |

東京消防庁Ⅰ類2019

**1** 分裂期は、前期・中期・後期・終期の４期に分けられ、終期に染色体が赤道面に並ぶ。

**2** 体細胞分裂が始まってから、その分裂が終了するまでの過程を細胞周期という。

**3** 体細胞分裂によって生じた細胞の染色体の数は、元の細胞の染色体の数の半分である。

**4** 間期はDNA合成準備期($G_1$期)・DNA合成期(S期)・分裂準備期($G_2$期)に分けられる。

**5** 体細胞分裂の過程は、最初に細胞質分裂が起こり、続いて核分裂が起こる。

# 解説

正解 ④

**① ✕** 染色体が赤道面に並ぶのは中期であり、終期は細胞質分裂が起こる。

**② ✕** 分裂期と間期を合わせたものが細胞周期であり、本説明は分裂期のみを指す。

**③ ✕** 体細胞分裂では、1個の母細胞から同じ染色体数を持つ2個の娘細胞が生じるので、染色体の数は変わらず、もとと同じである。

**④ ◯** 正しい記述である。

**⑤ ✕** 体細胞分裂の過程は、最初に核分裂が起こり、最後に細胞質分裂が起こる。

**問題8**　タンパク質に関する次の記述の　A　～　D　に入る語句の組合せとして、最も妥当なのはどれか。

東京消防庁Ⅰ類2016

　タンパク質は、　A　が多数つながった大きい分子である。その基本構造は一つの炭素原子にアミノ基、カルボキシ基、水素などが結合したものである。2個の　A　の、一方がカルボキシ基とまた他方がアミノ基との間で水が一分子除かれて結合することを　B　という。2個以上の　A　が　B　して分子となり、さらにそれが1本の鎖状につながった分子を、　C　という。

　タンパク質の特有の機能には　C　の立体構造が関与しているため、加熱などにより立体構造が変化することがあり、これを　D　という。

| | A | B | C | D |
|---|---|---|---|---|
| 1 | アミノ酸 | グリコシド結合 | ペプチド | 変異 |
| 2 | アミノ酸 | ペプチド結合 | ポリペプチド | 変性 |
| 3 | アミノ酸 | ペプチド結合 | ペプチド | 変性 |
| 4 | グルタミン酸 | ペプチド結合 | ポリペプチド | 変性 |
| 5 | グルタミン酸 | グリコシド結合 | ペプチド | 変異 |

818　第4章　生　物

正解 ❷

## 解説

**A：アミノ酸**

タンパク質はアミノ酸を鎖状につなげて構成されている。グルタミン酸はアミノ酸の一種であるが、タンパク質を作るアミノ酸はグルタミン酸に限定されるわけではない。

**B：ペプチド結合**

隣り合った2個のアミノ酸の一方がカルボキシ基、もう一方がアミノ基と結合することをペプチド結合という。

**C：ポリペプチド**

ペプチド結合でできたペプチドが1本の鎖のように長くつながったものをポリペプチドという。「ポリ」とは「多くの」という意味である。

**D：変性**

加熱などによってタンパク質が変形して機能を失うことを変性という。変異とは、遺伝子に対して生じる損傷や変化に用いられる用語である。

第4章 生物

3 遺 伝 819

**問題9** RNAに関する次の記述で、 A ～ D に当てはまる語句の組合せとして最も妥当なのはどれか。ただし、同一の記号には同一の語句が入る。

東京消防庁Ⅱ類2019

RNA のヌクレオチドの糖は A である。塩基については DNA と共通するアデニン、グアニン、シトシンのほかに、 B をもつ。

タンパク質の合成では、DNA の一方の鎖の塩基配列を写し取った RNA が合成される。この過程を C といい、 C によってできた RNA を D という。

| | A | B | C | D |
|---|---|---|---|---|
| **1** | デオキシリボース | ウラシル | 翻訳 | mRNA（伝令RNA） |
| **2** | デオキシリボース | チミン | 転写 | tRNA（転移RNA） |
| **3** | リボース | ウラシル | 転写 | mRNA（伝令RNA） |
| **4** | リボース | チミン | 転写 | mRNA（伝令RNA） |
| **5** | リボース | ウラシル | 翻訳 | tRNA（転移RNA） |

**解説**

正解 ❸

**A：リボース**
　RNA を構成するヌクレオチドの糖はリボースである。

**B：ウラシル**
　RNA を構成するヌクレオチドの塩基はアデニン、グアニン、ウラシル、シトシンである。

**C：転写**
　DNA の塩基配列を写し取る過程を転写という。

**D：mRNA（伝令 RNA）**
　転写によって合成される RNA を mRNA という。

**問題10** DNAに関するA～Dの記述のうち、妥当なものを選んだ組合せはどれか。

特別区Ⅰ類2017

**A** 翻訳とは、2本のヌクレオチド鎖がそれぞれ鋳型となり、元と同じ新しい2本鎖が2組形成される方法である。

**B** DNAの塩基には、アデニン（A）、チミン（T）、グアニン（G）、シトシン（C）の4種類がある。

**C** 核酸には、DNAとRNAがあり、DNAはリン酸、糖、塩基からなるヌクレオチドで構成されている。

**D** 転写とは、RNAの塩基配列がDNAの塩基配列に写し取られることである。

1　A　B

2　A　C

3　A　D

4　B　C

5　B　D

## 解説

正解 **4**

**A** ✗　翻訳とは、mRNAの塩基配列をもとにリボソームにおいてタンパク質が合成されることである。

**B** ◯　正しい記述である。

**C** ◯　正しい記述である。

**D** ✗　転写とは、DNAの塩基配列がRNAの塩基配列に写し取られることである。本記述の内容である、RNAの塩基配列がDNAの塩基配列に写し取られることを逆転写といい、HIVなどの一部のウイルスがこれを行うが、一般的には見られない。

**問題11** RNA（リボ核酸）に関する記述として、妥当なのはどれか。

特別区Ⅰ類2012

**1** DNAから伝令RNAへの遺伝情報の転写は、DNA合成酵素の働きにより、DNAの塩基配列を鋳型として行われる。

**2** RNAはDNAと異なり、塩基としてチミン（T）をもち、ウラシル（U）をもっていない。

**3** 伝令RNAは、タンパク質と結合して、タンパク質合成の場となるリボソームを構成する。

**4** 運搬RNAには、伝令RNAのコドンと相補的に結合するアンチコドンと呼ばれる塩基配列がある。

**5** 真核生物では、DNAの遺伝情報が伝令RNAに転写され始めると、転写途中の伝令RNAにリボソームが付着して翻訳が始まる。

## 解説

正解 **4**

**❶ ✕**　DNAから伝令RNAの遺伝情報の転写は、RNA合成酵素（これをRNAポリメラーゼという）のはたらきによって行われる。

**❷ ✕**　RNAとDNAが逆である。

**❸ ✕**　タンパク質合成の場となるリボソームを構成するのは、リボソームRNAである。

**❹ ○**　正しい記述である。運搬RNAとはtRNAのことで、現在は転移RNAと表記されることが多い。

**❺ ✕**　伝令RNAは、核中でDNAの遺伝情報のうち必要な部分を転写し、核膜孔から出てリボソームと結合する。よって、転写途中でリボソームが付着するわけではない。

**問題12** 遺伝子とDNAに関する次のA～Dの記述の正誤の組合せとして最も妥当なものはどれか。

裁判所一般職2018

**A** 体細胞に含まれる細胞1個あたりのDNA量は、体の組織、器官によって差はほとんどないが、生殖細胞については、体細胞の平均的なDNA量のほぼ2倍となっている。

**B** DNAは、二重らせん構造をしている。

**C** DNAの塩基には、アデニン（A）、チミン（T）、グアニン（G）、シトシン（C）の4種類があり、塩基どうしはAとA、TとT、のように同種が結合している。

**D** ヒトの染色体の数は47本あり、47本すべての大きさと形は異なり、それぞれに違う情報をもっている。

|   | A | B | C | D |
|---|---|---|---|---|
| 1 | 正 | 正 | 正 | 誤 |
| 2 | 正 | 正 | 誤 | 正 |
| 3 | 正 | 誤 | 正 | 正 |
| 4 | 誤 | 正 | 誤 | 誤 |
| 5 | 誤 | 誤 | 正 | 誤 |

826 第4章 生 物

## 解説

正解 **4**

**A** ✕  生殖細胞については、体細胞の平均的なDNA量のほぼ半分となる。

**B** ◯  正しい記述である。

**C** ✕  塩基どうしは、AとTおよびGとCが、水素結合により結合する。

**D** ✕  ヒトの染色体の数は46本あり、常染色体が44本と性染色体が2本で構成されている。常染色体44本は父型由来のもの22本と母型由来のもの22本で構成されており、父型由来の染色体と母型由来の染色体は大きさと形はほぼ同じであり、それぞれほぼ同じ情報を持っている。

**問題13** バイオテクノロジーに関する記述として最も妥当なのはどれか。

国家一般職2017

**1** ある生物の特定の遺伝子を人工的に別のDNAに組み込む操作を遺伝子組換えという。遺伝子組換えでは、DNAの特定の塩基配列を認識して切断する制限酵素などが用いられる。

**2** 大腸菌は、プラスミドと呼ばれる一本鎖のDNAを有する。大腸菌から取り出し、目的の遺伝子を組み込んだプラスミドは、試験管内で効率よく増やすことができる。

**3** 特定のDNA領域を多量に増幅する方法としてPCR法がある。初期工程では、DNAを一本鎖にするため、−200℃程度の超低温下で反応を行う必要がある。

**4** 長さが異なるDNA断片を分離する方法として、寒天ゲルを用いた電気泳動が利用される。長いDNA断片ほど強い電荷を持ち速く移動する性質を利用し、移動距離からその長さが推定できる。

**5** 植物の遺伝子組換えには、バクテリオファージというウイルスが利用される。バクテリオファージはヒトへの感染に注意する必要があるため、安全性確保に対する取組が課題である。

## 解説

正解 **1**

**1** ○ 正しい記述である。

**2** ✕ プラスミドは2本鎖DNAである。

**3** ✕ PCR法の初期工程は、DNAを95℃程度の高温で一乖離させることが行われる。

**4** ✕ 電気泳動は、質量が大きい試料のほうが移動速度は遅くなる。

**5** ✕ 植物への遺伝子組換えには、アグロバクテリウムと呼ばれる土壌細菌を用いるのが一般的である。なおバクテリオファージとは細菌に感染するウイルスのことであり、細菌以外の生物には感染しない。

**問題14** 遺伝情報やその調節に関する記述として、最も妥当なのはどれか。

東京消防庁Ⅰ類2019

**1** 真核生物では、DNAの転写、RNAのスプライシング、mRNAの翻訳は全て核内で行われ、スプライシングにより、mRNAの塩基配列に対応しないイントロンが切り取られる。

**2** 大腸菌などの原核生物では、培地にラクトースがない場合、調節タンパク質がDNAのプロモーターに結合することでラクトース分解酵素遺伝子群がRNAに転写されなくなる。

**3** ショウジョウバエの唾液腺染色体に見られる横縞は遺伝子の存在する場所であり、遺伝子が活性化されて転写が盛んに行われている際には、横縞にあるDNAがほどけて膨らんでいる。

**4** ネクローシスとは遺伝情報にプログラムされた能動的な細胞死のことで、動物の発生における形態形成に重要であり、損傷などで細胞が死ぬアポトーシスと区別される。

**5** 制限酵素で断片化されたDNAと大腸菌のプラスミドをDNAリガーゼでつなぎ合わせ、大腸菌に導入し、目的のタンパク質をつくる遺伝子をクローニングする方法をPCR法という。

## 解説

正解 **3**

**1** ✕　転写とスプライシングは核内だが、翻訳は核外で行われる。

**2** ✕　オペレーターによって調節される。

**3** ◯　正しい記述である。

**4** ✕　アポトーシスとネクローシスの説明が逆である。

**5** ✕　PCR法ではなく遺伝子組換えについての説明である。

| | | 次の文は、遺伝の法則に関する記述であるが、文中の空所A～Dに該当する語又は語句の組合せとして、妥当なのはどれか。 |
|---|---|---|

**問題15**

特別区Ⅰ類2009

　エンドウの種子の形が丸形としわ形の純系の親を交雑して得た雑種第一代では、丸形だけが現れる。このように、雑種第一代において両親のいずれか一方の形質だけが現れることを　A　といい、雑種第一代で現れる形質を　B　形質、現われない形質を　C　形質という。

　この雑種第一代どうしを自家受精して得られた雑種第二代では、丸形としわ形が　D　の比で現れる。

|  | A | B | C | D |
|---|---|---|---|---|
| **1** | 分離の法則 | 優性 | 劣性 | 2：1 |
| **2** | 分離の法則 | 独立 | 分離 | 2：1 |
| **3** | 優性の法則 | 優性 | 劣性 | 2：1 |
| **4** | 優性の法則 | 独立 | 分離 | 3：1 |
| **5** | 優性の法則 | 優性 | 劣性 | 3：1 |

832　第4章　生　物

## 解説

正解 **5**

　雑種第一代において両親のいずれか一方の形質だけが現れることを優性の法則（**A**）という。また、雑種第一代で現れる形質を優性形質（**B**）といい、現れない形質を劣性形質（**C**）という。

　本問では、雑種第一代の種子の形が丸形となったので、丸形が優性形質となり、親は純系であるので、優性遺伝子をR、劣性遺伝子をrとすると、親の遺伝子型はそれぞれ、丸形がRR、しわ形がrrとなる。よって、丸形RRの配偶子はR、しわ形rrの配偶子はrであるので、雑種第一代の丸形の遺伝子型はRrとなる。

　さらに、この雑種第一代どうしを自家受精すると、雑種第二代の遺伝子型の発生比率は表より以下のとおりとなる。

　　RR：Rr：rr ＝ 1 ： 2 ： 1

|   | R | r |
|---|---|---|
| R | RR | Rr |
| r | Rr | rr |

　よって、遺伝子型RR、Rrは丸形、rrはしわ形となるので、丸形としわ形は3：1（**D**）の比で現れる。

第4章

生物

3　遺　伝　833

**問題16**　赤色の花のマルバアサガオと白色の花のマルバアサガオとを交雑させると、次の世代にはすべて桃色の花が咲く。この桃色の花のマルバアサガオを自家受精させた場合に、次の世代に咲くマルバアサガオの花の色とその割合として、妥当なのはどれか。

東京都Ⅰ類2014

1　全部桃色の花が咲く。

2　赤色の花1、白色の花1の割合で咲く。

3　赤色の花1、桃色の花1、白色の花1の割合で咲く。

4　赤色の花1、桃色の花2、白色の花1の割合で咲く。

5　赤色の花2、桃色の花1、白色の花2の割合で咲く。

# 解説

正解 **4**

　赤色の花のマルバアサガオと白色の花のマルバアサガオとを交雑させると、次の世代にはすべて桃色の花が咲く。これは、赤色を発現する遺伝子と白色を発現する遺伝子の優劣関係が不完全なために起こる現象で、このような遺伝子間の関係を不完全優性という。桃色の花のように、両親の中間の形質を表すものを中間雑種という。

　中間雑種である桃色の花を自家受精させると、赤色：桃色：白色＝１：２：１となり、遺伝子型と表現型が一致する。

**問題17** 　毛色が黄色のハツカネズミどうしを交配した。このハツカネズミの遺伝子Yは毛色を黄色にする優性遺伝子で、同時に劣性の致死遺伝子でもある。また、Yの対立遺伝子である遺伝子yは毛色を黒色にする劣性遺伝子である。このとき、生まれる子ネズミの毛色ごとの個体数の比率として最も妥当なのはどれか。

国家一般職2009

　　　　黄色：黒色

**1**　　1　：　1

**2**　　1　：　2

**3**　　2　：　1

**4**　　3　：　1

**5**　　3　：　2

## 解説

正解 3

　毛色を黄色にする遺伝子Yは、YYとなったとき致死作用を現すため、出生する個体の比率は黄色（Yy）：黒色（yy）＝2：1となる。

**問題18**　ABO式血液型がB型の母親から生れた娘XにはA型の妹がいる。XがA型の男性と結婚して、AB型とO型の2人の子どもを生んだとする。Xの父親の血液型を遺伝子型で表現したとき、可能性があるものだけの組み合わせはどれか。

警視庁Ⅰ類2008

1　AAまたはAB

2　AAまたはAO

3　AAまたはOO

4　AOまたはAB

5　AOまたはOO

## 解説

正解 **4**

XがA型（遺伝子型はAAかAO）の男性と結婚し、AB型（遺伝子型はAB）の子どもができたので、Xの遺伝子型にはBが含まれていなければならず、さらに、O型（遺伝子型はOO）の子どもができたので、Xの遺伝子型にはOが含まれていなければならない。以上より、Xの遺伝子型はBOでB型と決まる。

次に、Xの母親はB型（遺伝子型はBBかBO）であり、XはB型（遺伝子型はBO）、妹はA型（遺伝子型はAAかAO）であることより、Xの父親の遺伝子型にはAが含まれていなくてはならない。ここで、選択肢を見るとXの父親の遺伝子型の候補はAA、AB、AO、OOであるが、Xの父親の遺伝子型にはAが含まれていなくてはならないので、Xの父親の遺伝子型がAAの場合、ABの場合、AOの場合について考える。

❶ Xの父親の遺伝子型がAAの場合

母親の遺伝子型はBBかBOなので、できる子どもは遺伝子型ABのAB型か、遺伝子型AOのA型のみである。しかし、Xが遺伝子型BOのB型なので不可となる。

❷ Xの父親の遺伝子型がABの場合

母親の遺伝子型はBBかBOなので、できる子どもは遺伝子型ABのAB型か、遺伝子型AOのA型か、遺伝子型BBのB型か、遺伝子型BOのB型のみである。よって、遺伝子型BOのXとA型の妹は生まれる可能性がある。

❸ Xの父親の遺伝子型がAOの場合

母親の遺伝子型はBBかBOなので、できる子どもは遺伝子型ABのAB型か、遺伝子型AOのA型か、遺伝子型BOのB型か、遺伝子型OOのO型のみである。よって、遺伝子型BOのXとA型の妹は生まれる可能性がある。

**問題19** 次は、スイートピーの花の色に関する記述であるが、ア、イに入るものの組合せとして最も妥当なのはどれか。

国家専門職2006

「スイートピーの花の色には 2 種類の対立遺伝子 C と c、P と p が関係しており、これらは独立の法則に従って遺伝する。C と P の両方の優性遺伝子をもつ個体だけが有色の花をつけ、それ以外は白色の花をつける。

遺伝子型が CCpp の白色の花と遺伝子型が ccPP の白色の花を交配し、雑種第一代 ($F_1$) についてその花の色を調べたところ、有色：白色の比は　　ア　　であった。

次に、$F_1$ を自家受精させて雑種第二代 ($F_2$) の花の色を調べたところ、$F_2$における有色：白色の比は　　イ　　であった。」

|  | ア | イ |
|---|---|---|
| ❶ | 1 : 0 | 3 : 1 |
| ❷ | 1 : 0 | 9 : 7 |
| ❸ | 1 : 1 | 3 : 1 |
| ❹ | 1 : 1 | 9 : 7 |
| ❺ | 1 : 1 | 13 : 3 |

## 解説

正解 ❷

**ア**：1：0

　白い花をつける純系の親どうしの交配（CCpp×ccPP）では、すべて有色の子（$F_1$）が生まれる。したがって、有色：白色の比は1：0となる。

**イ**：9：7

　上記の$F_1$どうしの交配（CcPp×CcPp）から生まれる子においての有色：白色の比は9：7となる。

**問題20** 遺伝の法則に関する記述として最も妥当なのはどれか。

国家一般職2016

**1** メンデルの遺伝の法則には、優性の法則、分離の法則、独立の法則があり、そのうち独立の法則とは、減数分裂によって配偶子が形成される場合に、相同染色体がそれぞれ分かれて別々の配偶子に入ることをいう。

**2** 遺伝子型不明の丸形（優性形質）の個体（AA又はAa）に劣性形質のしわ形の個体（aa）を検定交雑した結果、丸形としわ形が１：１の比で現れた場合、遺伝子型不明の個体の遺伝子型はAaと判断することができる。

**3** 純系である赤花と白花のマルバアサガオを交配すると、雑種第一代（$F_1$）の花の色は、赤色：桃色：白色が１：２：１の比に分離する。このように、優劣の見られない個体が出現する場合があり、これは分離の法則の例外である。

**4** ヒトのABO式血液型について、考えられ得る子の表現型（血液型）が最も多くなるのは、両親の遺伝子型がAO・ABの場合又はBO・ABの場合である。また、このように、一つの形質に三つ以上の遺伝子が関係する場合、それらを複対立遺伝子という。

**5** ２組の対立遺伝子A、ａとB、ｂについて、Aは単独にその形質を発現するが、BはAが存在しないと形質を発現しない場合、Bのような遺伝子を補足遺伝子といい、例としてカイコガの繭の色を決める遺伝子などが挙げられる。

## 解説

正解 ❷

❶ ✕　本肢は分離の法則の説明である。

❷ ◯　正しい記述である。

❸ ✕　不完全優性の性質は、分離の法則ではなく優性の法則の例外である。

❹ ✕　AO・ABの両親とBO・ABの両親からは、ともにA型、B型、AB型の
3種類の血液型の子どもが生まれる可能性があるが、AO・BOの両親からはA型、
B型、O型、AB型のすべての血液型の子どもが生まれる可能性がある。

❺ ✕　本肢は条件遺伝子についての説明である。なお、カイコガの繭の色を決
める遺伝子は抑制遺伝子である。

**問題21** 遺伝子と染色体に関する記述として、妥当なのはどれか。

東京都Ⅰ類2018

**1** 同一の染色体にある複数の遺伝子が、配偶子の形成に際して行動をともにする現象を連鎖といい、連鎖には独立の法則が当てはまらない。

**2** 染色体の一部が入れ換わることを染色体の組換えといい、組換えは染色体にある二つの遺伝子間の距離が離れているほど起こりにくい。

**3** 染色体に存在する遺伝子の配列を図に示したものを染色体地図といい、細胞学的地図と比べると、遺伝子の配列に一致する部分がなく、配列の順序が逆に示される。

**4** 雌雄の性決定に関与する染色体を性染色体といい、性染色体はX染色体、Y染色体及びZ染色体の3種類の組合せでできており、ヒトの性決定は雌ヘテロ型のXY型に分類される。

**5** 遺伝子が性染色体に存在するため雌雄で形質の伝わり方が異なる遺伝のことを選択的遺伝子発現といい、選択的遺伝子発現の例として、染色体の減数分裂が挙げられる。

## 解説

正解 **1**

**1** ◯  正しい記述である。

**2** ✕  組換えは、遺伝子間の距離が離れているほど起こりやすい。

**3** ✕  染色体地図は組換え価をもとに作られた遺伝子の地図であり、細胞学的地図は実際の遺伝子の染色体上の位置を表す地図である。染色体地図と細胞学的地図は、遺伝子配列の順序は一致しているが遺伝子間の距離は一致しない。

**4** ✕  ヒトの性決定は、雄がヘテロ型のXY型に分類される。なお雌は、ホモ型のXX型である。

**5** ✕  遺伝子が性染色体に存在するため雌雄で形質の伝わり方が異なる遺伝のことを伴性遺伝という。選択的遺伝子発現とは、細胞ごとに異なる遺伝子が発現する現象である。

第4章
生物

3 遺 伝 845

**問題22** 遺伝子と染色体に関する記述として、妥当なのはどれか。

東京都Ⅰ類2009

**1** 1本の染色体に2つ以上の遺伝子が存在することを互いに連鎖しているといい、連鎖している遺伝子では、独立の法則に従い配偶子がつくられる。

**2** 染色体の一部の交換に伴い染色体内の遺伝子が入れ替わる現象を組換えといい、組換えは遺伝子間の距離が離れているほど起こりにくい。

**3** 各染色体に存在する遺伝子の配列を図に示したものを染色体地図といい、キイロショウジョウバエの唾腺染色体では、実験で観察した染色体地図と組換え価から求めた染色体地図とは、遺伝子の配列の順序が逆となっている。

**4** 性染色体にはX染色体とY染色体とがあり、ヒトはXY型の雌ヘテロ型に分類され、X染色体2本が接合することによって雄となる。

**5** 遺伝子が性染色体に存在するため雌雄で形質の伝わり方が異なる遺伝を伴性遺伝といい、伴性遺伝の例として、キイロショウジョウバエの眼色の遺伝があげられる。

846 第4章 生物

## 解説

正解 **5**

**1** ✗　連鎖している遺伝子は、独立の法則(メンデルの法則)に従わない。

**2** ✗　組換えは、連鎖している遺伝子間の距離が離れているほど起こりやすい。

**3** ✗　実験で観察した染色体地図(遺伝学的地図)と組換え価から求めた染色体地図とでは、遺伝子の配列の順序はよく一致する。

**4** ✗　ヒトはXY型の雄ヘテロ型であり、X染色体2本のXXが雌を示す。

**5** ○　正しい記述である。

★★☆

# 4 生殖と発生

生殖とは生物が新個体を作り出す仕組みであり、発生とは受精卵から成長した個体になるまでの過程をいいます。いくつかの種類に分かれますので、種類ごとの共通点と相違点を意識しましょう。

## 1 有性生殖と無性生殖

生物が種を維持するための仕組みが生殖である。有性生殖と無性生殖に大別される。

### 1 有性生殖

2種類の細胞が合体することにより、新しい個体が生まれる子孫の残し方を**有性生殖**という。有性生殖では、生殖のための特別な細胞として**生殖細胞**が作られる。生殖細胞のうち、精子や卵などのように合体して新しい個体を作るものを特に**配偶子**という。

配偶子のうち、小型で運動性を持つものを**精子**、大型で運動性を持たないものを**卵**という。有性生殖では、生じる子孫の遺伝情報は親と異なるため、**環境の変化に強い**などの多様性が生じる。

#### ① 接 合

配偶子の合体を**接合**といい、接合によってできる細胞を**接合子**という。受精卵などは接合子である。接合には同形配偶子接合と異形配偶子接合がある。

#### (ア) 同形配偶子接合

同様の形を持った配偶子が合体し、新たな個体となる接合を**同形配偶子接合**という。

ヒビミドロ、アオミドロなどが同形配偶子接合で生殖を行う例である。

848 第4章 生 物

**（イ）異形配偶子接合**

　大きさの異なる配偶子が合体し、新たな個体となる接合を**異形配偶子接合**という。

　アオサ、ウニなどが異形配偶子接合で生殖を行う例である。

**② 受　精**

　大型で動かない配偶子と小型で運動性のある配偶子が合体して新たな個体となることを、異形配偶子接合の中でも特に受精という。精子と卵の接合は受精である。

　コンブ、ワカメ、コケ植物、シダ植物、多細胞の動物などが受精による生殖を行う例である。

## 2 無性生殖

　個体の一部から新たな個体を生じる生殖法を無性生殖という。無性生殖では親の体から新しい個体ができるので、**遺伝情報は親と全く同じである**。

**① 分　裂**

　もとの個体が二つに分かれて新たな個体になることを分裂という。

　細菌類、原生動物などがあり、ゾウリムシ、ミドリムシ、ケイソウ、アメーバ、イソギンチャクなどが分裂による生殖を行う例である。

**② 出　芽**

　もとの個体から芽のような突起が形成され、その根元がくびれて離れ、新たな個体となることを出芽という。

　酵母菌、ヒドラなどが出芽による生殖を行う例である。

**③ 栄養生殖**

　もとの個体の根や茎から新たな個体が現れることを栄養生殖といい、高等植物の出芽といわれている。

　ジャガイモ（塊茎）、オランダイチゴのほふく茎（走出枝）、ワラビやスギナの地下茎、オニユリやヤマノイモのむかご、継ぎ木、球根などが栄養生殖を行う例である。

4　生殖と発生　849

## ❷ 被子植物の生殖

### 1 雄性配偶子（精細胞）

　おしべのやくで花粉母細胞が減数分裂を行い、染色体は半減した4個の花粉（花粉四分子）を作る。花粉は**柱頭**に付着（これを**受粉**という）し発芽して**花粉管**を伸ばし、2個の**精細胞**を子房に送り込む。

### 2 雌性配偶子（卵細胞）

　めしべの胚珠では胚のう母細胞が減数分裂を行い、染色体は半減した1個の胚のう細胞を形成する（4個のうち3個は退化する）。胚のう細胞は胚のうを形成し、1個の**卵細胞**や2個の中央細胞である**極核**などを形成する。

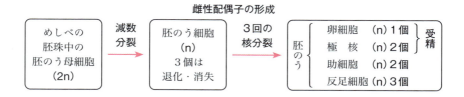

## 3 重複受精

　精細胞のうち1個は卵細胞と受精して**胚**になり、もう1個は2個の極核と受精して**胚乳**になる(重複受精)。**胚珠が種子**になり、**子房が果実**になる。

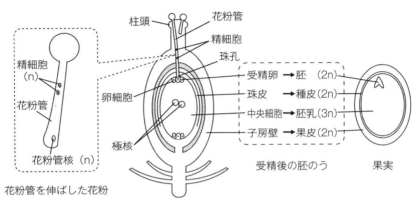

被子植物の重複受精

# ❸ 動物の発生

## 1 胚葉の形成

　動物の卵は受精後、活発な細胞分裂を開始するが、卵の栄養分に頼らず自ら栄養を摂ることができるようになるまでの期間を<u>胚</u>といい、受精卵が複雑な構造を持つ成体へと変化していく過程を<u>発生</u>という。

　動物の発生では、卵割が進行し胞胚が形成され、次いで原腸胚が形成される。原腸胚には、外側にあり陥入していない<u>外胚葉</u>、陥入した場所の内部で原腸を作る<u>内胚葉</u>、陥入した部分で内胚葉の外側にある<u>中胚葉</u>があり、これらが分化してそれぞれの器官ができる。

原腸胚の形成

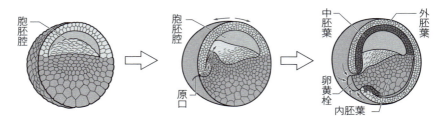

外胚葉・中胚葉・内胚葉

| 外胚葉 | 表皮 | 表皮（皮膚上皮、爪、毛）、感覚器官（水晶体など）のもととなる |
|---|---|---|
| | 神経管 | 脳、脊髄、感覚器官（網膜など）のもととなる |
| 中胚葉 | 脊索 | 退化後、脊椎骨になる |
| | 体節 | 脊椎骨、骨格、筋肉、真皮のもととなる |
| | 腎節 | 腎臓、輸尿管のもととなる |
| | 側板 | 体腔壁、心臓、血管、筋肉（内臓）のもととなる |
| 内胚葉 | | えら、肺、食道、胃、小腸、大腸、肝臓、すい臓のもととなる |

## 2 卵と卵割

多くの動物の卵は球体であるので、地球に見立てられる。卵の極体(卵の減数分裂時に生じたもの)を生じた部域を動物極、反対側を植物極といい、二つの極の中間の面を赤道面という。赤道面より動物極側を動物半球、植物極側を植物半球という。

受精卵の初期の細胞分裂のことを**卵割**といい、赤道面に沿ってなされる卵割を**緯割**、赤道面に対して垂直な方向になされる卵割を**経割**という。また、卵割は方向以外に次ページの表のようにも分類される。卵割によってできた細胞を**割球**というが、割球は成長を伴わないため、徐々に小さくなる。この割球の形は、卵に含まれる栄養分である卵黄の分布によって異なる。**卵黄が多いところほど卵割が起こりにくい。**

卵の各部名称

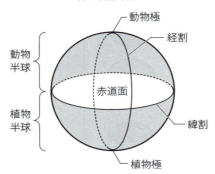

## 卵と卵割の種類

| | 等黄卵 | 端黄卵 | | 心黄卵 |
|---|---|---|---|---|
| 卵の種類 | 動物極／植物極<br>卵黄量は少なく、一様に分布している | 卵黄量は多く、植物極側にかたよって分布 | 卵黄量は非常に多く、植物極にかたよって分布 | 卵黄量は多く、中央に集まって分布 |
| 卵割の様式 | 全割 | | 部分割 | |
| | 等割 | 不等割 | 盤割 | 表割 |
| 2細胞期 | | | | |
| 4細胞期 | | | | |
| 8細胞期 | | | | |
| 16細胞期 | | | | |
| 例 | ほ乳類　原索動物　ウニ | 両生類 | 鳥類　は虫類　魚類 | 昆虫類 |

854　第4章　生物

## 3 カエルの発生

カエル卵は弱端黄卵で、不等割が行われる。

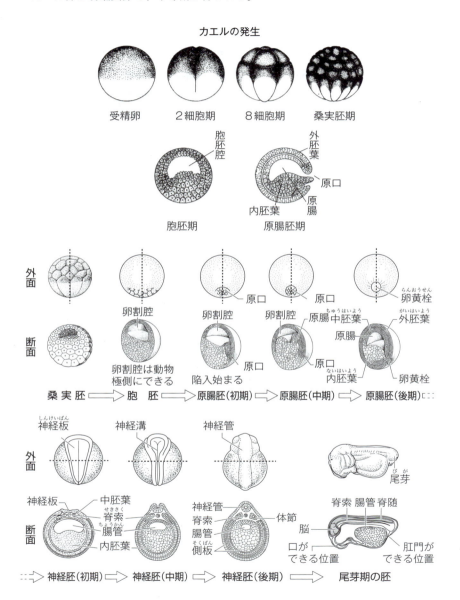

## 4 ウニの発生

　ウニ卵は等黄卵で、第三卵割までは等割である。第四卵割では動物極側が経割で等割、植物極側が緯割で不等割である。

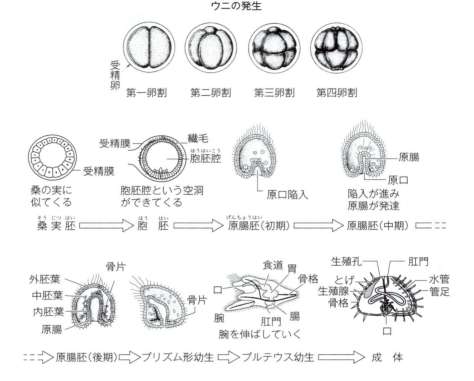

## 5 形成体と誘導

　発生が進み細胞数が増えると、細胞間相互作用によって未分化の細胞が分化を促され、特定の組織や器官となっていく。このようなはたらきを**誘導**といい、その部分を**形成体**（オーガナイザー）という。
　胚の分化の運命は、分化の決まった部分から形成体となり、次々に未分化の細胞へと促される。これを**誘導の連鎖**という。

第4章
生物

4　生殖と発生　857

## 過去問 Exercise

**問題1** 生殖方法に関する、次のア〜オの記述と、生殖法及び生物例の組合せとして、最も妥当なのはどれか。

東京消防庁Ⅱ類2015

**ア** 母体の一部に芽のような膨らみができ、それが成長して分かれ、新個体となる。

**イ** 母体がほぼ同じ大きさに２つに分かれ、新個体となる。

**ウ** 運動性のない生殖細胞と、運動性のある生殖細胞が合体して、新個体となる。

**エ** 根や茎などの栄養器官の一部から、新個体となる。

**オ** ほぼ同じ形、大きさの２種類の細胞が合体して、新個体となる。

|   |   | 生殖法 | 生物例 |
|---|---|---|---|
| ① | ア | 出芽 | イチゴ、ジャガイモ |
| ② | イ | 分裂 | イソギンチャク、ゾウリムシ |
| ③ | ウ | 接合 | 酵母、ヒドラ |
| ④ | エ | 栄養生殖 | アオサ、ヒビミドロ |
| ⑤ | オ | 受精 | カエル、イヌ |

## 解説

正解 **2**

**❶** ✕　イチゴやジャガイモは栄養生殖の例である。

**❷** ◯　正しい組合せである。

**❸** ✕　運動性の有無が異なる生殖細胞どうしの接合を特に受精という。酵母やヒドラは出芽の例である。

**❹** ✕　アオサやヒビミドロは接合の例である。

**❺** ✕　同じ形、同じ大きさの細胞が合体するのは接合の中の同形配偶子接合である。

**問題2** 生殖に関する記述として、妥当なのはどれか。

特別区Ⅰ類2018

**1** 無性生殖は、雌雄の性に関係なく増殖し、新たに生じる個体は親と遺伝的に同一な集団であるクローンとなる。

**2** 無性生殖には、ヒドラにみられる芽が出るように新たな個体が生じる単相や、根の栄養器官から新たな個体が生じる複相がある。

**3** 配偶子の合体によって新たな個体が生じる生殖を有性生殖といい、配偶子が合体して生じた細胞をヒストンという。

**4** 染色体上に占める遺伝子の位置を対合といい、ある対合について、1つの形質に関する複数の異なる遺伝子を遺伝子座という。

**5** 1対の相同染色体の遺伝子について、同じ状態になっているものをヘテロ接合体といい、異なる状態になっているものをホモ接合体という。

## 解説

正解 **1**

**1** ◯ 　無性生殖に関する記述として妥当である。

**2** ✕ 　無性生殖における、芽が出るように新たな個体が生じる生殖形式を出芽、根の栄養器官から新たな個体が生じる生殖形式を栄養生殖という。なお、細胞内に遺伝子セットを1組(n)だけ持つ核相を単相、2組(2n)持つ核相を複相という。

**3** ✕ 　配偶子とは精子と卵のことであり、配偶子の合体によって新たな個体が生じる生殖を有性生殖ということは妥当であるが、配偶子の合体によって生じた細胞は受精卵である。なお、ヒストンとはDNAを巻き付けているタンパク質のことである。

**4** ✕ 　染色体上に占める遺伝子の位置を遺伝子座といい、ある遺伝子座について、一つの形質に関する複数の異なる遺伝子のことを対立遺伝子という。なお、対合とは減数分裂の際に相同染色体どうしが接合することである。

**5** ✕ 　1対の相同染色体の遺伝子について、同じ状態になっているものをホモ接合体、異なる状態になっているものをヘテロ接合体という。

第4章 生物

4　生殖と発生　861

| | 問題3 | | 脊つい動物の発生の過程で、外胚葉、中胚葉、内胚葉からそれぞれ分化して形成される器官の組合せとして、妥当なのはどれか。 |

特別区Ⅰ類2007

| | 外胚葉 | 中胚葉 | 内胚葉 |
|---|---|---|---|
| 1 | 脊髄 | 心臓 | 肝臓 |
| 2 | 脊髄 | 肝臓 | 心臓 |
| 3 | 心臓 | 脊髄 | 肝臓 |
| 4 | 心臓 | 肝臓 | 脊髄 |
| 5 | 肝臓 | 脊髄 | 心臓 |

## 解説

正解 ①

　選択肢の器官がそれぞれ何から分化して形成されたかを考えると、脊髄は神経系であるので、外胚葉から分化したものである。心臓は循環器であるので、中胚葉から分化したものである。肝臓は消化管であるので、内胚葉から分化したものである。

| 問題4 | 次のA～Eは、カエルの発生に関する記述であるが、これらを発生の過程の順に述べたものとして、妥当なのはどれか。 |

特別区Ⅰ類2013

**A** 神経管が形成される。

**B** 卵割腔がしだいに大きくなり、胞胚腔となる。

**C** 神経板が形成される。

**D** 卵割が進み、桑実胚となる。

**E** 陥入が始まり、原腸がつくられる。

**①** B－D－C－A－E

**②** B－D－E－C－A

**③** D－B－C－A－E

**④** D－B－E－A－C

**⑤** D－B－E－C－A

## 解説

正解 **5**

　カエルの受精卵は、卵割を繰り返して割球の数を増やしていき、やがて桑実胚となり、内部には卵割腔ができる（**D**）。さらに進むと、卵割腔が大きくなり、胞胚腔と呼ばれるようになる（**B**）。

　胚を作っている細胞が運動を始めると、原口と呼ばれる部分から、胚の表面の細胞層が胞胚腔に向かって落ち込み、原腸を作る（**E**）。原腸の形成が終わると、胚は三つの細胞層から構成され、外胚葉、中胚葉、内胚葉の分化が見られる。

　そして、原腸は内胚葉で囲まれた腸管となり、胚の背側に神経板ができる（**C**）。その両側が隆起し、管状の神経管が形成され、神経胚となる（**A**）。

| | 動物の発生に関するA～Dの記述のうち、妥当なものを選んだ組合せはどれか。 |
|---|---|

**問題5**

特別区Ⅰ類2021

**A**　カエルの卵は、卵黄が植物極側に偏って分布している端黄卵であり、第三卵割は不等割となり、卵割腔は動物極側に偏ってできる。

**B**　カエルの発生における原腸胚期には、外胚葉、中胚葉、内胚葉の区別ができる。

**C**　脊椎動物では、外胚葉から分化した神経管は、のちに脳や脊索となる。

**D**　胚のある領域が接している他の領域に作用して、分化を促す働きを誘導といい、分化を促す領域をアポトーシスという。

**1**　A　B

**2**　A　C

**3**　B　C

**4**　B　D

**5**　C　D

# 解説

正解 ①

**A** ◯ 正しい記述である。

**B** ◯ 正しい記述である。

**C** ✕ 外胚葉から分化した神経管はのちに脳、脊髄、感覚器官(網膜など)となる。なお、脊索は中胚葉から分化したものである。

**D** ✕ 分化の誘導を促す胚の領域を形成体(オーガナイザー)という。なお、アポトーシスとは細胞全体が委縮して断片化する過程を経るプログラム細胞死のことである。

4 生殖と発生 867

★★★

# 5 恒常性

我々の体内は常に一定に保たれており、これは生命が安定して生きていくために非常に重要なシステムです。恒常性がどのような仕組みによって保たれているのかを見ていきましょう。

## ❶ 体液と恒常性

動物の細胞のほとんどは体外に直接触れておらず、**体液**に浸されている。つまり体液は細胞にとって環境といえる。これを**体内環境**という。生体にはこの環境を一定に保とうとするはたらきがあり、これを**恒常性**（**ホメオスタシス**）という。

ヒトの成人の場合、体重の6割ほどを水分が占めている。そのうちの約3分の1（体重の2割）が体液で、残りは細胞内に存在している。体液は部位によって**組織液**、**リンパ液**、**血液**の3種類に分けられる。

### 1 組織液

血しょうが毛細血管からしみ出して、細胞と細胞の隙間を満たしている液を**組織液**という。

組織液は血液・細胞間の物質の受け渡しの仲介を行う。その後、大部分は毛細血管に戻るが、一部はリンパ管の中へ入る。

### 2 リンパ液

リンパ管の中を流れる体液を**リンパ液**という。リンパ液には、白血球の一種であるリンパ球が含まれている。

### 3 血　液

ヒトの**血液**は、液体成分である**血しょう**と、有形成分である**血球**(赤血球、白血球、血小板)がある。血しょうの主成分は水であり、それ以外にタンパク質や無機塩類などを含んでいる。割合はおおよそ血しょう55％、血球45％である。

868　第4章　生　物

少量の酸やアルカリを加えても溶液のpHがほぼ一定に保たれるはたらきを緩衝作用といい、血液にはその役割がある。

① 赤血球

赤血球は血球の96％を占める。骨髄で作られ、中央がくぼんだ円盤状をしている。

赤血球に含まれているヘモグロビンHbという赤い色素タンパク質は、酸素濃度が高く二酸化炭素濃度が低い環境では、酸素と結合して酸素ヘモグロビン$HbO_2$となる。逆に二酸化炭素濃度が高い環境では酸素ヘモグロビンから酸素が分離しヘモグロビンとなる。よって、組織に酸素を供給できる。酸素ヘモグロビンが多い血液を動脈血、少ない血液を静脈血という。

赤血球は、作られてから約４か月後に肝臓や脾臓で破壊され、生体外に排出される。また、ヒトの成熟した赤血球には核が見られない。さらに赤血球のヘモグロビンは、一酸化炭素COと、酸素よりも約250倍も結合しやすいため、一酸化炭素中毒になった場合、酸素を運搬する能力が著しく低下する。

② 白血球

白血球は血球の３％ほどを占める。白血球は免疫を担当する血球の総称であり、さまざまな種類があるが、どの種類の白血球にも核が見られる。白血球には食作用によって抗原（外敵）を除去する反応が起こる。

③ 血小板

血小板は血球の１％を占め、血液を凝固させる役割を持つ血球である。核が見られない。

### 4 血液凝固と線溶

外傷を受けると出血するが、血液を失うことを失血という。ヒトの場合、全血液（体重の約13分の１）の半分を失うと死に至る。そこでヒトには止血の仕組みが備わっている。

新鮮な血液をしばらく放置しておくと、血しょう中のタンパク質が赤血球や白血球などをからめて沈殿物を生じる。これが血液凝固であり、沈殿物を血ぺい（血餅）、上澄みを血清という。

傷ついた血管は、血ぺいによって止血されている間に修復される。修復が終わると血ぺいは取り除かれるが、これは固まった血液が分解されるために起こる現象で

あり、これを**線溶**という。

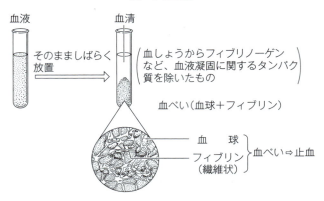

血ぺいと血清

## 5 止血機序の詳細

　血管が外傷を受けると、まず出血部位の血管が収縮し出血量を減らす。このとき、裂傷部に血小板が集まり血栓が形成される。これによってある程度傷口が塞がる。これを**一次止血**という。さらに、血しょう中の**フィブリノーゲン**というタンパク質が**フィブリン**という繊維質に変わり、血ぺいが形成される。これを**二次止血**という。

　フィブリンのもとであるフィブリノーゲンは、普段は機能を持たない形で血しょうに含まれている。このフィブリノーゲンは、**トロンビン**という酵素によってフィブリンに変換されるが、トロンビンもまた、普段は**プロトロンビン**という形で存在している。このプロトロンビンが一次止血によって活性化された血小板や$Ca^{2+}$などの**凝固因子**によって活性化されトロンビンになり、フィブリノーゲンをフィブリンにする。

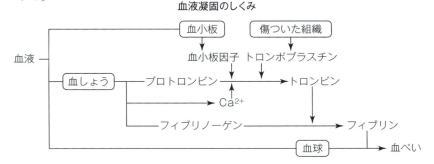

血液凝固のしくみ

## 2 循環系

### 1 血管系

　心臓、血管、リンパ管など体液の循環に関わる器官を**循環系**という。循環系は体液を全身に送り、体内環境の維持を行っている。脊椎動物などの循環系は、動脈と静脈の間が毛細血管でつながれており、血液は血管内を流れて心臓へと戻る。これを**閉鎖血管系**という。これに対して、節足動物などの循環系は、動脈と静脈の間をつなぐ毛細血管が存在しない。これを**開放血管系**という。

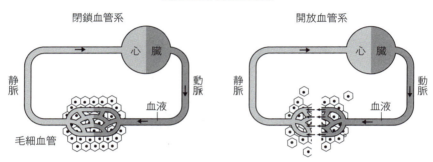

閉鎖血管系と開放血管系

### 2 ヒトの循環系

　ヒトの血液の循環には、右心室→肺動脈→肺→肺静脈→左心房という**肺循環**と、左心室→大動脈→体の各部→大静脈→右心房という**体循環**がある。心臓から出ていく血液が通る血管を**動脈**といい、心臓に戻ってくる血液が通る血管を**静脈**という。静脈には動脈と異なり、逆流防止のために弁が存在する。
　通常、動脈には**動脈血**(酸素を多く含む血液)、静脈には**静脈血**(二酸化炭素を多く含む血液)が流れているが、肺では酸素と二酸化炭素のガス交換を行うため他の部位と異なり、**肺動脈には静脈血**、**肺静脈には動脈血**が流れている。

## 肺循環と体循環

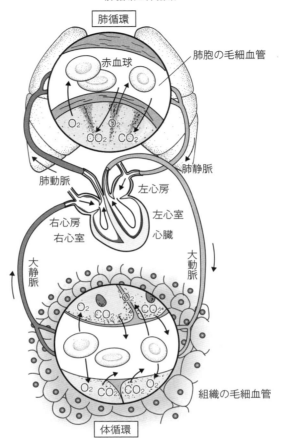

## 3 心臓の作り

動物によって心房・心室の数が異なり、心臓の形状が異なる。脊椎動物の分類ごとに心房・心室の数は覚えておくとよい。

心臓の作り

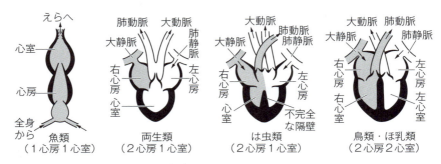

# 3 肝臓と腎臓

## 1 肝臓の構造と機能

ヒトの成人の肝臓の重量は体重のおよそ2％程度（1kg）であり、最大の臓器である。肝動脈だけでなく**肝門脈**（小腸と肝臓をつなぐ血管）ともつながることにより、心臓から出た血液の3分の1は肝臓を通っている。肝臓からは胆管という**胆汁**を輸送する管が出ていて、胆管の途中には胆のうがあり、その中に胆汁が蓄えられている。胆管は十二指腸とつながり、脂質消化を助ける。

また肝臓は、代謝の中心であり、化学工場にたとえられる。さまざまな化学反応が起こっているため、**熱産生の中心臓器**でもある。

① 血糖濃度の調節

血液中に含まれるグルコースを**血糖**といい、グリコーゲンの合成・貯蔵・分解によって、その濃度は約0.1％前後に維持されている。

② タンパク質の合成と分解

フィブリノーゲンなどのタンパク質の合成と分解を行う。

### ③ 尿素の合成

タンパク質やアミノ酸を分解すると**アンモニア**が生じるが、毒性の高い物質であるため、毒性の低い**尿素**に作り変える。これを**オルニチン回路**という。

### ④ 解毒作用

アルコールを無害な物質に作り変える。アルコールは酵素によって**アセトアルデヒド**に分解され、さらに別の酵素によって**酢酸**に分解される。

尿素の合成も解毒作用の一つである。

### ⑤ 赤血球の破壊

古くなった**赤血球**は肝臓で破壊される。

### ⑥ 胆汁の生成

肝細胞で胆汁が生成され、胆のうに蓄えられる。必要に応じて十二指腸に分泌される。不要になった赤血球などが原料の一部である。

### ⑦ 体温維持

肝臓ではさまざまな物質が分解され、発生した熱は体温維持に利用される。

## 2 腎臓の構造と機能

腎臓は、ろ過と再吸収という二つの過程により、肝臓で生成された尿素などの老廃物の排出、水分・無機塩類・グルコース・アミノ酸の再吸収を行っている。

ヒトの腎臓は、腹部背側に1対ある。毛細血管が球状になって集まった**糸球体**と、それを包む**ボーマンのう**によって構成される**腎小体**(マルピーギ小体)があり、それが**細尿管**(腎細管)につながっている。腎小体と細尿管を合わせたものを**ネフロン**(腎単位)といい、1個の腎臓に100万単位程度のネフロンが存在している。ネフロンは集合管につながっており、この集合管が有用成分の再吸収が済んだ尿を腎うへ集める。

### 腎臓の構造

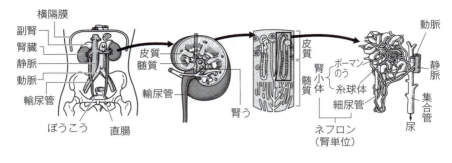

#### ① ろ過

腎動脈から流れ込んだ血液が、糸球体からボーマンのうに押し出されることを**ろ過**という。水分・無機塩類・グルコース・アミノ酸・老廃物（尿素など）はボーマンのうに押し出されるが、血球やタンパク質などの大きな分子はろ過されない。ボーマンのうに押し出された液を**原尿**という。水分はほぼ再吸収されるため、尿量は1～2Lほどで、原尿の1％程度である。

#### ② 再吸収

細尿管（腎細管）を流れる原尿から、水分、無機塩類、グルコース、アミノ酸などが毛細血管に吸収される。バソプレシンの作用により集合管でも水分の再吸収が行われる。それ以外の物質は、尿として体外へ排出される。

## 3 アンモニアの排出

タンパク質がアミノ酸を経て呼吸基質として分解されると、アンモニア$NH_3$が生じる。このアンモニアは生物にとって非常に有害なので排出しなければならないが、動物によって排出方法が異なっている。

**アンモニアの排出方法**

| 方　法 | 生　物 | 備　考 |
|---|---|---|
| アンモニアの<br>ままで排出 | ・多くの水生無脊椎動物<br>・硬骨魚類<br>・両生類の幼生 | 周囲に水が豊富にあり、アンモニアのまま排出<br>しても薄められるため |
| 尿素に変えて<br>排出 | ・軟骨魚類<br>・両生類<br>・ほ乳類 | 肝臓で毒性の低い尿素に変えて排出 |
| 尿酸に変えて<br>排出 | ・昆虫類<br>・は虫類<br>・鳥類 | 尿素よりも毒性が低く、水に不溶な尿酸に変え<br>て排出 |

以下は、ヒトの場合にアンモニアを尿素に変えて尿として排出される過程であり、ここには肝臓と腎臓が関わっていることがわかる。

### ① 肝臓での尿素の生成

肝臓のオルニチン回路においてアンモニアと二酸化炭素がATPと各種酵素のはたらきでオルニチンと結合し、シトルリンになる。さらに、シトルリンはアルギニンを経てオルニチンと尿素になる。

### ② 腎臓での尿の生成

肝静脈から出た血液は心臓に戻りその後腎臓へ向かうと、腎小体中の糸球体に流れ込み、血しょう中のタンパク質を除く成分が糸球体からボーマンのうにこし出される。このろ過された液体を原尿というが、原尿中のすべてのグルコースと、水分の大部分と無機塩類は、細尿管を流れる間に毛細血管へ再吸収される。細尿管で再吸収されなかった成分が尿となる。

## 4 水生生物の塩類濃度調節

水生生物は、海水や淡水などの体外の環境と体表面が接しているので塩類濃度の影響を受けやすく、そのための調節機構も発達している。

### 1 海水魚の塩類濃度調節

海水魚は、体液の塩類濃度が**海水より低く**、おおよそ３分の１ほどである。そのため、浸透圧により体内から水分が奪われやすい。そこで、大量の海水を飲んで水分を吸収し、余分な塩類をえらから排出している。また、体液と**塩類濃度が等しい（濃い）尿を少量生成**し、排出している。このような仕組みで体内の塩類濃度を一定に保っている。

なお、この場合の海水魚とは一般的にマグロやサンマ、アジなどの硬骨魚類を指す。これらとは別にサメやエイなどを軟骨魚類といい、これらは「体液中に尿素を加えて濃度を高める」ことにより体内の塩類濃度を一定に保っている。

### 2 淡水魚の塩類濃度調節

淡水魚は、体内の塩類濃度が**淡水より高く**、浸透圧により体内に水が入りやすい。そのため、腎臓で原尿から塩類を盛んに吸収して**薄い尿を大量に生成**したり、えらや腸から塩類を取り込むなどによって、体内の塩類濃度を一定に保っている。

## 5 自律神経とホルモンによる恒常性

### 1 自律神経

知覚・意識などの大脳のはたらきとは無関係に、**自発的にはたらく神経系**が**自律神経**である。自律神経系には**交感神経系**と**副交感神経系**の２種類があり、対になって内臓に分布している。中枢は間脳の視床下部にあり、脳下垂体を通じて、内分泌系とも連絡している。自律神経による調節は、作用が局所的で、急速に現れ、一過性で長く続かない。また、自律神経系による調節を神経調節といい、ホルモンによる調節を液性調節という。

## ① 交感神経系

**交感神経**は、積極的な活動を行う場合や、緊張状態にある場合にはたらく神経系で、交感神経末端から**ノルアドレナリン**などが分泌されることで興奮が伝達される。

瞳孔の拡大、心臓の拍動促進、すい臓でのインスリン分泌抑制、消化液の分泌抑制などがその具体例である。

## ② 副交感神経系

**副交感神経**は、安息時や休憩時にはたらく神経系で、副交感神経末端から**アセチルコリン**などが分泌されることで興奮が伝達される。

瞳孔の縮小、心臓の拍動抑制、すい臓でのインスリン分泌促進、消化液の分泌促進などがその具体例である。

**自律神経の拮抗作用**

|  | 心臓の拍動 | 血管 | 血圧 | 瞳孔 | 気管支 | 発汗 | 消化管運動 | 立毛筋 | 排尿 |
|---|---|---|---|---|---|---|---|---|---|
| 交 感 神 経 | 促進 | 収縮 | 上昇 | 散大 | 拡張 | 促進 | 抑制 | 収縮 | 抑制 |
| 副交感神経 | 抑制 | — | 低下 | 縮小 | 収縮 | — | 促進 | — | 促進 |

血管は交感神経がはたらいているとき、すなわち活動的な状態が収縮である。これは通路を細くすることで血圧を上げる作用があるためである。

## 2 ホルモン

体内環境の調節は、自律神経系だけでなく、**ホルモン**のはたらきによるものもある。ホルモンとは、体内の特定の器官や組織で作られ、血液などの体液に分泌され特定の組織の活動を調節する化学物質の総称である。

ホルモンの多くは**内分泌腺**で作られる。内分泌腺は、汗などの外分泌線とは異なり排出管を持たないため、ホルモンは体液中に直接分泌される。このような仕組みを**内分泌系**という。

ホルモンが作用する器官を**標的器官**といい、標的器官には、特定のホルモンにだけ結合する細胞が存在する。これを**標的細胞**という。一般に、内分泌系の反応は神経系に比べ時間がかかるが、持続反応が長くなる。

## ① 内分泌腺と主なホルモン

### 内分泌腺と主なホルモン

| 内分泌腺 | | | ホルモン | 作用部位 | 作　用 |
|---|---|---|---|---|---|
| 脳下垂体 | 前葉 | | **成長ホルモン** | 全身 | 骨・筋肉・内臓器官の成長、タンパク質合成、**血糖増加** |
| | | | 甲状腺刺激ホルモン | 甲状腺 | 甲状腺ホルモンの分泌促進 |
| | | | 副腎皮質刺激ホルモン | 副腎皮質 | 糖質コルチコイドの分泌促進 |
| | | | 生殖腺刺激ホルモン | 精巣・卵巣 | 精巣・卵巣の成熟、生殖腺ホルモンの分泌促進 |
| | | | 泌乳刺激ホルモン | 乳腺・黄体 | 黄体ホルモンの分泌と乳汁分泌の促進 |
| | 中葉 | | 色素胞刺激ホルモン | 黒色素胞 | 色素顆粒の拡散、体色暗化 |
| | 後葉 | | 子宮収縮ホルモン（オキシトシン） | 平滑筋子宮・乳腺 | 平滑筋収縮→分娩、乳汁放出 |
| | | | **バソプレシン** | 細動脈・腎臓 | 血圧上昇、**腎臓の水分再吸収** |
| 甲状腺 | | | **チロキシン** | 全身 | 組織の代謝促進（**熱産生**）、両生類の変態、鳥類の換羽促進 |
| 副甲状腺 | | | パラトルモン | 骨・腎臓 | カルシウム・リンの代謝 |
| 副腎 | 皮質 | | **糖質コルチコイド** | 全身 | 糖・脂質・タンパク質の代謝、循環系の正常維持 |
| | | | **鉱質コルチコイド** | 全身 | 無機質・水分の代謝 |
| | 髄質 | | **アドレナリン** | 心筋・平滑筋細動脈・肝臓 | 脈数・血圧上昇、平滑筋収縮、グリコーゲン糖化（**血糖増加**） |
| すい臓 | A細胞 | | **グルカゴン** | 肝臓 | グリコーゲン糖化（**血糖増加**） |
| | B細胞 | | **インスリン** | 全身・肝臓 | 糖の利用・消費、**血糖減少**、糖尿病の治療薬 |

## ② ホルモン分泌の調節

　ホルモンの分泌は間脳の視床下部によって調節されているが、特に視床下部とつながった**脳下垂体**によって調節している。脳下垂体には前葉と後葉があり、それぞれホルモンの分泌に関わっている。

　神経細胞の中にはホルモンを分泌するものがあり、これを**神経分泌細胞**という。例えば、脳下垂体後葉につながる神経分泌細胞からは**バソプレシン**が分泌され、腎臓での水分再吸収が促される。

　**チロキシン**は、甲状腺から分泌される細胞の化学反応を活性化させるホルモンであるが、「視床下部から甲状腺刺激ホルモン分泌→脳下垂体前葉から甲状腺刺激ホルモン分泌→甲状腺からチロキシン分泌」という段階を経る。

　脳下垂体とは無関係にホルモン分泌の調節も行われる。**パラトルモン**は副甲状腺

から分泌され、血中カルシウム濃度を高める作用がある。

　恒常性は拮抗作用によって調節されるが、最終産物や最終的なはたらきの効果が、前の段階に戻って影響を及ぼすことを**フィードバック**という。特に抑制を負、促進を正のフィードバックという。ホルモンにおいては、負のフィードバックによって濃度を保っている場合が多い。

## 3 自律神経とホルモンの協同作用

### ① 血糖濃度の調節

　血液中に含まれるグルコースの濃度のことを**血糖値**（血糖濃度）という。正常な人の血糖値は、空腹時で血しょう100mLあたり100mg、つまり**100mg/dL**である。食後この値は上昇するが、180mg/dLを超えると高血糖状態である。

　上昇した血糖値をもとに戻すホルモンは、すい臓のランゲルハンス島B細胞から分泌される**インスリン**のみである。食事で炭水化物から摂取したグルコースは、肝臓や骨格筋の細胞内に**グリコーゲン**の形で貯蔵される。グリコーゲンはグルコースが多数結合したものであり、グリコーゲンにすることで血糖値を下げている。

　一方、血糖値を上昇させるホルモンは複数あり、副腎髄質から**アドレナリン**、副腎皮質から**糖質コルチコイド**、ランゲルハンス島A細胞から**グルカゴン**などである。

血糖濃度の調節

| 低血糖時 | 高血糖時 |
|---|---|
| ❶ 視床下部で低血糖を感知 | ❶ 視床下部で高血糖を感知 |
| ❷ 内分泌系または**交感神経**が作動 | ❷ **副交感神経**が作動 |
| ❸ 血糖上昇作用のあるホルモン分泌<br>・すい臓A細胞→**グルカゴン**分泌<br>・副腎髄質→**アドレナリン**分泌 | ❸ 血糖下降作用のあるホルモン分泌<br>・すい臓B細胞→**インスリン**分泌 |
| ❹ グリコーゲン→グルコースが促進され、血液中のグルコース量が増加する | ❹ 血液中のグルコースが肝臓や骨格筋に取り込まれ、グルコース→グリコーゲンが促進され、血液中のグルコース量が減少する |

### ② インスリンと糖尿病

　**糖尿病**は、インスリンの分泌に問題が生じて起こる慢性的な疾患である。糖尿病にはⅠ型とⅡ型があり、Ⅰ型はすい臓のランゲルハンス島B細胞が破壊され、インスリンが分泌されなくなることにより発症する。一方Ⅱ型は、遺伝・加齢・生活習慣などが原因でインスリンの分泌量が低下したり、標的細胞の反応性が低下したりすることにより発症する。糖尿病の多くはⅡ型である。

# 6 免　疫

## 1 免疫とそのはたらき

　生体は、異物の侵入を防いだり、侵入してしまった異物を排除したりする仕組み を持つ。これを**生体防御**という。

### ① 物理的防御・化学的防御

　気管や消化管は粘膜となっており、粘液を分泌する。粘液には細菌などの異物を 捕獲するはたらきがあり、このようなものを**物理的防御**という。

　また、汗に含まれる酵素(リゾチーム)や胃酸などで酸性に保たれた環境は、酸に 弱い異物の侵入を防いでおり、このようなものを**化学的防御**という。

### ② 免疫細胞

　物理的防御・化学的防御を異物が突破した場合や、正常な細胞が変異したがん細 胞などを非自己として排除する仕組みを**免疫**という。

　免疫においては、特に白血球の役割が大きい。免疫に関わる細胞を**免疫細胞**とい うが、**好中球、マクロファージ、樹状細胞、リンパ球**などのさまざまな白血球があ る。白血球は骨髄にある**造血幹細胞**から作られる。リンパ球にはいくつかの種類が あり、B細胞、T細胞、NK細胞(ナチュラルキラー細胞)に分類される。

## 2 自然免疫と獲得免疫

　免疫には、どんな異物に対しても起こる自然免疫と、特定の異物に対して個別に 起こる獲得免疫の2種類がある。

### ① 自然免疫

　動物が生まれながらに持つ生体防御機構を**自然免疫**という。白血球の一種である 好中球やマクロファージ、樹状細胞による**食作用**がその例である。また、病原体を マクロファージや樹状細胞が取り込み、周囲の細胞にはたらきかけると、血流が増 え熱を持つ。これを**炎症**といい、自然免疫が促進される。

　ウイルスや癌などに感染した細胞は、その表面に特有の変化が起こる。その変化 を見分けて(認識して)、感染した細胞を攻撃するのがNK細胞である。これも自然 免疫に含まれる。

② 獲得免疫

　自然免疫をすり抜けた異物に対して、リンパ球が個別に区別して排除する仕組みのことを獲得免疫という。

　異物として認識されるものを抗原といい、細菌やウイルスに加え、自己の体内には存在しないタンパク質、脂肪、多糖類なども含まれる。

　獲得免疫について次項で詳述する。

## 3 獲得免疫

　獲得免疫には、細胞性免疫と体液性免疫とがある。

### ① 細胞性免疫

　獲得免疫のうち、ウイルスなどに感染した細胞をリンパ球が直接攻撃する免疫を細胞性免疫という。機序は以下のとおりである。

❶ 体内に侵入した異物を樹状細胞などが取り込み分解する(食作用)。

❷ 分解された異物の一部が抗原(敵)として提示される。これを抗原提示という。抗原を認識するのはヘルパーT細胞というT細胞の一種であり、活性化・増殖する。

❸ 活性化したヘルパーT細胞が同じ抗原を認識するキラーT細胞を刺激して増殖させ、そのキラーT細胞が感染した細胞を直接攻撃する。

### ② 体液性免疫

　同じく獲得免疫のうち、異物が体液中に分泌された抗体によって排除される免疫を体液性免疫という。機序は細胞性免疫と途中までは同じである。

❶ 体内に侵入した異物を樹状細胞などが取り込み分解する(食作用)。

❷ 分解された異物の一部が抗原(敵)として提示される(抗原提示)。ヘルパーT細胞が抗原を認識し、活性化・増殖する。

❸ ヘルパーT細胞が、同じ抗原を認識したB細胞を活性化・増殖させる。活性化したB細胞は、抗体産生細胞(形質細胞)となり、大量の抗体を産生し異物を排除する。これを抗原抗体反応という。

882　第4章　生物

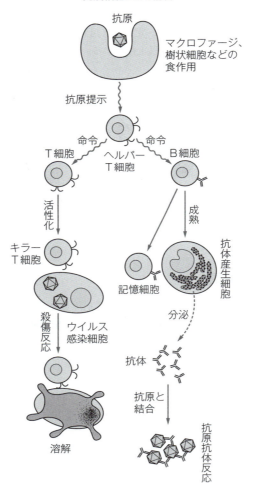

③ 抗体の構造

抗体は、血しょう中に含まれる**免疫グロブリン**というY字形をしたタンパク質によって作られる。免疫グロブリンは、定常部と可変部によって構成されており、可変部の遺伝子の組合せは192万通り以上存在する。

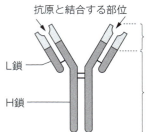

抗体の構造

## 4 免疫記憶と病気

ヒトは、ある病原体に一度感染すると、同じ病原体に感染しにくくなる。これは、過去に抗原刺激を受けたT細胞やB細胞の一部が**記憶細胞**として体内に残り、同じ抗原刺激があった場合に強く反応する仕組みがあるからである。これを**免疫記憶**という。

① 一次応答と二次応答

異物が体内に侵入すると免疫系が反応し、1〜2週間ほどかけて抗体を作り始める。このときの抗体産生量は少なく、1か月を過ぎるとさらに大きく減少する。これを**一次応答**といい、一次応答で刺激を受けたB細胞とT細胞の一部は記憶細胞となり体内に残る。

記憶細胞は、再び同じ抗原に出会うと抗体を急速かつ大量に産生する。大量生産は1か月以上持続し、これを**二次応答**という。

② ワクチン

特定の病原体による病気を予防するために、抗原として接種する物質を**ワクチン**という。病原体への免疫を作らせるためにワクチンを接種することを**予防接種**といい、弱毒化したウイルスや細菌表面にあるタンパク質などが用いられる。

新型コロナウイルス感染症(COVID-19)に対するワクチン(新型コロナワクチン)

の一部で採用されているmRNAワクチンは、ウイルスに対抗するスパイクタンパク質を作る情報を持ったmRNAを接種し、これをもとに体内で抗体を産生する仕組みである。

### ③ アレルギー

免疫は生体防御の重要なシステムであるが、免疫応答が過剰に起こって不都合な影響を与えることもある。このような反応を**アレルギー**といい、花粉症や、急性なものでは**アナフィラキシーショック**などがある。

### ④ 血清療法

あらかじめ動物に作らせた抗体を含む血清を注射することで、症状を改善させる治療法を**血清療法**といい、北里柴三郎によって開発された。

### ⑤ 拒絶反応と自己免疫疾患

他人の皮膚や臓器を移植した場合、移植された組織は非自己と認識され、NK細胞やキラーT細胞が攻撃する。これを**拒絶反応**という。また、何らかの原因で、自己成分に対しても抗体ができたり、自己組織をキラーT細胞が攻撃したりすることがある。このようにして起こる疾患を**自己免疫疾患**といい、関節リウマチやバセドウ病などがその代表例である。

また、一般にヒトの体内では、自己抗原に反応するリンパ球は免疫応答が抑制される。これを**免疫寛容**といい、自己の正常な細胞や組織は守られている。

### ⑥ 後天性免疫不全症候群

ヒト免疫不全ウイルス(HIV)が原因で免疫力が低下する疾患を**後天性免疫不全症候群**(AIDS)という。HIVは性的接触や輸血などで体液を介してヘルパーT細胞に感染し、体液性免疫と細胞性免疫を損なわせる。

HIVがヘルパーT細胞に感染すると、長い潜伏期間の後に増殖を始め、感染したT細胞が破壊される。そのため、B細胞やT細胞の機能が低下し、体液性免疫や細胞性免疫がはたらかなくなる。その結果、体内に侵入した病原体を除去できなくなり、AIDSを発症する。AIDSのように免疫のはたらきが極端に低下すると、健康な状態では感染しないような病原体にも感染するようになる。これを**日和見感染**という。

現在では、HIVの増殖を抑える薬剤が開発され、発症を遅らせることができるようになっている。

5 恒常性 885

## 過去問 Exercise

**問題1**　次の記述の　ア　から　オ　に当てはまる語句の組合せとして、最も妥当なのはどれか。

東京消防庁Ⅰ類2013

　ヒトの赤血球に多く含まれるヘモグロビンという　ア　は、血液中の酸素濃度が　イ　ときは酸素と結合して酸素ヘモグロビンに変化し、酸素濃度が　ウ　なると酸素を離して再びヘモグロビンに戻る。たとえば　エ　の血液は、手や足の血液より酸素ヘモグロビンの割合が大きい。また、同じ酸素濃度のもとでは、二酸化炭素濃度が高くなるほど酸素ヘモグロビンの割合が　オ　なる。

|   | ア | イ | ウ | エ | オ |
|---|------|------|------|--------|--------|
| ① | アミノ酸 | 高い | 低く | 肺静脈 | 大きく |
| ② | アミノ酸 | 低い | 高く | 肺動脈 | 小さく |
| ③ | タンパク質 | 高い | 低く | 肺静脈 | 小さく |
| ④ | タンパク質 | 低い | 高く | 肺動脈 | 大きく |
| ⑤ | タンパク質 | 高い | 低く | 肺静脈 | 大きく |

## 解説

正解 **3**

**ア**：タンパク質

　ヘモグロビンは赤血球に含まれている赤い色素タンパク質である。

**イ**：高い

　ヘモグロビンは、酸素濃度が高く二酸化炭素濃度が低い環境では、酸素と結合して酸素ヘモグロビンとなる。

**ウ**：低く

　酸素ヘモグロビンは、酸素濃度が低く二酸化炭素濃度が高い環境では、酸素が分離してヘモグロビンに戻る。

**エ**：肺静脈

　通常、動脈には動脈血、静脈には静脈血が流れているが、肺で酸素と二酸化炭素のガス交換が行われるため、肺動脈には静脈血、肺静脈には動脈血が流れている。酸素ヘモグロビンの割合が大きいのは肺静脈に流れる動脈血である。

**オ**：小さく

　二酸化炭素濃度が高くなるほど酸素ヘモグロビンの割合は小さくなる。

5　恒常性　887

| 問題2 | ヒトの血液に関する記述として、妥当なのはどれか。 |

東京都Ⅰ類2013

**1** 血液は、体積の約55％の有形成分と約45％の液体成分からできており、有形成分のうち最も多いのは、白血球である。

**2** 血しょうは、約90％が水分であり、栄養分や老廃物を運搬するほか、血しょう中の成分が血液凝固の反応において繊維状のフィブリンとなる。

**3** 赤血球は、核を有する球状の細胞であり、赤血球に含まれるグロブリンによって体内の組織へ酸素を運搬する。

**4** 白血球は、核がない中央がくぼんだ円盤状の細胞であり、出血したときに集まって傷口をふさぐとともに血液凝固に働く因子を放出する。

**5** 血小板は、核を有する不定形の細胞であり、体内に侵入した細菌やウイルスなどの異物を食作用により分解し排除するほか、免疫反応に関係している。

## 解説

正解 **2**

**❶ ✕** 　血液は、体積の約45％の有形成分と約55％の液体成分からできており、有形成分のうち最も多いのは赤血球で、血球の96％ほどを占める。

**❷ ◯** 　正しい記述である。

**❸ ✕** 　赤血球は無核の細胞であり、ヘモグロビンにより、体内の組織へ酸素を運搬する。

**❹ ✕** 　白血球は有核の細胞である。異物を食作用により分解し排除し、免疫反応に関係するリンパ球などを含んでいる。

**❺ ✕** 　血小板は無核の不定形の細胞である。血液凝固因子を含んでおり、血液凝固にはたらく。

第4章

生物

5　恒常性　889

**問題3**

## ヒトの体液に関する記述として最も妥当なのはどれか。

国家一般職2015

**1** 体液は、通常、成人男性では体重の約40％を占め、血管内を流れる血液と、組織の細胞間を満たすリンパ液の二つに大別される。

**2** 血液は、一般的に静脈を通って毛細血管に達し、血液の液体成分である血しょうの一部が、毛細血管壁から染み出ると全てリンパ液となる。

**3** 赤血球の核に多量に含まれているヘモグロビンは、主に栄養分や老廃物を体内で運搬する役割を果たしている。

**4** 白血球は、毛細血管壁を通り抜けて血管外に出ることができ、一部の白血球には、体内に侵入した病原体などの異物を取り込み、それを分解する働き（食作用）がある。

**5** 血しょうは、粘性のある淡黄色の液体で、約60％が水であり、主に酸素と結び付くことによって各組織に酸素を運搬する役割を果たしている。

## 解説

正解 **4**

**1** ✕　ヒトの体液は、体重の2割ほどである。体液は、血管内を流れる血液、組織の細胞間を満たす細胞液、リンパ管内を流れるリンパ液の三つに大別される。

**2** ✕　血液は、一般に動脈を通して毛細血管に達し、血しょうの一部が毛細血管から染み出てリンパ液になる。

**3** ✕　赤血球に含まれるヘモグロビンは、酸素の運搬をしている。

**4** ◯　正しい記述である。

**5** ✕　血しょうはやや黄味を帯びた液体で、約90％が水である。また、酸素と結びつくことにより、各組織に酸素を運搬する役割を果たしているのは赤血球である。

第4章 生物

5　恒常性　891

**問題4** 次の文は、ヒトの血液凝固に関する記述であるが、文中の空所A～Cに該当する語の組合せとして、妥当なのはどれか。

特別区Ⅰ類2016

血管が傷つくと、 A が傷口に集まる。 A からは、凝固因子が放出され、血しょう中に B という繊維ができる。 B は血球とからみあって C を形成し、傷口をふさぎ止血する。

|  | A | B | C |
|---|---|---|---|
| **1** | 血小板 | フィブリン | 血ぺい |
| **2** | 血小板 | ヘモグロビン | 血清 |
| **3** | 糸球体 | フィブリン | 血清 |
| **4** | 糸球体 | ヘモグロビン | 血ぺい |
| **5** | 糸球体 | ヘモグロビン | 血清 |

## 解説

正解 **1**

　血管が傷つくと、その部分に血小板（**A**）が集合することによって一次止血が起こり、同時に血小板は凝固因子と呼ばれるシグナルを放出する。凝固因子は血液中に存在する酵素群を活性化させて、フィブリノーゲンからフィブリン（**B**）を合成し、これが傷口で凝集している血小板や血球を絡めとることで血ぺい（**C**）を傷口に作る。

　なお、糸球体とは、腎臓に存在する毛細血管が集まってできる構造体、ヘモグロビンとは赤血球中に存在する色素性タンパク質、血清とは血液を放置しておいたときに生じる血液の上澄み成分のことである。

**問題5** ヒトの血液に関する記述として、最も妥当なのはどれか。

東京消防庁Ⅰ類2009

**1** 採取した血液をしばらく放置すると、有形成分の血清と液体成分の血餅に分かれる。

**2** 血小板には栄養素や老廃物を運ぶ働きがある。

**3** 白血球は体内に入ってきた細菌を食作用により処理し、免疫にも深くかかわる。

**4** 血しょうは骨髄でつくられる円盤状の細胞で、ヘモグロビンの働きにより酸素を運ぶ。

**5** 足をすりむいたとき、しばらくすると自然に血が止まるのは、赤血球の働きである。

## 解説

正解 **3**

**1** ✕　血清と血ぺいの説明が逆である。血液を空気中に放置すると、有形成分は繊維状のタンパク質であるフィブリンによって絡められ底に沈み、これを血ぺいという。また液体成分は上澄み液であり、これを血清という。

**2** ✕　血小板は血液凝固に関与する血球であり、栄養素や老廃物を運ぶのは血しょうである。

**3** ◯　白血球は核を持つ血球で、体内に侵入した細菌や異物を除去するはたらきがある。また、白血球には、マクロファージという大型の単球が存在し、マクロファージは異物を食作用で処理する。

**4** ✕　血しょうを赤血球に変えれば、妥当な記述となる。

**5** ✕　赤血球を血小板に変えれば、妥当な記述となる。

**問題6** 次は人間の心臓に関する記述である。A〜Eに当てはまる語句の組み合わせとして最も妥当なのはどれか。

東京消防庁Ⅰ類2004

全身をかけめぐった血液は心臓の **A** に溜められて **B** に送られる。**B** の収縮により血液は肺に送られ、二酸化炭素と酸素が交換される。その後、肺から送られた血液は **C** に溜められ **D** から全身に勢いよく送り出される。また、ガス交換によって **E** を流れる血液には、酸素が豊富に含まれている。

| | A | B | C | D | E |
|---|---|---|---|---|---|
| 1 | 右心室 | 右心房 | 左心室 | 左心房 | 肺静脈 |
| 2 | 左心室 | 左心房 | 右心室 | 右心房 | 肺動脈 |
| 3 | 左心房 | 左心室 | 右心房 | 右心室 | 肺静脈 |
| 4 | 右心房 | 右心室 | 左心房 | 左心室 | 肺動脈 |
| 5 | 右心房 | 右心室 | 左心房 | 左心室 | 肺静脈 |

896 第4章 生 物

## 解説

正解 **5**

　体循環で全身をめぐった血液は、心臓の右心房（**A**）→右心室（**B**）を通った後、肺動脈を通じて肺→左心房（**C**）→左心室（**D**）を通り、再び全身をめぐることになる。

　肺でガス交換を行った後に通るのは肺静脈（**E**）である。

**問題7** ヒトの肝臓に関する記述として、最も妥当なのはどれか。

東京消防庁Ⅰ類2017

1 肝臓は、心臓に次いで2番目に大きな臓器である。

2 小腸で吸収されたグリコーゲンは、肝門脈から肝臓に入り、グルコースに変えて貯える。

3 赤血球を含む血球の多くを作りだす臓器である。

4 タンパク質やアミノ酸の分解によって生じた有害な尿素を、毒性の低いアンモニアにつくりかえる。

5 肝臓内で行われる反応に伴って熱を発生し、体温の維持に役立っている。

## 解説

正解 **5**

**1** ✗ 　肝臓は最も大きな臓器である。

**2** ✗ 　小腸で吸収される物質はグルコースであり、小腸で吸収されたグルコースは肝門脈から肝臓に運ばれる。肝臓において、グルコースはグリコーゲンに変換されて貯蔵される。

**3** ✗ 　血球の多くを作り出す器官は骨髄である。なお、肝臓は血球ではなく血しょう中に含まれるタンパク質を作っている。

**4** ✗ 　タンパク質やアミノ酸の分解により生じる毒性が強く有害な物質はアンモニアであり、肝臓ではアンモニアを毒性の低い物質である尿素に変換する。

**5** ○ 　正しい記述である。

**問題8**　ヒトの腎臓に関する次の文章の空欄ア〜オに当てはまる語句の組合せとして、妥当なのはどれか。

東京都Ⅰ類2017

　ヒトの腎臓は、横隔膜の下の背側に　**ア**　対あり、それぞれ輸尿管につながっている。腎臓の内部には、**イ**　と細尿管とからなるネフロン（腎単位）が、腎臓1つ当たり約　**ウ**　万個ある。　**イ**　は、毛細血管が密集した　**エ**　を、袋状の　**オ**　が包み込むような構造になっている。

| | ア | イ | ウ | エ | オ |
|---|---|---|---|---|---|
| **1** | 1 | 腎う | 1,000 | 糸球体 | ボーマンのう |
| **2** | 1 | 腎小体 | 100 | 糸球体 | ボーマンのう |
| **3** | 1 | 腎う | 100 | ボーマンのう | 糸球体 |
| **4** | 2 | 腎小体 | 1,000 | ボーマンのう | 糸球体 |
| **5** | 2 | 腎う | 100 | ボーマンのう | 糸球体 |

## 解説

正解 **2**

**ア**：1
　ヒトの腎臓は、腹部の背中側に 1 対（2 個）ある。

**イ**：腎小体
　ネフロンは、腎小体と細尿管から構成されている。

**ウ**：100
　1 個の腎臓には100万個ほどのネフロンがある。

**エ**：糸球体
　腎小体を構成するもののうち、毛細血管が球状に集まっているのは糸球体である。

**オ**：ボーマンのう
　腎小体を構成するもののうち、糸球体を包み込んでいるのはボーマンのうである。

5　恒常性　901

**問題9** ヒトの肝臓又は腎臓に関する記述として、妥当なのはどれか。

東京都Ⅰ類2011

**1** 肝臓は、胃や小腸の下部にあり、円錐形の握りこぶし程度の大きさで、身体の中では腎臓に次いで重い臓器である。

**2** 肝臓は、グリコーゲンをブドウ糖として蓄え、必要に応じて、蓄えたブドウ糖を再びグリコーゲンに変えて血液中に送り出すはたらきをしている。

**3** 肝臓は、タンパク質の分解により生じた有害なアンモニアを、害の少ない尿素に変えるはたらきをしている。

**4** 腎臓は、腰の上部の背骨の両側に1対あり、左右を合わせると身体の中では最も大きく、最も重い臓器である。

**5** 腎臓は、送られてきた血液中の尿素をこし取り、尿として膀胱へ送るとともに、血液中のその他の老廃物もこし取り、大腸へ送るはたらきをしている。

## 解説

正解 **3**

**❶ ✕**　ヒトの肝臓の位置は、上腹部の右側で横隔膜の直下にあるので、胃や小腸の下部ではない。また、最も重い臓器である。

**❷ ✕**　肝臓では、血液中のグルコース（ブドウ糖）をグリコーゲンに合成して蓄え、必要に応じて、グリコーゲンをグルコースに再分解して、血液に供給している。

**❸ ◯**　正しい記述である。

**❹ ✕**　腎臓の大きさは握りこぶし程度であり、左右合わせても肝臓ほど大きくはなく、最も重い臓器ではない。

**❺ ✕**　老廃物をこし取り、大腸へ送るはたらきはしていない。

5　恒常性　903

| 問題10 | ヒトの肝臓と腎臓の働きに関する次のア～オの記述のうち、腎臓の働きに関する記述のみを全て選んだ組合せとして、最も妥当なのはどれか。 |

東京消防庁Ⅱ類2017

**ア** アルコールなどの有害なものを無害なものに変える。

**イ** 血液中の塩分濃度を調節する。

**ウ** グルコースをグリコーゲンとして貯える。

**エ** アンモニアを尿素に変える。

**オ** 血液から尿素を含む老廃物を排出する。

**1** ア、イ

**2** イ、エ、オ

**3** ア、ウ、エ

**4** ウ、エ

**5** イ、オ

## 解説

正解 **5**

　腎臓のはたらきに関する記述は、「血液中の塩分濃度を調節する（**イ**）」、「血液から尿素を含む老廃物を排出する（**オ**）」の二つである。

　残る、「アルコールなどの有害なものを無害なものに変える（**ア**）」、「グルコースをグリコーゲンとして貯える（**ウ**）」、「アンモニアを尿素に変える（**エ**）」は肝臓のはたらきに関する記述である。

**問題11** 魚類の浸透圧調節に関する記述として、妥当なのはどれか。

警視庁Ⅰ類2012

**1** 海水生硬骨魚の体液の浸透圧は海水の浸透圧より高い。

**2** 海水生硬骨魚は海水をほとんど飲まない。

**3** 海水生硬骨魚とくらべて海水生軟骨魚の体液には尿素が多く含まれている。

**4** 淡水魚は体液とほぼ等張の尿を多量に排出している。

**5** 淡水魚は塩類をえらなどから能動的に排出している。

## 解説

正解 **3**

**1** ✕　海水生硬骨魚類の体液の浸透圧は、海水の浸透圧より低く、海水の3分の1程度である。

**2** ✕　海水生硬骨魚類の体液の浸透圧は、海水の浸透圧より低いため、からだから水分が出ていく。そのため海水生硬骨魚類は、大量の海水を飲むことで、浸透圧調節をしている。

**3** ◯　正しい記述である。

**4** ✕　淡水魚の腎臓は発達しているので、大量の原尿を生成でき、低張の尿を大量に排出することができる。

**5** ✕　淡水魚は、えらの塩類細胞で塩類を能動的に再吸収している。

**問題12** 自律神経系の働きに関する次の文章の空欄ア〜オに当てはまる語句の組合せとして、妥当なのはどれか。

東京都Ⅰ類2015

　自律神経系は、交感神経と　**ア**　とからなり、多くの場合、両者が同一の器官に分布し、相互に拮抗的に作用することにより、その器官の働きを調整している。交感神経が興奮すると、その末端からは　**イ**　が、　**ア**　が興奮すると、その末端からは　**ウ**　が分泌され、各器官に働く。例えば、交感神経が興奮すると、心臓の拍動が　**エ**　し、気管支は　**オ**　し、膀胱においては排尿を抑制する。

|  | ア | イ | ウ | エ | オ |
|---|---|---|---|---|---|
| **1** | 感覚神経 | アセチルコリン | ノルアドレナリン | 促進 | 拡張 |
| **2** | 感覚神経 | ノルアドレナリン | アセチルコリン | 抑制 | 収縮 |
| **3** | 副交感神経 | アセチルコリン | ノルアドレナリン | 抑制 | 収縮 |
| **4** | 副交感神経 | ノルアドレナリン | アセチルコリン | 促進 | 拡張 |
| **5** | 副交感神経 | ノルアドレナリン | アセチルコリン | 抑制 | 収縮 |

## 解説

正解 **4**

**ア**：副交感神経
　自律神経を構成するのは、交感神経と副交感神経である。

**イ**：ノルアドレナリン
　交感神経の末端から分泌されるのはノルアドレナリンである。

**ウ**：アセチルコリン
　副交感神経の末端から分泌されるのはアセチルコリンである。

**エ**：促進
　交感神経が興奮したとき、心臓の拍動は促進する（心拍数が高まる）。

**オ**：拡張
　交感神経が興奮したとき、気管支は拡張する。

**問題13** 　ヒトのホルモンに関する記述として、妥当なのはどれか。

特別区Ⅰ類2014

**❶** 　視床下部から分泌される糖質コルチコイドは、腎臓におけるナトリウムイオンの再吸収を促進する働きがある。

**❷** 　甲状腺から分泌されるパラトルモンは、腎臓における水の再吸収を促進し、血圧を上昇させる働きがある。

**❸** 　すい臓のランゲルハンス島から分泌されるグルカゴンは血糖量を増加させ、インスリンは血糖量を減少させる働きがある。

**❹** 　副腎から分泌されるチロキシンは、血液中のナトリウムイオン濃度やカリウムイオン濃度を調節する働きがある。

**❺** 　脳下垂体前葉から分泌されるバソプレシンは、血液中のカルシウムイオン濃度を増加させる働きがある。

## 解説

正解 3

**①** ✕ 　糖質コルチコイドは副腎皮質から分泌される。腎臓におけるナトリウムイオンの再吸収を促進するのは、副腎皮質から分泌される鉱質コルチコイドである。

**②** ✕ 　パラトルモンは副甲状腺から分泌される。腎臓における水の再吸収を促進し、血圧を上昇させるのは、脳下垂体後葉から分泌されるバソプレシンである。

**③** ◯ 　正しい記述である。

**④** ✕ 　チロキシンは甲状腺から分泌される。血液中のナトリウムイオン濃度やカリウムイオン濃度を調節するはたらきがあるのは鉱質コルチコイドである。

**⑤** ✕ 　バソプレシンは脳下垂体後葉から分泌される。血液中のカルシウムイオン濃度を増加させるはたらきがあるのは、副甲状腺から分泌されるパラトルモンである。

**問題14**　次のA～Eは、体内環境の維持に関するホルモンであるが、血糖量の増加に働くものの組合せとして、妥当なのはどれか。

特別区Ⅰ類2017

**A**　アドレナリン

**B**　インスリン

**C**　グルカゴン

**D**　鉱質コルチコイド

**E**　チロキシン

**1**　A　C

**2**　A　D

**3**　B　C

**4**　B　E

**5**　D　E

## 解説

正解 ❶

**A** ◯ アドレナリンは血糖量の増加に作用する。

**B** ✕ インスリンは血糖量の減少に作用する唯一のホルモンである。

**C** ◯ グルカゴンは血糖量の増加に作用する。

**D** ✕ 鉱質コルチコイドはナトリウムやカリウムの量を調節し、体内の水分量の調節に関係するホルモンである。糖質コルチコイドとは違い、血糖量を増加させる作用は知られていない。

**E** ◯ チロキシンは基礎代謝の亢進に作用し、血糖量を増加させる作用もある。

**問題15** 　内分泌系に関する次のA～Dの記述のうち、妥当なもののみを全て挙げているものはどれか。

裁判所一般職2020

**A** 　体内の組織や器官のはたらきを調節する化学物質をホルモンといい、ヒトの場合、ホルモンは主に肝臓や腎臓でつくられて、内分泌腺とよばれる管を通じ体内の組織に運ばれる。

**B** 　ホルモンは特定の器官に作用する物質であるが、特定の器官に作用を及ぼすことができるのは、標的器官にある細胞に受容体があって、ホルモンと結合するためである。

**C** 　すい臓では、グリコーゲンの合成や分解を促して、血糖濃度を増加させたり減少させたりして調節するホルモンが分泌される。

**D** 　ホルモンを増加させたり抑制したりして分泌量を調節するはたらきを持っているのは、副腎という器官である。

1　A、B

2　A、C

3　B、C

4　B、D

5　C、D

## 解説

正解 **3**

**A** ✕ 　内分泌腺はホルモンを作るところであり、管ではない。この内分泌腺には、脳下垂体・甲状腺・副腎などさまざまなものがある。

**B** ◯ 　正しい記述である。

**C** ◯ 　正しい記述である。

**D** ✕ 　ホルモン分泌の調節は、視床下部の脳下垂体がその中枢である。副腎は左右の腎臓上部にある器官で、内分泌腺としてホルモンを分泌している場所の一つである。

**問題16** 血糖値の調節に関する記述として、最も妥当なのはどれか。

東京消防庁Ⅰ類2019

**1** 糖尿病には、肝臓のランゲルハンス島Ｂ細胞の損傷が原因のものと、インスリンの分泌量の増加やインスリンに反応できないことが原因のものとがある。

**2** 血糖濃度が低下すると、間脳の視床下部が情報を受け取り、交感神経を通じて、すい臓のランゲルハンス島のＡ細胞からグルカゴンの分泌を促す。

**3** 何らかの原因で血糖濃度を調節するしくみが正常に働かなくなり、血糖濃度が低下した状態が慢性的になる症状の病気を糖尿病という。

**4** 一般にヒトの血糖濃度は、血液100［ml］中にグルコース100［mg］を含む状態でほぼ安定しているが、食事をとると血糖濃度は下降し続ける。

**5** 腎臓でのグルコースとグリコーゲンの出し入れを調整し、血糖値を一定に維持しているのは自律神経系やホルモンである。

## 解説

正解 ❷

❶ ✗　糖尿病にはインスリンの産生が困難なため引き起こされるⅠ型糖尿病と、インスリンの産生量が少ないことや、産生されたインスリンが作用しないことによって引き起こされるⅡ型糖尿病がある。患者数の90％以上はⅡ型糖尿病である。

❷ ◯　正しい記述である。

❸ ✗　糖尿病は、上昇した血糖濃度を低下させることができないことで起こる病気である。

❹ ✗　ヒトの血糖濃度は食事を摂ることで、一時的に上昇する。

❺ ✗　グルコースとグリコーゲンの出し入れで血糖値を維持しているのは肝臓である。

**問題17** ヒトの免疫に関する記述として、妥当なのはどれか。

特別区Ⅰ類2009

**1** 免疫反応には、マクロファージによる細胞性免疫と、免疫に関係するリンパ球が直接作用する体液性免疫とがある。

**2** 免疫系の働きにより体内に侵入した異物が認識されると、その異物と特異的に結合する抗原が生成される。

**3** 体液性免疫で重要な役割を果たす抗体は、免疫グロブリンと呼ばれるY字状のタンパク質でできている。

**4** リンパ球には、B細胞とT細胞があるが、ともに血液中でつくられた後、胸腺で成熟するとB細胞になり、胸腺を経ないで成熟するとT細胞になる。

**5** マクロファージは大型の赤血球で、細菌などの異物を取り込んで消化する食作用をもつと同時に、抗原の情報を細胞表面に提示する。

## 解説

正解 **3**

**1** ✕ 　細胞性免疫と体液性免疫の説明が逆である。

**2** ✕ 　抗原とは異物のことであり、その異物と特異的に結合するのが抗体である。

**3** ◯ 　正しい記述である。

**4** ✕ 　リンパ球のもとになる細胞(幹細胞)は、骨髄で作られた後、骨髄で成熟したものがB細胞、胸腺に移動して成熟したものがT細胞である。

**5** ✕ 　マクロファージは白血球の一種である。

**問題18** 生体防御に関する記述として、最も妥当なのはどれか。

東京消防庁Ⅰ類2011

**①** 抗原がからだの中に侵入すると、リンパ球がさかんに抗体と呼ばれるマクロファージを分泌するようになる。

**②** 免疫に関係するリンパ球はT細胞とB細胞の2種類があり、T細胞は主に抗原の情報を記憶しておくはたらきがある。

**③** 抗体と抗原とが結合して起こる反応を抗原抗体反応といい、抗原抗体反応によって異物を排除するしくみを細胞性免疫という。

**④** 出血すると、血しょう中のフィブリノーゲンが水に溶けないフィブリンに変わることで、血液凝固が起こる。

**⑤** リンパ球のB細胞などが侵入してきた異物を直接攻撃するしくみを体液性免疫という。

## 解説

正解 **4**

**1** ✗ マクロファージは抗体ではない。

**2** ✗ T細胞は、一部が記憶細胞になるが、主なはたらきは細胞性免疫である。

**3** ✗ 抗原抗体反応は体液性免疫である。

**4** ○ 正しい記述である。

**5** ✗ 直接攻撃するのはT細胞で、これは獲得免疫のうちの細胞性免疫、もしくは自然免疫である。

**問題19**　次の文は抗原抗体反応に関する記述であるが、A ～ D に当てはまるものの組合せとして最も妥当なのはどれか。

国家一般職2013

　抗原抗体反応とは、　A　が体内に入ると、リンパ球が認識し、その　A　に対してだけ反応する　B　がつくられて血しょう中に放出され、　B　がその　A　に結合する反応のことである。このように、　B　で体を防御する仕組みを　C　免疫という。

　　D　を　A　として接種し、体にあらかじめ　B　をつくらせておいて、病気を予防する方法を　D　療法という。

|  | A | B | C | D |
|---|---|---|---|---|
| **1** | 抗原 | 抗体 | 体液性 | ワクチン |
| **2** | 抗原 | 抗体 | 細胞性 | ホルモン |
| **3** | 抗原 | 抗体 | 細胞性 | ワクチン |
| **4** | 抗体 | 抗原 | 細胞性 | ワクチン |
| **5** | 抗体 | 抗原 | 体液性 | ホルモン |

## 解説

正解 ①

　抗原（**A**）とは、免疫系によって異物として認識された物質であり、これが体内に入ると、リンパ球が認識して抗体（**B**）を産生する。抗体とは、体内に入ってきた抗原に対して特異的に反応し、抗原のはたらきを抑えるはたらきをする物質である。このように、抗体が抗原と結合してそのはたらきを抑えることを抗原抗体反応という。

　免疫系には、直接異物を細胞内に取り込んで処理する細胞性免疫と、抗体を産生し抗原抗体反応により処理する体液性（**C**）免疫がある。

　ワクチン（**D**）とは、毒性のない、あるいは毒性の弱い病原体から作られた物質であり、ワクチンを注入することで体内に抗体を作り、抗原抗体反応を起こして病気を予防するワクチン療法に用いるものである。

## 問題20

ヒトの免疫に関する記述として最も妥当なのはどれか。

国家専門職2021

**1** 体内に侵入した異物は、自然免疫とともに獲得免疫（適応免疫）でも排除される。自然免疫では異物を特異的に体内から排除するが、獲得免疫では異物を非特異的に体内から排除する。がん細胞を異物として認識して排除する働きは自然免疫に該当し、主に血小板によって行われる。

**2** 獲得免疫は、その仕組みにより細胞性免疫と体液性免疫とに分けられる。細胞性免疫では、NK（ナチュラルキラー）細胞による食作用とマクロファージによる異物の排除が行われる。一方、体液性免疫では、ウイルスなどに感染した自己の細胞をT細胞が直接攻撃する。

**3** 他人の皮膚や臓器を移植した場合、移植された組織が非自己と認識されると、B細胞が移植された組織を直接攻撃する。これにより、移植された組織が定着できなくなることを免疫不全といい、これを防ぐため、皮膚などの移植の際には、体液性免疫を抑制する免疫抑制剤が投与される。

**4** 免疫記憶の仕組みを利用して、あらかじめ弱毒化した病原体や毒素などを含む血清を注射し、人為的に免疫を獲得させる方法を血清療法という。一方、あらかじめ他の動物からつくった、ワクチンと呼ばれる抗体を注射することで、症状を軽減させる治療法を予防接種という。

**5** 免疫が過敏に反応し、体に不都合に働くことをアレルギーという。花粉などのアレルゲンが体内に侵入すると、抗体がつくられる。再度同じアレルゲンが侵入すると、抗原抗体反応が起き、それに伴って発疹や目のかゆみ、くしゃみ、鼻水などのアレルギー症状が現れる。

## 解説

正解 **5**

**❶** ✕ 　自然免疫と獲得免疫の記述が逆である。また、血小板はがん細胞を排除しない。

**❷** ✕ 　NK細胞やマクロファージは自然免疫である。また、体液性免疫はB細胞の抗原抗体反応である。

**❸** ✕ 　非自己を攻撃するのはT細胞であり、免疫抑制剤も細胞性免疫に対して投与される。

**❹** ✕ 　血清とワクチンの記述が逆である。

**❺** ◯ 　正しい記述である。

# 6 生物の環境応答

生物は外界の刺激をどのように受け取り、伝えているのでしょうか。生物が生まれ持った性質と生まれてから身につけた性質がどのようにはたらいているのかを見ていきます。

## 1 植物の環境応答

植物は場所を移動することができないので、周囲の環境の変化に応答する能力が動物よりも発達している。

### 1 水 分

① 水の移動

植物は土に含まれている水分を根から吸収している。この吸収は**浸透圧**の差を利用したもので、**根が水を吸収する力**のことを**根圧**という。根から吸収された水は、蒸散などによって水分が失われると、根→茎→葉という経路で移動していく。このように水が移動するのは、水分子の**凝集力**(水分子が互いに引き合う力：水素結合)が**大きい**ことが原因である。

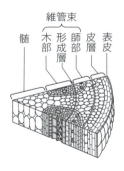

植物の茎の構造

② 蒸　散

　植物から水分が出ていくことを**蒸散**という。植物は葉に多く存在する**気孔**を開いて二酸化炭素や酸素の吸収・放出も行っているため、葉からの蒸散量が最も多い。気孔は**孔辺細胞**という二つの細胞の開閉によって生じる隙間のことで、膨圧が小さいとき、気温が低いとき、植物中の二酸化炭素が多いときなどに閉じる。葉の表面はクチクラ層という。クチクラ層は水分の蒸発を防いだり内部を保護したりするろう状の物質でできた表面を覆う層である。

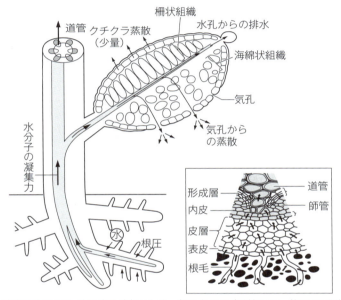

根圧による水分の吸収

植物体内のほうが浸透圧が高いため、根からの吸水が起こる（根圧の発生）

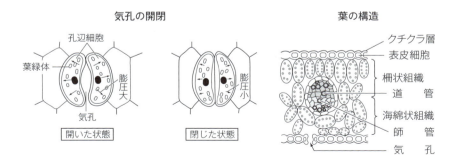

気孔の開閉　　　　　　　　葉の構造

## 2 植物の運動

### ① 屈　性

　外部からの刺激を受けた器官が、その刺激の**正方向**、**負方向**のいずれかに屈曲運動をする性質を屈性という。**光屈性**、**重力屈性**、**化学屈性**、**水分屈性**、**接触屈性**などがある。

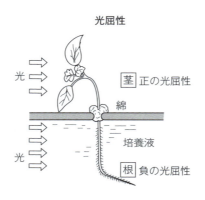

光屈性

### ② 傾　性

　植物の器官が刺激の方向に関係なく一定の反応をする性質を傾性という。**光傾性**、**接触傾性**、**温度傾性**などがある。

　接触傾性の例としてはオジギソウ、温度傾性の例としてはチューリップの花弁の開閉などがある。

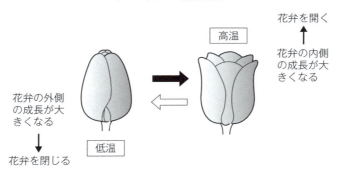

チューリップの温度傾性

## ③ 成長運動

すべての屈性や多くの傾性は、植物体の**部分的な成長速度の差**によって起こる。このような**成長に伴う運動**を**成長運動**という。チューリップの温度傾性も成長運動によるものである。

## ④ 膨圧運動

オジギソウ[1]の葉などに見られる接触傾性は、細胞から水が流出することで起こる。細胞から水が流出すると、細胞壁を押し広げようとする力（膨圧）が減少し、細胞の体積が減少する。このような**膨圧の変化によって起こる運動**を**膨圧運動**という。

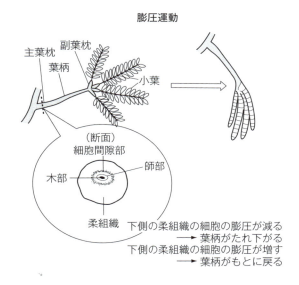

膨圧運動

[1] オジギソウの葉は、接触刺激がなくても夜になると膨圧が減少して折りたたまれる。これを**就眠運動**という。

## 3 植物ホルモン

植物ホルモンの作用

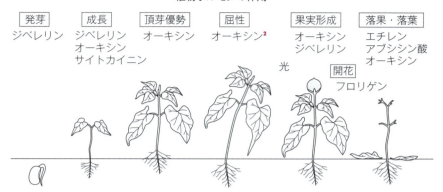

### ① オーキシン

　**オーキシン**は植物の成長を促進するホルモンで、光屈性の要因となるものである。オーキシンが多い場合には頂芽の成長が優先され、側芽の成長が抑制される。これを**頂芽優勢**という。

オーキシンの作用

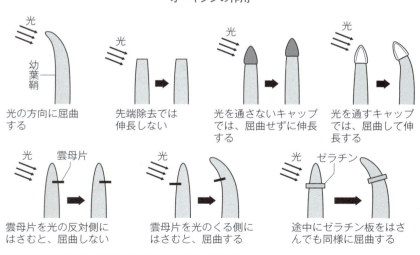

**2** 根の屈性には、アブシシン酸が関与している可能性も指摘されている。

またオーキシンは、濃度によって成長調節作用が変化し、部位によって最適濃度が存在する。つまり、部位によっては、濃度が高すぎる場合にも、伸長成長は抑制される。

② ジベレリン
　**ジベレリン**は、稲の背丈が非常に高くなってしまう現象の原因として発見された。**未熟種子や若葉の成長を促進する**ホルモンで、**子房の肥大**を起こす作用を持つことから、種なしぶどうの生産に利用されている。

③ サイトカイニン
　**サイトカイニン**は、**細胞分裂、頂芽や側芽の伸長、葉の老化を防止**するホルモンで、**気孔を開く作用**を持つ[3]。

④ アブシシン酸
　**アブシシン酸**は、ワタの蒴果(さくか)の離脱を促進させる原因として発見された。**葉の老化の促進、発芽や伸長の抑制、成長の抑制**を行うホルモンで**気孔を閉じる作用**を持つ。

⑤ エチレン
　**エチレン**は、**気体で存在し果実の成熟・老化を促進**するホルモンで、リンゴはこのエチレンを発していることから、他の果物と一緒に置いておくと、果物は成熟する。

エチレンの作用

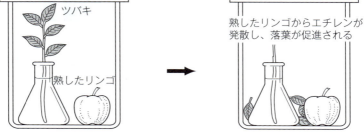

---

[3] 気孔が開く作用には、フォトトロピンという光受容体も大きく関係している。

6　生物の環境応答

## 4 花芽形成の環境応答

成長すると葉になる芽を葉芽、花になる芽を花芽という。植物は、決まった季節に花を咲かせるが、多くの植物は季節の変化を昼の長さの変化として捉えており、この反応を光周性という。植物は、光周性によって花芽を作る。

### ① 短日植物・長日植物

日長が長い間、つまり夜が短い間は花芽形成されないが、短くなる（夜が長くなる）と花芽形成する植物を短日植物という。逆に日長が長くなると花芽形成するものを長日植物という。短日植物の例としてはアサガオ、ダイズ、キク、コスモス、イネ、オナモミなど、長日植物の例としてはアブラナ、ホウレンソウ、コムギ、ダイコン、カーネーションなどがある。

また日長とは関係なく花芽形成する植物を中性植物といい、トマト、エンドウ、トウモロコシなどがその例である。

### ② 限界暗期

花芽を分化するかしないかの境目となる長さを限界暗期という。限界暗期は植物によって異なるので、植物によっては人為的に開花時期を調節することが可能である。限界暗期より短い暗期を与えることを長日処理、長い暗期を与えることを短日処理という。

花芽の分化に必要な暗期は連続している必要がある。つまり、暗期の途中に光を当てると、短日植物は開花せず、長日植物は開花してしまう。これを光中断という。

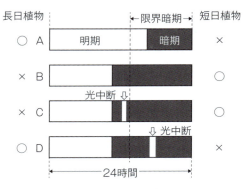

暗期・光中断と花芽形成

○ 花芽を形成する　　×花芽を形成しない

### ③ 花芽形成と温度

暗期の長さは葉によって受容される。短日処理された葉では、花芽の分化を誘導する**フロリゲン**というホルモンが作られていると考えられている。

また、花芽の形成には温度も重要である。一般に、冬を超えると花芽形成する、つまり春になると花が咲くような植物において、人工的に低温にさらすことによって花芽形成を促すことができる。この現象を**春化**といい、低温処理のことを**春化処理**という。

### ④ 植物のストレス応答

#### （ア）乾燥・塩害

植物は、水不足になるとアブシシン酸のはたらきで気孔を閉じる。アブシシン酸は、孔辺細胞の膨圧を下げることによって気孔を閉じることができる。また、乾燥によって根の周囲の塩分濃度が上昇したときも、細胞内の浸透圧を下げることにより水分吸収が促される。

#### （イ）温度変化

急激な温度上昇にさらされた植物は、熱ショックタンパク質を合成し、他のタンパク質を熱変性から守ることが知られている。また低温の場合は、細胞膜の流動性が小さくなるのを防ぐ性質を持つ。

いずれの場合も、繰り返しさらされる過程によって徐々に耐性が獲得される。

#### （ウ）植物性動物・微生物

植物は、葉や茎が捕食された場合、さまざまな抵抗反応を示す。これらの応答は**ジャスモン酸**によって誘導される。例として、タンパク質分解酵素阻害物質を合成し、捕食者に消化不良を起こさせるなどである。

また、菌類や病原性微生物に対しては、感染部位とその周辺の組織が**自発的な細胞死**を起こす。これらにもジャスモン酸が関わっている。

## 2 動物の環境応答

### 1 刺激の受容

動物が環境から情報を集める目や耳などの器官を**受容器**という。受容器が受け取った刺激は**神経系**を通じて筋肉などの**効果器**を反応させる。刺激の伝導には電気信号が利用されており、これによって速い情報の伝導が可能となる。

受容器にはさまざまなものがあり、受け取ることができる特定の刺激を**適刺激**という。眼であれば光、耳であれば音といったものである。

### 2 神経系

#### ① 神経系の全体像

神経系は**中枢神経系**と**末梢神経系**に大別される。中枢神経系は脳と脊髄に、末梢神経系は体性神経系と自律神経系に分類され、さらに下位の分類が存在する。

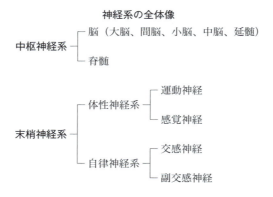

(ア) 中枢神経系

中枢神経は脳と脊髄であり、神経管由来である。さらに脳は**大脳**、**小脳**、**脳幹**に大別され、さらに脳幹は**間脳**、**中脳**、**延髄**に大別される。

**(イ) 末梢神経系**

　末梢神経系は骨格筋の運動の制御や感覚に関わる**体性神経系**と各種内臓の制御に関わる**自律神経系**に大別される。

　体性神経系は自らの意思で制御することが可能であり、これを**随意**という。これに対して、自律神経は自らの意思で制御することが不可能であり、これを**不随意**という。

### 体性神経系と自律神経系

| | 神経の名称 | はたらき | 制御の特徴 |
|---|---|---|---|
| 体性神経系 | 運動神経 | 骨格筋を動かす | 随意 |
| | 感覚神経 | 感覚を中枢に伝える | — |
| 自律神経系 | 交感神経 | 緊張に適応した変化をもたらす | 不随意 |
| | 副交感神経 | 安静に適応した変化をもたらす | 不随意 |

### ② 反　射

　熱いものが手に触れると思わず手を引っ込める。これは屈筋反射と呼ばれる反応で、このように、刺激に対して意識（大脳）とは無関係に起こる反応を**反射**という。反射において刺激は、「受容器→感覚神経→反射中枢→運動神経→効果器」という経路を経て伝わる（脳を介さない）。この反射の経路を**反射弓**という。

### 通常の反応と反射弓

| 通常の反応 | 受容器→感覚神経→中枢神経→運動神経→効果器 |
|---|---|
| 反射に対する反応（反射弓） | 受容器→感覚神経→反射中枢→運動神経→効果器 |

　反射中枢になるのは、脊髄のほかに脳幹（延髄：延髄反射、中脳：瞳孔反射）などがある。膝の下を叩くと足が上がる膝蓋腱反射や屈筋反射は、脊髄が反射中枢になる例である。

③ ニューロン

　神経系を構成するのは**ニューロン**（**神経細胞**）という情報伝達に特化した特殊な細胞である（図を参照）。

　ニューロンは、核を持った**細胞体**、細胞体から伸びる**軸索**、枝分かれした**樹状突起**で構成されている。軸索の末端は、他のニューロンや効果器とわずかな隙間を空けてつながっており、この部分を**シナプス**という。

　神経細胞が束になったものを神経という。神経には感覚神経や運動神経のほかに、それらをつなぐ介在神経などがある。

ニューロンの構造

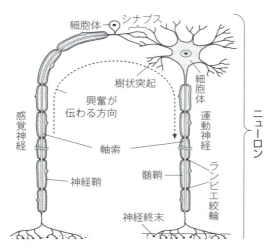

④ 静止電位と活動電位

　図のように軸索に電圧計を取り付けて、外部から刺激を与える実験を行う。細胞内部は通常、周囲と比べて電位が低くなっている。外を基準にとり0mVとすると、細胞内は−60〜−90mVという負の電位となっている。この電位を**静止電位**という。軸索を刺激すると、細胞内が外側よりも一瞬だけ正の値になる。この電位変化を**活動電位**といい、活動電位が発生することが**興奮**である。軸索の興奮は通常、細胞体から神経終末へと移動する。

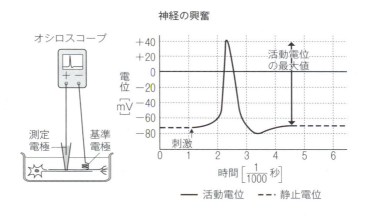

⑤ 興奮の伝導

　ニューロンの細胞膜には、$Na^+$を受動輸送する**ナトリウムチャネル**、$K^+$を受動輸送する**カリウムチャネル**、$Na^+$と$K^+$を能動輸送させる**ナトリウムポンプ**がある。

　静止電位の状態では、ナトリウムポンプのはたらきにより細胞膜の外側に$Na^+$が多く、内側に$K^+$が多い(このとき、ナトリウムチャネルは閉じ、カリウムチャネルは開いていて、一部の$K^+$が細胞膜の外側に一定量拡散している)。軸索に刺激が伝わると、ナトリウムチャネルが一瞬開き、$Na^+$が細胞膜の内側に拡散する。このとき膜内外の電位が逆転し、内側が正の電位(活動電位)となる。これが興奮である。

　その後閉じていた別のカリウムチャネルが開いてカリウムが細胞外に流出し、膜内外の電位がもとに戻る。最後に細胞膜内の$Na^+$と$K^+$のイオン分布をもとに戻すため、ナトリウムポンプによって能動輸送が行われ、$K^+$を細胞膜の内側、$Na^+$を細胞膜の外側に移動させる。このときに軸索内に活動電流が生じ、興奮が伝導する。神経線維(ニューロン内)における興奮の**伝導は両方向**に対して伝わるが、シナプスにおける末端から次の神経細胞(ニューロン間)における興奮の**伝達は一方向**のみに対して伝わる。

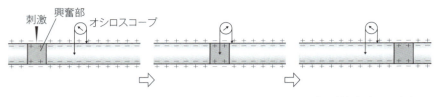

## ⑥ 全か無かの法則

興奮は、一定以上の刺激でなければ起こらない。この、興奮が起こる刺激の最小値を**閾値**という。閾値以上の刺激によって活動電位が発生するが、刺激をいくら強くしても、活動電位の大きさは変わらない。つまり軸索は、刺激に対して興奮する(全)かしない(無)かのどちらかしかない。この現象を**全か無かの法則**という。

しかし、刺激には強弱がある。これは興奮する細胞の数と活動電位の発生頻度(回数)によるものである。

## ⑦ 有髄神経繊維

脊椎動物の軸索の多くは、**神経鞘**と呼ばれる**シュワン細胞**でできた鞘に包まれている。シュワン細胞は軸索の周囲に巻き付いていて、**髄鞘**を形成している。髄鞘を持つものを**有髄神経繊維**、持たないものを**無髄神経繊維**という。髄鞘は絶縁性(電気を通さない)の物質であり、有髄神経繊維の軸索において、ところどころにくびれが見られる。これを**ランビエ絞輪**という。

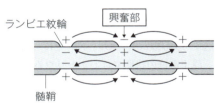

有髄神経では、髄鞘がない部分(ランビエ絞輪)でのみ活動電位が伝わっていく。そのため、有髄神経ではたくさんの髄鞘をスキップしながら活動電位が飛び飛びに素早く伝わる。こうした有髄神経繊維における速度の速い伝導を**跳躍伝導**という。

## ⑧ 伝 達

　神経終末は、隣の細胞と狭い隙間を隔てて接続している。この接続部分を**シナプス**といい、隙間そのものは**シナプス間隙**という。シナプスで情報が伝わることを**伝達**といい、前述のとおり伝導とは区別されている。シナプスにおいては、情報は一方通行で伝わる。伝える側をシナプス前細胞、受け取る側をシナプス後細胞という。

　シナプスには隙間があるので、電気は伝わらない。そのため、**神経伝達物質**という化学物質によってやり取りをする。シナプス前細胞には**シナプス小胞**という神経伝達物質を含んだ小胞がたくさんあり、神経伝達物質によって興奮を伝えている。

興奮の伝達

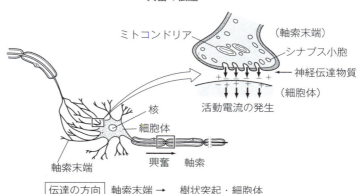

## 3 ヒトの脳と脊髄

### ① 大　脳

大脳は、外側にある**大脳皮質**(灰白質)と内側にある**大脳髄質**(白質)に分けられる。灰白質はニューロンの細胞体の集まり、白質は軸索の集まりであるので、機能としては大脳皮質の部分に集中している。

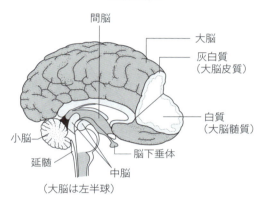

大脳の構造
（大脳は左半球）

#### (ア) 大脳新皮質

大脳の表面の皮質であり、前頭葉、頭頂葉、側頭葉、後頭葉に大別できる。言語や思考など、高度な機能の中枢が存在する領域である。高度な動物であるほどこの皮質が進化している。

- **前頭葉**：知的活動の中枢および運動の計画・実行の中枢が存在する
- **頭頂葉**：感覚の中枢が存在し、認知に関する機能も司る
- **側頭葉**：聴覚に関係し、言語の理解に関する機能も司る
- **後頭葉**：視覚の中枢が存在する

#### (イ) 大脳旧皮質 (大脳辺縁系、大脳古皮質)

大脳の奥に存在する皮質であり、**情動**(情緒、感情など)、**本能行動**、**記憶**といった原始的な機能の中枢が存在する領域である。

## ② 小　脳

運動の調節(大脳で企画された運動を滑らかにするということ)を行う。アルコールでまひが起こりやすく、酔っ払いが千鳥足になるのは運動の調節がうまくできなくなっているためである。

## ③ 脳　幹

脳幹は、間脳・中脳・延髄のことであり、生存に必須の機能に関わる脳をまとめて分類したものである。脳幹の不可逆的な機能停止を判断基準として脳死の法律的な定義がなされている。

### (ア) 間　脳

間脳は視床と視床下部に大別される。

間脳視床下部は、自律神経系の最上位中枢であり、体温や血糖値の調節などを行う。間脳の脳下垂体や松果体からはホルモンが分泌される。

- ・視床：嗅覚以外の全感覚の中継を行うほか、意識の維持や運動の調節に関与する
- ・視床下部：内分泌系および自律神経系の中枢であり、体内の恒常性維持にはたらく

### (イ) 中　脳

眼球の運動や対光反射(眼に光を当てると瞳孔が小さくなる反応)の中枢が存在し、覚醒や睡眠にも関係する。

### (ウ) 延　髄

呼吸(息を吸う中枢と息を吐く中枢に分かれる)、心臓(心拍数の増減を司る)、血液循環、消化などの生命維持の中枢であると同時に、くしゃみ、咳、まばたき、だ液・涙の分泌などの延髄反射の中枢でもある。

## ④ 脊　髄

脳への興奮を中継する。膝蓋腱反射、熱いものを触ったときの反射(屈筋反射)などの脊髄反射の中枢である。

6　生物の環境応答　　941

## 4 受容器

① 視　覚
(ア) 眼の構造

　眼は光を受容する器官である。光は**角膜**と**水晶体**で屈折し、**ガラス体**を通り**網膜**に像を結ぶ。各部分はカメラに喩えられ、水晶体はレンズ、網膜はフィルムに当たる。

　網膜には**視細胞**があり、これは2種類の感覚細胞に分かれている。光を受容する**桿体細胞**と、色を受容する**錐体細胞**である。視神経は網膜を貫いており、この部分を**盲斑**という。盲斑には視細胞がないので、像が結ばれない。

　光の量は虹彩によって、ピントは毛様体(毛様筋)によって調節される。虹彩によって**瞳孔**の大きさを変化させている。

眼球の構造

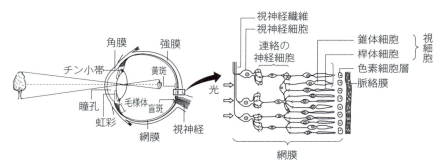

眼球の機能

| 構　造 | 機能・特徴 |
|---|---|
| 角　膜 | 眼球の黒目にあたる部分を覆う透明な膜 |
| 虹　彩 | 自律神経系の支配を受け、瞳孔に入る**光量を調節**する<br>(交感神経興奮→散大、副交感神経興奮→縮小) |
| 水晶体 | レンズの役割を果たし、光を屈折させる(=光を曲げる) |
| 毛様体 | 水晶体の厚みを調節し、**ピントの調節**を行う |
| 網　膜 | 光を認識する2種類の細胞(**視細胞**)が存在する感覚上皮組織<br>①**桿体細胞**……光の強弱を感知する細胞<br>②**錐体細胞**[4]……色を感知する細胞 |
| 神経乳頭 | 視神経の軸索の集まりであり、視細胞から入力された情報を中枢へ伝える |

---

[4] 黄斑部分に多く分布する。暗所ではほとんどはたらかないので、暗所で輪郭はわかるのに色が判別しにくいのはこのためである。赤・緑・青の光を認識する3種類の錐体が存在する。

### (イ) 明順応と暗順応

　光が強く眩しい場所でも、しばらくすると周囲が見えるようになることを**明順応**、光が弱く暗い場所でも、しばらくすると周囲が見えるようになることを**暗順応**という。

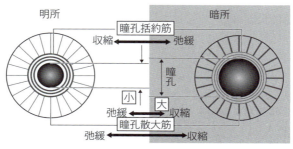

明順応と暗順応

### (ウ) 遠近調節

　角膜で光が屈折し、水晶体では**チン小帯・毛様体**の**収縮・弛緩**によって焦点を合わせる。物理の凸レンズと焦点に関する原理と同じである。

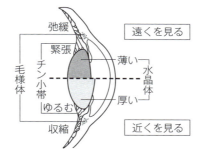

遠近調節

② 聴　覚
(ア) 耳の構造
　ヒトの耳は**外耳**、**中耳**、**内耳**に分けられる。音は空気の振動で、外耳から入った音波は中耳の鼓膜を振動させる。この振動が耳小骨で増幅され、内耳のうずまき管に伝わる。うずまき管内はリンパ液で満たされており、基底膜のコルチ器にある**聴細胞**が興奮して聴覚が生じる。

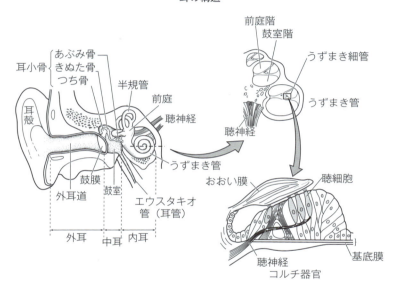

耳の構造

耳の機能

|  | 構　造 | 機　能 |
|---|---|---|
| 外耳 | 耳殻、外耳道 | 外部の音を集める |
| 中耳 | 鼓膜、耳小骨、耳管 | 耳小骨にて音の増幅を行う |
| 内耳 | うずまき管、前庭、半規管 | うずまき管に聴細胞があり、音を受容する |

### (イ) 平衡覚

耳は、聴感覚以外に**平衡覚**の中枢でもある。内耳にある**前庭**では体の傾きに対して平衡石がずれることによって受容される。同じく内耳にある**半規管**では、リンパ液の動きによって回転を受容する。

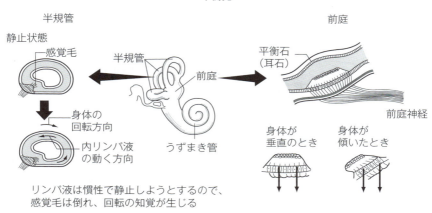

### ③ 嗅 覚

鼻は、**嗅細胞**によってにおいを感じ取っている。嗅細胞は個々に特定のにおい分子(化学物質)と結びつくタンパク質があり、これらの組合せによって多くのにおいを感じることができる。

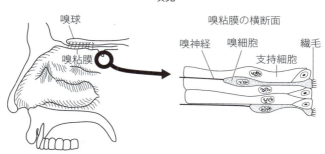

④ 味　覚

　舌は、味細胞によって味覚を感じ取っている。舌の表面にある乳頭には味覚芽があり、味覚には、甘味、苦味、酸味、塩味に加え、旨味が存在する。

味覚

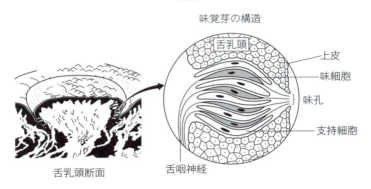

⑤ 皮膚感覚

　皮膚には、接触(圧力)を刺激として受け取る圧点、温度(高温・低温)を刺激として受け取る温点・冷点、痛さを受容する痛点などの感覚点が分布している。これらの感覚点で受け取られた刺激による感覚を触覚、温覚、冷覚、痛覚という。これら感覚点は一様ではなく、部位によって大きく異なる。

皮膚感覚

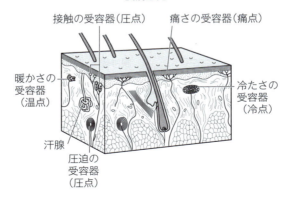

## 5 効果器

刺激によって、さまざまな反応を行う器官を効果器といい、ヒトでいえば主に筋肉がこれに該当する。これ以外にも、蛍の発光やカメレオンの変色なども効果器が行う反応である。

公務員試験では筋肉について集中的に出題されるため、ここでは筋肉の詳細を学ぶ。

### ① 筋組織の分類

筋組織の分類は非常によく出題される。筋組織は横紋筋と平滑筋という見た目上の分類と、自らの意思で筋肉を動かせるのかどうか(随意か不随意か)という分類がある。

**筋組織の分類**

|  | 横紋筋 |  | 平滑筋 |
|:---:|:---:|:---:|:---:|
|  | 骨格筋 | 心　筋 |  |
| 部　位 | 骨に付着 | 心臓の壁を構成 | 内臓 |
| 神経支配 | 運動神経 | 自律神経 | |
| 運　動 | 随意 | 不随意 | |
| 疲　労 | 疲労しやすい | 疲労しにくい | |
| 力 | 強い | | 弱い |
| 核の数 | 多核 | 単核 | |

筋肉は、繊維の縞模様がある横紋筋と、縞模様がない平滑筋に分けられる。横紋筋はすばやく収縮するが疲労しやすいのに対して、平滑筋はゆっくり収縮し疲労しにくい。横紋筋のうち、手足などの骨についている筋肉を骨格筋という。骨格筋は随意筋といわれ、意識して動かすことができる筋肉である。これに対して、心筋(心臓の筋肉)や平滑筋(内臓筋など)は不随意筋といわれ、意識して動かすことができない筋肉である。通常、横紋筋は随意筋、平滑筋は不随意筋であるが、心筋は横紋筋でありながら不随意筋である。

## 横紋筋と平滑筋

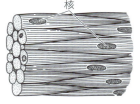

横紋筋（骨格筋）
核
明暗の横縞がある。すばやく収縮するが疲労しやすい。随意筋。多核体。

平滑筋（内臓筋）
核
横縞が見られない。ゆっくり収縮し疲労しにくい。不随意筋。

### ② 骨格筋の構造

骨格筋は、**筋細胞**（**筋繊維**）が単位となっており、1個の筋細胞は数百個の核を持つ。さらにこれら筋細胞が束になることで骨格筋を形成する。

筋細胞中には**筋原繊維**といわれる円柱状の構造が、細胞長軸方向に平行に並んでぎっしりと詰まっており、筋原繊維は、両端が**Z膜**で仕切られた**サルコメア**（筋節）という単位が長軸方向に繰り返しつながっている（図参照）。サルコメア内には、**アクチンフィラメント**と**ミオシンフィラメント**が長軸方向に規則正しく並んでいる。サルコメア中央（ミオシンフィラメントが集まった部分）はやや暗く見えるため**暗帯**、Z膜の近く（アクチンフィラメントが集まった部分）は明るく見えるため**明帯**といわれる。

### ③ 骨格筋の収縮

筋収縮は、ミオシンとアクチンの相互作用で起こり、ミオシンがATPのエネルギーを使ってアクチンをたぐり寄せる。つまり、アクチンがミオシンに滑り込むことによって起こる。これを**滑り説**という。

サルコメアは収縮するが、フィラメント（細長い糸のような構造）が収縮しているわけではなく、ミオシンフィラメントもアクチンフィラメントも長さは変わらない。

### ④ 骨格筋の収縮制御

骨格筋は運動神経に支配されているので、意思により収縮させることができる。このような随意筋は**アセチルコリン**によって制御されており、神経終末から分泌されたアセチルコリンが受容体に結合すると筋細胞に活動電位が発生する。

筋原繊維は**筋小胞体**といわれる筋細胞特有の小胞体によって囲まれており、活動電位が発生すると**カルシウムイオン**$Ca^{2+}$が放出される。この濃度が薄いと筋肉は弛緩しており、筋小胞体から放出された$Ca^{2+}$によって収縮が起こる。

## 骨格筋の構造

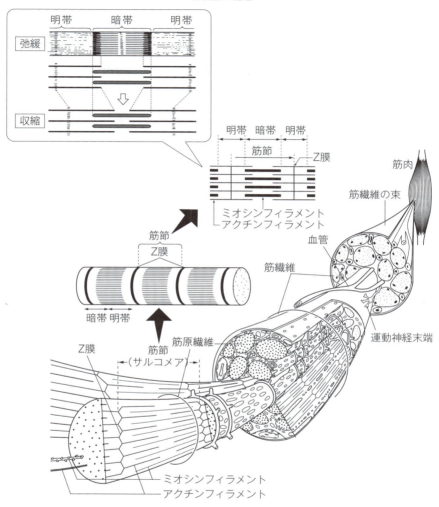

## 6 ▷ 動物の組織

　動物の場合、組織は伝統的に上皮組織、筋組織、神経組織、結合組織の四つに分類されてきた。体や器官の表面を**上皮組織**といい、それらの境界となっている。はたらきは上から保護上皮、腺上皮、感覚上皮などに分かれている。

　すでに扱った、体を動かす筋肉を構成する**筋組織**、情報伝達をする**神経組織**などがあり、それら以外をまとめて**結合組織**という。特徴としては「構造の支持に関与・中胚葉由来」などが挙げられ、細胞間物質などが主である。血液や骨もここに含まれる。

## ③ 動物の行動

　動物の動きの中で、生存や繁殖に意味づけられるものを特に**行動**という。行動は、遺伝的に伝えられ生まれながらに行う**生得的行動**と、生まれた後に得た経験によって行う**学習行動**の2種類に分けられる。

## 1 ▷ 生得的行動

### ① かぎ刺激による行動

　動物が、ある刺激を受けたときに常に決まった行動を起こす場合、この刺激を**かぎ刺激**(信号刺激)という。

　代表的な例として、トゲウオがほかの雄を攻撃する行動は、腹部の赤い色が「かぎ刺激」である。そのほかにも、クモやハチが決まった形の巣を作ること、鳥の渡りと帰巣行動、サケの回帰性などもかぎ刺激による行動である。

### ② 定　位

　動物が食物や快適な環境を求めて移動するとき、環境中の刺激を目印に特定の方向を定めている。これを**定位**という。定位には、走性のように単純なものから鳥の渡りなど長距離の移動を伴うものなどさまざまなものが知られている。

## (ア) 走 性

ある刺激を受けた動物が、刺激源に対して方向性を持った同一行動をとる反応を走性という。刺激源に対して体を向ける、あるいは近づくことを正の走性、刺激源に対して背を向ける、あるいは遠ざかることを負の走性という。

一定の走性を示す動物も、環境条件の変化などで、走性が失われたり、走性の種類が転換したりすることもある。

**走性の種類**

| 走性の種類 | 刺　激 | 正の走性 | 負の走性 |
|---|---|---|---|
| 光走性 | 光 | 魚、多くの昆虫、ゾウリムシ、ミドリムシ（弱光） | プラナリア、ミミズ、ゴキブリ、ミドリムシ（強光） |
| 化学走性 | 化学物質 | ハエ（アンモニア）、カ（二酸化炭素）、ゾウリムシ（弱酸） | ゾウリムシ（強酸） |
| 重力走性 | 重力 | ミミズ、二枚貝 | カタツムリ、ゾウリムシ |
| 水流走性 | 水流 | メダカなどの川魚 | |
| 接触走性 | 接触 | ゴカイ、イトミミズ | ミドリムシ |

## (イ) 太陽コンパス

鳥には渡りをするものが存在するが、長距離であっても正確に定位することができる。これらの鳥は、昼間は太陽の位置情報をもとにして方向を定めており、これを太陽コンパスという。太陽は時間とともに位置が変わるが、生物時計によって時間補正している。夜間は星座情報をもとにして方向を定めており（星座コンパス）、曇り空で太陽コンパスや星座コンパスが使えない場合は地磁気の情報をもとにして方向を定めているといわれている（地磁気コンパス）。

## (ウ) 気流を利用した行動

コオロギなどの昆虫は、感覚毛によって空気の流れを受容する。気流の大きな変化は、敵の接近を告げているので、逃避行動で身を守ることができる。

## (エ) 音を利用した行動

コウモリやイルカは超音波を利用している。超音波を発することによって周囲の状況を読み取り、捕食などをしている。またコウモリの被食者である蛾は、超音波に対して退避行動をとることで知られている。ほかにも雌の鶏は、ヒナの鳴き声によって救援行動が見られる。

### ③ 情報伝達

#### （ア）フェロモン

　生物の体から分泌される化学物質を**フェロモン**といい、フェロモンというかぎ刺激によって、**同種の個体**に特定の本能行動を起こさせる。多くの昆虫の生殖行動、アリの道しるべフェロモン・警報フェロモン、ゴキブリの集合フェロモンなどがその代表例である。

#### （イ）ミツバチのダンス

　ミツバチは、花の蜜が取れる場所を他のミツバチに伝えるために巣に戻りダンスのような行動をとる。これは太陽の位置を利用した行動である。

## 2 学習行動

### ① 学　習

　動物は、生まれた後の経験（刺激）によって、新しい行動や目的達成のための行動を習得することができる。これを**学習**という。一般に、神経系の発達した動物ほど学習能力は高く、脊椎動物の中でも哺乳類は特にその傾向が顕著に見られる。

#### （ア）慣　れ

　同じ刺激を受け続けると反応性が低下することを**慣れ**という。軟体動物のアメフラシのえらに触れるとえらを引っ込めるが（反射）、繰り返すと引っ込めなくなることや、音や臭いの慣れがその代表例である。

### (イ) 条件づけ（条件反射）

　生得的に起こるかぎ刺激を**無条件刺激**という。ここに、全く関係ない刺激を同時に与えると、無条件刺激と結びつけることができる。これを古典的条件づけという。このとき、全く無関係な刺激を**条件刺激**という。パブロフの犬がその代表例である。

　レバーを押すとエサが出る装置に動物を入れる。最初は偶然押したレバーによってエサが得られるが、動物はやがて「レバーを押すとエサが得られる」ということを学習する。このようなものをオペラント条件づけという。

条件反射（パブロフの犬）

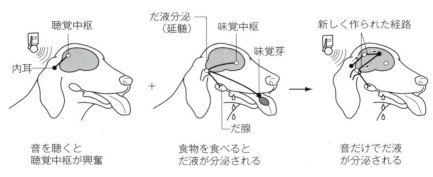

音を聴くと聴覚中枢が興奮　　食物を食べるとだ液が分泌される　　音だけでだ液が分泌される

### (ウ) 刷込み

　生まれて間もない時期の特定行動の学習を刷込み（インプリンティング）といい、鳥の雛が生まれて最初に見たものを親と思い込むことや、サケが産まれた川の臭いを覚えていることなどがその代表例である。

### (エ) 試行錯誤

　最初は失敗しても、同じことを繰り返すうちに誤りが減っていくような学習を試行錯誤という。オペラント条件づけは試行錯誤の一種といえる。

### ② 知能行動

　過去の経験そのもので行う行動ではなく、過去の経験から推理したうえで未知の事柄に対して対処する行動を知能行動という。知能行動は、大脳の発達した動物ほどよく見られるものである。

## 過去問 Exercise

**問題1**　植物の性質に関する次の記述の　A　〜　E　に入る語句の組合せとして、最も妥当なのはどれか。

東京消防庁Ⅰ類2014

　固定した位置に生育する植物または植物の器官が、刺激の方向に対して決まった方向に屈曲する反応を　A　といい、刺激源の方向へ屈曲する場合を　B　の　A　と呼び、その反対の方向へ屈曲する場合を　C　の　A　という。例えば、刺激となる光の光源の方向へ曲がる茎の反応は　D　の光　A　という。また、植物の器官が刺激の方向とは無関係に、一定の方向に屈曲する反応を　E　という。

|   | A | B | C | D | E |
|---|---|---|---|---|---|
| 1 | 屈性 | 正 | 負 | 正 | 傾性 |
| 2 | 屈性 | 負 | 正 | 負 | 傾性 |
| 3 | 傾性 | 正 | 負 | 正 | 屈性 |
| 4 | 傾性 | 負 | 正 | 正 | 屈性 |
| 5 | 傾性 | 負 | 正 | 負 | 屈性 |

## 解説

正解 ①

　植物が刺激に対して、決まった方向に屈曲する反応を屈性（**A**）という。刺激の来る方向に屈曲する反応は正（**B**）の屈性、刺激の来る方向と反対の方向に屈曲する反応は負（**C**）の屈性である。例えば、光源の方向へ曲がる茎の反応は正（**D**）の光屈性であり、光原の方向と反対の方向へ曲がる根の反応は負の光屈性である。

　また、植物が刺激の方向とは無関係に、一定の方向に屈曲する反応を傾性（**E**）という。

**問題2** 植物ホルモンに関するA ～ Dの記述のうち、妥当なものを選んだ組合せはどれか。

特別区 I 類2013

**A** サイトカイニンには、細胞分裂の促進や葉の老化の抑制・気孔の開孔などの働きがある。

**B** エチレンには、果実の成熟や落葉・落花の促進などの働きがある。

**C** アブシシン酸には、茎の成長や不定根の形成の促進、子房の成長の促進などの働きなどがある。

**D** オーキシンには、種子の休眠の維持や発芽の抑制、葉の気孔の閉孔などの働きがある。

1 A B
2 A C
3 B C
4 B D
5 C D

## 解説

正解 **1**

**A** ◯ 　正しい記述である。

**B** ◯ 　正しい記述である。

**C** ✕ 　アブシシン酸は成長の抑制に作用する。茎の成長や子房の成長の促進に作用するのはオーキシンやジベレリンである。

**D** ✕ 　オーキシンは成長の促進に作用する。成長の抑制に作用するものはアブシシン酸である。

6　生物の環境応答　957

**問題3** 植物ホルモンに関する記述として、妥当なのはどれか。

特別区Ⅰ類2021

**1** エチレンには、果実の成熟や落果、落葉を抑制する働きがある。

**2** ジベレリンには、種子の発芽や茎の伸長を促進する働きがある。

**3** オーキシンには、種子の発芽や果実の成長を抑制する働きがある。

**4** フロリゲンには、昆虫の消化酵素の働きを阻害する物質の合成を促進し、食害の拡大を防ぐ働きがある。

**5** サイトカイニンには、細胞分裂の抑制や、葉の老化の促進、葉の気孔を閉じる働きがある。

# 解説

正解 **2**

**1** ✗ 　エチレンには、果実の成熟や落果、落葉を促進するはたらきがある。

**2** ◯ 　正しい記述である。

**3** ✗ 　種子の発芽を抑制するのはアブシシン酸である。なおオーキシンは、伸長成長を濃度によって調節し、屈性の原因となる物質である。

**4** ✗ 　ジャスモン酸に関する記述である。

**5** ✗ 　サイトカイニンには、細胞分裂の促進や葉の老化の抑制、葉の気孔を開くはたらきがある。

6　生物の環境応答　959

| 問題4 | 植物の環境応答に関する記述として最も妥当なのはどれか。 |

国家一般職2018

❶　多くの植物の種子に含まれるジベレリンは、デンプンを分解して、植物の成長に必要な糖を生成する作用がある。そのため、ジベレリンで処理することで種子の発芽、茎の伸長、果実の成長や種子の形成を促進させることができる。

❷　茎や根に含まれるオーキシンは、成長促進作用があるため、濃度が高くなるほど植物の成長を促すが、ある濃度以上になると成長は一定となる。また、オーキシンの感受性は器官に関係なく、オーキシンの濃度が等しければ成長は一定となる。

❸　果実の成熟過程では、エチレンを自ら生成して果肉の軟化、果皮の変色といった変化が起こる。生成したエチレンはその果実の成熟に消費されるため、大気中には放出されず、周囲の果実の成熟に影響を与えることはない。

❹　植物の器官が環境からの刺激を受けたときに、屈曲する反応を示すことがあり、これを屈性という。このうち、重力の刺激に対する反応を重力屈性といい、無重力条件下では、重力屈性が起こらないため、植物の茎や根は屈曲せず真っすぐに成長する。

❺　花芽の形成が日長の変化に反応する性質を光周性という。例えば、長日植物は、連続した暗期の長さを計っており、太陽光だけではなく人工照明の明かりでも花芽の形成に影響を受ける。この性質を用い、人為的に日長を変えることで開花の時期を調節することがある。

## 解説

正解 ⑤

**❶** ✕　ジベレリンは、未受精の子房にも作用するため、種子の形成は促進されず、種のない果実を作ることができる。

**❷** ✕　オーキシンには最適濃度が存在しており、最適濃度以外では成長が促進されないことがある。なおオーキシンの感受性は、器官や組織により異なり、最適濃度もそれぞれ異なる。

**❸** ✕　エチレンは、果実から空気中に放出され、他の果実にも影響を与える。

**❹** ✕　無重力条件下では、植物の茎や根が屈曲せずに真っすぐに成長するということはなく、茎や根は勝手な方向に伸びることが知られている。

**❺** ◯　正しい記述である。

| 問題5 | 植物の環境応答に関する記述として最も妥当なのはどれか。 |

国家専門職2020

**1** 植物は、乾燥によって水不足の状態に陥ると、気孔が開いて、空気中の水蒸気を取り込む。この調節はアブシシン酸を介して行われており、水不足が体内のアブシシン酸を増加させ、アブシシン酸が孔辺細胞に作用して膨圧が低下し、気孔が開く。

**2** 植物は、氷点以下の低温や高濃度の塩分によるストレスを受けると、オーキシンの含有量が増え、ストレス抵抗性に関わる様々な遺伝子の発現を誘導する。植物が持つこのストレス抵抗性は、繰り返しストレスにさらされた場合よりも、一度に強いストレスを受けた場合の方が高くなる。

**3** 植物は、昆虫による食害などによって傷害を受けると、体内でエチレンを作る。エチレンはタンパク質の合成を阻害する働きを有しており、これによってエチレンを食べた昆虫の成長が妨げられるので、食害の拡大を防ぐのに役立つ。

**4** 植物は、病原性の細菌や菌類などの病原体に感染すると、菌体成分に由来する物質を感知して様々な応答を示す。その一つに、感染部位の周辺で起きる自発的な細胞死があり、これによって病原体を初期に感染した部位に閉じ込め、全身に広がるのを防いでいる。

**5** 植物は、花芽の形成の際に日長のほかに温度の影響を受ける場合がある。カーネーションなどの短日植物では、花芽形成を促進する遺伝子の発現が、夏の高温にさらされることで抑制され、花芽の形成が遅れることがある。この現象を春化という。

## 解説

正解 **4**

**❶ ✕** 植物が気孔から水分を取り入れるというようなことはない。また、気孔を開くのはフォトトロピンによる作用で、アブシシン酸は気孔を閉じる作用がある。なお、膨圧が下がると気孔は閉じる。

**❷ ✕** オーキシンは伸長を促進する植物ホルモンである。植物のストレス抵抗性は、低温においては、繰り返しさらされることによって耐性をつけていく。

**❸ ✕** 食害を受けたときの応答はジャスモン酸によって誘導される。なお、エチレンは乾季や冠水などの酸素不足時に葉を下垂させるなどの誘導を行う。

**❹ ◯** 正しい記述である。

**❺ ✕** 春化とは、一定期間、低温にさらされることによって花芽形成が促進される現象をいう。

**問題6** 反射が起こるときに興奮が伝わる経路である反射弓の伝達経路図の A ～ D に入る語句の組合せとして、最も妥当なのはどれか。

東京消防庁Ⅰ類2016

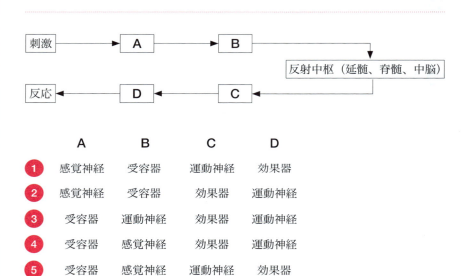

|   | A | B | C | D |
|---|---|---|---|---|
| 1 | 感覚神経 | 受容器 | 運動神経 | 効果器 |
| 2 | 感覚神経 | 受容器 | 効果器 | 運動神経 |
| 3 | 受容器 | 運動神経 | 効果器 | 運動神経 |
| 4 | 受容器 | 感覚神経 | 効果器 | 運動神経 |
| 5 | 受容器 | 感覚神経 | 運動神経 | 効果器 |

## 解説

正解 **⑤**

　反射弓の伝達経路は、受容器（**A**）→感覚神経（**B**）→反射中枢→運動神経（**C**）→効果器（**D**）である。

**問題7** ヒトの反射に関する記述中の空所A〜Cに当てはまる語句の組合せとして、最も妥当なのはどれか。

警視庁Ⅰ類2016

　ヒトの意志とは関係なく起こる反応として、反射があり、ひざの関節のすぐ下を軽くたたかれると思わず足が跳ね上がる（**A**）がある。この反射の中枢は（**B**）にあって、大脳と無関係に素早い反応が起こる。反射における、受容器→感覚神経→反射中枢→運動神経→効果器という興奮伝達の経路を（**C**）という。

| | A | B | C |
|---|---|---|---|
| ① | しつがい腱反射 | 中脳 | 体性神経系 |
| ② | しつがい腱反射 | 脊髄 | 反射弓 |
| ③ | 屈筋反射 | 延髄 | 反射弓 |
| ④ | 屈筋反射 | 中脳 | 体性神経系 |
| ⑤ | 屈筋反射 | 脊髄 | 反射弓 |

## 解説

正解 **2**

**A：しつがい腱反射**

　膝の関節のすぐ下を軽く叩くと思わず足が跳ね上がる反射のことを膝蓋腱反射、熱いものに触ったときに思わず手を引っ込める反射のことを屈筋反射という。

**B：脊髄**

　膝蓋腱反射、屈筋反射の中枢は脊髄にある。中脳および延髄は脳の一部である。

**C：反射弓**

　反射における、「受容器→感覚神経→反射中枢→運動神経→効果器」という興奮伝達の経路を反射弓という。体性神経系とは末梢神経系における分類の一つで運動神経と感覚神経が含まれる。

**問題8**　次の記述の　A　から　C　に当てはまる語句の組合せとして、最も妥当なのはどれか。

東京消防庁Ⅰ類2014

1個の神経細胞に着目してみると、神経細胞に与える刺激の強さが、ある強さ（　A　）以上ないと　B　は生じない。また、　A　より強い刺激を与えた場合、刺激がどんなに強くても、　B　の大きさはほぼ一定で変化しない。これを、　C　という。感覚器の受容細胞の反応の多くは刺激に対して段階的に変化する。しかし、その信号を脳へと伝える感覚神経繊維は、　C　に従って変化する。

|  | A | B | C |
|---|---|---|---|
| **1** | 閾値 | 活動電位 | 全か無かの法則 |
| **2** | 閾値 | 静止電位 | 跳躍伝導 |
| **3** | 適刺激 | 活動電位 | 全か無かの法則 |
| **4** | 適刺激 | 活動電位 | 跳躍伝導 |
| **5** | 適刺激 | 静止電位 | 全か無かの法則 |

## 解説

正解 ①

**A：閾値**

軸索の興奮は刺激の強さがある一定値以上に達しないと起こらない。この刺激の最小値を閾値という。

**B：活動電位**

刺激が閾値以上に達したときに発生するのが活動電位である。

**C：全か無かの法則**

閾値以上の刺激を受けると、刺激をいくら強くしても活動電位の大きさは変わらない。つまり、軸索は刺激に対して全く反応しないか、最大の大きさで反応するかのどちらかである。このことを全か無かの法則という。

**問題9**　神経細胞に関する記述として、最も妥当なのはどれか。

警視庁Ⅰ類2013

**1**　神経細胞は細胞体や樹状突起などからなり、樹状突起には核がある。

**2**　神経細胞の軸索の末端と他の神経細胞の接続部分をランビエ絞輪という。

**3**　軸索には神経鞘というシュワン細胞からできた膜で包まれているものがある。

**4**　脊椎動物の神経繊維の多くは、電気を通しやすい髄鞘のある有髄神経繊維である。

**5**　有髄神経繊維の軸索では髄鞘の切れ目であるシナプスという部分がある。

# 解説

正解 ③

**①** ✕ 核があるのは樹状突起ではなく細胞体である。

**②** ✕ ランビエ絞輪ではなくシナプスについての説明である。

**③** ◯ 正しい記述である。

**④** ✕ 髄鞘は絶縁体であり、電気を通さない。

**⑤** ✕ シナプスではなくランビエ絞輪についての説明である。

**問題10** ニューロン（神経細胞）に関する記述として、最も妥当なのはどれか。

警視庁Ⅰ類2018

**1** 感覚ニューロンと運動ニューロンの間をつなぐ介在ニューロンは密に集合して、中枢神経系を形成している。

**2** ニューロンは他の細胞からの信号を受け取る軸索と、信号を離れたところまで伝える樹状突起をもつ。

**3** ニューロンの細胞膜に沿って伝わる興奮は、興奮のいったん終了した箇所へ逆方向に伝わることがある。

**4** ニューロンでは、細胞内外のイオンの濃度差を維持するためにATPはほとんど使用されない。

**5** 髄鞘は電気が通りやすい構造をしているため、有髄神経繊維は信号を高速に伝えられる。

## 解説

正解 **1**

**❶ ◯** 　正しい記述である。

**❷ ✕** 　軸索と樹状突起に関する記述が逆である。他の細胞からの信号を受け取るのは樹状突起で、信号を離れたところまで伝えるのは軸索である。

**❸ ✕** 　ニューロンの細胞膜はいったん興奮が終了すると、再度興奮するまでには時間がかかるため、興奮が逆向きに伝わることはない。

**❹ ✕** 　細胞内外のイオン濃度差を維持するためにはナトリウムポンプが使われており、ポンプの稼働にはATPが必要である。

**❺ ✕** 　髄鞘は絶縁体(電気を通さない構造)であり、有髄神経では活動電位はランビエ絞輪を飛び飛びに伝えられる(これを跳躍伝導という)ため、信号は高速で伝えられる。

6　生物の環境応答　973

| | **問題11** | 脊椎動物の神経の興奮に関する次の記述の　**A**　から　**E**　に当てはまる語句の組合せとして、最も妥当なのはどれか。 |

東京消防庁Ⅰ類2013

　静止状態にある細胞では、細胞の内側は外側に対して電気的に　**A**　になっており、これを　**B**　という。細胞を刺激すると、刺激された部分では瞬間的に細胞膜の内外の電位差が逆転し、短時間でもとの状態に戻る。細胞膜におけるこのような一連の電位変化を　**C**　といい、神経細胞が　**C**　を発生させることを神経の興奮という。有髄神経繊維には電流を通しにくい　**D**　があるので、興奮の伝導速度は無髄神経繊維よりも　**E**　。

| | A | B | C | D | E |
|---|---|---|---|---|---|
| **1** | 正 | 跳躍伝導 | 静止電位 | 髄鞘 | 小さい |
| **2** | 正 | 静止電位 | 跳躍伝導 | 細胞壁 | 小さい |
| **3** | 負 | 活動電位 | 静止電位 | 髄鞘 | 小さい |
| **4** | 負 | 跳躍伝導 | 活動電位 | 細胞壁 | 大きい |
| **5** | 負 | 静止電位 | 活動電位 | 髄鞘 | 大きい |

974　第4章　生　物

## 解説

正解 **5**

　生きている神経細胞の膜の内外には電位差が生じており、静止時には膜の内側が負（**A**）、外側が正の電荷を帯びている。この静止時の電位を静止電位（**B**）という。

　一方、細胞が刺激されると、刺激された部分では瞬間的に膜の内側が正、外側が負の電荷を帯び、短時間でもとの状態に戻る。このときの膜の状態を興奮といい、興奮時の電位差を活動電位（**C**）という。

　神経細胞内では、活動電位によって生じた電流が移動することによって興奮の伝導が行われる。特に、有髄神経繊維では髄鞘（**D**）の絶縁性が高いため電流が流れず、電流は髄鞘の切れ目であるランビエ絞輪から両隣のランビエ絞輪へと流れる。このように、興奮がランビエ絞輪を飛び飛びに伝導していくことを跳躍伝導といい、伝導速度は無髄神経繊維より有髄神経繊維のほうが大きい（**E**）。

**問題12** ニューロンとその興奮に関する記述として、最も妥当なのはどれか。

東京消防庁Ⅰ類2020

**1** 神経系を構成する基本単位はニューロン（神経細胞）と呼ばれる。ニューロンは、無核の細胞体とそこから伸びる多数の突起からなり、長く伸びた突起を軸索、枝分かれした短い突起を樹状突起という。

**2** ニューロンは、加えられる刺激の強さがある一定以上でないと興奮しない。興奮がおこる最小限の刺激の強さを閾値といい、それ以上刺激を強くしても興奮の大きさは変わらない。

**3** ニューロンが刺激を受けて興奮すると、興奮部と静止部との間で微弱な電流が流れる。これを活動電流といい、この電流が刺激となって隣接部が興奮し、さらに次の隣接部が興奮するというようにして興奮が伝わっていくことを興奮の伝達という。

**4** 軸索の末端は、せまいすきまを隔ててほかのニューロンや効果器と連絡している。この部分をシナプスといい、アセチルコリンなどの神経伝達物質により次のニューロンの樹状突起や細胞体に興奮が伝えられることを、興奮の伝導という。

**5** ニューロンの興奮は、軸索では一方向へしか伝わらない。一方、シナプスでは、化学物質によって仲介されるので、興奮は両方向へ伝わる。

## 解説

正解 **2**

**1** ✕ ニューロンの細胞体は核を持ち、1本の軸索と多数の樹状突起を持つ。

**2** 〇 正しい記述である。

**3** ✕ 興奮の伝達ではなく興奮の伝導に関する記述である。

**4** ✕ 興奮の伝導ではなく興奮の伝達に関する説明である。

**5** ✕ 軸索では両方向へ伝わり、シナプスでは一方向にしか伝わらない。

**問題13** 脳の各部位の名称とその機能について、A〜Eに入る語句の組合せとして、最も妥当なのはどれか。

東京消防庁Ⅰ類2016

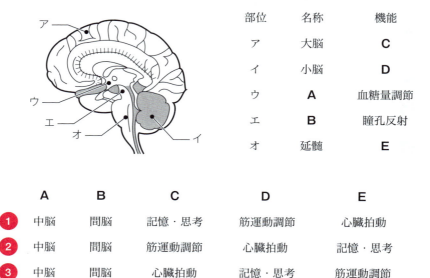

| 部位 | 名称 | 機能 |
|---|---|---|
| ア | 大脳 | C |
| イ | 小脳 | D |
| ウ | A | 血糖量調節 |
| エ | B | 瞳孔反射 |
| オ | 延髄 | E |

| | A | B | C | D | E |
|---|---|---|---|---|---|
| ① | 中脳 | 間脳 | 記憶・思考 | 筋運動調節 | 心臓拍動 |
| ② | 中脳 | 間脳 | 筋運動調節 | 心臓拍動 | 記憶・思考 |
| ③ | 中脳 | 間脳 | 心臓拍動 | 記憶・思考 | 筋運動調節 |
| ④ | 間脳 | 中脳 | 記憶・思考 | 筋運動調節 | 心臓拍動 |
| ⑤ | 間脳 | 中脳 | 筋運動調節 | 心臓拍動 | 記憶・思考 |

## 解説

正解 **4**

脳は、大脳、間脳、中脳、延髄、小脳から構成されており、図中のア〜オの部位と名称およびその機能の対応は以下の表にまとめたとおりである。

| 部位 | 名称 | 機能 |
|------|------|------|
| ア | 大脳 | 記憶・思考（**C**）、感覚の中枢、運動の企画など |
| イ | 小脳 | 筋運動調節（**D**） |
| ウ | 間脳（**A**） | 血糖値の調節をはじめとする体内の恒常性維持 |
| エ | 中脳（**B**） | 眼球の運動、対光反射、覚醒など |
| オ | 延髄 | 心臓拍動（**E**）、呼吸 |

**問題14** ヒトの脳に関する記述として、妥当なのはどれか。

特別区Ⅰ類2015

**1** 大脳は、視床と視床下部に分けられ、視床下部には自律神経系の中枢がある。

**2** 中脳は、記憶や思考などの精神活動や、さまざまな随意運動の中枢がある。

**3** 小脳には、眼球運動、瞳孔反射などの中枢がある。

**4** 間脳には、体の平衡を保つ中枢がある。

**5** 延髄には、呼吸運動や心臓の拍動、血管の収縮などを支配する中枢がある。

# 解説

正解 **5**

**1** ✕　大脳ではなく間脳についての説明である。

**2** ✕　中脳ではなく大脳についての説明である。

**3** ✕　小脳ではなく中脳についての説明である。

**4** ✕　間脳ではなく小脳についての説明である。

**5** ◯　正しい記述である。

**問題15** 脳に関する名称とその機能の組合せとして、最も妥当なのはどれか。

警視庁Ⅰ類2017

| | 名称 | 機能 |
|---|---|---|
| **1** | 間脳 | 記憶・判断・創造のような精神活動の中枢 |
| **2** | 小脳 | 姿勢保持、瞳孔の大きさを調節する中枢 |
| **3** | 中脳 | 運動を調節し、体の平衡を保つ中枢 |
| **4** | 大脳 | 体温・水分・血糖値などを調節する中枢 |
| **5** | 延髄 | 呼吸運動、心臓の拍動を調節する中枢 |

## 解説

正解 **5**

**1** ✕　間脳ではなく大脳の機能である。

**2** ✕　小脳ではなく中脳の機能である。

**3** ✕　中脳ではなく小脳の機能である。

**4** ✕　大脳ではなく間脳の機能である。

**5** ◯　正しい組合せである。

6　生物の環境応答　983

**問題16** 視覚器に関する記述として、妥当なのはどれか。

特別区Ⅰ類2019

**1** 眼に入った光は、角膜とガラス体で屈折して網膜上に像を結び、視神経細胞により受容される。

**2** 網膜に達する光量は、虹彩のはたらきによって瞳孔の大きさが変化することで調節される。

**3** 視細胞のうち錐体細胞は、うす暗い所ではたらき、明暗に反応するが、色の区別には関与しない。

**4** 視細胞のうち桿体細胞は、網膜の中央部に分布し、盲斑には特に多く分布している。

**5** 視神経繊維が集まって束となり、網膜を貫いて眼球外に通じている部分を黄斑というが、光は受容されない。

# 解説

正解 **2**

**1** ✕ 　眼において、網膜上に像を結ぶためのレンズの役割をしているのは、主に水晶体である。

**2** ◯ 　正しい記述である。

**3** ✕ 　錐体細胞ではなく桿体細胞についての説明である。

**4** ✕ 　桿体細胞ではなく錐体細胞についての説明である。

**5** ✕ 　黄斑ではなく盲斑についての説明である。

6　生物の環境応答　985

**問題17** ヒトの視覚器に関する記述として、最も妥当なのはどれか。

東京消防庁Ⅰ類2020

**1** ヒトの眼は、直径25mmほどの球形の器官である。眼に入った光は、角膜と水晶体で屈折し、ガラス体を通過して網膜上に像を結ぶ。

**2** ヒトの網膜には2種類の視細胞がある。錐体細胞はうす暗い場所でよくはたらくが色の区別には関与せず、桿体細胞はおもに明るい場所ではたらき、色の区別にも関与する。

**3** 視神経繊維が束になって眼球から出る部分では、視神経が網膜を貫いているため視細胞が分布していない。この部分を黄斑といい、この部分に光が当たっても受容されないため、ここに結ばれる像は見えない。

**4** 網膜に達する光の量は、水晶体の前方にあるチン小帯によって調節されている。暗い場所では瞳孔は拡大し、明るい場所では瞳孔が縮小することにより、瞳孔を通る光量を調節している。

**5** 明るい場所から暗い場所に入ると、はじめは何も見えないが、やがて視細胞の感度が上昇してものが見えるようになる。これを明順応という。

986　第4章　生　物

## 解説

正解 **1**

**1** ◯  正しい記述である。

**2** ✕  錐体細胞と桿体細胞の説明が逆である。

**3** ✕  黄斑ではなく盲斑についての説明である。なお黄斑は網膜の中心部で錐体細胞が多く分布する場所である。

**4** ✕  光の量は虹彩によって瞳孔を拡大・縮小させることで調節している。なおチン小帯は、毛様筋によって収縮・弛緩させられ、これによって水晶体の厚さを変えることで焦点を調節している。

**5** ✕  明順応ではなく暗順応についての説明である。

6　生物の環境応答　987

**問題18**　次の図は、ヒトの耳が音波を伝える順番を示している。A～Dを（　　）に入る順番に並べているものとして、最も妥当なのはどれか。

東京消防庁Ⅰ類2009

図

| 音波　→（　　）→（　　）→（　　）→（　　）→　大脳　→　聴覚 |
| --- |

**A**　聴細胞の興奮

**B**　鼓膜の振動

**C**　耳小骨の振動

**D**　うずまき管内のリンパ液の振動

**1**　A → B → D → C

**2**　A → C → B → D

**3**　B → C → D → A

**4**　B → D → C → A

**5**　C → B → A → D

## 解説

正解 ③

　耳殻で集められた音波は、外耳道を通り、鼓膜を振るわせる。その振動は耳小骨によって増幅され、うずまき管内のリンパ液を振動させる。その結果、基底膜が振動し、コルチ器官のおおい膜と聴細胞の感覚毛がこすれて聴細胞が興奮し、その興奮が聴神経を経て大脳の聴覚中枢に伝えられる。

　よって、音波を伝える順番は、音波→鼓膜の振動（**B**）→耳小骨の振動（**C**）→うずまき管内のリンパ液の振動（**D**）→聴細胞の興奮（**A**）→大脳→聴覚となる。

第4章

生物

6　生物の環境応答　989

**問題19** ヒトの目又は耳に関する記述として、妥当なのはどれか。

東京都Ⅰ類2005

**1** 視細胞には、かん体細胞及び錐体細胞の2種類があり、かん体細胞は網膜の中心部に特に多く分布して色を識別する。

**2** 暗順応とは、明るいところでは光に対する網膜の感度が低下するため、暗い所から急に明るい所に出ると初めはまぶしくてよく見えないが、その後見えるようになることをいう。

**3** 目は、近くにあるものを見るときに、毛様体の筋肉が収縮してチン小帯が緩むことで、水晶体がふくらみ、焦点距離が短くなる。

**4** 耳は、外耳、中耳及び内耳の3つの部分からなり、音は、外耳を通って鼓膜を振動させ、その振動が前庭で増幅された後、コルチ器が基底膜を振動させて聴細胞が興奮することにより、大脳に伝えられる。

**5** 耳は平衡覚の受容器であり、うずまき管の中でリンパ液の流れが変化することによりからだの回転を感じ、半規管の中で耳小骨が動くことによりからだの傾きを感じる。

## 解説

正解 **3**

**1** ✕ 色を識別するのは桿体細胞ではなく錐体細胞である。

**2** ✕ 暗順応ではなく明順応についての説明である。

**3** ◯ 正しい記述である。

**4** ✕ 音は前庭ではなく耳小骨で増幅される。

**5** ✕ 回転はうずまき管ではなく半規管、傾きは半規管ではなく前庭によって受容される。

**問題20** 　ヒトの受容器に関する記述として最も妥当なのはどれか。

国家専門職2019

**❶** 　近くのものを見るとき、眼では、毛様筋が緩み、水晶体を引っ張っているチン小帯が緩むことで、水晶体が厚くなる。これにより、焦点距離が長くなり、網膜上に鮮明な像ができる。

**❷** 　網膜には、薄暗い場所でよく働く桿体細胞と色の区別に関与する錐体細胞の２種類の視細胞が存在する。このうち、桿体細胞は、網膜の中心部の盲斑と呼ばれる部分によく分布している。

**❸** 　耳では、空気の振動として伝わってきた音により、鼓膜が振動する。これが中耳の耳小骨を経由し、内耳のうずまき管に伝わり、その中にある聴細胞が興奮することにより、聴覚が生じる。

**❹** 　内耳には、平衡覚の感覚器官である前庭と半規管があり、半規管は空気で満たされている。体が回転すると、前庭にある平衡石がずれて感覚毛が傾き、回転運動の方向や速さの感覚が生じる。

**❺** 　皮膚には、圧力を刺激として受け取る圧点、温度を刺激として受け取る温点・冷点などの感覚点がある。これらの感覚点は、部位によらず、皮膚全体に均一に分布している。

## 解説

正解 **3**

**1** ✕ 近くのものを見るとき、毛様体の筋肉が収縮し、チン小帯が緩むことで、水晶体が厚くなり、焦点距離が近くなる。

**2** ✕ 盲斑には、視細胞は存在しない。

**3** ◯ 正しい記述である。

**4** ✕ 半規管の内部はリンパ液で満たされている。前庭は傾きを受容する。回転を受容するのは半規管である。

**5** ✕ 感覚点の分布は一様ではなく、指先、口唇などは密度が高い。

| **問題21** | ヒトの筋肉に関するア〜エの記述のうち、正しいものみをすべて選んだ組合せとして、最も妥当なのはどれか。 |

東京消防庁 I 類2014

**ア**　筋肉のうち、骨格筋は意志による運動に関係する随意筋である。

**イ**　筋肉は、骨格筋と心筋を構成する横紋筋と、心筋以外の内臓筋や血管を構成する平滑筋に分けられる。

**ウ**　骨格筋の細胞は、多くの細胞が融合してできたものであり、1つの筋細胞には多数の核がある。

**エ**　平滑筋は、筋原繊維とよばれる細長い細胞が束になったものであり、筋原繊維の細胞質中には筋繊維が規則正しく並んでいる。

1　ア、イ
2　ア、イ、ウ
3　ア、ウ、エ
4　イ、エ
5　ウ、エ

## 解説

正解 **2**

**ア** ◯  筋肉のうち、骨格筋は意思による運動に関係する随意筋であり、心臓と内臓を構成する筋は不随意筋である。

**イ** ◯  横紋筋は明暗の横縞のある横紋筋繊維からなり、骨格筋と心筋は横紋筋である。平滑筋は紡錘形で明暗の横縞のない平滑筋繊維からなり、内臓を構成する筋は平滑筋である。

**ウ** ◯  骨格筋の細胞は多くの筋細胞が融合しており多核である。心筋は骨格筋と同じ横紋筋であるが単核である。平滑筋は単核である。

**エ** ✕  筋原繊維は横紋筋の筋繊維中に存在しており、規則正しく並んでいる。また筋収縮に関与している。

**問題22** 筋肉に関する記述として、妥当なのはどれか。

東京都Ⅰ類2016

**1** 横紋筋には、骨に付着して体を動かすときに使われる骨格筋と、心臓を動かす心筋がある。

**2** 平滑筋は、随意筋であり、筋繊維が束状になって、消化管や血管の壁などを形成している。

**3** 筋原繊維には、暗帯と明帯が不規則に並んでおり、明帯の中央にある細胞膜と細胞膜の間をサルコメアという。

**4** 筋小胞体は、神経から伝えられた刺激で筋繊維内のミトコンドリアに興奮が生じると、マグネシウムイオンを放出する。

**5** アクチンフィラメントは、それ自身の長さが縮むことにより、筋収縮を発生させる。

## 解説

正解 **1**

**1** ◯　正しい記述である。

**2** ✕　平滑筋は随意筋ではなく不随意筋である。

**3** ✕　暗帯と明帯は規則的に並んでいる。また、明帯の中央にあるのはZ膜である。なおサルコメア(筋節)とは、両端をZ膜で仕切られた構成単位である。

**4** ✕　筋小胞体は、アセチルコリン受容体に活動電位が生じると、カルシウムイオンを放出する。

**5** ✕　筋収縮は、アクチンフィラメントがミオシンフィラメントに滑り込むことによって起こるのであり、フィラメント自身の長さが変わっているわけではない。

6　生物の環境応答　997

**問題23** 動物の行動に関する記述A ～ Dのうち、妥当なもののみを挙げているのはどれか。

国家一般職2019

**A** 動物が感覚器官の働きによって、光やにおい（化学物質）などの刺激の方向へ向かったり、刺激とは逆の方向へ移動したりする行動を反射といい、これは、習わずとも生まれつき備わっているものである。一例として、ヒトが熱いものに手が触れると、とっさに手を引っ込めるしつがいけん反射が挙げられる。

**B** カイコガの雌は、あるにおい物質を分泌し、雄を引きつける。この物質は、性フェロモンと呼ばれ、雄は空気中の性フェロモンをたどって、雌の方向へと進む。このように、動物がある刺激を受けて常に定まった行動を示す場合、この刺激をかぎ刺激（信号刺激）という。

**C** 動物が生まれてから受けた刺激によって行動を変化させたり、新しい行動を示したりすることを学習という。例えば、アメフラシの水管に接触刺激を与えると、えらを引っ込める筋肉運動を示すが、接触刺激を繰り返すうちにえらを引っ込めなくなる。これは、単純な学習の例の一つで、慣れという。

**D** パブロフによるイヌを用いた実験によれば、空腹のイヌに食物を与えると唾液を分泌するが、食物を与えるのと同時にブザー音を鳴らすことにより、ブザー音だけで唾液を流すようになる。このような現象は刷込み（インプリンティング）といい、生得的行動に分類される。

1. A、B
2. A、C
3. B、C
4. B、D
5. C、D

## 解説

正解 **3**

**A** ✕　刺激の方向へ向かったり、逆方向へ向かったりする行動は走性である。また、膝蓋腱反射とは、木槌などで膝の下部を叩くと、下腿が跳ねる反射である。

**B** ◯　正しい記述である。

**C** ◯　正しい記述である。

**D** ✕　本記述のパブロフの犬の例は条件反射といい、学習行動に分類される。なお刷込みも学習行動である。

6　生物の環境応答　999

**問題24** 動物の行動には生まれつき備わった生得的行動のほかに、経験や学習による行動が見られる。次のA 〜 Eの記述のうち、経験や学習による行動の例として妥当なもののみを全て挙げているのはどれか。

国家専門職2016

**A** ミツバチは、「8の字ダンス」を踊ることにより、仲間に餌場までの距離や方向を伝える。

**B** アメフラシは、水管に触れられるとえらを引っ込めるが、繰り返し触れられるとしだいにえらを引っ込めなくなる。

**C** カイコガの雄は、雌の尾部から分泌される性フェロモンをたどって雌に近づき交尾を行う。

**D** メダカは、流れのない容器の中ではばらばらの方向に泳ぐが、容器内の水が一定方向に流れるようにすると流れに向かって泳ぐ。

**E** アオガエルは、ある種の虫を食べようとすると、その虫から刺激的な化学物質を舌に噴射されるため、この虫を食べなくなる。

1 A、B、D

2 A、C

3 A、D

4 B、C、E

5 B、E

## 解説

正解 **5**

**A** ✗　ミツバチの8の字ダンスは、生得的行動に分類される。

**B** ○　慣れは学習行動に分類される。

**C** ✗　性フェロモンは化学走性であり、生得的行動に分類される。

**D** ✗　水流に向かうメダカの行動は走性なので、生得的行動に分類される。

**E** ○　アオガエルが、食べようとした虫から攻撃を受けたことで、次回からその虫を見ても食べようとしなくなるということは、その虫の危険性を学習したことによって、回避的な行動をしているといえる。よって、これは経験や学習による行動に分類される。

6　生物の環境応答

## 問題25

### 動物の走性の例として最も妥当なのはどれか。

国家専門職2009

**1** 天井高く吊されたバナナに手が届かずにいたチンパンジーは、しばらく途方に暮れたように歩き回っていたが、突然、近くに置いてあった木箱の前で立ち止まり、それをバナナの下に運んで、箱に上ってバナナを手に入れた。

**2** 人工的にふ化したアヒルのひなが、卵からかえって間もない時期に最初に見た動くものが人間だったため、親鳥でないその人間の後を追って走るようになった。

**3** 水槽内のメダカは、水が静止している状態では、いろいろな方向に不規則に泳いでいたが、水槽内に一定方向の水流が生じると、そろって水流に逆らう方向に頭を向け、1点にとどまるように泳いだ。

**4** 出口にえさを置いた迷路で、入口からネズミを走らせたところ、初めは何度も行き止まりにぶつかり、えさに到達するまでに時間を要していたが、これを繰り返すうちに、行き止まりにぶつかる回数が減少し、やがて誤りなく出口にたどり着くようになった。

**5** トゲウオの雄は、繁殖期に入って腹部が赤くなると、水草を集めて巣を作り始め、同じように腹部が赤い他の雄が巣に近づいてきたとき、その雄を攻撃して追い払う行動をとるようになった。

## 解説

正解 **3**

**1** ✕　知能行動の説明である。知能行動とは、未知な経験であっても、周囲の状況から判断して、行動の目的に適した手段を選ぶことである。

**2** ✕　刷込みの説明である。刷込みとは生後早い時期に起こる学習行動の一種で、一度刷り込まれるとなかなか変更できない特殊な学習行動である。

**3** ◯　走性とは、外部の刺激に反応して方向性のある行動をとることであり、この例は刺激が水流で、かつ、水流の源に近づくので正の水流走性に当たる。

**4** ✕　試行錯誤の説明である。試行錯誤とは学習行動の一種で、誤った行動に対して罰を与えると、学習効果が向上するものである。

**5** ✕　本能行動の説明である。本能行動とは、かぎ刺激によって触発される多数の反射や走性が組み合わさった一連の行動のことである。配偶行動や営巣行動なども本能行動である。

★☆☆

# 7 生物多様性と生態系

生物の種は、単体で生きていることはほとんどなく、さまざまな場所で互いに関係しながら生活しています。これら生物の個体群による営みと、環境との関係について見ていきます。

## 1 環　境

　ある生物を取り巻く外界を環境といい、環境には非生物的環境と生物的環境がある。

　非生物的環境を構成する要素は、光・水・土壌・大気・温度などであり、これらが生物に影響を及ぼすことを作用という。逆に、生物の生活が非生物的環境に影響を及ぼすことを環境形成作用という。

### 1 さまざまな植生

　ある場所に生育している植物の集まりを植生といい、植生を外から見たときの様相を相観という。植生の中で、個体数が多く、背丈が高く、葉や枝の広がりが大きい種を優占種といい、一般に相観は、優占種によって特徴づけられる。

### 2 バイオーム

　地球上の気候は多様であり、植生の相観に大きな影響を与える。ある地域で見られる植生や動物などを含めた生物の集まりをバイオーム(生物群系)といい、植生の相観に基づいて森林、草原、荒原に分類される。

### 3 土　壌

　土壌は、岩石が風化したものや生物の遺骸などで形成される。森林の土壌は発達しており、層状になっている。地上面は落葉・落枝で覆われており、この層を落葉層という。その下には腐植層があり、この層は、落葉・落枝が地中の微生物などによって分解されてできた有機物の層であり、養分が豊富である。熱帯では気温が高

いため、微生物の活動が活発になり、落葉層や腐植層は薄くなる。

　風化した細かい岩石と腐植がまとまった粒状の構造を**団粒構造**といい、保水力や通気性が高い。

## ❷ 遷　移

　ある空間における生物群集を取り巻く環境を見ると、長期的な視点ではさまざまな変化が一定の方向性で起こっている。これを**遷移**といい、最終的に安定した環境になった状態を**極相（クライマックス）**という。極相に達した森林を**極相林**といい、極相で見られる生物を**極相種**という。極相種における優占種は陰樹（後述）である。一般に、極相に達するまでは千年以上かかると考えられている。

　火山の噴火によってできた土地などのように、生物を全く含まない状態から始まるものを**一次遷移**といい、陸上から始まる乾性遷移と湖沼から始まる湿性遷移がある。これに対して、山火事などによって土中に生物や種子などが含まれる状態から始まるものを**二次遷移**といい、遷移のスピードは二次遷移のほうが速い。

### 1 ▶ 一次遷移（乾性遷移）

#### ① 裸　地

　溶岩や火山灰などで覆われた土地を**裸地**といい、風化などによってわずかながらに薄く土が積もり、その土に**地衣類**（菌類のうちで藻類であるシアノバクテリアなどを共生させることで自活できるようになったもの））が現れる。このように土地に最初に侵入する植物を**先駆植物**（パイオニア植物）という。

#### ② 荒　原

　地衣類などの先駆種だけで植物がまばらな環境を**荒原**という。ここに、微生物や地衣類の死骸が薄く積もった土と混ざり、栄養分を含んだ土壌が形成される。土壌にコケ植物が現れると、その死骸と水が蓄えられることによってさらに土壌が増え、ススキなどの草本植物（茎と葉を持つ植物で、果実を生産した後、地上部が枯死する植物）が発芽できる環境になる。

#### ③ 草　原

　草本植物が繁栄すると、そこに**草原**が形成される。草原が形成される環境になると、昆虫や小動物が現れ、それらの死骸や排出物によってさらに豊かな土壌になる。そのころから樹木が現れ始める。

7　生物多様性と生態系　1005

### ④ 陽樹林

　光補償点が高い陽生植物の樹木を**陽樹**という。草原の中に陽樹が侵入してくると、これらは草本植物を上回る高さであることから、草本植物よりも繁栄し、**陽樹林**が形成される。

### ⑤ 混交林

　陽樹林が形成されると、林床(森林の最下層部)に光があまり届かなくなり、光補償点の高い陽樹の幼木が育ちにくくなる。すると今度は、光補償点の低い**陰樹**が残ることになる。陽樹と陰樹の**混交林**(混合林・混成林)が形成される。

### ⑥ 陰樹林

　光の少ない林床では陽樹が育たないので、成長した陽樹が枯れていくと、陰樹ばかりが残り**陰樹林**が形成される。この状態が植物群落における遷移の極相(クライマックス)で、この森林を**極相林**という。

　極相林になったとしても、自然災害などで森林が破壊されることもあるため、一時的な状況であるといえる。

一次遷移 (乾性遷移)

| 裸地 | → | 草原 | → | 陽樹林 | → | 混交林 | → | 陰樹林 |
|---|---|---|---|---|---|---|---|---|
| コケ類 | | ススキ | | アカマツ | | アカマツ | | ブナ |
| 地衣類 | | イタドリ | | コナラ | | カシ、シイ | | カシ、シイ |

## 2 一次遷移 (湿性遷移)

### ① 沈水植物などの生育

　湖沼に生物の死骸や土砂が堆積すると浅くなっていき、沈水植物(全体が水中にある植物)などが生育するようになる。

### ② 浮葉植物の生育

　湖沼が浅くなると、浮葉植物(葉が水面に浮いている植物)が生育し、水面を覆う。

### ③ 湿　原

　浮葉植物などの死骸の堆積、土砂の流入でさらに浅くなると、水分を多く含むコケ植物・草本植物などによって湿原が形成される。

#### ④ 草　原

さらに植物などの死骸や土砂が堆積し、陸地化が進むことで草原が形成される。この後は、乾性遷移と同様の過程を経て極相林となる。

### 3 二次遷移

山火事の跡地、森林伐採の跡地、耕作を放棄した場所には、植物の生育に必要な土壌、水分や養分、種子や根、樹木の切り株などが存在し、この状態から遷移が始まる。これを二次遷移という。

### 4 ギャップ更新

自然災害などによって極相林の一部の高木が倒れ、林床まで光が届くようになることがある。このような場所を**ギャップ**という。ギャップが小さい場合は、森林内に差し込む光が弱く、陽樹は成長できないため、陰樹の幼木が成長してギャップを埋めることになる。これに対して、ギャップが大きい場合には、森林内に差し込む光が強く、陽樹の幼木が成長してギャップを埋めることになる。

以上のような理由から、極相林の一部に陽樹が混じっていることがあるが、このようなギャップにおける樹木の入れ替えを**ギャップ更新**という。

## 3 生態系

生物の集団と、それを取り巻く環境をまとまりとして捉えたものを**生態系**という。生態系の構造を段階的に見ていくとやがて個体にたどり着くが、生殖があるので単独では生きられない。

ある一定の地域に生息する同種個体の集まりのことを**個体群**という。個体群を構成する個体は、さまざまな種内関係を保ちながら生活している。個体群どうしもまた、相互に関係を持っているが、このような生物集団のことを**生物群集**という。さらに、大きなまとまりが生態系である。

生命体が「細胞→組織→器官→個体」という階層を取るように、「個体→個体群→生物群集→生態系」という構造を見て取ることができる。

7　生物多様性と生態系　1007

## 1 種内関係

　動物の個体群では、相互にさまざまな影響を及ぼし合いながら統一的な行動をとることがある。このような集団を群れという。群れのサイズは、個体群どうしの作用で、利益と不利益のバランスによって決まる。

　生物が生存し子孫を残すためには食物や場所が必要であり、これらをすべて資源という。資源には限りがあり、特に同種であれば必要な資源も同じなので、競争が生じる。これを種内競争という。

　生物の多くは、ある環境で定着すると一定の範囲内を動き回る。この範囲を行動圏といい、この中で同種他個体の侵入から防御されている範囲を縄張りという。アユなどが縄張りを持つ生物の例である(なお、アユは縄張りを持たない群れアユを形成することもある)。

　多数の種で構成される生物群集の中において、資源の利用の仕方はどの種もだいたい決まっている。生物群集内で占めるこのような位置を生態的地位(ニッチ)という。

## 2 種間関係

　生態系を構成する生物は、生産者と消費者に分けられる。消費者のうち、菌・細菌類のようなものを分解者という。ある環境内で生活する生物は、他の種類の生物とも相互関係があり、これを種間関係という。

　中には「食う－食われる」の関係があり、これを食物連鎖という。食うものを捕食者、食われるものを被食者という。自然界での生物どうしの関係は、直線的なものではなく複雑に絡み合っているため、食物連鎖を食物網ともいう。

## 3 生態ピラミッド

　生態系において、生産者をスタートとする食物連鎖を考えると段階的に整理することができる。この段階を栄養段階といい、個体数や生物量に基づいて積み重ねると、下位の者ほど多く、上位の者ほど少なくなる。これを生態ピラミッドという。ただし、形が逆転することもしばしば見られる。

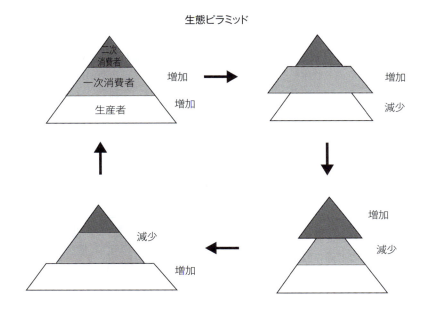

## 4 成長曲線

　個体群を構成する個体数が増加することを**個体群の成長**という。この増加の様子をグラフ化すると曲線を描く。この曲線を**成長曲線**という。理論上は指数関数を描くが、個体数は一定数以上になると、えさの不足やほかの個体群からの捕食も多くなり、それ以上個体群が大きくならないことが多いため、実際はS字を描く。

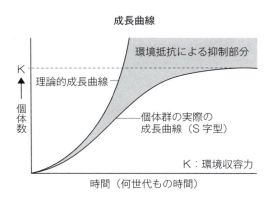

## 5 個体群の構造

個体群の中を見ると、さまざまな発育段階の個体から成り立っている。ある時点における個体群内の個体をそれぞれの発育段階に分け、その数や割合を示したものを**齢構成**という。比較的寿命の長い哺乳類、特に人では、年齢で分けることも可能である。

個体群内の個体を年齢に分けて、それぞれの個体数を若い順に下から積み上げて示したものを**年齢ピラミッド**という。一般的に見るものはヒトや実験個体のものである。

齢構成において、生殖年齢にある生体の個体数はその後の個体数の増減と密接な関係がある。

個体数の増加期にある場合、図の左にあるような若齢の個体割合が多いものになり、これを幼若型(ピラミッド型)という。これに対し、図の右にあるような若齢が少なく老齢が多いものを老齢型(つぼ型)、個体数が安定しているものを安定型(つりがね型)などという。

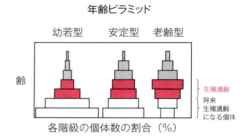

ヒトの場合、大きく富士山型、つりがね型、つぼ型に分かれ、現在の日本はつぼ型である。

## 6 共生と寄生

異なる種類の生物が同所的に生活し、双方、もしくは一方が利益を得て、害を受けない関係を**共生**という。一方のみが利益を得る**片利共生**と、双方が利益を得る**相利共生**がある。

一方、ある種の生物が他の種の生物に付着し、栄養を奪うことで生活することを**寄生**という。このとき、寄生される側を**宿主**という。

# ④ 生態系のバランスと保全

生態系において、生物を含めたすべての環境は絶えず変化している。しかし、長期的な視点で見れば(地球規模の大きな変動がなければ)一定の範囲内でバランスが保たれていると考えられる。

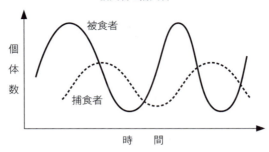

被食者と捕食者

## 1 キーストーン種

　生態系の中には、栄養段階の上位にいる捕食者で、数が少ないにもかかわらずその生態系のバランスに大きな影響を及ぼす生物が存在する。このような生物を**キーストーン種**といい、生態系によっては、たった1種類のキーストーン種の増減によってバランスが変化してしまう。

　例えばラッコは、ウニを捕食する。ウニはジャイアントケルプという海藻を捕食する。1900年代後半、ヒトによってラッコが乱獲されると、ウニが増殖しジャイアントケルプが駆逐されてしまった。これによって海底の環境は大きく変化したが、この例ではラッコがキーストーン種であったといえる。

## 2 アンブレラ種

　ある生態系における生体ピラミッド構造、食物連鎖の頂点の消費者を**アンブレラ種**という。アンブレラ種は、個体群維持のために、えさの量など一定の条件が満たされる広い生息地(または面積)が必要な種である。キーストーン種とは異なり、アンブレラ種が生態系から失われても、その生態系に大きな影響が及ぶとは限らない。

　生態ピラミッドの下位にある動植物や広い面積の生物多様性・生態系を、傘を広げるように保護できることに由来する名称である。

## 3 外来生物

　ある地域に古くから生息している生物を**在来生物**という。それに対して、本来は分布していなかった地域に他の地域から人間によって移入されて定着した生物を**外

来生物という。外来生物の中には、在来生物を捕食したりするなどで生態系のバランスを変化させているものも少なくない。

　環境省では2005年に、日本の自然環境に悪影響を及ぼす海外由来の外来生物を特定外来生物に指定し、飼育・運搬の禁止、駆除などを行っている。アライグマなどはその例である。

## 4 人間活動と生態系の保全

　化石燃料の利用により、大気中の二酸化炭素濃度は増加を続けている。二酸化炭素やメタン、亜酸化窒素、フロンなどは、地球表面から放射される赤外線を吸収し、再び地球表面に放射していることから、温室効果ガスという。

　河川や海には、有機物を希釈したり、微生物によって分解したりする作用があり、これらを自然浄化という。自然浄化能力を超えて河川や湖の無機塩類が増えることを富栄養化という。赤潮や水の華（アオコ）などはその例である。

## 5 生態系と物質生産

### 1 炭素・窒素の循環

　有機化合物は、炭素を骨格とする化合物の総称である。中でも炭素は、有機物の総重量の約半分を占める。炭素は、生態系の中を循環しており、主に無機物としては二酸化炭素の形で循環している。

炭素の循環

　窒素は生体において、タンパク質の構成要素として重要な役割を果たしている。

窒素もまた、タンパク質やアンモニウムイオン$NH_4^+$、硝酸イオン$NO_3^-$といった形で循環している。

窒素の循環

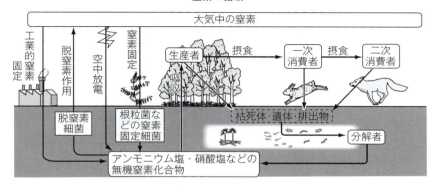

## 2 窒素同化と窒素固定

### ① 窒素同化

植物は、光合成で炭水化物を合成すること(炭酸同化)はできるが、窒素を含むタンパク質は合成することができない。そのため、土中のアンモニウムイオン$NH_4^+$や、亜硝酸菌や硝酸菌などの**硝化菌**によって作られた硝酸イオン$NO_3^-$などの無機窒素化合物を取り入れ、アミノ酸などの有機窒素化合物を合成する。これを**窒素同化**という。

窒素同化

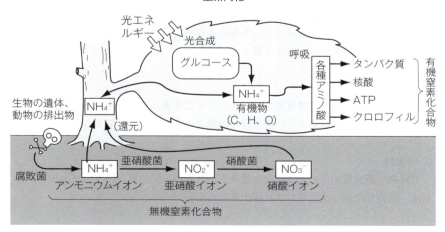

## ② 窒素固定

マメ科の植物は、根に根粒菌（窒素固定細菌）が共生（細胞内共生）しており、これらが空気中の窒素を取り入れて、土壌にアンモニウムイオン$NH_4^+$を合成する。またアンモニウムイオンは、**硝化菌**によって硝酸イオン$NO_3^-$となる。このような反応を**窒素固定**という。

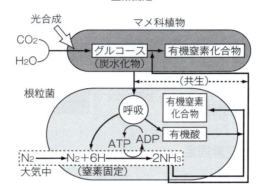

窒素固定

# 3 生態系における物質収支

生産者が光合成によって物質を生産することや、消費者が有機物から新たな有機物を合成することを**物質生産**という。

## ① 純生産量

生産者が一定時間に光合成によって得た全有機物量を**総生産量**といい、総生産量から呼吸量を引いたものを**純生産量**という。

## ② 成長量

純生産量から**枯死量**と**被食量**を引いたものを**成長量**という。枯死量とは、枯葉や枯枝として落とした量であり、被食量は消費者に食べられた量である。

## ③ 同化量

消費者の**摂食量**から、**不消化排出量**を引いたものを**同化量**という。不消化排出量とは、摂食したのに消化されずに排出されたものである。

④ 消費者の生産量

　消費者の、同化量から呼吸量を引いたものを**消費者の生産量**という。

⑤ 消費者の成長量

　消費者は、栄養段階の1段上に捕食されるので、生産量から被食量と死亡量を引いたものを**消費者の成長量**という。

生態系における物質収支

| 物質収支 | 式 |
|---|---|
| 純生産量 | 総生産量－呼吸量 |
| 成長量 | 純生産量－（枯死量＋被食量） |
| 同化量 | 摂食量－不消化排出量 |
| 消費者の生産量 | 同化量－呼吸量 |
| 消費者の成長量 | 生産量－（死亡量＋被食量） |

第4章 生物

7　生物多様性と生態系　1015

## 過去問 Exercise

**問題1** 次の文は、植生に関する記述であるが、文中の空所A〜Cに該当する語の組合せとして、妥当なのはどれか。

特別区Ⅰ類2016

植生を構成する植物のうち、個体数が多く、地表面を広くおおっている種を　A　種という。植生全体の外観を　B　といい、　A　種によって決まる。植生とその地域に生息する動物などを含めたすべての生物の集まりを　C　といい、　B　によって区分される。

| | A | B | C |
|---|---|---|---|
| **1** | 先駆 | 群生相 | ニッチ |
| **2** | 先駆 | 相観 | ニッチ |
| **3** | 先駆 | 相観 | バイオーム |
| **4** | 優占 | 群生相 | ニッチ |
| **5** | 優占 | 相観 | バイオーム |

## 解説

正解 ⑤

**A：優占**

　ある地域に生育している植物の集団全体を植生といい、植生を構成する植物のうち、個体数が多く地表面を覆い尽くし、群落を特徴づける種のことを優占種という。

　また、先駆種とは、植物群落の遷移の初期に現れる種のことを指す。

**B：相観**

　植生全体の概観のことを相観といい、相観は一般に優占種によって決まる。

　また、群生相とは、同一種の個体において個体群密度が高密度状態であるときに出現するような個体型を指す。

**C：バイオーム**

　植生とその地域に生息する動物を含めたすべての生物の集まりをバイオーム（生物群系）という。

　また、ニッチとは生物群の中におけるある種の生態的地位を指す。

**問題2** 土壌に関する記述として、妥当なのはどれか。

特別区Ⅰ類2014

**1** 土壌は、岩石が風化して細かい粒状になった腐植土層に、動物や植物の遺骸が分解されてできた無機物が混入してできる。

**2** 森林では、土壌の上部に落葉・落枝等が堆積した層があり、その下に落葉等の分解によって生じた腐植質を含む層がある。

**3** 風化した細かい岩石と腐植質がまとまった粒状の構造は団粒構造と呼ばれ、すき間がないので通気性や保水力は低い。

**4** 落葉・落枝は、ミミズやトビムシ等の土壌動物によってのみ分解され、キノコ等の菌類によって分解されることはない。

**5** 落葉・落枝の分解速度は、気温の高い場所では遅いため、針葉樹林と比べると、熱帯雨林の土壌は腐植質の層が厚い。

# 解説

正解 **2**

**❶** ✗ 　動物や植物の遺骸が分解されてできた層を腐植層といい、有機物が豊富である。

**❷** ◯ 　正しい記述である。

**❸** ✗ 　団粒構造は、適度な隙間が存在し通気性や保水性に優れている。

**❹** ✗ 　菌類は分解者である。

**❺** ✗ 　落葉・落枝の分解速度は、気温や葉の炭素／窒素濃度の比等によって左右される。気温が高く、炭素／窒素濃度の比が低いと、速やかに分解されやすい。熱帯雨林では、分解が速く進み、養分が蓄えられにくいので、腐植質の土壌の堆積は薄い。

**問題3** 植生の遷移に関する記述で、 A ～ E に入る語句の組合せとして、最も妥当なのはどれか。

東京消防庁Ⅰ類2017

植物も土壌もない裸地には、地衣類やコケ植物などが最初に侵入する場合が多い。土壌の形成が進むと、 A などの草本類が侵入し、草原になる。その後、草原の中に B が侵入し、成長し、森林へと変化して B 林が形成される。 C などからなる B 林は、森林内部の光が減少するため、幼木が林床の弱い光のもとで成長する D などからなる E 林に徐々に変わる。

|   | A | B | C | D | E |
|---|---|---|---|---|---|
| 1 | スダジイ | 陽樹 | ブナ | アカマツ | 陰樹 |
| 2 | スダジイ | 陰樹 | アカマツ | ブナ | 陽樹 |
| 3 | ススキ | 陽樹 | アカマツ | ブナ | 陰樹 |
| 4 | ススキ | 陰樹 | スダジイ | アカマツ | 陽樹 |
| 5 | ススキ | 陽樹 | スダジイ | アカマツ | 陰樹 |

## 解説

正解 **3**

　裸地にコケ植物などが侵入して土壌の形成が進むと、ススキ（**A**）などの草本類が侵入し草原となる。なお、スダジイは一般にシイと呼ばれるブナ科の常緑広葉樹である。その後、草原の中に陽樹（**B**）が侵入し、成長して森林へと変化し陽樹林が形成される。

　アカマツ（**C**）などからなる陽樹林は、森林内部の光が減少するため、幼木が林床の弱い光のもとで成長するブナ（**D**）などからなる陰樹（**E**）林に徐々に変わる。

**問題4** 生態系や環境に関する次の記述で、　A　～　C　に当てはまる語句の組合せとして、最も妥当なのはどれか。

東京消防庁Ⅰ類2021

　ある地域に生息する同種の個体のまとまりを　A　といい、その地域に生息する異種の　A　全体を　B　という。　A　は別の種の　A　と競争や捕食といった相互作用をしながら生活する。また、動物の中には1個体や1家族が空間を占有し、他の個体が侵入してくると追い払う行動を示すものがある。このように防御された空間を　C　という。

|  | A | B | C |
|---|---|---|---|
| 1 | 群れ | 生態系 | 行動圏 |
| 2 | 群れ | 生物群集 | 縄張り |
| 3 | 群れ | 生物群集 | 行動圏 |
| 4 | 個体群 | 生態系 | 行動圏 |
| 5 | 個体群 | 生物群集 | 縄張り |

# 解説

正解 **5**

　ある地域に生息する同種の個体のまとまりを個体群（**A**）といい、その地域に生息する異種の個体群全体を生物群集（**B**）という。個体群は別の種の個体群と競争や捕食といった相互作用をしながら生活する。

　また、動物の中には1個体や1家族が空間を占有し、他の個体がその空間に侵入してくると追い払う行動を示すものがある。このように防御された空間を縄張り（**C**）という。

　なお、群れとは、個体が空間的に密な集団を作り統一的な行動をとるものをいう。また生態系とは、生物の集団とそれを取り巻く環境を一つのまとまりとして捉えたものである。行動圏とは、定着した生物がいつも動き回る範囲をいう。

第4章 生物

7 生物多様性と生態系 1023

**問題5** 生物の個体群に関する記述として最も妥当なのはどれか。

国家専門職2017

**1** 個体群の成長の変化の過程を表した成長曲線を見ると、時間の経過につれて、食物や生活空間などに制限がない場合には個体数が際限なく増加していくが、制限がある場合には、成長曲線は逆U字状となり、最初は急速に個体数が増加していくものの、ある一定の個体数に達すると、その後は急速に減少する。

**2** 年齢ピラミッドは、個体群を構成する各個体を年齢によって区分し、それぞれの個体数を積み重ねて図示したものであり、幼若型と老齢型の二つの型に大別されている。年齢ピラミッドの形からは、個体群間の年齢層を比較できるが、個体群の将来的な成長や衰退などの変化を予想することはできない。

**3** 動物は、同種の個体どうしで群れを作ることによって、摂食の効率化や繁殖活動の容易化などの利益を得ているが、一定の大きな群れになると敵から見付かりやすくなり、攻撃される危険性が高まる。このため、外敵から身を守るよう、群れは無限に大きくなる傾向がある。

**4** 種間競争は、食物や生活場所などの要求が似ている異種個体群間で生じる。個体群間の生態的地位(ニッチ)の重なりが大きいほど、種間競争は激しくなるが、ニッチがある程度異なる種どうしであれば共存は可能である。

**5** 異種の生物が相手の存在によって互いに利益を受けている関係を相利共生といい、一方は利益を受けるものの他方は不利益を受ける関係を片利共生という。片利共生の場合において、利益を受ける方の生物を宿主という。

## 解説

正解 **4**

**❶** ✗ 　環境抵抗があるときの成長曲線は、S字型である。

**❷** ✗ 　年齢ピラミッドは、幼若型・安定型・老齢型の三つの型に分類され、個体群の将来的な成長や衰退といった変化を推定することが可能である。

**❸** ✗ 　群れが大きくなると外敵に見つかりやすくなるリスクや、えさ不足や排泄物汚染などといった不利益も生じる。そのため、群れが大きくなりすぎると利益を不利益が上回るので、無限に群れが大きくなるということはない。

**❹** ○ 　正しい記述である。

**❺** ✗ 　一方は利益を受け他方は不利益を受ける関係は寄生である。

| 問題6 | 生態系に関する記述として、最も妥当なのはどれか。

東京消防庁Ⅰ類2018

① 生態系内で他の生物の生活に大きな影響を与える生物種をキーストーン種という。

② アンブレラ種は食物網の最下位にあり、この数が急激に増加すると生態系のバランスが大きく崩れる。

③ 栄養塩類が蓄積してその濃度が高くなることを富栄養化といい、富栄養化によって生態系のバランスが保たれる。

④ 本来の生息場所から別の場所に移動させられた生物のうち、新しい場所に定着できない種を外来生物という。

⑤ 外来生物であっても生態系に影響を与えないため、特に規制や防除の必要がない種を特定外来生物という。

## 解説

正解 **1**

**1** ◯　正しい記述である。

**2** ✕　アンブレラ種とは、その地域における生態系ピラミッド構造および食物連鎖の頂点の種である。

**3** ✕　富栄養化とは、海・湖沼・河川などの水域で栄養塩類が蓄積して濃度が高くなることである。一般に、富栄養化は生態系における生物の構成を変化させ、生物の多様性を減少させる方向に作用する。

**4** ✕　外来生物とは、もともとその地域にいなかったのに、人間によって他の地域から移入された生物のことである。

**5** ✕　特定外来生物とは、外来種であって、生態系、人の生命・身体、農林水産業へ被害を及ぼす生物(または及ぼすおそれがある生物)のことである。

**問題7** 生態系に関する記述として、最も妥当なのはどれか。

東京消防庁Ⅰ類2021

**1** 樹木が行う光合成は光や温度の影響を受けるが、このような影響を環境形成作用という。

**2** 一次消費者とは植物食性動物のことを、二次消費者とは動物食性動物のことを指す。

**3** 栄養段階が上位の生物ほど、一定面積内に存在するその生物体の総量が多い。

**4** 植物が硝酸イオンやアンモニウムイオンをもとに有機窒素化合物を合成する働きを窒素固定という。

**5** ある海域で、ラッコの急激な減少によって、ラッコに捕食されていたウニが爆発的に増え、ジャイアントケルプが食べ尽くされて生態系のバランスが崩れたとき、この海域においてウニはキーストーン種であると言える。

# 解説

正解 ② 

**❶ ✕** 　生物が環境から影響を受けることを作用という。環境形成作用は、逆に生物が環境に影響を与えることをいう。

**❷ ◯** 　正しい記述である。

**❸ ✕** 　栄養段階は上位ほど少なくなる傾向があるため、生態ピラミッドと呼ばれているが、個体数や生物量では、形が逆転することもしばしば起こる。

**❹ ✕** 　無機窒素化合物から有機窒素化合物を合成するはたらきを窒素同化という。なお窒素固定とは、硝化菌や根粒菌などが窒素分子から無機窒素化合物を合成する作用をいう。

**❺ ✕** 　この場合のキーストーン種はラッコであり、キーストーン種は栄養段階において上位にいる。

7　生物多様性と生態系　1029

**問題8** 生態系における物質収支に関する記述として、妥当なのはどれか。

特別区Ⅰ類2020

**①** 総生産量とは、生産者が光合成によって生産した無機物の総量をいう。

**②** 生産者の純生産量とは、総生産量から現存量を引いたものをいう。

**③** 生産者の成長量とは、純生産量から枯死量と被食量を引いたものをいう。

**④** 消費者の同化量とは、生産量から被食量と死亡量を引いたものをいう。

**⑤** 消費者の成長量とは、摂食量から不消化排出量を引いたものをいう。

## 解説

正解 ③

**❶** ✕ 　総生産量とは、生産者が光合成によって生産した有機物の総量をいう。

**❷** ✕ 　生産者の純生産量とは、総生産量から呼吸量を引いたものをいう。

**❸** ◯ 　正しい記述である。

**❹** ✕ 　消費者の同化量とは、摂食量から不消化排出量を引いたものをいう。

**❺** ✕ 　消費者の成長量とは、生産量から被食量と死亡量と足したものを引いたもの、つまり成長量＝生産量－(被食量＋死亡量)をいう。

7　生物多様性と生態系　1031

**問題9** 次の図は、ある森林生態系における森林面積1㎡当たりの1年間の有機物の移動量を示したものの一部である。この森林1㎡当たりの1年間の純生産量と生産者の成長量の組合せとして、妥当なのはどれか。

特別区Ⅰ類2012

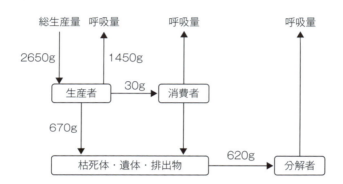

| | 純生産量 | 生産者の成長量 |
|---|---|---|
| 1 | 700g | 500g |
| 2 | 700g | 550g |
| 3 | 700g | 670g |
| 4 | 1200g | 500g |
| 5 | 1200g | 700g |

## 解説

正解 **4**

　純生産量は、純生産量＝総生産量－呼吸量で求められるので、2650－1450＝1200［g］となる。

　成長量は、成長量＝純生産量－（枯死量＋被食量）で求められるので、1200－（670＋30）＝500［g］となる。

第4章
生物

7　生物多様性と生態系　1033

# 第5章

## 地　学

　　地学は、宇宙科学と地球科学の分野に大きく分かれます。宇宙科学では惑星や恒星の世界、宇宙進化論など、地球科学では地球の層構造や地震、気候など、実にスケールの大きい事項についての学習が中心となります。

★★★

# 1 太陽系の天体

46億年前、ほぼ同時に誕生した太陽系の天体。有史以来、天体観測されてわかったこと、さらに数々の惑星探査機などによって解明されてきた星の姿について見ていきましょう。

## ❶ 単 位

天文学では距離が非常に大きいため、通常の単位では桁が多くなり扱いにくい。そこでいくつかの単位を改めて定義し、扱いやすくしている。

### 1 天文単位 [au]

地球と太陽の平均距離を基準とした距離で、1 auは約1億5,000万kmである。

### 2 光 年

光が1年かけて進む距離で、1光年は約9兆4,600億km、天文単位では約63,000auとなる。

### 3 パーセク

1天文単位[au]の年周視差が1秒角（3600分の1°）となる距離で、1パーセクは約3.26光年である。

### 4 恒星日と太陽日

地球が360°自転するのに要する時間のことを**1恒星日**といい、23時間56分4秒である。また、太陽が南中してから翌日南中するまでの時間のことを**1太陽日**といい、ちょうど24時間である。図にもあるように、自転で360°回転したとき、地球は公転でもとの場所から移動しているので、太陽はまだ南中していない。この分ずれが生じる。

1036　第5章　地 学

恒星日と太陽日のずれ

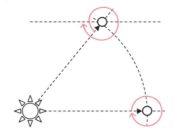

## 2 天体とその運動

### 1 天体の分類

① 恒　星

　自ら光を放つ天体を**恒星**といい、水素やヘリウムなどによる**核融合反応**によってそのエネルギーを生み出している。太陽が代表例で、夜空で観測できる大半の星は恒星である。

② 惑　星

　恒星の周りを公転する天体を**惑星**といい、太陽の周り（太陽系）には8個の惑星がある。これを太陽系の惑星という。天体観測において、星座を作る星と違った動きをするところから惑う星（planetの語源はギリシャ語プラネテス「さまようもの」）の名前がついた。

③ 衛　星

　惑星の周りを公転する天体を**衛星**といい、地球の周りを公転する月がその代表例である。

太陽系の天体

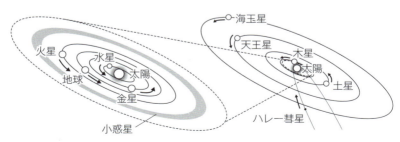

## 2 天球

　宇宙は光速の速さで広がり続けているといわれているが、天体観測をするうえでは便宜上の宇宙を球体とみなす。この球体を**天球**という。そして恒星は、この天球上の壁面に固定されているものとして考える。この天球上に固定されていない星を惑星と名づけたのが「惑う星」の由来である。

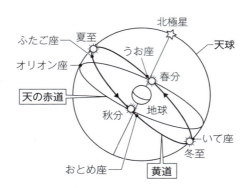

## 3 自転と日周運動

　天体が自ら回転することを**自転**といい、太陽と太陽系の惑星はすべて自転している。1回転するのにかかる時間を**自転周期**といい、地球の自転周期は1日(≒24時間)である。

　地球は西から東へ自転しているため、地球から他の天体を観察すると、天体が東から西へ1日に1回転しているように見える。この天体の見かけ上の動きを**日周運動**という。

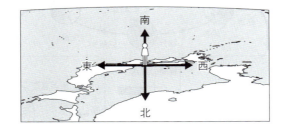

### ① 転向力

　回転する物体上で現れる見かけの力を**転向力**、あるいは**コリオリの力**といい、地球の自転においても同様の現象が観察される。

　地球の自転の証拠として、**フーコーの振り子**実験がある。振り子を揺らすと、地球の自転の影響を受け、振れる向きが変化する現象である。振り子は慣性によってその場にとどまろうとするので、北半球では、振り子が振れる向きは自転と逆向きの時計回りに変化する。また、地球上において転向力は、極付近で最大、赤道で最小となるので、振り子の動きもその影響を受ける。

### ② 歳差運動

　コマが回転軸を変化させながら回転するような運動を**歳差運動**といい、地球も歳差運動をしている。地球の場合、この周期は約25,800年と非常に長く、地軸がずれて北極星が変わるという現象を観察することは人の一生程度ではできない。

## 4 公転と年周運動

　ある天体が他の天体の周りを回ることを**公転**といい、太陽系の惑星は、太陽を中心にほぼ同一平面上を楕円軌道で公転している。公転軌道を1周するのにかかる時間を**公転周期**といい、地球の公転周期は約1年である。

　地球は北から見て反時計回り(西から東)に公転しているため、地球から他の天体を観察すると、天体が東から西へ1年に1回転しているように見える。この天体の

見かけ上の動きを**年周運動**という。地球の公転の証拠として、年周視差、年周光行差がある。

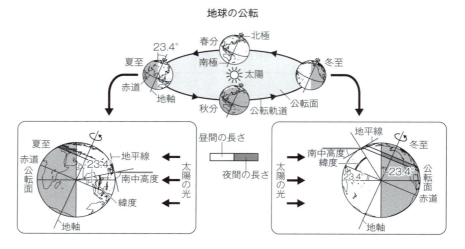

① 年周光行差

観察者(地球)が動いていく場合、光の速度と観察者の動く速度の合成によって、その光がやってくる方向が見かけ上変化する現象を光行差といい、地球が公転していることによって起こる光行差を**年周光行差**という。

雨は、止まって見ると地面に垂直に降っているように見えるが、動きながら見ると斜めに降っているように見える現象と同じである。

② 年周視差

地球が太陽の周りを動くことによって、近くの恒星の位置が見かけ上変化する現象を**年周視差**という。より正確には、太陽－恒星－地球のなす角度を指す。

もし地球が止まっているならば恒星は止まったままに見えるが、地球が公転しているのであれば恒星は見かけ上、動いて見えることになる(図参照)。

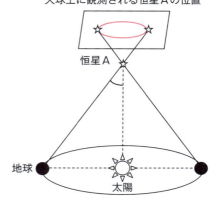

年周視差による恒星の観測位置の変化

③ 年周視差と恒星までの距離

　恒星までの距離は、年周視差を測定することによって求められる。この値は角度の秒["]で表される。年周視差は遠方の恒星ほど小さく、恒星までの距離に反比例する。

　ここで光年やパーセクを用いると、年周視差$p$["]と恒星までの距離$d$との関係は以下の式で表される。

$$d[パーセク] = \frac{1}{p} \quad または \quad d[光年] = \frac{3.26}{p}$$

## 5 太陽の運動

① 太陽の年周運動

　太陽は、地球から見ると、天球上(星座の間)を1年かけて西から東に1周しているように見える。これを**太陽の年周運動**という。黄道[1]と天の赤道(天球上の赤道面)の交点を**春分点**、**秋分点**といい、天の赤道から最も北に離れた地点を**夏至点**、最も南に離れた地点を**冬至点**という。

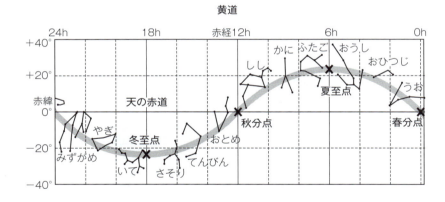

黄道

---

1 太陽が1年をかけてさまざまな星座間を通過する道筋を黄道という。太陽は1年でもとの位置へ戻る。

## 太陽の年周運動①

真夜中の南の空に見える星座は、
しし座→おとめ座→おとめ座→てんびん座→さそり座と
移り変わる

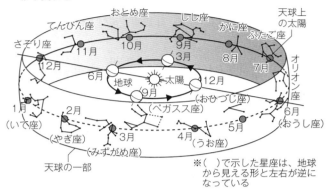

太陽は、みずがめ座→うお座→おひつじ座→おうし座の間を
動いていく

※( )で示した星座は、地球から見える形と左右が逆になっている

## 太陽の年周運動②

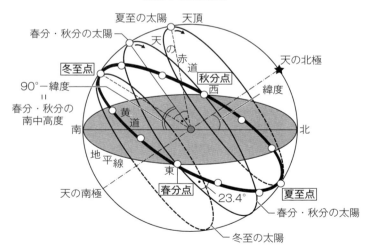

## ② 太陽の南中高度

　地球上のある地点において、太陽が真南に来たことを**南中**、そのときの太陽高度が角度で表されたものを**南中高度**という。この南中高度は緯度によって異なり、また、同じ地点であっても季節によって異なる。これは、**地軸が公転面に垂直な軸に対して23.4°**（公転面に対して66.6°）傾いていることによって起こる現象である。南中高度は、以下の式で求められる。

- ・春分・秋分：90°－緯度
- ・夏至　　　：90°－緯度＋23.4°
- ・冬至　　　：90°－緯度－23.4°

太陽の南中高度

---

## 3　太陽系の惑星

### 1　惑星の定義

　惑星の定義として、以下の3要件を満たすことが必要とされている。

- ・太陽の周りを回る天体であること
- ・十分大きく球体であること
- ・軌道上に同じサイズの天体が存在しないこと

　冥王星は三つ目の要件を満たさないため惑星からは除外され、現在は惑星ではなく準惑星に分類されている。

1　太陽系の天体　1043

## 2 ▶ 惑星の分類

太陽系の惑星は全部で8個ある。分類方法はいくつかあるが、そのうち、星の構成成分などで分けたものがある。水星、金星、地球、火星を<u>地球型惑星</u>といい、木星、土星、天王星、海王星を<u>木星型惑星</u>という。

地球型惑星は、大きさや質量が比較的小さく、表面や内部が固い岩石や金属(主成分は、鉄やニッケルなど)でできているため、密度が大きな惑星である。これに対して、木星型惑星は、大きさや質量が大きいものの、大部分が気体(核があり、主成分は岩石・メタンの氷・鉄などではないかと考えられている)でできているため、密度が小さな惑星である。**木星型惑星はすべてリングを持ち、自転周期は地球型惑星よりも短い**(自転周期：地球型惑星＞木星型惑星)。

また、近年では、天王星と海王星は、表面を覆うガスが少なく、中心部は厚い氷の層が取り巻いているという構造であることから、これらを木星型惑星とは別に**天王星型惑星**ということもある。

そのほかに、公転軌道が地球の内側にある水星と金星を**内惑星**、外側にある五つの惑星を**外惑星**とする分類もある。

### 惑星の分類

| 天体名 | 赤道直径 (地球=1) | 質量 (地球=1) | 平均密度 [g/cm³] | 太陽からの平均距離 (太陽地球間=1) | 公転周期 [年] | 自転周期 [日][2] |
|---|---|---|---|---|---|---|
| 水星 | 0.38 | 0.055 | 5.43 | 0.39 | 0.24 | 58.65 |
| 金星 | 0.95 | 0.815 | 5.24 | 0.72 | 0.62 | 243.02 |
| 地球 | 1.00 | 1.00 | 5.52 | 1.00 | 1.00 | 1.00 |
| 火星 | 0.53 | 0.107 | 3.93 | 1.52 | 1.88 | 1.03 |
| 木星 | 11.2 | 317.83 | 1.33 | 5.20 | 11.86 | 0.41 |
| 土星 | 9.4 | 95.16 | 0.69 | 9.55 | 29.46 | 0.44 |
| 天王星 | 4.0 | 14.54 | 1.27 | 19.22 | 84.02 | 0.72 |
| 海王星 | 3.9 | 17.15 | 1.64 | 30.11 | 164.77 | 0.67 |
| 太陽 | 109.1 | 332946 | 1.41 | ― | ― | 25.38 |
| 月 | 0.27 | 0.012 | 3.34 | 約1.00 | ― | 27.32 |

内惑星：水星・金星
外惑星：火星・木星・土星・天王星・海王星

**地球型惑星**
比較的小さく質量も小さいが、表面や内部が硬い岩石や金属でできているため、密度が大きい。

**木星型惑星**
比較的大きく質量も大きいが、大部分が気体でできているため、密度が小さい。

太陽 —— **恒星**
月 —— **地球の衛星**

---

**2** 太陽はガス体であるため自転周期には27日～30日といった幅があり、25.38日は代表値である。

太陽系の惑星

## 3 地球型惑星

### ① 水　星

　**水星**は太陽系で最小の惑星であり、衛星を持たず、大気もほとんど存在しない。太陽に最も近く大気も存在しないため、昼間(太陽光が当たる側)の表面温度は約400℃以上、夜間(太陽光が当たらない側)は約−180℃となり、**寒暖の差が600℃と激しい**。また、小天体が衝突した**クレーター**が多数見られる。**公転速度が最も大きく**、公転周期は約88日である。自転周期は約59日で、太陽日(水星の1日)が176日と約3倍もあり、これも温度差に影響を与えている。

### ② 金　星

　**金星**は半径は地球とほぼ同程度であり、衛星は持たず大気の主成分が**二酸化炭素**である。これによる**温室効果**のため表面温度は約460℃と水星よりも高温で、**太陽系の惑星で最も高い**。公転周期は約224.7日、自転周期は約243日である。

　太陽、月に続く3番目の明るさで、明けの明星(明け方に東の空)、宵の明星(日没後に西の空)といわれる。**自転方向と公転方向が異なり、北極方向から見て時計回りに自転している**(ほかの太陽系惑星はすべて自転も公転も反時計回り)。

### ③ 地　球

　**地球**は太陽系で唯一、水が液体で存在するハビタブルゾーン[3]に位置する惑星で

---

[3] $H_2O$ が液体の水として存在でき、宇宙空間で生命が生存するのに適した領域をハビタブルゾーンといい、太陽系では地球のみがその中に含まれている。ハビタブルゾーンが成立するのは、太陽に該当する天体からの距離が0.95〜1.4au(天文単位)ほどといわれ、非常に狭い。

あり、自転周期は23時間56分4秒(恒星日)である(太陽日は24時間)。自転軸(地軸)が公転面と垂直な軸に対して約**23.4°**(公転面に対して約**66.6°**)傾いているため、日の長さや南中高度の変化によって、四季が存在する。太陽系の惑星の中で**平均密度が最も大きい**。生命の存在が確認されている唯一の天体である。

月は地球の衛星で、地球から月までの距離は約38万kmである。

## ④ 火　星

**火星**は直径は**地球の半分程度**であり、**フォボス**と**ダイモス**という二つの衛星を持つ。大気の主成分は**二酸化炭素**であるが、地球と比べて質量は$\frac{1}{10}$程度と小さく重力は$\frac{1}{3}$程度のため、大気圧は地球の$\frac{1}{170}$程度しかない。地表に含まれる**酸化鉄**によって赤茶色に見える。地表は、両極付近に氷とドライアイス(二酸化炭素の固体)からなる**極冠**、クレーター、水が流れた痕跡(流水痕)などが見られる。代表的な地形として、標高26,000〜27,000mのオリンポス火山、赤道地帯を東西に走る長さ4,000km以上の大峡谷であるマリネリス峡谷などがある。自転周期は約24時間37分と地球に近く、自転軸が公転面に垂直な軸に対して約25.2°傾いているため、地球同様に四季が存在する。

## 4 木星型惑星

## ① 木　星

**木星**は質量、半径ともに**太陽系最大**の惑星であり、80個の衛星(2021年12月現在の報告数)を持つ。鉄や岩石からなる核があり、大気の主成分は**水素**と**ヘリウム**である。太陽系の惑星の中で**自転周期が最短**である(約10時間)。そのため、表面は大気の流れによってできた縞模様が観測され、**大赤斑**(ハリケーンに似た巨大な大気の渦)という地球の3倍ほどもある渦が観測できる。また、**リング**(環)を持つ(**木星型惑星はすべてリングを持つ**)。

木星の衛星のうち、イオ、エウロパ、ガニメデ、カリストの四つの衛星を特に**ガリレオ衛星**という。いずれも非常に大きく、特にガニメデは水星よりも大きい。

- ・**イオ**　　：大気があり、火山活動が活発で、木星に最も近い。
- ・**エウロパ**：氷の地殻の下には海洋が存在し、生命が存在する可能性がある。
- ・**ガニメデ**：太陽系最大の衛星であり、水星よりも大きい。
- ・**カリスト**：表面に多数のクレーターが存在する。

## ② 土　星

　土星の半径は木星に次いで2番目に大きく、86個の衛星を持つ（2021年12月現在の報告数）。**タイタン**が有名で、ガニメデに次いで2番目に大きな衛星である。タイタンも水星より大きく、窒素を主成分とする大気、海洋、有機物の存在などから原始生命が存在する可能性がある。土星の大気の主成分は**水素**と**ヘリウム**である。薄い**リング（環）**を持っており、その幅は約7万kmだが、厚さは最大数百mと非常に薄い。リングを形成している塊は主に直径1mほどの**氷**、岩片であると考えられている。密度は約0.7g/cm³と太陽系で**最も小さく**、扁平率[4]は約0.1と**最も大きい**。

## ③ 天王星 [5]

　**天王星**の半径は地球の約4倍で、大気の主成分は**水素**と**ヘリウム**であるが、**メタン**によって赤い光が吸収され、青白く見える。自転軸が公転面に垂直な軸から約98°傾いているため、自転軸は**公転面とほぼ平行**な状態で公転している。27個の衛星（2021年12月現在の報告数）、**リング（環）**を持つ。

## ④ 海王星

　**海王星**は天王星とほぼ同じ大きさで、天王星同様に、大気に含まれる**メタン**によって青色をしている。**大暗斑**という地球程度の大きさの巨大な嵐が見られる。14個の衛星（2021年12月現在の報告数）、**リング（環）**を持つ。惑星の自転方向と反対方向に公転する逆行衛星の**トリトン**が有名である。トリトンには大気があり、火山活動が観測されている。

---

**4**　扁平率とは、$1 - \dfrac{楕円面の最も短い半径}{楕円面の最も長い半径}$ で算出される値をいう。

**5**　天王星と海王星は、ボイジャー2号の探査によってその姿が明らかになった。

## 5 その他の天体

### ① 太陽系外縁天体

それまで惑星であった冥王星の外側に、それよりも大きな星が見つかった。そのため、2006年に惑星の定義が見直され、それまで惑星だった冥王星を含め、海王星より外側を公転している小天体を**太陽系外縁天体**と呼ぶことになった。また、その中でも大きな四つ（冥王星、エリス、マケマケ、ハウメア）と、メインベルトにあるケレス（セレス）を合わせた五つを**準惑星**という。

### ② 小惑星帯（アステロイド・ベルト）

太陽系の小天体のうち、ガスや塵を放出しないものを小惑星といい、小惑星が集まっているものを**小惑星帯**（**アステロイド・ベルト**）という。

火星と木星の間に位置する小惑星帯を**メインベルト**といい、海王星の公転軌道のさらに外側を公転する小惑星帯を**エッジワース・カイパーベルト**という。

### ③ 彗　星

主に氷や塵などでできていて、太陽に近づくと氷などが気化し、コマというガスや塵で尾を形成するものを**彗星**という。大部分が氷によってできており、太陽に接近すると、太陽風の影響で太陽の反対側に長い尾を形成する。これらの彗星は、太陽系の外縁部（**オールトの雲**といわれる領域）から楕円軌道や放物線軌道でやってくると考えられている。

太陽系とオールトの雲

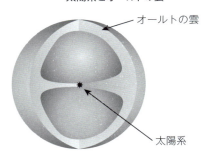

# ❹ 天文現象

　地球から見た惑星の動きや太陽に対する位置などについての現象を**天文現象**といい、特に惑星に関するものを**惑星現象**という。外惑星が太陽と同じ方向になることを**合**といい、太陽と反対の方向になることを**衝**という。また、内惑星が太陽と同じ方向になることを**内合**、**外合**という（内惑星の位置によって異なる）。

- 合　：外惑星にのみ見られる現象で、惑星が太陽と同じ方向になることをいう。
- 衝　：外惑星にのみ見られる現象で、惑星は地球から見て太陽と反対側にある。
- 内合：内惑星にのみ見られる現象で、惑星は太陽と地球の間にある。
- 外合：内惑星にのみ見られる現象で、惑星は太陽の向こう側にある。

合・衝と内合・外合

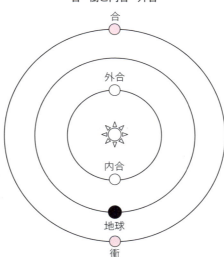

## 1 太陽・内惑星・地球の関係

地球から内惑星を見たときに、太陽から最も離れて見える角度を**最大離角**（地球と内惑星の軌道との接線とのなす角度のこと）といい、水星で約28°、金星で約48°である。東方最大離角のときは日没後に西の空、西方最大離角のとき明け方に東の空で最も長い時間観測できる。

東方最大離角の際、日没後に西の空に見える金星を宵の明星といい、西方最大離角の際、明け方に東の空に見える金星を明けの明星という。

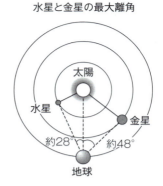

水星と金星の最大離角

## 2 金星の満ち欠け

惑星や衛星は自ら光を放つわけではなく、太陽の光を反射することによって視認することができる。地球から観測すると、月と同様に太陽の光の当たっている部分だけが見えることになるため、地球から近く、内側を公転する金星は満ち欠けが起こる（図参照）。

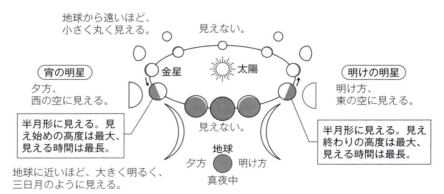

金星の満ち欠け

## 3 太陽・外惑星・地球の関係

衝は、惑星が太陽と反対側に来ることなので外惑星にしか起こらない。衝の位置に外惑星がある場合、一晩中、観測が可能である。

## 4 ケプラーの法則

16世紀後半、デンマークの天文学者ティコ・ブラーエは、天球上における火星の見かけの位置を精密に観測した。1600年、その助手になったケプラーは、ブラーエの観測結果に基づき、惑星の軌道に関する以下の三つの法則を発見した。

惑星の公転運動を説明する法則である**ケプラーの法則**を以下に示す。

① 第1法則

惑星は太陽を一つの焦点とする**楕円軌道上**を動く。

② 第2法則

太陽と惑星を結ぶ線分は、**等しい時間に等しい面積を描く**(**面積速度一定の法則**)。つまり、**太陽に最も近い近日点では公転速度が最大**で、**太陽から最も遠い遠日点では公転速度が最小**になる。

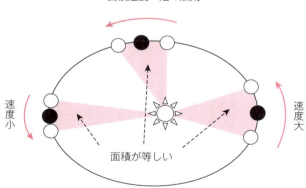

面積速度一定の法則

③ 第3法則

公転周期$p$の2乗と、太陽から惑星までの平均距離$a$の3乗は比例する。

$$\frac{a^3}{p^2} = 一定$$

$$a^3 = 一定 \times p^2$$

太陽から遠い惑星ほど公転周期が長い、と言い換えてもよい。

## 5 惑星の視運動

　地球から見た惑星の見かけの運動を**視運動**という。惑星は夜空を彩る恒星とは異なり、地球の近くを公転しているため、見かけ上、ほかの天体とは異なった動きを観察できる。つまり、一般的な天体は天球上を動かないが、惑星は天球上を移動する。ここから惑う星の名がついた。

　地球から見た惑星が、天球上を西から東へ移動することを**順行**、止まって見える状態を**留**、逆に東から西へ動くことを**逆行**という。これは、内惑星に地球が追い越されたとき、地球が外惑星を追い抜くときに観測される現象である。

金星の視運動

1052　第5章　地　学

## 6 会合周期

合または衝が起こった状態から、次に同様の状態になるまでの周期の平均値を**会合周期**という。

太陽に近い惑星ほど公転速度は大きくなるので、内側の惑星の公転周期の逆数から外側の惑星の公転周期の逆数を引けば、会合周期の逆数となる。

$$\frac{1}{S} = \left| \frac{1}{E} - \frac{1}{P} \right|$$

$S$：会合周期
$E$：地球の公転周期
$P$：惑星の公転周期

金星で1.599年（約584日）、火星で2.135年（約780日）などである。

会合周期

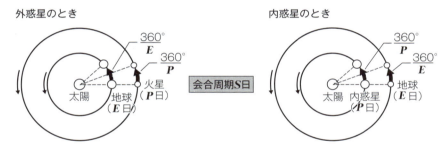

# 5 太 陽

## 1 太陽の特徴

太陽系は約46億年前、ほぼ同時に誕生したと考えられている。その中でも中心となる太陽は、太陽系の質量の99.8％を占める。**水素**（92％）と**ヘリウム**（8％）を主成分とする超高温のガス体で、**核融合反応**によってエネルギーを生み出している。半径は約70万km（地球の半径の約109倍）、平均密度は約1.4〔g/cm$^3$〕、表面温度は約6,000〔℃またはK〕で、中心部の温度は約1,600万〔℃またはK〕にもなる[6]。また、黒点の移動により**自転**していることが観察され、赤道付近で約27日、極付近で約30日と異なるが、これは太陽が気体であるためである。

---

[6] Kと℃の差273は6,000や、まして1,600万に比べると誤差の範囲になる。

## 2 太陽の大気

### ① 光　球

　地球から可視光線として観測できる太陽の表面を光球といい、厚さ約500kmの薄い層である。表面温度は約6,000［℃またはK］で、粒状斑という模様が見られる。粒状斑は表層のガス対流の渦で、内部からエネルギーが運ばれていることを示している。

### ② 彩　層

　光球を取り巻く薄い大気の層を彩層という。光球より光が弱いため肉眼では通常見ることはできないが、皆既日食のときには太陽の周りで赤く輝いて見える。

### ③ コロナ

　彩層の外側に広がる薄い大気の層をコロナという。約200万［℃またはK］と高温であるため、水素やヘリウムなどの原子から電子が剥ぎ取られ、イオンが生じる。これらが太陽風として宇宙空間へ流れていく。皆既日食のときに白い輪として観測できるが、コロナが光球と比べて著しく高温になる理由はわかっていない。

## 3 太陽に見られる現象

### ① 黒　点

　太陽の表面に見られる黒い点を黒点という。約4,000［℃またはK］あり、周辺部分よりも温度が低い。磁場によってエネルギーが遮られているものと考えられている。その寿命は平均10日前後であるが、大きいものでは2か月に及ぶこともある。

　黒点が多いときは、太陽が活発に活動しているとき（極大期）であり、黒点の数が変化する周期は約11年である。この黒点の移動によって太陽の自転が確認できる。

　黒点とは逆に温度の高い白斑なども見られる。

② プロミネンス（紅炎）

　彩層の外側に張り出して見える巨大な赤い炎のようなものを**プロミネンス**という。彩層に見える暗く長い筋模様をフィラメントといい、位置によって見え方が違うだけで同じものである。

③ フレア

　黒点に近い彩層が突然明るく輝く現象を**フレア**という。これが起こると、強力な電磁波や強い**X線**が放出され、8分後に地球に到達して通信障害などを起こす。これを**デリンジャー現象**という。このときの太陽風は、オーロラが発生する原因となることがある。フレアは爆発現象を指す用語なので、プロミネンスと混同しないようにすること。

④ 太陽風

　コロナから飛び出た荷電粒子で構成された粒子を**太陽風**という。実体は荷電粒子であることから、**放射線**であるといえる。

太陽の表面と内部

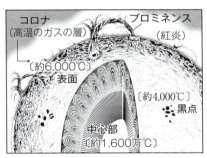

黒点

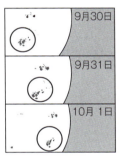

## 4 太陽のスペクトル

　太陽が放出する電磁波にはさまざまな波長のものが含まれ、これを調べることによって太陽の成分を知ることができる。

　電磁波の強度を波長によって分けたものを**スペクトル**という。これを用いて太陽が放出する光をプリズムで分けた場合、連続スペクトルの中に**暗線**ができる。これを**フラウンホーファー線**といい、太陽から光が放出されるときに、太陽大気によって、暗線部分の波長の光が吸収されていることを意味する。よって、暗線の波長や強度から、太陽大気の原子組成がわかる。

# 6 月

## 1 月の特徴

　**月**は、地球の周りを地球の北極側から見て**反時計回り**に**27.3日**で**自転**しながら**公転**している。月は**公転周期と自転周期が同じ**であるため、常に地球に対して同じ面を向けている。

　また月は、太陽の光を反射して輝いており、月が地球の周りを公転することによって、月は満ち欠けをする。しかし、地球も公転しているため、満ち欠けの周期は**29.5日**となり、地球の恒星日・太陽日と同様の理由で公転周期とは異なる。

月の満ち欠け

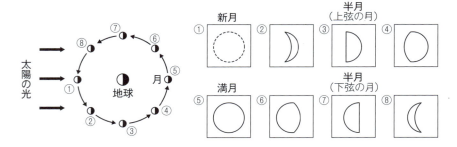

## 2 月に見られる現象

### ① 日食

　月が新月のとき、太陽・月・地球という順で一直線に並ぶことがあり、太陽が月の陰に隠れてしまう現象が起こる。これを**日食**といい、太陽が完全に隠れてしまうことを**皆既日食**、一部が隠れてしまうことを**部分日食**、太陽が環のように輝く日食を**金環日食（金環食）**という。

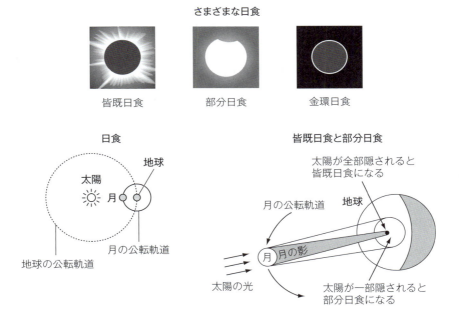

　前掲の図からわかるように、地球上に月の影ができるのは一部分なので、日食が起こる場所は限定される。年に一度ほど日食は観測できるが、次に日本で皆既日食が見られるのは2035年である。

② 月　食

　　月が満月のとき、太陽・地球・月という順で一直線に並ぶことがあり、月が地球の陰に隠れてしまう現象が起こる。これを**月食**といい、月が完全に隠れてしまうことを**皆既月食**、一部が隠れてしまうことを**部分月食**という。

　　月食は、日食とは異なり、月が観測できる状態（満月なので夜）であれば、地球上のどこからでもほぼ観測できる。だいたい年に一度くらいの頻度で観測することができる。

第5章

地 学

1 太陽系の天体 1059

# 過去問 Exercise

**問題1**
地球の運動に関する記述として、妥当なのはどれか。

特別区Ⅰ類2004

❶ 天球は周期24時間で日周運動をするが、この周期を１恒星日といい、地球の公転周期である。

❷ 地球の自転を実験的に証明する方法にフーコーの振り子があるが、フーコーの振り子の振動面は、北半球では時計と反対周りに回転する。

❸ 太陽が天球上を移動する道を黄道というが、黄道面は赤道面に一致しているため、太陽は天球上の黄道を１年かけて１周する。

❹ 地球の公転は、恒星を見たときの角度や見える方向の変化である年周視差や年周光行差によって証明することができる。

❺ 地球は、月や太陽の引力の影響を受け、自転軸の傾きが変化するため、１年間で太陽の南中高度が変化する。

1060 第5章 地 学

## 解説

正解 **4**

**❶** ✕　地球の公転周期は1年なので約365日である。

**❷** ✕　地球の自転の証拠として、フーコーの振り子の実験は妥当であるが、フーコーの振り子は北半球では時計回りに回転する。

**❸** ✕　黄道面と赤道面は一致していない。黄道面と赤道面が交わる2点を、それぞれ春分点、秋分点という。

**❹** ◯　年周視差、年周光行差が地球の公転の証拠である。

**❺** ✕　1年間で太陽の南中高度が変化するのは、自転軸が傾いているためである。また、1年単位の自転軸の傾きの変化は小さく、太陽の南中高度が変化するほどではない。

**問題2**　　天体に関する次のA～Cの記述の正誤の組合せとして最も適当なものはどれか。

裁判所一般職2017

**A**　太陽や恒星などの天体の日周運動は、その天体自体が運動しているのではなく、地球の自転によって起こる見かけの運動で、太陽の日周運動は恒星の日周運動とほぼ同じである。

**B**　ある星座を観測し、1時間後にその星座を見るとその星座が東から西に約15度移動したように見える。これは、地球が西から東に自転しているためである。

**C**　ある星座を観測し、後日、同じ時間に同じ地点から同じ星座を観測すると、その星座は西から東に移動したように見える。

|   | A | B | C |
|---|---|---|---|
| ❶ | 正 | 正 | 正 |
| ❷ | 正 | 正 | 誤 |
| ❸ | 正 | 誤 | 正 |
| ❹ | 誤 | 正 | 誤 |
| ❺ | 誤 | 誤 | 正 |

## 解説

正解 **2**

**A** ○　正しい記述である。

**B** ○　正しい記述である。

**C** ✕　地球は北極側から見ると太陽の周りを反時計回りに公転しているため、後日、同時刻・同地点で同じ星座を観測するとその星座は東から西に移動したように見える。これを年周運動という。

**問題3** しし座という名で知られる恒星、ウォルフ359が地球、太陽となす年周視差は0.421″である。年周視差が1″となる距離1パーセクは約3.26光年に等しいとした時、ウォルフ359と地球との距離として、最も妥当なのはどれか。

警視庁Ⅰ類2019

1　3.3光年

2　4.4光年

3　5.5光年

4　6.6光年

5　7.7光年

## 解説

正解 ⑤

$d\,[\text{光年}] = \dfrac{3.26}{p}$ より、

$d = 3.26 \div 0.421 \fallingdotseq 7.743\cdots$

よって、7.7光年が最も妥当である。

**問題4**　東京都本庁舎近くの東経139.7°、北緯35.7°、高度０m の地点での夏至の日の南中高度として、妥当なのはどれか。ただし、地軸の傾きは23.4°とする。

東京都Ⅰ類2017

1　12.3°

2　30.9°

3　54.3°

4　59.1°

5　77.7°

## 解説

正解 ⑤

夏至の南中高度は（90°－緯度）＋23.4°なので、
　（90°－35.7°）＋23.4°＝77.7°
なお、問題文に与えられている経度は解答に関係ない。

**問題5** 地球上の北緯35°、東経139°、高度０ｍの地点における、夏至の日及び冬至の日の太陽の南中高度の組合せとして、妥当なのはどれか。

東京都Ⅰ類2011

|   | 夏至の日 | 冬至の日 |
|---|---|---|
| 1 | 80.6° | 33.8° |
| 2 | 78.4° | 31.6° |
| 3 | 74.4° | 27.6° |
| 4 | 72.4° | 25.6° |
| 5 | 66.6° | 23.4° |

**解説**

正解 **②**

　夏至の南中高度は（90°−緯度）＋23.4°、冬至の南中高度は（90°−緯度）−23.4°より、

　　　夏至＝（90°−35°）＋23.4°＝78.4°

　　　冬至＝（90°−35°）−23.4°＝31.6°

となる。

| 問題6 | 太陽系の惑星に関する記述として、妥当なのはどれか。 |

裁判所一般職2020

**1** 太陽系には8個の惑星があるが、8個のうち最も小さいものは金星であり、最も大きいものは土星である。

**2** 金星、地球には厚い大気があるが、木星、土星には大気がほとんどない。

**3** 太陽系の惑星は、その特徴から地球型惑星と木星型惑星にわけられるが、木星型惑星は地球型惑星に比べると、密度が大きい。

**4** 液体の水は、太陽系の惑星のうち水星と地球には存在するが、その他の惑星には存在しない。

**5** 木星型惑星は、地球型惑星に比べると、質量が大きく、リングや多数の衛星を持っている。

## 解説

正解 **5**

**1** ✕  最も小さいものは水星、最も大きいものは木星である。

**2** ✕  木星や土星はその大部分が気体なので、大気が厚いといえる。

**3** ✕  密度が大きいのは地球型惑星である。

**4** ✕  宇宙空間において、水が液体で存在できる領域をハビタブルゾーンというが、太陽系の惑星では地球だけが当てはまる。

**5** ◯  正しい記述である。

| 問題7 | 太陽系の惑星に関する記述として、妥当なのはどれか。 |

特別区Ⅰ類2019

**1**　金星は、地球と同じような自転軸の傾きと自転周期をもち、極地方はドライアイスや氷で覆われている。

**2**　火星は、地球とほぼ同じ大きさであるが、自転速度は遅く、自転と公転の向きが逆である。

**3**　木星は、太陽系最大の惑星であり、60個以上の衛星が確認されているが、環(リング)をもっていない。

**4**　土星は、平均密度が太陽系の惑星の中で最も小さく、小さな岩石や氷の粒からなる大きな環(リング)をもっている。

**5**　天王星は、大気に含まれるメタンによって青い光が吸収されるため、赤く見える。

# 解説

正解 **4**

**❶** ✕　これは金星ではなく火星についての説明である。

**❷** ✕　これは火星ではなく金星についての説明である。

**❸** ✕　木星を含め、木星型惑星はすべてリングを持つ。

**❹** ○　正しい記述である。

**❺** ✕　メタンによって吸収されるのは赤い光である。よって天王星は青く見える。

**問題8** 太陽系の惑星に関する記述として、妥当なのはどれか。

特別区Ⅰ類2015

**1** 火星は、自転周期や自転軸の傾きが地球と似ており、季節の変化があり、水素を主成分とする大気に覆われている。

**2** 木星は、太陽系の惑星の中で最も大きく、表面には大気の流れでできた縞模様や大赤斑と呼ばれる渦ができている。

**3** 金星は、地球とほぼ同じ大きさで、表面温度が高く、メタンを主成分とする大気に覆われている。

**4** 水星は、太陽系の惑星の中で自転の周期が最も短く、無数のクレーターが存在し、太陽に最も近い軌道を公転しているため、表面温度が高い。

**5** 土星は、太陽系の惑星の中で最も平均密度が小さく、二酸化炭素を主成分とする環(リング)が存在する。

## 解説

正解 **2**

**1** ✕　火星の自転周期は1.026日、自転軸の傾きは25.2°と地球に近く、火星にも季節の変化がある。しかし、火星の大気の主成分は、二酸化炭素である。

**2** ◯　正しい記述である。

**3** ✕　金星の大きさについての記述は正しいが、大気はメタンではなく二酸化炭素を主成分とする。

**4** ✕　地球型惑星の水星は、どの木星型惑星よりも自転周期が長い。

**5** ✕　土星の環(リング)は二酸化炭素ではなく小さな岩石や氷が多数集まったものである。

| 問題9 | 火星に関する記述として、妥当なものはどれか。 |
|---|---|

特別区Ⅰ類2003

**1**　火星の表面は、赤茶色の濃い大気に覆われているので、赤みがかった惑星として観測される。

**2**　火星には、季節の変化があり、極地方には二酸化炭素などが凍ってできた極冠がある。

**3**　火星には、ガリレオ・ガリレイによって発見されたイオなど、活火山を有する衛星がある。

**4**　火星の軌道は、地球より太陽に近いので、地球から見ると太陽からある角度以上離れられず、明け方と夕方しか見ることができない。

**5**　火星には、巨大な火山や峡谷が存在するが、水が流れていた跡は認められていない。

## 解説

正解 ②

**1** ✕ 火星の大気は非常に薄い。表面が酸化鉄に覆われているため、赤みがかった惑星として観測される。

**2** ◯ なお、火星の地下には大量の水があることがNASAから公表された。

**3** ✕ 火星にはフォボス、ダイモスという二つの衛星がある。ガリレオ・ガリレイに発見されたイオは活火山を有するが木星の衛星である。

**4** ✕ 火星の軌道は地球より太陽に対して遠い。この記述は内惑星である水星、金星に関する内容である。

**5** ✕ 火星には標高約27,000mのオリンポス火山や、長さ約4,000kmのマリネリス峡谷が存在するが、流水痕なども存在することが確認されている。

第5章

地学

1　太陽系の天体　1077

**問題10**　A〜Hは、太陽系の惑星である水星、金星、火星、木星に関する記述であるが、水星と木星のいずれかに当てはまるもののみをすべて挙げているのはどれか。

国家一般職2005

**A**　自転周期は太陽系の惑星の中で最も短く、質量は地球の約320倍である。

**B**　地球とは逆向きに、約243日という長い周期で自転している。

**C**　公転速度は、太陽系の惑星の中で最も速く、約88日で一周する。太陽から受けるエネルギーは、同一面積当たり地球の約6.7倍である。

**D**　自転周期が24時間37分であり、自転軸は公転面に対して約25°傾いているので、地球のような季節の変化がみられる。

**E**　二酸化炭素を主とする大気は薄く、大気圧は地球の100分の1以下である。地表は土壌に含まれる酸化鉄のため赤色である。

**F**　表面は、二酸化炭素を主とする厚い大気におおわれ、その温室効果により表面の温度は460℃に達し、大気圧は表面では90気圧にもなる。

**G**　ほとんど大気がないため、太陽に面する側(昼)と反対側(夜)の表面温度の差は500℃以上になる。

**H**　大気活動は活発であり、大気の循環によって縞模様が生じているほか、「大赤斑」と呼ばれる巨大な渦が見られる。

**1**　A、C、G、H

**2**　A、D、E、H

**3**　B、C、E、F

**4**　B、D、F、G

**5**　C、D、F、H

## 解説

正解 ①

**A**　木星に関する記述である。

**B**　金星に関する記述である。

**C**　水星に関する記述である。

**D**　火星に関する記述である。

**E**　火星に関する記述である。

**F**　金星に関する記述である。

**G**　水星に関する記述である。

**H**　木星に関する記述である。

　よって、水星に関する記述は**C**、**G**、木星に関する記述は**A**、**H**である。

**問題11** 太陽系の天体に関する記述として、妥当なのはどれか。

特別区Ⅰ類2011

**1** 太陽系内の天体の距離を表すには、光が1年に進む距離である天文単位を使用する。

**2** 小惑星は現在約1万個の軌道が分かっており、その大部分は水星と金星の間にある。

**3** 海王星の外側を回っている小形の天体を太陽系外縁天体と呼び、かつて惑星と考えられていた天王星はそのひとつとみなされるようになった。

**4** 彗星は、太陽の近くでは、その本体のまわりにコマを伴い、常に進行方向と反対側に長い尾部を形成する。

**5** 惑星のまわりを公転している天体は衛星と呼ばれ、木星の衛星イオには、現在も活動している火山がある。

## 解説

正解 **5**

**❶ ✕** 太陽系内の天体の距離を表すには主に天文単位[au]を使用する。1天文単位は約1.5億kmである。光が1年に進む距離を表す1光年は約10兆km（約6万天文単位）であり、太陽系の主要な天体である惑星の距離を表すには、光年は大きすぎる。

**❷ ✕** 小惑星の大部分は火星と木星の間にあり、現在数十万個の軌道が確認されている。

**❸ ✕** 天王星は太陽系の八つの惑星の一つである。太陽系外縁天体になったのは冥王星である。

**❹ ✕** 彗星の尾は、太陽からの光の圧力や太陽風により吹き流されるため、進行方向ではなく、太陽の反対方向に形成される。

**❺ ◯** 正しい記述である。

**問題12** 太陽系の天体に関する記述として、妥当なのはどれか。

特別区Ⅰ類2020

**1** 惑星は、太陽の周りを公転する天体であり、地球型惑星と木星型惑星に分類されるが、火星は地球型惑星である。

**2** 小惑星は、太陽の周りを公転する天体であり、その多くは、木星と土星の軌道の間の小惑星帯に存在する。

**3** 衛星は、惑星などの周りを回る天体であり、水星と金星には衛星はあるが、火星には衛星はない。

**4** 彗星は、太陽の周りをだ円軌道で公転する天体であり、氷と塵からなり、太陽側に尾を形成する。

**5** 太陽系外縁天体は、冥王星の軌道よりも外側を公転する天体であり、海王星は太陽系外縁天体である。

## 解説

正解 **1**

**1** ◯　正しい記述である。

**2** ✕　太陽系の小惑星帯は主に火星と木星の間（メインベルト）にある。

**3** ✕　水星と金星に衛星はなく、火星にはフォボスとダイモスがある。

**4** ✕　彗星の尾は、太陽風の影響で太陽の反対側にできる。

**5** ✕　海王星の外側の軌道にあるものを太陽系外縁天体という。なお、海王星までが惑星で、冥王星の公転軌道はその外側である。

第5章

地学

1　太陽系の天体 1083

**問題13**　太陽系の天体に関する記述として、妥当なのはどれか。

東京都Ⅰ類2013

**1**　地球の自転は、フーコーの振り子の振動面が回転することから観測でき、振動面が1回転する時間は地球上のいずれの地点においても同一である。

**2**　地球の赤道面は、公転面に対して23.4°傾いているため、太陽の南中高度は夏至と冬至で23.4°の差を生じる。

**3**　月は、地球のまわりを公転する衛星で、地球から約38万kmの軌道を約27.3日の周期で回る間に、地球から月のすべての表面を見ることができる。

**4**　内惑星は、地球の軌道よりも内側を回る惑星で、地球から見て太陽の後方の位置にあるときは、地球から一晩中見える場合がある。

**5**　小惑星は、軌道がわかっているものだけでも現在10万個以上あり、大部分が火星と木星の軌道の間にあって、太陽のまわりを公転している。

## 解説

正解 **5**

**1** ✕ フーコーの振り子の振動面は、赤道では回転しないなど、地球上の場所で異なる。

**2** ✕ 地球の赤道面は、公転面に対して23.4°傾いている。そのため、太陽の南中高度は、夏至と冬至で23.4°の２倍の46.8°の差を生じる。

**3** ✕ 月は、自転周期と公転周期が同じために、月はいつも同じ面を地球に向けており、地球からは月の表面のほぼ半分しか見ることができない。

**4** ✕ 内惑星は、地球から見て常に太陽の方角にあるため、日の出前と日没後のわずかな時間しか観察することができない。

**5** ◯ 正しい記述である。

## 問題14

惑星現象に関する記述として、最も妥当なのはどれか。

**警視庁Ⅰ類2016**

**①** 　内惑星が太陽から最も離れて見えるときを、最大離角という。

**②** 　外惑星では地球から見て惑星が太陽の方向にある時を外合、太陽と反対の方向にあるときを内合という。

**③** 　外惑星は内合の時に最も地球に近づく。

**④** 　内惑星では地球と太陽の間にきた時を合、地球から見て太陽の後方にきたときを衝という。

**⑤** 　内惑星は衝の時に最も地球に近づく。

## 解説

正解 ❶

外惑星に対しては外合・内合という用語が使われることはなく、同様に、内惑星に対して衝や合という用語が使われることはない。そこに注目すると、消去法から正解がわかる。

**❶ ◯** 内惑星が太陽から最も離れて見えるときを最大離角といい、東方最大離角と西方最大離角がある。

**❷ ✕** 外惑星では地球から見て惑星が太陽の方向にあるときを合、反対の方向にあるときを衝という。

**❸ ✕** 外惑星は、衝のとき地球に最も近づく。

**❹ ✕** 内惑星は、地球と太陽の間に来たときを内合、地球から見て太陽の後方に来たときを外合という。

**❺ ✕** 内惑星は内合のときに地球に最も近づく。

| | | 次の文は、惑星の運動におけるケプラーの法則に関する記述であるが、文中の空所A～Cに該当する語の組合せとして、妥当なのはどれか。 |
|:--|:--|:--|
| **問題15** | | |

特別区Ⅰ類2016

第1法則とは、「惑星は、太陽を1つの焦点とするだ円軌道を描く」という法則のことである。

第2法則とは、「太陽と惑星を結ぶ線分が一定時間に描く　**A**　は一定である」という法則のことである。

第3法則とは、「惑星と太陽との平均距離の　**B**　は、惑星の公転周期の　**C**　に比例する」という法則のことである。

|  | A | B | C |
|:--|:--|:--|:--|
| **1** | 角度 | 2乗 | 3乗 |
| **2** | 角度 | 3乗 | 2乗 |
| **3** | 面積 | 2乗 | 2乗 |
| **4** | 面積 | 2乗 | 3乗 |
| **5** | 面積 | 3乗 | 2乗 |

## 解説

正解 **5**

　ケプラーの第2法則とは、「太陽と惑星を結ぶ線分が一定時間に描く面積（**A**）は一定である」という法則のことである。

　ケプラーの第3法則とは、「惑星と太陽との平均距離の3乗（**B**）は、惑星の公転周期の2乗（**C**）に比例する」という法則のことである。

| **問題16** | ケプラーの法則に関する記述として、最も妥当なのはどれか。 |

警視庁Ⅰ類2016

**1** 太陽と惑星を結ぶ線分は、等しい時間に等しい面積を描く。

**2** 恒星の表面温度と、放射エネルギーが最大になる波長との積は一定である。

**3** 惑星と太陽との平均距離の2乗は、惑星の公転周期の3乗に比例する。

**4** 恒星の表面1 m²から毎秒放出されるエネルギーは、表面温度の4乗に比例する。

**5** 惑星は、太陽を中心とする円軌道を公転する。

**解説**

正解 **1**

**1** ○　正しい記述である。

**2** ✕　恒星に関する記述であり、そもそも惑星の運動に全く関係ない。なお、この選択肢はウィーンの変位則を表す。

**3** ✕　２乗と３乗が逆である。正しくは、平均距離の３乗と公転周期の２乗である。

**4** ✕　恒星に関する記述であり、そもそも惑星の運動に全く関係ない。なお、この選択肢はステファン・ボルツマンの法則を表す。

**5** ✕　ケプラーの第１法則によると、惑星は円ではなく楕円軌道を描く。

## 問題17

次の文のア、イに当てはまる現象として、A～Dのうち正しいもののみを組み合わせているものはどれか。

国家一般職2002

　　ア　は金星には当てはまらないが火星については当てはまり、　イ　は火星には当てはまらないが金星には当てはまる。

**A**　地球から見ると、天球上を黄道に沿って移動するが、太陽の年周運動と同方向に西から東に移動するときと、東から西に逆行するときがある。

**B**　地球から惑星軌道に引いた接線上の接点に惑星がきたとき、太陽と地球と惑星がなす角（最大離角）によって、惑星の公転軌道が分かる。

**C**　太陽からの平均距離の３乗と公転周期の２乗との比は地球のそれとほぼ等しい。

**D**　地球に対して太陽と反対の方向にきたとき、夕刻には東から昇り、真夜中には南中し、夜明け前に西へ没する。

|  | ア | イ |
|---|---|---|
| **1** | A | C |
| **2** | B | C |
| **3** | C | D |
| **4** | D | A |
| **5** | D | B |

1092　第５章　地　学

## 解説

正解 **5**

　金星は内惑星であり、火星は外惑星であるので、アは外惑星だけに当てはまる現象を、イは内惑星だけに当てはまる現象を選べばよい。

**A**　逆行は惑星の公転周期が地球の公転周期と異なるために起こる見かけ上の現象であり、内惑星・外惑星ともに当てはまる。

**B**　最大離角が存在するのは内惑星のみである。外惑星は地球から見て太陽と反対側に来る場合もあるので、最大離角は存在しない。

**C**　これはケプラーの第3法則であり、この法則は、惑星の運動を表したものであるので、内惑星・外惑星ともに当てはまる。

**D**　これは衝であり、衝は外惑星のみに当てはまる現象である。

**問題18** 次の文は、太陽を構成する元素に関する記述であるが、文中の空所A〜Cに該当する語の組合せとして、妥当なのはどれか。

特別区Ⅰ類2018

太陽光をプリズムに通すと、光の帯の $\boxed{A}$ が見られる。太陽光の $\boxed{A}$ には、多くの吸収線（暗線）が見られ、$\boxed{B}$ 線と呼ばれている。$\boxed{B}$ 線によって、太陽の大部分を構成する $\boxed{C}$ 、ヘリウムなどの元素を知ることができる。

|   | A | B | C |
|---|---|---|---|
| 1 | オーロラ | アルベド | 水素 |
| 2 | オーロラ | フラウンホーファー | 窒素 |
| 3 | ケルビン | アルベド | 窒素 |
| 4 | スペクトル | フラウンホーファー | 水素 |
| 5 | スペクトル | アルベド | 窒素 |

## 解説

**正解 ④**

**A：スペクトル**

太陽の光をプリズムに通し、波長ごとに帯状に分けたものをスペクトルという。

なお、オーロラは空が光って見える天文現象の一つであり、ケルビンは絶対温度の単位である。

**B：フウラウンホーファー**

太陽光のスペクトルの中に現れる暗線をフラウンホーファー線という。

なお、アルベドは天体における外部からの入射光エネルギーに対する反射光エネルギーの比のことである。

**C：水素**

太陽の大部分を構成しているのは水素とヘリウムであり、これらはフラウンホーファー線によって知ることができる。

**問題19** 次の文は、太陽の表面に関する記述であるが、文中の空所A〜Cに該当する語の組合せとして、妥当なのはどれか。

特別区Ⅰ類2017

可視光線で見ることができる太陽の表面は、 **A** という。 **A** には、磁場が強く、内部からの対流を妨げるため、周囲よりも温度が低い **B** が見られる。 **B** 付近の彩層が突然明るくなる現象を **C** という。

|   | A | B | C |
|---|---|---|---|
| **1** | 光球 | 白斑 | フレア |
| **2** | 光球 | 黒点 | フレア |
| **3** | 光球 | 白斑 | プロミネンス |
| **4** | 粒状斑 | 黒点 | プロミネンス |
| **5** | 粒状斑 | 白斑 | プロミネンス |

## 解説

正解 **2**

**A**：光球

　太陽の表面のことを光球といい、厚さ約500kmの薄い層である。

**B**：黒点

　光球では磁場が強くなっていて、この磁場が内部からの対流を妨げるために、周囲よりも温度が低くなっている黒点が見られる。

　また、太陽の表面近くで見られる明るい斑点を白斑といい、太陽全体に見られる粒状の模様を粒状斑という。

**C**：フレア

　黒点付近の彩層が突然明るくなる現象をフレアという。プロミネンスとは、コロナの中に磁場の力で浮かんで見えるガス雲のことで、紅炎とも呼ばれる。

**問題20** 太陽に関する記述として、妥当なのはどれか。

東京都Ⅰ類2015

**1** 黒点は、磁場が弱く周囲の光球より温度が高いため黒く見え、その数は変化しない。

**2** フレアから発生する強いX線は、地球の大気圏に影響を与え、通信障害などを引き起こすことがある。

**3** 太陽を構成する元素は、ヘリウムが大部分を占めており、次いで酸素、鉄の順に多い。

**4** 中心核では、核分裂反応が繰り返されており、大量のエネルギーが発生している。

**5** 太陽系の惑星は、太陽を中心に公転しており、太陽に近い位置の惑星から順に、水星、金星、火星、地球、土星、木星、海王星、天王星、冥王星である。

## 解説

正解 **2**

**❶ ✕** 黒点は磁場の強い場所で、磁力線の作用により内部からの高温のガスが運ばれにくく、周囲の光球よりも約1,500〜2,000K温度が低いために黒く見える。また、その数は約11年周期で増減している。

**❷ ◯** 正しい記述である。

**❸ ✕** 太陽を構成する元素は、水素が大部分を占めており（約92%）、次に多いものはヘリウム（約8%）である。

**❹ ✕** 太陽の中心核で起こっているのは核分裂反応ではなく、4個の水素原子核を1個のヘリウム原子核に変える核融合反応である。

**❺ ✕** 太陽系の惑星は、太陽から近い順に、水星、金星、地球、火星、木星、土星、天王星、海王星の八つである。2006年まで9番目の惑星とされていた冥王星は、現在では太陽系外縁天体（準惑星）に分類されている。

| | 問題21 | 地球と太陽に関する記述ア〜エの正誤の組合せとして正しいものはどれか。 |

国家一般職2004

**ア**　地球は北極と南極を結ぶ線を軸として北極の上空から見て時計回りに回転運動をしており、これを「地球の自転」というが、更に太陽の周りを北半球の上空から見て時計回りに回っており、これを「地球の公転」という。

**イ**　太陽と地球の間に月が入ることにより太陽が完全に隠される現象を皆既日食といい、その際、ふだんは太陽の強烈な光で遮られて見ることができない「コロナ」が月に隠された太陽の外側に広がって観測される。

**ウ**　太陽表面で「フレア（太陽面爆発）」という現象が起こると強いX線、紫外線、電子や陽子などの荷電粒子が放出され、その結果電離層が乱され通信障害などを引き起こす「デリンジャー現象」や地磁気の一時的変化をもたらす「磁気嵐」などの影響が地球に及ぼされる。

**エ**　太陽表面に現れる「黒点」は周囲より温度が低いため黒く見えるが、「黒点」の数は太陽の活動状況の強弱に対応して約6か月を周期として増減しており、「黒点」の少ない時期は太陽活動が活発な時期と対応している。

| | ア | イ | ウ | エ |
|---|---|---|---|---|
| **1** | 正 | 正 | 誤 | 誤 |
| **2** | 正 | 誤 | 誤 | 正 |
| **3** | 誤 | 正 | 正 | 誤 |
| **4** | 誤 | 正 | 誤 | 正 |
| **5** | 誤 | 誤 | 正 | 正 |

## 解説

正解 **3**

**ア** ✕　北極の上空から見ると、地球は自転も公転も反時計回りである。

**イ** ◯　太陽、月、地球の順番に一列に並んだ場合、月が太陽を隠すために日食が起きる。月の軌道面と地球の軌道面は同一平面ではないので、日食は常に起こるわけではない。

**ウ** ◯　コロナから宇宙空間に向けて電子や陽子などの荷電粒子が絶えず流れ出しており、これを太陽風という。

**エ** ✕　黒点の活動周期は約11年である。また、太陽活動が活発な時期は黒点の多い時期である。

★★☆

# 2 恒星と宇宙

観測技術の向上により、ブラックホールの撮影に成功するなど、宇宙の姿がより鮮明になってきました。恒星とそれを取り囲む宇宙について見ていきましょう。

## 1 恒 星

　自ら光を放つ天体を恒星といい、水素の核融合反応によってエネルギーを生み出している。太陽をはじめ、夜空に輝く星のほぼすべては恒星である。

### 1 実視等級と絶対等級

　天文学において、等級とは明るさを表す尺度である。2,000年以上前の古代ギリシャで、肉眼で見える最も明るい星を1等級、かろうじて見えるものを6等級とした。そこから5等級の差をちょうど100倍の比と定義したもので、1等級で約2.5倍（100の5乗根：$x^5=100$のとき、$x=2.51\cdots$）違うことになり、より明るい星・暗い星でも等級で表せるようになった。

#### ① 実視等級

　地球から見たときの星の明るさを実視等級といい、これらはあくまで見かけ上の明るさである。例えば、太陽が明るい（－27等級）のは、近くにあるというだけで、実態を表してはいない。

#### ② 絶対等級

　そこで、相対的に恒星を比べることを考える。恒星を10パーセク（約32.6光年）の距離に置いたときの明るさを絶対等級といい、これによると太陽は4.8等級となる。これはごく標準的な恒星であるといえる。地球から見て太陽の次に明るい恒星のシリウスは絶対等級が1.4等級（実視等級－1.46）なので、シリウスのほうが太陽よりも明るいことがわかる。

## 2 恒星の色と表面温度

恒星は、赤色、黄色、青白色、青色などさまざまな色をしているが、これは恒星の表面温度と関係している。ウィーンの変位則により、恒星の**表面温度が高いほど波長は短く(青色)、低いほど波長は長く(赤色)**なる。

恒星の表面温度によってスペクトル型が決定され、O型(青色)、B型(青白色)、A型(白色)、F型(黄白色)、G型(黄色)、K型(橙色)、M型(赤色)に分類される。

### ① ウィーンの変位則

物体の温度を上げていくと(暗いところで見れば600℃くらいから)赤色に光り始め、やがて青白色になり、白色化する。これは物体の放射する光の波長が温度の上昇につれて短いほうに変位していくためである。特に黒体からの放射では法則性があり、これをウィーンの変位則という。

これにより、太陽の表面温度などがわかる。

$$\lambda T = 2900 \ (一定)$$

$\lambda$：物体の最大波長$[\mu m]$、$T$：物体の表面温度$[K]$

### ② スペクトル型

先述したスペクトルを用いて恒星が放出する光をプリズムで分けた場合、連続スペクトルの中にフラウンホーファー線ができる。恒星をフラウンホーファー線の現れ方で分類したものをスペクトル型という。

**スペクトル型による恒星の分類**

| スペクトル型 | 表面温度 | 色 | 主な恒星 |
|---|---|---|---|
| O型 | 50,000K | 青色 | ― |
| B型 | 20,000K | 青白色 | リゲル(オリオン座)、スピカ(おとめ座) |
| A型 | 10,000K | 白色 | シリウス(おおいぬ座)、ベガ(こと座) |
| F型 | 7,000K | 黄白色 | プロキオン(こいぬ座) |
| G型 | 6,000K | 黄色 | 太陽 |
| K型 | 4,000K | 橙色 | アルデバラン(おうし座) |
| M型 | 3,000K | 赤色 | アンタレス(さそり座)、ベテルギウス(オリオン座) |

2　恒星と宇宙　1103

## 3 恒星の種類

縦軸に恒星の絶対等級、横軸にスペクトル型(表面温度)をとり、グラフで表したものを**ヘルツシュプルング・ラッセル図(H・R図)**という(図参照)。これにより、恒星は大きく**主系列星、超巨星、(赤色)巨星、白色矮星**に分類される。この分類に従えば、太陽は主系列星に分類される。この図によると主系列星は、表面温度と明るさには正の相関があり、表面温度が高いほど明るく、低いほど暗いといえる。また、質量と明度にも正の相関があり、重い星ほど明るく、軽い星ほど暗いともいえる。

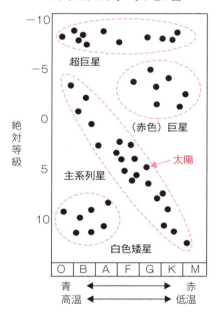

ヘルツシュプルング・ラッセル図

## 4 恒星の誕生と進化

### ① 星間物質と星間雲

宇宙空間には星間物質があり、これらは星間ガスと星間塵からなる。星間ガスは水素が主成分であり、星間塵は固体粒子である。これらが周囲より高密度の部分を星間雲という。特に密度の高い星間雲は、近くの恒星などに照らされ散光星雲として観測され、逆に恒星の光を散乱・吸収すると暗黒星雲として観測される。

### ② 原始星から主系列星へ

星間雲の中でも特に密度の高いところでは、重力によって星間物質が集まり、さらに密度を大きくし巨大化していく。すると内部が高温になり、中心部が輝き始める。この段階を原始星という。さらに質量が大きくなるとともに重力が大きくなり、残された周囲の星間物質や固体粒子と合体する。やがて内部の温度が1,000万Kを超えると水素が核融合反応を始める。この段階になったものを主系列星といい、恒星は一生のほとんどをこの主系列星の状態で過ごすことになる[1]。

### ③ 主系列星から（赤色）巨星へ

水素の核融合反応はヘリウムを作るが、中心部の水素がヘリウムに変わり核ができると、水素はその周囲で核融合反応を始める。これに伴い、星が外側に膨張し始め、表面温度が低下していく。すると（赤色）巨星となる。

### ④ （赤色）巨星から白色矮星へ

質量の小さい恒星（太陽質量の7倍より小さいもの）は、巨星となったあと、外層のガスを放出しそれが広がって惑星状星雲となる。この中心に残された高温の小さな天体を白色矮星という。白色矮星は核融合反応を起こさないので、次第に冷えて暗くなっていく。これが恒星の最後である。

質量の大きい恒星（太陽質量の7倍以上のもの）の場合、中心が重い元素になっていくので超新星爆発[2]を起こす。そのあとは、すべて星間物質として飛び散ったり（太陽質量の7〜8倍の恒星）、さらに高密度の中性子星（同8〜10倍の恒星）やブラックホール（同10倍以上の恒星）が形成されたりすると考えられている。

---

**1** 太陽の寿命（主系列星である時間）は約100億年と見積もられている。

**2** アンタレス（さそり座）やベテルギウス（オリオン座）などは、近く超新星爆発が起こるのではないかと予想されている（すでに起こっている可能性があると指摘する学者もいる）。

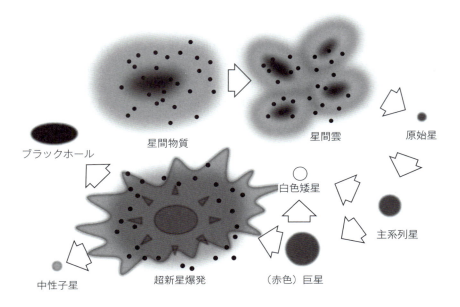

恒星の誕生と進化

## 5 恒星の明るさと寿命

　恒星は一生の大半を主系列星として過ごすが、質量と明るさには相関があり、**質量が大きいものほど明るい**ことがわかっている(明るさはおおむね質量の4乗に比例)。明るさは水素消費量に比例するので、これをもとにおよその寿命を推測することができる。

　太陽の5倍の質量の恒星を例にすると、明るさは$5^4=625$倍、水素量は5倍だが625倍の速度で消費する。よって$5\times\dfrac{1}{625}=\dfrac{1}{125}$となり、おおむね質量が大きな星ほど寿命は短いことがわかる。

## 2 銀河と宇宙

### 1 銀河と銀河系

　膨大な数の恒星と星間物質からなる大集団のことを**銀河**といい、太陽系を含む銀河を**銀河系**という。銀河系はアンドロメダ銀河などとともに銀河群を作り、さらに大きな銀河の集団を形成している。

　銀河系は約2,000億個の恒星、水素ガスや塵などの星間物質からなり、我々の眼には**天の川**として観測することができる。つまり天の川は「地球の中から見た銀河系」ということになる。銀河系は**直径約10万光年**で、太陽系はその中心から約2.8万光年のところに位置している。真上から見ると渦巻き構造をしていて、真横からでは凸レンズのような形だと考えられている。

　横から見た中心部の厚みを**バルジ**といい、それに続く円盤状の領域を**円盤部（ディスク）**という。太陽系はこの円盤部にあり、**散開星団**や多くの星間物質が存在する。一方、円盤部を球状に取り巻く領域を**ハロー**といい、**球状星団**がまばらに存在している。

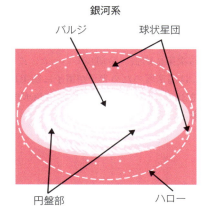

銀河系

　銀河にはさまざまな形状のものがあるが、アンドロメダ銀河や他の銀河など、50個ほどをまとめた大きな銀河の集団のことを**局部銀河群**という。この局部銀河群の外側にはさらなる**銀河群**が存在している。これら数百から数千の集まりを**銀河団**といい、さらに大きいものを**超銀河団**という。

　これらの分布を調べることにより、宇宙の大規模構造が把握されてきた。それによると、宇宙全体は、銀河が多く集まった場所とそうでない場所に大別される。これらが泡状に見えることから**泡構造**という。

宇宙の構造

なお、銀河の中には非常に活動的な(通常の銀河の1,000倍ものエネルギーを放出する)中心を持つものがあり、これらは**クェーサー**といわれている。クェーサーは古い銀河と考えられており、宇宙の初期状態を知るのに重要な天体である。

## 2 膨張する宇宙

アメリカの天文学者ハッブルが、銀河のスペクトルのずれから、遠くの銀河ほど高速で遠ざかっており、宇宙全体が**膨張**していることを発見した。これを**ハッブルの法則**という。

つまり、ハッブルの法則から逆算すれば、宇宙の始まりは一点であったことになり、これは**約138億年前**だと考えられている。誕生した直後は超高密度、超高温の火の玉宇宙で、そこから次第に膨張・冷却していった。これを**ビッグバンモデル**という。誕生からしばらくは高密度のため光子が電子に衝突し直進できないような状態だった。それがおよそ38万年後に宇宙の温度は3,000Kほどまで下がり、光が拡散していった。これを**宇宙の晴れ上がり**という。

## 3 宇宙開発史

### 20世紀末以降の宇宙開発史

| 年　代 | 事　象 |
|---|---|
| 1998年 | 国際宇宙ステーションISS建設開始 |
| 2003年 | 宇宙3機関（宇宙科学研究所、航空宇宙技術研究所、宇宙開発事業団）が統合し、独立行政法人「宇宙航空研究開発機構」（JAXA）発足 |
| 2005年 | 小惑星探査機「はやぶさ」、小惑星イトカワへのタッチダウン成功 |
| 2007年 | H-ⅡAロケットにて、月周回衛星「かぐや」打ち上げ |
| 2009年 | 国際宇宙ステーションISSに日本の実験棟「きぼう」完成<br>国際宇宙ステーションISSへの物資輸送のため、無人宇宙船HTV（こうのとり）がH-ⅡBロケットにて打ち上げ |
| 2010年 | 小惑星探査機「はやぶさ」地球帰還・カプセル回収<br>H-ⅡAロケットにて、金星探査機「あかつき」打ち上げ |
| 2013年 | 小型人工衛星打ち上げ用固体燃料ロケットであるイプシロンロケット打ち上げ |
| 2014年 | 小惑星探査機「はやぶさ2」打ち上げ |
| 2016年 | 国際宇宙ステーションISSにロシアの宇宙船ソユーズがドッキング<br>H-ⅡAロケット30号にて、X線天文衛星「ひとみ」が打ち上げられたが、不具合が発生し、運用断念 |
| 2017年 | 月周回衛星「かぐや」のデータから、月の地下に巨大な空洞を確認<br>H-ⅡAロケット35号・36号の打ち上げ成功 |
| 2018年 | 赤外線天文衛星「あかり」が小惑星に水を発見<br>金星探査機「あかつき」の観測から、金星の低い雲の動きが明らかになる |
| 2019年 | 小惑星探査機「はやぶさ2」、小惑星リュウグウにタッチダウン成功 |

第5章

地学

2　恒星と宇宙

## 過去問 Exercise

**問題1** 恒星の進化に関する次の図の空欄A～Dに当てはまる語句の組合せとして、妥当なのはどれか。

東京都Ⅰ類2014

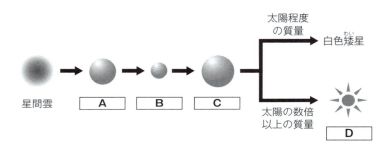

|   | A | B | C | D |
|---|---|---|---|---|
| ① | 原始星 | 主系列星 | 巨星 | 超新星 |
| ② | 原始星 | 超新星 | 主系列星 | 巨星 |
| ③ | 主系列星 | 巨星 | 原始星 | 超新星 |
| ④ | 超新星 | 巨星 | 原始星 | 主系列星 |
| ⑤ | 超新星 | 原始星 | 巨星 | 主系列星 |

# 解説

正解 ①

　恒星の進化は順に、星間雲→原始星（**A**）→主系列星（**B**）→（赤色）巨星（**C**）である。

　質量の小さい恒星は、外層のガスを放出して惑星状星雲の段階を経て中心部が重力収縮して白色矮星が形成される。

　一方、質量の大きい恒星では、（赤色）巨星の中心部でさらなる核融合反応が進行し、最後に大爆発を起こして超新星（**D**）として観測される。質量が太陽質量の約8～10倍の恒星は超新星爆発後に中性子星となり、約10倍以上の恒星はブラックホールとなると考えられている。

第5章

地学

2　恒星と宇宙　1111

| | | 次の文は、太陽に関する記述であるが、文中の空所A |
|---|---|---|
| **問題2** | | ～ Cに該当する語の組合せとして、妥当なのはどれか。 |

特別区Ⅰ類2014

太陽の中心部では水素を A に変換する B が起こっており、中心部の水素を消費しつくすまで、太陽は安定して輝き続ける。このように安定して輝いている段階の星を一般に C という。

| | A | B | C |
|---|---|---|---|
| **1** | オゾン | 核融合反応 | 赤色巨星 |
| **2** | オゾン | 核融合反応 | 主系列星 |
| **3** | オゾン | プロミネンス | 赤色巨星 |
| **4** | ヘリウム | 核融合反応 | 主系列星 |
| **5** | ヘリウム | プロミネンス | 赤色巨星 |

# 解説

正解 ④

　太陽の中心部の中心核は、温度が約1,600万K、圧力が約2,400億気圧の高温高圧の状態であり、4個の水素原子核（陽子）が1個のヘリウム（**A**）原子核となる核融合反応（**B**）が起こっており、このとき失われた質量がエネルギーとなり放射されている。太陽の中心部では全水素を消費し尽くすまで、安定して輝き続ける。

　このように、中心部で水素の核融合反応を起こしており、安定して輝いている段階の星を主系列星（**C**）という。恒星はその一生の大部分を主系列星の段階として過ごす。ちなみに、太陽の寿命は約100億年と考えられている。

第5章

地学

2　恒星と宇宙　1113

**問題3** 銀河系の構造に関する記述中の空所ア～ウに当てはまる語句の組合せとして、妥当なのはどれか。

警視庁Ⅰ類2019

銀河系は中央の半径1万光年程度の球状の膨らみ部分である（　**ア**　）と、それに続く半径約5万光年の（　**イ**　）、そしてこれらを取り巻く半径約7万5000光年の領域の（　**ウ**　）からなる。

|   | **ア** | **イ** | **ウ** |
|---|--------|--------|--------|
| **1** | バルジ | ディスク | ハロー |
| **2** | バルジ | ハロー | ディスク |
| **3** | ディスク | バルジ | ハロー |
| **4** | ディスク | ハロー | バルジ |
| **5** | ハロー | ディスク | バルジ |

## 解説

正解 **1**

**ア**：バルジ

　銀河系の構造のうち、中心部の厚みを持った部分をバルジという。

**イ**：ディスク

　銀河系の構造のうち、バルジに続く円盤状の領域をディスクという。太陽系はこのディスクの中にある。

**ウ**：ハロー

　バルジやディスクを取り巻く領域をハローといい、球状星団がまばらに存在している。

第5章

地学

2　恒星と宇宙　1115

| 問題4 | 宇宙に関する記述として、妥当なのはどれか。 |

特別区Ⅰ類2010

**1**　宇宙は約140億年前に超高温・超高密度の火の玉から出発したとされ、この始まりをハッブルの宇宙と呼ぶ。

**2**　横軸にスペクトル型、縦軸に絶対等級をとったHR図では、恒星は、主系列星、赤色巨星、白色わい星などに分類され、太陽は主系列星に属する。

**3**　主系列星としての寿命は、質量が小さい恒星ほど短く、質量が大きい恒星は核融合反応の進行速度が遅いため寿命が長くなる。

**4**　主系列星の中で質量の小さい恒星は、中心部からのエネルギーの放出が止まると収縮してブラックホールとなる。

**5**　主系列星の中で質量の大きい恒星は、全体として膨張し、表面温度が上がり、表面積が大きくなるので光度が増し、表面温度の高い赤色巨星となる。

## 解説

正解 **2**

**❶ ✕** 宇宙は約140億年前に超高温・超高密度の火の玉から出発し、膨張していくにつれ銀河や恒星などさまざまな階層の天体が形成されていったと考えられている。この宇宙の最初の大爆発(状態)をビッグバンという。

**❷ ◯** H・R図上で、大部分の恒星は左上から右斜め下へ直線上に分布し(明るいものほど表面温度が高い)、これを主系列星という。H・R図の右上に位置するものは、表面温度は低いが非常に明るい(赤色)巨星で、左下に位置するものは、表面温度は高めで暗い白色矮星である。

**❸ ✕** 主系列星としての寿命は、質量が大きい恒星ほど短く、質量が小さい恒星ほど長い。

**❹ ✕** 主系列星の中で質量の小さい恒星(太陽質量の約3倍以下)は、巨星になった後中心部からのエネルギー放出が止まると、外層のガスを放出し惑星状星雲となり、中心部には恒星が収縮してできた白色矮星が形成される。

**❺ ✕** 主系列星の中で質量の大きな恒星(太陽質量の約3倍以上)は、表面温度の低い赤色巨星になった後、中心部からのエネルギーの放出が止まると、中心部は縮み、外層は激しく吹き飛ばされる超新星爆発が起こる。太陽質量の8〜30倍の恒星は、中心部が激しく押しつぶされ、中性子を主成分とする中性子星となる。太陽質量の約30倍以上の恒星は、中心部の収縮がさらに続き、重力があまりに大きいために自分自身の光さえも外部に出すことのできないブラックホールとなる。

# 3 地球の構造

地表は岩石を試料に直接調べることができますが、地球の内部のことは、地震波など限られた手がかりしかないため不明な領域が多くあります。

## 1 地球

### 1 地球の外観

　地球は半径約6,400km、表面積の海洋：大陸の比がおよそ7：3の、ほぼ球形をした惑星であり、太陽の周囲を公転しながら自転している。

　月食のときの陰や緯度による恒星の高度の違い、遠くの景色の見え方から、地球が球形であることは古代から知られていた。しかし、自転による遠心力の影響で完全な球体ではなく、赤道方向にやや膨らんだ楕円体をしている。もっとも、地形が複雑であるため楕円体にはならず、平均海水面からモデル化したものを考える。これを**ジオイド**といい、南半球に膨らんだ洋ナシのような形となる。

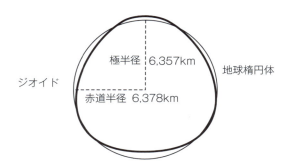

### 2 地球の内部構造

　人類が掘った最深部は約12kmで、地球の半径と比べるとごくわずかである。そこで、地球の内部構造は、地震波の伝わり方の違いをもとに分析され、**地殻**、**マントル**、**核**（**外核**、**内核**）に分かれていることがわかっている。おおよその体積比は、地殻：マントル：核＝1：83：16であり、表面の地殻はごくわずかである。

それぞれの境目は不連続面で構成されており、地殻とマントルの境目を**モホロビチッチ不連続面**(モホ面)、マントルと外核の境目を**グーテンベルク不連続面**、外核と内核の境目を**レーマン不連続面**という。

地球の内部構造

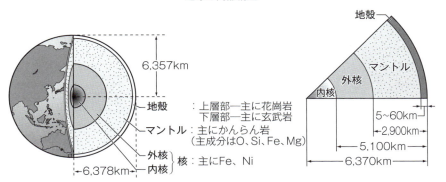

① 地　殻

**地殻**は、**大陸地殻**と**海洋地殻**に分けられる。大陸地殻の上部は主に**花崗岩**、下部は主に斑れい岩(玄武岩質)からできており、海洋地殻は主に**玄武岩**・斑れい岩(玄武岩質)からできている。

大陸地殻の厚さは30〜60km、海洋地殻の厚さは5〜10kmと、海洋地殻のほうが薄い。また一般に、地下の温度は深さとともに高くなっていき、大陸地殻では100mにつき2〜3℃ほど上昇する。

② マントル

モホロビチッチ不連続面から深さ約2,900kmまでの部分を**マントル**という。地球内部は深いほど密度が大きいため、特に深さ410kmと660kmで急激な地震波速度の増加が観察される。

この深さ660kmを境に**上部マントル**と**下部マントル**に分けられる。上部マントルは**かんらん岩**からなる。

### ③ 核

深さ約2,900kmから中心(約6,400km)までの部分を**核**という。主に鉄(およそ9割)と少量のニッケルなどでできている。核のうち5,100kmまでを**外核**といい、5,100kmから中心までを**内核**という。

外核は地震波のS波が伝わらないため、金属が融けて**液体**になっており、融けた鉄の対流によって地球の磁力が発生していると考えられている。

**地球の化学組成**

[地殻]

| 元素 | O | Si | Al | Fe | Ca | Mg | Na | K | その他 |
|---|---|---|---|---|---|---|---|---|---|
| 質量(%) | 45.1 | 25.9 | 8.1 | 6.5 | 6.3 | 3.1 | 2.2 | 1.6 | 1.2 |

[核]

| 元素 | Fe | Ni | その他 |
|---|---|---|---|
| 質量(%) | 90.8 | 8.6 | 0.6 |

[地球全体]

| 元素 | Fe | O | Si | Mg | その他 |
|---|---|---|---|---|---|
| 質量(%) | 30.7 | 29.7 | 17.9 | 15.9 | 5.8 |

## 3 アイソスタシー（地殻均衡説）

地殻はマントルよりも密度が小さいので、水に浮かぶ氷のように、マントルに地殻が浮いていると考えることができる。このとき、体積が大きいほど質量が大きくなるので、より深く沈みこんでつり合うことになる。このような考え方、またはこのつり合いを**アイソスタシー**という。地殻とマントルの境目(モホ面)が不連続なのは、これによって説明することができる。つまり、標高が高い場所ほど、モホ面が深くなる。

例えば、北欧のスカンジナビア半島において、氷河が融けることによって地殻全体が軽くなり、つり合いがより高い位置で取られる、すなわち土地が隆起していることを説明できる。

アイソスタシーにおける地殻の均衡

## 2 プレートテクトニクス

地球上における火山活動や地震の分布を調べると、一様ではなく特定の地域に広がっていることが確認できる。これは地球が厚さ数10～200kmほどの**プレート**という岩盤で覆われていて、地球の活動がこのプレートの移動によって起こっていることから説明できる。この考え方を**プレートテクトニクス**という。

### 1 リソスフェアとアセノスフェア

地球の表面、地殻と上部マントルの硬い部分を合わせたものを**リソスフェア**といい、プレートのことである。地球は14～15枚の大きなプレートで覆われていて、それらが速いところで年間数cm程度移動している。また、その下の高温で軟らかく流動性のあるマントル上部を**アセノスフェア**といい、マントルは固体であるが下部は高温で流動性があるのでプレートが移動できる。

プレートテクトニクスによる地球の構造

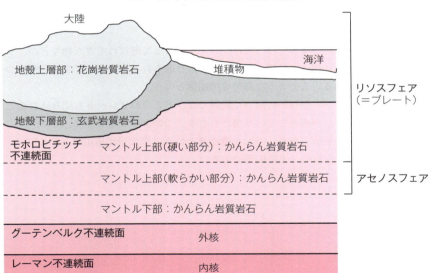

## 2 プレート境界と地形

　プレートは、隣り合うプレートとの相対的な動きによって3種類の境界を生じる。いずれのプレート境界でも地震が発生するので、特に震源の浅い地震の分布はプレート境界とほぼ一致している。

### ① 拡大する境界

　海底には海嶺(かいれい)と呼ばれる大山脈が連なっているところがある。海嶺は、新しくプレートが作られる場所で、このような拡大する境界に見られる大地形である。

### ② 収束する境界

　大陸と海洋の境界付近の海底には、深さ1万mに達する大規模な谷地形が見られることがある。これを海溝(かいこう)という。海溝は、海洋プレートと大陸プレートが互いに近づき、海洋プレートが大陸プレートの下に沈み込んでいるところ(**沈み込み境界**)である。

　海溝より陸側には**島弧**(とうこ)(日本列島のような地形)や**陸弧**(りくこ)(アンデス山脈のような大陸縁の山脈)ができる。海溝と陸弧・島弧からなる地域を**島弧−海溝系**という。日本列島は典型的な島弧−海溝系である。

　プレートの沈み込み境界では、海洋プレートによって運ばれてきた物などが、プレートの沈み込みに伴って陸側のプレートに削り取られるようにして次々と張りついていくことがある。このような部分を付加体という。

　二つの大陸プレートが互いに近づく境界では、どちらのプレートも沈み込むことができず大陸どうしが衝突している場合もある。このような場所では、ヒマラヤ山脈などの大山脈が形成される。これを造山帯という。環太平洋造山帯とアルプス・ヒマラヤ造山帯は世界の2大造山帯である。

③ **すれ違う境界**

　海嶺では境界面が広がるようにプレートが動いて小さな地震が発生するが、軸がずれ、海嶺と海嶺に挟まれたような地形ができる(図参照)。これを**トランスフォーム断層**といい、やはり地震が発生する。**サンアンドレアス断層**は世界有数のトランスフォーム断層である。

トランスフォーム断層とホットスポット

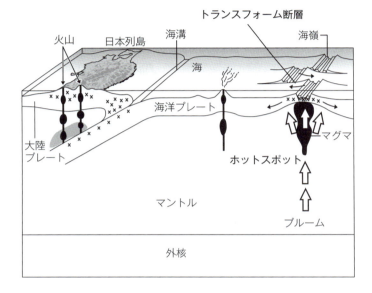

## 3 日本付近のプレート

　日本列島付近には四つのプレートがあり、**北アメリカ(北米)プレート**に**太平洋プレート**が、**ユーラシアプレート**に**フィリピン海プレート**が沈み込んでいる。そのため、日本は世界でも有数の地震大国である。日本付近では、東北地方太平洋沖地震(2011年)を引き起こした、太平洋プレートと北米プレートの間に**日本海溝**がある。また、フィリピン海プレートとユーラシアプレートの間には**南海トラフ**(海溝より少し浅い溝)がある。こちらは近年大地震が起こると予測されている。

日本列島付近のプレート

## 4 マントル対流とホットスポット

　マントルは固体の岩石であるが、ゆっくり移動して地球内部を対流していると考えられている。この大規模な対流を**マントル対流**といい、特に地球内部から上昇する流れを**プルーム**という。地球全体のプルームのことを**プルームテクトニクス**といい、これがプレートテクトニクスの根拠となって**大陸移動説**[1]を説明することができる。ハワイ諸島を調べると、形成された時代が直線状に並んでいることがわかる。これは海底の固定された場所からマグマが供給され、その上部をプレートが移動したことによって作られたものと考えられる。この固定されたマグマ供給部を

---

[1] 大陸移動説はウェゲナー(独)が提唱した学説で、かつて地球はパンゲアという超大陸で構成されていたが、ローラシア大陸(北アメリカ、ヨーロッパ、アジアなど)、ゴンドワナ大陸(アフリカ、南アメリカ、オーストラリア、南極、インドなど)に分裂し、現在のような形になったというものである。化石や地質などの研究から提唱されたが、当時の科学では大陸を移動させる原因が不明であったため評価されなかった。

ホットスポットという。

## 3 地 震

### 1 震源と震央

　地球全体で見ると、地震はプレート境界において集中的に発生していることがわかる。
　地下で地震が起こった場所を**震源**といい、震源の真上の地表面上の点を**震央**という。観測点から震源までの直線距離を**震源距離**といい、震央から震源までの直線距離を震源の深さという。震央が同じでも震源が浅いと、震源距離は短くなる。

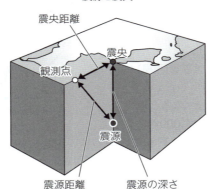

震源と震央

## 2 地震の尺度

### ① 震度

ある地点での揺れの大きさを表したものを**震度**といい、日本では気象庁により、震度は**10段階**で表され、0～7のうち、5と6がそれぞれ弱と強の2段階に分かれている。一般的に、震源・震央から離れた地点ほど小さくなるが、震度は地盤の硬さにも影響を受け、地盤が軟らかい地域で大きくなり、硬い地域で小さくなる。

震央や震源は、3か所の観測点から割り出すことができる。

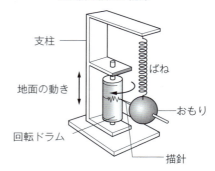

地震計と揺れの記録

### ② マグニチュード（M）

地震のエネルギーの大きさ（規模）を表したものを**マグニチュード**という。マグニチュードが**2大きくなる**と地震のエネルギーの大きさは**1,000倍**になる。そのため、**1大きくなると約32倍**（正確には $\sqrt{1,000} = 10\sqrt{10}$ 倍）である。

日本は地震大国で、過去に多くの大地震が起きている。これは日本が四つのプレートの境目にあることに由来する。

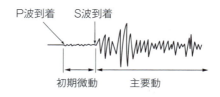

## 主な日本の大地震

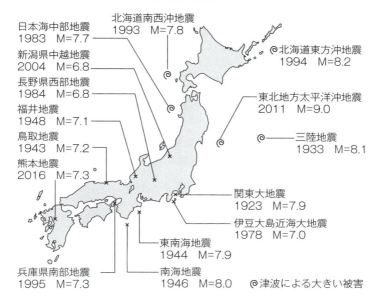

## 日本周辺のプレートと大地震発生分布

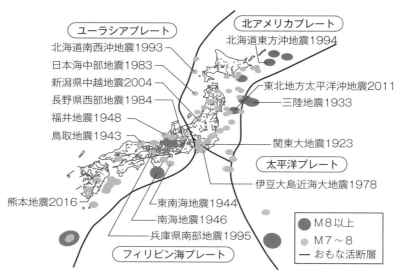

## 3 地震波

地震には大きく分けてP波による初期微動とS波による主要動がある。

### ① P波とS波

最初の小さな揺れである**初期微動**を発生させる波を**P波**(Primary wave)といい、5〜7 km/sの速さで伝わる。振動方向と波の進行方向が平行な**縦波**(**疎密波**)で、**固体・液体・気体中**を伝わる。

P波の後に訪れる大きな揺れの**主要動**を発生させる波を**S波**(Secondary wave)といい、3〜4 km/sの速さで伝わる。振動方向と波の進行方向が垂直な**横波**で、**固体中**のみを伝わる。

P波とS波

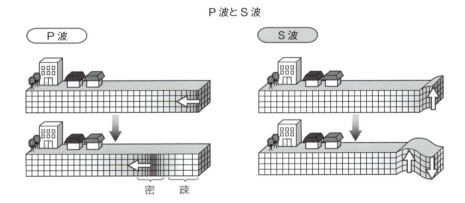

② 初期微動継続時間（P−S時間）

　P波とS波の速さが異なることで、P波到達からS波到達までに時間差が生じる。この到着時間の差を**初期微動継続時間**といい、震源からの距離に比例する。

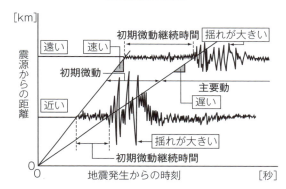

③ 大森公式

　初期微動継続時間は震源からの距離に比例するが、これを以下のように一般化できる。

　観測地点から震源までの距離を$d$[km]、P波の速さを$P$[km/s]、S波の速さを$S$[km/s]、初期微動継続時間を$t$[s]とすると、$\dfrac{d}{S}-\dfrac{d}{P}=t$となる。これを変形すると、

$$t=\dfrac{d}{S}-\dfrac{d}{P}=\dfrac{dP}{PS}-\dfrac{dS}{PS}=\dfrac{dP-dS}{PS}=d\times\dfrac{P-S}{PS}$$

よって、$d=\dfrac{PS}{P-S}\times t$となる。ここで、$\dfrac{PS}{P-S}$を$k$とすると、

$$d=kt$$

が成り立つ。これを**大森公式**という。

④ 緊急地震速報

　気象庁は、大きな揺れが来る前に震度の大きさを知らせる**緊急地震速報**というシステムを提供している。このシステムでは、震源付近のP波の情報で地震の発生時刻・震源・地震の規模(マグニチュード)を即座に決定し、震源からの距離とマグニチュードから各点の震度を推計する。ただし、P波とS波の速度差は大きくなく、速報受信から短時間で有効策を立てることがポイントになる。

**緊急地震速報**

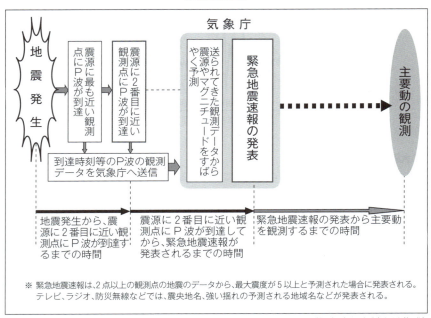

(気象庁の資料より作成)

## 4 地震の種類

地震は、プレートの移動により地殻内に蓄えられた弾性エネルギーが、岩盤の崩壊で開放されることによって起こる。

### ① 海溝型地震

大陸プレートの下に海洋プレートが沈み込む場所を海溝といい、このときのエネルギーで発生する地震を**海溝型地震**という。**東北地方太平洋沖地震や十勝沖地震**がその代表例である。

海溝型地震のメカニズム

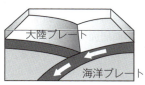 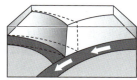 

### ② プレート内地震

数十万年前～最近にかけて繰り返し活動をした断層のうち、これからも活動する可能性が高い断層を**活断層**という。活断層は、海洋プレートに押し込まれた大陸プレートの内部でひずみによるエネルギーができた場所で、100年ほどの周期で定期的に活動が起こる。これによってもたらされる地震を**プレート内地震**という。海溝型地震に比べエネルギーは小さいが、人の住む場所が震源となるので、大きな被害が起こる場合もある。内陸部での直下型地震である**兵庫県南部地震、新潟県中越地震、熊本地震、北海道胆振東部地震**がその代表例である。

プレート内地震のメカニズム

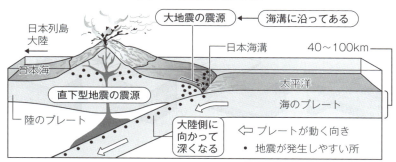

## 5 津波

海底地震による地盤のずれで、その上部の海水が大きく移動することで起こる波を津波という。地震の揺れで起こるわけではない。

津波は水深が深いほど速く、浅いほど遅く進む。水深5,000mでは800km/h、水深10mでは36km/h程度である。一方、浅瀬ほど波高は高くなり、海岸線では沖合の数倍の高さになる。

## 6 断層と褶曲

### ① 断層

岩盤(地層)に複数の方向から力が加わり、ずれが生じた地層のことを断層といい、断層の境界面を断層面という。断層型地震は主にこの断層面で起こり、正断層、逆断層、横ずれ断層の三つがある。大きな地震ほど、このずれが大きくなる。

#### (ア) 正断層

地層に対して、両側から引っぱりの力が上下逆向きに加わることで生じる断層を正断層という。上盤が引きずり落ちることによって形成される。

#### (イ) 逆断層

地層に対して、両側から圧縮力が上下逆向きに加わることで生じる断層を逆断層という。上盤がのし上がることによって形成される。

#### (ウ) 横ずれ断層

地層に対して、水平力が加わったために生じる断層を横ずれ断層という。

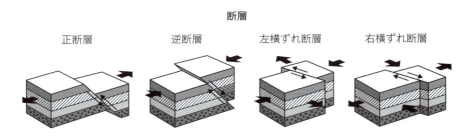

断層
正断層　逆断層　左横ずれ断層　右横ずれ断層

② 褶曲

地層に対して両側に圧縮力が加わり、地層が波打ったような状態になったものを**褶曲**という。山状に盛り上がった部分を**背斜**、谷状にくぼんだ部分を**向斜**という。地層が軟らかい場合には褶曲を形成し、硬い場合には逆断層を形成する。

褶曲

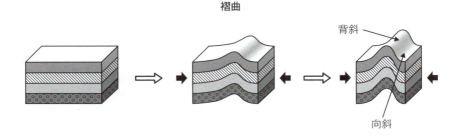

## 7 余 震

大きな地震(本震)の場合、その後に引き続き多くの地震が起こる。これを**余震**といい、余震の震源が分布する範囲を**余震域**という。余震は震源断面層で発生するものが多く、数日は注意が必要である。またその数は、時間の経過とともに急速に減る。

大きな地震の場合、複数回にわたって大規模な揺れが起こるが、一連の地震活動において最も大きなものを**本震**という。この本震の前の揺れを**前震**、後の揺れを**余震**という。つまり、どれが本震に当たるのかは、最初の大きな揺れからは判断できない。

# 4 火 山

## 1 マグマと火山の噴火

マントル上部や地殻下部において、岩石が融けたものを**マグマ**という。マグマは液状であるので密度が小さく、地表に向かって上昇する。このとき、一時的に地下に蓄えられたものを**マグマだまり**という。マグマだまりがそのまま冷えて固化すると深成岩を形成する。

また、マグマが地上に吹き出すと噴火が起こる。マグマが地上に流出したものや、それが固形化したものを**溶岩**という。

## 2 火山噴出物

　火山の噴火で地表に放出されたものを**火山噴出物**という。火山ガス、溶岩、火山砕屑物などがある。火山ガスの主成分は90％以上が**水蒸気**であるが、二酸化炭素$CO_2$、二酸化硫黄$SO_2$、硫化水素$H_2S$なども含まれる。火山砕屑物の主なものは**火山灰**、**火山礫**、**火山岩塊**、**火山弾**、**軽石**などである。

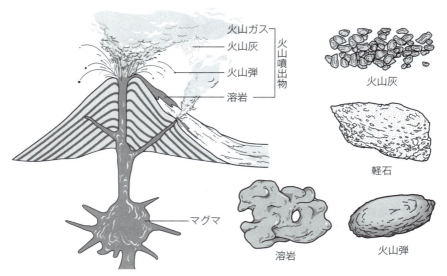

火山噴出物

## 3 活火山

　過去1万年以内に噴火した火山を**活火山**という。世界には多くの活火山がある[2]が、その大半は、太平洋を取り囲む**環太平洋造山帯**に存在する。環太平洋造山帯（火山帯）には日本列島も含まれ、世界中の活火山の7％以上が日本に集中している[3]。また、**大西洋中央海嶺**にも多くの海底火山が存在する。

　火山は岩石の成分や噴火の様式で分類される。岩石は**二酸化ケイ素$SiO_2$**が多く含まれるほど白くなり、もととなるマグマの粘性が高い。そのため、爆発的な激しい噴火を起こす。一方、二酸化ケイ素$SiO_2$が少ないと粘性が低く穏やかな噴火となる。二酸化ケイ素を多く含むものは**流紋岩質マグマ**、少ないものは**玄武岩質マグマ**である。

---

[2] 内閣府による『平成26年防災白書』によれば世界の活火山は1,551か所とされる。

[3] 2017年に栃木県の男体山が新たに加わり、現在111か所となっている。

## 4 火山の形による分類

　火山の形状は、**溶岩の粘性・噴火の激しさ・火山岩の色**などによって分類される。ここでの粘性の違いは、火山の大きさや高さに影響し、粘性が低いほど面積の大きな火山になる（図参照）。

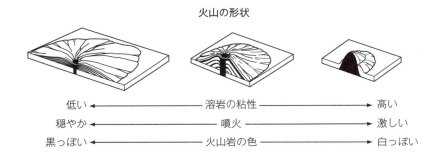

火山の形状

低い ←――――― 溶岩の粘性 ―――――→ 高い
穏やか ←――――― 噴火 ―――――→ 激しい
黒っぽい ←――――― 火山岩の色 ―――――→ 白っぽい

### ① 溶岩ドーム（溶岩円頂丘）

　**溶岩ドーム（溶岩円頂丘）**はマグマの粘性が高く、ドーム状の火山である。また、**流紋岩質**で白っぽい色をしている。日本では**雲仙普賢岳**、**昭和新山**、**有珠山**などが有名である。

### ② 成層火山

　**成層火山**は粘性が中程度で、円錐形になる。溶岩と火山砕屑物が交互に層をなしている。日本では**富士山**、**浅間山**、**桜島**などが有名である。

### ③ 盾状火山

　**盾状火山**は粘性が低く流れやすいので、傾斜が緩やかな形になる。**玄武岩質**で黒っぽい色をしていて、巨大なものではデカン高原などの溶岩台地を形成する。現在、日本には盾状の活火山はなく、ハワイの**マウナケア**、**マウナロア**、**キラウェア**などが有名である。

## 5 噴火様式による分類

　自然現象を明確に分類することはできないが、火山を噴火様式で分類すると、粘性の低いものから順に、ハワイ式噴火、ストロンボリ式噴火、ブルカノ式噴火、プリニー式噴火のおおむね4種類に分類できる。

### ① ハワイ式噴火

　二酸化ケイ素$SiO_2$が少なく、マグマの粘性が低い。火山ガスが乏しく、山頂や山腹の割れ目から粘性の低い流動的溶岩が流出する噴火である。ハワイの火山でよく見られるため、これをハワイ式噴火という。

### ② ストロンボリ式噴火

　二酸化ケイ素$SiO_2$が少なく、マグマの粘性が比較的低い。火山ガスはやや多く、穏やかな噴火によって火山灰、火山弾が間欠的に噴出する。そのため、火口付近に火砕丘が形成される。イタリアのストロンボリ火山が典型例であり、これをストロンボリ式噴火という。

### ③ ブルカノ式噴火

　二酸化ケイ素$SiO_2$が多く、ストロンボリ式噴火よりもマグマの粘性が高い。火山ガスは多く、爆発的な噴火が間欠的に起こり、火山灰、火山岩塊が噴出する。溶岩の粘性が高くなると、流れずに火口付近で盛り上がり、溶岩ドームが形成される。イタリアのブルカノ火山が典型例であり、これをブルカノ式噴火という。

### ④ プリニー式噴火

　二酸化ケイ素$SiO_2$が多く、マグマの粘性が高い。火山ガス成分は多く、マグマが連続的に噴出し、大量の火山灰や軽石が噴出する。イタリアのベスビオ火山の体験を記載したローマ時代の学者プリニーの名から、これをプリニー式噴火という。

## 6 その他の学習事項

### ① カルデラ

大規模な噴火により、地下にあった物質がすべて吐き出されてしまった結果、地表が陥没することでできる凹地形を**カルデラ**という。熊本の阿蘇山が有名である。カルデラ内部に水が溜まったものを**カルデラ湖**という。

### ② 単成火山と複成火山

一度の噴火のみでできた火山を**単成火山**といい、あまり高くはならない。一方、複数回の噴火でできた火山を**複成火山**といい、度重なる噴火により、高い山ができる。複成火山は富士山が有名で、古いものから順に先小御岳火山、小御岳火山、古富士火山の三つの火山が隠されており、その上に新富士火山が積み重なるという4層構造となっている。

### ③ 火砕流

粘性の高いマグマの噴火では、山頂にできた溶岩ドームが崩壊し、軽石や溶岩が高温の火山ガスや火山灰と混合しながら高速で山腹を流れ下る現象が起きる。これを**火砕流**といい、1991年雲仙普賢岳で発生した際には43名が亡くなっている。

### ④ 火山の分布

太平洋を取り巻く環太平洋火山帯など、世界の主な火山帯は、プレートの沈み込み境界に沿って、海溝側から大陸側へ100～300km程度離れたところに分布している。

これは、沈み込んだプレートがある程度の深さに達したところでマグマが発生するからである。このような、火山の分布の海溝側限界線を**火山前線**（火山フロント）という。

## 5 火成岩

　岩石はその生成過程によって火成岩、堆積岩、変成岩の3種類に分類できる。このうち、マグマが冷え固まってできた岩石を**火成岩**という。

## 1 火山岩と深成岩

　火成岩は、その冷却の過程によって、さらに火山岩と深成岩に分類される。

### ① 火山岩

　マグマが地表付近で急激に冷え固まってできた岩石を**火山岩**という。結晶になり切れなかった部分を**石基**（主にガラス質）、石基の中でできた結晶を**斑晶**という。このような組織を**斑状組織**という。

### ② 深成岩

　マグマが地下の深いところでゆっくり冷え固まってできた岩石を**深成岩**という。大きな結晶のみで構成され、このような組織を**等粒状組織**という。

　マグマが地殻に貫入し、地表に出ることなく冷えて固化したものを**貫入岩体**という。貫入岩体には種類があり、例えば**岩床**は、マグマが地層面にほぼ平行に板状で貫入したものである。また**岩脈**は、マグマが割れ目を作って地層面を切るように貫入したものである。造山帯の地下深くでは直径10kmを超えるような大規模な花崗岩体が形成されており、これらが地殻変動などにより地表に露呈したものを**バソリス**（底盤）という。

## 2 有色鉱物と無色鉱物

　火成岩の造岩鉱物は、**有色鉱物**（苦鉄質鉱物）と**無色鉱物**（珪長質鉱物）に分類される。

### ① 有色鉱物（苦鉄質鉱物[4]）

　色のついた鉱物で、かんらん石、輝石、角閃石、黒雲母などがある。有色鉱物は酸化マグネシウム$MgO$や酸化鉄$FeO$などを多く含む。

### ② 無色鉱物（珪長質鉱物）

　酸化鉄を含まない白色や透明の鉱物で、斜長石、カリ長石、石英などがある。

---

**4** 苦鉄質鉱物の「苦」は、マグネシウム$Mg$を意味する。

1138　第5章　地学

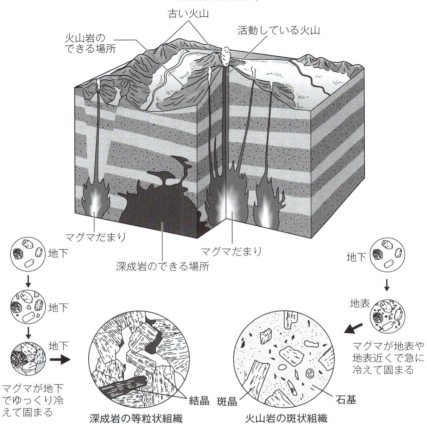

火山岩と深成岩

火山岩・深成岩の造岩鉱物

| | 角閃石 | 輝石 | 長石 | かんらん石 | 石英 | 黒雲母 |
|---|---|---|---|---|---|---|
| 鉱物 | | | | | | |
| 形 | 長い柱状・針状 | 短い柱状・短冊状 | 柱状・短冊状 | 丸みのある四角形 | 不規則 | 板状・六角形 |
| 色 | 濃い緑色〜黒色 | 緑色〜褐色 | 白色・薄桃色 | 黄緑色〜褐色 | 無色・白色 | 黒色〜褐色 |

## 3 火成岩の化学組成と分類

火山岩と深成岩は、その鉱物の種類や割合、化学組成によってさらに分類される。大きくは、二酸化ケイ素$SiO_2$の割合と造岩鉱物の割合による。

火成岩に最も多く含まれるのは二酸化ケイ素で、含有量が多いものから順に**珪長質岩**(酸性岩)、**中間質岩**(中性岩)、**苦鉄質岩**(塩基性岩)、**超苦鉄質岩**(超塩基性岩)に分けられる。

また、有色鉱物の割合をパーセントで表したものを**色指数**という。二酸化ケイ素含有量の多いものほど白っぽい色をしており、色指数の値は低くなる。

**火成岩の化学組成と分類**

| $SiO_2$(質量%) | 珪長質岩 63%〜 | 中間質岩 63〜52% | 苦鉄質岩 52〜45% | 超苦鉄質岩 45〜40% |
|---|---|---|---|---|
| 火山岩 (斑状組織) | 流紋岩 デイサイト | 安山岩 | 玄武岩 | — |
| 深成岩 (等粒状組織) | 花崗岩 | 閃緑岩 | 斑れい岩 | かんらん岩 |
| 造岩鉱物 | 石英 カリ長石 黒雲母 | 斜長石 角閃石 | 輝石 | かんらん石 |
| 色 | 白 ← | | | → 黒 |
| 密度 | 小 ← | | | → 大 |
| 火山の形 | | | | — |
| 具体例 | 雲仙普賢岳 昭和新山 有珠山 | 富士山 浅間山 桜島 | マウナケア マウナロア キラウェア | — |

## 4 マグマの結晶分化作用

岩石を作る鉱物は、化学組成のみでなく結晶構造によっても異なる。火成岩を構成する鉱物はケイ素Siを四つの酸素が取り囲む四面体($SiO_4$四面体)のつながりが骨組みとなっている。このような鉱物を**ケイ酸塩鉱物**という。

この$SiO_4$四面体の骨組みの中に、マグネシウムMgや鉄Fe、カルシウムCaなどの金属イオンの割合によって化学組成が連続的に変化する鉱物がある。これを**固溶体**といい、石英以外のかんらん石、輝石、角閃石、黒雲母、斜長石などが固溶体である。

これら固溶体は、マグマが上昇し、周囲の岩石から冷やされて結晶が晶出するときに成分が決まる。これを**マグマの分化**といい、有色鉱物は順にかんらん石、輝石、角閃石、黒雲母が結晶となる。

# 6 堆積岩

## 1 堆積岩

流水のはたらきなどで河口へ運ばれた砕屑物などが押し固められてできた岩石を**堆積岩**という。地層を形成したりするが、堆積岩による地層はその形成過程から海底、湖底でしか形成されない。

## 2 堆積岩の形成

### ① 地表の変化

**（ア）風　化**

地表の岩石は、環境のさまざまな影響により細かく砕かれる。これを**風化**という。温度変化や水、乾燥などによる風化を**物理的風化**という。また、水に含まれている化学成分が岩石と反応し、岩石を溶解させたり成分を変化させたりする風化を**化学的風化**という。

**（イ）流水のはたらき**

流水のはたらきで、地表の岩石が削られる作用を**侵食**、運ばれる作用を**運搬**、積もる作用を**堆積**という。これにより、山地では**V字谷**、山地から平野へ出るところでは**扇状地**、河口付近では**三角州**の地形を形成する。

また、堆積物が圧縮され、堆積岩になる作用を**続成作用**という。

### ② 海底の変化

海岸から水深200mまでの海域を**大陸棚**といい、流水のはたらきで海底にもたらされた砕屑物によって形成されている。約1万8,000年前の最後の氷期のころは、いまよりも海面が120mほど低かったと考えられており、大陸棚はその当時の平野であった。

大陸棚の先は**大陸斜面**となっており、水深が急激に変化する。この境目では**混濁流**と呼ばれる土砂の崩壊が起こる。混濁流は海底谷を形成し、混濁流によって体積した地層を**タービダイト**という。

3　地球の構造

## 3 堆積岩の分類

### ① 砕屑岩

さまざまな砕屑物が風化や侵食などで堆積してできた岩石を**砕屑岩**という。粒の大きさによって**泥岩**、**砂岩**、**礫岩**に分類される。構成粒子は、流水のはたらきによって丸みを帯びている。

### ② 火山砕屑岩（凝灰岩）

火山灰や軽石などが固まってできた岩石を**火山砕屑岩**といい、主に**凝灰岩**である。構成粒子は角ばっている。

### ③ 生物岩

生物の遺骸や殻などが固まってできた岩石を**生物岩**といい、炭酸カルシウム$CaCO_3$に富む貝殻・サンゴ・フズリナ・ウミユリなどによってできた**石灰岩**と、二酸化ケイ素$SiO_2$に富むケイソウ・放散虫などによってできた**チャート**がある。石灰岩の場合、塩酸をかけると二酸化炭素が発生する。

### ④ 化学岩

海水などの成分が、化学的な沈殿によって堆積したものを**化学岩**という。

### 堆積岩の分類

| 分類 | 堆積物 | 岩石 |
|---|---|---|
| 砕屑岩 | 礫（粒子2mm以上） | 礫岩 |
| | 砂（粒子$\frac{1}{16}$〜2mm） | 砂岩 |
| | 泥（粒子$\frac{1}{16}$未満） | 泥岩 |
| 火山砕屑岩 | 火山灰と火山礫 | 凝灰角礫岩 |
| | 火山灰 | 凝灰岩 |
| 生物岩 | フズリナ、サンゴ、貝殻（$CaCo_3$） | 石灰岩 |
| | 放散虫（$SiO_2$） | チャート |
| 化学岩 | 炭酸カルシウム$CaCO_3$ | 石灰岩 |
| | 二酸化ケイ素$SiO_2$ | チャート |
| | 塩化ナトリウム$NaCl$ | 岩塩 |
| | 石膏$CaSo_4 \cdot 2H_2O$ | 石膏 |

# 7 変成岩

岩石中の鉱物は、熱や圧力によって固体のまま化学組成が変化する。このような作用を**変成作用**といい、変成作用を受けた岩石を**変成岩**という。変成岩は広域変成岩と接触変成岩に分類される。

## 1 広域変成岩

プレートの沈み込み境界では圧力や温度が高いため、特徴的な変成作用が起こる。これを**広域変成作用**といい、広域変成作用によってできた変成岩を**広域変成岩**という。

### ① 結晶片岩
結晶片岩は高い圧力により、細粒で強く変形している。片状構造（片理）を持つ。

### ② 片麻岩
片麻岩は熱の影響を強く受けていて、結晶粒が粗く、縞模様を持つ。

## 2 接触変成岩

高温のマグマに接触することによって特徴的な変成作用が起こったものを**接触変成作用**といい、接触変成作用によってできた変成岩を**接触変成岩**という。

### ① ホルンフェルス
砂岩や泥岩がマグマによって硬く緻密に変性したものをいう。

### ② 結晶質石灰岩（大理石）
石灰岩が接触変成作用を受けてできたものをいう。方解石が主な構成成分で、古代より建築材料や彫刻に用いられてきた。

変成岩の分類

| 変成岩 | |
|---|---|
| 広域変成岩 | 接触変成岩 |
| ・結晶片岩 | ・ホルンフェルス |
| ・片麻岩 | ・結晶質石灰岩 |

## 過去問 Exercise

**問題1**　次の文は、地球内部の層構造に関する記述であるが、文中の空所A～Cに該当する語の組合せとして、妥当なのはどれか。

特別区Ⅰ類2015

　地球は内部を構成している物質の違いによって、地殻、マントル、核の大きく3つの層に分けられる。地殻は大陸地殻と海洋地殻に分けられ、海洋地殻は主に　**A**　から構成されている。マントルの上部は主に　**B**　、核は主に　**C**　から構成されていると考えられている。

| | A | B | C |
|---|---|---|---|
| **1** | 花こう岩質岩石 | かんらん岩質岩石 | 玄武岩質岩石 |
| **2** | 花こう岩質岩石 | 玄武岩質岩石 | かんらん岩質岩石 |
| **3** | 玄武岩質岩石 | 花こう岩質岩石 | かんらん岩質岩石 |
| **4** | 玄武岩質岩石 | 花こう岩質岩石 | 鉄 |
| **5** | 玄武岩質岩石 | かんらん岩質岩石 | 鉄 |

## 解説

正解 **5**

**A：玄武岩質岩石**

地球を構成する三つの層のうち、地殻はさらに大陸地殻と海洋地殻に分けられる。このうち、海洋地殻は主に玄武岩質岩石で構成されている。

**B：かんらん岩質岩石**

地球を構成する三つの層のうち、マントルは深さ660kmを境に上部マントルと下部マントルに分けられる。このうち、上部マントルは主にかんらん岩質岩石で構成されている。

**C：鉄**

地球を構成する三つの層のうち、核は主に鉄で構成されている。

**問題2** 地球の内部構造に関する記述として、最も妥当なのはどれか。

警視庁Ⅰ類2018

**1** 地殻の厚さは大陸と海洋では大きく異なる。大陸地殻の厚さは5〜10kmと比較的薄くなっているが、海洋地殻の厚さは30〜60kmとなっている。

**2** 大陸地殻は、玄武岩質の岩石からなる上部地殻と、花こう岩質の岩石からなる下部地殻に分かれ、海洋地殻はほとんどが花こう岩質の岩石からできている。

**3** 地殻の下部には、地殻より密度が小さい岩石でできたマントルがある。

**4** 地球の中心部に近い核とマントルとの境界は、モホロビチッチ不連続面と呼ばれる。

**5** 核は、深さ約5,100kmで外核と内核に分けられ、外核は液体、内核は固体である。

## 解説

正解 **5**

**①** ✕ 　大陸地殻は30～60km程度の厚さがあり、海洋地殻は5～10km程度の厚さがある。そのため、海洋地殻よりも大陸地殻のほうが厚い。

**②** ✕ 　大陸地殻は、花崗岩質の岩石からなる上部地殻と玄武岩質の岩石からなる下部地殻に分かれている。また、海洋地殻は、ほとんどが玄武岩質の岩石からなる。

**③** ✕ 　大陸地殻の密度はおよそ$2.7g/cm^3$程度、海洋地殻の密度はおよそ$3.0g/cm^3$程度、マントルの密度はおよそ$3.3g/cm^3$程度であり、マントルは地殻よりも密度が大きい。

**④** ✕ 　モホロビチッチ不連続面とは、地殻とマントルの境界である。地球の中心部に近い核とマントルとの境界は、グーテンベルク不連続面である。

**⑤** ◯ 　正しい記述である。

3　地球の構造　1147

**問題3**　次の文①〜③は、地球内部の構造と性質に関する記述であるが、文中の空所A〜Cに該当する語の組合せとして、妥当なのはどれか。

特別区Ⅰ類2005

① 地球の表面を伝わる地震のP波の速度は、　**A**　不連続面を境に大きく変わるが、この不連続面より上を地殻、下をマントルと呼んでいる。

② 地殻の重さとマントルの浮力とのつりあいを　**B**　といい、スカンジナビア半島では、この現象に起因した土地の隆起が続いている。

③ 地下約2900kmから約5100kmには、地震のS波が伝わらない　**C**　の外核が存在している。

| | A | B | C |
|---|---|---|---|
| **1** | グーテンベルク | アイソスタシー | 液体 |
| **2** | グーテンベルク | リソスフェア | 固体 |
| **3** | モホロビチッチ | アイソスタシー | 液体 |
| **4** | モホロビチッチ | リソスフェア | 液体 |
| **5** | モホロビチッチ | リソスフェア | 固体 |

## 解説

正解 ❸

① マントルと地殻の間の不連続面は、モホロビチッチ (**A**) 不連続面である。
② 地殻の重さとマントルの浮力とのつり合いは、アイソスタシー (**B**) という。
③ 外核は液体 (**C**) であり、横波のS波は液体中を伝わらない。

**問題4** 次の文ア～ウは、地球内部の構造に関する記述であるが、文中の空所A～Cに該当する語の組合せとして、妥当なのはどれか。

特別区Ⅰ類2009

ア 深さ30～60km に地震波速度が変化する不連続面があり、この面を **A** 不連続面といい、この不連続面より上を地殻、下をマントルという。

イ 深さ約70km より深いところに、海洋部の地震波速度が少し遅くなる低速度層があり、その上の地殻とマントル上部の硬い層をプレート又は **B** という。

ウ 深さ2900km から5100km を外核といい、S波が伝わらないことから **C** であると考えられている。

| | A | B | C |
|---|---|---|---|
| 1 | モホロビチッチ | リソスフェア | 液体 |
| 2 | モホロビチッチ | アセノスフェア | 固体 |
| 3 | モホロビチッチ | アセノスフェア | 液体 |
| 4 | グーテンベルク | アセノスフェア | 固体 |
| 5 | グーテンベルク | リソスフェア | 液体 |

## 解説

正解 **1**

**A：モホロビチッチ**

地殻とマントルの境目に当たる不連続面をモホロビチッチ不連続面という。グーテンベルク不連続面はマントルと外核との境目である。

**B：リソスフェア**

地殻と上部マントルの堅い部分を合わせたものをリソスフェア、またはプレートという。アセノスフェアとはマントル上部のうちリソスフェアの下にあり、高温で流動性のある部分を指す。

**C：液体**

地球を構成する層のうち、外核はS波が伝わらないことから液体であると考えられている。地殻・マントルも含め他の層はすべて固体である。

3　地球の構造　**1151**

| | **問題5** | 地球と火山に関する次のA～Eの記述の正誤の組合せとして最も適当なものはどれか。 |

裁判所一般職2015

**A**　平均海面を陸地にも延長して、地球を覆った海面を仮定し、この面をジオイドと呼ぶ。

**B**　リソスフェアとアセノスフェアの境界はモホ不連続面と呼ばれる。

**C**　水が非常に温度の高い物質と接触することにより気化されて発生する爆発現象を水蒸気爆発といい、2014年9月の御嶽山の噴火はこの例とされている。

**D**　プレートの動きは、地球の中心を通る軸を中心とした回転運動であり、回転の軸から離れるほど、移動速度は小さくなる。

**E**　スカンジナビア半島では、氷期に形成された氷床が融解し、加重が減少したため、アイソスタシーにより隆起している。

| | A | B | C | D | E |
|---|---|---|---|---|---|
| ① | 正 | 誤 | 誤 | 正 | 正 |
| ② | 正 | 誤 | 正 | 誤 | 正 |
| ③ | 正 | 正 | 誤 | 正 | 誤 |
| ④ | 誤 | 正 | 誤 | 正 | 正 |
| ⑤ | 誤 | 正 | 正 | 正 | 誤 |

## 解説

正解 **2**

**A** ◯　正しい記述である。

**B** ✕　地殻とマントルの境界をモホロビチッチ不連続面という。地殻とマントルを合わせた数10 〜 100kmの厚さの硬い部分をリソスフェアといい、その下の軟らかく流れやすい部分をアセノスフェアという。地殻とマントルは物質の違い、リソスフェアとアセノスフェアは硬さの違いで分けている。

**C** ◯　正しい記述である。

**D** ✕　プレートは地軸を中心に回転しているわけではない。

**E** ◯　正しい記述である。

第5章
地学

3　地球の構造　1153

**問題6** 日本周辺のプレートに関する記述中の空所A〜Dに当てはまる語句の組合せとして、最も妥当なのはどれか。

警視庁Ⅰ類2016

日本の周辺では、（ **A** ）プレートが日本海溝から、（ **B** ）プレートが南海トラフから日本の下に沈み込んでいる。また（ **C** ）プレートと（ **D** ）プレートの境界は日本を通っていると考えられている。

|   | A | B | C | D |
|---|---|---|---|---|
| 1 | 太平洋 | フィリピン海 | 北米 | ユーラシア |
| 2 | 太平洋 | フィリピン海 | 北米 | インド・オーストラリア |
| 3 | フィリピン海 | 太平洋 | 北米 | ユーラシア |
| 4 | フィリピン海 | 太平洋 | 北米 | インド・オーストラリア |
| 5 | フィリピン海 | 太平洋 | ユーラシア | インド・オーストラリア |

## 解説

正解 ①

　日本列島付近にある四つのプレートのうち、日本海溝から日本の下に沈み込んでいるのは太平洋（**A**）プレートである。また、南海トラフから日本の下に沈み込んでいるのはフィリピン海（**B**）プレートである。残りの二つのプレートは北米（**C**）プレート（北アメリカプレート）とユーラシア（**D**）プレートである。

　北アメリカプレートとユーラシアプレートは大陸プレート、太平洋プレートとフィリピン海プレートは海洋プレートである。

| 問題7 | 地球の内部構造に関する記述として、妥当なのはどれか。 |

特別区Ⅰ類2020

**1** 　地球の内部構造は、地殻・マントル・核の３つの層に分かれており、表層ほど密度が大きい物質で構成されている。

**2** 　マントルと核の境界は、モホロビチッチ不連続面と呼ばれ、地震学者であるモホロビチッチが地震波の速度が急に変化することから発見した。

**3** 　地殻とマントル最上部は、アセノスフェアという低温でかたい層であり、その下には、リソスフェアという高温でやわらかく流動性の高い層がある。

**4** 　地球の表面を覆うプレートの境界には、拡大する境界、収束する境界、すれ違う境界の３種類があり、拡大する境界はトランスフォーム断層と呼ばれる。

**5** 　地殻は、大陸地殻と海洋地殻に分けられ、大陸地殻の上部は花こう岩質岩石からできており、海洋地殻は玄武岩質岩石からできている。

## 解説

正解 **5**

**1** ✕　内部ほど重力が大きいので、内部ほど密度も大きい。

**2** ✕　マントルと核の境目はモホロビチッチ不連続面ではなく、グーテンベルク不連続面である。

**3** ✕　リソスフェアとアセノスフェアが逆である。

**4** ✕　拡大する境界は海嶺という大山脈を形成する。なおトランスフォーム断層は、すれ違う境界にできる地形である。

**5** 〇　正しい記述である。

| 問題8 | 地震波に関する記述として、最も妥当なのはどれか。 |

警視庁Ⅰ類2015

1. 初期微動はP波によって起こる。

2. 地震波が震源から観測点に到達するまでの時間を初期微動継続時間という。

3. 地震波の伝わる速度は地中の深いところほど速くなる。

4. 地震による断層のずれの開始地点を震央、その真上の地表を震源とよぶ。

5. 気象庁の緊急地震速報は、地震による横波を感知して出されるものである。

## 解説

正解 ❶

**❶** ○　正しい記述である。

**❷** ✕　初期微動継続時間とは観測点に到達するP波とS波の時間差のことである。

**❸** ✕　アセノスフェアは「低速度層」と呼ばれ、この部分のマントルが軟らかくなっているために地震波が遅くなると考えられている。

**❹** ✕　震源と震央の説明が逆である。

**❺** ✕　緊急地震速報は先に到着するP波(縦波)を感知して発出される。

3　地球の構造　1159

| 問題9 | 地震に関する記述として、最も妥当なのはどれか。 |

**警視庁Ⅰ類2017**

**1** 震度とは、地震の規模そのものの大きさである。

**2** 震度の大きさは、日本では一般に気象庁が定めた1から7の7段階の震度階級で示す。

**3** 地震が発生した場所を震央といい、震央から観測地点までの距離を震央距離という。

**4** 2ヶ所の観測地点の初期微動継続時間から震央を特定することができる。

**5** マグニチュードは地震のエネルギーと関係し、1増えるとエネルギーは約32倍となる。

## 解説

正解 **5**

❶ ✕　地震の規模そのものの大きさを表すのは、震度ではなくマグニチュードである。

❷ ✕　気象庁は震度階級を7段階ではなく10段階で示している。震度0から震度7までのうち、震度5と震度6が強弱の2段階に分かれるため、合計10段階となる。

❸ ✕　地震が発生した場所は震源、震源の真上の地表を震央という。また、震央から観測地点までの距離は震央距離、発生場所(震源)からの距離は震源距離である。

❹ ✕　震央は3観測点からの震源距離により求めることが可能である。なお、震源は大森公式により、初期微動継続時間から算出できる。

❺ ◯　正しい記述である。

**問題10** 地震に関する記述として、妥当なのはどれか。

特別区Ⅰ類2014

**1** 地震が発生した場所を震央、震央の真上の地表点を震源、震央から震源までの距離を震源距離という。

**2** S波による地震の最初の揺れを初期微動といい、最初の揺れから少し遅れて始まるP波による大きな揺れを主要動という。

**3** 地震による揺れの強さを総合的に表す指標を震度といい、気象庁の震度階級は、震度0から震度7までの10階級となっている。

**4** 地震の規模を表すマグニチュードは、1増すごとに地震のエネルギーが10倍になる。

**5** 海洋プレートが大陸プレートの下に沈み込む境界面をホットスポットといい、その付近では巨大地震が繰り返し発生する。

## 解説

正解 **3**

**❶ ✕** 　震源と震央の説明が逆である。地震波が発生した場所を震源、震源の真上の地表の地点を震央、観測点から震源までの距離を震源距離という。

**❷ ✕** 　P波とS波の説明が逆である。P波による地震の最初の揺れを初期微動といい、最初の揺れから少し遅れて始まるS波による大きな揺れを主要動という。

**❸ ◯** 　正しい記述である。

**❹ ✕** 　マグニチュードの値が2増すごとに地震のエネルギーは1,000倍となる。すなわち、マグニチュードが1増すごとに地震のエネルギーは約32倍($\sqrt{1,000}$倍)となる。

**❺ ✕** 　海洋プレートが大陸プレートの下に沈み込む場所を沈み込み境界という。

3　地球の構造　1163

**問題11** 地震に関する記述として最も妥当なのはどれか。

国家専門職2009

**1** 地震の初期微動はＰ波による振動で、主要動は主にＳ波による振動である。Ｐ波は波を伝える媒質の振動方向が波の進行方向と垂直な横波で、Ｓ波は媒質の振動方向が波の進行方向と平行な縦波である。

**2** 地震の揺れの大きさは震度で表され、震源からの距離や標高に影響される。1996年以降、震度は計測震度計での自動計測をもとに算出されるようになり、地震そのものの大きさを表す尺度としても用いられるようになった。

**3** マグニチュードは、各地で観測された地震動の大きさをもとに算出される。マグニチュードが大きくなると、地震によって放出されるエネルギーも大きくなり、マグニチュードが２増えると、エネルギーは1,000倍になる。

**4** 海域で大きい地震が起こると急激な海底の隆起や沈降が起こり、それによって海水に急激な運動が生じ、津波が発生することがある。津波は、海が深いほど遅く伝わる性質があり、陸地に近づくにつれ速度が増して高い波となる。

**5** 大規模な地震では、発生時に活動した主要な断層が地表に現れることがあり、このような断層を活断層という。繰り返し地震の影響を受けて出現した断層はモホ不連続面と呼ばれ、防災上注意が必要とされている。

## 解説

正解 ❸

❶ ✕　P波は縦波であり、S波は横波である。

❷ ✕　地震そのものの大きさを表す尺度としては、マグニチュード(M)が用いられている。

❸ ◯　地震の規模を表すマグニチュードは、さまざまな場所に設置された地震計の最大振幅から、換算式を用いて算出されている。また、マグニチュードが2増えると、地震のエネルギーは1,000倍になる。

❹ ✕　地震による津波の発生メカニズムについての記述は正しいが、津波は海の深さが深いほど速く伝わり、陸地に近づくと速さは遅くなる。

❺ ✕　前半の記述は正しいが、モホロビチッチ不連続面(モホ不連続面)とは、地殻とマントルの境界面のことである。

| 問題12 | 地震に関する記述として最も妥当なのはどれか。 |

国家専門職2015

**1** 地震発生と同時に、地震波であるP波とS波は震源から同時に伝わり始めるが、縦波であるP波の方が横波であるS波より速く伝わる。両者の波の観測点への到達時間の差を初期微動継続時間といい、震源から観測点までの距離に比例してこの時間は長くなる。

**2** 地球内部は地殻、マントル、核の三つに分けられる。マントルは、地震が発生した際にS波が伝わらないことから固体であると推定され、核は、P波が伝わる速度がマントルに比べて速いことから液体であると推定される。

**3** 世界で起きる地震は、プレート内部の地殻深部で起きるものが多い。我が国で地震の発生が多いのは、日本列島全体が太平洋プレートの上にあるからであり、アルプス－ヒマラヤ地域で比較的多いのも、この地域がユーラシアプレートの中央に位置しているからである。

**4** 地震の大きさは、通常、マグニチュードと震度で表される。マグニチュードは地震の規模を示し、地震波のエネルギーは、マグニチュードが1大きくなると約2倍になる。一方、震度は地震の大きさを示し、震度が1大きくなると、地震の伝達範囲は4倍に広がる。

**5** 断層は地震による地層のずれで発生し、ずれ方によって正断層と逆断層の二つのいずれかに分類される。逆断層は、断層面が滑りやすく地震が発生するたびにずれる断層で活断層とも呼ばれる。一方、正断層は一度ずれると断層面が固着するので、再び地層がずれることはない。

## 解説

正解 **1**

**1** ◯  正しい記述である。

**2** ✕  マントルが固体であるというのは正しいが、固体中のみを伝わるS波はマントルを伝わる地震波である。一方、核のうち外核はS波が伝わらないため液体であると考えられている。

**3** ✕  日本で地震が頻発するのは、日本列島全体が単一のプレート上にあるからではなく、四つのプレートの境界上に位置しているためである。

**4** ✕  マグニチュードが1大きくなると地震のエネルギーは4倍ではなく約32倍となる。

**5** ✕  断層は正断層、逆断層、横ずれ断層の三つに分類される。

3 地球の構造　1167

**問題13** 噴火に関する記述中の空所A ～ Cに当てはまる語句の組合せとして、最も妥当なのはどれか。

警視庁Ⅰ類2017

　噴火の激しさは、マグマの粘性とマグマ中のガスの量によって決まる。高温で（　**A**　）の量が少ない（　**B**　）質マグマは、粘性が小さく、流動しやすいので、穏やかな噴火をする。マグマの組成が、安山岩質から（　**C**　）質となるにつれて（　**A**　）の量が増え、また、粘性や蓄積されるガスの量も増えるため、噴火はしだいに爆発的なものになる。

|   | A | B | C |
|---|---|---|---|
| 1 | 硫化水素 | 玄武岩 | 流紋岩 |
| 2 | 硫化水素 | 流紋岩 | 玄武岩 |
| 3 | 硫化水素 | 流紋岩 | 凝灰岩 |
| 4 | 二酸化ケイ素 | 玄武岩 | 流紋岩 |
| 5 | 二酸化ケイ素 | 流紋岩 | 玄武岩 |

## 解説

正解 **4**

**A：二酸化ケイ素**

　マグマの粘性に関わる成分が二酸化ケイ素 $SiO_2$ である。岩石に二酸化ケイ素が多く含まれるほど、白くマグマの粘性が高くなるため、爆発的な激しい噴火を起こす。

**B：玄武岩**

　二酸化ケイ素の量が少ないマグマは玄武岩質マグマである。

**C：流紋岩**

　二酸化ケイ素の量が多いマグマは流紋岩質マグマである。

3　地球の構造　1169

| 問題14 | 火山に関する記述として、妥当なのはどれか。 |

特別区Ⅰ類2018

**1** 　粘性の低い溶岩がくり返し大量に流出すると、ハワイ島のマウナロア山のような成層火山が形成される。

**2** 　噴火により大量のマグマが噴出すると、マグマ溜まりに空洞が生じ、地表が陥没して凹地ができることがあるが、このような凹地をカルデラという。

**3** 　溶岩や火山砕屑物が交互に積み重なると、富士山のような円錐形の盾状火山が形成される。

**4** 　粘性が高いと溶岩は流れにくく、厚い溶岩流となり、盛り上がった溶岩台地と呼ばれるドーム状の高まりをつくる。

**5** 　一度の噴火でできた火山を複成火山といい、休止期をはさむ噴火をくり返してできた火山を単成火山という。

## 解説

正解 **2**

**❶ ✕** 粘性の低い溶岩が繰り返し大量に流出すると、溶岩台地が形成される。また、ハワイ島のマウナロア山は成層火山ではなく盾状火山である。

**❷ ◯** 正しい記述である。

**❸ ✕** 溶岩や火山砕屑物が交互に積み重なると、富士山のような円錐形の成層火山が形成される。

**❹ ✕** 粘性が高い溶岩によって形成される盛り上がったドーム状の高まりは溶岩ドームである。

**❺ ✕** 一度の噴火でできた火山を単成火山といい、休止期をはさむ噴火を繰り返してできた火山を複成火山という。

3　地球の構造　1171

| 問題15 | 火山に関する記述として、妥当なのはどれか。 |

東京都Ⅰ類2020

**1** 火砕流は、噴火によってとけた雪など多量の水が火山砕屑物と混ざって流れ下る現象である。

**2** 大量の火山灰や軽石が一度に大量に噴出すると、インドのデカン高原のような大規模な溶岩台地が形成される。

**3** ハワイ式噴火は、粘性の高いマグマが間欠的に爆発的噴火を引き起こすものであり、例としてハワイ島のマウナロア火山の噴火がある。

**4** 粘性が低い玄武岩質のマグマが繰り返し噴出すると、富士山のような円錐形の成層火山が形成される。

**5** ホットスポットは、アセノスフェア内の特に温度の高い狭い部分から高温のプルームが上昇して火山活動を行う地点である。

# 解説

正解 **5**

❶ ✕ 火砕流は溶岩ドームなどが崩壊し、高温マグマなどの火山砕屑物に気体が混ざって流れ下る現象である。融けた雪などの多量の水ではない。

❷ ✕ デカン高原は、白亜紀後期の複数回に及ぶ噴火でのマグマ噴出によってできた玄武岩台地である。面積は50万km$^2$もあり、地球上で最も広大な火成活動の痕跡である。

❸ ✕ ハワイの火山は基本的に盾状火山、つまり溶岩の粘性の低いものである。

❹ ✕ 成層火山は粘性の高いマグマや低いマグマなど、さまざまなマグマの噴出によって形成される。

❺ ◯ 正しい記述である。

**問題16** 火山に関する記述として、妥当なのはどれか。

東京都Ⅰ類2012

**1** マグマは、マントルの一部が溶融してつくられるものであり、二酸化ケイ素の成分が多くなるほど粘性は小さくなる。

**2** 火砕流は、高温の火山砕屑物と火山ガスが混じり合い、高速で山腹を流れ下る現象であり、1991年に雲仙普賢岳で発生している。

**3** 盾状火山は、溶岩と火山砕屑物が交互に積み重なってできた円錐形の火山であり、盾状火山の例として富士山がある。

**4** 成層火山は、粘性の小さい溶岩が堆積してできたなだらかな傾斜の火山であり、成層火山の例としてハワイ島のマウナロア山がある。

**5** カルデラは、粘性が大きい溶岩が盛り上がってできたドーム状の火山であり、カルデラの例として昭和新山がある。

## 解説

正解 **②**

**❶** ✕ 　二酸化ケイ素$SiO_2$が多くなると、マグマの粘性は高くなる。

**❷** ◯ 　火砕流は高温の火山砕屑物（火山灰や軽石）と火山ガスが混ざり合ったものである。なお雲仙普賢岳では、火砕流が発生し甚大な被害を及ぼした。

**❸** ✕ 　盾状火山は扁平（平べったい形状）であり、富士山は成層火山である。なお、盾状火山がハワイ諸島に多いことも覚えておくとよい。

**❹** ✕ 　成層火山は盛り上がった形状のものが多い。また、マウナロアはハワイの火山であり、盾状火山である。

**❺** ✕ 　この記述はすべて溶岩ドームに関するものである。またカルデラは、火山性凹地形のことである。

第5章
地学

3　地球の構造　1175

| | 問題17 | 火成岩に関する次のA～Dの記述の正誤の組合せとして最も妥当なものはどれか。 |

裁判所一般職2019

**A** マグマが冷え固まってできた岩石を火成岩といい、火成岩には、地表や地下の浅いところで急速に冷えてできた火山岩と、地下深くでゆっくり冷えてできた深成岩とがある。

**B** マグマが急速に冷えると、鉱物がよく成長し、粒が大きく、大きさの揃った結晶の集合体になる。

**C** 火成岩のうち、ガラス質を多く含むのは、地表や、地下の浅いところでできた火山岩である。

**D** かんらん石や輝石など鉄やマグネシウムを含む鉱物は、無色または淡い色をしており、このような鉱物を多く含んだ火成岩は、白っぽい色をしている。

| | A | B | C | D |
|---|---|---|---|---|
| ① | 正 | 誤 | 正 | 誤 |
| ② | 正 | 正 | 誤 | 誤 |
| ③ | 誤 | 誤 | 正 | 正 |
| ④ | 誤 | 正 | 誤 | 正 |
| ⑤ | 誤 | 誤 | 正 | 誤 |

## 解説

正解

**A** ◯  正しい記述である。

**B** ✕  マグマが急速に冷却されると、鉱物の結晶は十分に成長できないので、石基と斑晶を持つ斑状組織となる。

**C** ◯  正しい記述である。

**D** ✕  かんらん石や輝石などの、鉄やマグネシウムを含む鉱物は有色鉱物である。

**問題18** 次の文は、火山岩に関する記述であるが、文中の空所A〜Cに該当する語の組合せとして、妥当なのはどれか。

特別区Ⅰ類2016

火山岩はマグマが急速に冷えるとできる岩石で、細かい結晶やガラス質の物質からなる A と、大きな結晶の B からできている。 A と B から構成される組織を、 C 組織という。

|   | A | B | C |
|---|---|---|---|
| 1 | 石基 | バソリス | 等粒状 |
| 2 | 石基 | 斑晶 | 斑状 |
| 3 | バソリス | 斑晶 | 斑状 |
| 4 | 斑晶 | 石基 | 斑状 |
| 5 | 斑晶 | バソリス | 等粒状 |

## 解説

正解 **2**

**A**：石基

火山岩が急速に冷やされた際に、大きな結晶として固まることのできなかった細かな結晶やガラス質からなる部分を石基という。

**B**：斑晶

火山岩が急速に冷やされる前に、ゆっくりと冷やされたことで大きな結晶として固まった部分を斑晶という。なお、バソリスとは底盤とも呼ばれる深成岩の一種である。

**C**：斑状

火山岩のように石基と斑晶から構成される組織を斑状組織という。なお、深成岩のように比較的粒のそろった大きな結晶で構成される組織を等粒状組織という。

第5章 地学

3　地球の構造　1179

**問題19** 火山活動に関する記述A ～ Dのうち、妥当なもののみを挙げているのはどれか。

国家専門職2013

**A** マントルの一部が溶けて発生したマグマは、ひとまず火山の下のマグマ溜りに蓄えられる。マグマには$H_2O$や$CO_2$などの揮発性成分も含まれており、まわりの岩石より密度が小さく、液体であるため移動しやすいので、マグマ溜りの中でその圧力が高まると、岩石を打ち破ってマグマが地表に噴出する。

**B** 火山の噴火の仕方や形状は様々であり、マグマの粘性やその成分の量と関係が深い。マグマの粘性は、一般に$SiO_2$成分が多くなるほど小さくなる。粘性の小さな溶岩が流出してできるのが溶岩円頂丘（溶岩ドーム）であり、我が国では阿蘇山のものが有名である。一方、粘性の大きな溶岩が噴出して形成された火山を盾状火山といい、我が国では有珠山が有名である。

**C** 火山は世界各地に存在するが、ハワイのようにプレートの境界に存在する火山島を除き、その多くはプレート内部に分布するものである。我が国の火山は主に太平洋プレート内部に位置するが、活火山は桜島や雲仙岳、三原山など少数であり、大多数は100年以上噴火記録のない富士山や浅間山など活火山には分類されない火山である。

**D** マグマが固まってできた岩石が火成岩であり、その固まり方によって多様な岩石ができる。深成岩はマグマが深いところでゆっくり固まったものであり、同じような粒度をもつ鉱物からなる等粒状組織を示すことが多い。一方、火山岩は、地表や地表近くでマグマが急速に冷えて固まってできたものであり、斑晶と石基からなる斑状組織を示す。

1. A、B
2. A、C
3. A、D
4. B、C
5. C、D

1180 第5章 地 学

## 解説

正解 ③

**A ○** 正しい記述である。

**B ✕** マグマの粘性は、一般に二酸化ケイ素$SiO_2$成分が多くなるほど高くなる。有珠山は溶岩円頂丘(溶岩ドーム)である。阿蘇山はカルデラを有する成層火山である。

**C ✕** ハワイはホットスポット、それ以外は主にプレート境界に存在する。日本には111か所の活火山があり、富士山や浅間山も含まれる。

**D ○** 正しい記述である。

**問題20** 次の文は、火成岩に関する記述であるが、文中の空所 A ～ D に該当する語の組合せとして、妥当なのはどれか。

特別区Ⅰ類2012

火成岩をつくる主な鉱物の中で、Fe、Mg を多く含み、色がついているものを有色鉱物と呼び、 A は、その1つである。これに対して、 B は、Fe、Mg をほとんど含まず、無色又は淡い色をしているので、無色鉱物と呼ばれている。

また、火成岩の中の有色鉱物の占める割合を、火成岩の色指数という。色指数が低いものを C と呼び、 D などがある。

|   | A | B | C | D |
|---|---|---|---|---|
| **1** | かんらん石 | 石英 | 珪長質岩 | 流紋岩 |
| **2** | かんらん石 | 輝石 | 超苦鉄質岩 | 流紋岩 |
| **3** | かんらん石 | 石英 | 珪長質岩 | 玄武岩 |
| **4** | 斜長石 | 輝石 | 珪長質岩 | 玄武岩 |
| **5** | 斜長石 | 石英 | 超苦鉄質岩 | 玄武岩 |

## 解説

正解 **1**

　火成岩を作る主要造岩鉱物は、$SiO_4$四面体を基本構造とする珪酸塩鉱物で、黒っぽく、色がついている有色鉱物 (苦鉄質鉱物) と、白っぽく、無色または淡い色をしている無色鉱物 (珪長質鉱物) に分けられる。有色鉱物は Fe、Mg を多く含み、かんらん石 (**A**)、輝石、角閃石、黒雲母がある。それに対して無色鉱物は Fe、Mg をほとんど含まず、斜長石、カリ長石、石英 (**B**) がある。

　また、火成岩中の有色鉱物 (苦鉄質鉱物) の体積%を色指数といい、色指数の値によりいくつかの種類に分類されている。色指数が高く、有色鉱物 (苦鉄質鉱物) が多いものを超苦鉄質岩、苦鉄質岩という。超苦鉄質岩としてはかんらん岩があり、苦鉄質岩としては玄武岩と斑れい岩がある。色指数が低く、無色鉱物 (珪長質鉱物) が多いものを珪長質岩 (**C**) といい、流紋岩 (**D**)、花崗岩などがある。

**問題21** 次のA～Eは、玄武岩質マグマが結晶してできた鉱物であるが、結晶する順序に並べたものとして、妥当なのはどれか。

特別区Ⅰ類2006

A 角閃石

B かんらん石

C 輝石

D 黒雲母

E 石英

1 A—B—D—E—C

2 B—C—A—D—E

3 C—E—B—A—D

4 D—A—E—C—B

5 E—D—C—B—A

## 解説

正解 ❷

　玄武岩質マグマが結晶化する際、金属イオンの割合によって化学組成が連続的に変化する鉱物があり、これらを固溶体という。固溶体の結晶化する順序は有色鉱物のうち色の黒さが強い順となっており、選択肢に挙げられているものではかんらん石（**B**）→輝石（**C**）→角閃石（**A**）→黒雲母（**D**）→石英（**E**）の順となる。

**問題22** 火山又は地震に関する記述として、妥当なのはどれか。

東京都Ⅰ類2008

**1** 成層火山とは、溶岩と火山砕屑物とが交互に積み重なってできた火山をいい、成層火山の例として、ハワイ島のマウナロア山がある。

**2** 盾状火山とは、粘性の小さい溶岩からできたなだらかな傾斜の火山をいい、盾状火山の例として、富士山がある。

**3** 地震動の強さの程度を震度といい、わが国では気象庁が、震度を10階級に区分している。

**4** 地震の規模はマグニチュードで表され、マグニチュードが1大きくなると、地震のエネルギーは1000倍になる。

**5** 地震波には、P波とS波とがあり、P波は横波であり、地震波の速度はP波と比べてS波の方が速い。

## 解説

正解 **3**

**❶** ✗　成層火山の説明としては妥当であるが、マウナロア山は盾状火山である。

**❷** ✗　盾状火山の説明としては妥当であるが、富士山は典型的な成層火山である。

**❸** ○　震度は 0、1、2、3、4、5弱、5強、6弱、6強、7 の10段階で区分されている。

**❹** ✗　マグニチュードが 1 増えるとエネルギーは約32倍になる。

**❺** ✗　地震のP波は縦波であり、S波は横波である。また、P波はS波より速く、主にP波が地震の初期微動を、S波が主要動を引き起こす。

**問題23** 堆積岩の種類に関する次の表の空欄 $\boxed{A}$ ～ $\boxed{D}$ に当てはまる語句の組合せとして、妥当なのはどれか。

警視庁Ⅰ類2013

| | 堆 積 物 | 堆 積 岩 |
|---|---|---|
| 砕せつ物 | 泥<br>砂<br>れき | 泥岩<br>砂岩<br>れき岩 |
| 溶けた物質 | $\boxed{A}$ を主成分とするもの —— $\boxed{C}$<br>$\boxed{B}$ を主成分とするもの —— $\boxed{D}$ | |
| 生物の殻など | 紡錘虫やサンゴなど ———— $\boxed{C}$<br>放散虫などの殻 ————— $\boxed{D}$ | |
| 火山砕せつ物 | 火山れきと火山岩片 ——— 凝灰角れき岩など<br>火山灰 ————————— 凝灰岩 | |

|   | A | B | C | D |
|---|---|---|---|---|
| **1** | $CaCO_3$ | $SiO_2$ | 石灰岩 | チャート |
| **2** | $CaCO_3$ | $NaCl$ | 石灰岩 | 石こう |
| **3** | $SiO_2$ | $CaSO_4$ | 石こう | チャート |
| **4** | $SiO_2$ | $CaSO_4$ | チャート | 石こう |
| **5** | $NaCl$ | $CaCO_3$ | チャート | 石こう |

## 解説

正解 **1**

　堆積物が長い年月の間に圧縮され、脱水して緻密になり、さらに粒子間に新しい鉱物が沈殿して固結し、堆積岩が形成される。堆積岩が形成されるはたらきを続成作用という。

　堆積岩は、もとになる堆積物の種類によりいくつかに分類されるが、生物の殻などの遺骸が堆積岩となったものを生物岩という。このうち、紡錘虫やサンゴなどの遺骸からなるものは石灰岩（**C**）、放散虫などの殻からなるものはチャート（**D**）である。

　石灰岩は炭酸カルシウム $CaCO_3$（**A**）を、チャートは二酸化ケイ素 $SiO_2$（**B**）を主成分としている。

**問題24**　地球の岩石に関する記述として、妥当なのはどれか。

東京都Ⅰ類2019

**①**　深成岩は、斑晶と細粒の石基からなる斑状組織を示し、代表的なものとして玄武岩や花こう岩がある。

**②**　火山岩の等粒状組織は、地表付近でマグマが急速に冷却され、鉱物が十分に成長することでできる。

**③**　火成岩は、二酸化ケイ素（$SiO_2$）の量によって、その多いものから順に酸性岩、中性岩、塩基性岩、超塩基性岩に区分されている。

**④**　火成岩の中で造岩鉱物の占める体積パーセントを色指数といい、色指数の高い岩石ほど白っぽい色調をしている。

**⑤**　続成作用は、堆積岩や火成岩が高い温度や圧力に長くおかれることで、鉱物の化学組成や結晶構造が変わり、別の鉱物に変化することである。

## 解説

正解 **3**

**1** ✕　深成岩は斑状組織ではなく等粒状組織を持つ。また、玄武岩は深成岩ではなく火山岩である。

**2** ✕　マグマが急速に冷却されると鉱物の結晶は十分に成長できないので、石基と斑晶を持つ斑状組織となる。等粒状組織はマグマがゆっくり冷え固まった岩石に見られる組織である。

**3** ◯　正しい記述である。

**4** ✕　色指数は有色鉱物の割合であり、色指数の高い岩石ほど黒っぽい色調となる。

**5** ✕　続成作用ではなく変成作用についての説明である。続成作用は長い年月をかけて堆積物が堆積岩を形成する作用である。

★★☆

# 4 地球の歴史

地球誕生から46億年、その歴史の大半は文献（人によって記されたもの）ではありません。地層や化石などから紐解く地球史について概観しましょう。

## ❶ 地 層

　水流などで運ばれた砕屑物が海底などで堆積すると、ほぼ水平な面を形成する。これを**層理面(地層面)**といい、古い層ほど下のほうに形成される。これを**地層累重の法則**という。地層を観察すると、構成される粒子の大きさや成分の違い、重なり方の違いなどが見られる。これらが堆積した当時の様子などを知る手がかりとなる。

### 1 地層の堆積構造

　砕屑物が堆積するとき、水流の向きや強さが変化すると層理面に斜交した縞模様が形成される。これを**クロスラミナ(斜交葉理)**という。また、1枚の地層の上下の層理面には、水底の水流によって上面に**リプルマーク(漣痕)**と呼ばれる波状の模様、下面には削痕や物痕によって**ソールマーク(底痕)**と呼ばれる模様が形成されることがある。

　1枚の地層において、下部から上部へ砕屑物が大きいものから小さいものへ変化していく構造が見られる。これを**級化構造(級化層理)**といい、粒の大きいものほど速く沈むために起こる。また、混濁流によって堆積した地層を**タービダイト**という。

### 2 整合と不整合

　一連の地層が連続的に堆積すると、水平な地層が形成される。このような地層の重なり方を**整合**という。これに対し、地殻変動などの理由で堆積が一時的に止まり、侵食作用などが起こり、そのあとに再び堆積するなどして、不連続な地層が形成されることがある。この不連続な地層の重なり方を**不整合**という。また、その不連続面を**不整合面**という。

　一般に、堆積は海底(湖底)でのみ起こり、侵食作用は陸上でのみ起こるので、不

1192　第5章　地　学

整合は土地の隆起や沈降の重要な手がかりとなる。

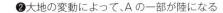
整合と不整合

❶ A が堆積する

連続した平行な重なり方を**整合**という

❷ 大地の変動によって、A の一部が陸になる

隆起

❸ 陸になった A の表面を水が削る

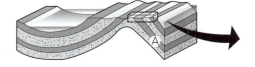

水が大地を削りとるはたらきを**侵食**という

❹ 大地の変動により陸が**沈降**し、B が堆積する

A 層と B 層の境の面を**不整合面**という

## 2 化 石

生物の体の一部などが地層の中に残されていることがある。これを**化石**といい、堆積した当時の環境を知る手がかりとなるものを**示相化石**、堆積した時代を知る手がかりとなるものを**示準化石**という。

### 1 示相化石

示相化石はその場所の当時の環境だけでなく、定点観測によって「ある地点の環境の時代ごとの変化」を知る手がかりにもなる。

　　サンゴ：暖かくて浅いきれいな海
　　シジミ：川、湖などの淡水、河口付近などの淡水と海水が混じり合う場所（汽
　　　　　　水域）
　　シュロ・ソテツ：暖かい環境

## 2 示準化石

示準化石は、世界中の広い範囲でごく短い期間に繁栄して絶滅した生物の化石である。

古生代：フズリナ、三葉虫
中生代：アンモナイト、恐竜、イノセラムス
新生代：ビカリア、マンモス、貨幣石

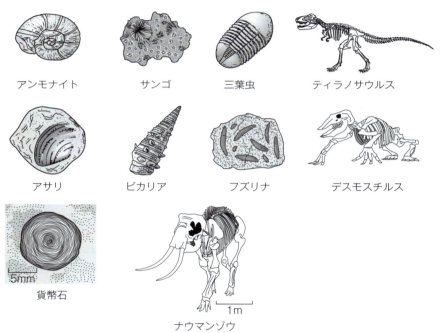

さまざまな化石

## 3 地質時代

およそ46億年前の地球誕生から現在までのうち、地層でのみ過去を知る手がかりとなる時代を地質時代、地質時代以降に到来した、文献などで記録が残っている数千年を有史時代という。地質時代はカンブリア大爆発(約5億4,100万年前)を境に、現代までの化石が豊富に残されている顕生代と、それ以前の地球史の大半(約40億年)を占める先カンブリア時代に分かれる。

## 1 相対年代と絶対年代

　地質年代の区分は、化石によって判断していた。これを**相対年代**という。相対年代では、ある程度の範囲をもってしか時代を推測できなかったが、科学の進歩により具体的な年代まで測定できるようになった。これを**絶対年代**という。絶対年代は**放射性炭素**$^{14}$Cによって測定する炭素年代測定法(動植物限定)や、カリウム・アルゴンを用いたカリウム・アルゴン法(火成岩)などがある。いずれも放射性同位体の**半減期**を用いて測定している。

　以下、相対年代の区分を見ていくことにする。

## 2 先カンブリア時代

### ① 冥王代 (約46億～40億年前)

　**冥王代**は、いまだ岩石が存在しない時代である。微惑星[1]の衝突・合体により地球が誕生した。微惑星との衝突により、含まれていた水蒸気、二酸化炭素、窒素が**原始大気**を作った。このことから**温室効果**が起こって地球の表面温度は約1,500℃に達し、マグマが地表を覆っていたと考えられている。これを**マグマオーシャン**という。ここから比重の大きな鉄は底に沈み核を作り、比重の小さな岩石成分が浮き上がってマントルができた。やがて地表の温度が下がると原始地殻が形成され、同時に大気の温度も下がり、大気中の水蒸気は凝結して雨を降らせた。これによって**原始海洋**が形成された。

### ② 太古代 (約40億～25億年前)

　**太古代**(始生代)は、地球に生命の誕生した時代である。地球最古の岩石は約40億年前の変成岩であり、約38億年前の堆積岩、枕状溶岩があることから、このころに海洋が形成され、地球最古の生命は海中で生まれたと考えられている。海嶺付近の海底では、マグマに暖められた熱水が噴き出している場所(熱水噴出孔)があり、生命に必要なアミノ酸が合成された。約35億年前のチャートから、核膜を持たない**原核生物**の化石が発見されている(世界最古の化

ストロマトライトの化石

30cm

---

[1] 微惑星とは、太陽系などが作られる以前に存在した直径数kmほどの小惑星をいう。

石）。約27億年前、最初の光合成生物として**シアノバクテリア**（ラン藻類）という原核生物が登場し、**ストロマトライト**[2]という化石が世界中から発見されている。

### ③ 原生代（約25億～５億4,100万年前）

**原生代**は、多細胞生物が出現した時代である。シアノバクテリアの登場により、大気中に酸素が放出されるようになると、海水中の鉄イオンが酸素と反応して酸化鉄になり、海底に堆積した。これにより**縞状鉄鉱層**が形成された。日常利用される鉄のほとんどは、原生代に形成されたこの縞状鉄鋼層から採掘されている。この縞状鉄鉱層から最古の真核生物（核模を持つ生物）である**グリパニア**が発見されている。

また、光合成生物の増加により、大気中の二酸化炭素濃度が低下した。そのため地球は、温室効果の影響が小さくなり極端に寒冷化した。約23億年前と約７億年前の２回、**全球凍結**（スノーボールアース）を起こした。全球凍結で光合成生物が減り、再び温室効果によって地球が温暖化したことで、**真核生物**が出現したと考えられている。原生代中ごろには多細胞生物が現われた。２回目の全球凍結後、エアマット状の体構造で硬い殻を持たない大型の無脊椎動物が現われた。これを**エディアカラ生物群**といい、多細胞生物の急速な進化が見て取れる。

## 3 顕生代

**顕生代**は古生代（約５億4,100万～２億5,100万年前）、中生代（約２億5,100万～6,600万年前）、新生代（約6,600万年前～現在）に区分される。顕生代に入ると、肉眼で見ることのできる生物が生息するようになる。

### ① 古生代

**古生代**は、生物が多様化し、海から陸に上陸する生物が現れた時代である。

### （ア）カンブリア紀（約５億4,100万～４億8,500万年前）

古生代になると、急激に化石の種類・数が増加する。これを**カンブリア大爆発**という。遺伝的にはその少し前（カンブリア大爆発より約３億年前）に多様化しているが、化石の多様化が起こったのがこのときである。石灰質（フズリナなど）やキチン質の硬い殻を持つ無脊椎動物が出現したことによって、化石に残りやすくなったともいわれている。現存する生物の起源（門）がすべて出揃ったのがこの時期である。

---

**2** ストロマトライトは、光合成細菌（シアノバクテリア）などが堆積してできた化石をいう。

カンブリア紀前期の**澄江動物群**、中期の**バージェス動物群**には多様な無脊椎動物や魚類(原始脊椎動物)なども見られる。**頭足類**(イカ、オウムガイなど)の登場もこの時期である。節足動物の**三葉虫**は古生代の示準化石として非常に重要である。

**(イ) オルドビス紀（約4億8,500万〜4億4,400万年前）**

海中では筆石やサンゴなどが現われた。光合成生物の繁栄により、大気中の酸素濃度は現在とほぼ同じになり、成層圏に**オゾン層**が形成された。オゾン層が太陽からの紫外線を吸収し始めると、生物が陸上へ進出する準備が整った。最初の陸上生物はこの時期の節足動物といわれている。また、**コケ**が陸上に進出した。顕生代の大量絶滅は5回あったと推測されているが、1回目の大量絶滅でオルドビス紀は終焉した。

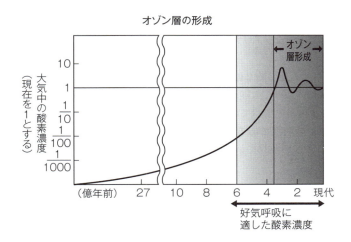

オゾン層の形成

**(ウ) シルル紀（約4億4,400万〜4億1,600万年前）**

オゾン層の形成により、陸上にダニやムカデなどの節足動物をはじめ、さまざまな生物が進出した。コケを除く最初の陸上生物は**クックソニア**といわれるシダ植物で、シルル紀に現れた。

### (エ) デボン紀 (約4億1,600万〜3億5,900万年前)

魚類から分かれた脊椎動物である両生類の**イクチオステガ**が初めて陸上へ上陸した。陸上ではシダ植物が急速に大型化し、アーケオプテリスなどによって最古の森林が形成された。また、維管束を持つ植物の最初期である**リニア**などが現れた。この時期に節足動物の中から昆虫類が現れた。2回目の大量絶滅により、デボン紀は終焉した。

### (オ) 石炭紀 (約3億5,900万〜2億9,900万年前)

陸上では**ロボク、リンボク、フウインボク**などのシダ植物が繁栄し森林が広がった。これらの遺骸が現代の石炭のもとになっている。大型の昆虫類(70cmのトンボや2mのムカデなど)も繁栄した。**単弓類**(ほ乳類の祖先)などが出現した。この時期の酸素濃度は35%になったといわれ、大量の光合成によって二酸化炭素濃度は低下し、氷河期を迎える。この氷河期が石炭紀と二畳紀の境目となる。古生代の示準化石として重要な**フズリナ**(紡錘虫)はこの時期に大繁栄する。

### (カ) 二畳紀 (ペルム紀、約2億9,900万〜2億5,100万年前)

プレート運動によって大陸が合体し、**超大陸パンゲア**が形成された。超大陸パンゲアは、地球上のほぼすべての陸地が一つの大陸としてつながっていた。**は虫類**が出現したのはこの時期である。3回目の大量絶滅は史上最大規模で、地球上の約95%が絶滅したといわれている。これによって二畳紀だけでなく古生代そのものも終焉となる。

### ② 中生代

中生代は、陸上生物が多様化を見せる年代である。

### (ア) 三畳紀 (トリアス紀、約2億5,100万〜2億0,100万年前)

二畳紀の上に3層の地層が形成されていることから三畳紀という名がつけられた。**放散虫**などが中生代の示準化石として重要である。海中では古生代の中ごろに現れた**アンモナイト**が繁栄した。このため、アンモナイトも中生代を代表する示準化石として重要である。4回目の大量絶滅により、三畳紀(トリアス紀)は終焉する。

**(イ) ジュラ紀 (約2億0,100万～1億4,500万年前)**

その名のとおり恐竜の時代である。三畳紀(トリアス紀)の大量絶滅から生き残った生物が繁栄し、恐竜もその一つである。ジュラ紀末には鳥類が恐竜から分化したといわれているが、正確なことはわかっていない。始祖鳥が出現したのはこの時期だが、いまでは鳥の祖先ではないことがわかっている。陸上では裸子植物が繁栄し、後期には被子植物も出現した。

**(ウ) 白亜紀 (約1億4,500万～6,600万年前)**

この時代の境目は特に大きな環境変化は起こっておらず、アンモナイトの種類によってジュラ紀と白亜紀に分けられる。パンゲアの分化により地理的な隔離が起きたため、生物の多様性はさらに進んだ。5回目の大量絶滅により、中生代そのものが終焉を迎えるが、この原因がユカタン半島への隕石の衝突であることは、多くの学者が支持している。

**③ 新生代**

新生代は、ほ乳類が大繁栄を見せる時代である。

**(ア) 古第三紀 (約6,600万～2,300万年前)**

現在のほ乳類の祖先のほとんどが出現した。石灰質の殻と網状の仮足を持つ原生生物である貨幣石が増え始め、新生代で全盛を迎えた。このため、貨幣石は新生代の重要な示準化石である。

**(イ) 新第三紀 (約2,300万～260万年前)**

汽水域に生息していた巻貝のビカリアが繁栄した。ビカリアは新生代新三紀の重要な示準化石である。海辺ではほ乳類のデスモスチルスが繁栄した。

**(ウ) 第四紀 (約260万年前～現在)**

大陸を氷河が覆う寒冷な氷期と、氷期に比べ温暖な間氷期が繰り返された。マンモスやナウマンゾウは日本でも化石が見つかっている。すでに絶滅していて、この時代の示準化石である。

地質時代の区分と動植物の出現・繁栄

| 代 | 紀 | 繁栄した植物 | 出現した植物 | 繁栄した動物 | 出現した動物 |
|---|---|---|---|---|---|
| 新生代 | 第四紀 | 被子植物 | | ほ乳類 | |
| | 新第三紀 | | | | 人類 |
| | 古第三紀 | | | | |
| 中生代 | 白亜紀 | 裸子植物 | 被子植物 | は虫類 | |
| | ジュラ紀 | | | | 鳥類 |
| | 三畳紀(トリアス紀) | | | | ほ乳類 |
| 古生代 | 二畳紀(ベルム紀) | シダ植物 | | 両生類 | |
| | 石炭紀 | | | | は虫類 |
| | デボン紀 | | シダ植物 裸子植物 | 魚類 | 両生類 |
| | シルル紀 | | | 無脊椎動物 | |
| | オルドビス紀 | 藻類 | | | 魚類 |
| | カンブリア紀 | | | | 脊椎動物 |

## 4 日本列島の構造

### 1 日本列島の形成

　日本列島はアジア大陸の一部であったが、白亜紀ごろに大陸から分離し始め(この時点ではまだ浅い海の中にあった)、中央構造線の形成、四万十帯などの付加を経て、**新生代第三紀**に日本海の拡大に伴い形成される。

　地質学的には東北日本と西南日本に分けることができ、東北日本が反時計回りに、西南日本が時計回りに回転して現在の日本列島の主要部分が形成された(境界部分は糸魚川－静岡構造線)。その後、フィリピン海プレートの移動により、約500万年前には丹沢山地、約100万年前には伊豆半島が衝突によって形成され、南アルプスなどが隆起した。

## 2 構造線

日本列島は、大陸周縁に位置する**弧状列島**であるが、国土が一様な地質を持っているわけではなく、**構造線**という大きな断層で区切られている。

### ① 糸魚川-静岡構造線

東北日本と西南日本を分ける構造線を**糸魚川-静岡構造線**という。糸魚川-静岡構造線のすぐ東側は**フォッサマグナ**といわれる地溝帯であり、日本海が拡大する際に形成され、その後、堆積物で埋まることで陸になった。

糸魚川-静岡構造線は「線」であるのに対して、フォッサマグナは地溝帯という名前が示すように「面」である。

構造線とフォッサマグナ

### ② 中央構造線

西南日本を内帯(日本海側)と外帯(太平洋側)に分ける構造線を**中央構造線**という。九州の中部、四国北端、紀伊半島北部を通っている。

## 3 付加体

海洋プレートの沈み込みにより、堆積物が陸側に寄せられ付加された地形を**付加体**という。美濃・丹波帯(主に中生代ジュラ紀)、秩父帯(主に中生代ジュラ紀)、太平洋側の四万十帯(白亜紀〜新生代第三紀)、秋吉帯(主に古生代石炭紀)がその代表例である。

## 過去問 Exercise

**問題1**　地層の堆積構造に関する記述として、最も妥当なのはどれか。

警視庁Ⅰ類2013

**1**　水や風が向きや速さを変えながら運んだ砂粒が堆積してできた、地層面と斜交した細かな縦模様を、リプルマークという。

**2**　砂や泥がいっしょになって水中を高速度で移動して静かな水底に形成された海底堆積物を、ソールマークという。

**3**　水流などによって地層の上面にできた周期的な波状の模様を、クロスラミナという。

**4**　1枚の地層の中で下部から上部へ順次粒径が変化していく構造を、タービダイトという。

**5**　地層が堆積したままの状態ならば下位のものほど古く上位のものほど新しいことを、地層累重の法則という。

1202　第5章　地　学

## 解説

正解 **5**

**❶** ✗　リプルマークではなく、クロスラミナ(斜交葉理)についての記述である。クロスラミナを用いて堆積時の流れの方向を推定することができる。

**❷** ✗　ソールマークではなく、タービダイトについての記述である。タービダイトでは一般に級化構造が見られる。

**❸** ✗　クロスラミナではなく、リプルマーク(漣痕)についての記述である。リプルマークは上方に尖った形をしているので、地層の上下を判定するのに役立てられる。

**❹** ✗　タービダイトではなく、級化構造についての記述である。粒子が沈降するとき大きい粒子ほど速く沈むため、1枚の地層の中で粒径が大きいものほど下に、小さいものほど上に堆積する構造をいう。地層の上下を判定するのに役立てられる。

**❺** ◯　正しい記述である。

次は地質時代に関する記述であるが、A～Dに当てはまるものの組合せとして最も妥当なのはどれか。

国家専門職2011

地質学においては、地層や化石をもとに、地球の歴史を解き明かす試みがなされている。

進化の速度が速く、種類としての存続期間が限定されていて、しかも地理的分布が広い生物の化石は、その地層ができた時代を決めるのに有効である。このような化石を　A　といい、紡錘虫（フズリナ）は　B　後期を特徴づける　A　として知られている。

また、その生物が生息していた当時の自然環境を知る手掛かりとなる化石を　C　と呼び、その例として、温暖で浅い海にしか繁殖しない造礁サンゴなどがある。ただし、　C　となり得るには、それらの化石が元の生息地に近いところで化石となることが必要である。

岩石や鉱物に含まれる　D　元素は、一定の割合で崩壊して他の元素に変わっていくが、その速度は、それぞれ元素によって決まっている。これを利用することで、岩石や鉱物ができてから何年経過したかを測定できるようになり、地質時代の相対的な新旧関係を示す相対年代を、絶対年代（数値年代）で表現することが可能となった。

|   | A | B | C | D |
|---|---|---|---|---|
| 1 | 示準化石 | 古生代 | 示相化石 | 放射性 |
| 2 | 示準化石 | 中生代 | 示相化石 | 揮発性 |
| 3 | 示準化石 | 中生代 | 示相化石 | 放射性 |
| 4 | 示相化石 | 古生代 | 示準化石 | 放射性 |
| 5 | 示相化石 | 中生代 | 示準化石 | 揮発性 |

## 解説

正解 **1**

　化石が含まれている地層ができた時代を決めることのできる化石を、示準化石（**A**）という。示準化石となり得る条件としては、進化の速度が速く、種類としての存続期間が限定されている、地理的分布が広い、個体数が多い、等が挙げられる。紡錘虫（フズリナ）は、石炭紀・二畳紀（ペルム紀）の、すなわち古生代（**B**）後期の示準化石である。また、その生物が生息していた当時の環境を知ることのできる化石を、示相化石（**C**）という。示相化石の条件としては、生物の生活の場所が限定されている、生息していた場所で化石になった、等が挙げられる。

　地質時代の相対年代は、地層に含まれる生物の出現、絶滅等をもとに決定される。地質時代の絶対年代を決定するためには、岩石や鉱物等に含まれる放射性（**D**）元素（放射性同位体）を用いる。

| 問題3 | カンブリア紀の状況に関する記述として、最も妥当なのはどれか。 |

警視庁Ⅰ類2013

**1** 節足動物に属する三葉虫のほか多様な動物が爆発的に出現した。

**2** 大気中の酸素濃度が高まり、核膜をもった真核生物のグリパニアが出現した。

**3** 原核生物のシアノバクテリアが出現し、浅い海でストロマトライトをつくった。

**4** 地球が温暖化し、エディアカラ生物群と呼ばれる動物群が出現した。

**5** クックソニアやリニアなどの植物が陸上に出現した。

## 解説

正解 **1**

**❶ ○** 正しい記述である。

**❷ ✕** グリパニアが出現したのはカンブリア紀ではなく原生代である。

**❸ ✕** シアノバクテリアによるストロマトライトはカンブリア紀ではなく先カンブリア時代の化石である。

**❹ ✕** エディアカラ生物群が出現したのはカンブリア紀ではなく原生代である。

**❺ ✕** クックソニアが出現したのはシルル紀、リニアが出現したのはデボン紀である。

第5章

地学

4 地球の歴史 1207

**問題4** 　　地球に関する以下の記述のうち、最も妥当なのはどれか。

警視庁Ⅰ類2017

**1** 　約46億年前に微惑星が衝突を繰り返して地球が形成された際、地球の材料となった微惑星に含まれていた酸素や窒素が気体として放出され、現在のような酸素の豊富な大気が作られた。

**2** 　約46億年前に誕生した地球は、微惑星の衝突による多量の熱でマグマオーシャンの状態であったが、微惑星の減少とともに地球は冷え始め、約40億年前までに金属鉄に富む縞状鉄鉱層が大規模に形成された。

**3** 　約46億年前から5億4200万年前までの時代をカンブリア時代といい、この時代の化石は多く産出され、地球や生命の進化を明らかにしている。

**4** 　約25億年前までにはシアノバクテリアと呼ばれる原核生物が出現しており、シアノバクテリアの活動によって固まってできた構造物をストロマトライトという。

**5** 　約7億年前には地球の平均気温が約−40〜−50℃まで低下して地球全体が厚い氷に覆われていたが、この時代に恐竜などの脊椎動物は絶滅した。

## 解説

正解 ④

**①** ✗ 地球上の酸素は、縞状鉄鋼層の形成された原生代初期(約25 ～ 20億年前)に急激に増加したと考えられている。

**②** ✗ 縞状鉄鉱層が形成されたのは約25億～ 20億年前と考えられている。

**③** ✗ カンブリア紀は、約5億4,100万～ 4億8,500万年前である。

**④** ◯ 正しい記述である。

**⑤** ✗ 恐竜は約6,600万年前の中生代末期における巨大隕石の衝突により絶滅したと考えられている。

4 地球の歴史 1209

| 問題5 | 地質時代に関する記述として、妥当なのはどれか。 |
|---|---|

東京都Ⅰ類2016

**1** 　三畳紀は、新生代の時代区分の一つであり、紡錘虫（フズリナ）が繁栄し、は虫類が出現した時代である。

**2** 　ジュラ紀は、中生代の時代区分の一つであり、アンモナイト及び恐竜が繁栄していた時代である。

**3** 　第四紀は、新生代の時代区分の一つであり、頭足類及び始祖鳥が出現した時代である。

**4** 　デボン紀は、中生代の時代区分の一つであり、三葉虫及び多くの種類の両生類が繁栄していた時代である。

**5** 　白亜紀は、新生代の時代区分の一つであり、無脊椎動物が繁栄し、魚類の先祖が出現した時代である。

## 解説

正解 ❷

❶ ✕　三畳紀は、中生代の時代区分の一つである。また、紡錘虫(フズリナ)が繁栄し、は虫類が出現したのは古生代である。

❷ ◯　正しい記述である。

❸ ✕　第四紀は、新生代の時代区分の一つであるが、頭足類(オウムガイやアンモナイト、イカなど)は古生代に出現しており、始祖鳥は中生代に出現している。

❹ ✕　デボン紀は、古生代の時代区分の一つである。

❺ ✕　白亜紀は、中生代の時代区分の一つである。また、無脊椎動物が繁栄し、魚類の先祖が出現したのは古生代である。

**問題6**

地質時代に関する記述として最も妥当なのはどれか。

国家一般職2011

**1** 地球は約46億年前に誕生したとされており、地質時代は大きく先カンブリア時代、古生代、中生代、新生代に区分される。このうち約20億年前まで続いた先カンブリア時代に、カレドニア造山運動などの大きな変動が起こり、ほぼ現在の大陸が形成された。

**2** 古生代石炭紀には、ロボク、リンボク、ウミユリなど、高さ20〜30mにも達する巨大なシダ植物が大森林を形成し、それらの植物が石炭のもととなった。また、森林ではシダ植物を主な食料とする初期の恐竜が隆盛した。

**3** 中生代は古い方から三畳紀、ジュラ紀、白亜紀の三つに区分される。この時代は、海ではアンモナイト、陸上では恐竜などの爬虫類が隆盛した。また、植物界では裸子植物が優勢であったが、白亜紀には被子植物も繁茂するようになった。

**4** 中生代白亜紀末には、陸上では恐竜類が、海中ではアンモナイトなど多くの動物がほぼ同時に絶滅した。これは白亜紀末に氷河期が訪れたことによるものとされており、最後の氷河期が終わった後の時代を新生代と呼ぶ。

**5** 生息していた期間が短く、広い地域に分布していた生物の化石は、地層の地質時代を決めるのに有効であるが、そのような化石を示相化石と呼ぶ。例えば、中生代ではアンモナイト、三葉虫、マンモスが示相化石に相当する。

1212　第5章　地　学

# 解説

正解 **3**

**① ✕** 　地球は約46億年前に誕生したと考えられており、地質時代は古いものから、先カンブリア時代、古生代、中生代、新生代に区分されるが、先カンブリア時代は地球誕生から約5.4億年前までである。また、カレドニア造山運動は古生代前半の変動であり、大陸がほぼ現在の形になったのは、中生代末期以降である。

**② ✕** 　古生代石炭紀には、ロボク、リンボク、フウインボクなどの巨大なシダ植物が大森林を形成し、その時代の植物が石炭のもととなったと考えられている。ウミユリは古生代にも繁栄し、現在も海に生息する動物である。また、恐竜が隆盛を極めたのは、中生代である。

**③ ◯** 　正しい記述である。

**④ ✕** 　中生代末の生物の大量絶滅は、直径10km程度の巨大隕石の衝突が原因の一つと考えられている。氷河期と間氷期が繰り返し訪れるようになったのは、新生代第四紀である。

**⑤ ✕** 　前半部分は示相化石ではなく示準化石についての説明である。アンモナイトは中生代の示準化石であるが、三葉虫は古生代の、マンモスは新生代の示準化石である。一方、生息していた環境が限られていた生物の化石は、地層の堆積した環境を知るのに有効であり、このような化石を示相化石という。

第5章 地学

4　地球の歴史

**問題7** わが国の地質に関する次のA～Eの記述の正誤の組合せとして最も適当なものはどれか。

裁判所一般職2014

A 地質学的観点からみたとき、東北日本と西南日本の境界は中央構造線である。

B 日本海は新第三紀になって開き、このとき、東北日本は反時計回りに、西南日本は時計回りに回転した。

C 四万十帯は典型的な付加体であり、その形成年代は白亜紀～新第三紀である。

D 中央日本では西南日本から続いた地質の帯状構造が屈曲している。これは、伊豆火山弧が北方に衝突しているためである。

E 秋吉台でみられる石灰岩にはフズリナ類の化石が含まれており、中生代に海山で形成されたものと考えられている。

| | A | B | C | D | E |
|---|---|---|---|---|---|
| **1** | 誤 | 正 | 誤 | 正 | 正 |
| **2** | 誤 | 正 | 正 | 正 | 誤 |
| **3** | 正 | 誤 | 誤 | 正 | 正 |
| **4** | 正 | 誤 | 正 | 誤 | 正 |
| **5** | 正 | 正 | 誤 | 正 | 誤 |

1214 第5章 地 学

## 解説

正解 **2**

**A ✕**　東北日本と西南日本に分けたときの境界は、糸魚川―静岡構造線、つまりフォッサマグナの西縁である。中央構造線は本州、四国、九州をほぼ東西に通っており、太平洋側を外帯、大陸側を内帯と呼んで区別している。

**B ◯**　正しい記述である。

**C ◯**　正しい記述である。

**D ◯**　正しい記述である。

**E ✕**　秋吉台で見られる石灰岩は古生代（石炭紀〜二畳紀）に海底火山の上に堆積したサンゴ礁石灰岩であり、フズリナも含まれる。これらの石灰岩は、古生代二畳紀に、日本列島となる大陸縁に付加体として付加された。

# 5 気象と海洋

地球の地表における大気や海洋の流れは、空間的にも時間的にも非常に変化に富んでいます。これらの動きは太陽や月の引力、また地球の自転の影響などさまざまな要因が重なって起こっています。

## 1 大気の構造

　地球を取り巻く大気の層を**大気圏**という。窒素$N_2$ 78％、酸素$O_2$ 21％、アルゴン$Ar$ 0.93％、二酸化炭素$CO_2$ 0.04％の四つで大気の99.99％以上を構成する。大気圏は上空500kmほどで、その上空(500〜700km)を外気圏という。大気圏は上空ほど気圧が低くなるが、気温の変化の違いによって、地上に近いほうから**対流圏、成層圏、中間圏、熱圏**の四つに分類される。

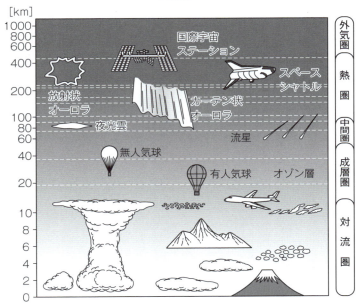

大気圏

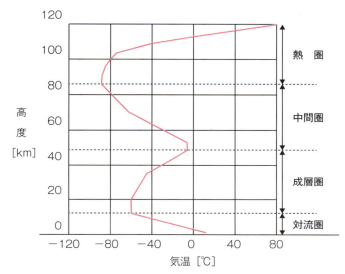

# 1 大気の区分

## ① 対流圏

地表から上空9〜17kmの範囲を**対流圏**といい、**上空ほど気温は下がる**。空気の対流が起こりやすく、地球上では水蒸気がほぼここのみに存在するので、気象の変化はこの対流圏のみで起こる。

地表付近に比べて上空ほど気圧が低く、断熱膨張によって、気温は平均して100m上昇するごとに約0.65℃下がる。この割合のことを**気温減率**という。気温減率は大気圏で最大である。つまり、大気圏の中で高度による気温の変化は対流圏が一番大きい。

対流圏と成層圏の境界付近を**圏界面**といい、平均で11kmであるが、高緯度では9km、低緯度では17kmと、緯度によって異なる。**ジェット気流**という特に強い偏西風が吹いている。

## ② 成層圏

高度約50kmまでの範囲を**成層圏**といい、**上空ほど気温は上がる**。高度15〜30kmの範囲にはオゾン$O_3$濃度が高い**オゾン層**が存在する。成層圏の温度が高いのは、このオゾンが紫外線を吸収し熱を発生させるためである。

### ③ 中間圏

　高度約50 ～ 80kmの範囲を中間圏といい、**上空ほど気温は下がる**。大気の組成は上空100kmくらいまでは一定であるので、中間圏までは大気は一様といえる。日の出前や日没後には夜光雲が観測され、日中には電離層[1]が存在する。

### ④ 熱　圏

　中間圏より上の、高度約80 ～ 500kmの範囲を熱圏といい、**上空ほど気温は上がる**。大気を構成している酸素$O_2$や窒素$N_2$が太陽からのX線や紫外線を吸収して高温になっている。そのため、酸素分子が原子となり、大気の主成分となっている。また、高緯度地方で観測されるオーロラは、太陽風の影響で荷電粒子が大気中の酸素や窒素に衝突し発光する現象で、この熱圏で起こる。

### ⑤ 外気圏

　熱圏の外側で高度約500 ～ 1,000kmの範囲を外気圏といい、水素$H_2$、ヘリウムHeなどの元素で構成される。太陽風や宇宙線からの粒子が地球の磁場に捉えられて形成されたヴァン・アレン帯というドーナツ状の放射線帯が存在する。


## 2 水と気象

　地球上の水蒸気のほとんどは対流圏にある。そのため、気象の変化は対流圏でのみ起こるが、これには水の状態変化が深く関わっている。

　地球の表面の水分はおよそ97％が海水である。また、陸にある残り3％ほどのうち6割は氷河などの氷であり、次いで地下水であるので、河川や湖沼はほんのわずかである。これらの水は蒸発と降水を繰り返し、地球上を循環している。


### ① 潜　熱

　状態変化において、固体より液体、液体より気体のほうがエネルギーが大きい。つまり、蒸発するときは周囲から熱を奪い、凝結するときは熱を放出する。このように、状態変化に伴って出入りする熱を潜熱という。水蒸気はエネルギーが大きい状態であるので、水蒸気の移動はエネルギーを輸送していると考えることができる。これを潜熱輸送という。

---

[1] 大気中の原子や分子が太陽からのX線や紫外線によって電離し、イオンと電子になっている。この部分を電離圏という。電離圏のイオンや電子は層状になっており、これを電離層という。電波をよく反射するので、無線通信にとって重要になっている。太陽活動が活発になり太陽風が強くなると、デリンジャー現象による通信障害などが起こる。

## ② 湿度と雲

大気が含むことのできる水蒸気量には限界があり、温度によって変化する。これを**飽和水蒸気量**といい、単位[g/m³]で表す。一般に、大気中の水蒸気量は圧力で表現することが多く、飽和状態のときを**飽和蒸気圧**という。これを用いて、以下のように相対湿度を定義する。

$$相対湿度[\%] = \frac{水蒸気圧（量）}{飽和水蒸気圧（量）} \times 100$$

飽和水蒸気圧は温度とともに小さくなるので、ある空気が冷やされ水蒸気圧が飽和水蒸気圧より大きくなると、一部が凝結して水滴となる。このときの温度を**露点**という。

## ③ フェーン現象

前述のとおり、対流圏では上空ほど気温が下がる。空気塊が上昇すると、気圧の低下によって(周囲との熱のやり取りなしに)膨張し温度が下がる。これを**断熱変化**という。飽和していない空気塊の場合、断熱変化による割合はおおよそ100mで1.0℃である。これを**乾燥断熱減率**という。一方、空気塊が飽和していると、凝結時に潜熱が放出されるので温度低下の割合が小さくなる。これを**湿潤断熱減率**といい、おおよそ100mで0.5℃である。

水蒸気を含んだ空気塊が山脈を超えるとき、上昇する空気塊は乾燥断熱減率に従って気温が下がるが、途中で露点に達するため、その後は湿潤断熱減率に従って気温が変化する。一方、山頂を超えた空気塊に含まれている水蒸気は少なく、気温が上昇するだけであるので、乾燥断熱減率に従って気温が変化する。よって、山を越えた風下側では気温が上昇する現象が見られる。これを**フェーン現象**という。

フェーン現象

この高さの分だけ気温の上昇が大きくなる

100mで0.5℃低下

100mで1.0℃低下

積乱雲

100mで1.0℃上昇

太平洋　　　　　　　　　日本列島　　　　　　日本海

5　気象と海洋　1219

# 2 地球のエネルギー収支

## 1 太陽放射エネルギー

### ① 太陽放射エネルギー

地球が受ける太陽の放射を**太陽放射**(**日射**)といい、放射量は地球と太陽が平均距離($1.5 \times 10^8$ km)にあるとき、$1.37$ kW/m$^2$である。これを**太陽定数**という。地球全体が受ける太陽放射のエネルギー量は、この値に地球の断面積を掛けたものとなり、平均すると約$0.34$ kW/m$^2$であるが、高緯度ほど小さく低緯度ほど大きくなる。

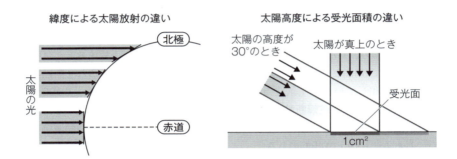

緯度による太陽放射の違い　　太陽高度による受光面積の違い

### ② 可視光線

目に見える光のことを**可視光線**という。可視光線は**電磁波**の一種であり、電磁波は波長によって区分されている。短いものから順に$\gamma$線、X線、紫外線、可視光線、赤外線、電波である。太陽放射において、波長別エネルギーの強さは可視光線が最も強い。

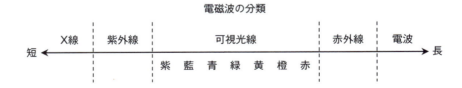

電磁波の分類

## 2 地球のエネルギー収支

　地球に入射する太陽放射の一部は、地表で反射されたり、雲や大気によって宇宙空間へ放出されたりする。地表に吸収されるのは50％ほどで、3割が宇宙空間、2割が大気や雲に吸収される。

　地球から大気に放出されるエネルギーを**地球放射**といい、これは可視光線よりも波長の長い**赤外線**であるので**赤外放射**とも呼ばれる。地表の平均気温は長い間においてほぼ一定であるが、これは太陽放射と地球放射がつり合っているからである。このエネルギーのやり取りを**エネルギー収支**（熱収支）といい、これによって地球環境は安定しているといえる。

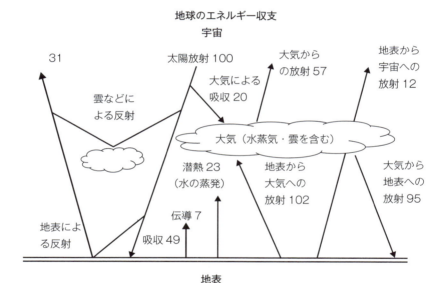

## 3 温室効果と放射冷却

　地球放射は主に**赤外線**という形でエネルギーを放出している。その大半は大気中の水蒸気や二酸化炭素に吸収され、再び地表へ放出され地面が温められている。この仕組みを**温室効果**という。水蒸気やメタンなども温室効果ガスに含まれる。現在の地球の平均気温は約15℃であるが、温室効果ガスが大気になければいまよりも30℃ほど低くなると考えられている。

　また、雲などがなく放射が多いと、地表に向かうエネルギーがなくなり、地表の

気温が下がる。これを**放射冷却**という。

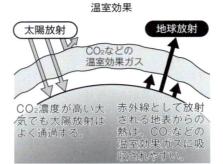

温室効果

# 3 大気の大循環

## 1 等圧線

　気圧の等しい地点を結んだ線を**等圧線**といい、等圧線の幅が広い地点は風が弱く、狭い地点は風が強い。等高線のようにこれを空気の傾斜と考えるとわかりやすい。

## 2 風の流れを決める力

　空気の流れを**風**というが、風は気圧の高い地点から低い地点に向かって吹く。これを**気圧傾度力**という。気圧傾度力は気圧差が最も大きくなる等圧線に垂直な向きにはたらき、密なところほど大きくなる。また、風はほかにも、**転向力**(**コリオリの力**)、**摩擦力**などの影響を受ける。風の流れ方や向き[2]はこれらの組合せにより決ま

---

[2] 風向きとは風が吹いてくる向きであり、風向きが北であれば、風は北から吹いてくることになる。「北寄りの風」も北から吹いてくる風である。

る。

① 気圧傾度力

気圧差によって生じる力で、**高圧側→低圧側**の方向に等圧線に垂直にはたらく。

② 転向力（コリオリの力）

地球の自転の影響によって生じる力で、**北半球では進行方向右向き**に生じる。また、流れが強いほど転向力も大きくなる。

③ 摩擦力

空気と地面との接触により生じる力であり、**風の進行方向と反対向きに生じる**。そのため、上空ではこの摩擦力は生じない。

## 3 風

① 地衡風と地上風

地上1,000m以上の範囲では、風が吹く際に地表との摩擦力が生じないため、気圧傾度力と転向力のみを受ける。このような風を**地衡風**という。北半球では進行方向（等圧線に垂直）に対して常に右側に転向力を受けるので、最終的に気圧傾度力と転向力がつり合い、**地衡風は等圧線と平行に吹く**。

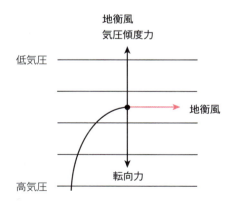

一方、地表付近では、風が吹く際に地表との間で摩擦が生じるため、進行方向逆向きに力を受ける。よって、気圧傾度力は転向力と摩擦力の合力とつり合うことになる。このような風を**地上風**という。だいたい日本付近（北半球）では、等圧線と平

行な直線方向に対して、摩擦の大きい陸上では30〜45°、摩擦の小さい海上では15〜30°低圧側に傾いて風が吹く。また、山脈などの地形の高低差が大きいところでは、この角度はより大きくなる。

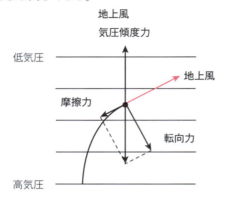

地衡風と地上風

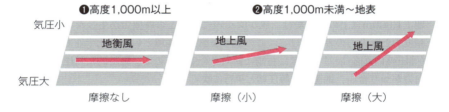

② 傾度風

　北半球では、低気圧の周りでは反時計回り、高気圧の周りでは時計回りに風が吹く。摩擦力のはたらかない上空で、円形の等圧線に沿って吹く風を**傾度風**という。この場合、気圧傾度力と転向力に加え、遠心力が円の外向きにはたらく。

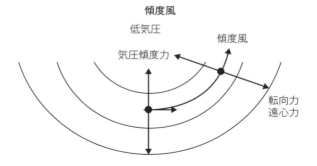

③ 海陸風

　海岸付近で吹く風を**海陸風**といい、昼間に海から陸に吹く風を**海風**、夜に陸から海に吹く風を**陸風**という。陸地は海に比べ温まりやすく冷めやすいため、気圧の変化が生じ、風が吹く。また、海風と陸風が入れ替わる無風の状況を**凪**という。

海風と陸風

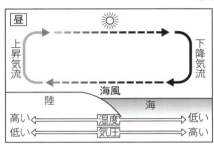
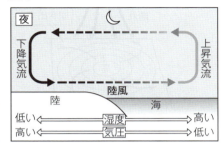

## 4 高気圧と低気圧

　気圧が周囲より高い領域を**高気圧**、周囲より低い領域を**低気圧**という。このため、1か所の気圧だけでは高・低を決められない。
　風は理論上、等圧線に対して垂直に吹くことになるが、実際の風は転向力（コリオリの力）や摩擦力によって北半球では右に傾いて吹く。

① 高気圧

　北半球の地表付近では、中心から外側に向かって**右回り（時計回り）**に風が吹き出し、**下降気流**が発生する。そのため、雲ができにくく天気はよい。

② 低気圧

　北半球の地表付近では、中心に向かって**左回り（反時計回り）**に風が吹き込み、**上昇気流**が発生する。そのため、雲ができやすく天気が悪くなる。低気圧には、熱帯で発生する**熱帯低気圧**、温帯で発生する**温帯低気圧**がある。温帯低気圧は前線を伴う。

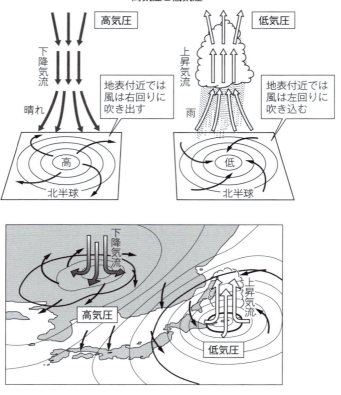

高気圧と低気圧

## 5 大気の大循環

　大気は地球全体を循環しながら、低緯度地方から高緯度地方へ熱を運んでいる。緯度による風向きの違いは15世紀の大航海時代にはすでに知られていて、航海に利用されてきた。

### ① ハドレー循環

　地球が受ける太陽放射のエネルギーは低緯度地方で大きい。つまり、赤道付近は最も多くのエネルギーを受けている。この地域を**熱帯収束帯**（**赤道低圧帯**）といい、上昇気流が発生する。ここで上昇した大気は圏界面（対流圏と成層圏の境目）で高緯度地方へ移動し、転向力（コリオリの力）を受けて西風となる。これらはやがて20〜30°の中緯度で下降し高圧帯を作る。これを**亜熱帯高圧帯**という。この一部は赤

道付近へ向かい、一連の対流を作る。これを**ハドレー循環**という。この赤道付近に吹き込む風は転向力を受け東風となる。これを**貿易風**という。

② フェレル循環

一方、極付近はエネルギーが少ないので、相対的に気温が低く、下降気流が発生する。ここでは赤道付近とは逆の循環が起こる。これを**極循環**という（図参照）。そして、この極循環とハドレー循環の間の見かけ上の循環を**フェレル循環**という。転向力は赤道付近で弱く、極付近で強くなるため、ここでは地球を周回する大気の流れができる。これを**偏西風**という。偏西風は上空（圏界面に近い）ほど強く、これをジェット気流という。

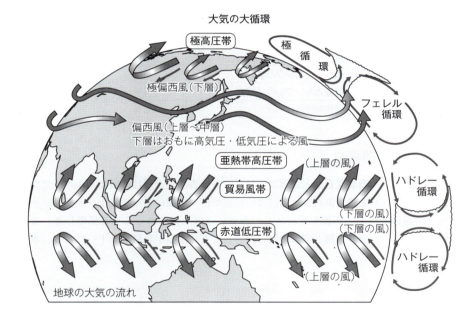

大気の大循環

# 4 海水の循環

## 1 海水の組成

　海洋は**地表の70％**を占め、地球上の水の97％以上を占めている。海水に溶けている塩類を塩分といい、塩分は、海洋の場所や深さ、季節などによって多少変化するが、概ね3.5％である。塩類の組成比は表のとおりであり、塩化ナトリウムNaClが最も多く、次いで塩化マグネシウム$MgCl_2$である。これは世界中どこでも同じであり、それほどに海洋はよく混合されているといえる。

**海水における塩類の組成比**

| 塩　　類 | 質量％ |
|---|---|
| 塩化ナトリウムNaCl | 78％ |
| 塩化マグネシウム$MgCl_2$ | 10％ |
| 硫酸マグネシウム$MgSO_4$ | 6％ |
| 硫酸カルシウム$CaSO_4$ | 4％ |
| 塩化カリウムKCl | 2％ |

## 2 海洋の層構造

　海洋は大きく**表層混合層**と**深層**に分けられる。表層混合層は太陽エネルギーで温められ、それが波風で混合される。よって、季節や地域によって変化が大きい。一方、深層はそれらの影響を受けにくいため、ほぼ一様でゆっくりと循環している（深層循環）。表層混合層と深層の間は深さとともに水温が急激に低下しており、**水温躍層**と呼ばれる。

## 3 海　流

　海洋の表層は比較的**水温が高く**、ほぼ一定方向に海水が流れており、これを**海流**という。海流は風向きに従うことが多く、低緯度地方では貿易風、中緯度地方では偏西風と同じ向きに流れている。また、亜熱帯地域では**転向力（コリオリの力）**の影響で、北半球では時計回り、南半球では反時計回りの海流ができている。これを**環流**という。日本付近では、日本海流（黒潮）、対馬海流などの暖流と、千島海流（親潮）、リマン海流などの寒流がある。海洋全体としては低緯度から高緯度へ熱輸送をしている。

主な海流

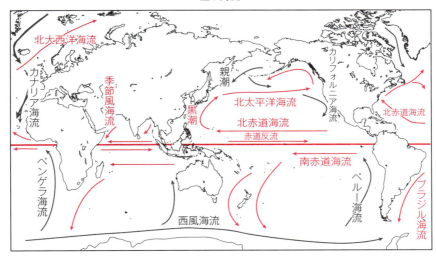

## 4 深層循環

　塩分濃度や温度の違いは密度差を生み、海水の鉛直方向の流れをもたらす。高緯度地方では低温や濃度上昇に伴い密度が大きくなり、深部に流れていく。また、それらが赤道方向へ流れ循環が起こる。これを**深層循環**という。深層循環は表層に比べ非常に遅く、**1000年～2000年周期**と見積もられている。この海水の大循環を**コンベア・ベルト**という。

## 5 海洋と気候

　水は空気よりも比熱が小さく、温まりにくく冷めにくいので、持っているエネルギーは大きい。そのため、海洋の熱輸送は地球の気候に大きな影響をもたらしている。

#### ① エルニーニョ現象
　太平洋の赤道付近の貿易風が弱まり、それに伴って海流が弱くなると、高温域が東に広がって、赤道太平洋東部の広い範囲で**海水温上昇**が起こる。これを**エルニーニョ現象**という。日本付近では**冷夏・暖冬**になる。

## ② ラニーニャ現象

エルニーニョ現象とは反対に、貿易風が強まることにより、同じ範囲で**海水温低下**が起こる。これを**ラニーニャ現象**という。日本付近では**猛暑・厳冬**になる。

## 6 潮　汐

月と太陽の引力によって、沿岸部の海面が上昇、下降する現象を**潮汐**という。地球の自転に伴い、それぞれが1日に2回ずつ起こる。

### ① 大　潮

月と太陽が一直線上に並ぶとき（新月・満月のとき）、潮汐力は最大となり、干満の差が最も大きい。このときを**大潮**という。

### ② 小　潮

上弦の月と下弦の月のとき（図参照）、潮汐力は最小となり、干満の差は最も小さい。これを**小潮**という。

大潮と小潮

満月・新月のとき　　　　　　　　上弦の月・下弦の月のとき

新月　　大潮　　満月

下弦の月　　小潮　　上弦の月

## ❺ 日本の気象

## 1 前　線

一様な性質を持った空気のかたまりを**気団**という。性質の異なる気団どうしがぶつかり合ったとき、互いに混ざり合うことはなく境目が生じる。この境目を**前線面**といい、前線面と地表との境目を**前線**という。前線は、大きく、**寒冷前線**、温暖前

線、停滞前線、閉塞前線の四つに分類される。

① 寒冷前線

　寒気が暖気を押し上げるときにできる前線を**寒冷前線**という。日本付近の温帯低気圧では西側にできる。激しい上昇気流が発生し、**積乱雲**が形成されるため、短時間に激しい雨をもたらす。通過後、気温は下がり、風向きが南寄りから北寄りに変化する。

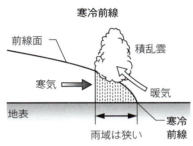

② 温暖前線

　暖気が寒気に這い上がるようにぶつかるときにできる前線を**温暖前線**という。緩やかな上昇気流が発生し、広範囲に**乱層雲**が形成されるため、長時間にわたり穏やかな雨が降る。通過後、気温は上がり、風向きが東寄りから南寄りに変化する。

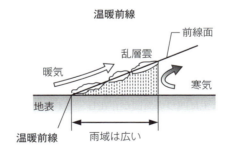

寒冷前線と温暖前線の性質

|  | 風向き | | 気温 |
|---|---|---|---|
|  | 前線通過前 | 前線通過後 |  |
| 寒冷前線 | 南寄りの風 | 北寄りの風 | 下がる |
| 温暖前線 | 東寄りの風 | 南寄りの風 | 上がる |

③ 停滞前線

寒気と暖気がぶつかり、その勢力が均衡を保つときに生じる前線を**停滞前線**という。**梅雨前線**や**秋雨前線**は停滞前線である。

④ 閉塞前線

日本付近では、北に寒冷、南に温暖な空気があり、転向力の影響により偏西風が吹いているので温帯低気圧は西からやってくる。そしてその発生原理上、西側に寒冷前線、東側に温暖前線という配置になっている。このとき、寒冷前線のほうが温暖前線よりも移動速度が速いため、やがて追いつくことになる。このようにして生じた前線を**閉塞前線**という。閉塞前線は一部だけ重なることが多く（閉塞部）、やがて消滅する。

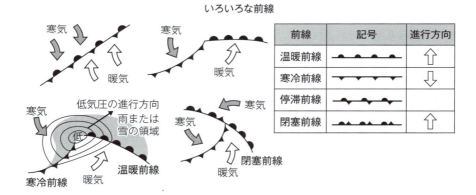

いろいろな前線

## 2 日本周辺の気団

日本列島の周辺には主に四つの気団が存在し、これらはすべて高気圧である。また、季節風や偏西風が吹いており、日本の気候に影響を与えている。それぞれの気団の特質と影響を与える季節について見ていこう。

① シベリア気団

**シベリア気団**は寒冷・乾燥の気団で冬の気候に影響を与える。

② 小笠原気団

**小笠原気団**は温暖・湿潤の気団で夏の気候、梅雨・秋雨に影響を与える。

### ③ オホーツク海気団

**オホーツク海気団**は寒冷・湿潤の気団で夏の前後の梅雨・秋雨に影響を与える。

### ④ 移動性高気圧[3]

**移動性高気圧**(揚子江(長江)気団)は温暖・乾燥の気団で春・秋の気候に影響を与える。

### ⑤ 赤道気団

**赤道気団**は日本付近の気団ではないが、高温・多湿の気団で**台風**の要因となる。

日本周辺の気団

## 3 日本周辺の風

### ① 季節風

**季節風**は冬に大陸方向から、夏に海洋方向から吹く風のことで、原理は海陸風と同様である。

### ② 偏西風

**偏西風**は1年を通じて西から東に吹く風のことで、日本の天気が西から東に変化

---

[3] 移動性高気圧はシベリア気団の一部が南下し温暖に変質したものであり、独立の気団として扱うべきではないとの見解により、高校課程の教科書からも除かれている。

するのは偏西風の影響によるものである。

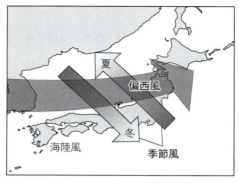

季節風と偏西風

## 4 日本の四季

日本の四季の特徴を整理する。各季節で勢力を増す気団と季節ごとの典型的な天気図と天気の様子を合わせて覚えるとよい。

### ① 冬

大陸に**シベリア高気圧**(気団)が発達し、千島・アリューシャン側は低気圧が発達する。このような気圧配置を**西高東低**(冬型)といい、日本付近では南北に走る等圧線どうしの間隔が狭いため、北西の強い季節風が吹く。シベリア高気圧は寒冷で乾燥しているが、日本海を越えるときに水蒸気を供給され湿った空気となる。これが日本列島の脊梁山脈にぶつかって上昇し積雲(筋状の雲)を作る。この積雲が日本海側では雪や雨をもたらし、乾燥した空気が山脈を越えて太平洋側には晴天をもたらす。

冬の気象の特徴

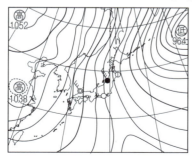

② 春

シベリア高気圧(気団)の勢力が弱まり、西高東低の気圧配置が崩れると、偏西風のルートが北上し、低気圧が日本付近を通過するようになる。南から湿った空気が入ると温帯低気圧が発達し、これによって南寄りの強い風が吹く。立春以降、最初に吹いた強い風を**春一番**という。偏西風の影響により、この温帯低気圧と**移動性高気圧**が交互にやってきて、天気は周期的に変化する。

春の気象の特徴

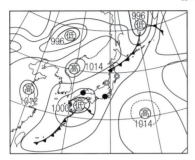

③ 梅 雨

6〜7月にかけて、日本付近は**梅雨前線**という停滞前線の影響で梅雨となる。梅雨前線は**オホーツク海高気圧**(気団)と勢力を強め北上してきた**太平洋高気圧(小笠原気団)**がぶつかることで発生する。その後、さらに勢力を強めた太平洋高気圧が北上し、前線を北へ押し上げると**梅雨明け**となる。梅雨明けが遅れると太平洋側で北東の冷たく湿った風が吹き、農作物に被害をもたらす。この風を**やませ**という。

梅雨の気象の特徴

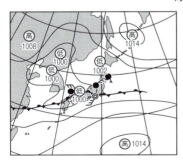

④ 夏

太平洋高気圧(小笠原気団)が北上し、偏西風が北に移動すると**南高北低**(夏型)の気圧配置となり、南東の季節風が吹く。日本において夏と冬で寒暖の差が激しいのは、これらの季節風の影響である。また、冬と異なり、等圧線の間隔が広いので、風は冬ほど強くはない。太平洋高気圧は温暖で湿潤のため、蒸し暑い日が続く。日中は高温による上昇気流が生じ積乱雲が発生し、夕立や雷などの原因となる。

夏の気象の特徴

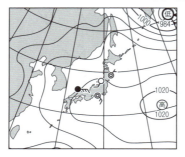

⑤ 秋

太平洋高気圧(小笠原気団)が弱まって、大陸からの寒冷な高気圧が南下すると、**秋雨前線**ができる。秋は台風の影響もあり、東京の月間雨量は6月、7月より9月、10月のほうが多い傾向にある。

## 5 台風

赤道付近の太平洋上で発生した熱帯低気圧のうち、10分間における平均風速の最大が17.2m/秒以上のものを**台風**という。台風は太平洋高気圧の勢力が弱まると、日本列島の西側を北上するようになり、8月以降日本に上陸する台風は増える。さらに太平洋高気圧の勢力が弱まり偏西風が南下すると、南海上を通過するようになる。

台風(熱帯低気圧)は前線を伴わず、転向力(コリオリの力)により、北半球において地上付近では反時計回りに風が吹き込んでいる。中心付近では上昇気流が起こり、上空へ流れた空気は、今度は逆に時計回りに吹き出す。このとき、勢力が大きいほど中心部分に下降気流が起こり、**台風の目**と呼ばれる雲のない部分ができる。

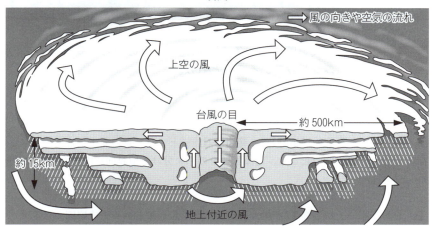

## 6 線状降水帯

　集中豪雨発生時、線状の降水域が数時間にわたり同じ場所にとどまるものを**線状降水帯**という。大きさは幅20〜50km、長さは50〜300kmにもなり、その実体は複数の積乱雲の集合体である。

　2014年8月の広島豪雨あたりから頻繁にこの用語が用いられるようになり、気象庁のHPでは報道用語として用いられている。

## 過去問 Exercise

**問題1** 　大気圏に関する次の記述 A 〜 D のうち、妥当なもののみを挙げているのはどれか。

国家一般職2012

**A**　地表から高度約10km付近の範囲を対流圏という。雲の発生や降雨のような気象現象はこの範囲で起こる。対流圏とその上を分ける境界面を圏界面（対流圏界面）という。

**B**　対流圏の上から高度約50km付近の範囲を成層圏という。成層圏では高度が上がるほど温度が高くなる。成層圏の内部には高度約20 〜 30km付近の範囲を中心にオゾンが多く含まれている層がある。

**C**　成層圏の上から高度約80km付近の範囲を中間圏という。中間圏では、気圧が地表の半分程度（約500ヘクトパスカル）となっている。オーロラはこの層で太陽光が屈折することによって起きる現象である。

**D**　中間圏の上から高度約500km付近の範囲を熱圏という。熱圏の最上部では低温であるが、高度が下がるに従って高温となる。これは大気が太陽熱を徐々に取り込むことによる。

1　A、B
2　A、C
3　A、D
4　B、C
5　B、D

# 解説

正解 **1**

**A** ◯ 対流圏の説明として妥当である。

**B** ◯ 成層圏の説明として妥当である。

**C** ✕ オーロラが発生するのは熱圏である。

**D** ✕ 熱圏では高度が上がるほどに高温となる。

5 気象と海洋 1239

**問題2** 地球の大気の構造に関する次の記述中の空欄ア～エに当てはまる語句の組合せとして、妥当なのはどれか。

警視庁Ⅰ類2011

地表から高度11km程度まで、気温は高度とは逆に低くなる。この部分を（ **ア** ）といい、その上限を圏界面とよぶ。圏界面をこえると気温は高度とともに高くなり、高度50km付近で極大となる。

圏界面からこの高度までを（ **イ** ）といい、太陽の紫外線を吸収するオゾンを多く含む層は（ **イ** ）の範囲内にある。高度約50～80kmの範囲を（ **ウ** ）といい、気温は（ **エ** ）。

| | ア | イ | ウ | エ |
|---|---|---|---|---|
| ① | 大気圏 | 対流圏 | 成層圏 | 高度に関係なく一定である |
| ② | 大気圏 | 成層圏 | 中間圏 | 高度に関係なく一定である |
| ③ | 大気圏 | 対流圏 | 成層圏 | 高度とは逆に低くなる |
| ④ | 対流圏 | 成層圏 | 大気圏 | 高度とともに高くなる |
| ⑤ | 対流圏 | 成層圏 | 中間圏 | 高度とは逆に低くなる |

## 解説

正解 **5**

**ア**：対流圏

　地表に最も近い範囲の大気圏は対流圏であり、9〜17km の範囲で緯度によって異なるが、平均すると上空11km 程度までが対流圏である。対流圏においては高度が高くなるほど気温が低くなる。

**イ**：成層圏

　対流圏の上限を圏界面といい、圏界面から高度約50km までの範囲を成層圏という。圏界面から成層圏の上限までは高度が高くなるほど気温が高くなる。オゾン層が存在するのもこの成層圏である。

**ウ**：中間圏

　成層圏のさらに上、高度約50〜80km の範囲を中間圏という。

**エ**：高度とは逆に低くなる

　中間圏においては対流圏と同じく、高度が高くなるほど気温が低くなる。

| | |
|---|---|
| **問題3** | 10℃及び30℃における飽和水蒸気量はそれぞれ9.4g/m³、30.4g/m³である。30℃で相対湿度80%の大気1m³中の水蒸気量は、10℃で相対湿度40%の大気1m³中の水蒸気量のおよそ何倍であるか。 |

警視庁Ⅰ類2020

---

**1** 3.5倍

**2** 5.0倍

**3** 6.5倍

**4** 8.0倍

**5** 9.5倍

## 解説

正解 ③

　相対湿度は、その温度における飽和水蒸気量に占める水蒸気量を示したものなので、10℃、30℃それぞれの相対湿度から水蒸気量を割り出して比較すればよい。

　10℃の飽和水蒸気量は9.4g/m³で、相対湿度40％のときの水蒸気量は、

　　　$9.4 \times 0.4 = 3.76 \ [\text{g/m}^3]$

　30℃の飽和水蒸気量は30.4g/m³で、相対湿度80％のときの水蒸気量は、

　　　$30.4 \times 0.8 = 24.32 \ [\text{g/m}^3]$

　よって、24.32÷3.76＝6.46……≒6.5となり、およそ6.5倍であるとわかる。

**問題4** 図のように、風上側山麓のA点（高度0m）で、気温22.0℃の飽和していない空気塊が山の斜面を上昇し、B点（高度1,300m）で飽和状態に達し、空気塊中の過剰な水蒸気が凝結して雲を発生させ、その後、山頂のC点（高度2,500m）に達するまで雲を生じさせ続け、C点に達したときまでに凝結した水分をすべて雨として降らせた。そして、C点を越えてからの空気塊は飽和していない状態に戻り、下降気流となって山の斜面を降下し、風下側山麓のD点（高度0m）に到達した。この空気塊が断熱的に変化したとき、D点での温度として最も妥当なのはどれか。

ただし、乾燥断熱減率は100mについて1.0℃、湿潤断熱減率は100mについて0.5℃とする。

国家一般職2008

1. 15.5℃
2. 22.0℃
3. 25.5℃
4. 28.0℃
5. 34.5℃

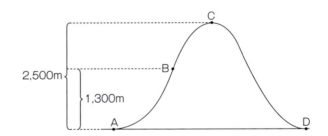

## 解説

正解 ④

　図より、A点からB点までは乾燥断熱減率で1,300m上昇するので、空気塊は13℃減少し9℃となる。さらに、B点からC点までは湿潤断熱減率で1,200m上昇するので、空気塊は6℃減少し3℃となる。

　また、C点からD点までは乾燥断熱減率で2,500m下降するので、25℃上昇し28℃となる。

**問題5** 　地球のエネルギー収支に関する記述として妥当なものはどれか。

国家一般職2007

**1** 　緯度が高い地域では、太陽放射の入射量の方が地球放射の放射量より大きく、緯度が低い地域ではその反対に地球放射の放射量の方が大きい。

**2** 　経度が大きい地域では、太陽放射の入射量の方が地球放射の放射量より大きく、経度が小さい地域ではその反対に地球放射の放射量の方が大きい。

**3** 　太陽放射は主に地球の昼の面に入射するが、地球放射も地球の昼の部分からのものがそのほとんどを占め、波長が短い可視光線から波長の長い赤外線まで幅広い波長に及んでいる。

**4** 　太陽放射は主に地球の昼の面に入射するが、地球放射は地球の昼の部分からも夜の部分からも放射されており、地球放射で主に放射されるのは赤外線である。

**5** 　太陽放射は主に地球の昼の面に入射するが、地球放射はそのほとんどが昼の大陸の部分から放射され、地球放射で主に放射されるのは赤外線である。

## 解説

正解 **4**

**❶** ✕ 　緯度により熱エネルギーの収支に差があり、高緯度では地球放射の放出量は太陽放射の入射量を上回るが、低緯度ではその反対で太陽放射の入射量が地球放射の放射量を上回る。

**❷** ✕ 　太陽放射の入射量と地球放射の放射量に差があるのは経度ではなく緯度が違うときである。同じ経度では太陽放射の入射量と地球放射の放射量はほぼ等しい。

**❸** ✕ 　地球放射において主に放出されるのは、太陽放射と比べて波長の長い赤外線である。

**❹** ◯ 　地球放射は太陽放射と比べて波長の長い赤外線として放出されるので、太陽放射は短波放射、地球放射は長波放射といわれる。

**❺** ✕ 　地球放射のほとんどは大気から放出され、一部地表から放出される。

**問題6** 図Ⅰは、高気圧と低気圧の大気の動きを横から見た模式図である。図Ⅱは、図ⅠのB点のまわりの地上付近において風の吹く様子を矢印で示したものである。次の記述ア、イ、ウのうち、妥当なもののみをすべて挙げているのはどれか。

国家一般職2010

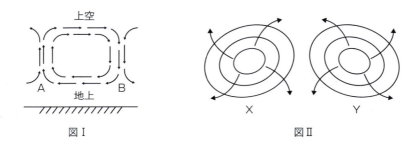

図Ⅰ　　　　　　図Ⅱ

**ア**　A点付近とB点付近を比べると、A点付近の方が晴れている。

**イ**　北半球において、B点のまわりの地上付近で吹く風の向きを正しく示しているのはXである。

**ウ**　図Ⅱにおいて、風向きが等圧線に対して直角でないのは、地球が自転しているからである。

1. ア、イ
2. ア、ウ
3. イ
4. イ、ウ
5. ウ

## 解説

正解 **4**

**ア ✗** 図 I を見ると、A点付近は上昇気流が発生していることから低気圧であり、B点付近は下降気流が発生していることから高気圧であるとわかる。天気がよいのは高気圧、天気が悪いのは低気圧であるため、晴れているのはB点付近のほうである。

**イ ◯** 北半球の地表付近において、高気圧の領域では時計回りに風が吹くため、図 II の X のようになる。

**ウ ◯** 風は理論上、等圧線に対して垂直に吹くことになるが、実際の風は地球の自転による転向力（コリオリの力）や摩擦力の影響を受ける。

第5章

地学

5　気象と海洋　1249

**問題7**　次の文は、大気の大循環に関する記述であるが、文中の空所A～Cに該当する語の組合せとして、妥当なのはどれか。

特別区Ⅰ類2019

　赤道付近で暖められ上昇した大気は、緯度30°付近で下降し、東寄りの風となって赤道に向かう。この風を　A　といい、低緯度地域での大気の循環を　B　循環という。　B　循環による下降流は、地上で　C　を形成する。

|   | A | B | C |
|---|---|---|---|
| 1 | 貿易風 | 極 | 熱帯収束帯 |
| 2 | 偏西風 | ハドレー | 熱帯収束帯 |
| 3 | 貿易風 | ハドレー | 熱帯収束帯 |
| 4 | 偏西風 | 極 | 亜熱帯高圧帯 |
| 5 | 貿易風 | ハドレー | 亜熱帯高圧帯 |

## 解説

正解 **5**

**A：貿易風**

　赤道付近に吹く東向きの風を貿易風という。偏西風は転向力によって生じる、地球を周回する大気の流れであり、上空ほど強く吹く風である。

**B：ハドレー**

　低緯度地域での大気の循環はハドレー循環である。極循環は文字どおり極付近での大気の循環のことである。

**C：亜熱帯高圧帯**

　下降気流は高気圧を作るので、亜熱帯高圧帯となる。なお、赤道付近では日射量が多いので上昇気流が発生し、これによって低気圧体が作られる。こうしてできるのが熱帯収束帯である。

**問題8** 次の文は、大気の運動に関する記述であるが、文中の空所A～Cに該当する語の組合せとして、妥当なのはどれか。

特別区Ⅰ類2013

等圧線が円形をしている場合には、気圧傾度力と転向力に加え、遠心力がはたらく。この3つの力がつり合っている状態で吹く風を　A　という。

また、赤道で上昇した大気は高緯度へ向かうが、転向力によって西風となり、緯度30°付近で下降し、　B　をつくり、地表近くで貿易風となって赤道へ向かう。

このような大気循環を　C　という。

| | A | B | C |
|---|---|---|---|
| 1 | 傾度風 | 亜熱帯高圧帯 | ハドレー循環 |
| 2 | 傾度風 | 熱帯収束帯 | ロスビー循環 |
| 3 | 地衡風 | 亜熱帯高圧帯 | ハドレー循環 |
| 4 | 地衡風 | 亜熱帯高圧帯 | ロスビー循環 |
| 5 | 地衡風 | 熱帯収束帯 | ロスビー循環 |

## 解説

正解 **1**

**A：傾度風**

　気圧傾度力と転向力に加え、遠心力が等圧線の円の外向きにはたらき、この三つの力のつり合った状態で吹くのは傾度風である。地衡風は、高度1,000m以上を気圧傾度力と転向力のつり合った状態で吹く風である。

**B：亜熱帯高圧帯**

　下降気流によって作られるのは高気圧であることから、亜熱帯高圧帯であるとわかる。

**C：ハドレー循環**

　赤道付近から上昇した大気が転向力を受けて西風となり、緯度30°付近で下降して亜熱帯高圧帯を作り、貿易風となって赤道付近へ戻る。このような低緯度帯での大気循環をハドレー循環という。

第5章
地学

5　気象と海洋　1253

| 問題9 | 地球の大気に関する記述として、最も妥当なのはどれか。 |

警視庁Ⅰ類2018

**1** オーロラは成層圏で起こる発光現象である。

**2** 対流圏では上空ほど気温が低いが、圏界面より上の成層圏では、上空ほど気温が高い。

**3** 中間圏と熱圏では、上空ほど気温が高い。

**4** 赤道収束帯で起こる東西方向の大気の循環をハドレー循環という。

**5** 低緯度地域で起こる、亜熱帯の偏西風による大気の循環をロスビー循環という。

1254 第5章 地 学

## 解説

正解 **2**

**1** ✕　オーロラは成層圏ではなく熱圏で起こる発光現象である。

**2** ◯　正しい記述である。

**3** ✕　熱圏では上空ほど気温が高いが、中間圏は対流圏と同じく上空ほど気温が低い。

**4** ✕　赤道収束帯ではやや東に偏っているが、地表部分は概ね南北方向に風が吹いている。また、ハドレー循環は高さを含めた対流のことをいう。

**5** ✕　偏西風は中緯度地域で起こる。

5　気象と海洋　1255

**問題10** 次の図は、世界の主な海流を表したものであるが、図中の空所A~Cに該当する海流の組合せとして、妥当なのはどれか。

特別区Ⅰ類2017

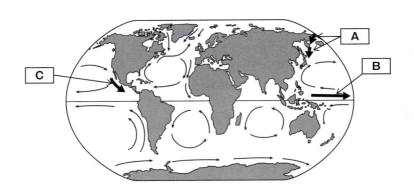

|   | A | B | C |
|---|---|---|---|
| ① | 親潮 | 赤道反流 | カリフォルニア海流 |
| ② | 親潮 | 赤道反流 | メキシコ湾流 |
| ③ | 親潮 | 北赤道海流 | カリフォルニア海流 |
| ④ | 黒潮 | 北赤道海流 | メキシコ湾流 |
| ⑤ | 黒潮 | 北赤道海流 | カリフォルニア海流 |

## 解説

**正解 ①**

**A：親潮**

　千島列島に沿って南下して、日本の東に流れ込む寒流を親潮という。黒潮（日本海流）は、東シナ海から日本列島に沿って流れ込む暖流である。

**B：赤道反流**

　赤道付近を東から西に向けて流れる海流を赤道反流という。赤道付近には北赤道海流・南赤道海流という海流がそれぞれ西から東に向けて流れており、それらと逆向きに流れる海流である。

**C：カリフォルニア海流**

　北米の西側をアメリカ大陸に沿って南下する寒流をカリフォルニア海流という。

5　気象と海洋　1257

| | 問題11 | 海水及び海洋に関する次のA～Eの記述の正誤の組合せとして最も妥当なものはどれか。 |

裁判所一般職2018

**A**　海水の塩分はおよそ30％であり、これはヒトの血液の塩分の約30倍の塩分濃度である。

**B**　海洋の表層と深層では、深層の方が水温が高く、水深による温度変化が小さい。

**C**　地球表面を陸と海洋とに分けると、海洋が占めるのは、地球表面の約70％である。

**D**　海水は、陸を構成している岩石と比べると温まりやすく冷めやすいため、海岸付近では内陸に比べ季節の寒暖の差が大きくなる。

**E**　エルニーニョ現象は、数年に一度、海水温が平年より低くなる現象のことである。

| | A | B | C | D | E |
|---|---|---|---|---|---|
| 1 | 正 | 正 | 正 | 誤 | 誤 |
| 2 | 正 | 正 | 誤 | 誤 | 誤 |
| 3 | 誤 | 誤 | 正 | 正 | 正 |
| 4 | 誤 | 正 | 誤 | 正 | 正 |
| 5 | 誤 | 誤 | 正 | 誤 | 誤 |

## 解説

正解 **5**

**A** ✗   海水の塩分濃度は約3.5％、ヒトの血液の塩分濃度は約0.9％である。海水は血液よりも塩分濃度がかなり高いが、30倍もない。

**B** ✗   海洋の表層と深層では深層のほうが水温は低い。深層では水温はほぼ一様であり、水深による温度変化は小さい。

**C** ○   地球の海洋は地球表面の約70％を占めている。

**D** ✗   一般に、海(水)は岩石に比べて比熱が大きいため暖まりにくく冷めにくい性質を持つ。そのため、海岸付近では内陸に比べて寒暖の差は小さい。

**E** ✗   エルニーニョ現象とは、東太平洋の赤道付近で海水温が上昇する現象のことである。海水温が平年よりも低くなる現象はラニーニャ現象である。

5　気象と海洋 1259

**問題12** 地球の大気と海洋に関する次のA～Eの記述の正誤の組合せとして最も適当なのはどれか。

裁判所一般職2013

**A** 海水に含まれる塩類のうち、質量比が2番目に高いのは、塩化マグネシウムである。

**B** エルニーニョ現象とは、赤道太平洋東部の海面水温が広い範囲にわたって低下する現象をいう。

**C** 海岸地域では、昼間、海面上の空気が先に暖まって上昇し、これを補うように陸から海へ陸風が吹く。

**D** コリオリの力は、地球の自転によって生じる見かけ上の力で、地表面を水平方向に移動する物体に対して、北半球では進行方向右向きに働く。

**E** 場所や季節によって大きく変化する水蒸気を除けば、空気の99.99％以上は、窒素、酸素、アルゴン、二酸化炭素よりなる。

|   | A | B | C | D | E |
|---|---|---|---|---|---|
| 1 | 正 | 誤 | 誤 | 正 | 正 |
| 2 | 正 | 誤 | 正 | 誤 | 正 |
| 3 | 正 | 正 | 誤 | 正 | 誤 |
| 4 | 誤 | 正 | 誤 | 正 | 正 |
| 5 | 誤 | 正 | 正 | 正 | 誤 |

## 解説

正解 **1**

**A ◯**　海水に含まれる塩類のうち、質量比が最も高いのは塩化ナトリウム$NaCl$（78%）、2番目が塩化マグネシウム$MgCl_2$（10%）である。

**B ✕**　エルニーニョ現象とは、南米ペルー沖の赤道太平洋東部の海面水温が、広範囲にわたり上昇する現象のことである。エルニーニョ現象は、東寄りの風である貿易風が弱まることにより起こると考えられており、世界各地に異常気象をもたらす。日本においては、冷夏傾向、暖冬傾向、台風の発生数の減少などが起こると考えられている。

**C ✕**　海岸地域において、昼間は比熱が小さい陸上の空気が暖まって上昇し、これを補うように海から陸へ海風が吹く。夜間は逆に、陸から海へ陸風が吹く。

**D ◯**　転向力（コリオリの力）は、地球が自転しているために地表面を水平方向に運動する物体にはたらく見かけの力で、北半球では進行方向に対して直角右向きにはたらき、南半球では進行方向に対して直角左向きにはたらく。転向力は、極で最も大きくはたらき、赤道でははたらかない。

**E ◯**　水蒸気を除いた空気の組成は、窒素$N_2$、酸素$O_2$、アルゴン$Ar$、二酸化炭素$CO_2$で99.99%（体積%）を超える。

**問題13** 大気やその動き等に関する記述 A ～ D の正誤の組合せ として正しいものはどれか。

国家一般職2003

**A** 大気圏は、その高度による気温変化の様子をもとに下層から上層に向かって、対流圏・成層圏・中間圏・熱圏に区分されているが、このうち対流圏及び成層圏では大気の温度は平均して100mにつき約1.5℃ずつ減少していく。

**B** 大気中の空気塊が凝結高度以上に上昇すると、飽和水蒸気量を超えた余分の水蒸気は大気中に浮かぶ微粒子を核として水滴や氷晶になる。このようにしてできた粒子を雲粒といい、雲粒が無数集まって浮かんでいるものが雲である。

**C** 大気は、太陽放射はよく通すが地球放射はよく吸収するため、地球から大気圏外へ放出する熱を抑制して地球の気温を保つ働きをする。これを大気の「温室効果」といい、大気中に含まれる二酸化炭素や水蒸気などの温室効果気体の働きによるものである。

**D** 北半球で発生する台風の内部では、対流圏上層の空気が反時計まわりに渦巻きながら中心に吹き込み、下降して対流圏下層から時計まわりに回転しながら吹き出している。

| | A | B | C | D |
|---|---|---|---|---|
| **1** | 正 | 正 | 誤 | 誤 |
| **2** | 正 | 誤 | 誤 | 正 |
| **3** | 誤 | 正 | 正 | 誤 |
| **4** | 誤 | 誤 | 正 | 正 |
| **5** | 誤 | 誤 | 誤 | 正 |

## 解説

正解 3

**A** ✕　対流圏では100mにつき0.65℃の割合で気温が低下し、成層圏では100mにつき0.2〜0.3℃の割合で上昇している。

**B** ◯　雲が持ちきれなくなった水分が、雨や雪として地上に降ってくるのである。

**C** ◯　温室効果がなければ、地球の平均気温は−18℃で、実際の平均気温14℃より32℃低い。

**D** ✕　空気の流れが逆であり、下層で反時計回りに中心に吹き込み、上昇して上層から時計回りに吹き出す。

第5章
地学

5　気象と海洋　1263

**問題14** 日本の気象に関する次の記述中のA～Dの空欄に入る語句の組合せとして最も適当なものはどれか。

裁判所一般職2016

　冬の西高東低型の気圧配置が崩れ、日本付近を通過する（　**A**　）が強く発達すると、全国的に荒れた天気になることがあり、これを春のあらしという。春と秋には、（　**B**　）の影響で（　**A**　）と（　**C**　）が交互に西から東に通過し、日本付近では3～5日程度で天気が周期的に変化する。夏の典型的な気圧配置は、（　**D**　）型である。

| | A | B | C | D |
|---|---|---|---|---|
| 1 | 温帯低気圧 | 地衡風 | 移動性高気圧 | 西低東高 |
| 2 | 温帯低気圧 | 地衡風 | 移動性高気圧 | 南高北低 |
| 3 | 移動性高気圧 | 偏西風 | 温帯低気圧 | 南高北低 |
| 4 | 移動性高気圧 | 地衡風 | 温帯低気圧 | 西低東高 |
| 5 | 温帯低気圧 | 偏西風 | 移動性高気圧 | 南高北低 |

# 解説

正解 **5**

**A：温帯低気圧**

　全国的に荒れた天気になることから、温帯低気圧であることがわかる。

**B：偏西風**

　大陸から日本列島に向けて、西から東に通過することから、偏西風の影響であることがわかる。地衡風とは、地上1,000m以上の上空で吹く、気圧傾度力と転向力が釣り合った風のことである。

**C：移動性高気圧**

　春と秋に日本列島を交互に西から東に通過するのは、移動性高気圧と温帯低気圧である。

**D：南高北低**

　夏の典型的な気圧配置は、日本列島の南海上に北太平洋高気圧があり、大陸側に低気圧があることから、南高北低の気圧配置となる。なお、典型的な冬型の気圧配置は西高東低である。

**問題15** 台風に関する記述中の空所A〜Dに当てはまる語句の組合せとして、最も妥当なのはどれか。

警視庁Ⅰ類2015

北太平洋の西部で発生した（　**A**　）のうち、10分間の平均風速の最大がおよそ17m/s以上のものを日本では台風と呼んでいる。

台風の内部では、対流圏下層の空気が（　**B**　）に渦巻きながら中心に吹き込み、上昇して対流圏上層から（　**C**　）に回転しながら吹き出す。この上昇気流によって水蒸気が凝結し、巨大な積乱雲が発達する。このとき放出される潜熱は上昇流を強めるため、ますます海面での吹き込みが強くなって台風は発達する。

台風は上空の風に流されて動き、また地球の自転の影響で北へ向かう性質を持っているため、通常東風が吹いている低緯度では西へ流されながら次第に北上し、上空で強い西風が吹いている中・高緯度に来ると台風は速い速度で（　**D**　）へ進む。

|   | A | B | C | D |
|---|---|---|---|---|
| 1 | 熱帯低気圧 | 反時計回り | 時計回り | 北西 |
| 2 | 熱帯低気圧 | 反時計回り | 時計回り | 北東 |
| 3 | 熱帯低気圧 | 時計回り | 反時計回り | 北西 |
| 4 | 温帯低気圧 | 反時計回り | 時計回り | 北東 |
| 5 | 温帯低気圧 | 時計回り | 反時計回り | 北西 |

1266 第5章 地 学

## 解説

正解 **2**

**A：熱帯低気圧**

　赤道付近の太平洋上で発生した低気圧を熱帯低気圧といい、そのうち最大平均風速が17.2m/s以上に発達したものを台風と呼ぶ。

**B：反時計回り**

　台風は低気圧のため、地上では反時計回りに風が吹き込む。

**C：時計回り**

　台風の上空では気圧傾度力と転向力（コリオリの力）により右向きに曲げられて時計回りに回転する。

**D：北東**

　上空では偏西風が東側へ吹いているので、これを考慮すると台風は北東方向に移動することになる。

5　気象と海洋　1267

**問題16** 日本列島の気候に関する記述として、最も妥当なのはどれか。

警視庁Ⅰ類2013

**1** 春には、移動性高気圧と温帯低気圧が交互に到来し、周期的に天気が変わる。

**2** 初夏には、南西からの冷涼な風である「やませ」が日本海岸に吹くことがある。

**3** 日本に上陸する台風の数は、過去30年間の平均を見ると、6月～7月がピークとなり8月以降には少なくなる。

**4** 秋になると、南の海上の小笠原高気圧が勢力を強め、秋雨前線が形成される。

**5** 冬は、シベリア高気圧の影響が強まり、南高北低の気圧配置になる日が多くなる。

## 解説

正解 **1**

**❶ ◯** 正しい記述である。

**❷ ✕** やませはオホーツク海気団からもたらされる北東の風である。したがって、日本海側ではなく、主に太平洋側地域で冷害がもたらされる。

**❸ ✕** 台風のピークは8～9月である。

**❹ ✕** 秋には秋雨前線が形成されるというのは正しいが、小笠原高気圧は秋になると勢力が弱まってくる。小笠原気団の勢力が強まるのは夏である。

**❺ ✕** 南高北低は夏の気圧配置であり、冬の気圧配置は西高東低である。

5 気象と海洋 1269

**問題17** 線状降水帯に関する次の文章の空欄に当てはまる語句の組合せとして、妥当なのはどれか。

東京都Ⅰ類2018

線状降水帯は、大きさが幅 **ア** km、長さ **イ** km に及び、複数の **ウ** が線状に並ぶ形態をしている。 **ウ** の寿命はおよそ1時間であるが、大気の状態により **ウ** が次々と発生することで線状降水帯は形成され、同じ場所に強い雨を継続して降らせるなど、 **エ** の原因の一つとなっている。

|   | ア | イ | ウ | エ |
|---|-----|------|------|--------|
| **1** | 2〜5 | 5〜30 | 積乱雲 | 局地的大雨 |
| **2** | 2〜5 | 50〜300 | 積乱雲 | 集中豪雨 |
| **3** | 2〜5 | 50〜300 | 乱層雲 | 局地的大雨 |
| **4** | 20〜50 | 5〜30 | 乱層雲 | 局地的大雨 |
| **5** | 20〜50 | 50〜300 | 積乱雲 | 集中豪雨 |

## 解説

正解 **5**

　線状降水帯は、幅20〜50km（**ア**）、長さ50〜300km（**イ**）にも及ぶ大きさで、複数の積乱雲（**ウ**）が集合してできている降水帯であり、集中豪雨（**エ**）の原因となっている。

　なお、局地的大雨とはいわゆるゲリラ豪雨のことであり、狭い領域に短い時間に降る大雨を指す。降水範囲も集中豪雨より狭く、継続時間も集中豪雨より短いものである。

# 索　引

## ■英数

| | |
|---|---|
| 2次不等式 | 73 |
| 2次方程式 | 72 |
| 2次方程式の解の公式 | 72 |
| 3ドメイン説 | 714 |
| 5界説 | 714 |
| ATP | 734 |
| B細胞 | 882 |
| DNA | 778 |
| DNAリガーゼ | 791 |
| H・R図 | 1104 |
| MKSA単位系 | 134 |
| MKS単位系 | 134 |
| mRNA | 788 |
| PCR法 | 791 |
| pH | 481 |
| P波 | 1128 |
| RNA | 787 |
| RNAポリメラーゼ | 790 |
| rRNA | 788 |
| S波 | 1128 |
| tRNA | 788 |
| v-t グラフ | 138 |
| y-t グラフ | 258 |
| y-x グラフ | 258 |
| Z膜 | 948 |

## ■あ

| | |
|---|---|
| アイソスタシー | 1120 |
| アイソトープ | 387 |
| アクチンフィラメント | 948 |
| アステロイド・ベルト | 1048 |
| アセチルコリン | 878,948 |
| アセノスフェア | 1121 |
| アデニン | 778 |
| アデノシン三リン酸 | 734 |
| アニリン | 679 |
| アニリンブラック | 679 |
| 亜熱帯高圧帯 | 1226 |
| アブシシン酸 | 931 |
| アボガドロ定数 | 449 |
| アボガドロの法則 | 450 |
| アポトーシス | 791 |

| | |
|---|---|
| 天の川 | 1107 |
| アミノ酸 | 786 |
| アミノ酸配列 | 786 |
| アミン | 679 |
| アモルファス | 406 |
| アルカリ金属 | 396,609 |
| アルカリ土類金属 | 396,610 |
| アルカリマンガン乾電池 | 508 |
| アルカン | 670 |
| アルキメデスの原理 | 149 |
| アルキン | 671 |
| アルケン | 671 |
| アルコール | 673 |
| アルコール発酵 | 746 |
| アルデヒド | 675 |
| α線 | 369 |
| α崩壊 | 369 |
| アレルギー | 885 |
| 泡構造 | 1107 |
| 暗順応 | 943 |
| 暗線 | 267,1056 |
| 暗帯 | 948 |
| アンチコドン | 788 |
| アンブレラ種 | 1011 |
| アンモニア | 874 |
| アンモニアソーダ法 | 619 |

## ■い

| | |
|---|---|
| イオン | 391 |
| イオン化エネルギー | 393 |
| イオン結合 | 400 |
| イオン結晶 | 405 |
| イオン式 | 384,392 |
| 異化 | 734 |
| 閾値 | 938 |
| 異形配偶子接合 | 849 |
| 異性体 | 672 |
| 位相 | 258 |
| 一次応答 | 884 |
| 一次止血 | 870 |
| 一次遷移 | 1005 |
| 一般項 | 41 |
| 遺伝 | 778 |

| | |
|---|---|
| 遺伝暗号 | 789 |
| 遺伝学的地図 | 802 |
| 遺伝子 | 778 |
| 遺伝子型 | 793 |
| 遺伝子組換え | 791 |
| 遺伝子座 | 793 |
| 遺伝子の発現 | 786 |
| 糸魚川―静岡構造線 | 1201 |
| 移動性高気圧 | 1233 |
| 色指数 | 1140 |
| 陰極 | 509 |
| 陰樹 | 1006 |
| 陰樹林 | 1006 |
| 因数定理 | 33 |
| 因数分解 | 8 |
| インスリン | 880 |
| 陰性 | 391 |
| 陰生植物 | 742 |
| イントロン | 790 |

## ■う

| | |
|---|---|
| ウィーンの変位則 | 1103 |
| うずまき管 | 944 |
| 宇宙の晴れ上がり | 1108 |
| 海風 | 1225 |
| ウラシル | 787 |
| 運動エネルギー | 201 |
| 運動方程式 | 144 |
| 運動量保存の法則 | 206 |
| 運動力 | 205 |
| 運搬 | 1141 |

## ■え

| | |
|---|---|
| 衛星 | 1037 |
| 栄養生殖 | 849 |
| 栄養段階 | 1008 |
| エキソン | 790 |
| 液胞 | 718 |
| エチレン | 931 |
| エッジワース・カイパーベルト | 1048 |
| エディアカラ生物群 | 1196 |
| エネルギー | 201 |

| | | |
|---|---|---|
| エネルギー収支 | 1221 | |
| エネルギー保存の法則 | 204 | |
| エルニーニョ現象 | 1229 | |
| 塩 | 482 | |
| 塩基 | 478 | |
| 塩基性塩 | 555 | |
| 塩基性酸化物 | 603 | |
| 塩基の価数 | 479 | |
| 円周角の定理 | 107 | |
| 炎症 | 881 | |
| 炎色反応 | 598 | |
| 延髄 | 941 | |
| 延性 | 401 | |
| 塩析 | 554 | |
| 塩素化 | 677 | |
| 鉛直投げ上げ | 140 | |
| 鉛直投げ下ろし | 140 | |
| 塩の加水分解 | 555 | |
| 円の方程式 | 92 | |
| 円盤部 | 1107 | |

### ■お

| | |
|---|---|
| 横紋筋 | 947 |
| 凹レンズ | 269 |
| オーキシン | 930 |
| 大潮 | 1230 |
| オームの法則 | 316 |
| 大森公式 | 1129 |
| オールトの雲 | 1048 |
| オーロラ | 1218 |
| 小笠原気団 | 1232 |
| オクテット則 | 391 |
| オストワルト法 | 605,619 |
| オゾン層 | 1197,1217 |
| 音の3要素 | 262 |
| オペラント条件づけ | 953 |
| オペレーター | 790 |
| オペロン | 790 |
| オホーツク海気団 | 1233 |
| 重さ | 144 |
| オルドビス紀 | 1197 |
| オルニチン回路 | 874 |
| 音源 | 261 |
| 温室効果 | 1195,1221 |
| 温室効果ガス | 1012 |

| | |
|---|---|
| 音速 | 261 |
| 温帯低気圧 | 1225 |
| 温暖前線 | 1231 |
| 温度 | 534 |
| 音波 | 261 |

### ■か

| | |
|---|---|
| 海王星 | 1047 |
| 外核 | 1118,1120 |
| 皆既月食 | 1058 |
| 外気圏 | 1218 |
| 皆既日食 | 1057 |
| 海溝 | 1122 |
| 外合 | 1049 |
| 海溝型地震 | 1131 |
| 会合コロイド | 551 |
| 会合周期 | 1053 |
| 階差数列 | 42 |
| 外耳 | 944 |
| 外心 | 106 |
| 回折 | 267 |
| 回折格子 | 268 |
| 解糖 | 746 |
| 解と係数の関係 | 78 |
| 外胚葉 | 852 |
| 開放血管系 | 871 |
| 海洋地殻 | 1119 |
| 外来生物 | 1011 |
| 海陸風 | 1225 |
| 海流 | 1228 |
| 海嶺 | 1122 |
| 外惑星 | 1044 |
| 花芽 | 932 |
| 化学エネルギー | 574 |
| 化学岩 | 1142 |
| 化学結合 | 398 |
| 化学合成細菌 | 744 |
| 化学式 | 384 |
| 化学繊維 | 683 |
| 化学的風化 | 1141 |
| 化学的防御 | 881 |
| 化学電池 | 505 |
| 化学反応式 | 451 |
| 化学平衡 | 578 |
| かぎ刺激 | 950 |

| | |
|---|---|
| 可逆反応 | 578 |
| 核（細胞） | 715,716 |
| 核（地球） | 1118,1120 |
| 核子 | 368 |
| 学習 | 952 |
| 学習行動 | 952 |
| 核相 | 784 |
| 獲得免疫 | 882 |
| 角膜 | 942 |
| 核力 | 368 |
| 化合物 | 383 |
| 火砕丘 | 1136 |
| 火砕流 | 1137 |
| 火山岩 | 1138 |
| 火山砕屑岩 | 1142 |
| 火山前線 | 1137 |
| 火山噴出物 | 1134 |
| 可視光線 | 263,1220 |
| 価数 | 479 |
| 風 | 1222,1223 |
| 火星 | 1046 |
| 火成岩 | 1138 |
| 化石 | 1193 |
| 加速度 | 137 |
| 加速度運動 | 137 |
| 活火山 | 1134 |
| 割球 | 853 |
| 活性化エネルギー | 577 |
| 活性化状態 | 577 |
| 活断層 | 1131 |
| 活動電位 | 937 |
| 滑面小胞体 | 717 |
| 価電子 | 390 |
| 価標 | 669 |
| 下部マントル | 1119 |
| 下方置換 | 618 |
| ガラス体 | 942 |
| カリウムチャネル | 937 |
| ガリレオ衛星 | 1046 |
| カルデラ | 1137 |
| カルデラ湖 | 1137 |
| カルボン酸 | 676 |
| 間期 | 783 |
| 環境 | 1004 |
| 環境形成作用 | 1004 |

索引 1273

| | |
|---|---|
| 還元 | 500 |
| 還元剤 | 502 |
| 環式炭化水素 | 670 |
| 干渉 | 259,267 |
| 岩床 | 1138 |
| 緩衝作用 | 869 |
| 慣性 | 144 |
| 慣性の法則 | 144 |
| 完全弾性衝突 | 208 |
| 完全非弾性衝突 | 208 |
| 肝臓 | 873 |
| 乾燥断熱減率 | 1219 |
| 桿体細胞 | 942 |
| 貫入岩体 | 1138 |
| 間脳 | 941 |
| 官能基 | 671 |
| カンブリア紀 | 1196 |
| カンブリア大爆発 | 1194,1196 |
| γ線 | 369 |
| γ崩壊 | 369 |
| 岩脈 | 1138 |
| 肝門脈 | 873 |
| 環流 | 1228 |
| 寒冷前線 | 1231 |

### ■き

| | |
|---|---|
| 基 | 671 |
| キアズマ | 785 |
| 気圧傾度力 | 1223 |
| キーストーン種 | 1011 |
| 気温減率 | 1217 |
| 貴ガス | 397,599 |
| 気孔 | 927 |
| 基質特異性 | 735 |
| 寄生 | 1010 |
| 季節風 | 1233 |
| キセロゲル | 550 |
| 輝線 | 267 |
| 北アメリカプレート | 1124 |
| 気体定数 | 536 |
| 気体の状態方程式 | 536 |
| 起電力 | 316,319 |
| 基本単位 | 134 |
| 基本転写因子 | 791 |
| 逆位相 | 258 |

| | |
|---|---|
| 逆断層 | 1132 |
| 逆反応 | 578 |
| 逆行 | 1052 |
| ギャップ | 1007 |
| ギャップ更新 | 1007 |
| 級化構造 | 1192 |
| 級化層理 | 1192 |
| 嗅細胞 | 945 |
| 吸収線 | 267 |
| 球状星団 | 1107 |
| 吸熱反応 | 574 |
| 強塩基 | 480 |
| 凝灰岩 | 1142 |
| 凝固 | 383 |
| 凝固因子 | 870 |
| 強酸 | 480 |
| 凝集力 | 926 |
| 凝縮 | 383 |
| 共生 | 1010 |
| 凝析 | 554 |
| 共有結合 | 398 |
| 共有結合結晶 | 405 |
| 共有電子対 | 398 |
| 極循環 | 1227 |
| 極性 | 403 |
| 極性分子 | 403 |
| 極相 | 1005 |
| 極相種 | 1005 |
| 極相林 | 1005,1006 |
| 局部銀河群 | 1107 |
| 拒絶反応 | 885 |
| 極核 | 850 |
| 極冠 | 1046 |
| キラーT細胞 | 882 |
| 銀河 | 1107 |
| 菌界 | 714 |
| 銀河群 | 1107 |
| 銀河系 | 1107 |
| 銀河団 | 1107 |
| 金環日食 | 1057 |
| 緊急地震速報 | 1130 |
| 銀鏡反応 | 675 |
| 筋原繊維 | 948 |
| 筋細胞 | 948 |
| 筋小胞体 | 948 |

| | |
|---|---|
| 金星 | 1045 |
| 金属結合 | 401 |
| 金属結晶 | 406 |
| 金属元素 | 396 |
| 金属光沢 | 401 |
| 金属のイオン化傾向 | 502 |
| 金属のイオン化列 | 502 |
| 筋組織 | 950 |

### ■く

| | |
|---|---|
| グアニン | 778 |
| 空気亜鉛電池 | 508 |
| グーテンベルク不連続面 | 1119 |
| クーロンの法則 | 312 |
| クーロン力 | 312,400 |
| クェーサー | 1108 |
| クックソニア | 1197 |
| 屈性 | 928 |
| 屈折 | 265 |
| 屈折角 | 265 |
| 屈折の法則 | 266 |
| 苦鉄質岩 | 1140 |
| 組換え | 785 |
| 組立単位 | 135 |
| クメン法 | 678 |
| クライマックス | 1005 |
| グラナ | 717,739 |
| グリパニア | 1196 |
| クロスラミナ | 1192 |
| クロマチン繊維 | 780 |
| クロマトグラフィー | 384 |
| クロロフィル | 717 |

### ■け

| | |
|---|---|
| ケイ酸塩鉱物 | 1140 |
| 形質 | 778 |
| 傾性 | 928 |
| 形成体 | 856 |
| 珪長質岩 | 1140 |
| 系統樹 | 715 |
| 傾度風 | 1224 |
| 夏至点 | 1041 |
| 血液 | 868 |
| 血液凝固 | 869 |
| 血球 | 868 |

| | | | | | | |
|---|---|---|---|---|---|---|
| 結合組織 | 950 | 広域変成岩 | 1143 | 交流回路 | 316 |
| 結晶 | 405 | 広域変成作用 | 1143 | 合力 | 143 |
| 血しょう | 868 | 高エネルギーリン酸結合 | 735 | 呼吸 | 744 |
| 結晶質石灰岩 | 1143 | 効果器 | 934,947 | 国際単位系 | 134 |
| 血小板 | 869 | 交感神経 | 878 | 黒点 | 1054 |
| 結晶片岩 | 1143 | 交感神経系 | 877 | 小潮 | 1230 |
| 月食 | 1058 | 高気圧 | 1225 | 弧状列島 | 1201 |
| 血清 | 869 | 光球 | 1054 | 古生代 | 1196 |
| 血清療法 | 885 | 合金 | 616 | 個体群 | 1007 |
| 血糖 | 873 | 抗原 | 882 | 個体群の成長 | 1009 |
| 血糖値 | 880 | 荒原 | 1005 | 古第三紀 | 1199 |
| 血ぺい | 869 | 抗原抗体反応 | 882 | 骨格筋 | 947 |
| ケトン | 676 | 抗原提示 | 882 | 固定端 | 260 |
| ゲノム | 781 | 光合成 | 739 | 古典的条件づけ | 953 |
| ケプラーの法則 | 1051 | 光合成細菌 | 743 | コドン | 788,789 |
| ゲル | 550 | 交さ | 785 | 鼓膜 | 944 |
| 限界暗期 | 932 | 光軸 | 269 | 固溶体 | 1140 |
| 圏界面 | 1217 | 格子定数 | 268 | コリオリの力 | 1039,1223 |
| 原核細胞 | 715 | 向斜 | 1133 | ゴルジ体 | 717 |
| 原核生物 | 715 | 光周性 | 932 | コロイド | 550 |
| 原核生物界 | 714 | 恒常性 | 868 | コロイド溶液 | 550 |
| 原形質分離 | 720 | 恒星 | 1037,1102 | コロイド粒子 | 550 |
| 原形質流動 | 715 | 合成樹脂 | 682 | コロナ | 1054 |
| 原子 | 368,382 | 合成繊維 | 683 | 根圧 | 926 |
| 原始海洋 | 1195 | 合成抵抗 | 317 | 混合物 | 383 |
| 原子核 | 368,386 | 合成波 | 259 | 混交林 | 1006 |
| 原始星 | 1105 | 恒星日 | 1036 | 混濁流 | 1141 |
| 原始大気 | 1195 | 酵素 | 735 | コンベア・ベルト | 1229 |
| 原子番号 | 387 | 構造異性体 | 672 | | |
| 原子量 | 448 | 構造式 | 384,672 | | |
| 減数分裂 | 781,784 | 構造線 | 1201 | ■さ | |
| 顕性 | 792 | 抗体 | 882 | 最外殻電子 | 390 |
| 原生生物界 | 714 | 剛体 | 151 | 再結晶 | 384 |
| 顕生代 | 1194,1196 | 高張液 | 720 | 歳差運動 | 1039 |
| 原生代 | 1196 | 公転 | 1039 | 砕屑岩 | 1142 |
| 元素 | 382 | 公転周期 | 1039 | 彩層 | 1054 |
| 元素記号 | 382 | 後天性免疫不全症候群 | 885 | 最大摩擦力 | 148 |
| 元素分析 | 672 | 行動 | 950 | 最大離角 | 1050 |
| 検定交雑 | 802 | 行動圏 | 1008 | 最適 pH | 736 |
| 限定要因 | 742 | 恒等式 | 14 | 最適温度 | 736 |
| 原尿 | 875 | 後頭葉 | 940 | サイトカイニン | 931 |
| | | 光年 | 1036 | 細尿管 | 874 |
| | | 光波 | 263 | 細胞 | 715 |
| ■こ | | 興奮 | 937 | 細胞学的地図 | 802 |
| 鋼 | 504,615 | 孔辺細胞 | 927 | 細胞質 | 718 |
| 合 | 1049 | | | 細胞周期 | 782 |

索引 1275

| | |
|---|---|
| 細胞小器官 | 716 |
| 細胞性免疫 | 882 |
| 細胞説 | 715 |
| 細胞体 | 936 |
| 細胞壁 | 718 |
| 細胞膜 | 718 |
| 在来生物 | 1011 |
| 砂岩 | 1142 |
| 錯イオン | 399 |
| 鎖式炭化水素 | 670 |
| さび | 504 |
| 作用 | 1004 |
| 作用・反作用の法則 | 144 |
| サルコメア | 948 |
| 酸 | 478 |
| 酸化 | 500 |
| 散開星団 | 1107 |
| 酸化還元反応 | 501 |
| 酸化銀電池 | 508 |
| 三角形の面積公式 | 119 |
| 三角比 | 113 |
| 酸化剤 | 502 |
| 酸化数 | 501 |
| 三重結合 | 398 |
| 三畳紀 | 1198 |
| 酸性塩 | 555 |
| 酸性酸化物 | 603 |
| 酸の価数 | 479 |
| 三葉虫 | 1197 |
| 散乱 | 268 |

### ■し

| | |
|---|---|
| シアノバクテリア | 1196 |
| 視運動 | 1052 |
| ジェット気流 | 1217 |
| ジオイド | 1118 |
| 磁界 | 321 |
| 紫外線 | 263 |
| 自家受精 | 793 |
| 脂環式炭化水素 | 670 |
| 糸球体 | 874 |
| 式量 | 448 |
| 軸索 | 936 |
| 資源 | 1008 |
| 試行錯誤 | 953 |

| | |
|---|---|
| 仕事 | 200 |
| 仕事の原理 | 200 |
| 仕事率 | 201 |
| 自己免疫疾患 | 885 |
| 視細胞 | 942 |
| 脂質二重層 | 719 |
| 示準化石 | 1194 |
| 視床 | 941 |
| 視床下部 | 941 |
| 耳小骨 | 944 |
| 地震 | 1125 |
| 指数法則 | 8 |
| 沈み込み境界 | 1122 |
| 示性式 | 384,672 |
| 自然光 | 268 |
| 自然浄化 | 1012 |
| 自然免疫 | 881 |
| 示相化石 | 1193 |
| 失活 | 736 |
| 失血 | 869 |
| 実視等級 | 1102 |
| 湿潤断熱減率 | 1219 |
| 質点 | 151 |
| 質量数 | 386 |
| 質量パーセント濃度 | 548 |
| 質量保存の法則 | 451 |
| 質量モル濃度 | 549 |
| 自転 | 1038 |
| 自転周期 | 1038 |
| シトシン | 778 |
| シナプス | 936,939 |
| シナプス間隙 | 939 |
| シナプス小胞 | 939 |
| 磁場 | 321 |
| シベリア気団 | 1232 |
| ジベレリン | 931 |
| 脂肪酸 | 676 |
| 脂肪族炭化水素 | 670 |
| 縞状鉄鉱層 | 1196 |
| 弱塩基 | 480 |
| 弱酸 | 480 |
| 斜交葉理 | 1192 |
| ジャスモン酸 | 933 |
| 斜方投射 | 141 |
| シャルガフの法則 | 779 |

| | |
|---|---|
| シャルルの法則 | 535 |
| 種 | 714 |
| 周期（元素） | 395 |
| 周期（波動） | 257 |
| 褶曲 | 1133 |
| 周期律 | 395 |
| 重心 | 106 |
| 自由端 | 260 |
| 自由電子 | 315,401 |
| 秋分点 | 1041 |
| 自由落下 | 139 |
| 重力 | 144 |
| 重力加速度 | 139 |
| 重力による位置エネルギー | 202 |
| ジュール熱 | 318 |
| ジュールの法則 | 318 |
| 種間関係 | 1008 |
| 宿主 | 1010 |
| 主系列星 | 1105 |
| 樹状突起 | 936 |
| 受精 | 849 |
| 出芽 | 849 |
| 受動輸送 | 720 |
| 種内関係 | 1008 |
| 種内競争 | 1008 |
| 受粉 | 850 |
| 受容器 | 934,942 |
| 主要動 | 1128 |
| ジュラ紀 | 1199 |
| シュワン細胞 | 938 |
| 春化 | 933 |
| 春化処理 | 933 |
| 循環系 | 871 |
| 順行 | 1052 |
| 純生産量 | 1014 |
| 純物質 | 383 |
| 春分点 | 1041 |
| 準惑星 | 1048 |
| 衝 | 1049 |
| 昇華 | 383 |
| 昇華法 | 384 |
| 条件遺伝子 | 799 |
| 条件刺激 | 953 |
| 蒸散 | 927 |
| 常染色体 | 780 |

| | |
|---|---|
| 状態変化 | 383 |
| 焦点 | 269 |
| 焦点距離 | 269 |
| 小脳 | 941 |
| 蒸発 | 383 |
| 消費者 | 1008 |
| 消費者の生産量 | 1015 |
| 消費者の成長量 | 1015 |
| 上皮組織 | 950 |
| 消費電力 | 318 |
| 上部マントル | 1119 |
| 小胞体 | 717 |
| 上方置換 | 618 |
| 静脈 | 871 |
| 静脈血 | 869,871 |
| 剰余の定理 | 34 |
| 蒸留 | 384 |
| 小惑星帯 | 1048 |
| 初期微動 | 1128 |
| 初期微動継続時間 | 1129 |
| 植生 | 1004 |
| 触媒 | 577,735 |
| 植物界 | 714 |
| 植物繊維 | 683 |
| 食物網 | 1008 |
| 食物連鎖 | 1008 |
| 自律神経 | 877 |
| 自律神経系 | 935 |
| 磁力 | 320 |
| 磁力線 | 321 |
| シルル紀 | 1197 |
| 震央 | 1125 |
| 真核細胞 | 715 |
| 真核生物 | 715 |
| 心筋 | 947 |
| 神経系 | 934 |
| 神経鞘 | 938 |
| 神経組織 | 950 |
| 神経伝達物質 | 939 |
| 神経分泌細胞 | 879 |
| 震源 | 1125 |
| 震源距離 | 1125 |
| 進行波 | 259 |
| 腎小体 | 874 |
| 侵食 | 1141 |

| | |
|---|---|
| 親水コロイド | 554 |
| 深成岩 | 1138 |
| 新生代 | 1199 |
| 深層 | 1228 |
| 腎臓 | 874 |
| 深層循環 | 1229 |
| 新第三紀 | 1199 |
| 震度 | 1126 |
| 浸透 | 719 |
| 浸透圧 | 719,720 |
| 振動数 | 257 |
| 真の光合成量 | 741 |
| 振幅 | 257 |

## ■す

| | |
|---|---|
| 随意 | 935 |
| 水温躍層 | 1228 |
| 髄鞘 | 938 |
| 水晶体 | 942 |
| 水上置換 | 618 |
| 水星 | 1045 |
| 彗星 | 1048 |
| 水素イオン指数 | 481 |
| 水素結合 | 405 |
| 錐体細胞 | 942 |
| 垂直抗力 | 147 |
| 水平投射 | 140 |
| 水溶液 | 548 |
| 水和 | 406 |
| 水和物 | 406 |
| ストロマ | 717,739 |
| ストロマトライト | 1196 |
| ストロンボリ式噴火 | 1136 |
| スノーボールアース | 1196 |
| スプライシング | 790 |
| スペクトル | 266,1056,1103 |
| スペクトル型 | 1103 |
| 滑り説 | 948 |
| スラグ | 615 |
| 刷込み | 953 |
| スルホン化 | 677 |

## ■せ

| | |
|---|---|
| 正塩 | 555 |
| 星間雲 | 1105 |

| | |
|---|---|
| 星間物質 | 1105 |
| 正弦 | 113 |
| 制限酵素 | 791 |
| 正弦定理 | 117 |
| 整合 | 1192 |
| 西高東低 | 1234 |
| 生産者 | 1008 |
| 精子 | 848 |
| 静止電位 | 937 |
| 静止摩擦係数 | 148 |
| 静止摩擦力 | 147 |
| 生殖 | 848 |
| 生殖細胞 | 780,848 |
| 精製 | 383 |
| 生成熱 | 575 |
| 正接 | 113 |
| 性染色体 | 780 |
| 成層火山 | 1135 |
| 成層圏 | 1217 |
| 生態系 | 1007 |
| 生体触媒 | 735 |
| 生態的地位 | 1008 |
| 生態ピラミッド | 1008 |
| 生体防御 | 881 |
| 生体膜 | 719 |
| 正断層 | 1132 |
| 成長運動 | 929 |
| 成長曲線 | 1009 |
| 成長量 | 1014 |
| 静電気 | 312 |
| 静電気力 | 312 |
| 静電気力による位置エネルギー | 314 |
| 生得的行動 | 950 |
| 正反応 | 578 |
| 生物岩 | 1142 |
| 生物群集 | 1007 |
| 生物的環境 | 1004 |
| 生分解性高分子 | 683 |
| 成分元素の検出 | 672 |
| 正立虚像 | 270 |
| 精錬 | 503 |
| 赤外線 | 263 |
| 赤外放射 | 1221 |
| 赤色巨星 | 1105 |

索引 1277

| | | |
|---|---|---|
| 脊髄 | 941 | |
| 石炭紀 | 1198 | |
| 赤道気団 | 1233 | |
| 赤道低圧帯 | 1226 | |
| セ氏温度 | 238,534 | |
| 石灰岩 | 1142 | |
| 石基 | 1138 | |
| 赤血球 | 869 | |
| 接弦定理 | 107 | |
| 接合 | 848 | |
| 接合子 | 848 | |
| 接触変成岩 | 1143 | |
| 接触変成作用 | 1143 | |
| 接触法 | 604,619 | |
| 絶対温度 | 238,534 | |
| 絶対値 | 12 | |
| 絶対等級 | 1102 | |
| 絶対年代 | 1195 | |
| 絶対零度 | 238 | |
| セルシウス温度 | 238,534 | |
| 全圧 | 536 | |
| 遷移 | 1005 | |
| 遷移元素 | 396,598,614 | |
| 漸化式 | 41 | |
| 全か無かの法則 | 938 | |
| 先カンブリア時代 | 1194,1195 | |
| 全球凍結 | 1196 | |
| 先駆植物 | 1005 | |
| 線状降水帯 | 1237 | |
| 染色体 | 780 | |
| 染色体地図 | 802 | |
| 前震 | 1133 | |
| 線スペクトル | 267 | |
| 潜性 | 792 | |
| 前線 | 1230 | |
| 選択的遺伝発現 | 803 | |
| 選択的透過性 | 719 | |
| 前庭 | 945 | |
| 銑鉄 | 504,615 | |
| 全透性 | 719 | |
| 前頭葉 | 940 | |
| セントラルドグマ | 786 | |
| 潜熱 | 1218 | |
| 潜熱輸送 | 1218 | |
| 全反射 | 265 | |

| | | |
|---|---|---|
| 線溶 | 870 | |

**■そ**

| | | |
|---|---|---|
| 相加平均 | 18 | |
| 相観 | 1004 | |
| 草原 | 1005 | |
| 造山帯 | 1122 | |
| 相乗平均 | 18 | |
| 走性 | 951 | |
| 総生産量 | 1014 | |
| 相対湿度 | 1219 | |
| 相対年代 | 1195 | |
| 相同染色体 | 780 | |
| 相補性 | 778 | |
| 相利共生 | 1010 | |
| 層理面 | 1192 | |
| ソールマーク | 1192 | |
| 族 | 395 | |
| 続成作用 | 1141 | |
| 速度 | 136 | |
| 側頭葉 | 940 | |
| 素元波 | 260 | |
| 組織液 | 868 | |
| 疎水コロイド | 554 | |
| 組成式 | 384 | |
| 疎密波 | 256 | |
| 粗面小胞体 | 717 | |
| ゾル | 550 | |
| ソレノイド | 322 | |

**■た**

| | | |
|---|---|---|
| タービダイト | 1141,1192 | |
| 大暗斑 | 1047 | |
| 第一分裂 | 785 | |
| 体液 | 868 | |
| 体液性免疫 | 882 | |
| 大気圏 | 1216 | |
| 対合 | 785 | |
| 太古代 | 1195 | |
| 体細胞 | 780 | |
| 体細胞分裂 | 781,782 | |
| 代謝 | 734 | |
| 対称式 | 15 | |
| 体性神経系 | 935 | |
| 堆積 | 1141 | |

| | | |
|---|---|---|
| 堆積岩 | 1141 | |
| 大赤斑 | 1046 | |
| 帯電 | 312,391 | |
| 体内環境 | 868 | |
| 第二分裂 | 785 | |
| 大脳 | 940 | |
| 大脳旧皮質 | 940 | |
| 大脳新皮質 | 940 | |
| 大脳髄質 | 940 | |
| 大脳皮質 | 940 | |
| 台風 | 1236 | |
| 台風の目 | 1236 | |
| 太平洋プレート | 1124 | |
| 太陽 | 1053 | |
| 太陽系外縁天体 | 1048 | |
| 太陽コンパス | 951 | |
| 太陽定数 | 1220 | |
| 太陽電池 | 509 | |
| 太陽の年周運動 | 1041 | |
| 太陽日 | 1036 | |
| 太陽風 | 1054,1055 | |
| 太陽放射 | 1220 | |
| 第四紀 | 1199 | |
| 大陸移動説 | 1124 | |
| 大陸斜面 | 1141 | |
| 大陸棚 | 1141 | |
| 大陸地殻 | 1119 | |
| 対立遺伝子 | 793 | |
| 対立形質 | 792 | |
| 対流圏 | 1217 | |
| 多価アルコール | 673 | |
| 唾腺染色体 | 791 | |
| 盾状火山 | 1135 | |
| 縦波 | 256 | |
| 谷 | 257 | |
| ダニエル電池 | 506 | |
| 単位 | 134 | |
| 炭化水素 | 670 | |
| 単結合 | 398 | |
| 短日植物 | 932 | |
| 短日処理 | 932 | |
| 端子電圧 | 319 | |
| 胆汁 | 873 | |
| 単成火山 | 1137 | |
| 弾性力 | 145 | |

| | | |
|---|---|---|
| 単相 | 784 | |
| 断層 | 1132 | |
| 単体 | 383 | |
| 断熱変化 | 1219 | |
| タンパク質 | 786 | |
| 団粒構造 | 1005 | |

## ■ち

| | |
|---|---|
| 値域 | 60 |
| 地衣類 | 1005 |
| チェバの定理 | 109 |
| 澄江動物群 | 1197 |
| 地殻 | 1118,1119 |
| 力の合成 | 143 |
| 力の分解 | 143 |
| 力のモーメント | 151 |
| 置換反応 | 677 |
| 地球 | 1045 |
| 地球型惑星 | 1044,1045 |
| 地球放射 | 1221 |
| 地衡風 | 1223 |
| 致死遺伝子 | 797 |
| 地質時代 | 1194 |
| 地上風 | 1223 |
| 地層面 | 1192 |
| 地層累重の法則 | 1192 |
| 窒素固定 | 1014 |
| 窒素同化 | 1013 |
| 知能行動 | 953 |
| チミン | 778 |
| チャート | 1142 |
| チャネル | 720 |
| 中央構造線 | 1201 |
| 中間圏 | 1218 |
| 中間質岩 | 1140 |
| 中耳 | 944 |
| 抽出 | 384 |
| 中心体 | 718 |
| 中枢神経系 | 934 |
| 中性子 | 368,386 |
| 中性子星 | 1105 |
| 中性植物 | 932 |
| 中生代 | 1198 |
| 中脳 | 941 |
| 中胚葉 | 852 |

| | |
|---|---|
| 中和 | 482 |
| 中和滴定 | 483 |
| 中和点 | 482 |
| 中和熱 | 575 |
| 潮解 | 609 |
| 頂芽優勢 | 930 |
| 超銀河団 | 1107 |
| 超苦鉄質岩 | 1140 |
| 聴細胞 | 944 |
| 長日植物 | 932 |
| 長日処理 | 932 |
| 超新星爆発 | 1105 |
| 潮汐 | 1230 |
| 調節遺伝子 | 790 |
| 超大陸パンゲア | 1198 |
| 重複受精 | 851 |
| 跳躍伝導 | 938 |
| 張力 | 145 |
| 直流回路 | 316 |
| 直列回路 | 317 |
| チラコイド | 717,739 |
| チン小帯 | 943 |
| チンダル現象 | 552 |

## ■つ

| | |
|---|---|
| 月 | 1056 |
| 津波 | 1132 |

## ■て

| | |
|---|---|
| 定位 | 950 |
| 泥岩 | 1142 |
| 低気圧 | 1225 |
| 定義域 | 60 |
| 抵抗 | 316 |
| 抵抗率 | 318 |
| 底痕 | 1192 |
| 定常波 | 259 |
| ディスク | 1107 |
| 停滞前線 | 1232 |
| 低張液 | 720 |
| デオキシリボース | 778 |
| デオキシリボ核酸 | 778 |
| 適刺激 | 934 |
| 滴定曲線 | 483 |
| デボン紀 | 1198 |

| | |
|---|---|
| デリンジャー現象 | 1055 |
| テルミット反応 | 612 |
| 電圧 | 315,316 |
| 電圧計 | 320 |
| 電位 | 314 |
| 転移 RNA | 788 |
| 電位差 | 315 |
| 電荷 | 312 |
| 展開 | 8 |
| 電解質 | 391 |
| 電解精錬 | 503,510,615 |
| 電気陰性度 | 402 |
| 電気泳動 | 553,792 |
| 電気素量 | 368 |
| 電気抵抗 | 316 |
| 電気分解 | 509 |
| 天球 | 1038 |
| 電気量 | 312 |
| 典型元素 | 396,598 |
| 転向力 | 1039,1223 |
| 電子 | 368,386 |
| 電子殻 | 389 |
| 電子式 | 398 |
| 電子親和力 | 393 |
| 電子対 | 398 |
| 電子配置 | 389 |
| 転写 | 788 |
| 電磁誘導 | 323 |
| 電磁誘導の法則 | 323 |
| 展性 | 401 |
| 伝達 | 939 |
| 電池の分極 | 505 |
| 点電荷 | 312 |
| 伝導 | 937 |
| 天然繊維 | 683 |
| 天王星 | 1047 |
| 天王星型惑星 | 1044 |
| 電場 | 313 |
| 電場ベクトル | 313 |
| 天文現象 | 1049 |
| 天文単位 | 1036 |
| 電離 | 391 |
| 電離作用 | 368 |
| 電離式 | 392 |
| 電離度 | 480 |

索引 1279

電流 ……………………………… 315
電流計 …………………………… 319
電力 ……………………………… 318
伝令 RNA ………………………… 788

## ■と
等圧線 …………………………… 1222
同位相 …………………………… 258
同位体 …………………………… 387
同化 ……………………………… 734
透過性 …………………………… 719
等加速度運動 …………………… 136
等加速度直線運動 ……… 137,138
同化量 …………………………… 1014
透過力 …………………………… 368
等級 ……………………………… 1102
同形配偶子接合 ………………… 848
島弧 ……………………………… 1122
瞳孔 ……………………………… 942
島弧―海溝系 …………………… 1122
等差数列 ………………………… 40
冬至点 …………………………… 1041
透析 ……………………………… 551
同族元素 ………………… 395,396
頭足類 …………………………… 1197
同素体 …………………………… 387
等張液 …………………………… 720
頭頂葉 …………………………… 940
糖尿病 …………………………… 880
等比数列 ………………………… 41
動物界 …………………………… 714
動物繊維 ………………………… 683
動摩擦係数 ……………………… 148
動摩擦力 ………………………… 148
動脈 ……………………………… 871
動脈血 …………………… 869,871
倒立実像 ………………………… 269
等粒状組織 ……………………… 1138
特定外来生物 …………………… 1012
独立の法則 ……………………… 792
土星 ……………………………… 1047
トタン …………………………… 504
ドップラー効果 ………………… 262
凸レンズ ………………………… 269
ドメイン ………………………… 714

トランスフォーム断層 ……… 1123
トリプレット …………………… 789
トレミーの定理 ………………… 111
トロンビン ……………………… 870

## ■な
内核 …………………… 1118,1120
内合 ……………………………… 1049
内耳 ……………………………… 944
内心 ……………………………… 106
内胚葉 …………………………… 852
内部エネルギー ………………… 241
内部抵抗 ………………………… 319
内分泌系 ………………………… 878
内分泌腺 ………………………… 878
内惑星 …………………………… 1044
凪 ………………………………… 1225
ナトリウムチャネル …………… 937
ナトリウムポンプ ……………… 937
鉛蓄電池 ………………………… 507
波の重ね合わせの原理 ………… 259
波の独立性 ……………………… 259
慣れ ……………………………… 952
縄張り …………………………… 1008
南海トラフ ……………………… 1124
南高北低 ………………………… 1236
南中 ……………………………… 1043
南中高度 ………………………… 1043

## ■に
二価染色体 ……………………… 785
二次応答 ………………………… 884
二次止血 ………………………… 870
二次遷移 ………………… 1005,1007
二重結合 ………………………… 398
二畳紀 …………………………… 1198
ニッケル水素電池 ……………… 509
日射 ……………………………… 1220
日周運動 ………………………… 1038
日食 ……………………………… 1057
ニッチ …………………………… 1008
ニトロ化 ………………………… 677
日本海溝 ………………………… 1124
乳酸発酵 ………………………… 746
入射角 …………………………… 265

入射波 …………………………… 260
ニュートンリング ……………… 268
ニューロン ……………………… 936
尿素 ……………………………… 874

## ■ぬ
ヌクレオソーム ………………… 780
ヌクレオチド …………………… 734

## ■ね
ネクローシス …………………… 791
熱 ………………………………… 239
熱運動 …………………… 238,534
熱化学方程式 …………………… 574
熱可塑性樹脂 …………………… 682
熱機関 …………………………… 242
熱圏 ……………………………… 1218
熱硬化性樹脂 …………………… 682
熱効率 …………………………… 242
熱帯収束帯 ……………………… 1226
熱帯低気圧 ……………………… 1225
熱平衡 …………………………… 239
熱容量 …………………… 240,574
熱力学温度 ……………………… 534
熱力学第 1 法則 ………………… 241
熱力学第 2 法則 ………………… 242
熱量 ……………………………… 239
熱量の保存 ……………… 240,574
ネフロン ………………………… 874
年周運動 ………………………… 1040
年周光行差 ……………………… 1040
年周視差 ………………………… 1040
燃焼熱 …………………………… 575
燃焼法 …………………………… 672
燃料電池 ………………………… 507
年齢ピラミッド ………………… 1010

## ■の
脳幹 ……………………………… 941
濃度 ……………………………… 548
能動輸送 ………………………… 720
乗換え …………………………… 785
ノルアドレナリン ……………… 878

## は

| | |
|---|---|
| バージェス動物群 | 1197 |
| パーセク | 1036 |
| ハーバー・ボッシュ法 | 605,619 |
| 胚 | 852 |
| 配位結合 | 399 |
| 配位子 | 399 |
| 梅雨前線 | 1235 |
| バイオーム | 1004 |
| バイオテクノロジー | 791 |
| 配偶子 | 780,848 |
| 媒質 | 256 |
| 背斜 | 1133 |
| 倍率 | 271 |
| 倍率器 | 320 |
| 白亜紀 | 1199 |
| 白色矮星 | 1105 |
| バクテリオクロロフィル | 743 |
| 白斑 | 1054 |
| 波形 | 257 |
| 波源 | 256 |
| バソリス | 1138 |
| 波長 | 257 |
| 白血球 | 869 |
| 発酵 | 746 |
| 発生 | 852 |
| 発熱反応 | 574 |
| ハッブルの法則 | 1108 |
| 波動 | 256 |
| ハドレー循環 | 1226 |
| はね返り係数 | 207 |
| ばね定数 | 145 |
| ハビタブルゾーン | 1045 |
| パフ | 791 |
| 腹 | 259 |
| 春一番 | 1235 |
| バルジ | 1107 |
| ハロー | 1107 |
| ハロゲン | 396,600 |
| ハロゲン化 | 677 |
| ハロゲン化銀 | 601 |
| ハロゲン化水素 | 600 |
| ハワイ式噴火 | 1136 |
| 半規管 | 945 |
| 半減期 | 370,1195 |

## ひ (cont.)

| | |
|---|---|
| 反射 | 935 |
| 反射角 | 265 |
| 反射弓 | 935 |
| 反射の法則 | 265 |
| 反射波 | 260 |
| 斑晶 | 1138 |
| 斑状組織 | 1138 |
| 伴性遺伝 | 801 |
| 半透性 | 719 |
| 半透膜 | 719 |
| 反応熱 | 574 |
| 反発係数 | 207 |
| 判別式 | 75 |
| 半保存的複製 | 781 |

## ひ

| | |
|---|---|
| 光中断 | 932 |
| 光の分散 | 266 |
| 光飽和点 | 741 |
| 非共有電子対 | 398 |
| 非金属元素 | 396 |
| 被食者 | 1008 |
| ヒストン | 780 |
| 微生物 | 779 |
| 非生物的環境 | 1004 |
| 非弾性衝突 | 208 |
| ビッグバンモデル | 1108 |
| 非電解質 | 391 |
| ヒドロキシ酸 | 676 |
| 比熱 | 240,574 |
| 表現型 | 793 |
| 表層混合層 | 1228 |
| 標的器官 | 878 |
| 標的細胞 | 878 |
| 日和見感染 | 885 |

## ふ

| | |
|---|---|
| ファラデーの電磁誘導の法則 | 323 |
| ファラデーの法則 | 323 |
| ファンデルワールス力 | 404 |
| フィードバック | 880 |
| フィゾーの実験 | 265 |
| フィブリノーゲン | 870 |
| フィブリン | 870 |

## ふ (cont.)

| | |
|---|---|
| フィリピン海プレート | 1124 |
| 風化 | 1141 |
| フーコーの振り子 | 1039 |
| 富栄養化 | 1012 |
| フェーリング反応 | 675 |
| フェーン現象 | 1219 |
| フェノール類 | 678 |
| フェレル循環 | 1227 |
| フェロモン | 952 |
| フォッサマグナ | 1201 |
| 不可逆反応 | 578 |
| 不可逆変化 | 242 |
| 付加体 | 1122,1201 |
| 付加反応 | 678 |
| 不完全優性 | 796 |
| 複塩 | 613 |
| 副交感神経 | 878 |
| 副交感神経系 | 877 |
| 複製 | 781 |
| 複成火山 | 1137 |
| 複相 | 784 |
| 複対立遺伝子 | 798 |
| 節 | 259 |
| 腐植層 | 1004 |
| 不随意 | 935 |
| 不整合 | 1192 |
| 不整合面 | 1192 |
| 不対電子 | 398 |
| フックの法則 | 145 |
| 物質生産 | 1014 |
| 物質の三態 | 383 |
| 物質量 | 449 |
| 物理的風化 | 1141 |
| 物理的防御 | 881 |
| 物理電池 | 509 |
| 物理量 | 134 |
| 不動態 | 612 |
| 部分月食 | 1058 |
| 部分日食 | 1057 |
| 部分分数分解 | 43 |
| 不飽和炭化水素 | 671 |
| ブラーマグプタの公式 | 111 |
| ブラウン運動 | 552 |
| フラウンホーファー線 | 267,1056,1103 |

| | |
|---|---|
| プラスチック | 682 |
| プラスミド | 791 |
| ブラックホール | 1105 |
| ブリキ | 504 |
| プリニー式噴火 | 1136 |
| 浮力 | 149 |
| プルーム | 1124 |
| プルームテクトニクス | 1124 |
| ブルカノ式噴火 | 1136 |
| フレア | 1055 |
| プレート | 1121 |
| プレートテクトニクス | 1121 |
| プレート内地震 | 1131 |
| フレミング左手の法則 | 322 |
| プログラム細胞死 | 791 |
| プロトロンビン | 870 |
| プロミネンス | 1055 |
| プロモーター | 790 |
| フロリゲン | 933 |
| 分圧 | 536 |
| 分圧の法則 | 536 |
| 分化 | 789 |
| 分解者 | 1008 |
| 分散コロイド | 551 |
| 分散質 | 550 |
| 分散媒 | 550 |
| 分子 | 382 |
| 分子間力 | 404 |
| 分子結晶 | 406 |
| 分子コロイド | 551 |
| 分子式 | 384 |
| 分子量 | 448 |
| 分離 | 383 |
| 分離の法則 | 792 |
| 分留 | 384 |
| 分流計 | 319 |
| 分力 | 143 |
| 分裂 | 849 |
| 分裂期 | 783 |

## ■■へ

| | |
|---|---|
| 閉殻 | 390 |
| 平滑筋 | 947 |
| 平衡移動 | 578 |
| 平衡覚 | 945 |

| | |
|---|---|
| 平行四辺形の法則 | 143 |
| 閉鎖血管系 | 871 |
| 閉塞前線 | 1232 |
| 平方完成 | 56 |
| 平方根 | 13 |
| 並列回路 | 317 |
| $\beta$線 | 369 |
| $\beta$崩壊 | 369 |
| ベクター | 791 |
| ヘスの法則 | 576 |
| ヘテロ接合体 | 793 |
| ペプチド | 786 |
| ペプチド結合 | 786 |
| ヘモグロビン | 869 |
| ヘルツシュプルング・ラッセル図 | 1104 |
| ヘルパーT細胞 | 882 |
| ヘロンの公式 | 110 |
| 変位 | 257 |
| 偏光 | 268 |
| 変性 | 787 |
| 変成岩 | 1143 |
| 変成作用 | 1143 |
| 偏西風 | 1227,1233 |
| ベンゼン環 | 669 |
| 片麻岩 | 1143 |
| ヘンリーの法則 | 550 |
| 片利共生 | 1010 |

## ■■ほ

| | |
|---|---|
| ホイヘンスの原理 | 260 |
| ボイル・シャルルの法則 | 535 |
| ボイルの法則 | 534 |
| 膨圧運動 | 929 |
| 貿易風 | 1227 |
| 芳香族カルボン酸 | 679 |
| 芳香族炭化水素 | 670,677 |
| 放射性原子核 | 368 |
| 放射性崩壊 | 368 |
| 放射線 | 368 |
| 放射能 | 368 |
| 放射冷却 | 1222 |
| 法則 | 134 |
| 方程式 | 14 |
| 放物運動 | 141 |

| | |
|---|---|
| 放物線 | 141 |
| 方べきの定理 | 107 |
| 飽和蒸気圧 | 1219 |
| 飽和水蒸気量 | 1219 |
| 飽和炭化水素 | 670 |
| 飽和溶液 | 549 |
| ボーマンのう | 874 |
| 補酵素 | 735 |
| 保護コロイド | 554 |
| 母細胞 | 781 |
| 補償点 | 741 |
| 捕食者 | 1008 |
| 補足遺伝子 | 799 |
| ホットスポット | 1125 |
| ホメオスタシス | 868 |
| ホモ接合体 | 793 |
| ポリペプチド鎖 | 786 |
| ボルタ電池 | 505 |
| ホルモン | 878 |
| ホルンフェルス | 1143 |
| 本震 | 1133 |
| ポンプ | 720 |
| 翻訳 | 788 |

## ■■ま

| | |
|---|---|
| マグニチュード | 1126 |
| マグマ | 1133 |
| マグマオーシャン | 1195 |
| マグマだまり | 1133 |
| マグマの分化 | 1141 |
| 摩擦力 | 147,1223 |
| 末梢神経系 | 935 |
| マルピーギ小体 | 874 |
| マンガン乾電池 | 508 |
| マントル | 1118,1119 |
| マントル対流 | 1124 |

## ■■み

| | |
|---|---|
| ミオシンフィラメント | 948 |
| 味覚芽 | 946 |
| 見かけの光合成量 | 741 |
| 右ねじの法則 | 321 |
| 味細胞 | 946 |
| 水のイオン積 | 481 |
| ミセル | 551 |

ミトコンドリア ……………… 716

## ■む

無機化合物 …………………… 668
無極性分子 …………………… 403
無条件刺激 …………………… 953
無色鉱物 ……………………… 1138
無髄神経繊維 ………………… 938
娘細胞 ………………………… 781
無性生殖 ……………………… 849
群れ …………………………… 1008

## ■め

冥王代 ………………………… 1195
明順応 ………………………… 943
明帯 …………………………… 948
メインベルト ………………… 1048
めっき ………………………… 504
メネラウスの定理 …………… 109
免疫 …………………………… 881
免疫寛容 ……………………… 885
免疫記憶 ……………………… 884
免疫グロブリン ……………… 884
免疫細胞 ……………………… 881

## ■も

盲斑 …………………………… 942
網膜 …………………………… 942
毛様体 ………………………… 943
木星 …………………………… 1046
木星型惑星 …………… 1044,1046
モホロビチッチ不連続面 …… 1119
モル質量 ……………………… 449
モル体積 ……………………… 450
モル濃度 ……………… 480,548

## ■や

山 ……………………………… 257
やませ ………………………… 1235
ヤングの実験 ………………… 267

## ■ゆ

融解 …………………………… 383
有機化合物 …………………… 668
有史時代 ……………………… 1194

有色鉱物 ……………………… 1138
有髄神経繊維 ………………… 938
優性 …………………………… 792
優性遺伝子 …………………… 793
有性生殖 ……………………… 848
優性の法則 …………………… 792
優占種 ………………………… 1004
誘導 …………………………… 856
誘導起電力 …………………… 323
誘導電流 ……………………… 323
誘導の連鎖 …………………… 856
ユーラシアプレート ………… 1124

## ■よ

溶液 …………………………… 548
葉芽 …………………………… 932
溶解度 ………………………… 549
溶解度曲線 …………………… 549
溶解熱 ………………………… 575
溶岩 …………………………… 1133
溶岩円頂丘 …………………… 1135
溶岩ドーム …………………… 1135
陽極 …………………………… 509
溶血 …………………………… 721
陽子 …………………… 368,386
溶質 …………………………… 548
陽樹 …………………………… 1006
陽樹林 ………………………… 1006
陽性 …………………………… 391
陽生植物 ……………………… 742
溶媒 …………………………… 548
溶融塩電解 …………… 503,510
葉緑体 ………………………… 717
ヨードホルム反応 …………… 676
抑制遺伝子 …………………… 800
余弦 …………………………… 113
余弦定理 ……………………… 118
横ずれ断層 …………………… 1132
横波 …………………………… 256
余震 …………………………… 1133
余震域 ………………………… 1133

## ■ら

落葉層 ………………………… 1004
裸地 …………………………… 1005

ラニーニャ現象 ……………… 1230
卵 ……………………………… 848
卵割 …………………………… 853
ランビエ絞輪 ………………… 938

## ■り

力学的エネルギー …………… 203
力学的エネルギー保存の法則
……………………………… 203
力積 …………………………… 205
陸風 …………………………… 1225
陸弧 …………………………… 1122
リソスフェア ………………… 1121
リソソーム …………………… 718
リチウムイオン電池 ………… 508
リチウム電池 ………………… 508
立体異性体 …………………… 672
リプルマーク ………………… 1192
リボ核酸 ……………………… 787
リボソーム …………………… 717
リボソーム RNA ……………… 788
留 ……………………………… 1052
粒状斑 ………………………… 1054
流体 …………………………… 149
両性元素 ……………………… 612
両性酸化物 …………………… 603
臨界角 ………………………… 265
リンパ液 ……………………… 868

## ■る

ルシャトリエの原理 ………… 578

## ■れ

齢構成 ………………………… 1010
レーマン不連続面 …………… 1119
礫岩 …………………………… 1142
劣性 …………………………… 792
劣性遺伝子 …………………… 793
漣痕 …………………………… 1192
連鎖 …………………………… 802
レンズの公式 ………………… 271
連続スペクトル ……………… 267
レンツの法則 ………………… 323

## ■ろ

ろ過 ・・・・・・・・・・・・・・・・・・・・・・・・・ 384,875

## ■わ

惑星 ・・・・・・・・・・・・・・・・・・・・・・・・ 1037,1043

惑星現象 ・・・・・・・・・・・・・・・・・・・・・・・ 1049

ワクチン ・・・・・・・・・・・・・・・・・・・・・・・・ 884

【執　筆】
TAC公務員講座講師室
序章・第2章～第5章：渡辺 健一（TAC公務員講座）
第1章：木村 裕羽（TAC公務員講座）

◎本文デザイン／黒瀬 章夫（ナカグログラフ）
◎カバーデザイン／河野 清（有限会社ハードエッジ）

こうむいんしけん　かこもんこうりゃくぶい　　　　　　しぜんかがく　だいはん
公務員試験　過去問攻略Vテキスト　18　自然科学　第2版

2020年1月25日　初　版　第1刷発行
2022年5月20日　第2版　第1刷発行

| | | |
|---|---|---|
| 編　著　者 | Ｔ　Ａ　Ｃ　株　式　会　社 | |
| | （公務員講座） | |
| 発　行　者 | 多　田　敏　男 | |
| 発　行　所 | ＴＡＣ株式会社　出版事業部 | |
| | （TAC出版） | |

〒101-8383
東京都千代田区神田三崎町3-2-18
電話　03（5276）9492（営業）
FAX　03（5276）9674
https://shuppan.tac-school.co.jp

| | | |
|---|---|---|
| 組　　版 | 朝日メディアインターナショナル株式会社 |
| 印　　刷 | 日　新　印　刷　株　式　会　社 |
| 製　　本 | 東　京　美　術　紙　工　協　業　組　合 |

© TAC 2022　　　Printed in Japan

ISBN 978-4-300-10098-1
N.D.C. 317

本書は，「著作権法」によって，著作権等の権利が保護されている著作物です。本書の全部または一部
につき，無断で転載，複写されると，著作権等の権利侵害となります。上記のような使い方をされる場合，
および本書を使用して講義・セミナー等を実施する場合には，あらかじめ小社宛許諾を求めてください。

乱丁・落丁による交換，および正誤のお問合せ対応は，該当書籍の改訂版刊行月末日までとい
たします。なお，交換につきましては，書籍の在庫状況等により，お受けできない場合もござ
います。
また，各種本試験の実施の延期，中止を理由とした本書の返品はお受けいたしません。返金も
いたしかねますので，あらかじめご了承くださいますようお願い申し上げます。

# 公務員講座のご案内

# 大卒レベルの公務員試験に強い!

## 2020年度 公務員試験

### 公務員講座生[1]
### 最終合格者延べ人数[2]

# 4,675名

| 国家公務員（大卒程度） | 計 1,957名 |
| 地方公務員（大卒程度） | 計 2,521名 |
| 国立大学法人等 大卒レベル試験 | 167名 |
| 独立行政法人 大卒レベル試験 | 2名 |
| その他公務員 | 28名 |

※1 公務員講座生とは公務員試験対策講座において、目標年度に合格するために必要と考えられる、講義、演習、論文対策、面接対策等をパッケージ化したカリキュラムの受講生です。単科講座や公開模試のみの受講生は含まれておりません。
※2 同一の方が複数の試験種に合格している場合は、それぞれの試験種に最終合格者としてカウントしています。（実合格者数は3,010名です。）
＊2021年3月14日時点で、調査にご協力いただいた方の人数です。

# 1位 全国の公務員試験で合格者を輩出!

### 詳細は公務員講座（地方上級・国家一般職）パンフレットをご覧ください。

## 2020年度 国家総合職試験

### 公務員講座生[1]

### 最終合格者数 162名

| 法律区分 | 60名 | 経済区分 | 20名 |
| 政治・国際区分 | 38名 | 教養区分 | 23名 |
| 院卒/行政区分 | 15名 | その他区分 | 6名 |

※1 公務員講座生とは公務員試験対策講座において、目標年度に合格するために必要と考えられる、講義、演習、論文対策、面接対策等をパッケージ化したカリキュラムの受講生です。各種オプション講座や公開模試など、単科講座のみの受講生は含まれておりません。
＊ 上記は2021年3月14日時点で調査にご協力いただいた方の人数です。

## 2020年度 外務専門職試験

### 最終合格者総数51名のうち 40名がWセミナー講座生です。

### 合格者占有率[2] 78.4%

### 外交官を目指すなら、実績のWセミナー

※1 Wセミナー講座生とは、公務員試験対策講座において、目標年度に合格するために必要と考えられる、講義、演習、論文対策、面接対策等をパッケージ化したカリキュラムの受講生です。各種オプション講座や公開模試など、単科講座のみの受講生は含まれておりません。また、Wセミナー講座生はそのボリュームから他校の講座生と掛け持ちすることは困難です。
※2 合格者占有率は「Wセミナー講座生（※1）最終合格者数」を、「外務省専門職員試験の最終合格者総数」で除して算出しています。また、算出した数字の小数点第二位以下を四捨五入して表記しています。
＊ 上記は2020年11月3日時点で調査にご協力いただいた方の人数です。

### WセミナーはTACのブランドです

# 資格の学校 TAC

## 合格できる3つの理由

### 1 必要な対策が全てそろう！ ALL IN ONEコース

TACでは、択一対策・論文対策・面接対策など、公務員試験に必要な対策が全て含まれているオールインワンコース（＝本科生）を提供しています。地方上級・国家一般職／国家総合職／外務専門職／警察官・消防官／技術職など、試験別に専用コースを設けていますので、受験先に合わせた最適な学習が可能です。

▶ カリキュラム例：地方上級・国家一般職 総合本科生

※上記は2022年合格目標コースの内容です。カリキュラム内容は変更となる場合がございます。

### 2 環境に合わせて選べる！ 多彩な受講メディア

※上記は2022年合格目標コースの一例です。年度やコースにより変更となる場合がございます。

### 3 頼れる人がそばにいる！ 担任講師制度

TACでは教室講座開講校舎ごとに「担任講師制度」を設けています。最新情報の提供や学習に関する的確なアドバイスを通じて、受験生一人ひとりを合格までアシストします。

▶ 担任カウンセリング

学習スケジュールのチェックや苦手科目の克服方法、進路相談、併願先など、何でもご相談ください。担任講師が親身になってお答えします。

▶ ホームルーム（HR）

時期に応じた学習の進め方などについての「無料講義」を定期的に実施します。

---

パンフレットのご請求は

TACカスタマーセンター　0120-509-117（ゴウカク イイナ）

受付時間
平日 9:30〜19:00
土曜・日曜・祝日 9:30〜18:00

TACホームページ　https://www.tac-school.co.jp/

# 公務員講座のご案内

# 無料体験のご案内
## 3つの方法でTACの講義が体験できる！

## 教室で体験
迫力の生講義に出席　**予約不要！**　**3回連続出席OK！**

### 1. 校舎と日時を決めて、当日TACの校舎へ
TACでは各校舎で毎月体験入学の日程を設けています。

### 2. オリエンテーションに参加（体験入学1回目）

初回講義「オリエンテーション」にご参加ください。終了後は個別にご相談をお受けいたします。

### 3. 講義に出席（体験入学2・3回目）
引き続き、各科目の講義をご受講いただけます。参加者には講義で使用する教材をプレゼントいたします。

- 3回連続無料体験講義の日程はTACホームページと公務員パンフレットでご覧いただけます。
- 体験入学はお申込み予定の校舎に限らず、お好きな校舎でご利用いただけます。
- 4回目の講義前までに、ご入会手続きをしていただければ、カリキュラム通りに受講することができます。

※地方上級・国家一般職・警察官・消防官レベル以外の講座では、2回連続体験入学を実施しています。

## ビデオで体験
校舎のビデオブースで体験視聴

TAC各校の個別ビデオブースで、講義を無料でご視聴いただけます。（要予約）

各校のビデオブースでお好きな講義を視聴できます。視聴前日までに視聴する校舎受付窓口にてご予約をお願い致します。

※受講可能な曜日・時間帯は一部校舎により異なります。
※年末年始・夏期休業・その他特別な休業以外は、通常平日・土日祝祭日にご覧いただけます。
※予約時にご希望日とご希望時間帯を合わせてお申込みください。
※基本講義の中からお好きな科目をご視聴いただけます。（視聴できる科目は時期により異なります）
※TAC提携校での体験視聴につきましては、提携校各校へお問合せください。

**ビデオブース利用時間** ※日曜日は④の時間帯はありません。
① 9：30 〜 12：30　② 12：30 〜 15：30
③ 15：30 〜 18：30　④ 18：30 〜 21：30

## Webで体験
スマートフォン・パソコンで講義を体験視聴

TACホームページの「TAC動画チャンネル」で無料体験講義を配信しています。時期に応じて多彩な講義がご覧いただけます。

**TACホームページ** https://www.tac-school.co.jp/

※体験講義は教室講義の一部を抜粋したものになります。

# 資格の学校 TAC

## 2021年度 本試験データリサーチ【予告!】

**参加無料!**
**10試験種以上実施予定!**
**スマホ P.C. 対応!**

### 本試験結果がわかります!

## 本試験データリサーチとは?

Web上でご自身の解答を入力（選択）いただくと、全国の受験者からのデータを集計・分析した試験別の平均点、順位、問題別の正解率が確認できるTAC独自のシステムです。多くの受験生が参加するTACのデータリサーチによる詳細なデータ分析で、公務員試験合格へ近づきましょう。

※データリサーチは択一試験のみ対応しております。論文・専門記述・面接試験等の結果は反映されません。予めご了承ください。
※順位判定・正解率等の結果データは、各本試験の正答公表日の翌日以降に閲覧可能の予定です。　※上記画面はイメージです。

**2020年度 データリサーチ参加者 国家一般職（行政） 1,570名**

## 多彩な試験種で実施予定!

**国家総合職／東京都I類B（行政［一般方式・新方式］）／特別区I類／裁判所一般職（大卒）**
**国税専門官／財務専門官／労働基準監督官A／国家一般職（行政・技術職）／外務専門職**
**警視庁警察官I類／東京消防庁消防官I類**

※実施試験種は諸般の事情により変更となる場合がございます。
※上記の試験種内でもデータリサーチが実施されない区分もございます。

## 本試験データリサーチの活用法

### ■ 相対的な結果を知る!

「手応えは悪くないけれど、周りの受験生はどうだったんだろう?」そんなときに本試験データリサーチを活用すれば、自分と他の受験生の結果を一目瞭然で比べることができます。

### ■ 併願対策に!

問題ごとの正解率が出るため、併願をしている受験生にとっては、本試験結果を模試のように参考にすることができます。自分の弱点を知って、その後の公務員試験対策に活用しましょう。

データリサーチの詳細は、

➡ **TACホームページ** https://www.tac-school.co.jp/
➡ **TAC WEB SCHOOL** https://portal.tac-school.co.jp/

等で各種本試験の1週間前から告知予定です。

**クリック**

# TAC出版 書籍のご案内

TAC出版では、資格の学校TAC各講座の定評ある執筆陣による資格試験の参考書をはじめ、資格取得者の開業法や仕事術、実務書、ビジネス書、一般書などを発行しています！

## TAC出版の書籍

*一部書籍は、早稲田経営出版のブランドにて刊行しております。

### 資格・検定試験の受験対策書籍

- 日商簿記検定
- 建設業経理士
- 全経簿記上級
- 税理士
- 公認会計士
- 社会保険労務士
- 中小企業診断士
- 証券アナリスト
- ファイナンシャルプランナー(FP)
- 証券外務員
- 貸金業務取扱主任者
- 不動産鑑定士
- 宅地建物取引士
- 賃貸不動産経営管理士
- マンション管理士
- 管理業務主任者
- 司法書士
- 行政書士
- 司法試験
- 弁理士
- 公務員試験(大卒程度・高卒者)
- 情報処理試験
- 介護福祉士
- ケアマネジャー
- 社会福祉士　ほか

### 実務書・ビジネス書

- 会計実務、税法、税務、経理
- 総務、労務、人事
- ビジネススキル、マナー、就職、自己啓発
- 資格取得者の開業法、仕事術、営業術
- 翻訳ビジネス書

### 一般書・エンタメ書

- ファッション
- エッセイ、レシピ
- スポーツ
- 旅行ガイド（おとな旅プレミアム/ハルカナ）
- 翻訳小説

(2021年7月現在)

# 書籍のご購入は

## 1 全国の書店、大学生協、ネット書店で

## 2 TAC各校の書籍コーナーで

資格の学校TACの校舎は全国に展開!
校舎のご確認はホームページにて

資格の学校TAC ホームページ
https://www.tac-school.co.jp

## 3 TAC出版書籍販売サイトで

24時間ご注文受付中

https://bookstore.tac-school.co.jp/

- 新刊情報をいち早くチェック!
- たっぷり読める立ち読み機能
- 学習お役立ちの特設ページも充実!

TAC出版書籍販売サイト「サイバーブックストア」では、TAC出版および早稲田経営出版から刊行されている、すべての最新書籍をお取り扱いしています。
また、無料の会員登録をしていただくことで、会員様限定キャンペーンのほか、送料無料サービス、メールマガジン配信サービス、マイページのご利用など、うれしい特典がたくさん受けられます。

### サイバーブックストア会員は、特典がいっぱい!(一部抜粋)

通常、1万円(税込)未満のご注文につきましては、送料・手数料として500円(全国一律・税込)頂戴しておりますが、1冊から無料となります。

専用の「マイページ」は、「購入履歴・配送状況の確認」のほか、「ほしいものリスト」や「マイフォルダ」など、便利な機能が満載です。

メールマガジンでは、キャンペーンやおすすめ書籍、新刊情報のほか、「電子ブック版TACNEWS(ダイジェスト版)」をお届けします。

書籍の発売を、販売開始当日にメールにてお知らせします。これなら買い忘れの心配もありません。

# 公務員試験対策書籍のご案内

TAC出版の公務員試験対策書籍は、独学用、およびスクール学習の副教材として、各商品を取り揃えています。学習の各段階に対応していますので、あなたのステップに応じて、合格に向けてご活用ください。

## INPUT

『みんなが欲しかった！
公務員
合格へのはじめの一歩』
A5判フルカラー
- 本気でやさしい入門書
- 公務員の"実際"をわかりやすく紹介したオリエンテーション
- 学習内容がざっくりわかる入門講義

・法律科目（憲法・民法・行政法）
・経済科目
（ミクロ経済学・マクロ経済学）

『過去問攻略Vテキスト』
A5判
TAC公務員講座
- TACが総力をあげてまとめた公務員試験対策テキスト

**全21点**
・専門科目：15点
・教養科目：6点

『新・まるごと講義生中継』
A5判
TAC公務員講座講師
新谷 一郎 ほか
- TACのわかりやすい生講義を誌上で！
- 初学者の科目導入に最適！
- 豊富な図表で、理解度アップ！

・郷原豊茂の憲法
・郷原豊茂の民法Ⅰ
・郷原豊茂の民法Ⅱ
・新谷一郎の行政法

『まるごと講義生中継』
A5判
TAC公務員講座講師
渕元 哲 ほか
- TACのわかりやすい生講義を誌上で！
- 初学者の科目導入に最適！

・郷原豊茂の刑法
・渕元哲の政治学
・渕元哲の行政学
・ミクロ経済学
・マクロ経済学
・関野喬のパターンでわかる数的推理
・関野喬のパターンでわかる判断整理
・関野喬のパターンでわかる
　空間把握・資料解釈

## 要点まとめ

『一般知識
出るとこチェック』
四六判
- 知識のチェックや直前期の暗記に最適！
- 豊富な図表とチェックテストでスピード学習！

・政治・経済
・思想・文学・芸術
・日本史・世界史
・地理
・数学・物理・化学
・生物・地学

## 記述式対策

『公務員試験論文答案集
専門記述』A5判
公務員試験研究会
- 公務員試験（地方上級ほか）の専門記述を攻略するための問題集
- 過去問と新作問題で出題が予想されるテーマを完全網羅！

・憲法〈第2版〉
・行政法

地方上級・国家一般職（大卒程度）・国税専門官 等 対応　**TAC出版**

## 過去問学習

『ゼロから合格 基本過去問題集』
A5判
TAC公務員講座
● 「解ける」だから「つづく」／充実の知識まとめでこの1冊で知識「ゼロ」から過去問が解けるようになる、独学で学習を始めて完成させたい人のための問題集です。

**全12点**
・判断推理　・数的推理　・空間把握・資料解釈
・憲法　・民法Ⅰ　・民法Ⅱ
・行政法　・ミクロ経済学　・マクロ経済学
・政治学　・行政学　・社会学

『一問一答で論点総チェック』
B6判
TAC公務員講座講師　山本 誠
● 過去20年の出題論点の95%以上を網羅
● 学習初期の確認用にも直前期のスピードチェックにも

**全4点**
・憲法　・民法Ⅰ
・民法Ⅱ　・行政法

『出るとこ過去問』A5判
TAC出版編集部
● 本試験の難問、奇問、レア問を省いた効率的なこの1冊で、合格ラインをゲット！速習に最適

**全16点**
・憲法　・民法Ⅰ　・民法Ⅱ
・行政法　・ミクロ経済学　・マクロ経済学
・政治学　・行政学　・社会学
・国際関係　・経営学　・数的処理（上・下）
・自然科学　・社会科学　・人文科学

## 直前対策

『小論文の秘伝』
A5判
年度版　2022年2月刊
TAC公務員講座講師　山下 純一
● 頻出25テーマを先生と生徒のブレストで噛み砕くから、解答のツボがバッチリ！

『面接の秘伝』
A5判
年度版　2022年3月刊
TAC公務員講座講師　山下 純一
● どんな面接にも通用する「自分のコア」づくりのノウハウを大公開！

『時事問題総まとめ＆総チェック』
A5判
年度版
TAC公務員講座
● 知識整理と問題チェックが両方できる！
● 試験種別の頻出テーマが一発でわかる！

『過去問＋予想問題集』
B5判　年度版
TAC公務員講座
● 過去問3年分＋αの本試験形式の問題を解いて志望試験種の試験に慣れる
● 問題は便利な抜き取り式、丁寧な解答解説付
・国家一般職（大卒程度・行政）
・東京都Ⅰ類B（行政・一般方式）
・国税専門官
・特別区Ⅰ類（事務）
・裁判所職員一般職（大卒程度）

---

TAC出版の書籍はこちらの方法でご購入いただけます

1. 全国の書店・大学生協
2. TAC各校 書籍コーナー
3. インターネット　CYBER BOOK STORE　TAC出版書籍販売サイト　アドレス　https://bookstore.tac-school.co.jp/

（2022年1月現在・刊行内容、刊行月、表紙等は変更になることがあります／年度版 マークのある書籍は、毎年、新年度版が発行される予定です）

# 書籍の正誤に関するご確認とお問合せについて

書籍の記載内容に誤りではないかと思われる箇所がございましたら、以下の手順にてご確認とお問合せをしてくださいますよう、お願い申し上げます。

なお、正誤のお問合せ以外の**書籍内容に関する解説および受験指導などは、一切行っておりません。**
そのようなお問合せにつきましては、お答えいたしかねますので、あらかじめご了承ください。

## 1 「Cyber Book Store」にて正誤表を確認する

TAC出版書籍販売サイト「Cyber Book Store」の
トップページ内「正誤表」コーナーにて、正誤表をご確認ください。

**CYBER** TAC出版書籍販売サイト
**BOOK STORE**

## URL:https://bookstore.tac-school.co.jp/

## 2 1の正誤表がない、あるいは正誤表に該当箇所の記載がない
⇒ 下記①、②のどちらかの方法で文書にて問合せをする

★ご注意ください★

**お電話でのお問合せは、お受けいたしません。**
①、②のどちらの方法でも、お問合せの際には、「お名前」とともに、
「対象の書籍名（○級・第○回対策も含む）およびその版数（第○版・○○年度版など）」
「お問合せ該当箇所の頁数と行数」
「誤りと思われる記載」
「正しいとお考えになる記載とその根拠」
を明記してください。
なお、回答までに1週間前後を要する場合もございます。あらかじめご了承ください。

① ウェブページ「Cyber Book Store」内の「お問合せフォーム」より問合せをする

【お問合せフォームアドレス】

## https://bookstore.tac-school.co.jp/inquiry/

② メールにより問合せをする

【メール宛先　TAC出版】

## syuppan-h@tac-school.co.jp

※土日祝日はお問合せ対応をおこなっておりません。
※正誤のお問合せ対応は、該当書籍の改訂版刊行月末日までといたします。

乱丁・落丁による交換は、該当書籍の改訂版刊行月末日までといたします。なお、書籍の在庫状況等により、お受けできない場合もございます。
また、各種本試験の実施の延期、中止を理由とした本書の返品はお受けいたしません。返金もいたしかねますので、あらかじめご了承くださいますようお願い申し上げます。

TACにおける個人情報の取り扱いについて
■お預かりした個人情報は、TAC(株)で管理させていただき、お問合せへの対応、当社の記録保管および当社商品・サービスの向上にのみ利用いたします。お客様の同意なしに業務委託先以外の第三者に開示、提供することはございません(法令等により開示を求められた場合を除く)。その他、個人情報保護管理者、お預かりした個人情報の開示等及びTAC(株)への個人情報の提供の任意性については、当社ホームページ(https://www.tac-school.co.jp)をご覧いただくか、個人情報に関するお問い合わせ窓口(E-mail:privacy@tac-school.co.jp)までお問合せください。

(2022年4月現在)